TÜBINGER GEOGRAPHISCHE STUDIEN

Herausgegeben von

D. Eberle * H. Förster * G. Kohlhepp * K.-H. Pfeffer

Schriftleitung: H. Eck

Heft 147

zugleich

TÜBINGER BEITRÄGE ZUR GEOGRAPHISCHEN LATEINAMERIKA-FORSCHUNG

Herausgegeben von Gerd Kohlhepp

Heft 30

Dörte Segebart

Partizipatives Monitoring als Instrument zur Umsetzung von *Good Local Governance* – Eine Aktionsforschung im östlichen Amazonien/Brasilien

Mit 4 Karten, 47 Abbildungen und 18 Tabellen

2007

Im Selbstverlag des Geographischen Instituts der Universität Tübingen

ISBN 978-3-88121-077-5
ISSN 0932-1438

CIP-Titelaufnahme in der Deutschen Bibliothek

Bibliografische Information der Deutschen Bibliothek
Die Deutsche Bibliothek verzeichnet diese Publikation in der
Deutschen Nationalbibliografie; detaillierte bibliografische
Daten sind im Internet über http://dnb.ddb.de abrufbar.

Copyright 2007 Geographisches Institut der Universität Tübingen,
Rümelinstraße 19–23, 72070 Tübingen

Zeeb-Druck, 72070 Tübingen

Danksagung

Im Monitoring ist es oft schwer zu bestimmen, welcher Input welches Ergebnis auslöste, welchen Nutzen hatte oder welche direkten oder indirekten Wirkungen nach sich zog. Manche Wirkungen offenbaren sich sogar erst nach längerer Zeit. Dies gilt auch für die Entstehung einer Doktorarbeit und macht daher das Bedanken schwer.

An dieser Stelle soll daher nur eine Annäherung probiert werden, die das Gesagte auf keinen Fall schmälern will, aber ein Bewusstsein ausdrückt für die unbeabsichtigten Lücken, für das Ungesagte.

Ganz besonders danke ich meinem Erstbetreuer Prof. Dr. Martin Coy, der mir gerade im Rahmen der Aktionsforschung immer wieder die wissenschaftliche Heimat gezeigt hat und vor allem die geographische. Danken möchte ich ebenfalls für das Vertrauen, Verständnis und die Geduld angesichts eines ungewöhnlich langen Aufenthaltes im Brasilien und den speziellen Umständen, die die wissenschaftliche Vorgehensweise der Aktionsforschung mit sich brachte.

Ich hatte das Glück auf den Spuren von gleich zwei Amazonienexperten wandeln zu dürfen. Ich möchte mich an dieser Stelle ganz herzlich bei Herrn Prof. Dr. Gerd Kohlhepp bedanken für die Übernahme des Zweitgutachtens trotz seines wohlverdienten Ruhestandes.

Sehr glücklich war ich über die Zwischenstopps im Forschungsschwerpunkt Lateinamerika des Geographischen Instituts Tübingen, der neben netten KollegInnen, eine umfangreiche Bibliothek u.a. zu Amazonien bietet und stets interessanten wissenschaftlichen Austausch.

Ein zweijähriges Stipendium von CAPES-CNPq und dem DAAD ermöglichte mir die lange Feldforschungsphase, wofür ich mich an dieser Stelle nochmals bedanken möchte.

Langzeitwirkungen wurden sichtbar und sollen auch hier gewürdigt werden: vielen Dank für die wissenschaftliche Inspiration zu Partizipation und geographischer Entwicklungsforschung an Privat-Dozent Dr. Theo Rauch und Prof. Dr. Fred Scholz.

Eine Aktionsforschung ist nur möglich mit engagierten ForschungspartnerInnen. Die hatte ich und danke daher ganz herzlich den Mitgliedern des Monitoringkomitees (2002/2003) in São Domingos do Capim (Pará), Cristiano Martins und Nonato Guimarães, den Mitgliedern der CMDRS in São Domingos und Ourém, allen FreundInnen in Ourém, vor allem Lúcia und Esther Cunha e Selma Vásques – ihnen allen vielen Dank für ihr Engagement und ihren Glauben an *Good Local Governance*.

Vielen Dank dem PRORENDA Pará-Team, vor allem den KoordinatorInnen (bis 2004/5) Maria Rosa Bitar und Dr. Christoph Trusen für die Unterstützung und die vielfältigen Diskussionen und den KollegInnen Márcia, Rosangela, Ana Rosa, Soraia, Giovani und Mauro für die nette und gute Zusammenarbeit.

Auch der GFA Terra Systems gebührt besonderer Dank, die großes Interesse am Thema Monitoring zeigten, Raum zum Austausch und für Diskussionen boten und den partizipativen Monitoringprozess aktiv verfolgten und unterstützten.

Vielen Dank auch an Prof. Dr. Thomas Hurtienne vom Núcleo de Altos Estudos Amazônicos (NAEA) der Bundesuniversität Pará (UFPA) für interessante Diskussionen zu kleinbäuerlicher Landwirtschaft in Pará und sozialem Kapital u.a. im Rahmen der Diskussionsgruppe am NAEA.

Herzlichen Dank auch an Dr. Regine Schönenberg für das inspirierende gemeinsame Vernetzen, Leben, Denken, Forschen zwischen Belém und Berlin.

Und damit bin ich schon bei der direkten Lebensachse: vielen Dank für Anregungen, Diskussionen, Unterstützungen und einfach für das Zuhause an meine WGs in Belém und Berlin (und auf der Schwäbischen Alb), neben vielen anderen, besonders an Rozilda Henrique, an Naza, an Ingo, Katja, Salma, Daniel, an Bärbel und Rüdiger.

Meiner Familie sei gedankt, die mich mit ganzem Herzen und vollen Kräften immer unterstützt hat, vor allem meine Eltern Margrit und Peter Segebart. Großer Dank geht an Annette, Bernd und an meine Neffen und Nichten, an Katrin und an meine Schwiegereltern Ingrid und Horst.

Meinem Mann Frank Krämer danke ich von Herzen für das kontinuierliche, liebevolle, ermutigende und inspirierende Prozessmonitoring und die unzähligen unermüdlichen *Feedback-loops* und für vieles mehr.

Vorwort

> "There is also a much more fragmented space, webbed across gaps in understanding, saturated with power, but also, paradoxically, with uncertainty: a fragile and fluid net of connections and gulfs. Seen from this perspective, the research process is dangerous. It demands vigilance, a careful consideration of the research process: another kind of reflexivity, in fact, but one which can acknowledge that it may not be adequate since the risks of research are impossible to know." (ROSE 1997:317)

Diese Arbeit ist Produkt einer Aktionsforschung. Ohne Aktion im Sinne von *Activism* zu verstehen (wie bspw. MAXEY 1999), mache ich in dieser Arbeit den Versuch, mit einer anwendungsbezogenen Forschung eine Brücke zu schlagen zwischen Theorie und Praxis. Dieser Dualismus steht stellvertretend für eine ganze Reihe von Dualismen, die unser Leben strukturieren und die wir durch unser Handeln konstruieren. Die Wahrnehmung dieser Dualismen, das Erkennen von Dualitäten in ihnen und die Öffnung unseres Denkens für Integration oder gar Auflösung dieser Kategorien zieht sich wie ein roter Faden durch diese Arbeit: durch den Forschungsprozess sowie den Text, der in schriftlicher Form hier vorliegt. Aber selbst diese beiden Kategorien (Forschungsprozess und Text) scheinen nicht klar voneinander zu trennen zu sein und beeinflussen sich gegenseitig.

Den Gesamtprozess habe ich als Prozess des Wandelns zwischen den Welten oder vielmehr des ‚Dazwischenstehens' (*betweenness* vgl. ENGLAND 1994, KATZ 1994, NAST 1994 zitiert in ROSE 1997:313) empfunden und verstanden.

Im Spagat zwischen dem Gefühl der scheinbaren Lächerlichkeit des Forschenden und seines Vorhabens in der ‚realen' Welt und dem kontinuierlichen Attestat der Unwissenschaftlichkeit der Aktionsforschung durch die Wissenschaft – drängt sich die Hinterfragung der eigenen Arbeit jeden Tag geradezu auf. Während ich mit den Nachteilen und Vorurteilen des Forschungsansatzes kämpfte, die von außen an mich herangetragen wurden sowie in meinem Kopf bereits vorhanden oder eingepflanzt waren, habe ich mir die Vorteile dieser Art von Arbeit gemessen an meinen Idealen von Gesellschaft, Wissenschaft, Wissensproduktion und Wissensnutzung stets vergegenwärtigt. Dieses Spannungsfeld - wenn es auch theoretisch geklärt wurde - hat sich nicht wirklich aufgelöst in der Lebens- und Forschungspraxis[1]. Diese Spannung soll daher in kreative Forschungsenergie umgewandelt werden.

Ohne hier im eigentlichen Sinne eine transparente Reflexivität exerzieren zu wollen - die wichtig ist, aber immer inkomplett sein wird – möchte ich zum Einstieg nur kurz reflektieren und skizzieren, wie sich mein Forschungsinteresse – und das gehört meines Erachtens zum Forschungsprozess - im Prozess verändert hat:

---

[1] Ich arbeitete von August 1999 bis August 2000 viele Monate in der Region und lebte seit Oktober 2000 bis Juni 2005 kontinuierlich in der Forschungsregion. Bei der Abgabe dieser Arbeit steht mein Schreibtisch noch in Belém.

Diese Arbeit soll einen wissenschaftlichen Beitrag zu nachhaltiger Entwicklung leisten. Fragen, die ich mir am Anfang der Forschungsarbeit zur Umsetzung von Nachhaltigkeit, vor allem auch im Rahmen von Monitoring, stellte, waren folgende: Wie messe ich Nachhaltigkeit? Wie messe ich Wirkungen? Wie monitore ich die Nachhaltigkeit von Maßnahmen? Diese Fragen haben sich gewandelt, sie erscheinen mir heute beinah schrecklich irrelevant. Vielmehr beschäftigen mich Fragen wie folgende: Wie bekämpft man Korruption? Wie entsteht Ethik? Wie entsteht Gemeinsinn? Wie ist kollektives Handeln möglich? Die Frage der Macht zieht sich dabei durch alle Bereiche: Wie können wir Macht fassen? Und wie können wir sie gerade als GeographInnen fassen?

> „We cannot know everything, nor can we survey power as if we can fully understand, control or redistribute it. What we may be able to do is something rather more modest but, perhaps, rather more radical: to inscribe into our research practices some absences and fallibilities while recognizing that the significance of this does not rest entirely in our own hands." (ROSE 1997:319)

Dörte Segebart, Belém/Berlin 2006

Inhalt

Danksagung iv
Vorwort vi
Kartenverzeichnis xiv
Tabellenverzeichnis xiv
Abbildungsverzeichnis xv
Abkürzungsverzeichnis xvii

I Einleitung 1

1 Einleitung 1

2 Entstehungszusammenhang der Arbeit 5

3 Zielsetzung der Arbeit und forschungsleitende Fragen 7
   3.1 Praxisrelevante Zielsetzung 7
   3.2 Theoriegeleitete Zielsetzung 9
   3.3 Methodologische Zielsetzung 10
   3.4 Zusammenfassung 11

4 Aufbau der Arbeit 12

II. Kontextualisierung 14

1 Thematischer Kontext – Partizipatives Monitoring und Good Governance in der nachhaltigen Kommunalentwicklung 14
   1.1 Demokratieförderung, *Good Governance* und Dezentralisierung 15
      1.1.1 Demokratieförderung – Fördert Partizipation Demokratie? 15
         1.1.1.1 Demokratie 15
         1.1.1.2 Demokratie und Partizipation 17
      1.1.2 *Governance – Good Governance* durch Partizipation? 20
         1.1.2.1 *Governance, Government* und *Governmentality* 21
         1.1.2.2 *Governance* und Partizipation 25
      1.1.3 Dezentralisierung - Schafft Dezentralisierung Rahmenbedingungen für Partizipation? 25
         1.1.3.1 Dezentralisierung 26
         1.1.3.2 Potenziale und Probleme von Dezentralisierung 28
         1.1.3.3 Dezentralisierung und Partizipation 33
      1.1.4 Fazit: Politiknetzwerke und *state-society synergies* 34
   1.2 Partizipatives Monitoring als Steuerungsinstrument in der Kommunalentwicklung . 37
      1.2.1 Planung und Entwicklungsinterventionen 38
      1.2.2 Partizipative Ansätze in der Kommunalentwicklung 41
         1.2.2.1 Entstehung und Charakteristika partizipativer Ansätze 41
         1.2.2.2 Praktische Probleme der Durchführung 44
         1.2.2.3 Theoretische und konzeptionelle Bedenken: Partizipation und Macht 49
         1.2.2.4 Institutionalisierung partizipativer Ansätze 55
         1.2.2.5 Zwischenfazit 57

    1.2.3 Monitoring und Evaluierung in der Kommunalentwicklung 57
        1.2.3.1 Historische Entwicklung des Evaluationskonzeptes 58
        1.2.3.2 Methodologische und soziopolitische Aspekte des Monitorings 63
        1.2.3.3 Partizipatives Monitoring und Evaluierung 72
        1.2.3.4 Monitoring in dieser Arbeit 84

2 Regionaler Kontext – Steuerung im brasilianischen Amazonien: Von staatlicher Interventionspolitik zu Good Governance? 85

  2.1 Staatliche Interventionspolitik im brasilianischen Amazonien 87

  2.2 Demokratisierung, Dezentralisierung und Good Governance 89
    2.2.1 Aktuelle Tendenzen in der Kommunalverwaltung in Pará 91
    2.2.2 Partizipative Planung und Monitoring in Amazonien 93
    2.2.3 Partizipation und politische Kultur 97

3 Methodologische Vorgehensweise 100

  3.1 Reflexionen zur sozialgeographischen Forschung – von qualitativer Forschung zur Aktionsforschung 100
    3.1.1 Ursprünge der Aktionsforschung in der Geographie 101
        3.1.1.1 Herausforderungen im epistemologischen Prozess 103
        3.1.1.2 Das ontologische Projekt der kritischen Geographie 105
        3.1.1.3 Epistemologie und Ontologie in kritischen Geographieansätzen 106
        3.1.1.4 Ursprünge der qualitativen Forschung in der Geographie 107
    3.1.2 Ursprünge der Aktionsforschung in Nachbardisziplinen 108
    3.1.3 Reflexionen zum Konzept der Aktionsforschung 110
        3.1.3.1 Der Aktionsforschungsprozess 110
        3.1.3.2 Partizipationsgrade in der Aktionsforschung 113
        3.1.3.3 Probleme in der Aktionsforschung 116
        3.1.3.4 Aktionsforschung in der Geographie 117

  3.2 Vorgehensweise in dieser Arbeit 117
    3.2.1 Das Forschungssetting 117
    3.2.2 Die Aktionsforschung 120
    3.2.3 Die Begleitforschung 123
        3.2.3.1 Kontextanalyse 123
        3.2.3.2 Methodenanalyse 125
        3.2.3.3 Analyse der methodologischen Vorgehensweise 125
    3.2.4 Überblick der Aktivitäten im Rahmen der Aktions- und Begleitforschung...... 125

III Aktionsforschung **127**

1 Beschreibung der Aktionsforschung 127

  1.1 Der Monitoringprozess 127
    1.1.1 Forschungsimpuls 127
    1.1.2 Diagnose/Sondierung 128
    1.1.3 Prozessplanung 129
    1.1.4 Aktion 129
    1.1.5 Evaluierung 130

- 1.1.6 Lernen 130
- 1.1.7 Partizipative Steuerungsinstanz 130
- 1.2 Der Monitoringprozess in den beiden Fallstudien 132
  - 1.2.1 Fallbeispiel Ourém 132
  - 1.2.2 Fallbeispiel São Domingos do Capim 132
  - 1.2.3 Weitere Erfahrungen 133

2 Analyse der Aktionsforschung und des partizipativen Monitorings 135

- 2.1 Analyse des Monitorings 135
  - 2.1.1 Herausforderungen und Schwierigkeiten 135
    - 2.1.1.1 Von Wirkungsmonitoring zu Prozessmonitoring, von Techniken zu Prozessen, von Monitoring zu Steuerung 135
    - 2.1.1.2 Das Monitoring kann nur so gut sein, wie der Plan selbst... ... 138
    - 2.1.1.3 Unklare Steuerung des PMDRS wird zum Monitoringproblem 139
    - 2.1.1.4 Niveau des Monitorings und die Monitoringkompetenzen der Akteure bestimmen die *Ownership* 140
    - 2.1.1.5 Schaffung institutioneller Nachhaltigkeit 142
  - 2.1.2 Positive Wirkungen 143
- 2.2 Analyse der Aktionsforschung 144
  - 2.2.1 Aktionsforschung in Reinform? 144
  - 2.2.2 Der idealtypische Zyklus der Aktionsforschung 145

3 Fazit: Partizipatives Monitoring als ein flexibler Lernprozess 148

- 3.1 *Lessons Learnt* 148
  - 3.1.1 *Ownership* 148
  - 3.1.2 Politischer Wille 148
  - 3.1.3 Vorerfahrungen mit Partizipation 149
  - 3.1.4 Qualität der Monitoringvorlage 149
  - 3.1.5 Steuerung 150
  - 3.1.6 Monitoringkompetenzen 150
  - 3.1.7 Kosten-Nutzen-Analyse 150
  - 3.1.8 Flexibilität 150
- 3.2 Abschließende Reflexionen: Partizipatives Monitoring als *Citizenship* ... 151

IV Analysen 153

1 Kontextanalyse 153

- 1.1 Einbettung 153
  - 1.1.1. Allgemeine Einbettung in die geographische Diskussion 155
    - 1.1.1.1. Akteurs- und handlungsorientierte geographische Ansätze 155
    - 1.1.1.2 Analysen auf mehreren Maßstabsebenen und multisektorale Ansätze 168
    - 1.1.1.3 Anwendungsbezug und entwicklungspolitische Relevanz 169
    - 1.1.1.4 Zusammenfassende Thesen 172

- 1.1.2 Zentrale Theoriestränge: Handlung und Struktur – Konzepte zur Integration, Überwindung und Auflösung ... 174
  - 1.1.2.1 Ansätze der Entwicklungsforschung und -praxis ... 177
  - 1.1.2.2 Politische Ökologie ... 194
  - 1.1.2.3 Neue Institutionenökonomie und Kollektives Handeln ... 202
  - 1.1.2.4 Soziales Kapital ... 211
  - 1.1.2.5 Akteursorientierter Ansatz ... 229
  - 1.1.2.6 Entwurf einer Theorie der Praxis ... 237
  - 1.1.2.7 Theorie der Strukturierung ... 244
  - 1.1.2.8 Aktor-Netzwerk Theorie und HARVEYs Analyserahmen ... 249
- 1.1.3. Schlussfolgerungen für die methodische Vorgehensweise und den Analyserahmen ... 257

1.2 Analysevorschlag zur theorieorientierten Zielsetzung: Kontextanalyse ... 260
- 1.2.1 Allgemeiner Analyserahmen ... 260
- 1.2.2 *Framing* ... 265
- 1.2.3 Analyseleitfragen ... 267

1.3 Analyse ... 268
- 1.3.1 Gemeinsamer Kontext der Fallstudien ... 269
- 1.3.2 Fallstudie Ourém ... 272
  - 1.3.2.1 Der Munizip Ourém ... 272
  - 1.3.2.2 Der Monitoringprozess in Ourém ... 276
  - 1.3.2.3 Analyse ... 277
  - 1.3.2.4 Zwischenfazit ... 287
- 1.3.3 Fallstudie São Domingos do Capim ... 288
  - 1.3.3.1 Der Munizip São Domingos do Capim ... 288
  - 1.3.3.2 Der Monitoringprozess in São Domingos do Capim ... 290
  - 1.3.3.3 Analyse ... 291
  - 1.3.3.4 Zwischenfazit ... 297

1.4 Fazit der Kontextanalyse ... 299

2 Methodenanalyse ... 302

2.1 Einbettung ... 302

2.2 Analysevorschlag zur praxisorientierten Zielsetzung: Analyserahmen zur Messung der Qualität eines Monitoringsystems ... 303
- 2.2.1 Partizipation ... 303
- 2.2.2 Wirksamkeit ... 304
  - 2.2.2.1 Eintreten erwarteter Wirkungen ... 304
  - 2.2.2.2 Effizienz ... 305
- 2.2.3 Nachhaltigkeit ... 305
  - 2.2.3.1 Institutionelle Nachhaltigkeit ... 305
  - 2.2.3.2 Nachhaltigkeitscheck ... 306
- 2.2.4 Übertragbarkeit ... 306

- 2.3 Analyse 308
  - 2.3.1 Partizipation 308
    - 2.3.1.1 Monitoringdesign 310
    - 2.3.1.2 Indikatorenentwicklung 311
    - 2.3.1.3 Dokumentation der Monitoringergebnisse 312
    - 2.3.1.4 Reflexion: Partizipationsniveau, *Ownership* und Überforderung 313
    - 2.3.1.5 Zwischenfazit 314
  - 2.3.2 Wirksamkeit 315
    - 2.3.2.1 Eintreten erwarteter Wirkungen 315
    - 2.3.2.2 Effizienz 318
    - 2.3.2.3 Reflexion: Kosten, Nutzen, Kontinuität und *Ownership* 319
    - 2.3.2.4 Zwischenfazit 321
  - 2.3.3 Nachhaltigkeit 321
    - 2.3.3.1 Institutionelle Nachhaltigkeit 321
    - 2.3.3.2 Nachhaltigkeitscheck 324
    - 2.3.3.3 Zwischenfazit 324
  - 2.3.4 Übertragbarkeit 325
- 2.4 Fazit der Methodenanalyse: Grundbausteine für partizipative Monitoringverfahren in der Kommunalentwicklung 326
  - 2.4.1 Schlüsselelemente für partizipative Monitoringkapazität 327
    - 2.4.1.1 Sensibilisierung und Entwicklung einer Monitoringmotivation 327
    - 2.4.1.2 Monitoringkompetenzen entwickeln 328
    - 2.4.1.3 Monitoringinstanz 330
    - 2.4.1.4 Kontinuität der Aktivitäten 331
    - 2.4.1.5 Raum für die Verbreitung und Umsetzung der Monitoringergebnisse 331
    - 2.4.1.6 Arbeitstechniken 332
    - 2.4.1.7 *Mentoring* 332
  - 2.4.2 Determinanten des Monitorings 333
    - 2.4.2.1 Monitoring- und Partizipationsanspruch 334
    - 2.4.2.2 Strukturelle Faktoren 334

3 Analyse der methodologischen Vorgehensweise 336

- 3.1 Einbettung 336
- 3.2 Entwicklung des Analyserahmens: Fragen an die methodologische Vorgehensweise 336
- 3.3 Analyse 337
  - 3.3.1 Vorschläge für die Umsetzung der methodologischen Zielsetzungen 337
    - 3.3.1.1 Reflexion der eigenen Rolle 337
    - 3.3.1.2 Projektbegleitende (Aktions-)Forschung 337
    - 3.3.1.3 Forschung zu Methodenentwicklung 337
    - 3.3.1.4 Methodenanalyse durch Aktionsforschung 338
  - 3.3.2 Analyse der Kombination von Aktions- und Begleitforschung 338
- 3.4 Fazit: Ein erster methodologischer Vorschlag für Aktionsforschung 339

V Fazit **343**

    1 Ergebnisse der Arbeit 343

        1.1 Grundbausteine für ein partizipatives Monitoringsystem 343

        1.2 Modelle zur Analyse von Partizipation 346

            1.2.1 Analysemodell für einen partizipativen Prozess 346

            1.2.2 Analyserahmen für die Bewertung partizipativer Instrumente und Prozesse ... 348

        1.3 Analyserahmen zur Kontextanalyse 348

        1.4 Konzept für Aktionsforschung in der geographischen Entwicklungsforschung 349

    2 Empfehlungen 351

        2.1 Empfehlungen für die Kommunalpolitik in Amazonien 351

            2.1.1 Umsetzung und Monitoring der PMDRS stärken 351

            2.1.2 Verwaltungsverfahren institutionell stärken 352

            2.1.3 Beiräte stärken 353

            2.1.4 *Good Local Governance* fördern 354

        2.2 Empfehlungen für die Entwicklungszusammenarbeit 354

            2.2.1 *Good Local Governance* fördern 355

            2.2.2 Partizipation ernst nehmen 356

            2.2.3 Monitoringkompetenzen und -kapazitäten stärken 356

        2.3 Empfehlungen für die geographische Entwicklungsforschung 357

            2.3.1 Aktionsforschung fördern 357

            2.3.2 Theorieentwicklung zu Partizipation weiterführen 358

            2.3.3 Politische Analysen stärker integrieren 358

        2.4 Generelle Empfehlungen für ein *Mainstreaming* von partizipativem Monitoring .. 359

    3 Schlussbetrachtung 360

Zusammenfassungen **363**

    Zusammenfassung 363

    Resumo 365

    Summary 367

Bibliographie **370**

Kartenverzeichnis

Karte 1: Die Munizipien Ourém und São Domingos do Capim im Nordosten des brasilianischen Bundesstaates Pará 5
Karte 2: Amazônia Legal - die Bundesländer des brasilianischen Amazoniens 86
Karte 3: Die Gemeinde Ourém 273
Karte 4: Die Gemeinde São Domingos do Capim 289

Tabellenverzeichnis

Tabelle 1: Positive und negative Wirkungen von Dezentralisierung 32
Tabelle 2: Übersicht möglicher Evaluierungskategorien 65
Tabelle 3: Charakteristika unterschiedlicher Partizipationsansätze im Monitoring 74
Tabelle 4: Entwicklungsprogramme auf lokaler Ebene in Pará (I) 95
Tabelle 5: Entwicklungsprogramme auf lokaler Ebene in Pará (II) 96
Tabelle 6: Ausgestaltung der Prozessphasen bei Beteiligung, *Ownership-Mentoring* und *Ownership* 115
Tabelle 7: Vier-Ebenen-Modell nach RAUCH 191
Tabelle 8: Analysekategorien der Ansätze aus der Entwicklungsforschung und -praxis 193
Tabelle 9: Kosten-Nutzen-Analyse auf mehreren Ebenen 197
Tabelle 10: Typen und Charakteristika sozialer Beziehungen 217
Tabelle 11: Beispiel für die Messung von Sozialem Kapital 221
Tabelle 12: Schlüsselbegriffe und Analysefaktoren des akteurs-orientierten Ansatzes von LONG 236
Tabelle 13: Übersicht der aus den theoretischen Ansätzen abgeleiteten Analysekategorien (I) 261
Tabelle 14: Übersicht der aus den theoretischen Ansätzen abgeleiteten Analysekategorien (II) 262
Tabelle 15: Übersicht der aus den theoretischen Ansätzen abgeleiteten Analysekategorien (III) 263
Tabelle 16: Landbesitzverhältnisse in Ourém 274
Tabelle 17: Analyseraster für die Prozessabschnitte (*core steps*) im Monitoring 304
Tabelle 18: Analyse der Prozessabschnitte (*core steps*) im Monitoring 309

Abbildungsverzeichnis

Abb. 1: Praxisrelevante, theoriegeleitete und methodologische Zielsetzungen der Arbeit 11
Abb. 2: Aufbau der Arbeit 13
Abb. 3: *Governance*, Government und *Governmentality* eingebunden in komplexe Interrelationen 24
Abb. 4: Partizipation als Mittel oder als Ziel - Überblick verschiedener Stadien 38
Abb. 5: Stufen der Bürgerbeteiligung nach ARNSTEIN (1969/1972) 38
Abb. 6: Faktorengeflecht der Beteiligung 53
Abb. 7: Wirkungsmodell der GTZ 66
Abb. 8: Dynamisches Wirkungsmodell mit Management- und Zuordnungslücke 67
Abb. 9: Faktoren der Partizipationsintensität **77**
Abb. 10: Linie der Partizipationsintensität (*Ownership*-Spielraum) in 5 Szenarien 79
Abb. 11: Partizipationsniveau im PM&E-Prozess 80
Abb. 12: Phasen des tiefgreifenden regionalen Umbruchs in Amazonien 89
Abb. 13: Ursprünge der Aktionsforschung in der Geographie 103
Abb. 14: Idealtypische Phasen der Aktionsforschung 112
Abb. 15: Beitrag der unterschiedlichen Analysen zu den Zielsetzungen der Arbeit 118
Abb. 16: Chronologische Abfolge der Teilforschungsprozesse 119
Abb. 17: Das Forschungssetting 119
Abb. 18: Vorgehensweise im partizipativen Monitoringprozess 121
Abb. 19: Monitoring im Prozess der Erarbeitung und Umsetzung des PMDRS 122
Abb. 20: Das Zirkulieren zwischen Aktions- und Begleitforschung und zwischen verschiedenen Akteursebenen im Forschungsprozess 123
Abb. 21: Überblick der Aktivitäten im Rahmen der Aktions- und Begleitforschung 126
Abb. 22: Idealtypische Phasen der Aktionsforschung verknüpft mit den Phasen des Monitoringprozesses 131
Abb. 23: Zusammenhang zwischen Steuerung, Monitoring und der Erarbeitung und Umsetzung des PMDRS 140
Abb. 24: Durch partizipatives Prozessmonitoring ausgelöste Diskussionen, Prozesse und Resultate 144
Abb. 25: Begleitung lokaler Aktivitäten im Monitoringprozess durch Aktionsforschung, Mentoring und Moderation 147
Abb. 26: BOHLES Doppelstruktur der Verwundbarkeit 184
Abb. 27: Analyseschema des *Sustainable Livelihood*-Ansatzes 187
Abb. 28: RAUCHS Analyserahmen für armutsorientierte Interventionen 189
Abb. 29: RAUCHS Vier Ebenen-Interventionsstrategie zur Armutsminderung 192
Abb. 30: Individuelles, gruppenspezifisches und kommunales Soziales Kapital in einem systemischen Sozial-Kapital-Modell 215
Abb. 31: Analysemodell des Beziehungsgeflechts im Sozialen Kapital 218
Abb. 32: Soziales Kapital zwischen Handlung und Struktur 224
Abb. 33: *Embeddedness* des Sozialen Kapitals in Handlung und Struktur 225

Abb. 34:	Dualität von Struktur bei GIDDENS	247
Abb. 35:	Anwendungsbezug und Komplexitätsgrad der Theorieansätze	258
Abb. 36:	Modell des Analyserahmens	265
Abb. 37:	Die in das Monitoring involvierten Akteure	269
Abb. 38:	Institutionelle Einbettung der Akteure	270
Abb. 39:	Partizipativ erarbeitete 'Lebenslinie' des Munizips Ourém (1990-2002)	275
Abb. 40:	Institutionelle und akteursspezifische Einbettung des Monitoringkomitees und der autonomen Monitoringgruppe in Ourém	288
Abb. 41:	Institutionelle und akteursspezifische Einbettung des Monitoringkomitees in São Domingos do Capim	298
Abb. 42:	Analyserahmen für die Messung der Qualität von Monitoringsystemen	307
Abb. 43:	Kombination verschiedener Vorgehensweisen zur Entwicklung eines partizipativen Monitoringsystems (im Rahmen einer projektbegleitenden Forschung)	340
Abb. 44:	Ownership-Mentoring zur Unterstützung der Entwicklung der Monitoringkapazitäten und der Durchführung der Monitoringschritte	344
Abb. 45:	Vorschlag zur Erarbeitung und Durchführung eines partizipativen Monitorings	345
Abb. 46:	Modell für die Analyse von Partizipationsintensität und Ownership	347
Abb. 47:	Kombination verschiedener Vorgehensweisen zur Entwicklung eines partizipativen Monitoringsystems (im Rahmen einer projektbegleitenden Forschung)	340

Abkürzungsverzeichnis

ACC	UN-Administrative Committee on Coordination
ACM	Adaptive Co-Management
AMA	Projeto Apoio ao Monitoramento e Análise
ANT	Aktor Netzwerk Theorie
BASA	Banco da Amazônia
BIP	Bruttoinlandsprodukt
BMZ	Bundesministerium für Wirtschaftliche Zusammenarbeit und Entwicklung
CDR	complex, diverse, risk-prone
CIFOR	Centre for International Forest Research
CMDR	Conselho Municipal de Desenvolvimento Rural
CMDRS	Conselho Municipal de Desenvolvimento Rural Sustentável
CEDRS	Conselho Estadual de Desenvolvimento Rural Sustentável
CNDRS	Conselho Nacional de Desenvolvimento Rural Sustentável
CNPT	Centro Nacional de Desenvolvimento Sustentado das Populações Tradicionais
COMAG	Cooperativa Mista do Alto Guamá
CPT	Comissão Pastoral da Terra
CUT	Central Única de Trabalhadores
DED	Deutscher Entwicklungsdienst
DfID	Department for International Development
DLIS	Desenvolvimento Local Integrado Sustentável
DRP	Diagnóstico Rural Participativo
ECD	Evaluation Capacity Development
EIA	Estudo de Impacto Ambiental
EMATER	Empresa de Assistência Técnica e Extensão Rural
EZ	Entwicklungszusammenarbeit
FANEP	Fundação Agroecológica do Nordeste Paraense
FAO	Food and Agricultural Organization
FAOR	Fórum da Amazônia Oriental
FAPIC	Federação dos Apicultures e Meloponicultores do Pará
FASE	Federação dos Órgãos para Assistêcnia Social e Educacional
FCAP	Faculdade das Ciências Agropecuárias (heute: UFRA)
FETAGRI	Federação dos Trabalhadores na Agricultura do Estado do Pará
FNO	Fundo Constitucional de Financiamento do Norte
FSC	Forest Stewardship Council
GERCO	Gerenciamento Costeiro
GTZ	Deutsche Gesellschaft für Technische Zusammenarbeit
HDI	Human Development Index
IBAMA	Instituto Brasileiro do Meio Ambiente e dos Recursos Naturais Renováveis
IBGE	Instituto Brasileiro de Geografia e Estatística
IDS	Institute for Development Studies
IMAZON	Instituto do Homem e Meio Ambiente da Amazônia
INCRA	Instituto Nacional de Colonização e Reforma Agrária
IPAM	Instituto de Pesquisas Ambientais
ISO	International Standard Organization
IWF	Internationaler Währungsfonds
LRE	Ländliche Regionalentwicklung
M&E	Monitoring und Evaluierung
MADAM	Mangrove Dynamics and Management
MDA	Ministério de Desenvolvimento Agrário

MDG	Millennium Development Goals
MESA	Ministério Extraordinário de Segurança Alimentar e Combate à Fome
MIN	Ministério da Integração Nacional
MMA	Ministério de Meio Ambiente
MST	Movimento dos Trabalhadores Rurais sem Terra
MuLL	Arbeitsgruppe Monitoring und Lessons Learnt
NGO	Non Governmental Organization
NIÖ	Neue Institutionen Ökonomie
NRO	Nichtregierungsorganisation
OECD	Organization for Economic Cooperation and Development
OED	Operations Evaluation Department der Weltbank
OPP	obligatory passage point
PAR	Participatory Action Research
PCIA	Peace and Conflict Impact Assessment
PDPI	Projetos demonstrativos de povos indígenas
PIM	Participatory Impact Monitoring
PIN	Programa de Integração Nacional
PM&E	Participatory Monitoring & Evaluation
PMDRS	Plano Municipal de Desenvolvimento Rural Sustentável
PPA	Plano Plurianual
PPG7	Pilotprogramm zum Schutz des tropischen Regenwaldes in Brasilien
PPP	Public-Private-Partnership
PRA	Participatory Rural Appraisal
PRONAF	Programa Nacional de Fortalecimento da Agricultura Familiar
PRSP	Poverty Reduction Strategy Paper
PSIA	Poverty and Social Impact Analysis
PT	Partido dos Trabalhadores
QUIM	Qualitative Impact Monitoring
ReBraMA	Rede Brasileira de Monitoramento e Avaliação
RESEX	Reserva Extractivista
RIMA	Relatório de Impacto Ambiental
SAGRI	Secretaria Executiva de Agricultura do Estado do Pará
SAF	Secretaria de Agricultura Familiar do MDA
SEAMA	Secretaria Municipal de Agricultura e Meio Ambiente (São Domingos do Capim)
SECTAM	Secretaria Executiva de Ciência e Tecnologia e Meio Ambiente
SEMAGRI	Secretaria Municipal de Agricultura (Ourém)
SLA	Sustainable Livelihoods Approach
SMART	specific, measurable, action-oriented, relevant, time-bound (indicators)
SPICED	subjective, participatory, interpreted, communicable, empowering, disaggregated (indicators)
STR	Sindicatos dos Trabalhadores Rurais
SUDAM	Superintendência de Desenvolvimento da Amazônia
SWAP	Soziale Wirkungsanalyse armutsorientierter Projekte
UNCED	United Nations Conference on Environment and Development
UNDP	United Nations Development Programme
VN	Vereinte Nationen
ZEE	Zoneamento Ecológico-Econômico
ZOPP	Zielorientierte Projektplanung

„Tudo tem um ritmo - tem que respeitar o ritmo da gente."
(Alles hat einen Rhythmus – man muss unseren Rhythmus respektieren.)
(Landwirtschaftssekretär in São Domingos do Capim, Januar 2004)

I Einleitung

1 Einleitung

Das brasilianische Amazonien ist bereits seit 500 Jahren ständigen Transformationsprozessen unterworfen. Diese haben jedoch spätestens ab den 60er Jahren des zwanzigsten Jahrhunderts eine neue, stark raum- und gesellschaftsprägende Dimension angenommen. Transformationsprozesse sind institutionelle Veränderungen. Sie führen zu neuen Akteurskonstellationen, in denen unterschiedliche Interessen aufeinandertreffen und sie sind in der Regel mit Koordinationsproblemen und Verteilungskonflikten verbunden (vgl. FAUST 2005:166). Die Akteure in Amazonien sind vielzählig, trotzdem gibt zunächst der Versuch einer staatlichen Steuerung den Rahmen vor, in dem sich die Aktivitäten der anderen Akteure entwickelten und entwickeln: sei es einerseits durch staatliche Erschließungs- und Besiedlungsprogramme oder andererseits gerade durch die Abwesenheit des Staates und die dadurch entstandenen quasi rechtsfreien Räume. Angesichts der Ergebnisse dieser Prozesse, die sich heute darbieten (starke regionale und soziale Disparitäten, Verarmungsprozesse, Raubbau an der Natur und dessen Folgen, Rechtsunsicherheit, Gewalt etc.) und angesichts des neuen staatlichen Entwicklungsparadigmas der nachhaltigen Entwicklung, das Demokratisierung und *Good Governance* impliziert, werden die bisherigen Planungsinstrumente der staatlichen Erschließungspolitik sowohl von der Zivilgesellschaft als auch von der Regierung als unzureichend oder unangepasst bewertet: die Suche nach einem neuen Planungsparadigma, neuen Planungsinstrumenten, neuen Planungsakteuren hält an.

Heute geht jedoch die Diskussion um *Good Governance*, gerade auch in der Kommunalentwicklung, über die Forderung einer angepassten Planung hinaus: Gute Ergebnisse wollen gesehen und gemessen werden, daher erhält ein effizientes Management, eine transparente Umsetzung und eine Rechenschaftslegung (*Accountability*) hohe Priorität. Im Monitoring – zentrales Thema dieser Arbeit - erhofft man sich ein Instrument zur Umsetzung dieser Ziele.

Ähnlich sehen die Entwicklungen in der internationalen Entwicklungszusammenarbeit (EZ) aus. Sie investiert neuerdings auch verstärkt in diesen Bereich: „Weniger Planung – mehr Monitoring!" lautet das Motto. Dadurch sollen Entwicklungsprojekte ebenfalls mehr Flexibilität bei der Steuerung erhalten und infolgedessen besser an die jeweils spezifische Realität angepasst werden können.

Good Governance wird heute als universelle Leitlinie verstanden oder auch als entwicklungspolitisches Zielsystem (FAUST 2005). Dies gilt auch für Amazonien. Hier geht es jedoch zunächst darum, einen Teufelskreis zu durchbrechen: Bei einer geringen Grundausstattung an guter Regierungsführung treten stark ausgeprägte Verteilungskonflikte auf. Eine höhere

Konfliktintensität und eine durch einen ‚fluiden institutionellen Kontext' ausgelöste Unsicherheit (vgl. MESSNER/SCHOLZ 2005a) erschweren wiederum die Kooperation zwischen unterschiedlichen gesellschaftlichen und staatlichen Akteursgruppen. Dies stellt eine schlechte Vorbedingung für gute Regierungsführung dar.

In Analogie zu diesem Dilemma weisen mögliche Lösungsvorschläge für Entwicklungsprobleme in Amazonien (wie auch in anderen Regionen) stets einen Widerstreit zwischen Ansätzen von oben und von unten auf: soll bei den Strukturen oder den Handlungen der Menschen angesetzt werden? Ansätze von oben, beispielsweise Planung von staatlicher Seite, sind häufig nicht angepasst an lokale Gegebenheiten und Bedürfnisse - Empowerment von unten, auf *grass-root-level*, besitzt dagegen meist wenig institutionelle Nachhaltigkeit. Diese Arbeit will versuchen diese scheinbaren Gegensätze zusammenzuführen: Struktur und Handlung, aber auch Theorie und Praxis.

Seit der Phase des Übergangs zwischen Militärdiktatur und Demokratie in Brasilien in den 1980er Jahren wird versucht die Demokratisierung mit Maßnahmen der administrativen Dezentralisierung zu begleiten und zu stärken. Spätestens die neue Verfassung von 1988 hat den Grundstein für das politische Programm Dezentralisierung gelegt. Dass Dezentralisierung per se weder positive noch negative Auswirkungen hat, sondern dies immer vom jeweiligen Design der Maßnahmen abhängt, ist in der letzten Zeit in der wissenschaftlichen Diskussion zu Dezentralisierung weitgehend zum Konsens geworden.[2] In der politischen Öffentlichkeit und speziell im Rahmen der aktuellen brasilianischen Regierungspolitik wird jedoch weiterhin häufig Dezentralisierung mit Demokratisierung gleichgesetzt. Mit ihr sind ebenfalls die Konzepte von *cidadania*[3], Partizipation, Selbst-Steuerung, Empowerment und Ownership eng verknüpft und damit im aggregierten Sinne das Konzept der *Good Governance*. Darüber hinaus wird Dezentralisierung oftmals als Teil von Maßnahmen im Sinne eines *New Public Managements* propagiert, das vor allem die Erhöhung der Effizienz der staatlichen Administration zum Ziel hat.

Im Lichte der amazonischen Realität und vor allem ihrer (vorherrschenden) politischen Kultur wird gerade die Dezentralisierung auf munizipaler Ebene von einigen WissenschaftlerInnen recht kritisch eingeschätzt und statt einer umfassenden Demokratisierung, eine Konzentrierung von Macht auf einige lokale Akteure, beispielsweise der Bürgermeister oder lokale Eliten befürchtet bzw. teilweise bereits konstatiert (vgl. u.a. SALGADO/KAIMOVITZ 2003). Klientelismus innerhalb und außerhalb staatlicher Institutionen, Korruption und die Komplexität lokaler Machtverhältnisse werden durch neuere Studien in der Region immer deutlicher.[4]

---

[2] „To debate whether decentralization is good or bad is unproductive and misleading since the impact of decentralization depends on design." (LITVACK et al. 1998:26, zitiert in THOMI 2001:10)

[3] Für diesen Begriff gibt es keine eindeutige Übersetzung auf Deutsch. Er kommt jedoch den folgenden Begriffen nahe: Staatsbürgerlichkeit oder dem englischen *Citizenship*.

[4] vgl. bspw. LEROY 2003, SALGADO/KAIMOVITZ 2003. Das Fortwähren der Landkonflikte - auch unter Präsident Ignácio ‚Lula' da Silva - äußerte sich in den letzten Jahren zum einen in Geiselnahmen in der Landreformbehörde (INCRA, *Instituto Nacional de Colonização e Reforma Agrária*) von Seiten der

Trotzdem bleibt der Eindruck, dass diese Prozesse von den staatlichen Institutionen bei der Planung und Implementierung ihrer Programme zum größten Teil völlig ignoriert werden. Die zivilgesellschaftlichen Akteure haben in dieser Hinsicht eine kritischere, realistischere Sichtweise. Sie fordern mehr Kontrolle, zivilgesellschaftliche Begleitung von staatlichen Entwicklungsprogrammen, mehr Monitoring, oder sie machen sich das Monitoring staatlicher Politik selbst zur Aufgabe. Der Zusammenschluss von Nicht-Regierungsorganisationen aus Ost-Amazonien, Forum des östlichen Amazoniens (FAOR, *Fórum da Amazônia Oriental*), begann beispielsweise vor drei Jahren einen jährlichen (bis zweijährlichen) Bericht der Beobachtung der Staatsbürgerlichkeit (*Observatório da cidadania*) herauszugeben, in dem die aktuelle Situation im östlichen Amazonien in verschiedenen Sektoren (Bildung, Gesundheit, Wohnungsbau, Wasser, Infrastruktur, Rechtssicherheit, Landbesitzverhältnisse, Gleichstellungspolitik etc.) analysiert und der aktuellen Regierungspolitik gegenüber gestellt wird.

Es gibt aber auch vereinzelt staatliche Maßnahmen auf kommunaler Ebene in diesem Bereich. Das mittlerweile international bekannte und anerkannte Konzept des Beteiligungshaushalts (*orçamento participativo*) umfasst erfolgreich Instrumente der partizipativen Planung und - bisher nur sehr lückenhaft - Instrumente des Monitorings der Implementierung der geplanten Maßnahmen. Hierdurch soll der Bevölkerung ein größeres Mitspracherecht eingeräumt und eine gesellschaftliche Kontrolle öffentlicher Ausgaben gewährt werden.

Ebenso kann die Einführung von thematisch ausgerichteten Beiräten (*conselhos*) auf kommunaler Ebene vereinzelt seit Ende der 1980er Jahre und verstärkt seit der zweiten Hälfte der 1990er Jahre, als eine Art Monitoring- oder Kontrollinstrument, zumindest als ein Instrument zur Förderung der Demokratisierung gewertet werden. Die zivilgesellschaftlichen Akteure, die durch ihre Teilnahme in den verschiedenen Beiräten die Kommunalpolitik breit diskutieren, haben bisher nur beratenden Charakter. Im Bereich der ländlichen Entwicklung versucht die brasilianische Bundespolitik heute sogar im Rahmen der Umsetzung des nationalen Programmes zur Unterstützung der kleinbäuerlichen Landwirtschaft (PRONAF, *Programa Nacional de Fortalecimento da Agricultura Familiar*) die Beiräte an der Aktivitätenplanung der Kommunalverwaltung teilnehmen zu lassen durch die gemeinsame Formulierung der Kommunalen Pläne zur nachhaltigen ländlichen Entwicklung (PMDRS, *Planos Municipais de Desenvolvimento Rural Sustentável*).

Durch Schaffung von Institutionen oder Programmen entstehen jedoch nicht automatisch Kompetenzen im Bereich der öffentlichen Verwaltung. Das politische und administrative Personal in den Kommunalverwaltungen weist in den nördlichen Bundesstaaten Brasiliens - vor allem im ländlichen Raum - generell eine relativ niedrige formale Ausbildungsqualifikati-

---

Landlosenbewegung (MST, *Movimento dos Trabalhadores Rurais sem Terra*), um ihren Forderungen Gehör zu verschaffen und auf der anderen Seite in der Häufung von Auftragsmorden u.a. an der us-amerikanischen Nonne Dorothy Stang im Februar 2005 in Anapu/Pará. 2000 Soldaten wurden daraufhin im Jahr 2005 in der Region stationiert. Im Dezember 2005 wurden die beiden Auftragsmörder verurteilt. Der Prozess gegen die Hintermänner, mehrere Großgrundbesitzer, steht noch aus. Die Konflikte sind jedoch keineswegs neu: vgl. beispielsweise MARTINS 1982, EMMI 1988, SCHÖNENBERG 1993 u.a.

on auf. Noch viel weniger sind Personen zu finden, die Schulungen in öffentlicher Verwaltung oder Kommunalentwicklung durchlaufen haben. Bei den zivilgesellschaftlichen Akteuren ist der Qualifikationsgrad ähnlich defizitär. Generell wird deutlich, dass die Selbststeuerungskapazität der Munizipien im ländlichen Raum Parás aufgrund mangelnder formaler und spezifischer Qualifikation sowohl bei den Angestellten der öffentlichen Verwaltung als auch bei den Akteuren der Zivilgesellschaft bisher verhältnismäßig schwach ausgebildet ist. In diesem Kontext lassen sich Sonder- oder Partikularinteressen lokaler Eliten gegen die Interessen der relativ unorganisierten Gesellschaftsmehrheit (z.B. der Kleinbauern) relativ leicht durchsetzen und damit kollektives Handeln und eine nachhaltige Kommunalentwicklung behindern.

Wenn auch politische Partizipation per se kein Patentrezept zur Bekämpfung von Nepotismus ist, so kann sie durchaus zu politischen Bildungs- und Demokratisierungsprozessen beitragen. Allerdings ist politische Bildung ihrerseits bereits eine Voraussetzung für wirkliche Partizipation, wenn sie mehr sein soll als ein Feigenblatt (vgl. LONG/PLOEG 1989). Wo müssen also diese Demokratisierungsprozesse begonnen werden? In den Handlungen der Akteure oder in der Struktur?

In dieser Arbeit sollen die Möglichkeiten und Grenzen partizipativer Kommunalentwicklung und deren Beitrag zur Demokratisierung politischer Prozesse im brasilianischen Amazonien analysiert werden und aus der Perspektive der geographischen Entwicklungsforschung (vgl. KRÜGER/LOHNERT 1996) auf einige dieser hier aufgeworfenen Fragen Antworten gefunden werden. Diese Fragestellungen und Themenbereiche werden anhand der Erarbeitung und Überprüfung eines Systems des partizipativen Monitorings von kommunalen Entwicklungsplänen konkretisiert.

Diese Arbeit ordnet sich dadurch in die aktuelle Tendenz des Anwendungsbezugs und der entwicklungspolitischen Relevanz der geographischen Entwicklungsforschung ein (vgl. COY 2000, KRÜGER 2003 sowie IV.1.1.1). Auch der Trend zu Mehr-Ebenen-Analysen wird im Analyserahmen dieser Arbeit weiter verfolgt. Die vorherrschende Akteurs- und Handlungsorientierung in der geographischen Entwicklungsforschung wird jedoch dem Themenkomplex entsprechend zu einem Integrationsmodell von Handlung und Struktur erweitert.

2 Entstehungszusammenhang der Arbeit

Diese Arbeit basiert auf einer Forschung im Zeitraum von 2001 bis 2003 zum partizipativen Monitoring von kommunalen Plänen zur nachhaltigen ländlichen Entwicklung (PMDRS) am Beispiel zweier Kommunen (*municípios*) im Nordosten des brasilianischen Bundesstaates Pará (vgl. Karte 1).

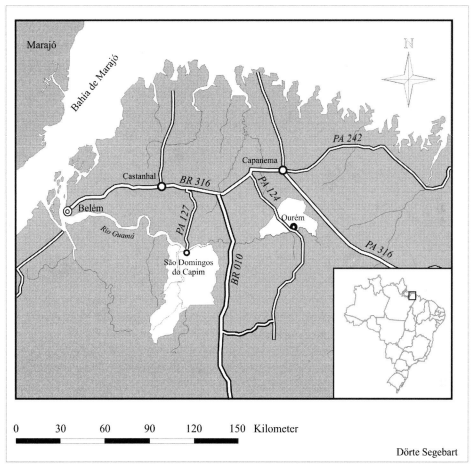

Karte 1: Die Munizipien Ourém und São Domingos do Capim im Nordosten des brasilianischen Bundesstaates Pará

Anfang der 1990er Jahre hatten sich die sozialen Bewegungen in Brasilien für eine aktivere Unterstützung der kleinbäuerlichen Landwirtschaft eingesetzt und nach vielfältigen Protesten und Aktionen[5] (u.a. MARTINS 1995, SOUZA 2002) Gehör gefunden: der Verfassungsfinanz-

---

[5] Es wurden in diesen Jahren häufig große Protestmärsche mit anschließenden Kundgebungen, sogenannte

fonds für den Norden (FNO, *Fundo Constitucional de Financiamento do Norte*) wurde eingeführt, der Kreditlinien für den Anbau von mehrjährigen Kulturen vorsah. Diese Kreditlinie wurde jedoch schon nach kurzer Zeit stark kritisiert, da sich mehrere Probleme abzeichneten,[6] die zur Verschuldung der Kleinbauern und damit zum Scheitern des Programms führten. 1996 wurde daraufhin das Programm zur Unterstützung der kleinbäuerlichen Landwirtschaft (PRONAF) eingerichtet, das jährlich Gelder aus dem Bundeshaushalt direkt an die Kommunen transferiert. Als Voraussetzung für die Überweisung der Mittel sind neben der Erfüllung von "Armutskriterien"[7], die Existenz eines kommunalen Beirats zur ländlichen Entwicklung, in dem die Zivilgesellschaft stark vertreten ist, und die Ausarbeitung eines Entwicklungsplans (PMDRS) notwendig. PRONAF bildet heute ein wesentliches Element der Dezentralisierungsbestrebungen des brasilianischen Staates im Bereich der ländlichen und landwirtschaftlichen Entwicklung (vgl. II.2.2.1).

Das Projekt PRORENDA Rural Pará, ein Projekt der deutsch-brasilianischen technischen Zusammenarbeit, angesiedelt im Landwirtschaftsministerium von Pará (SAGRI, *Secretaria Executiva de Agricultura do Estado do Pará*) und assoziiert im Internationalen Pilotprogramm zum Schutz des tropischen Regenwaldes in Brasilien (PPG7)[8], arbeitet eng mit PRONAF zusammen und fördert die partizipative Erarbeitung der Entwicklungspläne in mehreren Gemeinden im Nordosten Parás. Die Implementierung der in den Plänen vorgesehenen Maßnahmen ging jedoch aufgrund verschiedener Faktoren nur sehr langsam voran. Aus diesem Grund wurde versucht mit dem partizipativen Monitoring ein Instrumentarium zu entwickeln, das die Umsetzung der PMDRS in den Munizipien unterstützt.

Gritos (Aufschreie, Schreie), organisiert: *grito do campo* (Aufschrei des Landes), *grito dos povos da Amazônia* (Aufschrei der Völker Amazoniens), *grito da Terra Brasil* (Aufschrei der Erde Brasiliens).

[6] Zu den Problemen zählten u.a. Fehler in der Planung und Erarbeitung der Kleinkreditvorhaben, fehlende Erfahrung und Vorbereitung der Kleinbauern im Umgang mit Kreditvorhaben und der geforderten Organisierung in Kleingruppen, mangelhafte technische Begleitung, Verzögerung der Lieferung von Saatgut, Förderung von input-intensiver Landwirtschaft, Förderung von Monokulturen, fehlende Vermarktungskonzepte, ökologische Probleme durch die Einführung extensiver Viehwirtschaft (vgl. CMDRS São Domingos do Capim 2001:22).

[7] Als Grundlage wird der Human Development Index (HDI) der UN genommen.

[8] vgl. u.a. SMERALDI ET AL. 1998, BECKER 2001, KOHLHEPP 2001

3 Zielsetzung der Arbeit und forschungsleitende Fragen

In dieser Arbeit sollen die Möglichkeiten und Grenzen partizipativer Kommunalentwicklung und deren Beitrag zur Demokratisierung politischer Prozesse in einem spezifischen geographischen Kontext analysiert werden.

Die Zielsetzungen dieser Arbeit sind auf drei Ebenen angesiedelt:

- auf der Ebene der Prämisse des Anwendungsbezugs der Forschung,
- auf der wissenschaftlich-theoretischen Ebene und
- auf der methodologischen Ebene.

Die Zielsetzungen auf den einzelnen Ebenen basieren alle auf den folgenden gemeinsamen Eingangshypothesen:

- In einer Gesellschaft existieren Ungleichheiten und Machtbeziehungen.
- Machtverhältnisse beeinflussen die (Selbst-)Steuerungsfähigkeit einer Gesellschaft und die Umsetzung demokratischer Prozesse.
- Machtverhältnisse in einer Gesellschaft sind reversibel und dynamisch.
- Im Kontext von *Good Governance* ist Selbst-Steuerung erwünscht und möglich.
- Die Anwendung partizipativer Methoden in der Kommunalplanung und -verwaltung kann demokratische Prozesse fördern.
- Partizipatives Monitoring trägt zur Selbst-Steuerung bei.
- Partizipatives Monitoring trägt zum *Empowerment* der involvierten Individuen bei.
- Partizipatives Monitoring trägt zum *Capacity Development* bei.
- Partizipation kann Machtverhältnisse verändern.
- Die Umsetzung von partizipativem Monitoring wird sowohl von spezifischen verortbaren Rahmenbedingungen (interne und externe, hemmende und fördernde Faktoren) als auch von den beteiligten Akteuren beeinflusst.

Im Folgenden werden die verschiedenen Zielsetzungen näher erläutert:

3.1 Praxisrelevante Zielsetzung

Praxisrelevantes Ziel dieser Arbeit ist es, auf der Basis der beobachteten und analysierten Prozessabläufe partizipative Instrumente des Prozess- und Wirkungsmonitorings für eine an Nachhaltigkeit orientierte Kommunalplanung zu entwickeln, die sowohl an Planungsgegenstand und -ziel sowie an das Monitoringziel angepasst sind als auch an die durchführenden Akteure und die lokal-spezifischen Rahmenbedingungen, die deren Handeln beeinflussen.

Daraus ergibt sich die folgende *forschungsleitende Frage*:

- Unter welchen Bedingungen und mit welchen Akteuren sind welche Instrumente des partizipativen Monitorings auf welche Weise anwendbar? Wie kann ein Konzept für partizipatives Monitoring aussehen?
- oder : *Was* kann *warum* und *wie* von *wem wo* monitoriert[9]?

Dafür ist es notwendig die beteiligten Akteure (*stakeholder*) zu identifizieren und ihren Einfluss auf die Umsetzung des partizipativen Monitorings zu analysieren, unter Berücksichtigung ihres spezifischen politischen, soziokulturellen, ökonomischen und ökologischen Kontextes.

Darüber hinaus müssen alle weiteren Faktoren berücksichtigt werden, die sich positiv oder negativ auf die Umsetzung des Instrumentes auswirken. Für die Analyse der Methode müssen Qualitätskriterien (bspw. Wirkung, Umsetzbarkeit, Nachhaltigkeit) entwickelt werden, auf die im Kapitel IV.2.2 noch detaillierter eingegangen wird.

Bei der Erarbeitung des Vorschlages für partizipatives Monitoring orientierte sich diese Arbeit sowohl an bereits bestehenden Instrumenten in der Region als auch an Vorschlägen, Fallbeispielen und theoretischen Konzepten aus der Literatur.

Eine vergleichende Analyse der Monitoringprozesse in zwei Kommunen soll die Grundlage bieten für die Erarbeitung eines Grundkonzeptes für partizipative Monitoringverfahren auf kommunaler Ebene mit flexiblen Elementen, die sich auf die jeweiligen Akteure und den spezifischen Kontext anpassen lassen, d.h. eine partielle oder vollständige Übertragbarkeit auf andere Regionen zulassen.

Das praxisrelevante Ziel dieser Arbeit ist es,

- einen Analyserahmen zu entwickeln, mit dem die spezifischen, die Umsetzung der Methode beeinflussenden Faktoren (Akteure, deren Handlungen und Handlungsmotivationen, Rahmenbedingungen etc.) untersucht werden können;
- die Erarbeitung eines Grundkonzeptes für partizipative Monitoringverfahren auf kommunaler Ebene mit flexiblen Elementen, die sich auf die jeweiligen Akteure und den spezifischen Kontext anpassen lassen, d.h. eine partielle oder vollständige Übertragbarkeit auf andere Regionen zulassen,
- einen Analyserahmen zu entwickeln, mit dem die Qualität des in dieser Arbeit untersuchten Monitoringinstrumentes gemessen und damit eine Aussage über die Reproduzierbarkeit dieser spezifischen Methode gemacht werden kann (und dies auch zu tun). Dieser

---

[9] In dieser Arbeit wird das nicht sehr geläufige Verb *monitorieren* für die Beschreibung des Prozesses des Monitorings verwendet. In der deutschen Sprache existiert keine exakte Übersetzung für das englische Verb *to monitor*. Verwandte deutsche Verben wie *evaluieren* oder *überprüfen* beziehen sich inhaltlich auf einen anderen Sachverhalt (vgl. dazu Kapitel II.1.2.3.2).

Analyserahmen soll auch für die Analyse anderer Planungs- und Monitoringinstrumente in der Kommunalplanung angewendet werden können.

3.2 Theoriegeleitete Zielsetzung

Für die anwendungsbezogene Forschung besitzt die theoretische Basis eine große Relevanz. Aus diesem Grunde sollten anwendungsbezogene Arbeiten theoretische Ansätze für ihre Analyse fruchtbar machen, sie überprüfen und ein Feedback für die Weiterentwicklung theoretischer Konzepte geben. Diesem Anspruch soll diese Arbeit gerecht werden. Wie anfangs erwähnt, sollen in dieser Arbeit die Möglichkeiten und Grenzen partizipativer Kommunalplanung und deren Beitrag zur Demokratisierung politischer Prozesse in einem spezifischen geographischen Kontext analysiert werden.

Hier stellen sich Fragen wie:

- Wie sieht dieser spezifische Kontext aus? Was soll darunter verstanden werden?
- Wie handeln Akteure in diesem Kontext?
- Wie ist das Zusammenspiel zwischen Kontext und dem Handeln der Akteure zu verstehen und zu analysieren?

Für die Beantwortung dieser Fragen sollen einige theoretische Konzepte der Geographie, aber auch der Nachbarwissenschaften, aufgearbeitet werden, die für eine Beantwortung dieser Fragen und speziell für eine anwendungsbezogene Forschung und für Arbeiten im Rahmen der Entwicklungs(länder)forschung relevant sind.

Die forschungsleitenden Fragen lauten daher:

- Mit welchen theoretischen Ansätzen lassen sich komplexe Realitäten analysieren?
- Wie können dabei sowohl die Akteure, ihr Handeln als auch die das Handeln beeinflussenden Faktoren analysiert werden?
- Wie kann ein theoretisches Analysemodell aussehen, das die Untersuchung dieser Aspekte ermöglicht?
- Wie funktioniert es in der praktischen Überprüfung?
- Welche Potenziale und Grenzen besitzt es?

Das Analysemodell, das hier angestrebt wird, bildet gleichzeitig die Basis für den Analyserahmen der praxisrelevanten Zielsetzung, der die das Monitoring beeinflussenden Faktoren untersucht.

Bei der theoriegeleiteten Zielsetzung liegt der Schwerpunkt jedoch auf der Nutzbarmachung und Weiterentwicklung bestehender theoretischer Ansätze für die Praxis und das Feedback an die theoretische Diskussion innerhalb der Sozialgeographie.

Theoriegeleitete Zielsetzung der Arbeit ist es,

- ein Analysemodell zu entwickeln, mit dem ein spezifischer Kontext unter Berücksichtigung seiner Komplexität untersucht werden kann
- und damit einen Beitrag zur geographischen Theoriediskussion zu leisten.

3.3 Methodologische Zielsetzung

Hier kann die Frage gestellt werden, ob es sich hierbei tatsächlich um eine spezifische Zielsetzung handelt, die einer gesonderten Darstellung und Bearbeitung bedarf, oder ob sie nicht vielmehr bereits in der praxisrelevanten und theoriegeleiteten Zielsetzung integriert ist.

Während der empirischen Vorgehensweise wurde deutlich, dass die methodologische Zielsetzung dieser Arbeit weder von PraktikerInnen noch von WissenschaftlerInnen als besonders wichtig erachtet wurde. Die PraktikerInnen wollten einerseits nur wissen: funktioniert die Methode oder funktioniert sie nicht? Dies war für diese Arbeit relevant, aber auch: wie kann ein solcher Test wissenschaftlich begleitet werden? Welche Forschungs- und Analysemethoden eignen sich dafür? Andererseits war dies WissenschaftlerInnen meist zu praktisch oder aber nicht wissenschaftlich oder zumindest nicht theoriegeleitet genug. Aus diesem Grunde wird es für berechtigt gehalten, diesem Thema eine gesonderte Zielsetzung zu widmen.

Diese Forschungsarbeit bewegte sich durch ihren Aktionsforschungsansatz in einem ständigen Spannungsfeld zwischen wissenschaftlicher Arbeit und praktischer Durchführung von Maßnahmen.

Unter Anerkennung der Prämisse, dass Wissenschaft nie wertneutral und objektiv sein kann, mussten die eigenen subjektiven kognitiven Aufnahmefilter[10] reflektiert werden. Nun kam jedoch noch die aktive Rolle als Beraterin bei der Umsetzung des partizipativen Monitoring hinzu. Es musste davon ausgegangen werden, dass das Handeln der Akteure durch die Präsenz und das Handeln der Forscherin und Beraterin beeinflusst wurde. Wie ließen sich nun die Auswirkungen des eigenen Handelns wissenschaftlich isolieren, damit sie das Forschungsergebnis nicht verfälschten?

Diese Überlegungen lassen sich in der folgenden *forschungsleitenden Frage* zusammenfassen:

- Welche Potenziale, Grenzen und Gefahren existieren bei der Anwendung welcher Methoden zur wissenschaftlichen Begleitung eines Projektes und im Besonderen beim Test einer Methode?

---

[10] vgl. zu diesem Thema II.3 aber auch Diskussionen der poststrukturalistischen Debatte (vgl. IV.1.1).

Methodologische Zielsetzung der Arbeit ist es,

- die eigene Rolle und Position als (Aktions-)Forscherin zu reflektieren und einen methodologischen Umgang mit einer solchen Rolle vorzuschlagen,
- die methodologische Schwierigkeit einer projekt-/praxisbegleitenden (Aktions-) Forschung darzustellen und einen methodologischen Umgang damit vorzuschlagen und
- im Speziellen Schwierigkeiten zu beleuchten, die bei einer Forschung über den Test einer Methode auftreten und methodologische Lösungsvorschläge zu unterbreiten und zusammenfassend
- ein methodologische Vorgehensweise zu entwickeln für die Durchführung einer aktionsforschungsorientierten Methodenanalyse.

3.4 Zusammenfassung

Die praxisrelevanten, theoriegeleiteten und methodologischen Zielsetzungen dieser Arbeit sind eng miteinander verknüpft und bauen teilweise aufeinander auf. Dies wird auch in der Vorstellung der Vorgehensweise in dieser Arbeit detaillierter dargestellt (vgl. II.3.2). Die folgende Graphik (Abb.1) fasst die Integration das Zusammenwirken der verschiedenen Zielsetzungen zusammen.

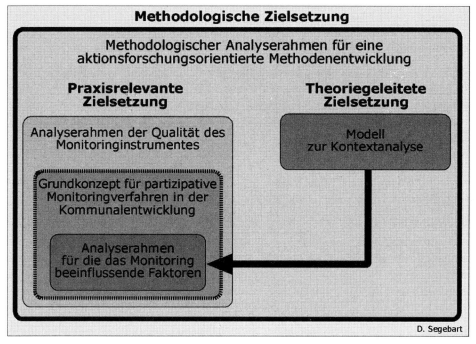

Abb. 1: Praxisrelevante, theoriegeleitete und methodologische Zielsetzungen der Arbeit

4 Aufbau der Arbeit

Im Zentrum dieser Arbeit steht die Erarbeitung eines partizipativen Monitoringsystems für die Begleitung kommunaler Entwicklungspläne. Nach dieser ersten Einleitung folgt im Teil (II) die Kontextualisierung dieser Arbeit. Dort wird der thematische (II.1) und der regionale Kontext der Arbeit (II.2) dargestellt sowie die methodologische Vorgehensweise in dieser Arbeit (II.3).

Das Thema ordnet sich auf der einen Seite in die Diskussionen um Demokratieförderung (II.1.1.1), *Good Governance* (II.1.1.2) und Dezentralisierung (II.1.1.3) ein. Auf der anderen Seite wird partizipatives Monitoring (II.1.2.1) im Rahmen von Entwicklungsplanungen und -interventionen generell, aber auch im Besonderen von partizipativen Ansätzen (II.1.2.2) und Konzepten des Monitorings in der Kommunalentwicklung und Entwicklungszusammenarbeit diskutiert (II.1.2.3).

Der geographische Kontext geht auf staatliche Entwicklungsplanung in Amazonien ein (II.2.1) und auf aktuelle Tendenzen der Dezentralisierung und *Good Governance* in der Region (II.2.2).

Die Beschreibung der methodologischen Vorgehensweise rekonstruiert zunächst die Ursprünge der Aktionsforschung in der sozialgeographischen Forschung (II.3.1) und stellt anschließend die Vorgehensweise der Aktionsforschung dieser Arbeit vor (II.3.2).

Der dritte Teil (III) widmet sich der empirischen Aktionsforschung. Er beschreibt zunächst den Monitoringprozess (III.1.) und analysiert anschließend sowohl diesen als auch die Aktionsforschung an sich (II.2).

Im vierten Teil (IV) folgen die Analysen der Begleitforschung: die Kontextanalyse (IV.1), die Methodenanalyse (IV.2) und die Analyse der methodologischen Vorgehensweise (IV.3). Jede Analyse besteht aus einer inhaltlichen oder theoretischen Einbettung, aus dieser folgt die Entwicklung eines Analyserahmens. Es schließt sich die eigentliche Analyse an und ein Fazit resümiert das jeweilige Unterkapitel.

Der fünfte Teil (V), fasst die Ergebnisse der Arbeit zusammen (V.1), gibt Empfehlungen für die Kommunalpolitik im brasilianischen Amazonien, für die Entwicklungszusammenarbeit und die Wissenschaft (V.2) und endet mit einer kurzen Schlussbetrachtung (V.3).

Die Gliederung der Arbeit wird auf der folgenden Abbildung (Abb.2) graphisch verdeutlicht.

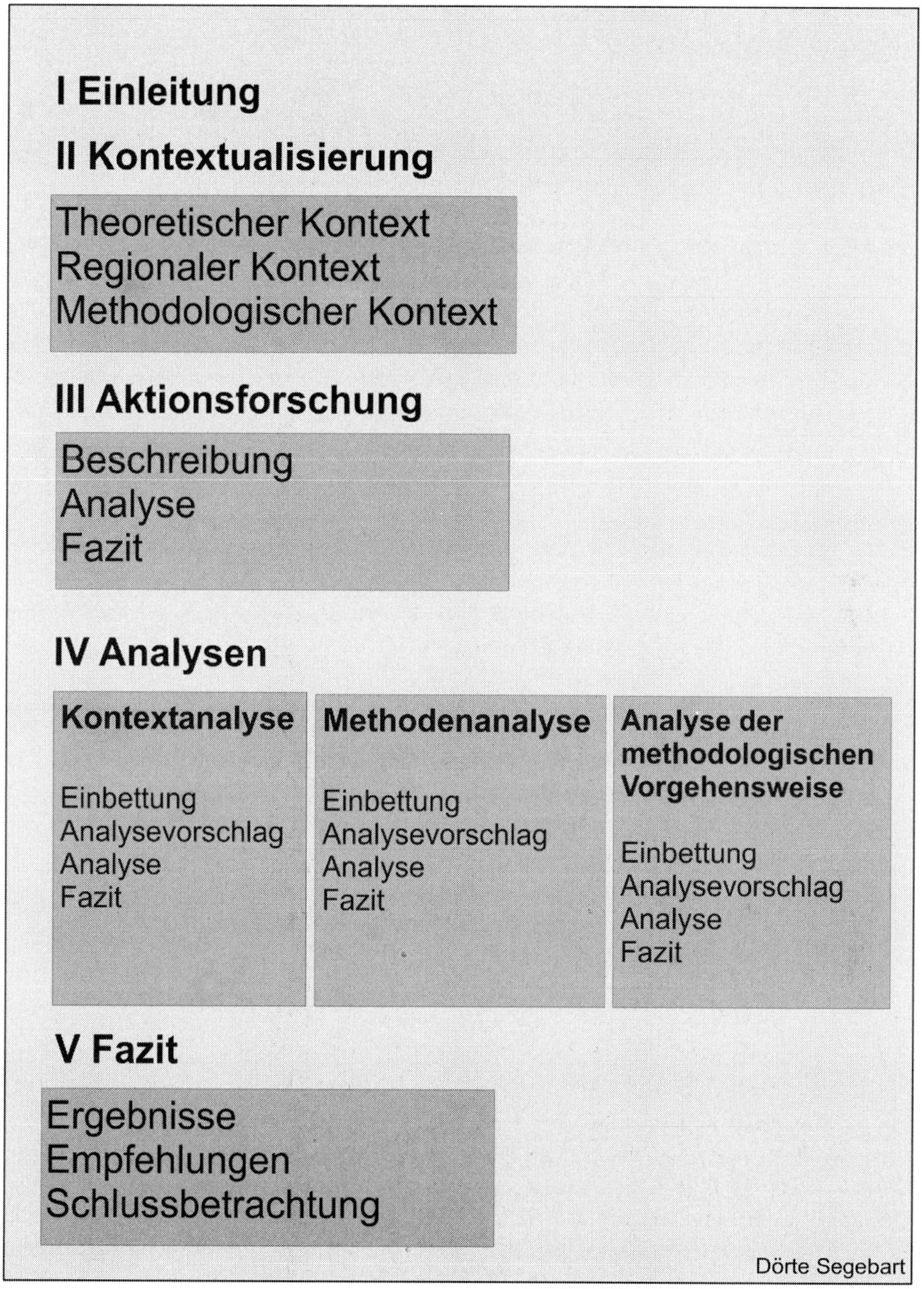

I Einleitung

II Kontextualisierung

Theoretischer Kontext
Regionaler Kontext
Methodologischer Kontext

III Aktionsforschung

Beschreibung
Analyse
Fazit

IV Analysen

Kontextanalyse	Methodenanalyse	Analyse der methodologischen Vorgehensweise
Einbettung
Analysevorschlag
Analyse
Fazit	Einbettung
Analysevorschlag
Analyse
Fazit	Einbettung
Analysevorschlag
Analyse
Fazit

V Fazit

Ergebnisse
Empfehlungen
Schlussbetrachtung

Dörte Segebart

Abb. 2: Aufbau der Arbeit

II. Kontextualisierung

1 Thematischer Kontext – Partizipatives Monitoring und *Good Governance* in der nachhaltigen Kommunalentwicklung

Die Förderung von Demokratie und *Good Governance* in Entwicklungs- und Transformationsländern hielt seit Beginn der 1990er verstärkt Einzug in Diskurse und Programme wichtiger entwicklungspolitischer Geber (z.B. OECD 1995, USAID 1998, BMZ 2002, UNDP 2002). Das Konzept *Good Governance* soll mit Aktivitäten auf vielen Akteursebenen wie Regierungsberatung auf nationaler, Institutionenförderung auf regionaler oder *Empowerment* der Zivilgesellschaft auf lokaler Ebene, sowie der Entwicklung von Ansätzen der Dezentralisierung, Kommunalentwicklung und Verwaltungsförderung in die Praxis umgesetzt werden. Aus den Diskussionen um *Good Governance*, Demokratisierung und Dezentralisierung ist das Konzept der Partizipation (vgl. 1.2) heute nicht mehr wegzudenken und appelliert an die ebenfalls im *Good Governance*-Konzept integrierten Prinzipien von Transparenz und Rechenschaftslegung (*Accountability*). Gerade für die Umsetzung von *Accountability* spielt Monitoring zunehmend eine größere Rolle. Das Thema dieser Arbeit siedelt sich in der Schnittstelle der Partizipation zwischen dem *Good Governance*- und dem Monitoring-Diskurs (1.2.3) an.

Ob eine bestimmte Maßnahme (beispielsweise in der Kommunalentwicklung) Wirkungen hervorbringt, kann gerade im Bereich der Demokratieförderung sehr schwer bestimmt werden, da meist verschiedene Akteure und Einflussfaktoren an spezifischen Aktivitäten und Ergebnissen beteiligt sind. Das Wirkungsgefüge, die Wirkungsketten, in Bezug auf gesellschaftliche und politische Veränderungen sind bei dieser Thematik sehr komplex.

Gleichzeitig fordern heute Öffentlichkeit, Regierung, Parlament etc. stärker denn je nachweisbare Wirkungen der entwicklungspolitischen Interventionen ein. Monitoring und Evaluierung (M&E) sind Themen, die bereits seit den 1980ern diskutiert wurden (vgl. GUBA/LINCOLN 1981, 1989). Doch erst in den letzten zehn Jahren wurde ihre Relevanz verstärkt von der internationalen Entwicklungszusammenarbeit und in Einzelfällen auch von der Kommunalplanung entdeckt. Die Renaissance des Themas (z.B. GTZ 1998, 2000a, 2001) kann mit den knapper werdenden Mitteln der Entwicklungszusammenarbeit und dem damit einhergehenden steigenden Rechtfertigungszwang in Zusammenhang gebracht werden (*Accountability*), aber auch Fragen der Effizienz des internen Managements (*Efficiency*) waren sicher ausschlaggebend für das Aufkommen folgender Fragen: Werden die zur Verfügung stehenden finanziellen Ressourcen effizient eingesetzt? Wie wirkt Entwicklungszusammenarbeit? Welche Wirkungen haben Programme und Projekte? Wird Entwicklung erreicht? Was ist Entwicklung und wie kann sie gemessen werden?

Gleichzeitig wurde erkannt, dass bisher viel Energie in die Planung von Entwicklungsinterventionen investiert wurde und die Aspekte Steuerung und M&E der Interventionen konzeptionell und politisch vernachlässigt wurden.

Im Folgenden sollen die Diskussionen um Demokratisierung, Dezentralisierung und *Good Governance* kurz skizziert werden, die den diskursiven Kontext dieser Arbeit bilden.

1.1 Demokratieförderung, *Good Governance* und Dezentralisierung

Zu häufig wird davon ausgegangen, dass Demokratieförderung mit Dezentralisierung umzusetzen wäre und sich daraus sozusagen automatisch *Good Governance* ergebe. So einfach ist die Gleichung nicht: hinter den Begriffen verbergen sich die unterschiedlichsten Konzepte und Umsetzungsstrategien, die im Folgenden kurz erläutert werden sollen und zwar stets im Hinblick auf die Anwendung partizipativer Methoden in der Kommunalentwicklung.

1.1.1 Demokratieförderung – Fördert Partizipation Demokratie?

Fördert Partizipation Demokratie? Oder sollte man vielmehr fragen, ob direkte Partizipation - mit dieser Bedeutung wird der Begriff heute vor allem verwendet - Demokratie fördert? Eine ähnliche Debatte wurde in der BRD gleich nach der Wende Anfang der 1990er Jahre geführt, als es darum ging, ob aufgrund der positiven Erfahrung mit runden Tischen und anderen partizipativen Methoden in der DDR, die letztendlich einen entscheidenden Beitrag zur Wiedervereinigung darstellten, plebiszitäre Elemente in das politische System der neuen Bundesrepublik eingeführt werden sollten (vgl. u.a. SCHEFOLD/NEUMANN 1996). Die Verfechter sahen darin ein Korrektiv zum parlamentarischen Normalverfahren und die Stärkung der Mobilisierungsbereitschaft der Bevölkerung. Die Gegner argumentierten mit der Schwächung der parlamentarischen Demokratie, der Gefahr der Demagogie, der Frage der politischen Legitimität sowie mit der Hinterfragung des Organisationsgrads und Kenntnisstands der aktiven Bürger angesichts komplexer Sachverhalte.

Auf die direkte Partizipation der Bevölkerung setzen viele Strategien der Demokratieförderung. Dabei wird in dieser Debatte der Zivilgesellschaft eine herausragende Rolle zugeschrieben. Doch die Konzepte von Zivilgesellschaft und Partizipation weisen die oben angedeutete Ambivalenz auf. Auch die Diskussion über Demokratieförderung ist nicht eindeutig, sondern wirft immer wieder die Frage auf, was Demokratie eigentlich ist oder sein soll. Diese Aspekte sollen im Folgenden kurz skizziert werden:

<u>1.1.1.1 Demokratie</u>

Heute werden Demokratie und Menschenrechte in einem Atemzug genannt und als oberstes Entwicklungsziel anerkannt. Über die Strategie der Demokratieförderung wird derzeit noch diskutiert, dabei eröffnen sich Diskussionen darüber, was Demokratie eigentlich ist, wer die

Definitionsmacht besitzt, wie Demokratie zu erforschen[11] und zu messen sei (DeGEval 2003) und eben mit welchen Mitteln sie zu fördern bzw. umzusetzen wäre.

In den Debatten und Untersuchungen wurde deutlich, dass verschiedene Faktoren nötig sind, um Demokratie einzuführen und zu stabilisieren. Aber auch nachdem sie einmal etabliert wurde, ist eine Demokratie nicht gefeit vor undemokratischen Einflüssen und Entwicklungen.

In den letzten Jahrzehnten werden die Probleme der Demokratisierung und Demokratie diskutiert im Zuge von Staatenbildungsprozessen im Kontext der Entkolonialisierung, von Redemokratisierungsprozessen nach dem Sturz oder Ablösung von Militärdiktaturen in Lateinamerika, Afrika und Asien, der Reetablierung von demokratischen Systemen nach Kriegen oder Bürgerkriegen, des Zusammenbruchs der kommunistischen Systeme in Osteuropa und Teilen Asiens und des beschworenen Verfalls der Demokratie und dem Niedergang des öffentlichen Lebens in den USA und in Staaten Westeuropas (vgl. u.a. SENNETT 1978, LASCH 1980, HABERMAS 1962, PUTNAM 2000). Dabei hat nicht nur die Anzahl der Demokratien zugenommen, sondern auch die Vielfalt der unter Demokratie subsumierten Systeme.

Gleichzeitig wird Demokratisierung auf den unterschiedlichsten Ebenen diskutiert, neben der vorherrschenden Nationalstaatebene spielen ebenso die Demokratisierung internationaler Institutionen und Globalpolitik insgesamt wie auch die Demokratisierung auf regionaler, lokaler bis hin zur individuellen Ebene eine Rolle.

Die Debatte über Demokratie und Demokratieförderung musste sich gerade in den letzten Jahrzehnten aufgrund der historischen Ereignisse einer Revision unterziehen: Demokratien wurden auch dort eingeführt, wo nicht die von Demokratietheoretikern angenommenen notwendigen Faktoren vorhanden waren, und demokratische Elemente bröckeln auch dort, wo Idealzustände wie hohes Bildungsniveau, Pressefreiheit, wirtschaftliches Wachstum und soziale Gerechtigkeit existieren, was sich beispielsweise in fallender Wahlbeteiligung sowie dem Rückgang des öffentliches Lebens bzw. den Rückzug in die Privatsphäre äußert.

Demokratie wurde zu einem Begriff, der kaum noch ohne vorgestelltes Adjektiv verwendet werden konnte, da die Ausgestaltung einer demokratischen Gesellschaftsform heute variabel gehandhabt wird und die Existenz einer Definitionsmacht dessen, was Demokratie bedeutet, obsolet wurde, auch wenn weiterhin beschworen wird, dass es eine „Demokratie ohne Adjektiv" (vgl. KRAUZE 1986) gäbe oder dass diese zumindest anstrebenswert wäre.

Die folgende Definition von Demokratie vereinigt die verschiedensten Strömungen und ist gleichzeitig radikal:

---

[11] "Zur Erklärung der Demokratie wird das Spektrum der Ansätze zu erweitern sein, ebenso wie zur Erklärung ihres möglichen Scheiterns. Institutionalistische Ansätze stoßen am raschesten hinzu, werden jedoch zumindest in ihrer altinstitutionalistischen Variante nur eine geringe Laufzeit haben. Für komplexere Ansätze, die strukturelle und akteursorientierte, kulturelle und sozioökonomische, interne und externe Faktoren sowie das *timing* und die Sequenzen ihrer Interaktion berücksichtigen, bedarf es eines längeren Beobachtungsspielraums und eines größeren Forschungsaufwands." (NOHLEN 1997:124)

> "Demokratie arbeitet an der Selbstbestimmung der Menschheit, und
> erst wenn diese wirklich ist, ist jene wahr." (HABERMAS 1973:11)

Diverse Demokratietheorien sowie die Kritik am modernen Leben, Kapitalismus und Konsumverhalten in Bezug auf ihre negativen Auswirkungen[12] auf die Demokratie gehen häufig auf Alexis de TOCQUEVILLE (1835) zurück. Er ging davon aus, dass Demokratien nur dann überleben können, wenn die Bevölkerung an der Regierung partizipiert und sich mit ihren repräsentativen Institutionen identifiziert. Während er sich für Gewaltenteilung und den Schutz von Minderheitenmeinungen ausspricht, entwickelt er ebenfalls eine Theorie demokratischer Freiheiten. Er legt großen Wert auf das Vorhandensein eines Verantwortlichkeitsgefühls für das Allgemeinwohl oder den Gemeinsinn. Für ihn ist Demokratie mehr als die Existenz repräsentativer politischer Institutionen, sondern der demokratische Gedanke muss Ausdruck finden im Wandel von Gesetzen, Ideen, Bräuchen und Werten. Dieses demokratische politische Leben muss sich seiner Meinung nach an allen Orten niederschlagen. Er geht daher davon aus, dass dezentrale Kommunalregierungen den besten Kontext darstellen für die Umsetzung von partizipativer Demokratie. Nur hier kann auf direkte Weise demokratisches Leben erfahren werden. Um effizient zu regieren, muss die lokale Bevölkerung lernen zusammenzuarbeiten. Er misst der Bevölkerungsbeteiligung jedoch auch eine hohe Bedeutung zu in Hinblick auf die Bildung eines Gegengewichts zur Macht der Regierenden, der Mehrheit, in einer Demokratie, die sich durchaus zu einem demokratischen Despotismus auswachsen kann. Bevölkerungsbeteiligung soll als Garant für Pluralismus und als Sprachrohr für Minderheitenmeinungen dienen:

> „Tocqueville fears that a type of democratic despotism can arise if citizen participation withers and local sources of opposition to the centralization of power erode. This democratic despotism does not have to rely on direct coercion and terror, for it involves the silencing of minority viewpoints in the face of the overwhelming force of popular opinion: what Tocqueville famously labels the tyranny of the majority. (…) Tocqueville states that democratic despotism creates a depoliticized political culture." (TUCKER 1998:158)

1.1.1.2 Demokratie und Partizipation

In der westlichen Demokratiedebatte wurden partizipative Elemente als Antwort auf den Demokratieverfall vorgeschlagen, beispielsweise in der Kommunitarismusdebatte (u.a. MACINTYRE, WALZER, BARBER, TAYLOR, ETZIONI) und ab den 1990ern in den damit verknüpften Diskussionen über die Bürgergesellschaft (u.a. ALEMANN ET AL 1999). Der Kommunitarismus, der eine Kapitalismus- und Liberalismuskritik beinhaltet, lehnt zu starkes Vertrauen sowohl in den Staat, als auch den Markt ab und plädiert für die Stärkung der Zivilgesellschaft. Ihm geht es um die Rekonstruktion von Gemeinschaft, das Schaffen eines neuen Verantwortungsbewusstseins der Menschen, einer Verantwortungsgesellschaft (ETZIO-

---

[12] „Many authors believe that social inequalities, compounded by the pursuit of wealth and an overemphasis on private life, contradict the major tenets of democracy and inhibit capacities for self-government." (TUCKER 1998:156)

NI 1997) und der Stärkung der moralischen Grundlagen der Gesellschaft. Mit der Kommunitarismusdebatte gehen auch Diskussionen um direktere Demokratieformen, um partizipatorische (PATEMAN, BACHRACH, BOTWINEK), starke (BARBER), assoziative (HIRST) oder auch dialogische (GIDDENS[13]) Demokratie einher, um hier nur einige Richtungen zu nennen.

ETZIONI erachtet den Begriff der zivilen Gesellschaft als zu beliebig, er plädiert für eine *gute Gesellschaft* (2000b), die sich durch *moralische Dialoge* (1997:287ff) und *habits of the hearts*[14] aktiv für das Gemeinwohl stark macht. Er geht davon aus, dass eine Gemeinschaft nicht dauerhaft überlebensfähig ist, "wenn ihre Mitglieder nicht einen Teil ihrer Zeit, Kraft und Ressourcen in gemeinsame Projekte stecken. Die ausschließliche Orientierung am privaten Interesse schwächt das Netzwerk der sozialen Umwelten, von dem wir alle abhängen, und gefährdet unser gemeinsames Experiment demokratischer Selbstverwaltung." (ETZIONI 1995:282)

Die Bevölkerungsbeteiligung wird gerade in der Entwicklungsforschung und -praxis unter dem Begriff Partizipation diskutiert. Darunter werden jedoch meistens vor allem die Partizipation im Entwicklungsprozess, im ökonomischen und sozialen gesellschaftlichen System oder in konkreten Entwicklungsprojekten oder -maßnahmen verstanden. Selbst wenn es um die politische Teilnahme geht, werden die unterstützten partizipativen Prozesse nicht unbedingt in den Kontext der staatlichen Institutionalisierung von Bevölkerungsbeteiligung gestellt. Ein Großteil der partizipativen Entwicklungsaktivitäten verläuft im nichtstaatlichen Bereich, im Rahmen der Zivilgesellschaft.

Gerade im Bereich der Demokratieförderung, im Demokratisierungsprozess, wird der Zivilgesellschaft oder dem sogenannten Dritten Sektor von den verschiedensten Entwicklungsagenturen eine wichtige Rolle zugeschrieben. Sie trägt bei zur Schaffung und Stabilisierung der freien Meinungsbildung, der Medien, zur Bildung von Diskussionsräumen und dient als Kristallisationsbecken verschiedener politischer Ansichten. Darüber, wer und was Zivilgesellschaft eigentlich ist, welche Legitimation sie hat und ob ihr in Demokratisierungsprozessen nicht zuviel Verantwortung aufgebürdet wird, herrschen lebhafte Diskussionen.

Die Zivilgesellschaft (*societas civilis*), ursprünglich die lateinische Übersetzung der *koinonia politike* von Aristoteles, wurde bis ins 18. Jh. als untrennbare Kopplung von Staat und Gesellschaft verstanden. Erst mit Ferguson (1767), Paine (1791) und vor allem Hegel - der letztere spricht von bürgerlicher Gesellschaft - wird das Konzept als eine gesellschaftliche Ebene definiert, die zwischen Staat und Familie angesiedelt ist. Hegel erkennt bereits eine Ambivalenz im Konzept, in dem das Individuum über die bürgerliche Gesellschaft versuchen kann seine eigenen Interessen durchzusetzen und damit das Gemeinwohl zu schädigen, gleichzeitig können die intermediären Vereinigungen der bürgerlichen Gesellschaft eine ‚neue Sittlichkeit' propagieren, die dem Partikularismus entgegenwirken können. Gramsci entwi-

---

[13] *dialogical democracy*, vgl. GIDDENS 1998:113-117

[14] Der Begriff wurde zuerst von TOCQUEVILLE verwendet und später populär durch BELLAH ET AL (1985/1996).

ckelt später in Anlehnung an MARX das Konzept der bürgerlichen, bzw. der Zivilgesellschaft weiter. Seiner Meinung nach findet der Klassenkampf um Hegemonie auf der Ebene der Zivilgesellschaft statt. In Gramscis Drei-Ebenen-Modell steht die ökonomische Basis einem zweigeteilten Überbau gegenüber: einer zivilen und einer politischen Gesellschaft. Die heutigen Vertreter des Zivilgesellschaftskonzeptes beziehen in den theoretischen Bezugsrahmen der Debatte darüber hinaus die von Durkheim betonte Komponente der sozialen Solidarität ein sowie die Konzepte der öffentlichen Sphäre und der politischen Partizipation, die von Habermas und Arendt besonders hervorgehoben wurden (vgl. COHEN/ARATO 1989:485, zitiert in COSTA 1997:25).

In den 1970er Jahren wurde das Konzept v.a. in Osteuropa im Rahmen des Widerstandes gegen den totalitären sozialistischen Staat wiederentdeckt. Eine parallele Entwicklung kann in Lateinamerika beobachtet werden. Dort wurde das Konzept im Kontext der Resistenzbewegungen gegen Militärregierungen rezipiert. Aber auch außerhalb autoritärer politischer Kontexte wurde vor allem in Westeuropa und den USA in der zweiten Hälfte der 1970er Jahre das Konzept im Rahmen der Diskussionen um Demokratieverfall, Entmündigung der Bevölkerung durch den Wohlfahrtsstaat und die Kritik an den vorherrschenden Formen der politischen Beteiligung aufgegriffen.

In der heutigen Diskussion werden zwei Faktoren diskutiert, die das Funktionieren der Zivilgesellschaft in Frage stellen können: Auf der einen Seite wird die Gefahr gesehen, dass sich die zivilgesellschaftlichen Akteure von Partikularinteressen einflussreicher Individuen oder Gruppen (beispielsweise Verbänden) manipulieren und vereinnahmen lassen; auf der anderen Seite müssen sie ihre Kooptation durch den Staat verhindern.

Dem Konzept der Zivilgesellschaft werden häufig analytische Ungenauigkeiten vorgeworfen. Die politische Legitimation der Zivilgesellschaft bleibt ein Diskussionsfokus, wobei sich hier eine generelle Debatte um politische und demokratische Legitimierung bzw. Legitimierungsformen anschließt. Unklar ist bisher ebenfalls noch die Rolle und der Einfluss der Zivilgesellschaft in der Formulierung, Stärkung oder Modifizierung von Gesetzesentwürfen oder staatlichen Politikprogrammen, ihr Einfluss auf die öffentliche Meinungsbildung oder öffentliche Sphäre, die Medien, die Formen und Praktiken von Demokratie im Staat und die Frage nach der Art ihrer Handlungsspielräume allgemein. Gerade im Kontext der Globalisierung, der Schwächung der Nationalstaaten, der Internationalisierung der Zivilgesellschaft und der Debatte um *global governance* stellen sich die Fragen in Bezug auf Legitimation und Handlungsspielräume noch mal neu (vgl. COHEN/ARATO 1992, COSTA 1997).

Der Begriff der Partizipation ist eng mit dem der Zivilgesellschaft verknüpft, jedoch gestaltet er sich noch breiter in seinen möglichen Auslegungen (vgl. 1.2.2). Hiermit kann generell eine Beteiligung oder Teilhabe von einem oder mehreren Akteuren auf irgendeine Weise an irgendetwas gemeint sein. Der Begriff wird im Zusammenhang mit Demokratie und Zivilgesellschaft im Sinne von politischer Beteiligung verwendet.

Dieselben Kritikpunkte und Potenziale wie die im Rahmen der Zivilgesellschaft diskutierten werden auch in der Debatte zu Partizipation angeführt: fragwürdige demokratische Legitimierung, Manipulationsmöglichkeiten und Möglichkeiten der Umsetzung von Partikularismus auf der einen Seite, Ausdruck der Bedürfnisse der Bevölkerung („Stimme des Volkes"), Potenzial zur sozialen Inklusion und Beitrag zur demokratischen Sensibilisierung, Bildungsarbeit und Demokratisierung auf der anderen.

Politische Partizipation, die nicht explizit auf repräsentativ-demokratischen Verfahren aufbaut - wie die meisten im Rahmen von Partizipation diskutierten Verfahren – ist nicht per se demokratisch, muss dadurch jedoch nicht „schlecht" sein oder Partikularinteressen vertreten. Diese (nicht demokratisch legitimierten) partizipativen Verfahren und Prozesse können politische Lernprozesse initiieren oder stärken und damit zu einem gesellschaftlichen Demokratisierungsprozess beitragen. Partizipative Prozesse sind immer politisch und nie neutral. Sie können bestehende Machtverhältnisse bewusst in Frage stellen, sie bewusst oder unbewusst ignorieren und übergehen, sie aber auch verschleiern oder gar stärken (vgl. 1.2.2). Partizipative Prozesse besitzen theoretisch das Potenzial zur Demokratieförderung beizutragen. Dafür müssen jedoch die gesellschaftlichen politischen und sozialen Machtverhältnisse vor Ort bekannt sein und bewusst im Design der spezifischen partizipativen Verfahren berücksichtigt werden.

1.1.2 *Governance – Good Governance* durch Partizipation?

Die Konzepte *Governance* und *Good Governance* werden seit den 1980er Jahren breit diskutiert. Die Begriffe beinhalten Gemeinsamkeiten, unterscheiden sich jedoch auch grundlegend: *Good Governance* wird häufig mit guter Regierungsführung übersetzt und bezieht sich in den allermeisten Fällen auf eine verantwortungsvolle Steuerung durch staatliche Akteure, beispielsweise durch eine Regierung auf den unterschiedlichsten administrativen Ebenen. Zunächst wurde *Good Governance* von internationalen (Finanz-)Institutionen (Weltbank, Internationaler Währungsfonds (IWF), Vereinte Nationen (VN)) als Kriterienset im Rahmen der Vergabe offizieller Entwicklungshilfe und Kreditverhandlungen verwendet. Das *Good Governance*-Kriterienset dieser Institutionen beinhaltet bis heute die Kriterien Partizipation, Rechtssicherheit, Transparenz, Verantwortlichkeit und Rechenschaftslegung (*Accountability*), (*Responsiveness*), Konsensorientierung, Gleichheit und soziale Integration, Effizienz und Effektivität. Immer öfter wird auch ganz explizit das Einführen einer Marktwirtschaft zum Kriterium erhoben. Darüber hinaus gibt es heute mehrere Ansätze, differenzierte Indikatorensysteme für die Messung von *Good Governance* zu erstellen (vgl. Übersicht in UNDP o.J.). Die Umsetzung des Konzeptes gehört zu den aktuellen Zukunftsfragen der Entwicklungspolitik (vgl. MESSNER/SCHOLZ 2005b).

Die Einsicht, dass der Staat nicht der einzige, die politischen Prozesse steuernde Akteur ist, ließ das Konzept der *Governance* an Bedeutung gewinnen. Der Begriff *Governance* steht generell für ein Steuerungs- und Reglungssystem, für die damit zusammenhängenden Institutionen, Prinzipien und Strukturen. *Governance* wird als ein Entscheidungsfindungsprozess definiert sowie als ein Prozess, in dem Entscheidungen umgesetzt oder nicht umgesetzt werden (vgl. z.B. UNESCAP 2004).[15] Diese häufig verwendete Definition ist offen und definiert bewusst keine spezifischen Akteure, sondern geht davon aus, dass in einer Gesellschaft unterschiedliche Akteure existieren (können), die in einem (politischen) Entscheidungsfindungs- und Umsetzungsprozess teilnehmen oder diesen beeinflussen. Bei dem Konzept wird davon ausgegangen, dass die offizielle Regierung einer administrativen Einheit nur einer von vielen Akteuren im *Governance*-Prozess ist. So können beispielsweise in ländlichen Gebieten Kleinbauern und -bäuerinnen, Kooperativen, Gewerkschaften, Großgrundbesitzer, religiöse Führer, politische Parteien, Finanzinstitutionen, Nichtregierungsorganisationen, Militär etc. eine ebenso wichtige oder gar wichtigere Rolle in den Entscheidungsprozessen spielen.

In dem erweiterten Verständnis von politischer Steuerung des *Governance*-Konzeptes schwingt jedoch auch die Abwendung vom zentralen Steuerungsakteur Staat mit. Eine gewisse Entstaatlichung und möglicherweise Ökonomisierung des Gesellschaftssystems durch Verlagerung von bisher staatlichen Dienstleistungen auf den Privatwirtschaftssektor scheint im Konzept angelegt und als positiv befunden. Hiergegen wenden sich einige Kritiker des Konzeptes. Unscharf bleiben auch die Grenzen von *Governance* zu Kooptation, Manipulation des Staates durch Partikularinteressen und Klientelismus.

Das *Governance*-Konzept weist eine große Realitätsnähe auf, indem es anerkennt, dass auch nichtstaatliche Akteure an der Steuerung von Entwicklungsprozessen beteiligt sind. Damit öffnet es Raum für nicht demokratisch legitimierte Akteure, sei es private Unternehmen oder NRO. Ob das Konzept den Staat stärkt oder schwächt, hängt von der Gestaltungsmacht der staatlichen Institutionen ab.

<u>1.1.2.1 *Governance*, *Government* und *Governmentality*</u>

Zwei weitere Konzepte, die hier kurz vorgestellt werden sollen, können die Analyse von *Governance* oder Steuerung bereichern: *Government* und *Governmentality*.

a) Government

Unter *Government* oder Regierung wird meist die oberste administrative Institution eines Staates verstanden, die die Gesamtpolitik des Staates offiziell leitet sowie gesetzgebende und ausführende Gewalt besitzt. Dies geschieht typischerweise durch einen bürokratischen

---

[15] Eine weitere Definition bietet das Entwicklungsprogramm der Vereinten Nationen (UNDP, *United Nations Development Programme*), es beschreibt *Governance* folgendermaßen: „'...[a] set of values, policies and institutions by which a society manages its economic, political and social affairs through interactions among the government, civil society and private sector. It is the way a society makes and implements decisions – achieving mutual understanding, agreement and action. It comprises the mechanisms and processes for citizens and groups to articulate their interests, mediate their differences and exercise their legal rights and obligations. Its rules, institutions and practices set limits and provide incentives for individuals, organizations and firms.'" (UNDP, MDGD; Governance for Human Development, draft, zitiert in: UNDP/BMZ 2000:26)

Verwaltungsapparat. *Government*[16] wird stärker mit staatlichen Akteuren in Verbindung gebracht als der Begriff *Governance*. Trotzdem könnte eine Einbeziehung der Komplexität des Akteursspektrums wie im *Governance*-Konzept auch zu einer realistischeren Definition von *Government* führen, die die Diversität und möglichen Interessensdivergenzen innerhalb dieser Institution unterstreicht. *Government* könnte beispielsweise in folgender Weise verstanden werden:

> „Government is any more or less calculated and rational activity, undertaken by a multiplicity of authorities and agencies, employing a variety of techniques and forms of knowledge, that seeks to shape conduct by working through our desires, aspirations, interests and beliefs, for definite but shifting ends and with a diverse set of relatively unpredictable consequences, effects and outcomes." (DEAN 1999:11)

b) Governmentality

Wenn man das Problem der Steuerung beleuchten möchte, geht es nicht nur darum, wie man steuert und welche Probleme dabei auftauchen können, sondern man muss auch fragen, in welche sozialen Beziehungen Steuerung eingebunden ist, was seine Voraussetzungen und Konsequenzen sind, welche normativen Grundlagen in der Gesellschaft vorhanden sind, die Steuerung als sinnvoll, möglich und wünschenswert erscheinen lassen. Was ist es, das Steuerung seine gesellschaftliche Anerkennung gibt?

Diesen Fragen kann man sich beispielsweise mit dem FOUCAULTschen Konzept der *Gouvernementalité* nähern. Der Begriff wurde erstmals von FOUCAULT 1978 verwendet und wurde erst vor einigen Jahren von WissenschaftlerInnen innerhalb der Soziologie, Politologie, Verwaltungswissenschaften, Geographie und Entwicklungsstudien (z.B. MURDOCH 1995, DEAN 1999, WATTS 2003) wiederentdeckt. Der Neologismus *Gouvernementalité* (oder auch *Governmentality*) setzt sich aus den Begriffen *gouverner* (regieren) und *mentalité* (Mentalität) zusammen. Das Konzept der *Governmentality* hat sich als hilfreich erwiesen für die Analyse von politischer Kultur in Planungs- oder Steuerungsprozessen. Es bezieht sich darauf, wie wir über *Governing* oder Steuerung denken und welche Konzepte und Werte dahinter stehen. Unter *Governing* wird sowohl das Steuern von anderen Menschen oder Dingen als auch das Steuern von uns selbst verstanden. FOUCAULT beschreibt das Konzept auf folgende Weise:

> „[Governmentality is] an ensemble formed by the institutions, procedures, analyses and reflections, the calculations and tactics, that allow the exercise of this very specific albeit complex, form of power." (FOUCAULT 1979:20, zitiert in MURDOCH 1995:188)

MURDOCH (1995) weist zum einen darauf hin, dass das Konzept die automatische Gleichstellung von Macht mit Staat hinterfragt und die Diversität der Kräfte und Akteure anerkennt, die die unterschiedlichsten Arenen des Lebens (*arena of life*) in spezifischen Territorien regulieren. Zum anderen wird dabei im Rahmen der *Policy*-Analyse die Existenz einer *Policy* als

---

[16] In dieser Arbeit wird weiterhin der angelsächsische Begriff verwendet, da er nicht genau deckungsgleich mit der möglichen deutschen Übersetzung von Regierung ist.

Ausgangspunkt in Frage gestellt. Vielmehr soll das Entstehen dieser *Policy*, das dafür verwendete Wissen (*knowledge*), Techniken und Technologien, Sprachen oder Vokabularien (*vocabularies*), Diskurse und Regeln analysiert werden. Im Rahmen der Analyse von *Governmentality* müssen daher stets die Interventionssphären, die Ziele der Interventionen und die dafür verwendeten Mittel untersucht werden.

DEAN (1999:16) beschreibt das Wahrnehmen und Denken in Bezug auf Steuerung (*governing*) im *Governmentality*-Konzept als eine kollektive Aktivität. Es geht ihm dabei nicht um die Wiedergabe eines individuellen Denkens oder Bewusstseins, sondern um ein Gemeinschaftsbewusstsein, sogenannte *bodies of knowledge, belief and opinion*, in die die Individuen eingebunden sind.

Trotzdem wäre es denkbar, dass nicht nur Nationen, sondern auch Gruppen, Organisationen oder Gemeinschaften ihre spezifische gemeinsame *Governmentality* besitzen können. Ebenso plausibel scheint es m.E., dass ein Individuum über die gesellschaftliche oder gruppenspezifische *Governmentality* hinaus, auch seine ganz persönliche *Governmentality* entwickeln kann. Das *Governmentality*-Konzept weist an ein paar Stellen Parallelen zum Konzept der *Civic Culture* von ALMOND/VERBA (1963) auf, das im deutschsprachigen Raum auch oft als politische Kultur diskutiert wird.[17] Generell stellt dieser Fragenkomplex Beziehungen zum Thema Macht, sowie zu Aspekten der Organisation des gesellschaftlichen und institutionellen Lernens her.

c) Governance, Government und Governmentality

Governance, *Government* und *Governmentality* sind in ein komplexes Feld von Beziehungen und Faktoren (beispielsweise soziales und ökonomisches System, Bildung, Werte, Normen, Diskurse, Machtbeziehungen und persönliche Erfahrungen) eingebettet sind (vgl. Abb.3). Diese Faktoren beeinflussen sich sowohl gegenseitig als auch die spezifische Ausprägung von *Governance*, *Government* und einer Untersuchungsregion, die wiederum auf die genannten Faktoren wirken. Diese Sichtweise hebt den Dualismus von Handlung und Struktur auf (vgl. IV.1.1.2) und fordert analytische Instrumente, die diese Komplexität berücksichtigen.

---

[17] Es gibt weitere frühe Beispiele, so geht auch LUMB bereits 1980 auf Aspekte ein, die m.E. mit *Governmentality* bezeichnet werden können: „...public participation in local government procedures depends not upon the mere existence of communication channels, nor even directly on the socioeconomic characteristics of the population concerned, but to a great extent on people's mental images of the system and their perceptions of their place in it. The argument is that people's willingness to participate does not only reflect their ability to understand and use the system effectively, which might well be correlated with education and/or occupational status; instead, it is suggested that public beliefs and attitudes towards local government, planners, and the public participation process itself are more important determinants to levels of participation. Before people will participate they must perceive that they are able to do so effectively and that they will not be merely wasting their time and increasing their frustration with the system. This, therefore, is very much a local-level view of the state and its activities." (LUMB 1980:107)

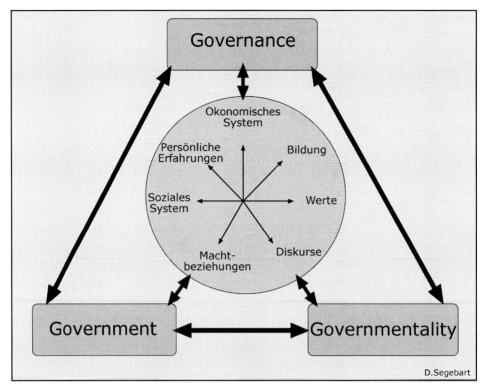

Abb. 3: *Governance, Government* und *Governmentality*
eingebunden in komplexe Interrelationen

Die Förderung von *Good Governance* wird heute als eine Kombination von mindestens zwei Strategien diskutiert, die sich stark ergänzen oder sogar voneinander abhängig sind und in denen man eine Anlehnung an Handlung-Struktur-Modelle (vgl. IV.1.1) entdecken kann:

- Herstellung positiver externer und interner (ökonomischer, rechtlicher, politischer, institutioneller, kultureller, sozialer, ...) Rahmenbedingungen für die Entwicklung, Implementierung und Konsolidierung von *Good Governance,*

- Investition in das *Capacity Development* auf den verschiedensten Ebenen (z.B. lokal, regional, national) (vgl. GTZ 2003).

Das *Governance*-Konzept ermöglicht die Fragen nach den beteiligten Akteuren, nach internen Machtbeziehungen und *Governmentality*. Das weite Verständnis von *Governance* öffnet die Analyse und macht sie realitätsnäher, indem sie auch informelle Akteure oder *Governance*-Formen integriert. Auf der anderen Seite kann aber gerade in diesem Vorgehen die Gefahr der Beliebigkeit stecken, wenn alle und alles auf eine Weise an *Governance* teilnehmen. So kann es passieren, dass der Staat zuletzt nicht mehr berücksichtigt wird und die informellen Akteure an Bedeutung gewinnen. Das kann bedeuten, dass demokratiestiftende und – bewahrende staatliche Institutionen durch das *Governance*-Konzept unterhöhlt werden und dieses daher als demokratiedestabilisierendes Element verstanden werden kann. Auch hier ist ein ausgeglichenes Verhältnis von Wichtigkeit und letztendlich muss für die Analyse von *Governance* ebenso gelten wie in der Praxis: Sowenig Staat wie möglich - soviel Staat wie nötig.

1.1.2.2 *Governance* und Partizipation

Good Governance steht in einer engen und beinah tautologischen, sich gegenseitig bedingenden Beziehung zum Konzept der Partizipation. Partizipation wird zunächst häufig als eines der Elemente von *Good Governance* bezeichnet. Darüber hinaus wird auf der einen Seite davon ausgegangen, dass Partizipation eine Vorbedingung für die Entwicklung von *Good Governance* ist und auf der anderen Seite wird angenommen, dass erst in einem politischen und gesellschaftlichen System, das mit *Good Governance* charakterisiert werden kann, sich positive Bedingungen für die Umsetzung und Institutionalisierung von Partizipation einstellen.

Die beiden Konzepte bedingen sich gegenseitig und sind in einen gemeinsamen gesellschaftlichen Prozess integriert. In einem ähnlichen Verhältnis steht Partizipation auch zu *Governmentality*: die Ausprägung von Partizipation eines Individuums, einer Gruppe oder einer Gesellschaft hängt von der vorherrschenden *Governmentality* ab. Partizipation kann wiederum durch Organisations-, Artikulations- und Lernprozesse die vorhandene *Governmentality* beeinflussen.

1.1.3 Dezentralisierung - Schafft Dezentralisierung Rahmenbedingungen für Partizipation?

> „Democratic decentralization is a key aspect of the participatory governance agenda, and is associated with the institutionalization of partizipation through regular elections, council hearings and, more recently, participatory budgeting..." (HICKEY/MOHAN 2005: 242)

Dezentralisierung wurde in den 1990er Jahren (fast) als das neue Wundermittel zur Umsetzung von Demokratisierung und *Good Governance* gefeiert. Mittlerweile haben sich differenziertere Sichtweisen durchgesetzt:[18] Das Design der jeweiligen Dezentralisierung bestimmt die Wirkung (vgl. u.a. THOMI 2001:10). Dieses variiert wiederum je nach Motivation und Zielsetzung und ist sowohl abhängig von den beteiligten Akteuren als auch von den jeweiligen Rahmenbedingungen. Und: Dezentralisierung birgt auch Risiken (vgl. u.a. BMZ 2002b:7).

---

[18] In der Geographie, vor allem in der geographischen Entwicklungsforschung, wurde mit systemtheoretischen (BEIER 1995) oder auch institutionentheoretischen Ansätzen (RAUCH 2001) differenzierte Analysen vorgenommen.

Das Thema Staatsreform und Dezentralisierung ist jedoch nicht ganz neu: In Lateinamerika wurden ab Beginn des 20. Jahrhunderts sowie im Rahmen der Dekolonisierung in Afrika in den 1950er und 60er Jahren verstärkt Staatsreformen durchgeführt. Diese endeten jedoch häufig eher in einem Modell des starken Zentralstaats der (auch in Europa) zu dieser Zeit als Entwicklungsträger schlechthin galt und zum *Nationbuilding* beitragen sollte (z.B. HÖRMANN 1997, RONDINELLI 1999).

In den 1960er und 70er Jahren wurde Dezentralisierung im Rahmen der Forderung nach Ausweitung der Partizipation diskutiert. Dieser normativen und politischen Position und Motivation in Bezug auf Dezentralisierung schließen sich Konzepte des Kommunitarismus, des *Community Development* (vgl. CURTIS 1995) oder der *Local Governance* an. Parallelen sind auch zu erkennen in der Diskussion um den *lokalen Staat*, der vor allem von linken Positionen kontrovers diskutiert wurde, insbesondere in Hinblick darauf, ob es sich dabei um den 'verlängerten Arm des Staates' handele oder aber um die Möglichkeit der Schaffung einer ‚Gegenmacht' (vgl. KRÄTKE/SCHMOLL 1987).

In einer sogenannten zweiten Dezentralisierungswelle Ende der 1970er Jahre und in den 1980ern wurde Dezentralisierung häufig angesichts leerer Staatskassen oder im Rahmen von Strukturanpassungspolitik diskutiert. Im Zentrum stand die Effizienzsteigerung der staatlichen Verwaltung durch Senkung der Transaktionskosten. Besonders stark wurde dieser Aspekt im Rahmen von *New Public Management* (z.B. GRÜNING 2000) diskutiert.

1.1.3.1 Dezentralisierung

Heute existiert keine einheitliche Definition von Dezentralisierung[19], aber in den meisten Diskussionen wird darunter der Transfer von Kompetenzen und Verantwortlichkeiten für die Erfüllung öffentlicher Aufgaben von einer Zentralregierung hin zu dezentralen Einheiten verstanden. Ob diese dezentralen Einheiten staatlich, nichtstaatlich oder privatwirtschaftlich, gebunden oder unabhängig, sein sollen oder dürfen, ist oftmals ein strittiger Diskussionspunkt. Einig sind sich die meisten in der Unterscheidung von politischer, administrativer und finanzieller Dezentralisierung (vgl. beispielsweise UNDP/BMZ 2000, DEZA 2001, auch BMZ 2002b:10).

Die *politische* oder auch *demokratische Dezentralisierung* ist stark an die Zielsetzung von Partizipation und Empowerment der lokalen Bevölkerung geknüpft. Hier geht es darum, direkte und angepasste Formen der Beteiligung der Bevölkerung an politischen Entscheidungsprozessen zu gewähren und dadurch lokale Interessen besser berücksichtigen und angepasste Lösungen ausarbeiten zu können. In diesem Zusammenhang wird auch häufig von *Devolution*, der stärksten Form der Dezentralisierung gesprochen. Hier geht es um die

---

[19] „Der Begriff der Dezentralisierung ist allerdings breit und offen genug, um unterschiedlichste Prioritäten und Strategien zu erlauben. Die Vielschichtigkeit des Begriffes führt in der Praxis oft zu Verständigungs- und Koordinationsschwierigkeiten nicht nur zwischen Geber- und Empfängerstaaten, sondern auch zwischen den Gebern." (DEZA 2001:5)

Übergabe von zentralen Kompetenzen (Planung, Finanzierung und Management) an eine eigenständige lokale Verwaltungsinstitution.

Die häufiger vorkommende *administrative Dezentralisierung* beschreibt vielmehr die Verschiebung administrativer Verantwortlichkeiten beispielsweise für Planung, operationelles Management und Finanzierung von Infrastruktur und Dienstleistungen, von Zentralverwaltungen auf untergeordnete Behörden. Bei der Umverteilung der Entscheidungskompetenzen auf lokal oder regional angesiedelte Einheiten der Zentralregierung wird unterschieden zwischen *Dekonzentration* und *Delegation*: Dem Prozess der *Dekonzentration* wird häufig vorgeworfen, keine Dezentralisierung im eigentlichen Sinne zu sein, da es sich nur um eine Kompetenzverschiebung innerhalb der zentralstaatlichen Hierarchie auf eine untergeordnete Ebene handelt mit gleichbleibenden Rechenschaftspflichten (*Accountability*) von unten nach oben. Andere sehen in ihr den ersten Schritt, um das lokale Angebot staatlicher Dienstleistungen zu verbessern.

Die *Delegation* geht bereits einen Schritt weiter: hier müssen die lokalen Behörden nicht unbedingt direkt eine Unterabteilung der Zentralbehörde darstellen, sondern können auch eigenständige Institutionen sein und eine gewisse Unabhängigkeit besitzen. Trotz des Transfers von vielen Kompetenzen bleibt jedoch gerade die finanzielle vertikale Rechenschaftspflicht von unten nach oben erhalten.

Die *fiskalische Dezentralisierung* ist eine zentrale und dennoch häufig vernachlässigte Komponente von Dezentralisierung. Der lokalen Behörde wird damit eine eigenständige Verwaltung von Finanzmitteln zugestanden. Diese Mittel können über einen Transfer von Ressourcen der Zentralregierung der lokalen Ebene zukommen, aber auch durch die Einnahme von lokalen Steuern und Gebühren gezahlt von den lokalen NutzerInnen der staatlichen Dienstleistungen oder Infrastruktur, durch Kofinanzierung von Objekten durch die NutzerInnen z.B. durch Arbeitsleistungen oder auch durch die Möglichkeit zur selbstständigen Kreditaufnahme der dezentralen Einheiten.[20]

Gerade im Rahmen des Ziels der Effizienzsteigerung des *New Public Managements* werden weitere Instrumente angewendet, wie Sozialfonds, Auslagerung von staatlichen Dienstleistungsbereichen an private Firmen (*contracting out*) oder die Einführung von Nutzungsgebühren (*demand side financing*), die sich in der Grauzone der Dezentralisierung bewegen (vgl. PRITCHETT/WOOLCOCK 2004) und von vielen nicht als Dezentralisierung anerkannt werden. Betont werden muss auch, dass Dezentralisierung selten schematisch in allen Sektoren einer Verwaltung gleichmäßig und zeitgleich umgesetzt wird. Oftmals herrschen in jedem Sektor ein unterschiedlicher Grad an Dezentralisierung, ein anderer Rhythmus, andere Akteure und damit auch andere Interessen und Instrumente vor. Dies gilt sogar in manchen Fällen auch innerhalb eines Sektors. Die folgende Definition von Dezentralisierung weist darauf hin, dass

---

[20] Diese Thematik gliedert sich ein in die neueren Diskussionen um *Good Financial Governance*, vgl. bspw. GTZ (2006): Good Financial Governance – Good Governance in Public Finance. (=Fiscal Studies No. 3) Eschborn.

Dezentralisierung auch als dynamischer sozialer und politischer Aushandlungsprozess gesehen werden muss:

> „Dezentralisierung kann als politischer Prozess verstanden werden, der die Aushandlung neuer Regelsysteme zwischen politischen und ökonomischen Akteuren verschiedener Ebenen beinhaltet und eine Neuverteilung von Handlungsressourcen bewirkt oder zumindest zum Ziel hat. Dabei werden Anreizstrukturen verändert, die sowohl zu neuen Handlungsspielräumen als auch zu Handlungsrestriktionen führen. In diesem Kontext kann Dezentralisierung als Institutionenwandel beschrieben werden, der das Ergebnis von Aushandlungsprozessen zwischen Akteuren verschiedener Ebenen unter bestimmten Rahmenbedingungen ist." (KÖNIG/SCHERFF 1999/2000:169)

Dezentralisierung wird heute wie bereits angedeutet in vielfältiger Form mit anderen politischen, wirtschaftlichen und sozialen Konzepten und Diskussionen verbunden und damit erweitert. Anknüpfungspunkte finden sich beispielsweise in wirtschaftlichen Debatten um die Regionalisierung von Produktionsstrukturen (Regionale Produktionsnetzwerke, Produktionscluster, innovative Milieus etc.), in steuerungstheoretischen (Verhandlungsdemokratie, Politiknetzwerke, Kontextsteuerung, Interdependenzmanagement etc.), sozialpolitischen (Regionale Identität, Selbsthilfe, Empowerment, *Public-Private-Partnership* (PPP) etc.) und demokratietheoretischen Diskussionen (*Governance*, Zivilgesellschaft, Partizipation, dialogierende/ diskursive/ deliberative/ direkte Demokratie etc.).

1.1.3.2 Potenziale und Probleme von Dezentralisierung

Die Erwartungen, die an Dezentralisierung geknüpft werden, sind vielfältig und reichen vom *Empowerment* der lokalen Bevölkerung und *Good Governance* bis hin zur Erhöhung der Effizienz staatlicher Verwaltung. Oftmals wird angestrebt durch Dezentralisierung einen Beitrag zur Armutsbekämpfung zu leisten. Ebenfalls erhoffen viele durch dezentralisierte Strukturen die Beteiligungsmöglichkeiten der lokalen Bevölkerung zu verbessern und dadurch zu einer Aktivierung des lokalen Wissens, zu realistischen und bedarfsgerechten Planungen und Aktivitäten beizutragen. Gleichzeitig erwartet man, durch an die Bedürfnisse der Bevölkerung angepasste Dienstleistungen Transaktionskosten zu reduzieren, eine nachhaltige und gerechte Nutzung der lokalen Ressourcen zu fördern sowie die raum-zeitliche Koordination von Aktivitäten zu verbessern. Diese Faktoren sollen Verantwortlichkeitsgefühl und *Ownership* auf lokaler Ebene erhöhen, Transparenz herstellen, Rechenschaftslegung sowie die Vertrauens- und Glaubwürdigkeit staatlicher Institutionen und der Regierung an sich fördern (vgl. z.B. RAUCH 2001, RIBOT 2002a). Eine nicht selten anzutreffende *Antigovernment*-Haltung (KING/STIVERS 1998) erhofft man sich beispielsweise durch Dezentralisierung und vor allem *decentralized Governance* (UNDP/BMZ 2000) oder *Co-Governance* (vgl. ACKERMAN 2004) und institutionalisierten Beteiligungsstrukturen durchbrechen zu können.

Viele kritisieren jedoch den oftmals modellhaften Charakter von Dezentralierungsvorhaben, in denen die lokalen Machtverhältnisse nicht berücksichtigt werden. Dabei hat Dezentralisierung klare politische Implikationen: sie verändert das lokale Machtgefüge. Hieraus können sich Hindernisse bei der Umsetzung ergeben oder auch das Eintreten unbeabsichtigter Wirkungen. Sie besitzt jedoch auch Potenziale für positiven gesellschaftlichen Wandel.

Dezentralisierungsbestrebungen können auf versteckten aber auch expliziten Widerstand gesellschaftlicher oder politischer Kräfte treffen, wenn diese durch die Maßnahmen einen Verlust ihrer Machtposition befürchten. Darüber hinaus können sich existierende lokale Eliten stärken oder neue ausbilden, die marginalisierte Gebiete, Gruppen oder Ressourcen (z.B. Naturressourcen, vgl. LARSON 2001, RIBOT 2002b, KAIMOVITZ/RIBOT 2002, TONI/KAIMOVITZ 2003, LARSON/RIBOT 2004, PACHECO 2004) noch stärker isolieren oder ausbeuten durch die fehlende zentralstaatliche Kontrolle oder ausgleichende Aktivitäten. Anderseits können gerade die lokalen Akteure ein viel größeres (Eigen-)Interesse besitzen diese zu fördern, zu stärken oder zu schützen. Minderheiten erhalten jedoch meistens nur dort einen Vorteil durch Dezentralisierung, wo sie die lokale Mehrheit bilden und so die Möglichkeit der Selbstregierung erhalten. Generell wird erwartet, dass lokale Initiativen einen größeren Handlungsspielraum erhalten, Beteiligung gefördert und Demokratisierung gestärkt wird. Ohne lokal verankerte und institutionalisierte Beteiligungsstrukturen ist dies jedoch selten umsetzbar. Im brasilianischen Kontext wird neuerdings auf die Tatsache hingewiesen, dass eine Verlagerung von Kompetenzen auf die lokale Ebene auch eine Machtverlagerung beinhaltet und häufig anstatt zu einer breiten Demokratisierung beizutragen lediglich die – ohnehin schon oft sehr starke - Position des Bürgermeisters stärkt. Dezentralisierte Kommunalverwaltung kann damit zu Manipulation der Bevölkerung, Wahlstimmenkauf und Durchsetzung von Partikularinteressen zweckentfremdet werden. Es wird befürchtet, dass die Korruption in höheren Regierungsebenen durch lokalen Klientelismus ersetzt wird. Gerade auf lokaler Ebene im ländlichen Raum existieren starke persönliche und familiäre Abhängigkeiten, die wenig unabhängige Kontrollmöglichkeiten zulassen. Die erwarteten positiven Wirkungen können sich damit genau ins Gegenteil verkehren und Ungleichentwicklung, Desintegration, Ineffizienz und Risiken für die fiskalische Stabilität verursachen (vgl. RAUCH 2001).

Eine weitere Gefahr besteht, dass bisher zentralgesteuerte Dienstleistungen aufgrund fehlender Ausbildung und Kapazitäten des lokalen Verwaltungspersonals möglicherweise nicht mehr funktionieren, wie sie sollten. Dieses Argument wird häufig verwendet, wenn nur eine unvollständige Dezentralisierung durchgeführt wird und nicht ausreichend finanzielle Ressourcen oder Kompetenzen auf die lokale Ebene transferiert werden.

> „'Capacity' is a chicken and egg problem. There is reluctance on the part of central governments to devolve powers before capacity has been demonstrated, but without powers there is no basis on which local authorities can gain the experience needed to build capacity". (RIBOT 2002b:15)

Eine unvollständige Dezentralisierung kann darüber hinaus zu quasi rechtsfreien Räumen führen, wenn klare Rollendefinitionen, Koordinationsabsprachen und Zuweisung von Verantwortlichkeiten nicht stattfinden (vgl. u.a. TONI/KAIMOVITZ 2003).

> "Secure powers and accountable representation go together. Transferring power without accountable representation is dangerous. Establishing accountable representation without power is empty. Most decentralization reforms only establish one or the other. A partial explanation is that many central government agents fear, and therefore block, decentralization." (RIBOT 2002b:1f.)

Andere befürchten, dass Dezentralisierung zum Rückzug des Staates und v.a. zum Abbau staatlicher Aufgabenerfüllung genutzt wird. Es existieren jedoch auch die Fälle in denen der Staat dezentralisiert, neue lokale Organe kreiert, jedoch zentrale Verwaltungskapazitäten nicht reduziert. Dadurch werden Verwaltungsprozesse im Rahmen von Dezentralisierung oft eher kompliziert, denn vereinfacht. Rollen und Aufgaben werden nicht geklärt und der Informationsfluss ist nicht gesichert. Anstatt Entscheidungsprozesse zu verkürzen und Bürokratie abzubauen, werden die Prozesse ineffizient und verteuert.

Die Probleme und Gefahren, die bei der Umsetzung von Dezentralisierung auftreten können, werden bereits breit diskutiert. Einige Autoren formulieren in ihrer Kritik, dass das Konzept in sich Probleme birgt (z.B. PRUD'HOMME 1995), andere weisen vielmehr auf seine fehlerhafte Umsetzung hin:

> „There are many real-world examples of bad decentralization, and warnings against such policies are probably needed. But it is neither fair nor useful to suggest (…) that it has failed, and that good policies would flow from some new, radically different, rational, and coherent theory of decentralization. Properly applied, the conventional theory of decentralization can help improve the enactment and execution of government policy." (MCLURE 1995:225)

Die Tabelle auf der nächsten Seite (Tabelle 1) fasst die oben diskutierten Punkte der Resultate von Dezentralisierung als auch ihre möglichen positiven und negativen Wirkungen stichwortartig zusammen.

Mittlerweile setzt sich die Ansicht durch, dass jeder Dezentralisierungsprozess von lokal- und regionalspezifischen Einflussfaktoren abhängt und daher das Design differenziert und kontextspezifisch an den jeweiligen Fall angepasst werden sollte.

RAUCH (2001:15ff) nennt wichtige Einflussfaktoren für den Erfolg einer Dezentralisierungspolitik:

- Formulierung klarer rechtlicher und politischer Grundlagen für den Reformprozess,
- Art, Kapazitäten und Kompetenzen der Träger für Steuerung und Koordination der Prozesse,
- Konzept/Design des Umsetzungsprogramms,
- Maßnahmen zur Befähigung der involvierten Akteure zur Übernahme der neuen Aufgaben und
- ganz zentral: das Vorhandensein eines politischen Willens.

Resultate von Dezentralisierung	Erwartete positive Wirkungen	Mögliche negative Wirkungen (bei fehlerhafter Umsetzung) bzw. Probleme bei der Umsetzung
Verlagerung bisher national- oder bundesstaatlicher Institutionen und Dienstleistungen auf untergeordnete Ebenen	<ul><li>Subsidiarität</li><li>Lokal angepasste staatliche Dienstleistungen</li><li>Bürgernähe</li></ul>	<ul><li>Rückzug des Staates, Abbau staatlicher Aufgabenerfüllung, bisher zentralgesteuerte Dienstleistungen funktionieren nicht mehr</li><li>Ungleichentwicklung von Regionen, Desintegration</li></ul>
Veränderung administrativer Routinen und Institutionen	<ul><li>Bürokratieabbau</li><li>Senkung von Transaktionskosten</li><li>Effizienzsteigerung des Verwaltungshandeln</li><li>Erhöhte Rechenschaftslegung</li><li>verstärkte Vertrauens- und Glaubwürdigkeit staatlicher Institutionen</li><li>Erhöhte Transparenz</li><li>*Good Governance*</li></ul>	<ul><li>Bürokratieaufbau</li><li>komplizierte Verwaltungsprozesse, Entscheidungswege verlängert</li><li>Ineffiziente und teure Prozesse, Vergrößerung des bürokratischen Apparates durch Schaffung neuer dezentraler Institutionen</li><li>fehlende Rollenklärung, Verantwortlichkeiten sind nicht klar, bzw. werden nicht übernommen</li><li>zu wenig Verwaltungskapazitäten auf lokaler Ebene</li><li>Rolle und Aufgaben nicht geklärt, ungenügender Informationsfluss</li></ul>
Größerer Handlungsspielraum für lokale Akteure	<ul><li>lokale Interessen werden berücksichtigt</li><li>Marginalisierte können ihre Interessen besser lokal vertreten (Armutsbekämpfung)</li><li>verbesserte Beteiligungsmöglichkeiten (Partizipation) der Bevölkerung</li><li>Ownership und Empowerment lokaler Akteure durch Politiknähe und Partizipation</li></ul>	<ul><li>Partikularinteressen gewinnen Handlungsspielraum</li><li>marginalisierte Gebiete, Gruppen und Ressourcen werden noch stärker isoliert durch fehlende Kontrolle von übergeordneten Institutionen oder ausgleichende Maßnahmen</li><li>Überforderung lokaler (möglicherweise wenig qualifizierter) Akteure</li></ul>

Resultate von Dezentralisierung	Erwartete positive Wirkungen	Mögliche negative Wirkungen (bei fehlerhafter Umsetzung) bzw. Probleme bei der Umsetzung
	• An den Kontext angepasste Lösungen werden erarbeitet, da lokale Akteure ein größeres Interesse besitzen, die eigenen Ressourcen, die eigene Region zu stärken	
Machtverlagerung, Änderung lokaler Machtverhältnisse, existierende lokale Eliten können sich stärken, neue Eliten oder neue Machtverhältnisse können sich ausbilden, sozialer Wandel	• breite Demokratisierung • Abschaffung von Korruption in höheren Regierungsebenen	• Manipulation der Bevölkerung, Stimmenkauf für Wahlkampf • negative Nutzung, kurzfristige, eigennützige Entscheidungen, Durchsetzung von Partikularinteressen, lokaler Klientelismus • wenig unabhängige Kontrollmöglichkeiten auf lokaler Ebene, persönliche Beziehungen beeinflussen politische Entscheidungen

Tabelle 1: Positive und negative Wirkungen von Dezentralisierung

Gerade der politische Wille ist beeinflusst innerhalb des politisch-institutionellen Systems durch die Stärke der Zentralmacht, die sektorale Identität und damit verbunden durch die Angst vor Machtverlust durch Dezentralisierungsmaßnahmen (beispielsweise durch das Auflösen von Abteilungen) (S.17f.). RAUCH weist in diesem Zusammenhang auch auf die Wahrnehmung der Realität in institutionellen Systemen hin, die stark durch Eigeninteressen gefärbt sein kann und sich häufig als dezentralisierungskritisch oder -resistent erweist.

Außerhalb des politisch-institutionellen Systems nennt er als wichtige Faktoren die Stärke regionaler Eliten, die kulturelle und naturräumliche Diversität sowie die regionale Verteilung und Art der Kontrolle über natürliche Ressourcen. Im Folgenden werden einige Vorschläge zur Überwindung der beschriebenen Probleme bei der Umsetzung von Dezentralisierung zusammengefasst.

Relevant für eine Umsetzung von Dezentralisierung sind das Vorhandensein der notwendigen rechtlichen Rahmenbedingungen und eine rechtliche und politisch gesicherte Existenz der dezentralisierten Ebenen. Wichtig ist, Zeitpunkt, Art und Form der Verlagerung der Kompetenzen optimal zu wählen, sowie eine klare Arbeitsteilung zu vereinbaren, Rollen- und Kompetenzzuweisungen festzulegen. Die lokale Ebene sollte mit ausreichenden und angepassten Kompetenzen ausgestattet werden. Eine besondere Rolle erhält dabei die Verlagerung von finanziellen Ressourcen. Ihre Dezentralisierung ist außerordentlich wichtig, aber auch zwiespältig, wie bereits diskutiert. Daher sind eine effiziente Finanzkontrolle und ein kontinuierliches Aktivitätenmonitoring wichtig, um so lokalen Missbrauch zu verhindern. Dies muss von der zuständigen Behörde durchgeführt werden, sollte jedoch von der Bevölkerung begleitet und durch punktuelle Kontrolle von Seiten der Zentralbehörde flankiert werden. Generell bedarf es institutionalisierter Verfahren, um auf dezentraler Ebene Machtmissbrauch zu unterbinden und Transparenz sicherzustellen. Ein weiteres interessantes Steuerungs- und Kontrollinstrument können nationale sektorale Mindeststandards darstellen.

Der Grad der möglichen Dezentralisierung hängt von den lokal vorhandenen Kapazitäten in den bestehenden Verwaltungsstrukturen ab. Dabei sollte darauf geachtet werden, vorhandene lokale demokratische und effiziente administrative Strukturen und kompetente Mitarbeiter zu stärken, bevor neue Institutionen aufgebaut werden. Dabei sollte immer überprüft werden, ob die bestehenden Institutionen stark genug sind, technisch gute Leistungen zu bringen und korruptionsresistent zu sein. Mit *Capacity Development* sollen die fehlenden Kapazitäten entwickelt werden. Dabei wird häufig übersehen, dass die aktuelle Situation häufig ein Ergebnis von strukturellen politischen und sozialen Problemen ist, wie Defizite im Bildungs- und sozialen Sicherungssystem allgemein oder gesellschaftliche Werte. Dies gilt vor allem für Kommunen im ländlichen Raum. Hier muss man sich auf längere Zeiträume einstellen, um nachhaltig Steuerungskompetenzen aufzubauen.

1.1.3.3 Dezentralisierung und Partizipation

Neben komplexen technischen, rechtlichen und politischen Überlegungen zur Umsetzung von Dezentralisierung scheint der Aspekt der Bevölkerungsbeteiligung ebenfalls (erneut) an Bedeutung zu gewinnen:

> "...UNDP uses the term 'decentralizing governance' as it firmly believes that decentralization of the public sector, in itself, will not be effective unless support is also provided to strengthen local governance, involving the public, private and civil sectors. And, in turn, the achievement of good governance at the local level is also not possible without the transfer of responsibilities and capacities through decentralization." (UNDP, MDGD, Decentralized governance Monograph: A Global Sampling of Experiences, April 1998:6, zitiert in: UNDP/BMZ 2000:27)

Hier wird sowohl auf die Wichtigkeit der horizontalen Koordination zwischen der Verwaltung und den Akteuren der Bevölkerung, Zivilgesellschaft und des privaten Sektors auf lokaler Ebene hingewiesen, als auch vor allem auf die der Institutionalisierung von Beteiligungsmöglichkeiten der Bevölkerung. Viele Autoren heben dabei besonders die Rolle der Staatsbürgererziehung (*Civic Education*) hervor. Da knüpfen auch KING/STIVERS (1998:196ff) an, wenn sie darauf hinweisen, dass die *habits of minds*[21] der Administratoren, sowie der BürgerInnen ebenfalls in den Veränderungsprozess einbezogen werden müssten. Hier ist eine Parallele zum Konzept der *Governmentality* zu erkennen. ETZIONI (2000a) weist auf ähnliche Aspekte auf der lokalen Ebene hin: auf die Relevanz der *Community* und ihrer Kultur der Moral (*Moral Culture*). Sein Begriff von *Community* deckt sich nicht unbedingt

---

[21] Möglicherweise beziehen sie sich damit auf den Begriff der *habits of the heart*, der von ALMOND/VERBA 1963 im Rahmen ihres Konzeptes der *Civic Culture* eingeführt wurde.

mit den administrativen Grenzen einer Gemeinde, seine Überlegungen können jedoch trotzdem anregend sein für die Debatte über Dezentralisierung, die Rolle der lokalen Ebene und die Diskussionen um *Local Governance, decentralized Governance, Co-Governance* und Beteiligungsstrukturen.

Eine Messung von Dezentralisierungseffekten ist schwierig, da die meisten Dezentralisierungsprozesse noch nicht abgeschlossen sind, zudem handelt es sich meistens um erwartete langfristige Wirkungen, die evtl. erst in ein paar Jahren oder gar Jahrzehnten sichtbar sein werden. Obwohl bisher noch wenig erforscht, zeichnet sich bereits ab, dass Qualität und Quantität dezentral erbrachter Dienstleistungen lokal sehr unterschiedlich ausfallen. Umso wichtiger ist es, Indikatoren für Monitoring und Evaluierung des Dezentralisierungsprozesses und seiner Ergebnisse zu entwickeln. Die Indikatoren können als Steuerungsinstrument dem lokalen Personal zugute kommen, als Vehikel der Kommunikation zwischen Gemeindeverwaltung und Bevölkerung fungieren und damit Transparenz erhöhen sowie eine gewisse Kontrolle der Lokalregierung von Seiten der übergeordneten Institutionen oder der lokalen Bevölkerung ermöglichen.

Festzuhalten bleibt ebenfalls, dass Dezentralisierung kein fest definierter Zustand ist oder ein vordefiniertes Format haben sollte, sondern einen gesellschaftlichen Prozess darstellt, der kaum konfliktfrei ablaufen kann und stets ein dynamisches Gleichgewicht zwischen zentralen und lokalen Kräften anstrebt. Seine spezifische Ausprägung sollte an den jeweiligen lokalen Kontext angepasst werden.

Die Steuerung von Dezentralisierungsprozessen sollte von zentralstaatlicher, als auch zivilgesellschaftlicher und lokaler Ebene getragen und beeinflusst werden. Diese Aushandlungsprozesse sollten einen höheren Stellenwert erhalten und ebenso die Erkenntnis, dass Dezentralisierungsprozesse ihre Zeit brauchen.

1.1.4 Fazit: Politiknetzwerke und *state-society synergies*

Die in diesem Kapitel angesprochenen Themenbereiche Demokratie, *Governance* und Dezentralisierung haben dasselbe Anliegen: Steuerung.

Es existieren mindestens zwei Auffassungen, was unter (politischer) Steuerung verstanden werden soll: In der klassischen Auffassung besitzt der Staat das Steuerungsmonopol. In neueren Sichtweisen, in Anlehnung an das *Governance*-Konzept, wird der Staat in ein Netzwerk von Akteuren und sozialen Beziehungen, ein sogenanntes *policy network* oder Politik-Netzwerk gestellt, die durch ihre Aktivitäten die Steuerung beeinflussen.

Dieses *policy network* kann folgendermaßen verstanden werden:

> „[It consists of] more or less stable patterns of social relations between independent actors which take shape around policy problems and/or policy programmes." (KICKERT/KLIJN/ KOPPENJAN 1997:30)

Diese Sichtweise, auch vorhanden in FOUCAULTs Konzept von *governamentalité*, erschließt ganz neue Perspektiven für die empirische Analyse von Steuerungsprozessen. Es soll hier nicht darum gehen, die Wichtigkeit des Staates in Frage zu stellen, sondern die Realität in ihrer inhärenten, auch historischen Dynamik zu verstehen. Was unter Steuerung verstanden wird, welche Aspekte, Praktiken und Diskurse damit verbunden werden, war einem stetigen Wandel in der Geschichte der Menschheit unterworfen und Steuerung wird auch möglicherweise für zukünftige Generationen etwas anderes bedeuten als für uns heute.

Der Ansatz der Politiknetzwerke versucht den Kontext für kollektives Handeln und kollektives Lernen zu analysieren. Dabei wird auf Faktoren geachtet wie Interdependenzen und Beziehungsmuster zwischen den Akteuren, die Variationsbreite der Akteure, ihrer Interessen und ihrer Ziele, den höchst interaktiven Charakter des Politikprozesses sowie den institutionellen Kontext in dem diese Prozesse stattfinden.

Es wird davon ausgegangen, dass jeder involvierte Akteur Steuerungsfunktionen im Prozess einnehmen kann. KICKERT ET AL. (1997:47ff) identifizieren mehrere Aufgaben in der Steuerung von Netzwerken und Politikprozessen, wie das Aktivieren des Netzwerkes, das Arrangieren der Interaktionen zwischen den Akteuren, die Zuordnung von Problemen, Lösungen und Akteuren (*brokerage*), die Moderation von Interaktionen sowie die Mediation und Entscheidungsfindung.

Ein Politiknetzwerk steuert dadurch, dass es Einfluss auf die formale Politikgestaltung ausübt, Beziehungen, aber auch Werte, Normen und Wahrnehmungen beeinflusst, neue Koalitionen ins Leben rufen oder aber auch sich selbst immer wieder verändern, anpassen und steuern kann.

Politiknetzwerke können sehr unterschiedlich gestaltet sein. Sie können sich unterscheiden in der Anzahl und Diversität der Akteure, in ihrer Offen- oder Geschlossenheit, in der Konfliktintensität, dem politischen, ökonomischen, sozialen und kulturellen Kontext, in Motivation, Kapazitäten, Führung, Machtstrukturen sowie in den damit zusammenhängenden Kosten des Netzwerkmanagements.

TERMEER/KOPPENJAHN (1997) gehen davon aus, dass es in einem Politik-Netzwerk auch möglich ist, Wahrnehmungen zu steuern (*management of perceptions*). Dabei geht es zum einen darum, Wahrnehmungen so zu steuern, dass gemeinsame Aktionen des Netzwerkes möglich sind und zum anderen Prozesse anzuregen, zu koordinieren oder moderieren in denen Wahrnehmungen verändert werden sollen, entweder innerhalb des Netzwerkes oder auch in Bezug auf externe Akteure. Hier sind praktische Anknüpfungspunkte zu den Überlegungen zu *Governmentality* und *Environmentality* zu erkennen. Gerade im *Management of perceptions* lassen sich Räume für Mediation und kollektive Lernprozesse verorten.

Eine vergleichbare Perspektive auf Steuerung hat der Ansatz der *state-society synergy* (EVANS 1996a/b, OSTROM 1996), der den Konzepten von *Governance* und Politik-Netzwerken ähnelt oder mit ihnen verbunden werden kann. Darin geht es darum, die Kluft zwischen Staat und Gesellschaft zu verstehen, zu analysieren und zu überwinden. Sie sehen Steuerung als eine Synergie zwischen Staat und Gesellschaft und fragen sich, wie diese synergetischen Beziehungen - basierend auf Wechselwirkungen zwischen Macht, Wissen, Institutionen und subjektiven Wahrnehmungen und Identitäten (*subjectivities*) - strukturiert sind, bzw. wie der soziopolitische Kontext das Zustandekommen dieser Synergien behindern oder fördern kann.

Es wird davon ausgegangen, dass es mindestens zwei Sichtweisen dieser Synergien existieren, wobei die eine die Komplementarität zwischen Staat und Gesellschaft heraushebt, die andere jedoch darüber hinausgeht:

> "A more radical view of synergy focuses on 'embeddedness'. It questions the assumption of distinct public and private spheres and sees trust and productive informal networks not only as a property of civil society but as spanning the public-private divide" (EVANS 1996a:1036)

Diese radikalere Sichtweise kann als eine Erweiterung des Konzeptes der Politiknetzwerke verstanden werden und öffnet interessante Analyseperspektiven.

OSTROM (1996) führt zwei Kategorien ein, die zu einem besseren Verständnis der Synergien und ihrer Entstehungsbedingungen beitragen sollen, bzw. die zwei unterschiedliche Perspektiven auf *state-society synergies* beschreiben, die jedoch möglicherweise nicht so ausschließlich diskutiert werden müssen, wie OSTROM dies tut: *endowment* und *constructability*. Unter *endowment* versteht sie, dass die Existenz bestimmter Faktoren in Gesellschaft und Politik, die kurzfristig relativ schwierig zu verändern sind, die Staats-Gesellschafts-Synergien prägen, z.B. das Vorhandensein von sozialem Kapital, Grad an Ungerechtigkeit in der Gesellschaft, politisches Regime, Charakter der bürokratischen Institutionen. *Constructability* hingegen geht davon aus, dass die vorherrschenden Bedingungen nicht unveränderbar sein müssen und vertraut dagegen auf die Möglichkeit synergetische Beziehungen auch kurzfristig aufbauen zu können. Instrumente hierfür sieht sie in den *soft technologies* des *institution-buildings*, der Organisationsentwicklung und des *change managements*. Auf diese Weise können, argumentiert OSTROM, synergetische Beziehungen auch unter ungünstigen Ausgangsbedingungen entstehen.

Meiner Ansicht nach lassen sich die Kategorien *endowment* und *constructability* komplementär anwenden, indem *endowment* die Ausgangssituation bezeichnet in der *state-society synergies* aufgebaut, konstruiert oder erweitert werden. Das Ergebnis wird sich immer aus beiden Aspekten zusammensetzen und stark beeinflusst sein, von den Synergien wiederum zwischen diesen beiden Kategorien.

Die vorgestellten Konzepte sollen nicht über ihre Ambivalenz hinwegtäuschen: Synergien zwischen Staat und Gesellschaft oder auch zwischen privat und öffentlich sind nicht immer unbedingt positiv besetzt, sondern beschwören zu Recht Assoziationen zu Klientelismus, Nepotismus oder negativen sozialen Kapital herauf. Auch Politik-Netzwerke lassen Spielraum für jede Art von Akteuren und damit auch für Interpretationen und Analysen in alle Richtungen. *Management of Perceptions* lässt uns ebenfalls nicht nur an Mediation, sondern auch an Gleichschaltung denken. Diese ambivalenten Konzepte - ähnlich ambivalent wie *Governance*, Dezentralisierung, Partizipation oder Nachhaltigkeit - bieten sich trotzdem oder gerade deshalb für eine realitätsnahe Analyse sowie für anwendungsorientierte Politikempfehlungen an. Komplexitäten, Ambivalenzen und Ungleichzeitigkeiten sollen analysiert werden, ihre Gefahren bewusst gesteuert und reguliert und ihre Potenziale genutzt werden.

1.2 Partizipatives Monitoring als Steuerungsinstrument in der Kommunalentwicklung

Ziel aller Entwicklungsbestrebungen ist es, sozialen Wandel bewusst zu begleiten, ihn möglicherweise in Gang zu setzen oder aber zu versuchen, die bereits bestehenden Prozesse sozialverträglich und nachhaltig zu gestalten. Ein Schlüsselfaktor in der nachhaltigen Kommunalentwicklung ist daher die Steuerung. Monitoring setzt gerade dort an und bietet ein Instrumentarium zur Unterstützung der Steuerung an.

Die Diskussion um Monitoring wird im Kontext von zwei kontrastierenden Annahmen geführt: Auf der einen Seite wird sozialer Wandel und damit Entwicklung immer für planbar und steuerbar und damit auch überprüfbar und messbar gehalten. Auf der anderen Seite wird immer deutlicher, dass jede Aktivität eingebettet ist in eine komplexe Realität und die Wirkungen einer Aktivität von vielen anderen Faktoren beeinflusst und verändert werden können. Will man nun sozialen Wandel steuern, muss man auch die unterschiedlichen Faktoren in die Analyse und Beobachtung einbeziehen und in der Planung und Umsetzung berücksichtigen. Dem Postulat der Komplexität und damit quasi Unplanbarkeit sozialen Wandels wird somit eine noch effizientere Planung und Steuerung entgegengesetzt.

Der Effizienzgedanke ist jedoch im Monitoring wie auch in der Debatte um Partizipation nur die eine, die sogenannte instrumentelle Sichtweise. Die andere, normative Position hebt den transformativen Charakter von Monitoring und Partizipation heraus. Hier stehen Lernprozesse, *Empowerment* und *Ownership* im Mittelpunkt. In der Diskussion um Partizipation wird deshalb gerne plakativ zwischen Partizipation als Mittel (Effizienz) und Partizipation als Ziel (*Empowerment*) unterschieden (vgl. u.a. NELSON/WRIGHT 1995:1). Diese Diskussion lässt sich auch auf das Thema Monitoring und speziell in Bezug auf das partizipative Monitoring anwenden. In der Realität besteht ein Kontinuum zwischen diesen beiden Polen (vgl. Abb.4) und die Grenzen sind oftmals nicht scharf zu ziehen. Auch können im selben Prozess Akteure unterschiedliche Verständnisse von Partizipation besitzen oder aber die in diesem Rahmen durchgeführten Aktivitäten auf einem unterschiedlichen „Partizipationsniveau" liegen (vgl. dazu auch die Ausführungen in Kapitel 1.2.2.3).

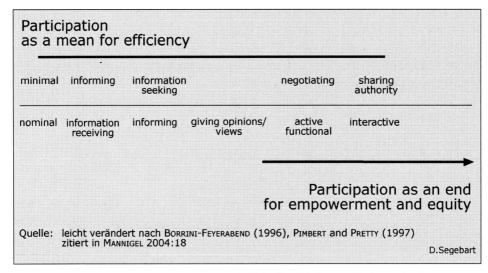

Abb. 4: Partizipation als Mittel oder als Ziel - Überblick verschiedener Stadien

Eine weitere klassische Zusammenfassung dieser unterschiedlichen Auffassungen bietet die *'ladder of citizen partizipation'* von ARNSTEIN (1972:195) (vgl. Abb.5), die darüber hinaus die deutliche Nicht-Beteiligung benennt. Sie unterscheidet aufgrund des jeweiligen Ausmaßes an Macht zwischen acht Stufen der Partizipation:

Manipulation	Nicht-Beteiligung
Therapie	
Information	Spielwiese
Beratung	
Scheinbefugnis	
Partnerschaft	Bürgermacht
Delegation von Entscheidungen	
Bürgerkontrolle	

Abb. 5: Stufen der Bürgerbeteiligung nach ARNSTEIN (1969/1972)

Im Folgenden wird das Thema des partizipativen Monitorings zunächst in den Kontext der Entwicklungsplanung (in Kommunen und auch Projekten der Entwicklungszusammenarbeit) (1.2.1) und ihrer partizipativen Ansätze (1.2.2) gestellt, bevor es eingebettet in die allgemeine Debatte um Monitoring (1.2.3) konkretisiert wird.

1.2.1 Planung und Entwicklungsinterventionen

Planung ist in der Entwicklungszusammenarbeit, aber auch in der Kommunalentwicklung, ein zentrales und beliebtes Thema. Die Erwartungen, die daran geknüpft werden, sind meist größer als die realen Wirkungen eines Planungsprozesses. BLOWERS (1981) weist auf das scheinbare Dilemma hin, dass der Planungsprozess zwar zum einen politisch ist, Weichen stellt, Veränderungen initiiert, Interessen vertritt, zum anderen aber gleichzeitig eine 'schwache' und neutrale Aktivität darstellt, weil er an sich keine tatsächlichen Konsequenzen herbeiführt, keine Durchführungsmacht besitzt. Ist Planung ein Instrument der Macht oder stecken Planung und die Planenden stets in einer politischen, ökonomischen und soziokulturellen Zwangsjacke? Sicherlich trifft in der Regel beides zu und im Grunde kann Planung vielmehr definiert werden als ein politischer Aushandlungsprozess, in dem die Interessen der beteiligten Akteure durch das Netz der Sozialbeziehungen, der Macht- und Abhängigkeitsverhältnisse transportiert und artikuliert werden.

LONG/PLOEG (1989) (vgl. auch LONG 2001:30ff) entmystifizieren ebenfalls bei ihrer Dekonstruktion von Entwicklungsinterventionen das Thema Planung. Sie gehen davon aus, dass Planungsprozessen in Entwicklungsinterventionen verschiedene normative Annahmen und Vorstellungen in Bezug auf Umsetzung von Politik (*policy making*) zugrunde liegen. Das Spektrum erstreckt sich von rationalen Modellen, die davon ausgehen, dass mit mehr Informationen und Analyse eine höhere Effektivität erreicht werden kann, über Vorstellungen von kurzsichtigen, limitierten und nur aufs Eigenwohl bedachten Politikern bis hin zum Verständnis von politischen Prozessen als Aushandlungsprozesse zwischen verschiedenen widerstreitenden Interessen. Da diese Modelle oftmals nicht explizit verlautbart werden oder sogar nur unbewusst vorhanden sind, schlagen sie vor, Interventionspraktiken zu analysieren:

> „(..) we view intervention as a 'multiple reality' made up of differing cultural perceptions and social interests, and constituted by the ongoing social and political struggles that take place between the various social actors involved." (LONG 2001:30)

Dabei soll es jedoch nicht nur um die idealtypischen modellhaften Konstruktionen der Praktiken gehen, die Planer, Experten und auch die Bevölkerung eher in ihren Köpfen tragen als dass sie tatsächlich in dieser Weise praktiziert werden. Vielmehr sollten Interaktionen, Prozesse, Strategien, Diskurse, kulturelle Kategorien und die beteiligten Akteure im Zentrum der Analyse stehen.

In den 1960er und 70er Jahren herrschte noch ein stark mechanistisches Verständnis von Planung und Politikumsetzung, vor allem in Bezug auf die Beziehung zwischen Politik (*Policy*), Implementierung und Ergebnissen. Man ging von einem linearen sozusagen „Schritt-für-Schritt-Modell" aus:

> „(...) this separation of 'policy', 'implementation' and 'outcomes' is a gross over-simplification of a much more complicated set of processes which involves the reinterpretation or transformation of policy during the implementation process itself, such that there is in fact no straight line from policy to outcomes." (LONG 2001:31)

Ab Anfang der 1980er Jahre wandelte sich dieses Verständnis bereits: gerade in der Politikfeldanalyse wurde auf diese Analysedefizite hingewiesen und für ein neues Verständnis von Planung und Politik als Verhandlungsprozess über Ziele und Mittel zwischen den unterschiedlichen Interessensparteien geworben. Neue Formen der Analyse administrativer Prozesse und Institutionen wurden entwickelt und von anthropologischer Seite wurde versucht, Planung als stark ideologisch geprägte und soziale Aktivität zu verstehen und zu erforschen. Gleichzeitig entwickelte sich ein Bewusstsein für die Vielfältigkeit der Verhaltensweisen, Logiken und Strategien, die Individuen und Haushalte in Reaktion auf Entwicklungsinterventionen entwickeln.

LONG/PLOEG (1989) weisen darauf hin, dass Entwicklungsinterventionen häufig als in Zeit und Raum abgegrenzte Projekte angelegt werden. Eine Intervention sei jedoch nie ein Projekt mit scharf zu ziehenden Begrenzungen wie es von vielen Durchführungsinstitutionen und ihrer administrativen Logik gesehen wird. Sie sind immer Teil eines Flusses oder einer Kette von Ereignissen, die in einen größeren Rahmen auf lokaler, aber auch nationaler und internationaler Ebene eingebettet sind.

Interventionen sind mit vorhergegangenen Projekten oder Ereignissen verbunden, zum einen aufgrund von Evaluierungen, Lernprozessen oder Interessensverschiebungen innerhalb der durchführenden Institutionen und zum anderen aufgrund der individuellen und kollektiven Erfahrungen vor Ort mit Interventionen, Projekten und Planungen. In einer Gemeinde existieren oftmals kollektive und individuelle Erinnerungen von Beziehungen zwischen Staat und Zivilgesellschaft, lokalen Initiativen oder inter-institutionellen Auseinandersetzungen.

> „People process their own experiences of ‚projects' and ‚interventions'. They construct their own memory of these experiences, as well as taking into account the experiences of other groups within their socio-spatial networks." (LONG 2001:32)[22]

Ebenso weist jede aktuelle Intervention eine Verbindung zu zukünftigen Projekten und Prozessen auf. Die aktuellen Erfahrungen werden ebenfalls in die individuelle und kollektive Geschichte eingehen.

Das „Einschachteln" (*boxing-in*) von Raum und Zeit ist nach LONG (2001:32) charakteristisch für die Logik eines Entwicklungsprojektes. Diese Sichtweise wird auch durch das Bild des Projektzykluses noch verstärkt, in dem Aktivitäten in einer linearen und logischen Abfolge arrangiert werden. Die Projektvorbereitung und -durchführung erhält dadurch den Charakter eines rationalen Problemlösungsprozesses. Von einer anderen Perspektive aus kann man diese Prozesse jedoch auch wahrnehmen als Arenen, in denen inter-institutionelle Kämpfe ausgefochten werden in Bezug auf zu verfolgende Ziele, administrative Kompetenzen, Ressourcenallokation oder auch institutionelle Zuständigkeiten und Begrenzungen (LONG 2001:32). LONG/PLOEG (1989) sprechen sich daher dafür aus, Planung und Entwicklungsinterventionen als ein komplexes Zusammenspiel von sozialen Praktiken, Auseinandersetzungen und Verhandlungen zu verstehen, das eingebettet ist in einen ganz spezifischen Raum- und Zeitkontext.

---

[22] LONG bezieht sich hierbei auch auf die Konzepte von „*objectified*" und „*embodied*" history bei BOURDIEU 1981:305f.

PRETTY/SCOONES (1995) kritisieren, dass Planung heute oftmals gleichgesetzt wird mit dem Begriff Entwicklungsintervention. Sie plädieren im Gegensatz dazu für ein breiteres, flexibleres und prozess-orientierteres Verständnis von Planung, für eine angepasste Planung (*adaptive planning*). Diese angepasste Planung soll ihrer Meinung nach die Bevölkerung beteiligen an der Politikformulierung (*agenda setting*), am Zugang zu Ressourcen und an der Kontrolle der Umsetzungsprozesse in der Gemeinde. Hierzu wird sich die Bevölkerung Wissen und Informationen aneignen, diese regelmäßig analysieren und reflektieren sowie aus diesen Analysen rechtzeitige Handlungen ableiten müssen (PRETTY/SCOONES 1995:158).

Was die Autoren mit *adaptive planning* bezeichnen, geht über das herkömmliche Verständnis von Planung hinaus. Ihre Forderungen sind legitim und notwendig, es stellt sich jedoch die Frage, ob der Begriff der Planung in diesem Kontext nicht überstrapaziert wird. Andere Begriffe wie (Selbst-)Steuerung oder (Selbst-)Verwaltung[23] beinhalten diese Aspekte und werden m.E. viel zu wenig in diesem Kontext diskutiert. Die formulierte Forderung nach Kontrolle und der beschriebene Prozess der Informationssammlung finden sich ebenfalls im Konzept des partizipativen Monitorings wieder.

1.2.2 Partizipative Ansätze in der Kommunalentwicklung

Im Folgenden werden sowohl die Entstehung partizipativer Ansätze (1.2.2.1), praktische Probleme bei ihrer Umsetzung (1.2.2.2), theoretische und konzeptionelle Bedenken (1.2.2.3), als auch die Schwierigkeiten und Herausforderungen bei ihrer Institutionalisierung (1.2.2.4) diskutiert. Wenngleich partizipative Ansätze sowohl in Ländern des Südens als auch des Nordens Anwendung finden, liegt der Schwerpunkt dieser Ausführung aufgrund der Themenstellung dieser Arbeit auf der Anwendung partizipativer Ansätze in der Entwicklungszusammenarbeit und in der Kommunalplanung im Süden.

<u>1.2.2.1 Entstehung und Charakteristika partizipativer Ansätze</u>

Der Partizipationsbegriff erhielt seit den 1980ern einen Ehrenplatz in den Entwicklungsdebatten und ist heute nicht mehr aus dem entwicklungspolitischen Diskurs wegzudenken. Die Entwicklungsagenturen haben den Begriff nicht nur rhetorisch aufgenommen,[24] sondern entwickelten auch diverse Methoden zur Gewährleistung von Partizipation im Entwicklungsprozess.[25] Wie in den Diskussionen um Demokratie und Zivilgesellschaft stellen sich auch hier ähnliche Fragen: Wer partizipiert? Welche Legitimation und Repräsentativität besitzen die Akteure, die partizipieren? Auf welche Art und Weise wird partizipiert, d.h. was wird überhaupt unter Partizipation verstanden? Das Spektrum dessen was unter Partizipation

---

[23] Im brasilianischen Kontext werden als Antwort auf die formulierte Forderung auch die Begriffe und Konzepte der *co-gestão*, *gestão compartilhada* oder *auto-gestão* verwendet.
[24] z.B. BMZ 1999; OECD 1995; WORLD BANK 1996
[25] z.B. SCHÖNHUTH/KIEVELITZ 1993, PRETTY ET AL 1995

verstanden wird, erstreckt sich vom einfachen Informieren der Bevölkerung bis hin zur Selbstverwaltung.[26]

KRÜGER/LOHNERT (1996) kritisieren, dass eine 'postmoderne Beliebigkeit' (S.52) in Bezug auf die Auseinandersetzung und Anwendung des Begriffs Partizipation herrscht. Ebenso bedauern ALFF ET AL (1998) eine Verwässerung des Begriffes bedingt durch seine weite Verbreitung.

Der Begriff wird sowohl als Methode, als auch als (entwicklungspolitische) inhaltliche Zielvorgabe verstanden, in manchen Fällen sogar mit Demokratie, Demokratisierung oder auch Selbsthilfe gleichgesetzt. Wie in 1.2 erwähnt, unterscheiden andere Autoren zwischen einem instrumentellen und einem normativen Gebrauch des Begriffes. Gleichzeitig wird der Begriff sowohl in der Raumplanung und den Verwaltungswissenschaften verwendet v.a. im Sinne von Bürgerbeteiligung, als auch in der Entwicklungsforschung und -praxis. Beim Letzteren schwingen wiederum die Konzepte von Emanzipation, *Empowerment* und *Ownership* mit. KRÜGER/LOHNERT unterscheiden zwischen Partizipation auf globaler, nationaler und regionaler/lokaler Ebene. Während auf globaler Ebene unter Partizipation die „gleichberechtigte Teilhabe aller Menschen an materiellen und kulturellen Ressourcen" verstanden werden kann, liegt der Schwerpunkt der nationalen Ebene auf der „Integration aller Bevölkerungsteile in politische Entscheidungsprozesse" (1996:45), aber auch der landesweiten Schaffung gleichwertiger Lebensbedingungen. Um die Teilnahme und Teilhabe der betroffenen Bevölkerung an räumlich begrenzten Entwicklungsprozessen kann es bei Partizipation auf regionaler oder lokaler Ebene gehen.

Trotz der Gleichzeitigkeit oder dem Nebeneinander der Begriffsdefinitionen kann auch eine historische Entwicklung beobachtet werden, die den jeweiligen Diskurs bestimmte. Während in den Jahrzehnten nach dem Zweiten Weltkrieg Partizipation im Rahmen von Diskussionen um die Einbindung der Bevölkerung in nationale Entwicklungsprozesse erwähnt wurde, erhielt der Begriff in den 1960er und 70er Jahren eine politische Konnotation: Unzufriedenheit mit den öffentlichen Dienstleistungen und den Formen der demokratischen Mitbestimmung führte zur Forderung nach neuen Formen der demokratischen Bürgerbeteiligung. Gleichzeitig wurden zu dieser Zeit Machtverhältnisse generell in Frage gestellt, sei es durch Dependenz- und Imperialismustheorien, durch das Agieren von Befreiungsbewegungen oder durch die Erstarkung zivilgesellschaftlicher Gruppen. Dies wirkte sich auch aus auf die Frage nach Machtverhältnissen in der Wissenschaft und im Forschungsprozess und führte zur Entwicklung partizipativer Forschungsmethoden im Rahmen des *Participatory Action Research* (PAR) (vgl. dazu II.3).

Auch in der internationalen Entwicklungszusammenarbeit wuchs der Unmut: Seit Anfang der 1980er Jahren war verstärkter Druck von Seiten der Bevölkerung und Interessensgruppen zu

---

[26] So findet es sich in ARNSTEINs '*Ladder of Citizen Partizipation*' (1969/1972) (vgl. Abb.4), vgl. auch HEALEY 1997:26, RAUCH 1996a:262ff und 2002:499ff.

spüren, die 'von-oben-nach-unten-Planung' (*top-down*) zu einem *bottom-up*-Prozess zu verändern (vgl. STÖHR/TAYLOR 1981). Der Selbsthilfe-Ansatz sowie Konzepte wie *Empowerment* und *Ownership* wurden diskutiert und verlangten nach angepassteren Methoden: partizipative Methoden wie *Participative Rural Appraisal* (PRA)[27] oder Zielorientierte Projektplanung (ZOPP) (vgl. KOHNERT ET AL 1992) wurden entwickelt und erhielten weite Verbreitung.

Die meiste Literatur zu partizipativen Methoden entstand im Rahmen der Kritik an unangepasster landwirtschaftlicher Beratung, die, meist geleistet von staatlichen Beratungsfirmen, zum einen nur das Modell der modernen Landwirtschaft[28] propagiert und zum anderen die Heterogenität der Kleinbäuerinnen und Kleinbauern, sowie ihr spezifisches lokales Wissen nicht berücksichtigt und dieser Zielgruppe ebenfalls keine aktive Rolle in einem gemeinsamen Lernprozess anbietet.

Die prominenteste Methode, die in diesem Zusammenhang entwickelt wurde, ist sicherlich PRA, die v.a. die Konzepte der Partizipation, des gemeinsamen Lernens und des *Empowerments* in die Diskussion einbrachte (vgl. CHAMBERS 1997:102ff).

Die Anwendung von PRA-Methoden wurde jedoch nicht nur im Bereich landwirtschaftlicher, sondern auch im Bereich ländlicher (Regional-) Entwicklung allgemein angewandt, was der ganzheitlichen Philosophie der Methoden entspricht. Wenig Aufmerksamkeit wurde jedoch der institutionellen Verankerung dieser Methoden geschenkt (vgl. 1.2.2.4). Zu häufig wurden die Methoden von zeitlich befristeten Projekten (seien es internationale Institutionen oder auch nationale NGO) angewendet und nach Ablauf der Projektlaufzeit wieder aufgegeben. Eine Institutionalisierung in der lokalen oder regionalen Verwaltung oder eine permanente Verankerung in der ansässigen Zivilgesellschaft wurde zu wenig angedacht oder gar umgesetzt. Die Diskussionen um institutionalisierte Bürgerbeteiligungsprozesse (z.B. DIETZE 1972, KLEMISCH 1994) auf der einen und die Anwendung partizipativer Methoden v.a. in der ländlichen Entwicklungsplanung (u.a. GTZ 1993) auf der anderen Seite, sind bisher im wesentlichen separat geführte Diskussionen, die jedoch Schnittstellen aufweisen. Als eine der wenigen prominenten Schnittstellendebatten kann die partizipative Haushaltsplanung (oder auch Beteiligungshaushalt) in Brasilien (*orçamento participativo*) genannt werden (ABERS 1998, 2000, FEDOZZI 2001, AVRITZER 2002, AVRITZER/NAVARRO 2002, GENRO/SOUZA 1997) oder neuerdings auch abgewandelt in Deutschland (z.B. SENATSVERWALTUNG FÜR STADTENTWICKLUNG BERLIN 2004). Ebenso weist die Literatur zur partizipativen Planung im

---

[27] Vgl. zu PRA z.B.: PRETTY ET AL 1995, CHAMBERS 1983, 1994, IDS-Bulletin (PLA-Notes)
[28] CHAMBERS spricht von der Konzentration der Beratungsfirmen auf die „Erste" Landwirtschaft, die moderne Landwirtschaft der Industrieländern und die „Zweite" Landwirtschaft, mit der er die Prozesse der Grünen Revolution im Süden kennzeichnet und von der gleichzeitigen Ignorierung der „Dritten" Landwirtschaft, womit er traditionelle, komplexe, diversifizierte und damit risiko-reduzierende Systeme (CDR – complex, diverse, risk-prone) meint, die meist sehr gut an die ökologischen, ökonomischen und soziokulturellen Bedingungen der Kleinbauern angepasst sind (1997:167ff).

urbanen (und ländlichen) westlichen Raum diese Schnittstellen auf (u.a. BISCHOFF ET AL 1996, KORF 2002).

Heute ist der Begriff Partizipation aus keiner Selbstdarstellung, keinem Projektantrag und keiner Finanzierungsauflage entwicklungspolitischer Institutionen mehr wegzudenken. Es bleibt jedoch die Frage, wie eine Institutionalisierung der partizipativen Ansätze bewerkstelligt werden kann (vgl. 1.2.2.4).

1.2.2.2 Praktische Probleme der Durchführung

> "Many claims about participation, most of which assert that it is a good thing, remain unproven." (CLEAVER 2001:53)

> "...those (problems) that are most apparent to us are the naivety of assumptions about the authenticity of motivations and behaviour in participatory processes; how the language of empowerment masks a real concern for managerialist effectiveness; the quasi-religious associations of participatory rhetoric and practice; and how an emphasis on the micro level of intervention can obscure, and indeed sustain, broader macro-level inequalities and injustice." (COOKE/KOTHARI 2001:13f.)

In den letzten Jahren und Jahrzehnten hat die Anwendung partizipativer Ansätze zugenommen und damit auch die gesammelten Erfahrungen mit den Methoden - positive wie negative. Auftretenden Problemen bei der Durchführung wurde mit der Überarbeitung von Verfahrensweisen begegnet, dabei wurden vor allem technische Anpassungsvorschläge erarbeitet oder neue Methoden entwickelt. Der Hinweis auf theoretische, politische und ethische Limitationen und Grenzen des Konzeptes wurde dagegen zunächst nur recht zaghaft vorgebracht und dann häufig auch nicht gern gehört oder einfach ignoriert. Nachzuvollziehen ist dies insofern, als die beinahe religiöse Verteidigung des Partizipationsansatzes sich gegen einen profitorientierten *Mainstream* im Diskurs der landwirtschaftlichen und ökonomischen Entwicklung durchsetzen musste und von diesem immer wieder unterlaufen oder an den Rand gedrängt wurde. Trotzdem können kritische Analysen m.E. das Konzept nur bereichern.

Im Folgenden sollen die wichtigsten Kritikpunkte und Überlegungen kurz skizziert werden. Dieser erste Teil der Reflexionen bezieht sich auf die Probleme bei der Durchführung der Ansätze und im folgenden Teil (1.2.2.3) wird auf die theoretischen, politischen und ethischen Limitationen und Grenzen des Konzeptes eingegangen, bei denen Machtfragen von zentraler Bedeutung sind.

Da die meisten partizipativen Ansätze bisher im Rahmen von internationaler Entwicklungszusammenarbeit staatlicher oder auch nichtstaatlicher Art angewendet wurden, wird in den folgenden Diskussionen stets Bezug auf diesen speziellen Kontext genommen. Bei einer Analyse der Anwendung partizipativer Methoden in der staatlichen Kommunalentwicklung wird man jedoch höchstwahrscheinlich auf recht ähnliche Kritikpunkte kommen.

Ein wichtiges Prinzip bei der Durchführung partizipativer Ansätze ist die Reflexivität, die ständige Beobachtung und Anpassung des partizipativen Prozesses.

Dies mag ein Grund dafür sein, dass gerade von den Anwendern der Ansätze und Methoden zahlreiche kritische Evaluierungen und Verbesserungsvorschläge erarbeitet wurden. Da partizipative Prozesse i.d.R. sehr komplex sind und in komplexe lokale Strukturen eingebettet sind, hängt ihr Erfolg von einer Vielzahl von Faktoren ab. Die wichtigsten Probleme der Durchführung werden im Folgenden angesprochen.

Einer der größten Kritikpunkte wendet sich nicht gegen das Konzept der Partizipation an sich, sondern gegen seine Instrumentalisierung, seine Vereinnahmung für nicht transformative, nicht am *Empowerment* der lokalen Bevölkerung ausgerichtete Prozesse.

Eine Wertschätzung und starke Einbeziehung und Nutzung des lokalen Wissens, ein hoher Grad an Partizipation und das Erreichen von *Empowerment* und *Ownership* kann zu angepassten Maßnahmen, zur Erhöhung der positiven Wirkungen der Aktivitäten, zur stärkeren Übernahme von Verantwortung durch lokale Akteure, zu institutioneller Nachhaltigkeit und damit auch zur Entlastung der externen Organisation führen. Dies alles trägt zur Erhöhung der Effizienz der Entwicklungsintervention bei. Der entscheidende Unterschied liegt darin, wie anfangs erwähnt, ob Partizipation (und *Empowerment*) als Mittel zum Zweck oder als Entwicklungsziel an sich angesehen wird. Einige Institutionen nutzen das dargestellte Argumentationsmuster und die entsprechenden Methoden und Maßnahmen, um sich eine höhere Effizienz ihrer Entwicklungsmaßnahmen zu sichern.

Ein weiterer Kritikpunkt betrifft die sogenannte Pseudo-Partizipation. Heute verwenden einige Institutionen den Partizipationsdiskurs und versuchen ihn mit dem jeweils niedrigst möglichen Grad an Partizipation zu realisieren. Pseudo-Partizipation wird ebenfalls dort bemängelt, wo Partizipation zwar als Ziel verfolgt wird (vgl. GOEBEL 1998:279), diese jedoch auf der Strecke bleibt aufgrund von Zeit- oder Sachzwängen, vorgeschriebenen institutionellen Verfahren, schlecht ausgebildetem Personal oder Schwachstellen der Methoden.

NELSON/WRIGHT (1995:1) betonen, dass aber auch individuell sehr unterschiedliche Partizipationsverständnisse in derselben Institution existieren und praktiziert werden können.

Weiterhin weisen sie auf Parallelen hin zwischen partizipativer Entwicklung und partizipativem Management bzw. Arbeiterbeteiligung in Unternehmen (NELSON/WRIGHT 1995:6f., ausführlicher in TAYLOR 2001). Die Beteiligten gleichen sich vor allem in Bezug auf ihre relative Abhängigkeit und Machtlosigkeit: beide Gruppen partizipieren, allerdings in einem System, das Ungleichheiten produziert und Ursprung ihrer Abhängigkeit ist.

Weitere Probleme entstehen aus dem Profil und dem Rollenverständnis der Verantwortlichen in partizipativen Prozessen.

> „Centralized development decision-making, often involving city-based ‚experts', is generally too detached from local contextual realities. It is frequently encumbered by a 'planning arrogance' where technocrats think they know best what is in the interests of people at the grassroots

level. State-driven development initiatives may also reflect the prevailing orthodox development paradigm, and may be strongly influenced by misconceptions and stereotypes of life in the countryside." (PARNWELL 2002)

CHAMBERS betont in seinen Vorschlägen stets nicht nur die Notwendigkeit einer neuen Form des Professionalismus,[29] des Entwickelns eines neuen gemeinsamen Lernens, sondern auch die eines Wertewandels in den Köpfen der Beteiligten an partizipativen Prozessen (vgl. CHAMBERS 1993 und 1997:210ff). Er weist darauf hin, dass dieser persönliche Wandel den Akteuren je nach Sozialisation unterschiedlich schwer fällt. Wer in hierarchischen Verhältnissen erzogen wurde und/oder gearbeitet hat, dem wird es womöglich schwer fallen die antrainierten hierarchischen Denk- und Verhaltensweisen zu verändern. Ungern wird ebenfalls Abschied genommen von dem alten Rollenverständnis der Experten, mit dem auch Status und Macht verbunden ist. Dies gilt für externes, aber ebenso für lokales Personal. In der Realität stehen für diesen fundamentalen Wandel meist nur Trainingseinheiten von wenigen Tagen oder Wochen zur Verfügung, vor allem was die Ausbildung des lokalen Personals angeht. Diesem Aspekt wird jedoch in den Diskussionen nur recht wenig Beachtung geschenkt:

> "The personal dimension is a bizarre blind spot in development. Behaviour and attitudes have simply not been on the development map. (…) Perhaps the most neglected aspect of development is the personal psychology of what powerful professionals believe and do." (CHAMBERS 1997:232)

Auch können Ausbildungsdefizite zu mangelnder Anwendungskompetenz führen. Die Pioniere der Anwendung von partizipativen Methoden in der ländlichen Beratung waren vor allem motivierte WissenschaftlerInnen, die genügend Motivation, Zeit und Energie hatten, sich ausführlich mit den Methoden, dem Kontext, der Didaktik und dem persönlichen und professionellen Wandel auseinander zu setzen und den letzteren nach Möglichkeit zu vollziehen. Die sozialen Prozesse, die während eines partizipativen Prozesses stattfinden, sind komplex und verlangen nach kompetenten Prozess-ModeratorInnen. Heute müssen jedoch die meisten MitarbeiterInnen entwicklungspolitischer Institutionen (und oftmals auch deren lokalen Partnerorganisationen) diese neuen Methoden anwenden, meist unter einem hohen Zeitdruck, obwohl sie nur wenig Zeit hatten diese zu erlernen und mit ihnen Erfahrungen zu sammeln (vgl. ALFF ET AL 1998:75). So kommt es zu vielen Situationen, in denen die Methoden nicht flexibel, sondern mechanistisch angewendet werden. Ebenfalls fehlen oftmals neben den notwendigen Kompetenzen in Moderation und Mediation, ebenso die fundamentalen sozialen Kompetenzen.

---

[29] „The challenge can be expressed as the paragon new professional. She is committed to the poor and weak, and to enabling them to gain more of what they want and need. She is democratic and participatory in management style; is a good listener; embraces error and believes in failing forwards; finds pleasure in enabling others to take initiatives; is not threatened by the unforeseeable; does not demand targets for disbursements and achievements; abjures punitive management; devolves authority, expecting her staff to use their own best judgement at all the times; gives priority to the front-line; and rewards honestly. For her, watch-words are truth, trust and diversity. And throughout this paragraph she can also be a he." (CHAMBERS 1995:32f., zitiert in CHAMBERS 1997:230)

Ein weiteres Problem bei der Durchführung von partizipativen Ansätzen liegt in Sachzwängen und Eigeninteressen der Projekte. In vielen Projekten werden partizipative Ansätze nicht so vorbildlich durchgeführt, wie es zu hoffen wäre. Zeitdruck führt oftmals dazu, dass beispielsweise die Mobilisierung der Zielgruppen nicht zufriedenstellend verläuft oder nicht ausreichend Zeit für das Anpassen der Methoden an den lokalen Kontext zur Verfügung steht, was den Partizipationsprozess teilweise *ad absurdum* führt.

> „In einigen Projekten war das Festhalten an einmal ausgewählten Methoden auffallend, auch wenn sich im Projektverlauf herausstellte, dass andere Methoden adäquater gewesen wären. Oft war für Anleitung und Ausbildung ein erheblicher Aufwand an Zeit und Geld investiert worden, und die Projektverantwortlichen scheuen davor zurück, den vergleichbaren Aufwand für neue Ansätze – ohne Erfolgsgarantie – einzusetzen, stattdessen wurden Anleitungen und Regulierungen verfeinert, bis die eigentlich intendierte Partizipation nur noch angeordneter Aktionismus war." (ALFF ET AL 1998:77)

Diese Sachzwänge sind jedoch häufig kaum von der Machtkomponente und den Eigeninteressen der Institutionen zu trennen:

> „As Sibley (1995:127) puts it, '(t)he desire to maintain monopolies over areas of knowledge encourages ritual practices designed to protect the sacred status of established approaches to understanding'." (KOTHARI 2001:146)[30]

Selbst dort, wo Institutionen Partizipation zur Leitlinie erhoben haben, sind diese jedoch häufig nicht bereit, die dafür notwendige Zeit aufzuwenden. Dies liegt u.a. an vorgegebenen Formaten und Fristen für Planung, Umsetzung, Monitoring, Berichterstattung und Abrechnungen sowie am Druck des Mittelabflusses. Letztendlich sind heute meist immer noch in der Berichterstattung und Rechtfertigung gegenüber den Geldgebern (und häufig sogar der lokalen Bevölkerung) quantitativ messbare Ergebnisse wichtiger als qualitative Prozesse, die zu *Empowerment* oder *Ownership* beitragen könnten:

> "Staff who try to be too participatory, spend too much time investigating 'real needs' or women's needs rather than delivering schemes, are soon seen as under-performing by both project and community." (MOSSE 2001:22)

Die wirkliche Anerkennung des Aufwands und des Zeithorizonts für die Erreichung von *Empowerment* und *Ownership* würde eine radikale Veränderung in den Institutionen und Verfahren der heute dominierenden Form der Entwicklungszusammenarbeit bedeuten.

Ein weiterer Kritikpunkt sind mögliche negative Auswirkungen auf die soziale Struktur der lokalen Bevölkerung. Die Anwendung partizipativer Ansätze ist immer eine Intervention. KÜHL geht in seiner Kritik weiter. Für ihn ist Partizipation ein „unkontrollierter Eingriff in ein sensibles Macht- und Gesellschaftsgefüge" (KÜHL 1998:52).

---

[30] Sie bezieht sich hier auf SIBLEY, D. (1995): Geographies of Exclusion. London.

In der Tat postulieren partizipative Ansätze klar ihren transformativen Charakter. Hierdurch können bestehende formelle und informelle Institutionen und Machtverhältnisse aufgebrochen, aber auch verschleiert oder sogar gestärkt werden (vgl. dazu 1.2.2.3). Ebenso können neue kreiert werden. Ob dies gut oder schlecht ist, müsste für jeden spezifischen Fall gesondert analysiert werden und eine solche Bewertung bedarf ebenfalls einer Analyse der Langzeitwirkungen – wofür jedoch selten Zeit und Interesse vorhanden sind.

Ein weiterer Kritikpunkt ist die „paradoxe Situation eines *top down* organisierten *bottom up* Prozesses" (KÜHL 1998:56, Hervorhebungen im Original). Hierdurch kommt die Situation zustande, dass Vertreter der Zielgruppen die Teilnahme an Versammlungen und Planungsworkshops als Verpflichtung betrachten und in diesem Sinne nicht ganz freiwillig daran teilnehmen oder eine Gegenleistung erwarten.

> „Der verstärkt eingesetzte partizipative Ansatz der Projekte wird von der Bevölkerung als wachsende Nachfrage des Projektes nach ihren Leistungen wahrgenommen. (...) Das Projekt gerät aus der Sicht der Bevölkerung durch den partizipativen Ansatz in ein Schuldverständnis, das langfristig ausgeglichen werden muss. (...) Je mehr Partizipation von einem Projekt eingeklagt wird, desto stärker drängt die Zielgruppe auf bestimmte Gegenleistungen." (KÜHL 1998:67)

Das stillschweigende Anerkennen dieses Tauschverhältnisses schlägt sich häufig nieder in der Zahlung von Aufwandsentschädigungen für die Teilnahme an Workshops oder Seminaren.[31]

Ein weiterer häufig auftretender kritischer Aspekt ist die sogenannte 'Loyalitätsfalle'. In diesem Fall hat die Bevölkerung professionalisierte Anpassungsstrategien an die partizipativen Ansätze entwickelt (KÜHL 1998:64). Bedürfnisse werden aus strategischen Gesichtspunkten formuliert, je nachdem, was die Bevölkerung denkt (oder welche Erfahrungen sie gemacht hat), was der Geldgeber hören oder finanzieren will. Hier kann es auch zu Fällen des sogenannten Abilene-Paradox[32] kommen. Die Beobachtung dieser Verhaltensweisen muss zu einer kritischen Hinterfragung des Konzeptes des lokalen Wissens führen und des Wissensgenerierungsprozesses im Rahmen partizipativer Prozesse an sich.

Darüberhinaus kann eine Fehleinschätzung der notwendigen Kosten zu Durchführungsproblemen führen. Zeit und Kosten, die für eine aktive Einbindung der Zielgruppen in Projektplanung und Durchführung veranschlagt werden müssen, werden oft unterschätzt. Die Frage nach einer Kosten-Nutzen-Analyse wurde bisher eher ideologisch, denn praktisch diskutiert. Dies ist unverantwortlich, wenn eine institutionelle Nachhaltigkeit beispielsweise durch Übernahme der in der Entwicklungszusammenarbeit erprobten Ansätze in Verfahren der Kommunalverwaltung angestrebt wird (vgl. 1.2.2.4).

---

[31] Bei dieser Thematik bewegt man sich auf einem schmalen Grat: die Nicht-Zahlung einer Aufwandsentschädigung kann in manchen Fällen zu einem Ausschluss eines Personenkreises führen, die sich einfach die Anreise oder die Aufenthaltsdauer tatsächlich nicht leisten können.

[32] Alle involvierten Akteure entscheiden sich für eine Lösung, der sie innerlich nicht zustimmen, weil sie das Gefühl haben, dass die anderen diese Lösung favorisieren.

Dass Partizipation Geld kostet ist mittlerweile anerkannt. Schon die Durchführung eines Planungsworkshops verursacht zumindest Kosten für den Transport von ggf. entfernt lebenden Bevölkerungsgruppen, Verpflegung etc.. Der Ansatz rechnet mit großer Eigeninitiative der Beteiligten und ihrer Bereitschaft, Arbeitszeit und oftmals Transport- oder Verpflegungskosten freiwillig zur Verfügung zu stellen bzw. zu übernehmen. Der reale Nutzen, den beispielsweise eine Bäuerin erzielt, wenn sie eine Zwei-Tages-Reise auf sich nimmt, um an einem Planungsworkshop teilzunehmen, lässt sich schwer kalkulieren.

Sowohl Kosten als auch Nutzen der Teilnahme fallen individuell sehr unterschiedlich aus und werden von den betroffenen Personen aufgrund ihres unterschiedlichen Wertesystems unterschiedlich wahrgenommen. Wichtig ist es nur, diese Fragen zu stellen und mit Ernsthaftigkeit nach Antworten zu suchen.

An diese hier vorgebrachten Bedenken und Schwierigkeiten schließt sich oftmals die Debatte um eine Professionalisierung der Partizipation, die mit der Vergütung von ernannten Vertretern die Selbstausbeutung im Rahmen partizipativer Ansätze reduzieren (und auch die fachliche Kompetenz der Teilnehmenden erhöhen) soll. Ihr gegenüber steht die Warnung vor dem Entstehen einer 'Partizipationselite'.

1.2.2.3 Theoretische und konzeptionelle Bedenken: Partizipation und Macht

Im Folgenden sollen einige theoretische Limitationen[33] und konzeptionelle Bedenken des Konzeptes Partizipation aufgezeigt werden.

Eine immer wiederkehrende Kritik an partizipativen Ansätzen ist die Nichtberücksichtigung der komplexen Machtverhältnisse auf unterschiedlichen Ebenen. Stattdessen wird oft vereinfachend die Aufhebung (oder Umkehr) der Machtverhältnisse propagiert (z.B. *putting the last first – putting the first last*[34]). KOTHARI (2001) hinterfragt genau dieses dichotomische Machtverständnis von Ersten und Letzten, Reichen und Armen, Externen und Internen, das häufig zu undifferenzierten Annahmen und Analysen führt und zu einer Homogenisierung des Verständnisses von Gemeinde (*community*) und ihren Interessen oder zur Entstehung der Idee eines monolithischen lokalen Wissens. Sie schlägt vielmehr ein Machtverständnis im Sinne FOUCAULTs vor, durch das es zu einer Auflösung der Dichotomien makro/mikro, zentral/lokal, machtvoll/machtlos, *upper/lower*, *insider/outsider* etc. kommen kann.

In eine ähnliche Richtung führt die Anregung MOHANs: er schlägt vor, sich auf das Konzept der Hybridität (vgl. BHABHA 1995) zu besinnen (ohne die kontroversen Debatten im Rahmen der *post-colonial studies* zu unterschlagen). Wird das Konzept angewandt ohne Machtverhältnisse verschleiern oder verharmlosen zu wollen oder Widerstandsbestrebungen ihren Stellenwert abzuerkennen, kann es als hilfreiches Analyseinstrument dienen. MOHAN favorisiert daher die folgende Vorgehensweise: "studying up, down and sideways" (MOHAN 2001:164).

---

[33] Eine interessante Zusammenstellung zu diesem Thema findet sich bei COOKE/KOTHARI (2001).
[34] Titel der Bücher von CHAMBERS von 1983 und 1997.

Die Warnung vor dem Gemeinschaftsmythos (z.B. GUIJT/SHAH 1998), in dem davon ausgegangen wird, dass traditionelle, dörfliche Gesellschaften homogen seien, sowohl was das vorhandene Wissen anbetrifft, als auch die Bedürfnisse und Interessen und damit gleichmacherisch paternalistische Strukturen und Machtverhältnisse verschleiert werden, wird lauter. Dabei handelt es sich um ein bereits anerkanntes theoretisches Wissen, das jedoch in der Praxis immer wieder vernachlässigt wird. Zwar werden heute bereits in der Umsetzung beispielsweise durch die Aufteilung der Bevölkerung in Gruppen (z.B. Frauen/Männer, Junge/Alte und nach Berufsgruppen wie Bauern, Fischer etc.) versucht, diesem Aspekt Rechnung zu tragen und Machtkonstellationen in den Gemeinschaftsdiskussionen dadurch zu minimieren. Oftmals bleiben jedoch existierende informelle Institutionen in der Gemeinde unberücksichtigt (vgl. CLEAVER 2001), die quer zu diesen Einteilungen verlaufen.

Weitere Probleme liegen in der Qualität des generierten Wissens. Die Generierung von Wissen durch partizipative Methoden wurde selten auf seine Qualität hin kritisch überprüft. Oftmals herrschen darüber hinaus naive Vorstellungen von der gesellschaftlichen Konstruktion von Wissen und sozialen Normen vor. Die meisten Kritikpunkte beziehen sich auf die vereinfachte Sicht und Analyse der lokal vorhandenen Wissenssysteme, Logiken und Bedürfnisse und damit auf die Reduktion der Komplexität der lokalen Realität durch die Anwendung partizipativer Methoden.

Auch die Reduktion der sozialen Komplexität und die Überbewertung der lokalen Expertise bergen Probleme. Mehrere Autoren weisen auf die Gefahr hin, die gewonnenen Informationen und Ergebnisse aus einem PRA oder einem Planungsworkshop als Abbildung der sozialen Realität zu verstehen. Ebenso bestehen Bedenken hinsichtlich der Qualität und Glaubwürdigkeit der erhobenen Daten (u.a. CHRISTIAENSEN ET AL 2001), aufgrund von Zeitdruck, mangelnder Ausbildung der Durchführenden und oftmals fehlender Repräsentativität der Daten. Besonders gefährlich ist dies, wenn ein PRA als ausschließliche Datenquelle im Rahmen einer wissenschaftlichen Arbeit verwendet wird, in einem Projekt eine sozialwissenschaftliche Analyse ersetzen soll oder relevante politische Entscheidungen ausschließlich aufgrund der Ergebnisse eines PRA getroffen werden. Die durch PRA durchgeführte Erhebung kann zu einer unrichtigen Repräsentation der komplexen sozialen Welt führen (vgl. GOEBEL 1998:277). Ein PRA ist eine schnelle Momentaufnahme und fokussiert auf vorgegebene Themen. Soziale und kulturelle Ereignisse, z.B. Hochzeiten, die langfristige gesellschaftliche Auswirkungen haben können, registriert ein PRA *snapshot* meist nicht.

> „PRA could become a tool (...) to simplify and minimize something that is, essentially, complex and contested: social worlds." (GOEBEL 1998:279)

Weiterhin wird darauf hingewiesen, dass selbst, wenn das lokale Wissen in seiner vollen Komplexität erhoben wird, es sein kann, dass es falsch ist. PRA kann wissenschaftliche Fachexpertise nicht ersetzen, sondern lediglich ergänzen.

> „Die grundlegende Annahme im PRA-Ansatz, die lokale Bevölkerung sei Expertin ihrer eigenen Probleme, schießt über das Ziel hinaus, wenn sie dogmatisch verstanden wird." (KORF 2002:309)

Es gilt immer zu prüfen, welche Entscheidungen partizipativ zu fällen sind und wo der Beistand von ExpertInnen und Fachwissen notwendig ist.

Ein zusätzliches Problem liegt darin, dass die Wissensproduktion von Machtverhältnissen beeinflusst ist. Das Wissen in einer Gemeinschaft ist nicht nur ungleichmäßig verteilt, sondern wird im Rahmen der partizipativen Methoden ungleichmäßig erhoben. Dabei zählt nicht unbedingt, was gesagt oder sogar geschrieben wird, sondern das, was sich letztendlich als Konsens durchsetzt. Denn partizipative Planungsprozesse können für strategische Interessen einzelner manipuliert werden. Die Methoden gehen sehr wohl davon aus, dass Interessenskonflikte existieren, aber auch, dass durch demokratische Gruppendiskussionen zu einem Konsens gefunden werden kann. Dabei wird jedoch ignoriert, dass der Kontext der Diskussionen möglicherweise von gesellschaftlich definierten Machtverhältnissen durchzogen und strukturiert ist. Das in der Methode inhärente Konsensprinzip trägt seinen Teil dazu bei. Es ist nicht vorgesehen, dass Widersprüche gleichberechtigt nebeneinander als Ergebnisse einer Diskussion resultieren. Konflikte und Machtverhältnisse können sowohl durch partizipative Methoden erkannt, aufgehoben aber auch unterdrückt, verschleiert oder verstärkt werden.

> „(…) power relations among participants are both revealed and concealed in PRA." (GOEBEL 1998:277)

KOTHARI (2001) geht in Anlehnung an FOUCAULT davon aus, dass Wissen kulturell, sozial und politisch produziert ist und kontinuierlich reformuliert wird als ein machtvolles normatives Konzept. Die Entstehung von Wissen ist daher immer eingebettet in Machtverhältnisse. Das Ergebnis beispielsweise eines Planungsworkshops stellt also nicht das (heterogene) lokale Wissen dar, sondern ist ein Produkt interner Machtprozesse.

Nach MOSSE (2001) sollte man sowieso im Kontext der partizipativen Planung eher von 'Planungswissen' (*planning knowledge*) sprechen, denn von lokalem Wissen.

> „(…) ‚planning knowledge' (..) is [a] rather unusual type of knowledge with some specific characteristics: it is strongly shaped by dominant interests and agency objectives / analyses; it is conditioned by perceptions of project deliverables and the desire for concrete benefits in the short term; it is consensual and obscures diverging interests both within villages and between the village and project (simplifying and rationalizing local livelihood needs to ensure consistency with project-defined models); it closely matches and supports programme priorities; and it involves bargaining and negotiation between agency staff and villagers but ultimately is a collaborative product, concealing both villagers and project manoeuvres. 'People's knowledge' is undoubtedly a powerful normative construct that serves to conceal the complex nature of information production in 'participatory' planning, especially the role of outsiders." (MOSSE 2001:23)

Insider und *outsider* werden ihm zufolge im Planungswissen zu untrennbaren Identitäten. Es wird unklar, wer Autor des Wissens und der Meinungen ist und ob das sogenannte lokale Wissen nicht vielmehr von außen induziert ist.

GOEBEL greift einen ähnlichen Punkt auf und sieht darin eine methodologische Schwachstelle des Partizipationskonzeptes:

> "(...) while the methodologies may indeed make it easier for people to express things to the researcher, there is little in the methodology that helps to interpret why people express what they do. The puzzle remains." (GOEBEL 1998:279)

COOKE (2001) weist auf das Problem des Generierens von Wissen in Gruppenprozessen generell hin, wobei er vier Konzepte der Sozialpsychologie heraushebt, die er als wesentliche Problemfelder ansieht: *riskyshift*, *Abilene paradox*, *groupthink* und *coercive persuasion*.

- *Riskyshift* - Hier sind die Gruppenmitglieder im Gruppenprozess bereit ein größeres Risiko einzugehen, als sie es eingehen würden, müssten sie diese Entscheidung als Individuum treffen.

- *Abilene paradox* - Alle Mitglieder entscheiden sich für eine Lösung, der sie innerlich nicht zustimmen, weil sie das Gefühl haben, dass die anderen diese Lösung favorisieren.

- *Groupthink* - Die Gruppe ist so von sich selbst überzeugt und die Mitglieder bestätigen und kontrollieren sich immer untereinander, es existieren Selbstzensur und *mindguards*, es werden stereotype Feindbilder aufgebaut, so dass die Gruppe die Analysefähigkeit der realen Welt verliert.

- *Coercive persuasion* - Psychologische und soziale Gruppendynamikprozesse werden bewusst initiiert, um die Gruppe im Sinne von Partikularinteressen zu beeinflussen.

Diese vier Konzepte geben Hinweise auf die bereits erwähnten Manipulationsmöglichkeiten in der Anwendung partizipativer Methoden und der Verschleierung von Interessensdivergenzen in einer Gemeinde.

Ein weiterer konzeptioneller Problemkomplex bezieht sich auf die Frage, wer an den Prozessen beteiligt wird. So determinieren Machtverhältnisse die Beteiligung einzelner Akteure. Aus welchen Motivationen heraus sich Menschen entscheiden, an partizipativen Ansätzen teilzunehmen oder auch nicht, und welche Faktoren diese Entscheidungen beeinflussen oder Partizipation konkret verhindern können, wird in der Literatur wenig untersucht. Klar wird jedoch, dass bis zur tatsächlichen Anwesenheit mehrere Hürden überwunden werden mussten, mehrere Filter für die Nicht-Teilnahme verantwortlich sein können und dass die real Teilnehmenden das Ergebnis eines unbewussten (oder manchmal auch beabsichtigten) Selektionsprozesses und nicht unbedingt eine demokratische Vertretung der Gemeinde darstellen.

Eine Nicht-Teilnahme kann durchaus eine rationale, bewusste Entscheidung sein, ein individuelles Abwägen der Kosten und des Nutzens ('Ökonomie der Partizipation', vgl. KORF

2002:307), es kann jedoch auch unbewusst sein, als eine verinnerlichte Ausrichtung an gesellschaftlichen Normen, z.B. Geschlechterrollen (vgl. CLEAVER 2001:49ff).

Das folgende Modell (Abb.6) stellt basierend auf Zusammenstellungen von GOTTMANN 2001[35] einige Faktoren vor, die die Beteiligung einer Person beeinflussen können.

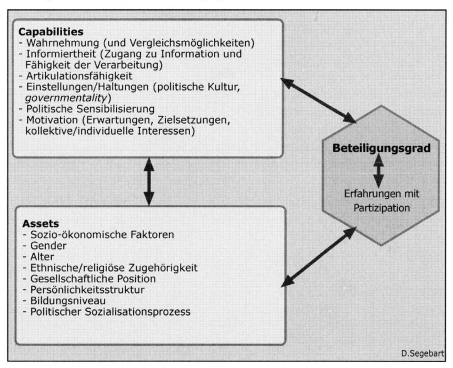

Abb. 6: Faktorengeflecht der Beteiligung

Deutlich wird, dass es sich dabei um ein Wirkungsgeflecht handelt. In diesem Modell werden die Faktoren, angelehnt an die Nomenklatur des *vulnerability*- und *livelihood*-Ansatzes (vergl. IV.1.1.2.1c), in (materielle und imaterielle) Ressourcen unterteilt, die entweder unveränderlich oder zumindest schwer oder nur langfristig veränderbar sind (*Assets*) und Kapazitäten/Fähigkeiten (*Capabilities*). Die *Capabilities* entwickeln sich unter dem Einfluss der *assets*, können diese aber auch wiederum verändern. *Assets* können sich auch untereinander gegenseitig beeinflussen, dasselbe gilt für *Capabilities*. *Assets* und *Capabilities* bestimmen, wie der Partizipationsgrad einer Person ausfallen kann und zu einem gewissen Teil auch wie ihre Erfahrungen mit Partizipation verlaufen bzw. wie sie diese bewertet. Diese können sich wiederum auf die Gestaltung der *Assets* und *Capabilities* auswirken. Die *Assets* und *Capabilities* können auch, wenn sie beispielsweise nicht ausreichend vorhanden sind, in der Art ihres

---

[35] Sie bezieht sich u.a. auf BUSE/NELLES 1978a.

Fehlens, oder aber in der Art ihrer Gestaltung, auf das jeweilige Individuum als Behinderung wirken.

Auch die fehlende demokratische Legitimierung stellt ein konzeptionelles Problem partizipativer Methoden dar.

- Eine große theoretische Frage im Rahmen der Diskussionen um Partizipation und Demokratie ist, ob partizipative Ansätze eine systemstabilisierende Wirkung besitzen oder zu Destabilisierung der demokratischen Institutionen beitragen, indem sie die Kompetenzen und Zuständigkeiten existierender Institutionen übergehen oder untergraben.

- Partizipative Ansätze werden immer noch zu häufig von externen Akteuren (lokalen oder nationalen NGO oder internationalen Gebern) parallel und wenig koordiniert mit den offiziellen Beteiligungsstrukturen oder demokratischen Institutionen im lokalen Kontext durchgeführt (manchmal sogar als bewusste Gegenmacht). Dies kann nicht nur ein politisches oder demokratisches Problem darstellen, sondern insgesamt die institutionelle Nachhaltigkeit des Ansatzes in Frage stellen.

- Nicht institutionalisierten partizipativen Ansätzen wird oftmals vorgeworfen, jegliche Kritik an den existierenden undemokratischen Strukturen und den ungleichen Zugangschancen zu Bildung, finanziellen und materiellen Ressourcen und politischer Teilhabe zu untergraben, indem einfach positive Parallelszenarien geschaffen werden.

Gleichzeitig müssen sich die Institutionen der Zivilgesellschaft oder auch spontan gegründete Gruppen, die an der Politikformulierung partizipieren wollen oder auch Privatpersonen der Kritik stellen, dass ihnen die demokratische Legitimierung fehlt. Die beteiligten Akteure sind nicht durch Wahlen in ihre Positionen gekommen, sondern meist durch Selbsternennung, bzw. durch Kriterien, die eine spezifische Gruppe festgelegt hat. Der demokratische Diskurs und die Absicht allein garantieren nicht den demokratischen Prozess und Legitimierung.

Aus den verschiedensten Praxiserfahrungen heraus kann konstatiert werden, dass es aus Zeit-, Geld- und Personalmangel unmöglich ist, Partizipation völlig demokratisch zu gestalten. Nicht die gesamte lokale Bevölkerung kann aus den oben ausgeführten unterschiedlichen Gründen im selben Maße von ihrem Recht auf Partizipation Gebrauch machen. Sicherlich ist eine basisdemokratische Partizipation auch nicht immer notwendig.[36] Für selektive Partizipation kann neben den Kostenfaktoren, auch die inhaltliche Qualität der Entscheidungen sprechen, beispielsweise wenn sich an den Problemlösungen nur oder vor allem thematisch kompetente und betroffene Akteure beteiligen. Trotzdem sollte dieser Kritikpunkt bewusst angesprochen, zur selektiven Partizipation gestanden, transparente Verfahren garantiert und angepasste Lösungen ausgearbeitet werden.

---

[36] In der BRD ist das Instrument des „Träger öffentlicher Belange" ein gutes Beispiel für eine selektive und nicht basisdemokratische Partizipation.

1.2.2.4 Institutionalisierung partizipativer Ansätze

Wie bereits erwähnt, arbeiten Entwicklungskooperationen nicht immer eingebunden in lokale administrative Strukturen. Aus einem PRA-Planungsworkshop resultieren jedoch häufig Aktionspläne, die nur von einer gut artikulierten und finanziell gut ausgestatteten Lokalverwaltung realisiert werden können.

> „Eine oft entstehende Umsetzungslücke im Anschluss an erfolgreiche PRA-Workshops führt in vielen Fällen zu Frustration und Enttäuschung bei der lokalen Bevölkerung." (KORF 2002:300)

Diese Frustration setzt nicht nur ein, weil geplante Aktivitäten nicht umgesetzt werden, sondern auch, weil die erlernte und erfahrene Partizipation häufig nicht wiederholt wird und nicht in den Planungsalltag der Gemeinde Eingang findet. Dafür gibt es mehrere Gründe: zum einen sind die Methoden zeitlich, logistisch und finanziell aufwändig und können möglicherweise nur schwer in bereits existierende lokale Verwaltungsstrukturen und -verfahren integriert werden, die wiederum von den nächsthöheren Institutionen abhängen. Dies kann ein verwaltungstechnisches Problem oder politisch nicht gewollt sein und zwar sowohl auf der lokalen Ebene, auch hier spielen Machtverhältnisse eine Rolle, als auch auf den übergeordneten Ebenen. Dies ist vor allem der Fall, wenn die Initiative von 'unten' ausgeht und womöglich Kompetenzen und Status auf dem Spiel stehen. Ein weiterer Grund kann aber auch das ungenügend in partizipativen Methoden ausgebildete lokale Personal sein, das nicht in die Lage versetzt wurde, eigenständig einen partizipativen Erhebungs-, Analyse- und Planungsprozess durchzuführen. NICHOLSON (2002) gibt zu Bedenken, dass bei diesen Diskussionen häufig zu wenig danach gefragt wird, welchen kulturellen Hintergrund, welche Normen und Werte die lokale Administration besitzt und ob das Design des vorgeschlagenen Partizipationsmodells überhaupt an die lokalen Bedingungen angepasst ist.

Die Institutionalisierung partizipativer Ansätze bezieht sich jedoch nicht nur auf die Verankerung der Methoden in einer ausgewählten Lokalverwaltung und die Vervielfältigung dieser *best practices* an anderen Orten, sondern auch auf eine generelle Abwendung von Modellprojekten hin zur flächendeckenden Anwendung in der Regionalplanung, beispielsweise eines Staates.

> "Mit der zunehmenden Abkehr der EZ von der Durchführung von Projekten und ihrer Hinwendung zur Unterstützung gesellschaftlicher, ökonomischer und institutioneller Veränderungsprozesse auf gesamtgesellschaftlicher, regionaler und lokaler Ebene beginnt sich auch der *Umgang mit dem Thema ‚Partizipation' grundlegend zu verändern*. Ging es früher primär um die Partizipation von Zielgruppen an EZ-Projekten, so geht es heute zunehmend darum, angemessene Formen direkter Bürgerbeteiligung an gesellschaftlichen bzw. politischen Entscheidungsprozessen als Teil von gesamtgesellschaftlichen Demokratisierungsbestrebungen zu unterstützen." (RAUCH 2002:519, Heraushebungen im Original)

Um dieses *scaling up* kommt heute kaum noch jemand herum, der auf lokaler Ebene mit partizipativen Methoden arbeitet. Neben der großen Frage nach dem 'Wie' (aber auch einer wachsenden Anzahl von Vorschlägen (vgl. BINSWANGER/AIYAR 2003)), werden jedoch auch schon Bedenken gegenüber der Institutionalisierung vorgebracht:

PRETTY/SCOONES diskutieren beispielsweise, die Vor- und Nachteile von *scaling up* oder *staying scaled down* (1995:161ff). Sie heben hervor, dass gerade bei Prozessen, die auf der lokalen Ebene verankert sind, die Feinabstimmungen der Instrumente mit den Partizipationsbedürfnissen der lokalen Bevölkerung besser funktioniert. Wie WENZEL (1998) weisen sie auf einen häufig entstehenden Qualitätsverlust hin durch die Verlagerung der Durchführungsverantwortung auf höhere Verwaltungsebenen.

Die viel zu kurze Weiterbildung in partizipativen Methoden der Verwaltungsangestellten und die notwendige flächendeckende Durchführung mündet oftmals in eine stark mechanistische Anwendung der Methoden unter Zeitdruck. Die von oben diktierten Partizipationsprozesse werden von dem lokalen Personal in diesen Fällen meist nicht motiviert und verantwortlich durchgeführt. Die erwarteten Lern-, *Empowerment*- und *Ownership*-Prozesse bleiben aus. Der notwendige kulturelle institutionelle Wandel (vgl. THOMPSON 1995) lässt sich kaum durch ein paar Trainingsmaßnahmen initiieren und umsetzen. *Scaling up* muss jedoch nicht unbedingt bedeuten, dass die Durchführungsverantwortung auf höhere Verwaltungsebenen verlegt wird, sondern diese kann dezentral auf lokaler Ebene bleiben, während die obere Verwaltungsebene sich ausschließlich mit dem politischen *Mainstreaming* beschäftigt. Für diese Arbeitsteilung ist eine kontinuierliche und direkte Kommunikation zwischen den beiden Ebenen notwendig.

PRETTY/SCOONES (1995:162) verweisen auf einen weiteren Ansatz des *scaling up*: neben der Einführung der Ansätze in bereits bestehende höher angesiedelte Verwaltungsorgane, können sich auch lokale Gruppen in Vereinigungen und Netzwerken zusammenschließen und so ihre Ansätze verbreiten, Erfahrungen austauschen und gemeinsam lernen, administrative Kosten senken und geschlossener gegenüber Geldgebern auftreten.

Hier schließt sich die generelle Frage nach den Trägern der partizipativen Ansätze an und die Diskussion, ob staatliche oder nichtstaatliche Organisationen dafür besser geeignet seien. Während auf der einen Seite die Angst vor dem Aufbau von Parallelstrukturen durch Übertragung der Verantwortung für die Beteiligungsprozesse auf NGOs entsteht, spricht auf der anderen Seite die gerade im brasilianischen Kontext starke Rotation des Verwaltungspersonals auf lokaler Ebene zu jeder Legislaturperiode, gegen die Möglichkeit einer institutionellen Nachhaltigkeit durch die Verankerung der Methoden in der Verwaltung. PRETTY/SCOONES sprechen sich daher für eine starke Partnerschaft zwischen staatlichen und nichtstaatlichen, lokalen, technischen, intermediären und administrativen Institutionen aus (1995:164).

RAUCH (2002) geht davon aus, dass Beteiligungsformen kontextgebunden sind und entsprechend vielfältig gestaltet werden sollten. Entscheidende Kontextfaktoren können beispielsweise Bevölkerungszahl, Grad der Arbeitsteilung, Spezialisierung und Komplexität einer Gesellschaft, Existenz funktionsfähiger Mechanismen von repräsentativer Demokratie und vorhandene Traditionen gesellschaftlicher Entscheidungsfindung sein. Aber auch die Kapazitäten der Beteiligten und akzeptable Zeiträume für die Durchführung sind von Bedeutung.

Weiterhin sollten unterschiedliche Partizipationskulturen und -bedürfnisse, auch innerhalb einer Gemeinde, berücksichtigt werden. Außerdem empfiehlt RAUCH eine differenzierte Behandlung der einzelnen Planungsphasen:

> „Ein (..) bemerkenswerter Aspekt besteht darin, dass in unterschiedlichen Phasen von Planungs- /Entscheidungsprozessen unterschiedliche Beteiligungsformen angemessen sein können." (RAUCH 2002:520)

<u>1.2.2.5 Zwischenfazit</u>

Partizipative Ansätze sind Interventionen. Sie sind nicht neutral. Sie sind politisch, interagieren mit dem lokalen Machtgefüge und provozieren Wirkungen. Dessen sollte man sich bei der Anwendung von und der Forschung zu partizipativen Ansätzen bewusst sein.

Die dargestellten Reflexionen bezüglich partizipativer Methoden sollten nicht von ihrer Nutzung abraten, sondern zu einer differenzierten praktischen Anwendung und ausführlicheren wissenschaftlichen Analyse der Ansätze anregen.

> „Es ist (..) notwendig, vor Ort und den regionalen bzw. lokalen Strukturen angepasst Konzepte zu entwickeln, die einen wirksamen Einsatz partizipatorischer Mittel oder die Schaffung partizipatorischer Grundstrukturen ermöglichen. Gerade im regionalen und lokalen Bereich besitzt die geographische Entwicklungsforschung die Kompetenz, in Grundlagenuntersuchungen (z.B. in empirischen Feldforschungen) erarbeitete Ergebnisse für eine wirkungsvolle Implementierung partizipatorischer Konzepte zur Verfügung zu stellen." (KRÜGER/LOHNERT 1996:50)

Die (deutschsprachige) geographische Entwicklungsforschung leistet in der Tat bereits wertvolle, anwendungsbezogene, wenn auch noch zu wenige Beiträge zu Fragen der Anwendung partizipativer Methoden (vgl. z.B. RAUCH 1996, 2002; KRÜGER/LOHNERT 1996; ALFF ET AL 1998; GOTTMANN 2001; KORF 2002), die in den letzten Jahren und Jahrzehnten einen großen Stellenwert in der internationalen Entwicklungszusammenarbeit erhalten haben. Bereichernd wäre es darüber hinaus, wenn sich zukünftig verstärkt den Themen Macht, soziale Beziehungen und Gruppenprozesse in diesem Rahmen zugewendet werden würde. Weiterhin sollten auch politische Aspekte (Strukturen, Prozesse, Akteure) stärker einbezogen und Diskurse analysiert werden.

1.2.3 Monitoring und Evaluierung in der Kommunalentwicklung

> "(…) it is our conviction that to approach evaluation scientifically is to miss completely its fundamentally social, political, and value-oriented character." (GUBA/LINCOLN 1989:7)

Das Thema Monitoring und Evaluierung (M&E) ist keinesfalls neu (vgl. z.B. UNESCO 1977), erhielt jedoch in den letzten Jahren eine neue Positionierung und Aufmerksamkeit. Verschiedene Formen von Beobachtungen und Bewertungen fanden schon immer statt. GUBA/LINCOLN (1989) sehen in den verschiedenen Ansätzen von Messungen, Beschreibungen und Evaluierungen unterschiedliche Stadien oder Generationen, wie sie es nennen, der

Evaluationsforschung, die sich langsam in Richtung eines Verständnisses von Evaluation als Verhandlungsprozess bewegt oder zumindest bewegen sollte.

Evaluierungen haben zur Zeit Konjunktur und finden heute in verschiedenen Bereichen unserer Gesellschaft Anwendung: in der Wirtschaft, beispielsweise in der industriellen Produktion (ISO-Anforderungen), in Ausgaben- und Einnahmerechnungen allgemein, im Umweltbereich, auch in der globalen Umweltpolitik, in der Entwicklungszusammenarbeit sowie im öffentlichen Sektor (z.B. Gesundheit, Bildung, Infrastruktur, etc.), in der Kommunalplanung und stadtteilbezogenen Sozialarbeit.

Die Gründe dafür sind vielfältig. Die ökonomische Situation verschlechtert sich in vielen Regionen und Bereichen, öffentliche Gelder fehlen, noch viel weniger werden für Entwicklungszusammenarbeit oder soziale Aufgaben aufgebracht, ökologische Probleme werden zunehmend dringlicher. Strategische Steuerungs- oder Managementinstrumente, wie Monitoring, die Effizienz und Effektivität fördern oder als Frühwarnsysteme fungieren und damit das Qualitätsmanagement unterstützen, sind daher sehr erwünscht. Immer mehr Organisationen nutzen Monitoring, um ihre Tätigkeiten, z.B. gegenüber einem Geldgeber (z.B. Steuerzahler, Auftraggeber) zu legitimieren oder aber ihre Aktivitäten besser zu vermarkten (vgl. MOSSE/SONTHEIMER 2004:3).

Es wird aber auch ebenso oft auf den positiven Einfluss von Monitoring auf das institutionelle Lernen hingewiesen oder den möglichen Beitrag zu *Capacity Development*, *Empowerment*, *Ownership* und Demokratisierung, vor allem, wenn es sich um partizipatives Monitoring handelt.

In dieser Arbeit geht es um die Anwendung von partizipativem Monitoring in der Kommunalplanung, trotzdem ist die Herangehensweise stark durch die Diskussionen um partizipatives Monitoring in der Entwicklungszusammenarbeit geprägt, nicht allein, weil die Erarbeitung und Implementierung des Monitoringinstrumentes sowie die Forschung für diese Arbeit im Rahmen eines Projektes der Entwicklungszusammenarbeit stattgefunden hat.

Im Folgenden wird kurz die historische Entwicklung des Evaluationskonzeptes vorgestellt (1.2.3.1). Dabei wird auf Entwicklungen in der Entwicklungszusammenarbeit eingegangen, in der Evaluationsforschung an sich und ebenfalls in der Kommunalpolitik. Im Anschluss werden zunächst einige methodologische und soziopolitische Aspekte des Monitorings vorgestellt (1.2.3.2), bevor das Konzept des partizipativen Monitorings etwas ausführlicher erläutert wird (1.2.3.3).

1.2.3.1 Historische Entwicklung des Evaluationskonzeptes

a) Entwicklungen in der Entwicklungszusammenarbeit

Was ist Entwicklung? Diese Debatte wurde im Kontext der zunehmenden Desillusionierung der Wirkungen von Entwicklungszusammenarbeit bereits ab Ende der 1960er Jahre geführt (vgl. u.a. HEIN 1998). Die Fragen nach dem, wie sich Entwicklung messen lassen könnte, welche Indikatoren verwendet werden müssten, wie Grundbedürfnisse definiert werden sollten, resultierten in großflächige Erhebungen, beispielsweise in den seither jährlich erscheinenden Weltentwicklungsbericht.

In den 1970ern und 80ern bestand ein Nebeneinander von der Zunahme nicht formalisierter Evaluierungen und gleichzeitig von unzähligen Versuchen Richtlinien für diese zu etablieren: Bereits 1970 richtete das Bundesministerium für Wirtschaftliche Zusammenarbeit und Entwicklung (BMZ) ein Kontrollreferat für diesen Themenbereich ein (heute trägt es den Namen Erfolgskontrolle) (vgl. TEKÜLVE 2004:12). Bis Anfang der 1980er Jahre blieben jedoch die Evaluationstätigkeiten und –berichte weiterhin ohne formelle Vorgaben. 1981 gründete das UN *Administrative Committee on Coordination* (ACC) *Task Force on Rural Development* einen *Panel on Monitoring and Evaluation* (vgl. CASLEY/KUMAR 1987:ix). In Folge wurden Richtlinien für die Durchführung von ländlichen Entwicklungsprojekten und -programmen entwickelt und herausgegeben (UN ACC Task Force on Rural Development 1984). Neben konzeptionellen thematischen Veränderungen, begann die (deutsche) Entwicklungszusammenarbeit in den 1970er Jahren ihre Aufmerksamkeit auf den Planungs- und Kontrollapparat zu legen. Beeinflusst von modernen Planungs- und Managementmethoden aus den USA, z.B. *logical framework*, entwickelten die Institutionen neue Planungs- und Steuerungsinstrumente, z.B. ZOPP (Zielorientierte Projektplanung) (KOHNERT ET AL 1992), und damit auch verbindlichere Richtlinien für systematische Evaluierungen und Berichtswesen. Standardisierte Stichprobenerhebungen wurden durchgeführt, schematisierte Indikatoren entwickelt und verwendet, Panelstudien im Agrarbereich sowie Kosten-Nutzen-Analysen realisiert.

> "Somit war in diesem Jahrzehnt ein ganzer Wust von Rastern, Formblättern und vorgeschriebenen Gliederungen für jede Art von Planungsdokumenten und Berichten entstanden." (TEKÜLVE 2004:13)

Während sich die Beobachtungen und Evaluierungen zu dieser Zeit auf die Dokumentation der Verwendung von Ressourcen und der erreichten physischen Ergebnisse konzentrierten, bestand weiterhin ein Defizit im Bereich der Wirkungsmessung. Gleichzeitig erhielten allmählich partizipative und qualitative Ansätze (z.B. PRA) mehr Aufmerksamkeit und neben lokaler *Ownership* und Partizipation wurden in den 1990ern auch integrierte Beobachtungs- und Steuerungssysteme gefordert. Auch in der Evaluationsforschung zeichneten sich Tendenzen zum partizipativen Monitoring bereits in dieser Zeit ab (vgl. nächstes Unterkapitel b.). BRYK forderte beispielsweise Anfang der 1980er, Projektevaluierungen nicht nur externen Gutachtern zu überlassen, sondern alle am Projekt Beteiligten inklusive der Zielgruppe zu integrieren (*stakeholder*-Ansatz) und relativierte damit die Vorstellung von nur einer gültigen Realität (BRYK 1983, zitiert in NEUBERT 1999:51). Mitte der 80er wurden verstärkt Monitoring und Evaluierungskomponenten in Projekten etabliert (z.B. *impact monitoring, beneficiary contact monitoring*, vgl. CASLEY/KUMAR 1987).

Die Ansprüche an Planung, Monitoring und Evaluierung wuchsen, ebenso die damit verbundenen Kosten und die entsprechenden Bedenken. Heute kann beobachtet werden, dass sich eine Verschiebung von Planung zu Monitoring vollzogen hat: während, z.B. in der Gesellschaft für Technische Zusammenarbeit (GTZ), zunächst viel Energie, Zeit und Kosten in die Entwicklung und Anwendung von immer ausgefeilteren Planungsmethoden investiert wurde, werden die Planungsphasen heute verkürzt und gleichzeitig ein rigideres Monitoring auf Projektebene gefordert und entsprechende Instrumente entwickelt.[37] Der Schwerpunkt liegt nun stärker auf *Quality at Exit* statt wie bisher auf *Quality at Entry* (GTZ 2004:4) - statt erbrachte Leistungen werden erreichte Ziele gemessen. Die Methodenentwicklung im Monitoringbereich boomt zurzeit: sie heißen beispielsweise PSIA (*Poverty and Social Impact Analysis*), QUIM (*Qualitative Impact Monitoring*), PIM (*Participatory Impact Monitoring*), SWAP (Soziale Wirkungsanalyse armutsorientierter Projekte - heute: MAPP), PCIA (*Peace and Conflict Impact Assessment*), um nur einige zu nennen. Für jede Thematik wie beispielsweise Gender (WORLD BANK 2002, RODENBERG 2003), *good governance* (DEGEVAl 2003, STEINICH 2000) oder Umwelt (ABBOT/GUIJT 1998, GTZ 2000a) werden angepasste Methoden entwickelt.

Monitoring spielt nicht nur in Projekten, sondern im neuen Jahrtausend auch auf der Makro-Ebene eine immer bedeutendere Rolle. *Millennium Development Goals* (MDG) oder auch *Poverty Reduction Strategy Papers* (PRSP) (u.a. SPANGER/WOLFF 2003, GTZ 2005) müssen nun auf globaler Ebene beobachtet und gemessen werden. Auch die Aktivitäten der Staaten an sich geraten nun immer stärker in den Monitoringfokus: transparente Budgetkontrolle, *Public Expenditure Programmes*, *Public Expenditure frameworks* und gemeinsames *budget-tracking* sind nur einige Stichworte. Die globale *Governance*-Debatte öffnet heute das Monitoringkonzept für einen Dialog zwischen Staat, Zivilgesellschaft und Geber und bereitet von oben den Weg zu partizipativen Ansätzen im Monitoring vor (vgl. 1.2.3.3).

b) Entwicklungen in der Evaluationsforschung

In der Evaluationsforschung ist der historische Horizont noch weiter und geht zurück ins 18. und 19. Jahrhundert (vgl. GUBA/LINCOLN 1989:22ff). Einen entscheidenden Einfluss hatten stets die Forschung und die Erfahrungen um die Bewertung von Schulkindern. Daraus entwickelten sich Forschungen bezüglich der Messungen von Intelligenzquotienten, psychometrische Messungen und Psychotests generell (z.B. beim Militär, v.a. während des ersten Weltkrieges). Einen ähnlichen Hintergrund haben die Anfang des 20. Jahrhunderts verbreiteten Zeit- und Bewegungsstudien, bzw. -messungen. Diese wurden im Unternehmensbereich bei der Planung industrieller Produktionsverfahren und der Personalentwicklung angewandt. Unter Evaluierung wurde Messung verstanden und die Rolle der Evaluierenden war eine höchst technische. Wenn sich die Evaluationsmethoden auch veränderten, dem Messen die Beschreibung und Bewertung hinzugestellt wurden, befindet sich die Evaluationsforschung schon seit längerem in einer Krise, was ihre Glaubwürdigkeit (in Bezug auf die verwendeten Methoden und die dahinterstehenden nicht-expliziten Werte) und die Verwendung ihrer Ergebnisse angeht. Ende der 1970er Jahre wurde die stärkere Entwicklung und Anwendung

---

[37] z.B. GERMAN/GOHL/SCHWARZ 1996, CDE/GTZ 1999, GTZ o.J., 1998, 2000a, 2000b, 2001, 2004.

qualitativer Konzepte, lebensweltlicher Modelle und ethnographischer Ansätze gefordert. PATTON betonte 1978 die Notwendigkeit einer nutzenorientierten Evaluierung (*Utilization-focused Evaluation*), die politische Relevanz besitzt und Nutzen für die Entscheidungsträger bringt (vgl. NEUBERT 1999:51).

NEUBERT (1999:44ff) fasst einige Kritik- oder Schwachpunkte zusammen, die heute (teilweise noch) in Bezug auf Evaluationen diskutiert werden:

- mangelnde Transparenz in Hinblick auf die Evaluationsmethode,
- mangelnde Vergleichbarkeit einzelner Evaluationsberichte,
- hoher Evaluationsaufwand und -kosten im Vergleich zum Gesamtbudget (z.B. in einem Projekt oder Vorhaben),
- Interessensprobleme und Befürchtungen beim Projektträger, ungenügende Einbeziehung des Partners in Evaluationen,
- Defizite bei der Zielformulierung,
- unzureichende Systematisierung oder Standardisierung von Indikatoren und Indikator-Gewichtungen,
- ungeklärter Umgang mit dem *time-lag* (Wirkungen, die erst auf lange Sicht auftreten) und der Fristigkeit von Wirkungen.

Viele der oben genannten Kritikpunkte hatten GUBA/LINCOLN bereits 1989 inspiriert ein neues Evaluationsverständnis zu propagieren, dass auf einem konstruktivistischen Paradigma und der Forderung nach partnerschaftlicher Evaluierung basiert, dessen Grundannahmen im folgenden kurz dargestellt werden (GUBA/LINCOLN 1989:8ff):

- Evaluationsergebnisse sind Konstruktionen, geschaffen durch einen interaktiven Prozess, zu dem die Evaluierenden beitragen sowie ebenfalls die von der Evaluierung möglicherweise betroffenen Bevölkerungsgruppen.
- Konstruktionen hängen von Werten ab. In modernen Gesellschaften herrscht ein Wertepluralismus. Wertefreiheit von Methoden existiert nicht.
- Konstruktionen sind mit dem spezifischen physischen, psychischen, sozialen und kulturellen Kontext verbunden, dort werden sie gebildet und auf ihn beziehen sie sich.
- Die Befangenheit der Evaluierer durch das (explizite oder implizite) Wissen der möglichen Auswirkungen der Evaluierungsergebnisse kann immer existieren und beeinflusst die Evaluierung.
- Die Handlungsorientierung der Evaluierung, die Nutzung der Evaluierungsergebnisse (*evaluation utilization*) (Bezug zu PATTON 1987) sollte stets angestrebt werden.

- Ziel: Partnerschaft von Evaluierern und Evaluierten durch Partizipation dieser in der Evaluierung (Design, Implementierung, Interpretation der Evaluierung und Umsetzung der Ergebnisse).

Nach dem Verständnis von GUBA/LINCOLN stellt Evaluation somit eine „*Konstruktion* einer gut informierten und möglichst differenzierten Vorstellung zu einem bestimmten Zeitpunkt dar, und zudem ist sie jederzeit erneuerbar bzw. modifizierbar" (NEUBERT 1999:52, Hervorhebungen im Original). Der dynamische Charakter des Konzeptes wird deutlich durch ihre Betonung von Evaluation als einen soziopolitischen Prozess, einen Aushandlungsprozess, und einen Prozess des gemeinsamen Lernens, bei dem Ergebnisse kreiert und nicht gefunden werden. Gleichzeitig soll durch diesen Prozess eine Mobilisierung, eine Handlungsbereitschaft, ein *Empowerment* bei den Beteiligten initiiert werden. Damit haben GUBA/LINCOLN bereits den Weg in Richtung partizipative Evaluierung gewiesen. OAKLEY/PRATT/CLAYTON (1998:28) listen weitere alternative Ansätze auf, deren Anliegen ebenfalls weniger *Accountability* und Effizienz sind, sondern der Lern- und Aushandlungsprozess von Evaluierungen:

- *illuminative evaluation* (PARLETT/HAMILTON 1972)
- evaluation without objectives (RICHARDS 1985)
- participatory evaluation (FEUERSTEIN 1986)
- *self-evaluation* (NEGGERS/WILS 1987)
- qualitative evaluation (PATTON 1987)
- evaluation as interpretation (MARSDEN/OAKLEY 1990)
- evaluation as critical analysis (MARSDEN/OAKLEY/PRATT 1994)
- monitoring and evaluation from a gender perspective (WALTERS ET AL. 1995)
- individual's perceptions of change (DAVIES 1995)

Prozessorientierte, qualitative und lernorientierte Formen von Evaluationen haben es in den letzten Jahrzehnten geschafft, bisherige Evaluationsverständnisse und -praktiken, wenn auch nicht abzulösen, so doch in Frage zu stellen und mit einer Reihe von neuen Ansätzen und Methoden für einen Wandlungsprozess zu werben.

c) Entwicklungen in der Kommunalpolitik

Die Erfahrungen mit der partizipativen Haushaltsplanung (*orçamento participativo*), auch Beteiligungs- oder Bürgerhaushalt genannt, in Porto Alegre (Brasilien)[38] haben sich in den letzten Jahren, u.a. auch aufgrund des Welt-Sozial-Forums, das mehrere Male in Porto Alegre stattfand, mittlerweile in vielen Ländern auf allen Kontinenten verbreitet. Gerade in Europa konnte man damit an die Diskussionen um Bürgerbeteiligung der 1960er und 70er anschlie-

---

[38] vgl. u.a. ABERS 1998, 2000, FEDOZZI 2001, AVRITZER 2002, AVRITZER/NAVARRO 2002, GENRO/SOUZA 1997.

ßen (u.a. DIENEL 1970, 1977, DIETZE 1972). In Deutschland kamen darüber hinaus viele Impulse aus der Demokratiebewegung der DDR.[39] Lokale Demokratie und kundenorientiertes Verwaltungshandeln sind die neuen Leitbilder (DEUTSCHER STÄDTETAG 2003), die zwischen partizipativer Demokratie und Ansätzen des *New Public Management* (vgl. 1.1.3) oszillieren.

Gemeinsam haben die verschiedenen Ansätze, dass sie sich meistens auf die Mitwirkung der Bevölkerung in der Planungsphase von Kommunalpolitik beziehen. Partizipative Ansätze, die sich speziell mit der Überprüfung der Umsetzung der Planungen und der Analyse von Wirkungen beschäftigen, sind selten zu finden. Häufig wird davon ausgegangen, dass durch den Diskussionsprozess im Rahmen der partizipativen Planungen bereits ein Bewusstseinswandel in der Kommunalverwaltung und damit ein Wandel der Verwaltungskultur eingesetzt hat und diese sich von selbst zu einer Rechenschaftslegung verpflichtet. Angedacht ist dies immer, jedoch fehlen bisher noch konkrete Instrumente oder zumindest Erfahrungen im Bereich des partizipativen Monitorings von Kommunalpolitik.

Das generelle Bewusstsein für die Wichtigkeit von Evaluierung und Monitoring wächst jedoch in der Kommunalentwicklung. Monitoring wird vor allem als ein wichtiges Steuerungsinstrument gehandelt, meist im Zusammenhang mit der Umsetzung größerer und möglicherweise kommunen- oder gar regionenübergreifender Planung (vgl. bspw. IS 2001). Fragen stellen sich jedoch heute beispielsweise hinsichtlich der Probleme des Umgangs mit der Heterogenität der untersuchten Fälle, der unzureichenden Datenlage oder dem Kostenfaktor. Kleinräumigeres Monitoring und die Beteiligung der Bevölkerung in enger Zusammenarbeit mit einer effizienten Verwaltung werden als Alternativen diskutiert, um Monitoring der Kommunalpolitik umsetzbar und finanzierbar zu machen.

1.2.3.2 Methodologische und soziopolitische Aspekte des Monitorings

Im Folgenden werden einige methodologische und soziopolitische Aspekte des Monitorings erläutert. Diese Überlegungen wurden bei der Entwicklung des partizipativen Monitorings der kommunalen ländlichen Entwicklungspläne in dieser Arbeit berücksichtigt.

a) Methodologische Aspekte

Definition von Monitoring und Evaluierung

Monitoring und Evaluierung sind Steuerungsinstrumente in Projekten, Gruppen, Unternehmen oder Verwaltungen. Es existiert bisher keine allgemeingültige Definition für Monitoring. Meist wird es abgegrenzt zum Begriff Evaluation hinsichtlich des Zeitpunkts und der ausführenden Akteure der Überprüfungen.[40] Wirkungsmonitoring nimmt in diesen Diskussionen eine Art Zwischenstellung ein, wenn auch die Grenzen fließend sind.

---

[39] So wurde in Berlin v.a. und zuerst in den östlichen Stadtteilen der Bürgerhaushalt ausprobiert: Lichtenberg, Mahrzahn, Hellersdorf, Mitte, angedacht auch in Köpenick.
[40] Andere verwenden den Begriff Evaluierung als Überbegriff. Monitoring wird damit zu einem Unterbegriff, der die kontinuierliche Form einer Evaluierung beschreibt.

- Unter Monitoring wird meistens eine kontinuierliche Überprüfung von Aktivitäten und Ergebnissen in der Regel durch die involvierten und durchführenden Personen (beispielsweise durch ein Projektteam oder Mitglieder eines Beirats) verstanden, dabei können aus dem Monitoring resultierende Verbesserungsvorschläge des Systems gleich im laufenden Prozess umgesetzt werden. Man spricht daher in diesen Fällen meist von Prozessmonitoring oder auch von *formative evaluation*.

- Wirkungsmonitoring befasst sich dagegen mit den Wirkungen und Nebenwirkungen von Aktivitäten, kann kontinuierlich oder periodisch stattfinden und von den involvierten Personen aber auch durch externe GutachterInnen durchgeführt werden.

- Im Gegensatz dazu wird empfohlen, dass eine Evaluierung von Externen durchgeführt wird. Sie kann periodisch, aber auch einmalig stattfinden, nach Abschluss einer Projektphase oder eines Gesamtvorhabens (*somative evaluation*), und dient durch die Analyse des Gesamtprojektes oder -prozesses als Basis für neue Planungen und Projektvorschläge, bzw. für Neuformulierungen (vgl. CASLEY/KUMAR 1987:1ff, ABBOT/GUIJT 1999:12ff).

Heute nähern sich diese Begriffe einander an: Evaluationen sind beispielsweise stärker prozessorientiert und Wirkungsmonitoring kann als eine Momentaufnahme verstanden werden, auch wenn es möglicherweise in regelmäßigen Abständen wiederholt wird. Darüber hinaus werden Evaluierungen immer häufiger von den in einem Projekt involvierten Akteuren in Selbstregie durchgeführt (vgl. NEUBERT 1999:23). Im Wandel der Bezeichnungen der Evaluierungstypen spiegelt sich auch der oben bereits angesprochene Wandel im Evaluierungsverständnis wider.

Es wird weiterhin generell in Bezug auf den Überprüfungszeitpunkt unterschieden zwischen *ex-ante-* (auch *appraisal* genannt), *midterm-* und *ex-post*-Evaluierungen, in Bezug auf die Durchführenden zwischen Eigen- oder Selbst-, Dritt- oder Fremd- und gemeinsamer Evaluierung. Darüber hinaus wird zwischen Umfang, Thematik oder Motivation des Monitorings oder der Evaluierung unterschieden: Teilevaluierungen, Erfolgskontrollen, Wirkungsanalysen/-monitoring, Aktivitäten- oder Finanzmonitoring, Umweltmonitoring etc..

Grundelemente von Monitoring und Evaluierung

Das Design eines Monitoring- oder Evaluierungssystem hängt ab von der Thematik, um die es geht, wer die Überprüfung durchführt und wie viel Zeit und Geld vorgesehen sind, sowie welche technischen und personellen Ressourcen und Kapazitäten dafür zur Verfügung stehen. SMILLIE warnt vor einem *blue print approach* (SMILLIE 1995, zitiert in OAKLEY ET AL 1998:48), jedes Monitoring- oder Evaluierungssystem muss auf die spezifische Situation angepasst werden. Darüber hinaus können (oder müssen) unterschiedliche Arten des Monitorings oder der Evaluierung zu verschiedenen Zeitpunkten eines Projektzykluses angewandt werden. Trotzdem existieren einige Grundelemente, die in den meisten Systemen vorhanden sind. Die folgende Auflistung beschreibt eine typische Vorgehensweise in einem Monitoringprozess und hat darin Vorschläge von OAKLEY ET AL (1998:46) und GTZ (2000b:14) zusammengestellt und teilweise ergänzt (vgl. auch GUBA/LINCOLN 1989:185ff):

- den generellen Rahmen des Monitorings oder der Evaluierung festlegen (Motivation/Zielsetzung, Struktur, Akteure, Methoden, Indikatoren, Datenerhebung, -speicherung, -aufarbeitung und -analyse und -interpretation),
- Wirkungsbereiche auswählen,
- Wirkungshypothesen definieren (wenn es sich um Wirkungsmonitoring handelt),
- Indikatoren identifizieren,
- Erhebungsmethoden festlegen,
- Informationen und Daten erheben,
- Informationen und Daten speichern,
- Informationen und Daten analysieren und interpretieren und
- Ergebnisse kommunizieren bzw. rückkoppeln.

Monitoring und Evaluierung können auf unterschiedlichen Ebenen durchgeführt werden. Die Überlegungen dazu basieren auf einem Wirkungsmodell, dessen Kategorien je nach Autor oder Institution leicht variieren und das von diesen auch auf unterschiedliche Weise dargestellt wird. Die meisten Ausführungen unterscheiden zwischen *input*, *output*, *outcomes* und *impact*.[41] Die folgende Tabelle 2 gibt wieder, was diese vier Kategorien messen:

Kategorie	Was wird damit gemessen?	Indikatoren
Inputs[42] (Ressourcen)	Ressourceneinsatz	eingesetzte Ressourcen
Outputs (Produkte)	Effizienz	Implementierung von Aktivitäten
Outcomes (Resultate)	Effektivität	Nutzung von Produkten
Impact (Wirkung)	Wandel	Unterschied zur Ausgangssituation

(übersetzt und angepasst nach FOWLER 1997, zitiert in OAKLEY ET AL 1998:33)

Tabelle 2: Übersicht möglicher Evaluierungskategorien

---

[41] Die deutschen Übersetzungen dieser Kategorien sind nicht eindeutig und einheitlich. Man kann beispielsweise die folgenden Begriffe verwenden: aufzuwendende oder aufgewandte Ressourcen, Produkte, Ergebnisse und Wirkungen. Es herrscht jedoch große Definitionsvielfalt: Bei OAKLEY ET AL beispielsweise wird zwar von *outcomes* geredet, aber in einer Graphik (1998:34) werden diese wiederum als *effects* bezeichnet und gemeinsam mit den *impacts* unter *results* zusammengefasst. Weiterhin unterscheiden sie zwischen *direct* und *wider effects*. Auch in der GTZ Literatur werden unterschiedliche Begriffe verwendet: manchmal werden die *outputs* als Ergebnisse bezeichnet und die *outcomes* in Nutzung der Ergebnisse und Nutzen unterteilt (vgl. Abb.6). Andere sprechen wiederum von direkten und indirekten Nutzen und von direkten und indirekten Wirkungen.

[42] Die Inputs werden in der Regel nicht explizit evaluiert, weil sie indirekt durch die Messung der anderen Kategorien ermittelt werden. Die Messung der Inputs spielt die größte Rolle im Prozessmonitoring. Diese Kategorie wurde bei FOWLER bzw. OAKLEY ET AL nicht vorgesehen und daher in dieser Graphik ergänzt.

Weiterhin wird auf der Ebene der Wirkungen (beim Wirkungsmonitoring) oftmals unterschieden zwischen beabsichtigten (positiven), unbeabsichtigten (positiven und negativen) und unerwarteten (positiven und negativen) Wirkungen.[43]

In der folgenden Graphik (Abb.7) der GTZ wird die Wirkungskette, d.h. die Beziehung zwischen den Kategorien, anschaulich wiedergegeben. Auf die in der Graphik dargestellte sogenannte Zuordnungslücke wird im Folgenden näher eingegangen.

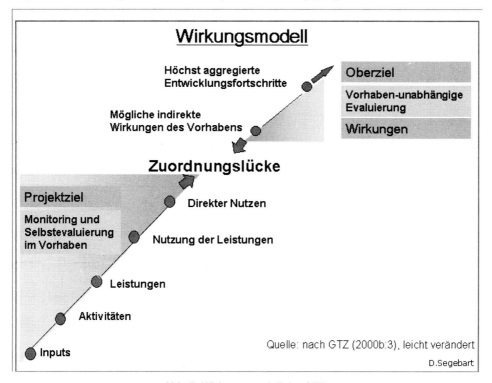

Abb. 7: Wirkungsmodell der GTZ

Es soll nur kurz erwähnt werden, dass dem Monitoring das Problem inhärent ist, dass selten eine eindeutige monokausale Ursache-Wirkungskette nachgewiesen werden kann. Zum einen da es sich oftmals nicht um Kurzzeitwirkungen handelt, sondern um solche, die erst mittel- oder langfristig sichtbar und messbar werden (*time lag*). Zum anderen sind Projekt- bzw. Planungswirkungen meistens nicht isolierbar, d.h. Wirkungen haben stets auch externe Ursachen, die auf einer höheren Aggregationsebene zunehmen (beispielsweise von Haushalts- auf Munizip- oder gar Bundesstaatsebene), was ebenfalls die Ursache-Wirkungskette komplexer werden lässt (*attribution gap*). Daher ist es wichtig, von vornherein zu definieren auf

---

[43] In Handbüchern wird zwar immer auf die Aspekte von negativen Wirkungen und unbeabsichtigten Folgen hingewiesen, jedoch werden diese nur sehr selten in der Praxis evaluiert.

welcher/n Ebene/n das Wirkungsmonitoring stattfinden soll. Die folgende Graphik der GTZ (Abb.8) stellt recht anschaulich das Problem der Zuordnungslücke dar.

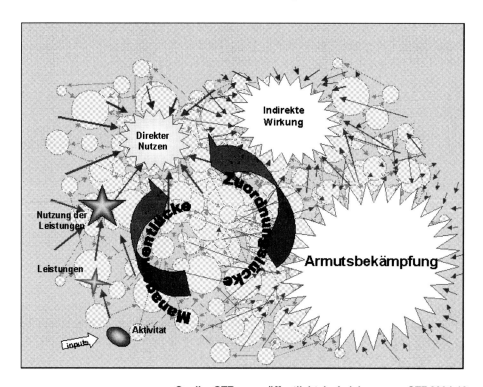

Quelle: GTZ, unveröffentlicht, in Anlehnung an GTZ 2004:10
Abb. 8: Dynamisches Wirkungsmodell mit Management- und Zuordnungslücke

Die Kriterien einer Überprüfung, sei es Monitoring oder Evaluierung, variieren hinsichtlich dessen, was gemessen oder analysiert werden soll. Es kann dabei um das Erreichen eines vorher formulierten Ergebnisses gehen, z.B. beim Messen von *outputs*. Wird ein Vorher-Nachher-Vergleich angestrebt, z.B. beim Wirkungsmonitoring, muss der Ausgangszustand aufgenommen werden, beispielsweise durch eine *baseline study*, so dass anhand von Indikatoren der (soziale, ökologische, ökonomische etc.) Wandel im Vergleich zum Ist-Zustand analysiert werden kann. Je höher man sich in der Wirkungskette bewegt, desto schwieriger sind die exakten Zuordnungen von Ergebnissen, Nutzungen, Nutzen und Wirkungen zu den aufgewandten Inputs und Aktivitäten. Genauso schwierig gestaltet sich die Indikatorendefinition: während die *output*-Indikatoren sich direkt aus den *inputs* und Aktivitäten herleiten lassen, sind die Nutzungen schon schwieriger und die Wirkungen noch viel schwieriger in messbare Indikatoren umzuwandeln. Gleichzeitig muss bei der Indikatorendefinition bereits berücksichtigt werden, welche Erhebungsmethoden man verwenden möchte bzw. welche einem zur Verfügung stehen, dabei müssen die Ressourcen Zeit, Geld und Personal berücksichtigt werden.⁴⁴ Es ist zu empfehlen das Monitoringsystem und nach Möglichkeit die Indikatoren bereits zum Beginn eines Vorhabens zu definieren, um es optimal integrieren und v.a. um die *baseline study* zu Beginn eines Vorhabens entsprechend gestalten zu können. Aufgrund oftmals unzureichender Informationslage zum Projektbeginn ist es jedoch häufig nicht möglich die Indikatoren bereits am Anfang zu konkretisieren.

Das Thema der Indikatorenidentifikation ist weit und es existiert diesbezüglich bereits eine breite Diskussion in der Literatur.⁴⁵ Aus diesem Grund soll an dieser Stelle nur darauf hingewiesen werden, dass Indikatoren auf unterschiedliche Weise definiert werden können: extern, beispielsweise von Auftraggebern, von den Durchführenden des Vorhabens oder von der Zielgruppe (beim partizipativen Monitoring). Meist folgen Indikatoren Leitlinien im Sinne von SMART (*specific*, *measurable*, *action-oriented*, *relevant*, *time-bound*) oder im Rahmen der Tendenz zu partizipativen Monitoring im Sinne von SPICED (*subjective*, *participatory*, *interpreted*, *communicable*, *empowering*, *disaggregated*) (vgl. ROCHE, zitiert in ESTRELLA 2000:9).

Doch Monitoring und Evaluierung sind keine ganz unproblematischen oder einfachen Aktivitäten. Neben dem Schaffen von Bewusstsein für die Wichtigkeit dieser doch teilweise sehr abstrakten Aktivitäten und damit verbunden die Bereitschaft entsprechende Ressourcen dafür zur Verfügung zu stellen, ist auch die konkrete Umsetzung oft mit Schwierigkeiten verbunden. Darüber hinaus werden heute immer noch häufig Evaluierungen von außen formal eingefordert, initiiert oder durchgeführt. Damit ist die *Ownership* der Projektdurchführenden für Monitoring und Evaluierung oftmals sehr gering und noch viel geringer bei der Zielgruppe.

Eine weitere Gefahr besteht, wenn man versucht das Planungs- und Evaluierungssystem zu effizient zu gestalten, bzw. zu viel zu verlangen. Damit wird es oftmals zeitaufwendig und unproduktiv und wird in der Konsequenz von den Akteuren nur halbherzig durchgeführt, vernachlässigt oder sogar aufgegeben (WILS ET AL zitiert in OAKLEY ET AL 1998:44). Der häufig in Projekten verwendete *logical framework* (Projektplanungsübersicht) tendiert dazu sich auf *input-output*-Analysen zu konzentrieren. Er kann sich damit als Zwangsjacke entpuppen und es schwer machen, qualitative oder prozessorientierte Aspekte zu berücksichtigen.

Ein bisher noch oftmals vernachlässigter Schlüsselfaktor in diesem Prozess sind die personellen Kapazitäten in Bezug auf Monitoring und Evaluierung. Von ihnen hängt die Qualität und Kontinuität des Monitorings und der Evaluierung ab sowie die Nutzbarmachung der Ergebnisse für das institutionelle Lernen. *Evaluation Capacity Development* (ECD) wird daher zunehmend in der Debatte um Monitoring und Evaluierung an Bedeutung gewinnen müssen (vgl. WORLD BANK 1994, MCKAY 2002). Unter Monitoringkapazitäten können Fähigkeiten

---

[44] vgl. zu möglichen Erhebungsmethoden bspw. GTZ 2000b:31ff und 51ff und NEUBERT 1999:71ff
[45] vgl. u.a. CIFOR 1999, NEUBERT 1999:68ff, GTZ 2000b:27ff

von Individuen verstanden werden. Der Begriff kann sich jedoch auch auf ganze Institutionen oder gar Regierungen beziehen und dort auch Instrumente, politische und rechtliche Rahmenbedingungen, Verwaltungsroutinen, zur Verfügung stehende finanzielle und personelle Ressourcen etc. beinhalten.

b) Soziokulturelle und politische Aspekte

Wie im vorigen Abschnitt bereits angedeutet, spielen die Akteure eine Schlüsselrolle im Monitoring. Dabei geht es, wie erwähnt, nicht nur um ihre individuellen Fähigkeiten, sondern auch um den sozialen, kulturellen und politischen Kontext, in den sie integriert sind.

Dass Monitoring nicht nur einfach ein Methodenset ist, sondern dass damit auch ein kultureller und möglicherweise sozialer Wandel einhergeht, wird oftmals ignoriert und daher nicht entsprechend reflektiert und begleitet. So weist beispielsweise STRATHERN (2000b) darauf hin, dass Monitoring und Evaluierung soziale Beziehungen verändern können und dies nicht immer zum Positiven.

> „Procedures for assessment have social consequences, locking up time, personnel and resources, as well as locking into the moralities of public management." (STRATHERN 2000b:2)

Aus anthropologischer Perspektive kann der Begriff des *Audits*, des Monitorings, auf folgende Weise dekonstruiert werden (vgl. STRATHERN 2000a): Die Wurzeln der Verschmelzung von ökonomischer Effizienz und ethischem Handeln, von der sogenannten *Accountability*, werden im kulturellen und historischen Hintergrund von Moral und Moralität verstanden sowie Parallelen hergestellt zu Konzepten wie Bekenntnis (PELS 2000), Vertrag (DAVIS ET AL 1997), Verantwortung (GIRI 2000) oder auch (bezugnehmend auf FOUCAULT (1988)) den Technologien des Selbst (PELS 2000). Gerade der letzte Aspekt weist in die Richtung des Dilemmas der Konstitution des liberalen Selbst, das sich selbst überprüfen (*self-auditing*) muss, um sich in ein *marketable self* verwandeln zu können, wie es die moderne Gesellschaft fordert.

Monitoring kann Vertrauen schaffen, aber auch Misstrauen schüren. Um Vertrauen zu können, muss manchmal kontrolliert werden, aber auch beim Kontrollieren ist Vertrauen von Nöten, beispielsweise in die evaluierenden Akteure, in die Methoden und Informationsquellen und die Verwendung der Ergebnisse.

> "Audits are needed when accountability can no longer be sustained by informal relations of trust alone but must be formalized, made visible and subject to independent validation." (POWER 1994:11, zitiert in GIRI 2000:174)

Transparenz wird in diesem Sinne als Integrität verstanden, aber dieser Begriff birgt eine Dialektik: Transparenz durch Evaluierung kann ein Kontroll- und damit Machtinstrument darstellen oder aber ein Vertrauensbeweis durch Öffnung des Zugangs zu Informationen und Meinungen und dem Gefühl der Teilhabe. Es stellen sich damit die Fragen: Wie oder als was wird Monitoring von wem wahrgenommen? Welche Erwartungen werden damit verknüpft und wie werden sie erfüllt? Wie kann Interesse für das Thema und die damit verbundenen Prozesse bei den involvierten Akteuren (v.a. den Evaluierten) geweckt werden? Muss eine Monitoringkultur entwickelt werden, wie kann dies geschehen und welche kulturellen und sozialen Prozesse impliziert dies?

Als Antwort auf die Evaluierungswelle oder *Audit explosion* (POWER 1994) werden zum einen nach den dahinterliegenden Gründen gefragt und zum anderen die angewandten Verfahren kritisch betrachtet (z.B. z.T. im *Critical Accounting*[46]). Viele Autoren sehen im neuen Ethikdiskurs, der mit *Audit* gepaart wird, eine Kontinuität neoliberaler *Governance* bzw. hinterfragen den scheinbar neutralen Charakter des häufig mit Monitoring, Evaluierung oder *Audit* verknüpften *Good Governance* Konzeptes. Aus einem Teil eines bürokratischen Prozesses, wurde ein Artefakt und ein globales Phänomen, das eine bestimmte Sprache gebraucht sowie spezifische *rituals of verification* (DOUGLAS 1992, zitiert in POWER 1997:1).

> "(...) auditing and accounting have become the operational signs of the global spread of neoliberal values. On the one hand, they accompany high hopes about a transformation of transnational relationships in the direction of good governance and an increasing transparency of the organization of state and civil society; on the other, they generate the fear that this transformation of liberal morality cloaks a novel order of increasing global inequalities." (PELS 2000:135)

> "As Dreyfus and Rabinow (1982:196) note, 'political technologies advance by taking what is essentially a political problem, removing it from the realm of political discourse, and recasting it in the neutral language of science'. Thus, audit procedures present themselves as rational, objective and neutral, based on sound principles of efficient management (...)." (SHORE/WRIGTH 2000:61)

Die *new accountabilities*, das effiziente Management, können aber sowohl förderlich (weil effizient), als auch hinderlich (weil ‚kurzsichtig') für gute Praktiken sein. Gerade diese Kopplung von Monitoring und Evaluierung mit *Good Governance* macht die Kritik so schwierig:

> „(...) audit is almost impossible to criticize in principle – after all, it advances values that academics generally hold dear, such as responsibility, openness about outcomes and widening of access." (STRATHERN 2000b:3)

Hier schließen sich Reflexionen zu den Themen Zugang zu Wissen, Wissensproduktion und Lernen an. Die Fragen danach, wie Informationen erhoben oder Wissen kreiert wird, wie Informationen analysiert, interpretiert und Wissen akkumuliert wird, wer daran beteiligt ist und wer es wie nutzt, welche und wessen Werte dem Monitoring zugrunde liegen, beinhalten immer auch die Frage nach der Macht. Welche Entscheidungen werden aufgrund des Monitorings getroffen? Wer Monitoring betreibt, überprüft, kontrolliert hat die Macht? Bleiben diese Fragen offen, entsteht verständlicherweise oft Misstrauen bis Widerstand bei den Evaluierten.

---

[46] vgl. beispielsweise die Zeitschrift *Critical Perspectives on Accounting*

Es werden nicht nur neue Wissensgenerierungsprozesse eingeführt, sondern möglicherweise auch vormals informelle Lernprozesse können durch diese formellen oder formalisierten Prozesse verdrängt werden, was das bisherige soziale Beziehungsgeflecht und lokale Machtverhältnisse verändern kann.

Auf die politischen Aspekte des Monitorings wurde bereits am Anfang des Kapitels eingegangen, als es um die Motivationen von Monitoring ging, auch dabei kommt der Aspekt Macht ins Spiel:

> "Evaluation must be analyzed (…) as an important factor in the systematic production of ideologies legitimating the role of intervening agencies and thus also the implied power relations between these agencies and target groups." (LONG/PLOEG 1989:234)

LONG/PLOEG (1989) kritisieren, dass Evaluierungen häufig angewendet werden, um im Nachhinein Entscheidungen zu legitimieren, die *de facto* bereits vor dem Bekanntwerden der Ergebnisse der Evaluierung getroffen wurden. Weiterhin weisen sie darauf hin, dass viele Evaluierungen auch einfach nur ihrem Selbstzweck oder anderen Partikularinteressen dienen:

> "Consequently, the rules of the game called 'evaluation' are conditioned more by social interests of those involved in manufacturing, promoting, selling and utilizing this particular commodity than by the functions it is assumed to fulfill in the intervention model." (LONG/PLOEG 1989:235)

Evaluierungen sind immer interessengeleitet, wichtig ist daher ihre Offenlegung und nach Möglichkeit ihre Diskussion mit allen involvierten Akteuren. Dem ist häufig nicht so und der verwendete Diskurs verschleiert vielmehr die wirklichen Interessen:

> „Where audit is applied to public institutions – medical, legal, educational – the state's overt concern may be less to impose day-to-day direction than to ensure that internal controls, in the form of monitoring techniques, are in place. That may require the setting up of mechanisms where none existed before, but the accompanying rhetoric is likely to be that of helping (monitoring) people help (monitor) themselves, including helping people get used to this new ‚culture'." (STRATHERN 2000b:3f.)

Diese neue Kultur ist in der Tat bedenkenswert. Effizienzorientierung ist meistens an monetär berechenbare oder vermarktbare Leistungen gekoppelt. Nichtmonetarisierbare Aktivitäten, Leistungen, Kompetenzen und Werte in anderen Bereichen werden dadurch automatisch an die Seite gedrängt, ignoriert oder völlig unterdrückt. Anstrengungen werden dadurch in die vermarktbaren Kernbereiche verlagert. Neben Effizienz- und Qualitätssteigerung kann dies auch Machtstreben und Reduzierung von Diversität begünstigen. Auf individueller Ebene kann dies zu Konkurrenzdenken, Leistungsdruck, Überforderung und Misstrauen gegenüber anderen Akteuren und Institutionen führen. Dies ist die eine Seite.

Auf der anderen Seite steht das große transformative Potenzial von Evaluierungsaktivitäten: durch sie können Fehler in Verfahren erkannt werden, vergeudete Energie und auch neue Potenziale identifiziert und unangepasste Routinen durchbrochen werden. Sie bieten die Möglichkeit den Alltag zu reflektieren, individuelle und organisationelle Lernprozesse

(BOOTH/MORIN 1996, GHERARDI/NICOLINI 2003) anzustoßen und positive Veränderungen herbeizuführen.

Damit der Evaluierungsgedanke seinen transformativen Charakter behält und nicht für ein neoliberales Effizienzprojekt missbraucht wird, plädiert GIRI für die Kopplung des Konzeptes mit dem der Selbst-*Governance*:

> „I further advocate that the contemporary language of audit culture, namely the language of self-observation, must be linked to the language of self-rule, self-responsibility and self-governance. Yet this linking has to be done not in the sense of a structural coupling but in a transformational praxis of *Swaray*, or *self-rule*, proposed by Gandhi." (GIRI 2000:175, Hervorhebungen im Original)

1.2.3.3 Partizipatives Monitoring und Evaluierung

Partizipatives Monitoring und Evaluierung (PM&E) existieren bereits seit mehr als 20 Jahren. Ihre Ursprünge liegen in den verschiedenen, ab den 1960er Jahren entwickelten, partizipativen Ansätzen im entwicklungskritischen Spektrum.[47] In den 1980er Jahren konnte eine wachsende Bedeutung der Zielgruppenbeteiligung und Selbsthilfeansätze in der Entwicklungszusammenarbeit verzeichnet werden. Zeitgleich wurde der verstärkte Bedarf an Projektevaluierungen im Allgemeinen erkannt. Aus der Enttäuschung über konventionelle *top-down*-Ansätze in Monitoring- und Evaluierungsverfahren, die keine Partizipation der von der Evaluierung Betroffenen vorsahen, entstand die Entwicklung von partizipativen Methoden in diesem Bereich. Die tatsächliche Zusammenfügung der beiden Elemente Zielgruppenbeteiligung und Evaluierung zum partizipativen Monitoring erfolgte jedoch erst ein paar Jahre später im Kontext der im vorigen Unterkapitel dargestellten Veränderungen im Evaluationsverständnis und erst Ende der 1990er Jahre tauchte es tatsächlich in den Entwicklungsagenden auf ohne allerdings bis heute den Sprung zum *Mainstreaming* geschafft zu haben.[48]

> "While the concern with the scaling-up of participation in development is now at least a decade old, most of it has been concerned with the processes of planning or implementation of projects – not with monitoring and evaluation." (GAVENTA/BLAUERT 2000:230)

Partizipatives Monitoring ist mehr als eine Methode. Es geht vielmehr um einen gemeinsamen Lern- und Verhandlungsprozess. Wie Partizipation, wird partizipatives Monitoring mit dem Ziel der Demokratieförderung verknüpft und es wird ebenfalls diskutiert, ob PM&E als Mittel oder als Zweck angesehen werden sollte.[49] Durch den Trend zur Dezentralisierung, zur Verlagerung von Verantwortlichkeiten auf untere Regierungsebenen und lokale Ebenen, zur Entwicklung von neuen Formen und Verfahren, um eine transparente Regierungsführung zu garantieren, ist heute das Interesse am PM&E gestiegen (vgl. ESTRELLA 2000). Dieser Trend

---

[47] z.B. Partizipative Aktionsforschung (PAR, *participatory action research*), *participatory learning and action* (PLA), *participatory rural appraisal* (PRA), *farming systems research, farming participatory research* u.a.

[48] vgl. zu Partizipativem Monitoring u.a. NARAYAN 1993, GERMANN ET AL 1996, ESTRELLA/GAVENTA 1998, WHITMORE 1998, ABBOT/GUJIT 1999, ESTRELLA ET AL 2000

[49] vgl. Argumentationsweise bei partizipativer Planung in II.1.2

wird unterstützt durch die zunehmende Anerkennung der lokalen Akteure, vor allem der entwickelten Kapazitäten und Erfahrungen im Bereich der Zivilgesellschaft und durch die von dieser geforderten stärkeren Teilhabe an Entscheidungen und Maßnahmen im Entwicklungsbereich und in der Politikumsetzung.

Es wird davon ausgegangen, dass die Zielgruppen, die vorgesehenen NutzerInnen, diejenigen sind, die am besten die Wirkungen der Entwicklungsleistungen und -aktivitäten einschätzen können (vgl. NEUBERT 1999:60).

Ziel ist es, Entwicklungsresultate zugänglicher zu machen und den Evaluationsprozess konkreter, lebendiger und transparenter zu gestalten, um auf diese Weise die Effizienz und Effektivität zu erhöhen. PM&E kann die Identifikation der Zielgruppe mit dem Projekt stärken und dadurch *Ownership* fördern, die langfristig für die Nachhaltigkeit und Breitenwirksamkeit des Vorhabens notwendig ist. Wie in der Partizipationsdebatte variieren die Motive PM&E umzusetzen je nach Akteur: Einige verfolgen das Ziel der Effizienzsteigerung, andere die Priorisierung von *Empowerment* und *Ownership* der lokalen Akteure (vgl. Tabelle 3 auf der folgenden Seite).

Heute ist das Spektrum dessen, was unter partizipativen Monitoring verstanden wird, sehr breit und es hat sich bisher keine eindeutige Definition von PM&E herausgebildet. Diese Diversität hat zu Verwirrung beigetragen und zur Herausbildung konkurrierender Interpretationen (vgl. CAMPILAN 2000). ESTRELLA/GAVENTA (1998, zitiert in ESTRELLA 2000:4) definieren daher folgende vier gemeinsame Aspekte, die ihrer Meinung nach Ansätze charakterisieren, die zu einer guten PM&E-Praxis beitragen: Partizipation, Lernen, Verhandlung und Flexibilität.

Die verschiedenen PM&E-Konzepte unterscheiden sich vor allem hinsichtlich ihres Partizipationsverständnisses und der Art der Integration einer partizipativen Vorgehensweise in den verschiedenen Verfahrensstufen des Monitorings oder der Evaluierung. Diese Faktoren hängen wiederum von der Zielsetzung des Monitorings ab, d.h. ob es um finanzielle *Accountability* geht, um die bloße Dokumentation von Ergebnissen und Wirkungen oder auch um *Capacity Development*, Organisationsentwicklung und institutionelles Lernen.

	Deep participation[50]	Partielle Partizipation, kontrollierte Partizipation	Pseudopartizipation
Zielsetzung	*Empowerment, Capacity Development, Ownership*, Demokratieförderung	verbesserte Informationsgrundlage zur verbesserten Projektsteuerung	kostengünstige Datenerhebung, Befriedigung formeller Partizipationsanforderungen
Prozessschritte, die für Partizipation geöffnet werden	alle, inklusive Festlegung der Zielsetzung, des Designs, der Methoden, etc.	ausgewählte Schritte werden partizipativ durchgeführt, z.B. Indikatorenidentifizierung u. Datenerhebung	Datenerhebung mit partizipativen Methoden durch externe Akteure und nach externen Anforderungen
Partizipationsgrad	hoch	mittel	gering
Verantwortung fürs Monitoring	von den Maßnahmen betroffene Akteursgruppen	geteilte Verantwortung (betroffene u. externe Akteure)	projektverantwortliche (externe) Institutionen
Entscheidungsniveau bei der Zielgruppe	hoch	mittel	niedrig
Zeitaufwand/Kosten	hoch	mittel	gering
Beratungsbedarf	hoch	mittel	gering
Notwendige Fähigkeiten und Kenntnisse der beteiligten Bevölkerung	hoch	mittel	niedrig
Notwendiges Niveau der Moderation an sozialer Kompetenz, Fähigkeiten, Fachkenntnissen	hoch	mittel	niedrig
Erreichung der Zielsetzung und Beobachtung der Ergebnisse	langfristig	mittelfristig	kurzfristig
Institutionelle Nachhaltigkeit	hoch	mittel	gering
Empowermentpotenzial	hoch	mittel	gering
Beitrag zum *Capacity Development*	hoch	mittel	gering

Tabelle 3: Charakteristika unterschiedlicher Partizipationsansätze im Monitoring

---

[50] Dieser Begriff wird hier analog zum Begriff der *Deep Ecology* entworfen.

Ebenso werden eine Vielzahl unterschiedlicher Methodologien und vor allem Methoden angewendet, wie beispielsweise PRA-Methoden, qualitative Interviews, quantitative Erhebungen, *oral history*, Beobachtung oder Gruppendiskussionen. Als Rückgrat des PM&E-Prozesses wird jedoch immer wieder der Gemeinde- oder Gruppenworkshop erwähnt. Hier können sich die unterschiedlichsten Akteure zusammenfinden, diskutieren, Informationen und Wissen zirkulieren lassen sowie die verschiedenen Methoden angewandt und Fähigkeiten geschult werden. In den *Workshops* kann zwischen verschiedenen Interessen vermittelt werden und Individuen können sich zu thematischen Arbeitsgruppen zusammenfinden. PM&E besitzt heute keine einheitliche Methodologie, sondern ist flexibel und anpassbar an den spezifischen lokalen Kontext, an sich wandelnde Rahmenbedingungen und Akteure. Es beinhaltet die Stärkung lokaler Kapazitäten, um zu handeln und Wandel in Gang zu setzen.

Ohne Kreativität, Initiative und Flexibilität unterbinden zu wollen, sondern um einen gemeinsamen Kommunikationsraum und -konsens zu finden, wird heute verstärkt versucht, Eckpfeiler von PM&E zu definieren. Konzepte, Definitionen, Bezeichnungen oder Verfahrensweisen zu klären, ist eine wesentliche Aufgabe in den frühen Phasen der Theoriebildung eines Forschungsfeldes. Im Fall von PM&E dreht sich die Diskussion dabei um den Anspruch der Flexibilität auf der einen und der Vergleichbarkeit auf der anderen Seite. Die Vergleichbarkeit ist notwendig für Verallgemeinerbarkeit von Erfahrungen zur Erarbeitung einer theoretischen Basis von PM&E (CAMPILAN 2000). Einen Vorschlag hierzu bietet GUIJT (2000:202) an, indem sie einige mögliche Hauptschritte (*core steps*) oder Eckpfeiler von PM&E identifiziert[51]:

- Identifizieren, wer beteiligt werden möchte und sollte,
- Klären der Erwartungen der Beteiligten an den Prozess sowie ihre Informationsbedürfnisse und auf welche Weise jede Person oder Akteursgruppe dazu beitragen kann oder will,
- Definieren der Prioritäten des Monitorings und der Evaluierung (welche Ziele sollen monitoriert werden, auf welche Aktivitäten soll fokussiert werden),
- Identifizieren von Indikatoren, die zur Messung des Projektfortschritts oder -erfolges benötigt werden,
- Abstimmen von Methoden, Verantwortlichkeiten und Zeitplanung der Datenerhebung,
- Erheben der Daten,
- Anpassen der Methodologie der Datenerhebung, sofern notwendig,
- Analysieren der Informationen und Daten,

---

[51] Diese Auflistung von GUIJT deckt sich in vielen Punkten mit den bereits in Kapitel II.1.2.3.2a zusammengestellten Grundelementen einer typischen Vorgehensweise im Monitoring, ist jedoch noch stärker auf einen partizipativen Charakter des Monitorings ausgerichtet.

- Abstimmen, wie Ergebnisse verwendet werden und von wem und
- Klären, ob der PM&E-Prozess fortgeführt werden sollte und wenn ja, wie, und die Methodologie entsprechend anpassen.

a) Partizipationsintensität im PM&E

Partizipation ist das zentrale Moment im PM&E-Prozess. Da keine festen Regeln existieren, wie PM&E durchzuführen ist, kann sich auch die Art der Partizipation in jedem PM&E-Prozess unterschiedlich gestalten. Der Prozess und die damit verbundene Partizipation muss an den lokalen Kontext und die *stakeholder* angepasst sein. Ebenfalls muss Flexibilität im Prozess garantiert sein, um auf Wandel reagieren zu können. Der Prozess selbst ist zyklisch angelegt und in diesem Sinne mit Planung und Umsetzung (beispielsweise in einem Projektzyklus[52]) verknüpft, kann jedoch variieren und sich eher spiralförmig entwickeln; d.h. die Gruppe kommt wahrscheinlich nicht unbedingt zum Ausgangspunkt zurück, sondern arbeitet auf einem höheren Partizipationsniveau weiter. ESTRELLA spricht in diesem Zusammenhang von einem *PM&E learning cycle* (2000:10).

PM&E-Ansätze können Partizipation in einem, mehreren oder allen der folgenden Schritte im PM&E-Prozess anstreben:

- Partizipation in der Planung des Designs des Monitoringsystems und damit auch der Identifizierung der Informationsbedürfnisse
- Partizipation in der Identifizierung von Wirkungshypothesen, Kriterien und Indikatoren oder Felder der Beobachtung
- Partizipation in der Auswahl der anzuwendenden Methoden und Verfahren
- Partizipation in der Datenerhebung, d.h. Datenerhebung wird durch die Zielgruppe durchgeführt
- Konsultation der Zielgruppe durch Datenerhebung mit partizipativen Methoden
- Partizipation in der Analyse und Interpretation der Daten
- Partizipation in der Datenspeicherung
- Partizipation an der Interpretation und Verhandlung der Ergebnisse
- Partizipation an der Umsetzung der Monitoringergebnisse

Das Spektrum reicht in der Realität von Ansätzen, die lediglich partizipative Methoden zur Erhebung von Informationen verwenden zugunsten der Informationsbedürfnisse einer externen Organisation bis hin zu Versuchen das Monitoring so weit als möglich den Betroffenen selbst zu übergeben.

---

[52] Zur Diskussion des Verhältnisses zwischen *logical framework* und PM&E vgl. SYMES/JASSER 2000.

> "PM&E is distinguished from other M&E approaches that may make use of participatory methods (e.g. in data collection) but that are still mainly controlled and determined by outsiders or selected individuals and groups. In reality, however, there is no clear-cut dichotomy – they are but extreme points of a continuum in which lie various combinations of more and less participatory approaches." (CAMPILAN 2000:195)

CAMPILAN schließt die oben genannte Möglichkeit der externen Datenerhebung mit partizipativen Methoden zwar explizit aus dem PM&E-Konzept aus, dies kann jedoch nicht als Konsens gelten. Deutlich wird dadurch, dass die Definitionsdebatten um PM&E alles andere als abgeschlossen sind und sich im Moment Prozesse mit niedrigeren oder höheren Partizipationsintensitäten unter dem Dach PM&E zusammenfinden.

Über die Bewertung von Partizipation ist bisher wenig geschrieben worden. Sicher ist, dass es sich bei Partizipation um einen mehrdimensionalen Prozess handelt. Im Folgenden werden Analysekategorien vorgestellt, die bei der späteren Methodenanalyse in dieser Arbeit (IV.2) relevant werden.

Es wird in dieser Arbeit angenommen, dass im Partizipationsprozess (mindestens) drei relevante Analysekategorien existieren, aus deren Zusammenspiel sich die Partizipationsintensität zusammensetzt: der Partizipationsgrad, das Partizipationsniveau und die *Ownership* (vgl. Abb.9).

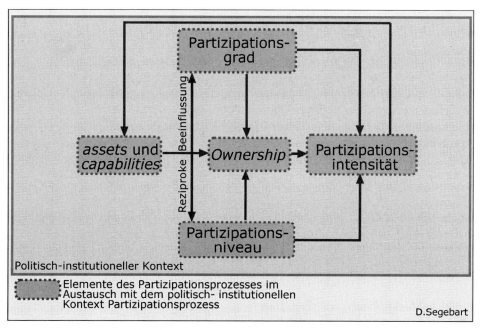

Abb. 9: Faktoren der Partizipationsintensität

- Partizipationsgrad

Beim Partizipationsgrad geht es um die beteiligten Akteure im Prozess. Hierbei ist sowohl ihre quantitative Anzahl wichtig (Quantität), als auch der Repräsentativitätsgrad der Bevölkerung unter den beteiligten Akteuren (Gender, Ethnizität, Alter, Religion, soziale Schicht, Lebensstile, etc.) (Repräsentativität), darüber hinaus der Betroffenheitsgrad der involvierten Akteure von den geplanten, umzusetzenden oder bereits umgesetzten und deshalb zu bewertenden Maßnahmen, bzw. die prozentuale Teilnahme der Betroffenen (Betroffenheit) und damit teilweise verwandt die bewusste Teilnahme von marginalisierten Gruppen oder Personen und Minderheiten (*affirmative action*). Aber auch die qualitative Teilnahme soll unter dieser Kategorie bewertet werden. Hierzu gehören Frequenz der Teilnahme, der Partizipationszeitraum (bzw. Dauer), die spezifischen partizipationsfördernden oder -hemmenden äußeren Faktoren, sowie die Gestaltung der Partizipation: wer spricht was wie lange? Wie gestaltet sich die Diskussionskultur? Wie funktioniert die Entscheidungsfindung?

- Partizipationsniveau

Das Partizipationsniveau bezieht sich auf die Inhalte und Formen des partizipativen Prozesses. Hier soll v.a. das intellektuelle und politische Niveau der Partizipation oder um genauer zu sein das fachliche Niveau und die politische Relevanz des Prozesses und der Entscheidungen, der entsprechende Anspruch an den Partizipationsprozess und damit an die beteiligten Akteure ausgedrückt durch die diskutierten Themenbereiche und die Formen der Diskussionen und Entscheidungsfindungen beleuchtet werden.

- *Ownership*

In diesem Analysevorschlag wird davon ausgegangen, dass *Ownership* Ziel des partizipativen Prozesses ist und daher immer ein Höchstmaß an *Ownership* angestrebt wird. Um dies zu erreichen, müssen in der Partizipationspraxis meist sensible, oftmals kontinuierliche Anpassungen vorgenommen werden: entweder muss das Partizipationsniveau verändert werden oder der Partizipationsgrad oder aber beides. Mit der Verringerung des Partizipationsniveaus geht möglicherweise ein Verlust an politischer und inhaltlicher Relevanz des Prozesses einher, mit der Absenkung des Partizipationsgrades möglicherweise der demokratische Anspruch. Hier wurde die Möglichkeitsform gewählt, da dies jeweils von der Interpretation der Beteiligten abhängt und die durch die Modifikationen erreichte *Ownership* möglicherweise die politische Relevanz rekonstituiert oder die Bevölkerung repräsentative Demokratieformen zu schätzen weiß. In der folgenden Graphik (Abb.9) soll modellhaft das Zusammenspiel zwischen Partizipationsgrad, -niveau und *Ownership* dargestellt werden eingebettet und im Austausch mit dem politisch-institutionellen Kontext.

- Partizipationsintensität

Aus dem Zusammenspiel zwischen Partizipationsgrad und -niveau sowie den spezifischen *Assets* und *Capacities* der Beteiligten ergibt sich ein bestimmter Grad an *Ownership*. Dieser kann durch Anpassungsprozesse zwischen Partizipationsgrad und -niveau erhöht werden und dadurch auch insgesamt zu einer höheren Partizipationsintensität führen. Jedoch berücksichtigt die Bewertung der Partizipationsintensität nicht nur eine hohe *Ownership*, sondern auch mit welchem Partizipationsgrad und auf welchem Partizipationsniveau diese erreicht wurde.

In der folgenden Graphik (Abb.10) wird die Situation der erreichten *Ownership* in einer tendenziell durchschnittlichen Entwicklung dargestellt. Angedeutet sind ebenfalls die Ausprägungen von Partizipationsintensitätslinien: bei Gruppen mit einem hohen intellektuellen Niveau (durch formelle oder informelle Bildung) oberhalb der Durchschnittslinie sowie mit einem niedrigen intellektuellen Niveau unterhalb der Durchschnittslinie. Die Graphik (Abb.10) ist nur als Modell zu verstehen, da die Messung einer hundertprozentigen oder vollständigen *Ownership* eine große Herausforderung darstellt, der man sich m.E. zwar qualitativ interessant nähern kann, diese Ergebnisse jedoch nur schwierig oder wenig gewinnbringend quantifizierbar sind.

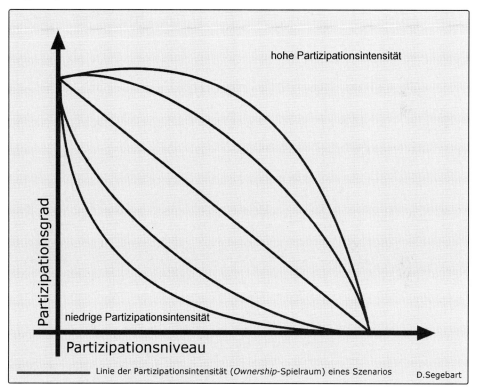

Abb. 10: Linie der Partizipationsintensität (*Ownership*-Spielraum) in 5 Szenarien

Die nun folgende Graphik (Abb.11) greift einige Schritte des Monitorings exemplarisch heraus und bewertet qualitativ das Partizipationsniveau der verschiedenen Aktivitäten abhängig von den Aspekten des Entscheidungsniveaus, Wirkungsgrades, Empowermentpotenzials und *Capacity Development* in Bezug auf die beteiligten Akteure.

> „The planning stage is considered by many to be the most critical to the success of establishing a PM&E process. This is when different stakeholder groups first come together to articulate their concerns and to negotiate differing interests." (ESTRELLA 2000:9)

Oftmals sind allerdings die betroffenen Akteure gerade aus diesem Anfangsprozess ausgeschlossen. Manchmal ist es jedoch auch einfach nicht möglich gleich zu Beginn einen breiteren PM&E-Prozess mit hohem Partizipationsgrad zu beginnen, weil die Individuen oder Organisationen erst langsam eine Offenheit gegenüber und Bereitschaft zu Partizipation und Monitoring entwickeln. Monitoring wird immer noch häufig mit der Idee der Kontrolle in Verbindung gebracht und auch Partizipation wird von vielen Projektverantwortlichen als eine Beschneidung von Entscheidungshoheit empfunden. Darüber hinaus fordert Partizipation Transparenz, was ebenfalls neue Kontrollmöglichkeiten öffnet und daher oft nur zögerliche Zustimmung findet.

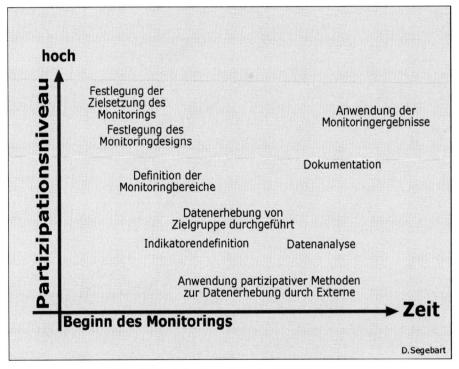

Abb. 11: Partizipationsniveau im PM&E-Prozess

Das Beginnen mit Aktivitäten, die ein niedriges Partizipationsniveau aufweisen, kann daher auch als eine Vorstufe zu einem weitergehenden PM&E-Prozess verstanden werden und somit als einen Ausbildungsschritt im Sinne von *Capacity Development* für die teilnehmenden Akteure.

Jeder Schritt im PM&E-Prozess weist ganz spezifische Partizipationsanforderungen und Dynamiken auf. So ist es wesentlich einfacher partizipative Methoden in der Datenerhebung anzuwenden als eine hohe Partizipation bereits im Stadium des Monitoringdesigns oder gar des Impuls zum Monitoringprozess zu erlangen.

Die Partizipation kann je nach PM&E-Prozess variieren und sich ebenfalls während eines laufenden Monitoringprozesses wandeln in Hinblick auf Partizipationsgrad, -niveau und *Ownership* (vgl. CAMPILAN 2000:198).

Häufig bleiben die Fragen offen, wer die *stakeholder* sind, bzw. wer dies definieren kann, wer in den Prozess eingebunden werden soll und will, zu welchen Grad, in welcher Rolle und zu welchem Zeitpunkt. Dafür reicht es nicht, eine Liste mit allen wichtigen Akteursgruppen zu erstellen, sondern zu klären, was monitoriert werden soll, mit welcher Absicht und wer aus diesem Grund teilnehmen sollte, wie und wann. Die einzelnen Schritte im PM&E-Prozess können abhängig vom angestrebten Partizipationsprofil anders gestaltet werden. Die Qualität des Prozesses ist abhängig von einer angepassten Partizipation in den jeweiligen Phasen des Prozesses. Eine 'totale' Partizipation im gesamten Prozess stößt dahingegen recht leicht an ihre Grenzen (vgl. GUIJT 2000).

b) Moderation im PM&E-Prozess

Wie anfangs erwähnt, geht es bei PM&E weniger um Methoden, denn um den Prozess. So lässt sich beispielsweise die Unterscheidung zwischen partizipativen und konventionellen Ansätzen nicht aufgrund der Anwendung von qualitativen oder quantitativen Methoden durchführen, wie dies häufig geschieht.[53] Die Ansätze unterscheiden sich vielmehr in ihrem Partizipationsverständnis und ihrer Beziehung zur Zielgruppe.

> "(…) both participatory and conventional approaches can and do employ qualitative and quantitative methods for data gathering and analysis; hence, the distinction between more or less participatory M&E does not lie in methods alone." (ESTRELLA 2000:4)

Es handelt sich also vielmehr um eine Werte-, als um eine Methodenfrage.

> "Questionnaires can be very participatory, (…) while monitoring with group-based maps or matrices can become extractive and unanalytical. Learning to see the essence of methods rather than the mechanics takes time." (GUIJT 2000:208)

GUIJT bezieht sich hier auf einen Wertewandel, einen Kulturwandel.

> "Institutionalizing PM&E necessarily calls for changes in organizational cultures and procedures (…)." (ESTRELLA 2000:13)

Der bereits angesprochene Perspektiven- oder Paradigmenwechsel muss sich auch in der Person des Evaluierenden bzw. der Evaluierenden vollziehen, die nun die neue Rolle des

---

[53] Zum Vor- und Nachteil quantitativer und qualitativer Verfahren s. NEUBERT 1999:65ff

Moderators oder der Moderatorin erhalten und denen im PM&E eine zentrale Stellung zukommt.

> "The magic only works if the 'magician' understands the tricks – which makes facilitation of method development and adaptation fundamental to success." (GUIJT 2000:209).

Ist diese 'magische' Stellung der ModeratorInnen vereinbar mit dem Partizipationskonzept des Ansatzes? Wie viel Partizipation wird verloren oder gewonnen durch eine externe Moderation des Prozesses? Externe ModeratorInnen können entscheidend mithelfen, um ein partizipatives M&E-System zu designen und zu implementieren sowie die Gruppe in der Moderation des Prozesses, in der Analyse und Interpretation der Daten, dem Lernen von den Daten und der Umsetzung der Ergebnisse zu unterstützen.

Doch in einer starken, visionären, charismatischen ModeratorInnenpersönlichkeit liegt auch die Gefahr der Zentralisierung des Prozesses und der Verringerung der Partizipation. Eine zu starke Konzentration auf die Moderation gefährdet die Eigenständigkeit der Gruppe und damit des Prozesses sowie die Kontinuität des Letzteren. Vor allem wenn externe Kurzzeitexpertinnen den PM&E-Prozess entwickeln und umsetzen, ist die Kontinuität und damit die institutionelle Nachhaltigkeit des Prozesses schwer zu erreichen. Darüber hinaus müssen finanzielle Ressourcen und Zeit zur Verfügung stehen, um die Organisation und die involvierten Akteure langfristig zu unterstützen, den Prozess kontinuierlich anzupassen und zu institutionalisieren.

Die ModeratorInnen haben vielfältige Rollen: Sie sollen den Partizipationsbasiskonsens garantieren, angepasste Methodenvorschläge für die einzelnen Prozessphasen mit den Beteiligten erarbeiten und den Prozess moderieren, dabei jedoch den Gesamtprozess im Blick behalten, einer mechanistischen Vorgehensweise und Dominationsbestrebungen von wortstarken, einflussreichen Minderheiten (oder auch Mehrheiten) oder Einzelpersonen entgegensteuern sowie das Aushandeln von Unterschieden und unterschiedlichen Bedürfnissen unterstützen.

Die Unterstützung durch ModeratorInnen wird auch in manchen Fällen als *mentoring* bezeichnet und als eine Form von angeleitetem Praxislernen *(guided experiential learning)* verstanden (vgl. JOHNSON 2000:225). *Mentoring* ist ein sehr ressourcenaufwendiger Ansatz im Rahmen des *Capacity Development*. Er ist beratungs- und damit zeitintensiv und macht daher eine zuverlässige Bereitstellung von personellen und finanziellen Ressourcen nötig. Je komplexer und partizipativer ein PM&E-Prozess angelegt ist, desto beratungsintensiver wird er. Der zeitintensive PM&E-Prozess birgt die Gefahr, möglicherweise gerade die Akteure auszuschließen, die es zu integrieren gilt, weil der partizipative Prozess für diese Akteure in Bezug auf den von ihnen zu erbringenden Zeitaufwand (und damit Lohnausfall) zu teuer ist.

Ziel des *Mentorings* ist das *Capacity Development* der involvierten Akteure, damit diese auf lange Sicht ihren PM&E-Prozess selbst steuern und umsetzen können, also *Ownership* entwickeln. Die Entwicklung von *Ownership* ist eine der größten Herausforderungen in dem

Prozess. Die beteiligten Akteure sollen während des Prozesses ihren eigenen Arbeitsstil entwickeln, ihre eigene Zeitplanung und ihre eigenen Methoden und Verfahren, um die für sie wichtigen Veränderungen zu messen und die Ergebnisse nach ihren Bedürfnissen und Zielvorstellungen zu verwenden. Besonders wichtig dabei ist die *Ownership* in Bezug auf erhobene Informationen. Diese sind zentral für den Aufbau einer eigenen Wissensbasis (*knowledge base*).

Meist gestaltet sich *Capacity Development* jedoch wesentlich schwieriger als die Theorie es suggeriert. Die Schwierigkeiten können in den unterschiedlichsten Bereichen liegen, wie beispielsweise: eine heterogene Akteursgruppe mit unterschiedlichen Interessen, Machtbeziehungen innerhalb der Gruppe, unterschiedliches Verständnis in Bezug auf Sprache, Terminologie, Rollen und Verantwortlichkeiten der beteiligten Akteure, Streitigkeiten in der Gruppe in Bezug auf Indikatoren, unterschiedliche Kosten, Risiken und Verletzbarkeit der Akteure und ihrer Beziehungen untereinander sowie unterschiedliche Erwartungen. Die verschiedenen Akteure bringen auch unterschiedliche kontextabhängige Fähigkeiten, Erwartungen und Interessen in den Prozess ein, all dies beeinflusst die Ausbildungsbedürfnisse *(capacity building needs)*.

Das für den PM&E-Prozess notwendige *Capacity Development* kann sich auf die Individuen beziehen, die im Prozess teilnehmen oder auf eine lokale Organisation, die den PM&E-Prozess trägt oder im Idealfall auf beide. Darüber hinaus werden auch die teilnehmenden ModeratorInnen teilhaben am gemeinsamen Lernprozess.

Capacity Development sollte sich nicht nur auf Methoden und Verfahren konzentrieren, sondern auch auf den Umgang mit Partizipation und der Förderung eines gemeinsamen Lernprozesses (*Organizational Learning*) an sich.

c) Probleme und Potenziale der Umsetzung von PM&E

Durch die Teilnahme am PM&E-Prozess können einheimische Organisationen oder Institutionen, bestimmte gesellschaftliche, hierarchische oder von Partikularinteressen geprägte Strukturen, wiederbelebt werden. Diese müssen nicht unbedingt Emanzipations- und Transformationsgedanken teilen. Ebenfalls besteht die Gefahr, dass starke Lobbygruppen versuchen den PM&E-Prozess zu ihren Gunsten zu manipulieren und auszunutzen.

Es können aber auch Machtbeziehungen durch den gemeinsamen Dialog und die Stärkung der Akteure in demokratischer Diskussionskultur reduziert werden. PM&E kann daher von einigen Akteuren als Gefahr für die Stabilität der bestehenden Machtverhältnisse verstanden werden. Dies kann sich beispielsweise in Ablehnung oder Behinderung des Prozesses durch die lokalen Eliten ausdrücken.

Es wird oft auch auf das Risiko hingewiesen, dass den lokalen Akteuren ein (westlicher) Ansatz von Partizipation aufgedrängt wird (vgl. NEUBERT 1999:63), der mit den lokalen Denk- und Wertesystemen nicht unbedingt vereinbar sein muss.

Eine weitere Gefahr wird in der Überbetonung kommunikativer Prozesse gesehen, worunter die erwünschte Entscheidungsorientierung leiden kann. Es wird kritisiert, dass zu viel und zu lange diskutiert wird, der Prozess oftmals zu groß angelegt und zu zeitaufwendig ist und damit hohe Kosten verursacht. Ebenso wird kritisiert, dass die partizipativ ermittelten Evaluationsergebnisse oftmals eine geringe Umsetzung erfahren, was zur Frustration und Rückzug der involvierten Akteure führen kann (vgl. z.B. GUBA/LINCOLN 1989:52ff).

Eine große Schwachstelle der bisher erprobten und beschriebenen PM&E-Prozesse ist ihre geringe Institutionalisierung und damit ihre schwache institutionelle Nachhaltigkeit.

Die mit einem PM&E-Prozess verbundenen finanziellen, personellen und materiellen Kosten dürfen nicht unterschätzt werden. Sie werden oftmals herunter gespielt. Insbesondere im Bereich der personellen Ressourcen liegen versteckte Kosten.

Die Probleme, die bei der Umsetzung von PM&E auf lokaler Ebene auftreten, finden sich auch bei einem *scaling-up*, einer Institutionalisierung und Verbreitung auf höherer Ebene wieder. Besonders die Aspekte Machtbeziehungen, Interessensunterschiede und Konflikte verstärken sich dort meist. Die teilnehmenden Akteure sind oft eine sehr heterogene Gruppe mit unterschiedlichen Motivationen am Prozess teilzunehmen, unterschiedlichen Erfolgsindikatoren und unterschiedlichem Einfluss. Manchmal kommen dabei Akteure zusammen, die bis dahin nie zusammengearbeitet haben, wenig voneinander wissen in Beziehung auf die Lebensrealität und Bedürfnisse des anderen. Misstrauen und Konflikt können das Klima prägen. Ebenso ist es oft der Fall, dass die Prinzipien des PM&E wie Austausch, Flexibilität, Verhandlung und Lernen im Kontrast stehen zu den vorherrschenden Verfahren und Arbeitsweisen tendenziell eher hierarchisch geprägter Regierungs- oder anderen großen (aber auch kleinen!) Institutionen (vgl. GAVENTA/BLAUERT 2000:231).

Einige Studien weisen auf die zentrale Rolle des politischen Willens und der entsprechenden Unterstützung beispielsweise von Seiten der Regierungsinstitutionen oder anderen Trägerinstitutionen für die erfolgreiche Umsetzung von PM&E hin. Dafür muss eine Offenheit und Flexibilität in den Institutionen vorhanden sein alternative Methoden auszuprobieren (vgl. u.a. GOBISAIKHAN/MENAMKART 2000:172f.).

1.2.3.4 Monitoring in dieser Arbeit

In dieser Arbeit geht es nicht um das M&E eines Projektes der Entwicklungszusammenarbeit, sondern um das Einsetzen und Testen eines partizipativen Monitoringsystems in brasilianischen Kommunalverwaltungen. Die damit zusammenhängenden Aktivitäten wurden zwar von einem Projekt der internationalen Entwicklungszusammenarbeit unterstützt, trotzdem muss klar zwischen Projektmonitoring und Monitoring innerhalb einer Kommunalverwaltung unterschieden werden.

2 Regionaler Kontext – Steuerung im brasilianischen Amazonien: Von staatlicher Interventionspolitik zu *Good Governance*?

Die Entwicklung des brasilianischen Amazoniens (vgl. Karte 2) war spätestens seit Mitte der 1960er Jahre stark geprägt durch staatliche Entwicklungsprogramme (vgl. MORAN 1981, BUNKER 1985, BROWDER 1988, COY 1988, MAHAR 1988, KOHLHEPP 1991, FRANCO 1995, COY/NEUBURGER 2002a, b). Bereits ab 1950 hatte der brasilianische Staat der Übernahme der Steuerung Amazoniens durch private Unternehmer mit kapitalistischen Interessen entgegenwirken wollen mit eigens dafür entworfenen Entwicklungsprogrammen. Auch geostrategische Überlegungen spielten bei der staatlichen Erschließungspolitik eine zentrale Rolle: Das Ziel der Grenzsicherung zu den Anrainerstaaten Amazoniens aber auch Ängste vor einer Internationalisierung Amazoniens führten zu staatlichen Investitionen, die die „Integration" der Amazonasregion fördern sollten.

Im Laufe der Zeit wurde jedoch die offizielle Vormachtstellung des Staates in der Definition von Entwicklungszielen und -polen von diversen anderen Akteuren (u.a. Unternehmern, Großgrundbesitzern, Kleinbauern) beinah unmerklich unterlaufen.

Das Szenario ist heute komplexer geworden: Neben den staatlichen und den mächtigen privatwirtschaftlichen Akteuren finden sich heute ebenfalls eine sich immer stärker organisierende Zivilgesellschaft, sich professionalisierende Nichtregierungsorganisationen und Akteure der internationalen Kooperation in der politischen Arena. Heute versucht der Staat seine Steuerungsfunktion wieder einzunehmen und sich erneut als wichtigster Entwicklungsträger - nun mit dem Ziel der Nachhaltigkeit - in der Region durchzusetzen: Seit der neuen Verfassung von 1988 wurde Dezentralisierung zum Leitmotiv staatlicher Reformen und neuer Programme. Ab Ende der 1990er Jahre wurden in Amazonien verstärkt sowohl in der Umwelt- als auch in der Landwirtschaftspolitik Regierungsprogramme entwickelt und implementiert, die Dezentralisierung und Nachhaltigkeit fördern sollen.

Im Folgenden wird die Steuerung in dieser Region, im brasilianischen Amazonien, näher beschrieben. Ein besonderes Augenmerk liegt dabei auf dem Konzept der Governance und der darin inhärenten Beziehung zwischen Staat und Zivilgesellschaft. Während rückblickend spätestens ab Mitte des zwanzigsten Jahrhunderts vor allem die staatliche Interventionspolitik steuernd für die Entwicklung Amazoniens relevant wurde (2.1), wird ab den 90er Jahren im Rahmen der Re-Demokratisierung und der Umsetzung einer neuen Dezentralisierungspolitik der Versuch unternommen, aktiver die Gesellschaft in die Steuerung mit einzubeziehen (2.2). Hier werden aktuelle Tendenzen in der Kommunalverwaltung vorgestellt (2.2.1), besonders Ansätze des partizipativen Planens und Monitorings (2.2.2) sowie deren Grenzen und Entfaltungsräume im Rahmen der vorherrschenden politischen Kultur aufgezeigt (2.2.3).

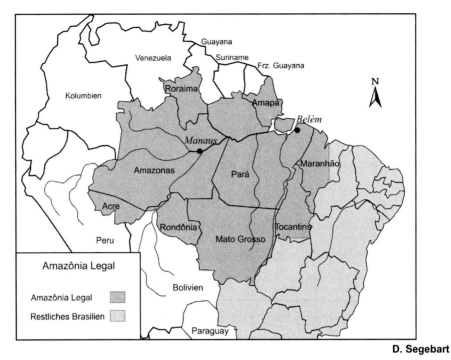

D. Segebart

Karte 2: Amazônia Legal - die Bundesländer des brasilianischen Amazoniens

Einige Eckdaten zu Amazônia Legal und Pará

Der brasilianische Teil Amazoniens beträgt 63,4% des Gesamt-Amazonasbeckens (BECKER 1995:53). Amazônia Legal, die gesetzlich definierte Amazonasregion Brasiliens, umfasst die Bundesstaaten Acre, Amazonas, Amapá, Pará, Rondônia, Roraima, Tocantins, Mato Grosso, einen Teil von Maranhão sowie einen kleinen Teil von Goiás. Die Fläche beträgt 5,14 Millionen km^2, das sind etwa 59% der Landesfläche Brasiliens. 21 Millionen der 150 Millionen EinwohnerInnen Brasilien lebt in Amazônia Legal. Die Bevölkerungsdichte beträgt im brasilianischen Amazonien 4,1 Einw./ km^2. Pará, der zweitgrößte Bundesstaat Amazoniens und auch Brasiliens, hat eine Fläche von 1.247.702,7 km^2 (VERNER 2004:6) und 6.192.307 EinwohnerInnen (IBGE 2000). Die Bevölkerungsdichte von Pará beträgt 4,94 Einw./km^2. Pará ist unterteilt in 143 Munizipien. Die größten urbanen Zentren sind der Raum Belém (mit Ananindeua) und Santarém. Insgesamt leben 66,5% der Bevölkerung Parás im urbanen Raum.

Das Bruttoinlandsprodukt (BIP) von Amazônia Legal betrug im Jahr 2002 27,5 Mrd. US-$, das sind 2.100 US-$ pro Einwohner. Im Bundesstaat Pará beträgt das BIP/Ew. 1860 US-$, im brasilianischen Durchschnitt sind es 3650 US-$ (LENTINI ET AL 2005). Die wichtigsten Exportprodukte Parás sind Eisen und Aluminium.

Amazônia Legal war ursprünglich zu 73% mit Wald bedeckt. Von dieser Fläche sind im Jahr 2004 bereits 14% entwaldet. Im Jahr 2004 wurden 27.200 km^2 entwaldet, der zweithöchste Wert in der Geschichte des brasilianischen Amazoniens. Die höchste Entwaldungsrate wurde 1995 mit 29.100 km^2 registriert. Im Bundesstaat Pará sind von den ursprünglich 1,25 Mio. km^2 Waldfläche im Jahr 2004 18% entwaldet. 33% der Fläche von Amazônia Legal sind Schutzgebiete, in Pará sind es 32%. Der Großteil davon sind Indianergebiete (21,1% von Amazônia Legal und 21,7% von Pará). (LENTINI ET AL 2005)

2.1 Staatliche Interventionspolitik im brasilianischen Amazonien

Die Entwicklung Amazoniens ist spätestens seit den Vierziger Jahren des zwanzigsten Jahrhunderts, als die Region als Kautschuklieferant im Zweiten Weltkrieg fungierte, aber verstärkt ab Mitte der 50er Jahre (SPVEA 1960), durch staatliche Entwicklungsplanung geprägt. Umfangreiche Programme, Konzeptionen für Gesamt-Amazonien, *Top-Down-*Planung und Wachstumsorientierung (vgl. SUDAM 1973) charakterisierten diese Planung.

COY/NEUBURGER (2002b) sprechen ab 1966, zu Beginn der Militärdiktatur, von einer *Phase der Erschließung*: Straßenbau und staatliche finanzielle Anreize unterstützten die extensive Ausbreitung der Viehzucht in der Region. Anfang der 70er Jahre, die *Phase der Agrarkolonisation*, wurde das Programm der „Nationalen Integration" (*Programa de Integração Nacional - PIN*) lanciert (vgl. KOHLHEPP 1976, MORAN 1981, BUNKER 1985), zu dem auch das Projekt RADAM gehörte - das weltweit größte Programm zur Prospektion von Bodenschätzen via Radar. Der Bau der Straße *Transamazônica* 1971, die die Ost-West-Achse des brasilianischen Amazoniens darstellt, war der Auftakt eines großen Kolonisierungsprogramms in der Region.

> „Vor sieben Jahren krempelten das Volk und die Regierung Brasiliens vereint die Ärmel hoch, um der sogenannten Herausforderung des Jahrhunderts zu begegnen: die Eroberung, Besiedlung und physische Integration Amazoniens in den sozioökonomischen Kontext des restlichen Brasiliens. (..) Sieben Jahre später überraschen Brasilien und die Brasilianer andere Nationen der Welt mit einem Amazonien, das beinah schon völlig besiedelt ist von Menschen, Zugangswegen und Kommunikationsmitteln, die den Wald besiegt haben. Amazonien ist von Funktürmen übersät (…). Amazonien ist durchschnitten von Norden nach Süden und von Osten nach Westen durch die Straßen Transamazônica und Cuiabá-Santarém." (SUDAM 1973: Umschlagsinnenseite, eigene Übersetzung)[54]

Neben den Ansiedlungen durch die staatliche Entwicklungsbehörde SUDAM (Superintendência de Desenvolvimento da Amazônia) in großflächigen Viehzuchtprojekten im Südosten Parás und im Norden von Mato Grosso, wuchsen die Kolonisierungsprojekte des staatlichen Instituts für Agrarreform INCRA (Instituto *Nacional de Colonização e Reforma Agrária*) in Rondônia und auf der Seite Parás an der *Transamazônica*. 1974 wurde das POLOAMAZÔNIA-Programm begonnen, das die *Phase der Modernisierung* einläutete (vgl. KOHLHEPP 1984, HECHT 1985). Hier stand weiterhin die Förderung der Viehwirtschaft, aber nun auch vor allem der Abbau mineralischer Rohstoffe im Vordergrund. Anfang der 80er Jahre setzte das Programm Grande Carajás den Tagebau fort (vgl. KOHLHEPPP 1984), Wasserkraftwerke (z.B. Tucuruí) garantierten die Energieversorgung für die *Phase der Ressourcenextraktion*. Parallel

---

[54] „Há sete anos, povo e Governo brasileiros, unidos, arregaçavam as mangas para enfrentar o chamado Desafio do Século: a conquista, a ocupação e a integração física da Amazônia no contexto socio econômico do resto do Brasil (..) Sete anos depois (...), o Brasil e os brasileiros surpreendem outras nações do mundo apresentando uma Amazônia já quase toda ocupada pelos homens e pelos meios de acesso e de comunicação que venceram a floresta. Amazônia pontilhada pelas torres de transmissão e de recepção (...). Amazônia rasgada de Norte a Sul e de Leste a Oeste pelas Rodovias Transamazônica e Cuiabá-Santarém." (SUDAM 1973:Umschlagsinnenseite)

dazu begann ab 1981 das Weltbank-finanzierte Programm POLONOROESTE (vgl. COY 1988), das eine integrierte Regionalentwicklung verfolgte und als Beginn einer *Phase der Grundbedürfnisse* verstanden werden kann sowie als Wegbereiter für eine zunehmende Sensibilisierung für ökologische und soziale Aspekte in der Regionalentwicklung. COY/NEUBURGER sprechen ab den 90er Jahren von einer *Phase der Nachhaltigkeit*. Der politische Diskurs zumindest hat Nachhaltigkeit als neues Entwicklungsparadigma aufgenommen - spätestens ab dem UNCED-Gipfel 1992 in Rio de Janeiro - und er spiegelt sich auch in den Konzeptionen der Programme wie PPG7 (vgl. KOHLHEPP 2001a), PLANAFLORO oder PRODEAGRO wider, die in den 90er Jahren initiiert wurden. BECKER (2001) konstatiert ebenfalls für die gleiche Periode einen stärker werdenden „techno-ökologischen Vektor" (*vetor tecnoecológico*), der sich aus an Nachhaltigkeit orientierten Projekten zusammensetzt und von vielfältigen Akteuren (u.a. Zivilgesellschaft, NRO, Universitäten, Kirchen, PPG7, Weltbank) getragen wird.

Die Auswirkungen der staatlich sowie der privat gesteuerten Entwicklungsprozesse sind hinreichend dokumentiert (z.B. MORAN 1981, BUNKER 1985, COY 1988), sollen daher hier nur kurz skizziert werden: Die staatlichen Infrastrukturmaßnahmen (u.a. Straßenbau), Finanzierungen von Agrarprojekten sowie staatliche Steueranreize (vgl. FRANCO 1995) hatten erhebliche negative ökologische und soziale Auswirkungen, allen voran die steigenden Entwaldungsraten (vgl. auch SCHNEIDER ET AL 2002, MARGULIS 2004). KOHLHEPP (1991:221f.) nennt einige Maßnahmen und Ergebnisse der staatlichen Entwicklungspolitik, die zu schwerwiegenden ökologischen Eingriffen führten:

- Rinderweidewirtschaft mit vordringendem Großeigentum und aggressive Landspekulation,
- Land- und forstwirtschaftliche Großprojekte,
- Kleinbäuerliche Massen-Agrarkolonisation mit zunehmend unkontrollierter Landnahme,
- Hohe Bevölkerungsmobilität und Ausstrahlungseffekte der Stadtentwicklung (vgl. BECKER 1995),
- Industrie- und Bergbauprojekte,
- Energiegewinnung aus Biomasse: Holzkohleproduktion und
- Energiegewinnung durch hydroelektrische Großkraftwerke mit riesigen Stauseen.

Hinzuzufügen ist heute sicherlich das Vordringen des Sojaanbaus, begünstigt durch den Ausbau des Hafens in Santarém und die geplante Asphaltierung der Bundesstrasse BR 163 (vgl. SCHOLZ ET AL 2003), die die Verbindungsachse zwischen Santarém und Cuiabá, Hauptstadt des Bundeslandes Mato Grosso, des Hauptsojaproduzenten Brasiliens, darstellt (vgl. HECHT 2005).

Die folgende Graphik (Abb.12) (COY 1999, zitiert in COY/NEUBURGER 2002a) fasst die oben beschriebenen Entwicklungsprozesse und –phasen in Amazonien seit den 1960er Jahren noch einmal auf andere Art zusammen.

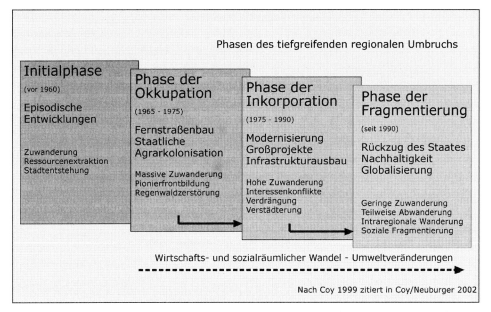

Abb. 12: **Phasen des tiefgreifenden regionalen Umbruchs in Amazonien**

2.2 Demokratisierung, Dezentralisierung und *Good Governance*

Die politische Öffnung in den 1980er Jahren und die neue Verfassung von 1988 haben Aspekte der Demokratisierung und vor allem der Dezentralisierung vorangetrieben und ab Anfang der 1990er Jahre auch den Nachhaltigkeitsgedanken. Ein integriertes nationales Politikprogramm für Amazonien (*Política nacional integrada para a Amazônia Legal*) wurde 1995 entworfen. 1996 begannen die bis heute andauernden Diskussionen um die Etablierung einer regionalen ökonomisch-ökologischen Flächennutzungsplanung (ZEE, *Zoneamento Ecológico-Econômico*) und 1997 wurde die Agenda Amazônia 21 verabschiedet (vgl. BECKER 2001). Seit 1998 können verstärkt Elemente der Bevölkerungsbeteiligung in politischen Entscheidungen beobachtet werden, insbesondere in Prozessen der Kommunalplanung. Als Aushängeschild für Brasilien fungieren die mit internationalen Preisen ausgezeichneten Erfahrungen mit dem Beteiligungshaushalt (*orçamento participativo*), v.a. in Porto Alegre. Im Jahr 2000 hatten bereits 140 brasilianische Kommunen diese Praxis in ihre Gemeindeplanung integriert (CORREA DE OLIVEIRA 2002, zitiert in LINDERT/NIJENHUIS 2004:174). Daneben existieren jedoch noch weitere international weniger bekannte Maßnahmen der Stärkung der Bevölkerungsbeteiligung in Brasilien, der direkten und semi-direkten Demokratie, wie beispielsweise die Einrichtung von thematischen Beiräten (vgl. II.2.2.1), Volksentscheid, Gesetzesinitiave aus dem Volk (*iniciativa popular de lei*), öffentliche Anhörungen durch die Staatsanwaltschaft (*audiências públicas*) u.a. (vgl. CARVALHO 2001:175f.).

Heute bekennt sich die Regierung Ignácio 'Lula' da Silvas[55] zu neuen strategischen Schwerpunkten: Armutsbekämpfung, ökonomisches Wachstum unter Sicherung ökologischer Nachhaltigkeit und politische und soziale Teilhabe der Bevölkerung. Ist also tatsächlich eine Kehrtwende, eine *Phase der Nachhaltigkeit* erkennbar?

Trotz dieser neuen positiven Impulse lassen sich Kontinuitäten erkennen: Der erste Mehrjahresplan (PPA, *Plano Plurianual*) (1996-1999) „Brasil em Ação" unter der Präsidentschaft von Fernando Henrique Cardoso und das darauffolgende Mega-Programm „Avança Brasil" (2000-2003) sahen die Stärkung nationaler „Integrations- und Entwicklungsachsen" vor: Ausbau von Straßen (Verdopplung der asphaltierten Straßenkilometer in Amazonien) und Wasserstraßen, Häfen, Eisenbahnen, Wasserkraftwerke etc.. Mit dem Vorhaben, das Programm bis 2007 auszudehnen, wurden insgesamt US$ 180 Milliarden für ganz Brasilien für den Zeitraum 2000 bis 2007 zur Verfügung gestellt. Für Amazonien wurden US$ 43 Milliarden eingeplant, davon allein US$ 20 Milliarden für Infrastrukturmaßnahmen mit direkten Auswirkungen auf die Umwelt und ohne effektive Anwendung der bestehenden Instrumente der Umweltverträglichkeitsprüfung (z.B. *Estudo de impacto ambiental*) (EIA), Umweltverträglichkeitsbericht (*Relatório de Impacto Ambiental* (RIMA)) und der politischen Partizipation der Bevölkerung in der Planungsphase (vgl. FEARNSIDE 2001, KOHLHEPP 2001b, SCHOLZ ET AL 2003, GAWORA 2003).

> „Das Programm Avança Brasil ist eine Initiative konservativer Modernisierung, die bis jetzt noch keine ökologische Komponente oder soziale Relevanz gezeigt hat. (…) Es ist eine sehr seltsame Erfahrung erneut mitzuverfolgen wie eine *„top-down"*-Strategie implementiert wird, die absolut unangepasst ist an die Umwelt und die Grundbedürfnisse der regionalen Bevölkerung." (KOHLHEPP 2001b:28)[56]

Aber auch das Programm *Brasil para Todos* und der Mehrjahresplan (PPA) (2004-2007) der neuen Regierung Lulas wurden schon kurz nach ihrer Veröffentlichung im Mai 2003 stark kritisiert (z.B. COSTA 2003). Gruppen der Zivilgesellschaft setzten sich kritisch und konstruktiv mit dem Plan auseinander, beispielsweise auf dem *Encontro BR-163 Sustentável* im November 2003 in Sinop (MT) (BR-163 SUSTENTÁVEL 2003). Darüber hinaus wurde von der brasilianischen Regierung der *Plano Amazônia Sustentável* entwickelt, möglicherweise mit der Absicht, die Infrastrukturmaßnahmen, die für Amazonien im PPA vorgesehen sind, sozial und ökologisch abzufedern. Trotz all der Anstrengungen sind die Abholzungszahlen schon lange nicht mehr so hoch gewesen, wie unter der Regierung Lulas und der amtierenden Umweltministerin Marina Silva, die ihre politischen Wurzeln in der Umwelt- und Kautschukzapferbewegung hat.[57]

---

[55] Amtsantritt Januar 2003, nächste Präsidentschaftswahlen Oktober 2006
[56] „O programa Avança Brasil é uma iniciativa de modenização conservadora que até agora não mostrou qualquer componente ambiental (…) ou relevância social. (…) é uma experiência muito estranha de acompanhar uma vez mais a implementação de estratégias 'de cima para baixo', absolutamente desajustadas ao meio ambiente e às necessidades básicas da população regional." (KOHLHEPP 2001b:28)
[57] zu weiteren Problemen der nachhaltigen Entwicklungsansätze vgl. FEARNSIDE 2003

2.2.1 Aktuelle Tendenzen in der Kommunalverwaltung in Pará

In der Dezentralisierungspolitik Brasiliens kann seit Mitte der 80er Jahre eine Wiederbesinnung auf das Lokale konstatiert werden (vgl. COSTA 1996). Die lokale Ebene verspricht den Raum zu bieten, in dem Staat und Bevölkerung sich näher kommen können, in dem Demokratie gelebt und Nachhaltigkeit umgesetzt werden kann (vgl. u.a. COSTA 1997, BUARQUE 1999, CARVALHO 1999, FISCHER 2002, GOMES DE PINHO/SANTANA 2002, TONI/KAIMOVITZ 2003).

> "Diese Rückkehr zum 'Lokalen' in einer Situationen tiefer Transformationen des sozialen Gefüges in den großen und mittleren urbanen Zentren ermöglichte es, dass neue politische Akteure wettbewerbsfähig wurden und dadurch in die Lage versetzt wurden, neue alternative Machtmodelle unter Bedingungen auszutesten, die auf der zentralisierten Ebenen der nationalen politischen Macht sehr unwahrscheinlich waren." (SOARES/GONDIM 2002:91)[58]

Ein wichtiges Instrument für die Umsetzung von *Good Governance* in der brasilianischen Kommunalpolitik stellen heute die thematischen oder sektoralen Beiräte dar. Sie existieren heute in der Mehrheit der brasilianischen Munizipien[59] und fungieren als gemeinsames Steuerungsinstrument von Regierung und Gesellschaft. Diese Beiräte sind ebenfalls auf der bundesstaatlichen und Bundesebene vorhanden.

Die Einrichtung von Beiräten in den Bereichen Gesundheit, Kinder und Jugendliche, Soziales, Bildung und Arbeit ist gesetzlich vorgeschrieben und in der Verfassung von 1988 verankert (vgl. SOARES/GONDIM 2002:85). Zu weiteren Sektorpolitiken wie beispielsweise Landwirtschaft, Umwelt, Stadtplanung, Kultur, Tourismus, Frauen etc. können darüber hinaus zusätzliche Beiräte eingerichtet werden. Die gesetzliche Verankerung garantiert jedoch nicht, insbesondere in ländlichen Gemeinden, die tatsächliche Einrichtung der Beiräte. Im Rahmen von Dezentralisierungspolitiken wurde der Transfer von Bundesgeldern auf die Gemeindeebene sowie die Umsetzung von Bundesprogrammen auf der lokalen Ebene an die Einrichtung von thematischen Beiräten beispielsweise im Gesundheits- und Bildungsbereich (vgl. JACOBI 2000) gebunden. Auch im Landwirtschaftsbereich wurde durch PRONAF die Bildung von Beiräten gefördert, was zu einer Zunahme und Stärkung der Beiräte beigetragen hat (vgl. RIBEIRO 1995:130, zitiert in SOARES/GONDIM 2002:85). SANTOS (2001:206) beschreibt eine Zunahme der Beiräte im metropolitanen Bereich von Rio de Janeiro, aber auch in Amazonien

---

[58] „Este retorno ao ‚local', numa situação de profunda transformação do tecido social dos grandes e médios centros urbanos, possibilitou que novos atores políticos passasem a ter condições de competir e testar modelos alternativos de poder, em situações que dificilmente existiriam nos níveis centralizados do poder político nacional." (SOARES/GONDIM 2002:91)

[59] Die Angaben über die Anzahl Munizipien, in denen Beiräte existieren variieren, aber man kann von einer leicht zunehmenden Tendenz ausgehen. CARVALHO (1997:153-154 zitiert in TATAGIBA 2002:48) geht davon aus, das 65% der über 5000 Munizipien in Brasilien Beiräte eingerichtet haben mit mehreren Zehntausenden von Beiratsmitgliedern – eine Zahl, die der Anzahl der gewählten Stadträte (*vereadores*) gleichkommt. In einer Studie des brasilianischen Bundesministeriums für landwirtschaftliche Entwicklung (MDA/SAF 2002:10) wird sich auf Zahlen des IBGE (2001) bezogen und sogar davon ausgegangen, dass insgesamt 27.000 Beiräte in 99% der brasilianischen Munizipien vorhanden sind. Dies ergibt einen Durchschnitt von 4,9 Beiräten pro Munizip. Diese Zahlen sagen jedoch noch nichts über die tatsächlichen Aktivitäten der Beiräte vor Ort aus.

kann generell ein Anstieg verzeichnet werden. Im brasilianischen Amazonien findet sich jedoch noch ein starkes Nebeneinander von Munizipien mit gut funktionierenden Beiräten, vor allem in größeren Städten, und der gleichzeitigen Nicht-Existenz von Beiräten in anderen Munizipien, vor allem in abgelegenen Munizipien im ländlichen Raum. Auch besitzen einmal gegründete Beiräte nicht unbedingt institutionelle Kontinuität. Sie sind oft stark von der lokalen politischen Konjunktur abhängig – auch wenn sie den kommunalen thematischen Sekretariaten nicht weisungsgebunden sind, sondern dort eher eine beratende Rolle einnehmen und sogar an der Verabschiedung des Haushalts des jeweiligen Sekretariats teilnehmen. Es kann durchaus vorkommen, dass Beiräte aufgrund fehlenden politischen Willens für eine oder mehrere Legislaturperioden ausgesetzt werden und dann von interessierten Akteuren mühevoll reaktiviert werden müssen.

Die Beiräte werden paritätisch aus Regierung und Gesellschaft besetzt. Die Mitglieder werden nicht direkt gewählt, sondern die im Beirat vertretenen Organisationen, die im Statut des Beirats festgelegt werden, bestimmen ihren Repräsentanten. Die Mitglieder von Regierungsseite werden vom jeweiligen sektoralen Sekretär bestimmt. Die Mitarbeit im Beirat ist freiwillig und unentgeltlich. Ihre konkrete Ausgestaltung variiert lokal noch sehr stark und ist vom jeweiligen lokal-politischen Kräfteverhältnis abhängig. (vgl. SANTOS 2001:202ff, TATAGIBA 2002:50ff)

Das Bundes-Programm zur Förderung der kleinbäuerlichen Landwirtschaft (PRONAF) ist an die Einrichtung von kommunalen Beiräten zur nachhaltigen ländlichen Entwicklung (CMDRS, *Conselhos Municipais de Desenvolvimento Rural Sustentável*) gebunden. Die Bundesgelder werden nur an Kommunen vergeben, wenn diese einen kommunalen Entwicklungsplan vorlegen können, der gemeinsam mit der kleinbäuerlichen Bevölkerung durch die CMDRS erarbeitet wurde.

Gerade die Beiräte für ländliche Entwicklung weisen allerdings einige Probleme und Limitationen auf. Im Unterschied zu den Untersuchungen von SANTOS (2001:202), der die Charakteristika von Beiräten im Gesundheits- und Bildungsbereich für den metropolitanen Raum in Rio de Janeiro beschreibt, weisen die Mitglieder der Beiräte im Landwirtschaftsbereich im ländlichen Raum in Amazonien keine hohe formelle Schulbildung und nicht notwendigerweise starkes parteipolitisches Engagement auf. Darüber hinaus sind die Beiräte für ländliche Entwicklung (CMDRS) durch die schwächere gesetzliche Verankerung wesentlich weniger institutionalisiert.

Die CMDRS schöpfen unter diesen Bedingungen der geringen Institutionalisierung, der mangelhaften technischen und administrativen Fähigkeiten der beteiligten lokalen Akteure, des häufig fehlenden politischen Willens von Seiten der Lokalregierung, aber auch des Dominierens von konservativen Modellen der ländlichen Entwicklung (vgl. COY/LÜCKER 1993:21ff, COY 2001a:260ff, aber auch PMDRS SÃO DOMINGOS DO CAPIM 2001) nicht ihr Potenzial zur Förderung von Partizipation, *Good Governance* und nachhaltiger lokaler Entwicklung aus (vgl. PRONAF/IBAM 2000a/b, ABRAMOVAY 2001, MDA/SAF 2002).

2.2.2 Partizipative Planung und Monitoring in Amazonien

Im brasilianischen Amazonien ist die Dezentralisierungspolitik immer häufiger mit Aktivitäten im Bereich der Bevölkerungsbeteiligung verbunden. Neben dem Beispiel PRONAFs und der partizipativen Erarbeitung von kommunalen Plänen zur ländlichen Entwicklung (PMDRS) finden sich ähnliche partizipative Ansätze auch bei der Erarbeitung von Managementplänen für Extraktivismusreservate (RESEX, *reserva extractivista*), für die Erarbeitung von kommunalen und regionalen Küstenmanagementplänen (GERCO, *gerenciamento costeiro*) sowie für das Programm zur Vergütung von Umweltdienstleistungen (PROAMBIENTE). Ebenso wurden in die regionale Flächennutzungsplanung (ZEE) partizipative Elemente integriert und auch die Umsetzung von umstrittenen Infrastrukturprojekten, wie beispielsweise die Asphaltierung der Bundesstrasse zwischen Santarém und Cuiabá (BR-163), soll nun von Diskussions- und Aushandlungsprozessen mit der lokalen Bevölkerung in Rahmen des Projektes GESTAR begleitet werden. Diese Entwicklungen sind nicht nur dem allgemeinen Trend zur politischen Dezentralisierung zu verdanken, sondern stehen in engem Zusammenhang mit der Selbst-Mobilisierung der lokalen Bevölkerung und ihren jahrzehntelangen politischen Kämpfen (vgl. HALL 1997). Im Bereich der landwirtschaftlichen Beratung werden von nichtstaatlichen Organisationen (NRO und Universitäten) im brasilianischen Amazonien viele Ansätze unternommen mit partizipativen Methoden, Aktionsforschung und anderen innovativen Formen der Beratung gemeinsame Lernprozesse zu initiieren. Ein Beispiel dafür sind die Aktivitäten der NRO LASAT und LAET (vgl. SCHMITZ 2001, 2005).

Die Beispiele zu partizipativer Analyse und Planung im brasilianischen Amazonien sind vielzählig und im Wachsen begriffen. Die Ansätze sind jedoch sowohl räumlich als auch zeitlich sehr punktuell und bisher wenig institutionalisiert. Obwohl die brasilianische Rechtsordnung viele partizipative Elemente vorsieht (z.B. Klagebefugnisse, Beteiligungsrechte) und partizipative Instrumente in Politikvorschläge, z.B. Planungsverfahren, zunehmend integriert werden, existieren in den zuständigen staatlichen Institutionen immer noch viele Vorbehalte mit der Zivilgesellschaft zu kooperieren (vgl. SCHOLZ ET AL. 2003:32ff). Darüber hinaus existieren bisher wenige Erfahrungen mit partizipativem Monitoring, das ein interessantes Instrument darstellt, um für diese innovativen Ansätze Kontinuität zu entwickeln. Durch die Dezentralisierungstendenzen in Brasilien kann heute eine Koexistenz von Entwicklungsprogrammen auf kommunaler Ebene beobachtet werden, die vom Bund oder aber den Ländern entworfen und durchgeführt werden. In den Tabellen auf den folgenden Seiten (Tab. 4 u. 5) wird eine Auswahl dieser Programme v.a. für den Sektor Umwelt und landwirtschaftliche Entwicklung[60] vorgestellt. Dabei wird analysiert, inwiefern partizipative Methoden im Bereich Analyse (*diagnóstico*), Planung und Monitoring im Sinne eines Planungszyklus angewandt werden.

---

[60] Die einzige Ausnahme in dieser Auswahl stellt der Bürgerhaushalt (*Orçamento Participativo*) dar, der in einigen von der Arbeiterpartei PT (*Partido dos Trabalhadores*) regierten Munizipien direkt von der Stadtverwaltung angewandt wird und international viel Anerkennung erhalten hat.

Wenngleich es nicht möglich ist, an dieser Stelle die verschiedenen Programme detailliert vorzustellen, lassen sich aus den Tabellen bereits einige Trends ablesen:

- Bundes- und bundesstaatliche Organe führen in vielfältiger Weise Entwicklungsplanung auf lokaler bzw. munizipaler, aber auch regionaler Ebene durch.
- Vorherrschendes Entwicklungsparadigma der analysierten Programme ist nachhaltige lokale Entwicklung.
- Partizipative Methoden werden verstärkt angewendet.
- Strukturanalysen (*diagnósticos*) werden durchgeführt.
- Kommunale (meist sektorale) Pläne werden erstellt.
- Programme sind angebunden an bestehende Beiräte oder beratende Gremien unter Beteiligung von VertreterInnen der Zivilgesellschaft auf munizipaler Ebene oder sie kreieren diese Gremien für das jeweilige Programm neu.
- Die Planungsmethodologien sind programmspezifisch und meistens nicht institutionalisiert.
- Die Laufzeit der Programme ist zeitlich begrenzt, meistens parallel zur Legislaturperiode auf Bundes- und Landesebene.
- Es wird davon ausgegangen, dass die soziale Kontrolle der Entwicklungsmaßnahmen durch das munizipale Gremium gewährleistet ist.

Gerade die Art der Anbindung der Programme in den Munizipien und die Vernachlässigung des Monitorings sind Resultate der folgenden Prämissen, auf die die meisten dieser Programme m.E. implizit aufgebaut sind:

- Das lokale Gremium (z.B. der Beirat) ist politisch zur Durchführung des Programms legitimiert.
- Das lokale Gremium besitzt Kompetenzen zur Durchführung des Programms.
- Die Umsetzung des erarbeiteten Plans funktioniert „automatisch".
- Die Demokratisierung (Überwindung lokaler Machtverhältnisse) wird gefördert durch die Anwendung partizipativer Elemente.
- Es besteht ein politischer Wille auf munizipaler Ebene zur Anwendung partizipativer Planungsprozesse, die an einer nachhaltigen Entwicklung und sozialer Inklusion ausgerichtet sind.

	Programa Nacional de Fortalecimento a Agricultura Familiar (PRONAF)	Proambiente	Zoneamento Ecológico-Econômico (ZEE) participativo	Gerenciamento Costeiro (GERCO)
Institution	Ministério de Desenvolvimento Agrário (MDA)	MMA, Fetagri, FASE, IPAM, FANEP, (Kooperation mit MDA, MIN)	Secretaria Executiva de Ciência, Tecnologia e Meio Ambiente (SECTAM)	SECTAM, [Museu Goeldi, PRORENDA, MADAM]
Bereich	Nachhaltige ländliche Entwicklung, Förderung von Kleinbauern	Umwelt/Nachhaltige ländliche Entwicklung, Umweltdienstleistungen, Förderung von Kleinbauern	Umwelt, integrierte Planung	Umwelt, Küstenmanagement
Instrumente	Kredite, Finanzierungen	Kredite, Finanzierungen, landwirtschaftliche Beratung	Spezifisches Planungsverfahren	Spezifisches Planungsverfahren, Finanzierung von Planungsworkshops
Anbindung im Munizip	Kommunale Beiräte für nachhaltige Entwicklung	Kommunale Beiräte für Umwelt	Kommunale Beiräte für Umwelt	Nicht definiert
Diagnóstico Situationsanalyse	Nur teilweise (nur in wenigen Munizipien)	Ja, partizipativ	Ja, partizipativ	Ja, partizipativ
Planung	Kommunalplan für nachhaltige ländliche Entwicklung	Entwicklungsplan des *Polos* (partizipativ)	Ja, partizipativ	Ja, partizipativ
Monitoring	Nicht definiert	Angedacht: Zertifizierung d. Umweltdienstleistungen, Monitoring der Flächen u.a. via Satellitenbilder	Im Konzept angedacht	Noch nicht definiert
Anmerkungen	Institutionalisiert	Innovativ	Wurde lange diskutiert, bislang jedoch nicht systematisch umgesetzt	*diagnósticos* wurden durchgeführt, Planung und Implementierung stehen noch aus

Tabelle 4: Entwicklungsprogramme auf lokaler Ebene in Pará (I)

	Reserva Extrativista (RESEX)	Comunidade Ativa	Fome Zero	Orçamento Participativo (Bürgerhaushalt)
Institution	IBAMA/ CNPT	Ministério de Ação Social	MESA	Stadtverwaltung
Bereich	Umwelt, Nachhaltige Entwicklung, Förderung traditioneller nachhaltiger Waldnutzergruppen	Nachhaltige lokale Entwicklung, Integrierte Planung	Akute und strukturelle Ernährungssicherung	integrierte Planung Partizipative Haushaltsplanung
Instrumente	Nutzungsregelungen	Planung, Mobilisierung der Bevölkerung, technische Beratung	Lebensmittelkarten, Finanzierungen, Mobilisierung, techn. Beratung	Finanzierung von lokaler Infrastruktur u. Dienstleistungen
Anbindung im Munizip	Nicht definiert	Implementierung: Forum DLIS und *agente local*	Implementierung: *Comité Gestor, Agentes de Desenvolvimento local*	Stadtverwaltung, *congresso da cidade*, Stadtteilbevölkerung
Diagnóstico	Nicht definiert	Ja, bedingt partizipativ	Nicht bekannt	Nicht klar definiert
Planung	Nicht definiert	Agenda local DLIS	Nicht bekannt	Kernelement
Monitoring	Nicht definiert	Nicht definiert	Nicht bekannt	Nicht klar definiert
Anmerkungen	Wird sehr kontrovers diskutiert, Kompetenzkonflikt zwischen Bund und Bundesstaat, konfliktiv (z.B. Porto de Moz – „Verde para sempre")	Die *agentes locais* waren bis Dezember 2003 angestellt, die Strukturen gingen nicht in *Fome Zero* auf		

Tabelle 5: Entwicklungsprogramme auf lokaler Ebene in Pará (II)

Davon ausgehend lassen sich folgende Schwachpunkte identifizieren, deren Umkehrung einen entscheidenden Qualitätsgewinn für die vorgestellten Programme darstellen würde:

- Die konkrete Umsetzung der Planung wird oft nicht mitgedacht. Häufig existieren die dafür notwendigen finanziellen und personellen Ressourcen noch nicht,[61] sondern entspringen vielmehr einem Wunschdenken, meist fehlt ebenfalls eine konkrete Zeitplanung für die Umsetzung.
- Die (Definition der) Steuerung der Prozesse fehlt oder ist nur schwach entwickelt.
- Monitoring der Implementierung der Pläne oder Programme fehlt oder ist nur schwach entwickelt.
- Notwendige Kompetenzen auf munizipaler Ebene (sowohl individuell, als auch institutionell) fehlen oder sind nur schwach entwickelt.
- Es existieren keine interinstitutionell abgestimmten Planungsstrukturen, d.h. es existiert kein institutionalisiertes Planungs- und Umsetzungsverfahren. Ein Programm- bzw.. Projektdenken herrscht vor.
- Analysen der lokalen Machtstrukturen und deren Auswirkungen auf die Umsetzung des Projektes und dessen Wirkungen werden nicht durchgeführt.

Trotz des negativen Grundtenors der obigen Analyse soll an dieser Stelle darauf hingewiesen werden, dass in den letzten Jahren die Diskussion über Monitoring und ansatzweise auch über partizipatives Monitoring zugenommen haben. Im Bereich des partizipativen Monitorings im ländlichen Raum hat die NRO AS-PTA seit Ende der 90er Jahre interessante Erfahrungen gesammelt (ABBOT/GUIJT 1999, SIDERSKY/GUIJT 2000). Mit partizipativem Monitoring in Fischereigemeinden in Ceará arbeitete das Projekt PRORENDA RURAL Ceará (FRANCO/STRUCK ET AL 2000). CIFOR begann mit der partizipativen Entwicklung von Kriterien und Indikatoren im Bereich der kommunalen Forstwirtschaft in Amazonien (vgl. POKORNY ET AL. 2000). Auch das internationale Pilotprogramm zum Schutz des Regenwaldes (PPG7) entwickelt Monitoringsysteme für seine Unterprojekte (ASCHER/GUIMARÃES 2004) und setzt sich für die Verbreitung des Monitoringgedankens ein durch die Dokumentation diverser Erfahrungen (MMA 2004). 2002 hat sich das brasilianische Netzwerk zu Monitoring und Evaluierung ReBraMA (*Rede Brasileira de Monitoramento e Avaliação*) gegründet.

2.2.3 Partizipation und politische Kultur

Mehrere Autorinnen und Autoren (u.a. CARVALHO 2001, DAGNINO 2002) weisen auf das gleichzeitige Vorhandensein eines starken Obrigkeitsdenkens, das verbunden ist mit einem

---

[61] Eine Ausnahme bildet der Bürgerhaushalt, bei dem über die Verwendung einer im vornherein festgesetzten Summe (meist geht es um ca. 5% des Gesamthaushalts einer Gemeinde) diskutiert wird.

System klientelistischer Beziehungen[62] bis hin zur Anwendung von Gewalt gegen politisch Andersdenkende oder unangenehme Interessensgruppen (vgl. EMMI 1988) auf der einen Seite und einem stetigen Widerstand, einer langen Geschichte sozialer Beziehungen auf der anderen Seite. Die Geschichte sozialer Bewegungen beginnt mit dem Widerstand von indianischen Gruppen und ehemaligen Sklaven (*quilombos*), reicht über den Kampf gegen Sklavenhandel, für die Unabhängigkeit und setzt sich fort in einer Geschichte der sozialen Bewegungen, gerade im ländlichen Raum (vgl. FATHEUER 1997, HALL 1997, SOUZA 2002, NEUBURGER 2003), aber auch der urbanen sozialen Bewegungen vor allem während der Militärdiktatur (1964-85), die Anfang der 70er Jahren und in den 80er Jahren einen entscheidenden Beitrag zur Redemokratisierung Brasiliens geleistet haben (vgl. CARDOSO 1992).

CARVALHO (2001:182) vertritt den Standpunkt, den einige mit ihr teilen, dass der brasilianische Staat und die brasilianische Politik, nie eine öffentliche Sache, einen öffentlichen Raum darstellten, sondern stets verknüpft waren mit paternalistischen Strukturen und Beziehungen und dem eher privaten Raum, bzw. dass der öffentliche und private Raum nie klar voneinander zu trennen waren (vgl. auch COSTA 1997:52ff[63]).

Gerade im Bereich der Parteienpolitik zeigt sich dadurch folgendes Szenario:

> „In Brazil, clientelist traditions have led to the development of vast political machines that link local bosses to state-level and federal politicians through such *troca de favores*, or favor exchange. In the cities, neighborhood associations play a critical role in these linkages. *Cabos eleitorais*, or ward bosses, head up a large percentage if not most neighborhood associations and use them to mobilize votes for their party candidates by conveying promises of favors to local residents." (ABERS 1998:512f.)

Eine ähnliche Situation findet sich im ländlichen Raum, beispielsweise Amazoniens: Die Ökonomie der Extraktion, der ökologischen und sozialen Ausbeutung gepaart mit der schwierigen infrastrukturellen Situation im ländlichen Raum, sowie die Schwäche staatlicher Regulierung und staatlicher Institutionen führte zu starken klientelistischen Beziehungen im ländlichen Raum, die bis heute zum großen Teil noch andauern und stark die Kommunalpolitik beeinflussen.

ABERS (1998:512f.) fragt sich angesichts dieser Situation, wie die Umsetzung und Nutzung partizipativer Methoden in einer klientelistischen Umgebung möglich sind. Sie verweist auf das Konzept der *state-society synergies* (EVANS 1996b, OSTROM 1996, vgl. auch II.1.1.4.1), des Zusammenspiels zwischen Staat und Gesellschaft, die in einer gemeinsamen Synergie möglicherweise zu Wandel fähig sind.

---

[62] vgl. zu klientelistischen Beziehungen u.a. DINIZ 1982, GAY 1990, CALCAGNOTTO 1992, COSTA 1997:52ff, u.a. ARAÚJO ET AL 2001, CARVALHO 2001:172ff und speziell zu Klientelismus in der Kommunalpolitik und im Parteiensystem SANTOS 2001:194ff, aber auch ABERS 1998:512f.

[63] COSTA bezieht sich wiederum u.a. auf Studien von FREYRE 1936, OLIVEIRA VIANNA 1942, DAMATTA 1985 aber auch für den allgemeinen lateinamerikanischen Kontext auf TOURAINE 1989.

DAGNINO (2002) weist darauf hin, dass Vereinfachungen wie die Darstellungen von Zivilgesellschaft als Inbegriff der Tugend und eine gleichzeitige Verteuflung des Staates die Realität zu reduziert darstellen. Die Beziehungen zwischen Staat und Bevölkerung sind sehr komplex und können unterschiedlich konfliktiv gestaltet sein, je nachdem, wie nah man sich politisch steht, wie viel einen vereint und welche Bedeutung dem zukommt.

In den letzten Jahren scheinen die Kooperationen zwischen Staat und Zivilgesellschaft in Brasilien bzw. das gemeinsame Handeln und Steuern an Bedeutung zu gewinnen. DAGNINO (2002) beschreibt den Versuch des brasilianischen Staates ab den 1990er Jahren öffentliche Räume (*espaços públicos*) zu schaffen (vgl. auch COSTA 1997:58ff).

CARVALHO (2001) dagegen erwähnt auch die gleichzeitige Wichtigkeit des Aufbaus der Zivilgesellschaft (vgl. auch COSTA 1997:61ff) und des Schaffens neuer Diskurse und neuer Räume des gemeinsamen Lernens, wie dies etwa der Pädagogik Paulo Freires gelang.

Bei dem Ideal der gemeinsamen *Governance* sollen jedoch auch die Gefahren der Kooptation der Zivilgesellschaft oder des Rückzuges des Staates nicht unerwähnt bleiben (u.a. COY 1988:271, CARVALHO 2001).

TENDLER (1997) beschreibt in einer Fallstudie im Nordosten Brasiliens, wie sich das Regierungshandeln von schlecht zu gut gewandelt hat, nachdem die Regierung begonnen hatte, zivilgesellschaftliche Vereinigungen im Munizip zu fördern. Ähnliches berichtet ABERS von den Erfahrungen mit dem Bürgerhaushalt in Porto Alegre. Sie weist darauf hin, dass das Konzept der *state-society synergy* die Komplexität des Verhältnisses zwischen einer starken Zivilgesellschaft und starken demokratischen staatlichen Institutionen darstellen will (1998:513f.).

Wandel sollte daher von oben und unten ansetzen: Räume schaffen, Räume wahrnehmen und Räume besetzen.

> "General changes in political conditions provide 'windows of opportunity' in which enabling environments emerge that make people believe that collective action is likely to be fruitful." (ABERS 1998:514)

Partizipatives Monitoring in der Kommunalentwicklung soll genau ein solches Fenster der Möglichkeiten anbieten.

3 Methodologische Vorgehensweise

Die Aktionsforschung steht im Mittelpunkt dieser Arbeit. Bevor nun die methodologische Vorgehensweise dieser Arbeit detaillierter vorgestellt wird (3.2), soll zunächst darauf eingegangen werden, was sich hinter Aktionsforschung verbirgt, welche wissenschaftlichen Reflexionen ihr zugrunde liegen (3.1). Dabei wird ihren Ursprüngen in der Geographie (3.1.1) und in Nachbardisziplinen (3.1.2) nachgegangen. In 3.1.3 wird das Konzept der Aktionsforschung in seinen unterschiedlichen Phasen dargestellt und auf einige mit dem Konzept verbundene Probleme eingegangen.

3.1 Reflexionen zur sozialgeographischen Forschung – von qualitativer Forschung zur Aktionsforschung

> „I want to suggest that we have moved from a period when papers were prefaced with legitimations of qualitative work to a time when we are seeing debates within qualitative methods over establishing orthodox approaches and standards."
> (CRANG 2002:647f.)

In der Tat erhalten viele Kritikpunkte und daraus hervorgegangene Prämissen aus kritischen Wissenschaftsrichtungen wie der humanistischen, feministischen, post-kolonialen oder poststrukturalistischen Wissenschaftskritik, aber auch aus der anthropologischen und der Entwicklungsforschung heute ihre Anerkennung im normalen Wissenschaftsbetrieb. Auch wenn die Ansätze aus unterschiedlichen Wissenschaftstraditionen kommen, unterschiedliche ideologische Zielsetzungen verfolgen und unterschiedliche Details in ihrer Kritik herausheben, beziehen sich doch ihre Kritikpunkte und Forderungen auf ähnliche Aspekte: auf das in der Wissenschaft vorherrschende oder angewandte Menschenbild, auf das Verständnis der sozialen Realität sowie auf das Verständnis und die Art und Weise von Wissensproduktion. Im Folgenden werden diese Punkte etwas näher erläutert:

- Menschenbilder

Das Menschenbild ist immer sozial konstruiert und verändert sich in der Zeit und im kulturellen, sozialen, räumlichen und politischen Kontext. Daher ist in jedem Forschungsprozess das Menschenbild (und alle weiteren Einstellungen) des Forschenden (*positionality*) ausschlaggebend und sollte daher transparent gemacht und reflektiert werden (*reflexivity*). Die Realitäten der Menschen sind immer subjektiv empfunden und beschrieben und abhängig von ihrem Kontext (z.B. Sex, Gender, Sexualität, Alter, Ethnizität, soziale Schicht, Religion, Lebensstil, etc.). Die Differenz ist das Gemeinsame.

- Soziale Realität

Es wird davon ausgegangen, dass keine 'wahre' Welt existiert, die nur noch durch Forschung abgebildet werden muss, sondern dass die soziale Welt immer nur subjektiv erfahrbar ist, d.h. es können nur intersubjektive Wahrnehmungen der sozialen Realität existieren. Die soziale

Realität wird in bestimmten kulturellen, ökonomischen, sozialen und politischen Prozessen diskursiv konstruiert.

- Wissensproduktion

Wissensproduktion ist immer eine Wissenskonstruktion, abhängig vom Kontext, vom Individuum oder Institution, die sie kreieren (*situated knowledges*, vgl. HARAWAY 1988, 1991). Wissen, Wissenschaft und Wissensproduktion ist nie wertfrei, sondern immer machtdurchdrungen. Objektivität existiert nicht, Intersubjektivität kann angestrebt werden.

Macht wird in diesem Zusammenhang auch in Bezug auf das Verhältnis zwischen Forschenden und Beforschten thematisiert. Es wird daher hinterfragt, inwiefern es sich dabei um ein einseitiges Ausbeutungsverhältnis handelt und diskutiert, wie man dies durch die Anwendung anderer Methodologien und Methoden, durch die Veränderung des Forschungs- und Wissensverständnisses und der Menschenbilder sowie durch die Veränderung der Rollen der im Forschungsprozess Beteiligten reduzieren oder gar aufheben kann.

Eine Gemeinsamkeit der Ansätze, wie in der obigen Darstellung unverkennbar deutlich wurde, ist die Verfolgung einer 'konstruktivistischen Agenda' (CRANG 2003:494). Es wird davon ausgegangen, dass Menschen ihre Welt diskursiv kreieren. Das Forschungsfeld ist sozial konstruiert, ebenso die Feldforschung und der Forscher oder die Forscherin selbst.

Das folgende Zitat fasst viele der oben angeschnittenen Kritikpunkte und Forderungen zusammen. Es bezieht sich zwar explizit auf feministische Forschung, die Inhalte werden so jedoch auch von anderen Forschungsrichtungen formuliert:

> „Feminism challenges traditional epistemologies of what are considered valid forms of knowledge. Feminist epistemology has redefined the knower, knowing and the known. It questions notions of 'truth' and validates 'alternative' sources of knowledge, such as experience. Feminist epistemology stresses the non-neutrality of the researcher and the power relations involved in the research process. It also contests boundaries between ‚fieldwork' and everyday life, arguing that we are always in the field." (WGSG 1997:87, zitiert in DOYLE 1999:240)

Die in diesem Abschnitt angerissenen Diskussionen und Positionen bilden die Grundlagen für die folgenden Ausführungen.

3.1.1 Ursprünge der Aktionsforschung in der Geographie

Das Konzept der Aktionsforschung in der Geographie lässt sich aus zwei Argumentationslinien heraus verstehen:

- aus Debatten um Geographie und Ethik oder auch *moral geography* (vgl. PROCTOR 1999, *Environment and Planning D: Society and Space*, 1997, 15, 1) und

- aus Diskussionen über die Anwendung von qualitativen Methodologien in der Geographie (z.B. LIMB/DWYER 2001).

In der Debatte um Geographie und Ethik wiederum erkennt PROCTOR (1999) zwei Diskussionsstränge. Der eine bezieht sich auf den epistemologischen Prozess, der andere auf das ontologische Projekt der Geographie:

> „Two paths distinguish geographical engagement with ethics: the first attends to the process of doing geography and is broadly similar to professional ethics; the second the substance of geographical inquiry and is more akin to theoretical ethics. These paths are intimately related, as the former represents the context out of which the content, the result, of substantive ethics emerges. In this paired approach, geographers point to a manner of being properly reflexive in the moral statements they make about the world without getting lost in this reflexivity to the point that they cannot speak anything of substance." (PROCTOR 1999:5f.)

Die kritische epistemologische Debatte[64] innerhalb der Geographie thematisiert die Wissensproduktion und darin vorhandene Machtbeziehungen (u.a. GREGORY 1978), Repräsentationen von Wissen, Beziehungen zwischen Forschenden und Erforschten, Rolle der Methoden in diesem Prozess und Ethik im Forschungsprozess allgemein. Bei der ontologischen Ethik-Debatte, vertreten v.a. durch die radikale und kritische Geographie, geht es um das Warum der Forschung und stehen die Themen der Sozialen Gerechtigkeit (auch Umweltgerechtigkeit) sowie Relevanz und Anwendungsbezug der Forschung im Mittelpunkt.

Die Diskussionen um qualitative Methodologien (vgl. II.3.1.1.4.) sind nicht notwendigerweise durch Ethikaspekte motiviert (aber sind es doch in den meisten Fällen). Vielmehr liegen ihnen epistemologische Beweggründe zugrunde. Die anfangs erwähnten Kritikpunkte am Positivismus (vgl. auch PICKLES 1982) und ihr Anliegen der Erfassung der sozialen Wirklichkeit und der subjektiven Erfahrungen (*subjectivities*) kristallisieren sich in der Hinwendung zu qualitativen Methodologien.

Die beiden Argumentationsstränge sind nicht klar voneinander getrennt zu verstehen, sondern weisen viele Überlappungsbereiche und Querverbindungen auf, die v.a. auf die gemeinsamen konstruktivistischen Grundannahmen zurückzuführen sind (vgl. Abb.13).

---

[64] JOHNSTON (1989) unterscheidet zwischen der empirischen, hermeneutischen und kritischen Epistemologie. Auf die hermeneutische Epistemologie, die mit der humanistischen Geographie und der Phänomenologie verknüpft ist, wird in II.3.1.1.4 eingegangen.

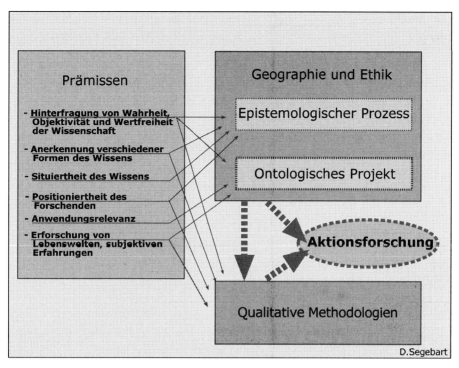

Abb. 13: Ursprünge der Aktionsforschung in der Geographie

Im Folgenden soll auf die epistemologische Debatte (3.1.1.1), das ontologische Projekt (3.1.1.2) und die Diskussionen um qualitative Methoden in der Geographie (3.1.1.3) näher eingegangen werden.

3.1.1.1 Herausforderungen im epistemologischen Prozess

Epistemologie ist die Wissenschaft des Wissens. In der kritischen Epistemologie der Geographie wird geographisches Wissen, wissenschaftlich oder nicht, und dessen Aneignung unter Ethikkriterien analysiert. Die Debatten der kritischen Epistemologie drehen sich u.a. um folgende Themenbereiche:

- Wissenschaftliches und nichtwissenschaftliches Wissen

Diese Unterscheidung wird häufig mit den Gegensätzen legitimes und nicht-legitimes Wissen gekennzeichnet. Gemeint ist damit meist die Unterscheidung zwischen anhand wissenschaftlicher Regeln produziertem Wissen und Wissen anderer Wissenssysteme, das häufig als indigenes oder lokales Wissen (vgl. GEERTZ 1983) bezeichnet wird, dazu gehört aber auch das Alltags- und Erfahrungswissen. Es wird darauf hingewiesen, dass durch diese Unterscheidung und durch die Festlegung von Seiten der Wissenschaft, was als legitimes Wissen definiert werden darf, Machtstrukturen aufgebaut oder konsolidiert werden. Auch die Übersetzung (*translation,* SMITH 1996, zitiert in ROSE 1997:315) von lokalem Wissen z.B. im Rahmen eines Forschungsprozesses in wissenschaftliches Wissen muss als machtdurchdrungen verstanden werden. Bei der kritischen Epistemologie geht es um die Hinterfragung dieses Machtverhältnisses und der Anerkennung nicht-wissenschaftlichen Wissens als Wissen.

- Wissen als Verhandlungsprozess

Heute wird darauf hingewiesen, dass man die Beziehung zwischen Forschenden und Erforschten als ein Geflecht von Machtbeziehungen im Sinne FOUCAULTs verstehen kann. Daraus folgt auch, dass keiner der beiden Parteien unverwandelt bleibt im Forschungsprozess: beide verhandeln im Prozess ihr Wissen miteinander. Damit wird nochmals darauf hingewiesen, dass Wissen nicht entdeckt wird, sondern diskursiv konstruiert, verhandelt und im Forschungsprojekt kreiert wird (vgl. ROSE 1997:316f.).

- Positioniertheit (*positionality*) von Wissen oder *situating knowledges*

HARAWAY (1988, 1991) weist darauf hin, dass jedes Wissen durch seinen Ursprung geprägt ist. Somit kann Wissen immer als limitiert, spezifisch und nur für einen ganz bestimmten Kontext gültig verstanden werden (vgl. auch HARDING 1991). Ein Positionieren (*positioning*) oder Situieren (*situating*) von Wissen ist daher zentral, um zu erkennen, welche Faktoren oder Machtbeziehungen zum Entstehen dieses Wissens beigetragen haben.

- Reflexivität (*reflexivity*)

Reflexivität wird als ein Instrument angesehen, mit dem man das Situieren oder Positionieren erreichen kann. Dabei geht es um eine nach innen und eine nach außen gerichtete Reflexivität. MOSS (1995) nennt dieses Vorgehen *double reflexive gaze* (zitiert in ROSE 1997:309). Es geht darum, im Rahmen des Forschungsprozesses zum einen sich als Forschende oder Forscher selbst zu reflektieren in Bezug auf Einstellungen, Werte, Erfahrungen, Erwartungen im Zusammenhang mit dem Forschungsprozess und dem Forschungsgegenüber (*reflexive positionality*) und zum anderen in Bezug auf die Auswirkungen des Forschungsprozesses und möglicher Forschungsergebnisse auf die Umwelt (vgl. auch AL-HINDI/KAWABATA 2002).

ROSE (1997:311) warnt jedoch davor anzunehmen, durch Reflexivität und Positionierung eine angebliche Objektivität schaffen zu können. Herausgefordert wird das Konzept der *situated knowledges* u.a. von der Idee, dass Identitäten unsicher, wandelbar, multiple und erst durch Handlung konstruiert sind (BUTLER 1991, vgl. auch HARVEY 1996:363). Dazu gehört die Annahme, dass die Forschenden sich im Forschungsprozess verändern und auch erst durch ihn geschaffen werden und in diesem Prozess das Wissen kreiert wird (vgl. GIBSON-GRAHAM 1994:219, zitiert in ROSE 1997:316). Wie soll das Wissen also eingebettet werden, von wem gedacht und gleichzeitig reflektiert werden? ROSE hält es daher für unmöglich zu einer transparenten reflexiven Positioniertheit zu gelangen (1997:311). Deshalb sollte man es aber nicht unterlassen diese anzustreben, sich jedoch der Unmöglichkeit bewusst sein und aus diesem Prozess lernen (SCHOENBERGER 1992:218).[65]

---

[65] Für eine weitere kritische Position zur Reflexivität siehe BOURDIEU (2003).

- Machtverhältnisse im Forschungsprozess

Die Debatte um Macht- und Ausbeutungsverhältnisse im Forschungsprozess wurde anfänglich von feministischen Ansätzen (MIES 1978, DOYLE 1999) und *post-colonial studies* initiiert. Die Debatte wurde breiter aufgenommen, hat sich weiterentwickelt und das bisher verwandte Machtkonzept wurde hinterfragt ohne dabei Ausbeutungsverhältnisse relativieren zu wollen. Es geht vielmehr darum, die Beziehungen zwischen Forschenden und Beforschten als ein komplexes Konstrukt von Machtbeziehungen im Sinne FOUCAULTs zu verstehen. Dabei kann nicht mehr klar die Macht einer Seite zugeordnet werden, sondern in verschiedenen Situationen wird jeweils neu bestimmt, wer stärker oder schwächer, *insider* oder *outsider* ist, ausnutzt oder ausgenutzt wird. ROSE (1997:312) spricht daher von Differenzen oder Entfernungen zwischen Forschenden und Beforschten. Neue Beziehungsformen zwischen Forschenden und Beforschten werden denkbar, die den gegenseitigen Austausch und das gegenseitige Lernen herausheben (vgl. auch HARVEY 1996:55f.). Ein Raum des Dazwischenseins (*space of betweeness*) (KATZ 1994) entsteht, zwischen Feld und Nicht-Feld, Theorie und Praxis, aber auch zwischen Forschenden und Beforschten (vgl. ROSE 1997:313). Es soll als Konsequenz nicht darum gehen, die Differenz oder die Distanz auf einer Landkarte der Macht zu verorten, wie man sich die Beziehung zwischen Forschenden und Beforschten vorstellen kann, sondern zu analysieren wodurch diese Unterschiede erzeugt werden und wie sie sich während des Forschungsprozesses konstituieren, formieren und welche Auswirkungen dies auf die Beziehung, auf die Wahrnehmung der Situation, der sozialen Realität und letztendlich auf Interpretationen und Forschungsergebnisse hat (vgl. auch VALENTINE 2002).

Diese vorgestellten Überlegungen hatten und haben Auswirkungen auf die Entwicklung von Forschungsmethoden und -methodologien. Qualitativen und partizipativen Forschungsansätzen wurde zugetraut auf die vorgestellten Aspekte die beste Antwort zu geben. Wobei m.E. darauf hingewiesen werden muss, dass der Schwerpunkt auf partizipativ liegt, da qualitative Methoden nicht unbedingt immer partizipativ sind und auch quantitative Methoden in einer partizipativen Herangehensweise ihren Platz haben können (vgl. KWAN 2002, auch SHARP 2005:305f.).

3.1.1.2 Das ontologische Projekt der kritischen Geographie

In der Ontologie geht es darum, wie die Welt an sich ist. Sie ist die Wissenschaft vom Sein, vom Seienden (*on*) als solchem, von den allgemeinsten, fundamentalen, konstitutiven Seinsbestimmungen. In der Ontologie der kritischen Geographie geht es jedoch auch oder vor allem darum, die Welt wie sie ist durch Forschung nicht nur zu verstehen, sondern auch zu verändern. Die Forderung nach einer politischen, einer politik-relevanten Geographie wurde in den 1970er Jahren immer lauter, vor allem formuliert durch die VertreterInnen der *radical geography*. Als einer der Vorreiter gilt HARVEY (1973) mit seinen marxistischen Strukturanalysen und historisch-materialistischen Forderungen (1984). Gemein ist den verschiedenen VertreterInnen der *radical geography* die Entwicklung und Anwendung von kritischen Theorien, wobei ein konzeptioneller und theoretischer Pluralismus vorherrscht. Die Wissenschaft soll eine Oppositionsrolle gegenüber ungleichen und ungerechten Machtverhältnissen einnehmen. Gründe für soziale Exklusion sollen erforscht und Konzepte für soziale Gerechtigkeit und transformative Politiken erarbeitet werden. Ziel der Forschung ist Transformation.

Gerade auch die geographische Entwicklungsforschung solle sich als Sprachrohr für Marginalisierte verstehen durch eine Art von *advocacy geography* (GREGORY), *welfare geography* (SMITH 1977, 1988, 1994, 2000) oder auch *moral geography* (BIRDSALL 1996, PROCTOR 1999). Mit aufkommenden handlungsorientierten Ansätzen in der Geographie handelte sich die *radical geography* die Kritik ein, sie sei zu strukturalistisch und aus der sowjetischen Geographie kam der Vorwurf sie sei nicht marxistisch, sondern anarchistisch.

Aus diesen Kritikpunkten entwickelten sich Strömungen, die stärker akteurs- und aktionsorientierte Forschung, u.a. auch Aktionsforschung, verfolgen und sich in die *critical geography* einordnen. Zu dem Ziel der Transformation gesellte sich das der Emanzipation im Sinne einer Befreiung von den ideologischen und materiellen Hindernissen des Verstehens. Die aktionsorientierte Forschung war und ist indes erneut Kritik ausgesetzt. Es wird kritisiert, dass Forschung und Praxis, d.h. politisches Handeln, dabei vermischt und damit Grundsätze wissenschaftlicher Forschung ignoriert werden. So sei beispielsweise die Distanz des objektiven Beobachters zu seinem Forschungsobjekt nicht mehr gegeben, weiterhin interveniere der Forschende in seinem Forschungsfeld und verändere es dadurch. Neben dem Entstehen von Rollenkonflikten zeichne sich dieses Vorgehen durch Unwissenschaftlichkeit aus.

Gestützt durch den oben beschriebenen epistemologischen Prozess sind aktionsorientierte Forschungen heute in der Geographie anerkannter. Die dabei in der Tat auftretenden Ziel- und Rollenkonflikte werden heute bewusst thematisiert, reflektiert und analysiert (vgl. u.a. PAIN 2003, auch DOYLE 1999, FULLER 1999). In der (geographischen) Entwicklungsforschung ist anwendungsbezogene, politik-relevante Forschung schon seit längerer Zeit eine Forderung (MIKUS ET AL. 1988), die nichts an ihrer Aktualität verloren hat (BEIER/RENGER 2003). Mit projektbegleitender Forschung (vgl. MÜLLER-MAHN 1998) stellt sie sich diesem herausfordernden ontologischen und epistemologischen Projekt.

3.1.1.3 Epistemologie und Ontologie in kritischen Geographieansätzen

In der angelsächsischen philosophischen Diskussion kann eine Art der Gegenüberstellung von Epistemologie und Ontologie als zwei unterschiedliche Pole beobachtet werden. Die Trennung zwischen Epistemologie und Ontologie soll hier und durch diese Darstellung jedoch nicht als Gegensatz verstanden werden. Vielmehr soll davon ausgegangen werden, dass sich die Ontologie auf der Epistemologie gründet und diese wiederum in soziale Praktiken eingebettet ist.

Interessanterweise scheint sich eine ähnliche Gegenüberstellung innerhalb der Geographie zu manifestieren: die dargestellte epistemologische Debatte wird heute vor allem von VertreterInnen einer poststrukturalistischen Geographie vertreten, das ontologische Projekt dagegen wurde und wird vor allem von der *radical geography* diskutiert. Zwischen diesen Positionen entwickelte sich ein gespanntes Verhältnis: VertreterInnen einer poststrukturalistischen

Geographie machten vielen strukturalistischen Ansätzen in der *radical geography* ihre Verhaftung im Materiellen zum Vorwurf. Ihre konstruktivistische Agenda wollte sich nicht vertragen mit den realpolitischen Strukturanalysen, die Akteure, Diskurse und darin verankerte Machtmechanismen zu oft ausblendeten. Einige Verfechter der *radical geography* werfen dagegen dem Poststrukturalismus in der Geographie Beliebigkeit und fehlende politische Relevanz ihrer Forschung vor – ein *policy turn* wird daher eingefordert (MARTIN 2001, PAIN 2003, vgl. auch Kapitel IV.1.1.1). Dass die Geographie sich an diesen Positionen nicht zerreiben muss, sondern eher aus diesen Reibungspunkten neue Energie schöpfen kann (vgl. auch STORPER 2001), beweisen engagierte, kritische, oftmals feministische, politik-relevante Arbeiten, die mit konstruktivistischen Ansätzen arbeiten.

3.1.1.4 Ursprünge der qualitativen Forschung in der Geographie

> "(…) qualitative methodologies are a means by which the 'messiness' and complexity of everyday life can be explored by using research methods that do not ignore such complexity but instead engage with it." (LIMB/DWYER 2001:2)

LIMB/DWYER (2001a:3ff) verorten die Ursprünge der qualitativen Geographie in den detailreichen Beschreibungen der französischen Schule der Regionalgeographie (z.B. Vidal de la Blache) oder in der Walisischen Schule der ländlichen Ethnographien (z.B. Fleure). Gerade die humanistische Geographie wandte sich in den 1970er Jahren qualitativen Methodologien zu als explizite Kritik an dem vorherrschenden Paradigma der Geographie als Raumwissenschaft und den Auswirkungen der quantitativen Revolution. Um die mechanistischen und Objektivität beanspruchenden Ansätze des Positivismus zu hinterfragen, sollten mit qualitativen Methoden die Lebenswelten der Individuen verstanden werden (vgl. BUTTIMER 1976:281), ihre psychologischen und emotionalen Beziehungen zu Räumen, Plätzen, Landschaften erforscht werden. Die Menschen sollten in den Mittelpunkt der geographischen Forschung gestellt und die Beziehungen und Begegnungen zwischen Forschenden und Beforschten ebenfalls in der Forschung thematisiert werden.

LIMB/DWYER (2001:3f.) identifizieren zwei Strömungen innerhalb der humanistischen Geographie in Bezug auf die Anwendung qualitativer Methoden:

- Die eine zeichnete sich vor allem durch historische Studien und Studien von Landschaften aus. Eine starke Hinwendung zur Hermeneutik wurde deutlich, Textmaterial und Literatur wurde herangezogen, um die Beziehungen der Menschen zu Räumen zu verstehen. Insgesamt bereitete diese Strömung den Weg für die Entwicklung der Kulturgeographie.

- Die andere war stärker mit den Sozialwissenschaften und ethnographischen Methodologien verbunden und eher einer phänomenologischen Perspektive zugeneigt. Detailreiche Lokalstudien unter Anwendung partizipativer Beobachtung entstanden, um die Lebenswelten der Erforschten zu verstehen. Im Sinne der Sozialgeographie sollten auf diese Weise die menschlichen Erfahrungen in ihrem sozialen und räumlichen Umfeld interpretiert werden.

Während die humanistische Geographie starker Kritik ausgesetzt war und an Bedeutung verlor, wurde qualitativen Methodologien eine zunehmende Wichtigkeit in verschiedenen Bereichen der Humangeographie zuerkannt: Vor allem für Stadt- und SozialgeographInnen wurden ethnologische Ansätze und Methodologien relevant, um Fragen des Raumes, der sozialen Bedeutungen und des sozialen Konfliktes zu verstehen.

Für die feministische Geographie waren qualitative Methoden immer besonders wichtig. Um ungerechte Machtbeziehungen und Ausbeutungsprozesse in der Forschung zwischen Forschenden und Beforschten zu vermeiden, entschieden sich feministische Geographinnen häufig für kollaborative, partizipative Ansätze. Qualitative und Tiefeninterviews waren unter dieser Prämisse zunächst beliebte Methoden. Die feministische Geographie beteiligte sich jedoch auch an der Kritik und dem Aufzeigen von Grenzen der qualitativen Methodologien. Gerade ethnographische Feldforschungsmethoden konnten zu einem großen Teil nicht unbedingt als *'empowernd'* empfunden werden. (vgl. MEIER 1989a, MCDOWELL 1999, MOSS 2002)

Qualitative Methoden waren ebenfalls relevant in der Entstehung von postmodernen und poststrukturalistischen Geographien. Gemeinsam vertreten sie eine Humangeographie, in der *situated knowledge* (HARAWAY 1988) und lokalem Wissen (GEERTZ 1983) Vorzug gegenüber positivistischen Ansätzen gegeben wird. Sie lehnen strukturalistische Erklärungsansätze ab und gehen von multiplen Subjektivitäten (*subjectivities*) aus. Der *cultural turn* in der Geographie in den verschiedensten Unterbereichen war meist begleitet von dem Entdecken qualitativer Methodologien.

Aber auch in Forschungen in nicht-westlichen Gesellschaften von westlichen WissenschaftlerInnen, in dessen Rahmen auch die Politik der Wissenskonstruktion diskutiert wird, erhält die Forschung mit qualitativen Methoden und Ansätzen aus der Anthropologie eine neue Rolle, gerade wenn es darum geht, wie der oder das 'Andere' dargestellt werden sollte oder kann.

Es ist sicher nicht ganz richtig die Entwicklung so gradlinig und tendenziell konfliktfrei zu beschreiben. Intersubjektive, qualitative und auch feministische Ansätze wurden lange Zeit in der Geographie – und natürlich nicht nur dort – marginalisiert oder gar als unwissenschaftlich abgetan. Es bedurfte wohl erst der *linguistic* und *cultural turns*, um sie wirklich auf dem geographischen Parkett salonfähig zu machen.

3.1.2 Ursprünge der Aktionsforschung in Nachbardisziplinen

Unter dem Begriff Aktionsforschung oder (*Participatory*) *Action Research* (PAR) sammeln sich eine Vielzahl von methodischen Ansätzen, denen unterschiedliche wissenschaftliche, philosophische und/oder psychologische Konzepte und Traditionen zugrunde liegen (z.B. *pragmatic philosophy, critical thinking, practice of democracy, liberationist thought, humanistic and transpersonal psychology, constructionist theory, systems thinking, complexity theory* u.a., vgl. REASON/BRADBURY 2001:3). Es würde den Rahmen sprengen auf alle diese

Konzepte und Traditionen einzugehen, daher soll hier die historische Entwicklung des Konzeptes nur grob skizziert werden.

Einige Autoren sehen die Ursprünge der Aktionsforschung in der Arbeiterbefragung (*enquête ouvrière*), für die Karl MARX im Jahre 1880 einen Fragebogen formuliert hatte (THIOLLENT 1987:101-126). Andere identifizieren die ersten Schritte der Aktionsforschung in den "Hawthorne-Studien" der Equipe von Elton MAYO, die im Jahr 1929 in der Western Electric Company (Hawthorne, Illinois) Daten über die Situation am Arbeitsplatz erhob (Abwesenheitsrate), aus der sich nach und nach eine Zusammenarbeit zwischen Forschern und Arbeitern entwickelte. Der Begriff Aktionsforschung an sich wurde zu Beginn der 1940er Jahre von Kurt LEWIN geprägt, einem Psychologen und Vertreter der Gestaltpsychologie, und John COLLIER, einem *Commissioner of American Indian Affairs* (1933-45), die unabhängig voneinander arbeiteten. Lewin arbeitete am Tavistock Institute und am MIT über die menschliche Motivation in ihrem physischen und sozialen Kontext, soziale Probleme in Verbindung mit der Einführung von Veränderungen, Rassenkonflikte und Gruppendynamik in der Sozialpsychologie (vgl. LEWIN 1946). Er glaubte, dass nur die Intervention in kontrollierten Untersuchungen ermöglicht, bestimmte Phänomene der sozialen Realität zu beobachten und zu interpretieren. Begründet durch seine Forschungen ging er davon aus, dass das individuelle Verhalten sowohl von der Persönlichkeit als auch von der Umwelt abhängt, womit er dem seinerzeit vorherrschenden Freudianischen Menschenbild widersprach. Seine Arbeit wurde vor allem von Eric TRIEST am Tavistock Institute, aber auch von Douglas MCGREGOR am MIT weitergeführt (vgl. PASMORE 2001). COLIER wendete den Begriff für seine Arbeit an, die Rassenkonflikte zwischen eingewanderten und indigenen Amerikanern überwinden helfen sollte. Er war davon überzeugt, dass dies nur durch partizipative kollaborative Forschung (*collaborative research*) möglich sein kann, an der Wissenschaftler und Laien teilnehmen. Als eine Fortführung seines Ansatzes kann sicherlich die Aktionsanthropologie (*action anthropology*) gelten, die von nordamerikanischen Anthropologen ab den 50er Jahren entwickelt wurde. Diese wollten sich angesichts der Situation der nordamerikanischen Ureinwohner nicht auf Forschung und Beschreibung beschränken, sondern zur Veränderung der Situation beitragen.

FALS BORDA (2001) nennt das Jahr 1970 als einen wichtigen Wendepunkt, ab dem viele SozialwissenschaflerInnen - aus Unzufriedenheit mit der Unfähigkeit der kartesianischen Wissenschaft Lösungsvorschläge für die brennenden gesellschaftlichen Probleme zu entwickeln - sich der Aktionsforschung zuwandten. So bezieht er sich beispielsweise auf die Arbeit der durch kolumbianische Sozialwissenschaftler gegründete Nicht-Regierungsorganisation *Rosca Foundation for Research and Social Action*, auf die Arbeit von Marja-Liisa SWANTZ (1970) in Tanzania und auf Paulo FREIRES "Pädagogik der Unterdrückten" (FREIRE 1968). FREIREs Anliegen, dass die Unterdrückten befähigt werden sollten, ihre eigene Situation selbst zu untersuchen und zu analysieren, zog sich seitdem als Motivation durch die verschiedensten partizipativen Forschungs- und Aktionsansätze. 1977 fand bereits das erste *World Syposium of Action Research* in Cartagena, Kolumbien statt. *Action Research* wurde vom

Feminismus (vgl. MAGUIRE 2001) und in Studien zu Anti-Rassismus (vgl. EDMONDSON BELL 2001) aufgegriffen und wiederum durch diese beiden Strömungen beeinflusst.

Parallelentwicklungen oder gegenseitige Einflüsse sind ebenfalls zu verzeichnen aus dem Bereich der partizipativen Planung, v.a. im Bereich der Agrarforschung (CHAMBERS 1983, 1997) und der Entwicklungszusammenarbeit. Seit Anfang der 80er Jahren war verstärkter Druck von Seiten der Bevölkerung und Interessensgruppen zu spüren, die "von-oben-nach-unten-Planung" (*top-down*) zu einem *bottom-up*-Prozess zu verändern. Der Selbsthilfe-Ansatz sowie Konzepte wie *Empowerment* und *Ownership* wurden diskutiert und verlangten nach angepassteren Methoden: partizipative Methoden wie *Participatory Rural Appraisal* (PRA) (CHAMBERS 1994) oder Zielorientierte Projektplanung (ZOPP) wurden entwickelt und erhielten weite Verbreitung, ebenso die partizipative Forschung (*Participatory Research*) (vgl. NARAYAN 1996) und die partizipative Aktionsforschung (*Participatory Action Research*) (PAR).

Kein Anlass jedoch zu zuviel Optimismus: Trotz der jahrzehntelangen Anwendung und Weiterentwicklung des Ansatzes und der erzielten interessanten Ergebnisse, muss festgestellt werden, dass Aktionsforschung heute weiterhin ein 'alternatives Paradigma' (PASMORE 2001:46) darstellt.

3.1.3 Reflexionen zum Konzept der Aktionsforschung

Zunächst wird in diesem Unterkapitel der Aktionsforschungsprozess beschrieben (3.1.3.1), dabei wird auf Aspekte der Partizipation (3.1.3.2) hingewiesen und Probleme benannt, die im Prozess auftreten können (3.1.3.3). Abschließend wird kurz auf die Position der Aktionsforschung in der Geographie eingegangen (3.1.3.4).

3.1.3.1 Der Aktionsforschungsprozess

Die Aktionsforschung oder auch partizipative Aktionsforschung (PAR) verbindet wissenschaftliche Forschung mit Bildungsarbeit und politikrelevantem Agieren. Sie speist sich aus verschiedenen Quellen und ist gekennzeichnet durch eine Vielfalt an verwandten Unteransätzen und einen Methodenpluralismus. Das Methodenspektrum beinhaltet u.a. kollektive Forschung, Formierung kleiner lokaler Forschungsgruppen (*local inquiry groups*), Gruppendiskussionen, Workshops, Seminare und Sitzungen, Theater, Soziodramen, kritische historische Analyse (auch *oral history*), Wertschätzung und Einbindung der Volkskultur, Produktion und Verbreitung von neuem Wissen durch Text, Wort, Bilder oder szenische Darstellung. Hierfür werden immer öfter Fotografie und Video aber auch andere Kommunikationsmedien eingesetzt. Zu erwähnen ist auch die häufige Nutzung der Methodenpalette des *Participatory Rural Appraisals* (PRA) (u.a. CHAMBERS 1994: 959ff). Es können jedoch auch ganz klassische qualitative und quantitative Methoden wie verschiedenste Arten von Interviews und Befragungen, Luft- und Satellitenbildauswertung, Kartierungen sowie das ganze Spektrum von physisch-geographischen Erhebungs- und Analysemethoden verwendet werden.

Die Vielfalt der Methoden mag erstaunen. Es sind jedoch die Prinzipien von Forschung, die diese Ansätze eint, nicht die Methoden. Die Ansätze haben meist gemeinsam, dass

- versucht wird, die Distanz zwischen Forschung und Praxis zu überbrücken,
- ebenso wie die Distanz zwischen akademischen und lokalen (nichtakademischen/"indigenen") Wissen,
- eine Interaktion zwischen Forschenden und Erforschten nicht nur erwünscht, sondern "Aktion" intendiert und unterstützt wird,
- nicht von einem Forschungsobjekt, sondern von einem gleichberechtigten Forschungssubjekt ausgegangen wird,
- der Forschende eher eine Katalysatoren- oder Moderatorenrolle einnimmt,
- davon ausgegangen wird, dass die lokale Bevölkerung kreativ und fähig ist, ihre eigene Situation zu analysieren und Lösungsstrategien zu erarbeiten,
- Transformation durch Forschung für möglich gehalten und angestrebt wird,
- *Empowerment* der lokalen Bevölkerung Ziel der Forschung ist,
- partizipative Methoden in der Forschung angewandt werden,
- das Postulat der Objektivität der Forschung durch Intersubjektivität ersetzt wird.

Eine Arbeitsdefinition für Aktionsforschung findet sich bei REASON/BRADBURY (2000:1):

> "(...) action research is a participatory, democratic process concerned with developing practical knowing in the pursuit of worthwhile human purposes, grounded in a participatory worldview (...). It seeks to bring together action and reflection, theory and practice, in participation with others (...)."

Die Aktionsforschung wird in mehreren Ausführungen als zyklisch dargestellt (z.B. SUSMAN 1983, CHATAWAY 1997) (vgl. auch Abb.14). Ihre verschiedenen Phasen sind in jedem Forschungsvorhaben etwas anders benannt oder angeordnet, zusätzliche Phasen eingefügt, andere in mehrere Schritte unterteilt. Sie bestehen jedoch idealtypisch aus den Phasen Diagnose, Prozessplanung, Aktion, Evaluierung und Lernen, die von einer zu entwickelnden Steuerungsinstanz koordiniert werden.

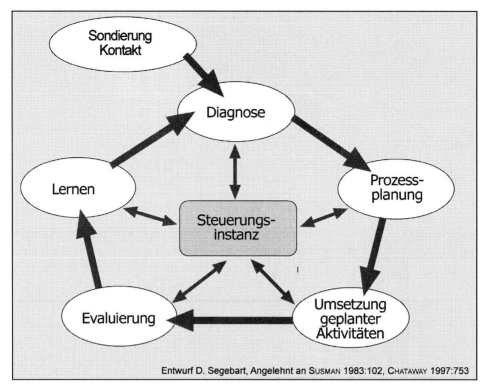

Abb. 14: Idealtypische Phasen der Aktionsforschung

In diesem Zusammenhang soll nur kurz auf den m.E. problematischen Begriff Aktion im Konzept der Aktionsforschung hingewiesen werden. Dieser wird meist in den Konzepten zu Aktionsforschung nicht klar definiert. Es stellen sich daher folgende Fragen: Muss jede Aktionsforschung Aktionen beinhalten und was soll überhaupt unter einer Aktion verstanden werden? Ist die Forschung, die kollektive, kooperative oder partizipative Forschung, nicht schon Aktion und widerspricht die Unterscheidung zwischen Forschung und Aktion nicht dem Prinzip, dass Forschung zur Transformation führt oder diese zumindest im Forschungsprozess angestrebt werden sollte? Ist das Gewinnen neuen Wissens oder eine Bewusstseinsveränderung durch den Forschungsprozess, die Datenerhebung oder die Interpretation der Ergebnisse, eine Aktion? Gleichzeitig existieren Forschungen, die in eine Aktion münden oder diese bereits im Forschungsprozess integrieren, aber nicht nach den oben dargestellten Prinzipien der Aktionsforschung durchgeführt wurden. Ist das Aktionsforschung? So bleiben die Fragen offen, ob die Aktion das Entscheidende an der Aktionsforschung sei und ob nicht der Begriff der transformativen Forschung angebrachter wäre? In Anschluss an diese Gedankengänge, ist es wichtig auf einen weiteren Aspekt hinzuweisen: In vielen Modellen zur Aktionsforschung wird häufig die Phase der Umsetzung geplanter Aktivitäten (vgl. Abb.14) mit Aktion oder aber Forschung benannt. Dies reduziert die Aktion oder die Forschung demzufolge auf die Phase der Umsetzung geplanter Aktivitäten und spiegelt m.E. nicht die Annahme wider, dass Forschung oder Aktion den gesamten Prozess darstellen und die Aktionsforschung sich vor allem durch ein anderes Forschungs-, Wissenschafts- und Gesellschaftsverständnis auszeichnet.

3.1.3.2 Partizipationsgrade in der Aktionsforschung

Das bewusst offen definierte Konzept der Aktionsforschung lässt Raum für unterschiedliche Ansätze und ebenfalls für unterschiedliche Verständnisse von Partizipation und partizipativer Aktionsforschung. Das Spektrum ist ähnlich weit wie das des partizipativen Monitorings (vgl. II.1.2.3.3) und die Probleme, die dabei auftreten ebenfalls. Am besten lässt sich die Situation als Kontinuum beschreiben von Ansätzen mit niedrigen zu solchen mit einem hohen Partizipationsgrad, die sich alle selbst definieren als partizipative Forschung oder (partizipative) Aktionsforschung. Die Partizipation kann in jeder Phase des Prozesses in jedem Forschungsvorhaben unterschiedlich gestaltet sein.

Gerade in der Debatte um Aktionsforschung muss das Partizipationskonzept hinterfragt werden, das mindestens zweideutig ist. In II.1.2 wurde schon auf die zwei unterschiedlichen Verständnisse von Partizipation als Mittel oder als Zweck hingewiesen. Zur Verdeutlichung dieser zwei Verständnisse werden in der folgenden Darstellung die Begriffe Beteiligung (Partizipation als Mittel) und *Ownership* (Partizipation als Zweck) verwendet.

Partizipation kann unterschiedlich ausgeprägt sein in den folgenden Schritten im Aktionsforschungsprozess:

- Forschungsimpuls
- Definition des Forschungsthemas, Forschungsgebiet, Forschungszeitraum
- Definition des Forschungsdesigns und/oder der Aktion (auch Definition der folgenden Aspekte)
- Art der Methoden
- Art der Anwendung (v.a. Wie? Durch wen? Wo? Wann? Wie lange?)
- Art der Auswertung
- Art der Dokumentation
- Art des Umgangs mit den Ergebnissen

Eine puristische Vorstellung von einer absoluten *Ownership* in allen Phasen des Prozesses ist kaum zu erreichen und ebenso fragwürdig. Sie scheitert an der Machbarkeit bezüglich der notwendigen Vorkenntnisse der Beteiligten (*insider*) in Bezug auf Umgang mit Planungs- und Steuerungsprozessen, Plänen, Texten und speziell Forschungs- und Auswertungsmethoden, aber auch bezüglich Kapazitäten im Bereich der Selbst-Organisation und demokratischer Entscheidungsfindung, von meist begrenzten Zeitressourcen der Beteiligten ganz abgesehen.

Gerade bei der Selbst-Organisation besteht die Gefahr, bei zu geringer Moderation von außen, Machtverhältnisse in der Gruppe sich selbst zu überlassen und die *Ownership* sich zu einer selektiven Partizipation von einigen Schlüsselpersonen entwickeln zu lassen.

Zuviel Partizipation (oder *Ownership*) kann scheinbar paradoxerweise zu unpartizipativen oder undemokratischen Vorgehensweisen führen und birgt die Gefahr bei ungenügender Erfahrung der Beteiligten zu unbefriedigenden Ergebnissen oder sogar Konflikten zu führen. Dies soll nicht als Plädoyer gegen wirkliche Partizipation verstanden werden, sondern als Hinweis auf die Gefahr, die Beteiligten mit zu hohen (letztendlich oftmals von außen formulierten) Erwartungen zu überfordern und sich der mit zu hohen *Ownership*-Erwartungen verbundenen Risiken bewusst zu sein. Eine interessante Alternative kann möglicherweise in einer Vorgehensweise liegen, die hier „*Ownership-Mentoring*" (vgl. Tabelle 6) genannt werden soll und die in dieser Arbeit angewandt wurde. Der Schwerpunkt liegt dabei auf dem Gedanken der Befähigung der lokalen Akteure. Hier müssen *outsider* eine Sensibilität entwickeln, um je nach lokalen Kontext und abhängig von den lokalen Akteuren zu identifizieren, an welcher Stelle eine geleitete, eine moderierte Partizipation mit der dazugehörigen Vorgabe einer Hilfsstruktur notwendig ist und wo Raum für wirkliche *Ownership* geöffnet werden kann und muss. In Tabelle 6 wird ausgeführt, was Beteiligung oder *Ownership* in den verschiedenen Prozessphasen bedeuten kann. Hinzugefügt wurde der Alternativvorschlag des „*Ownership-Mentoring*", der in der Tabelle erläutert wird.

Wie auch beim partizipativen Monitoring ist die Anwendung partizipativer Methoden, beispielsweise im Rahmen von partizipativen Workshops (vgl. NARAYAN 1996) und unter Anwendung von PRA-Methoden die verbreiteste Art partizipative Forschung zu betreiben. Selbst wenn dabei ein Aktionsplan entsteht, würde nicht jeder dies unter partizipativer Aktionsforschung verorten. Einigen Phasen, beispielsweise der Forschungsimpuls oder die Definition des Forschungsdesigns, kann möglicherweise ein höherer Stellenwert für die Realisierung von *Ownership* zugeschrieben werden. Dabei handelt es sich jedoch gerade um die Phasen, die methodisch am schwierigsten partizipativ umsetzbar sind und bei denen am meisten Vorwissen und Kapazitäten bei den Beteiligten von Nöten ist.[66]

Wenn auch die Methoden, die konkrete Umsetzung und das Partizipationsverständnis nicht genau definiert werden können, so dürfen zumindest die unter 3.1.3.1 formulierten Prinzipien der Aktionsforschung als Mindeststandards oder gemeinsames Dach gelten. Wichtig bleibt, wie auch beim partizipativen Monitoring, nicht die Methoden und auch in diesem Fall nicht die Aktion, sondern vielmehr der Paradigmenwechsel im Kopf der *out-* aber hoffentlich auch der *insider* ist ausschlaggebend.

---

[66] Vgl. Parallelen zu Diskussion um die verschiedenen Phasen des partizipativen Monitorings in II.1.2.3.3.

Phasen/ Aktivitäten des Prozesses	Beteiligung	Ownership-Mentoring	Ownership
Forschungs- impuls	*insider*[67] werden von *outsider* aufgesucht und konsultiert	*outsider* sucht *insider* auf, diskutiert, *insider* formulieren Forschungsbedarf, *outsider* erläutert Möglichkeiten und Grenzen	*insider* formulieren Forschungsbedarf (und suchen Forschungskooperationspartner/*outsider*)
Forschungs- thema	*insider* nehmen an der Formulierung des Forschungsthemas teil (das schon vorformuliert oder vorgedacht existiert, nur begrenzte Offenheit)	*outsider* bereitet basierend auf den Vordiskussionen partizipativen Workshop vor, moderiert Diskussion, erläutert Möglichkeiten und Grenzen, *insider* formulieren das Forschungsthema (evtl. Hilfestellung bei Formulierung durch *outsider*)	*insider* formulieren das Forschungsthema (offener Prozess, unbegrenzte Offenheit von Seiten der *outsider*)
Forschungs- design	*insider* nehmen an der Entwicklung des Forschungsdesigns teil (meist stellen *outsider* Alternativen vor, unter denen gewählt werden kann)	*outsider* erläutert Forschung, mögliche Forschungsmethoden (Vor- und Nachteile, Kosten), *insider* definieren Forschungsdesign	*insider* definieren das Forschungsdesign
Methoden (Art)	Partizipative Methoden (häufig PRA)	*insider* definieren Methoden, *outsider* checkt	*insider* definieren die Methoden
Anwendung der Methoden	*insider* nehmen an der Anwendung als Beforschte teil	*insider* erheben selbst, unter Anleitung von *outsider*	*insider* wenden die Methoden an
Datenanalyse	Gemeinsame Datenanalyse im partizipativen Workshop (vorbereitet durch *outsider*, evtl. in Kooperation mit *insider*) – diese Phase wird oftmals nicht partizipativ durchgeführt	*outsider* erläutert Möglichkeiten der Datenanalyse, *insider* definieren Vorgehensweise, führen Datenanalyse assistiert durch *outsider*	*insider* analysieren die Daten
Dateninter- pretation	Gemeinsame Dateninterpretation im partizipativen Workshop (vorbereitet durch *outsider*, evtl. in Kooperation mit *insider*)	*outsider* erläutert Möglichkeiten der Dateninterpretation, *insider* interpretieren die Daten	*insider* interpretieren die Daten
Dokumenta- tion	*insider* werden nach Dokumentationswünschen befragt und nach Möglichkeit involviert	*outsider* erläutert Möglichkeiten der Dokumentation, *insider* dokumentieren assistiert durch *outsider*	*insider* dokumentieren die Daten
Umgang mit den Ergebnissen	*insider* werden zum Umgang mit den Ergebnissen befragt und darin involviert	*outsider* erläutert Möglichkeiten, Chancen und Risken des Umgangs mit Ergebnissen, *insider* entscheiden über die Daten und erarbeiten die nächsten Schritte moderiert durch *outsider*	*insider* entscheiden über die Daten

Tabelle 6: Ausgestaltung der Prozessphasen bei Beteiligung, Ownership-Mentoring und Ownership

---

[67] In dieser Darstellung von Aktionsforschung werden die Begriffe *insider* und *outsider* verwendet, da es um eine kooperative Forschung geht und daher die Begriffe Forschende und Erforschte nicht mehr überall zutreffend sind.

3.1.3.3 Probleme in der Aktionsforschung

Es wird bisher wenig Aktionsforschung betrieben oder zumindest wird wenig darüber geschrieben und noch weniger über die spezifischen methodologischen und methodischen Probleme von Aktionsforschung. FULLER (1999) vermutet, dass dies daran liegt, dass Aktionsforschung so *unsauber*[68] ist, Unbehagen und Unsicherheit auslöst und das Risiko des *going-native* in der Luft hängt. Das Rollenproblem erscheint durch die starke Interaktion mit den an der Forschung Beteiligten als das zentralste Problem der Aktionsforschung. Es ist daher wichtig, im Prozess der Aktionsforschung auftretende Rollenkonflikte offen formulieren, problematisieren und analysieren zu können, um Ansätze zu entwickeln, wie Forschende (und ihre Forschungsgegenüber) zukünftig besser mit dieser Situation umgehen können.

Das Rollenproblem drückt sich in der Forschungspraxis durch das Verwechseln der unterschiedlichen Identitäten des *outsiders* durch die Beteiligten oder den *outsider* selbst aus. Klassischerweise werden die Forscherrolle und die Rolle als Gruppenmitglied, Aktivist, aber auch Lehrer, Berater oder Politiker verwechselt. Es geht hier jedoch nicht um den typischen Fall des nicht-intentionierten *going native*. Vielmehr sind in der Aktionsforschung die verschiedenen Rollen intentioniert, im Konzept der Aktionsforschung angelegt und somit anerkannter Teil des Gesamtprozesses. Die unterschiedlichen Rollen müssen daher nicht unbedingt Konflikte auslösen, können jedoch tagtägliche Herausforderungen darstellen. FULLER spricht in diesem Zusammenhang von den *politics of integration*, die es in der Aktionsforschung zu machen gilt und beschreibt sie als einen kontinuierlichen Lernprozess:

> „ (...) the process of learning to cope with the constant repositioning of identity, reassessment of motives and multiplicity of roles necessitated by such involvement (...)." (FULLER 1999:222)

Für den Umgang mit den verschiedenen Rollen empfiehlt FULLER eine reflexive Praxis. Wie die konkret aussehen könnte, führt er nicht aus. Das Führen von Feldtagebüchern, Anlegen von Gedächtnisprotokollen alltäglicher, informeller Szenen und Gespräche und Verfassen kurzer Memos unter dem Gesichtspunkt der reflexiven Praxis zur *politics of integration* könnte dafür ebenso hilfreich sein, wie eine kontinuierliche externe Supervision oder Intervision.

Auf die *politics of integration* und die dazugehörigen *soft skills* werden die meisten Feldforschenden in ihrer Ausbildung nicht explizit vorbereitet. Dieses Problem stellt sich auch bei der Entwicklung der bereits erwähnten partizipativen Steuerungsinstanz des Aktionsforschungsprozesses sowie bei den meisten Phasen des Prozesses. Hier sind Moderations-, Mediations- und Beratungstechniken erforderlich, Erfahrungen mit partizipativen Methoden essentiell sowie Kenntnisse im Bereich der Erwachsenenbildung, Organisationsentwicklung und des Konfliktmanagements von Vorteil. Durch die starke Exponiertheit des *outsiders*

---

[68] FULLER spricht von *dirty*. In Bezug auf qualitative Methoden wird auch gerne von *messiness* gesprochen. Damit wird die von Positivisten vorgebrachte Kritik an den 'unsauberen' Methoden ins Lächerliche gezogen, indem man sich selbst dessen bezichtigt und bewusst dazu steht.

aufgrund der Transparenz des Prozesses und der intensiven Interaktion mit den Beteiligten kann der Prozess als psychisch und sozial fordernd eingeschätzt werden.

Ein weiterer, nicht zu verachtender Aspekt ist die Konsequenz aus der starken Interaktion und der partizipativen Steuerung des Prozesses. Es kommt zu einem Forschen im Rhythmus der Kooperationspartner - in Bezug auf Zeit, Ort, Art und Inhalt. Dies kann kollidieren mit den Zeitressourcen der *outsiders*, meist definiert durch Forschungsförderungszeiträumen externer Akteure und durch Fristen akademischer Akkreditierung. Auch kann das akademische Projekt, definiert durch die gängigen anerkannten Standards wissenschaftlichen Arbeitens, in Gefahr geraten, wenn die *insider* eine andere Vorgehensweise, andere Inhalte, einen anderen Aktionsraum oder andere involvierte Akteure definieren. Hier bedarf es wissenschaftlicher Kreativität und wissenschaftlichen Mutes diese Gratwanderung erfolgreich und befriedigend für alle Beteiligten zu einem Ergebnis zu führen.

<u>3.1.3.4 Aktionsforschung in der Geographie</u>

Obwohl die Aktionsforschung sich förmlich anbietet, um die Forderungen der kritischen Geographie und die nach Anwendungsbezug der geographischen Entwicklungsforschung umzusetzen, wird sie kaum thematisiert und noch weniger praktiziert. Dies mag an den in diesem Kapitel dargestellten schwierigen Herausforderungen an die Forschenden und der gleichzeitigen geringen Anerkennung in der wissenschaftlichen Gemeinde liegen. Ganz sicher existieren bisher zuwenig Arbeiten in der Geographie, die sich systematisch mit methodologischen und methodischen Fragen in der Aktionsforschung auseinandersetzen. Durch eine bessere Dokumentation und Analyse von Aktionsforschungsprozessen ist zu hoffen, diesen Forschungsansatz attraktiver zu machen und ihm die Relevanz zukommen zu lassen, die ihm gebührt. Einige Überlegungen haben in der Geographie bereits begonnen (vgl. MEIER 1989a, b) und sollen auch in dieser Arbeit in Kapitel IV.3.4 fortgesetzt werden.

3.2 Vorgehensweise in dieser Arbeit

Im Folgenden wird die methodologische Vorgehensweise in dieser Arbeit vorgestellt. Dabei wird zunächst das allgemeine Forschungssetting erläutert (3.2.1) und im Anschluss die Aktionsforschung (3.2.2) und die Begleitforschung (3.2.3) dargestellt. Ein graphischer Überblick der Aktivitäten im Rahmen der Aktions- und Begleitforschung beschließt das Kapitel (3.2.4).

3.2.1 Das Forschungssetting

Ausgangspunkt dieser Arbeit ist das Anliegen, ein partizipatives Monitoringsystem zu entwickeln. Um dies zu realisieren wurde zum einen eine Aktionsforschung zur Entwicklung eines partizipativen Monitorings durchgeführt und zum anderen eine Begleitforschung zur Aktionsforschung. Diese Begleitforschung besteht aus drei Analysen (vgl. I.3), die sich meist vorrangig auf eine der drei Zielsetzungen (Theorieorientierung, Praxisorientierung, methodologische Weiterentwicklung) der Arbeit beziehen, aber zum Teil auch Einfluss haben auf die anderen Zielsetzungen (vgl. Abb.15):

- einer Kontextanalyse, die zum einen die Methodenanalyse inhaltlich unterstützt und zum anderen einen Beitrag zur theoretischen Debatte und methodischen Vorgehensweise in der geographischen Entwicklungsforschung darstellt,
- einer Methodenanalyse, um aus der Aktionsforschung verallgemeinerbare Schlüsse zum Erarbeiten eines partizipativen Monitoringsystems zu ziehen sowie
- einer Analyse der methodologischen Vorgehensweise, die einen Beitrag zur Analyse einer Aktionsforschung, zur Erarbeitung einer Methodologie zur Methodenanalyse und zu einer projektbegleitenden Forschung leistet sowie die Möglichkeiten und Grenzen einer Begleitforschung zu einer Aktionsforschung auslotet.

Die Analyse der Aktionsforschung besteht aus einer zusammenfassenden Bewertung des Gesamtprozesses und ist den Analysen der Begleitforschung in dieser schriftlichen Form vorgelagert, da sie bereits einige Inputs zur Kontextanalyse, Methodenanalyse und Analyse der methodologischen Vorgehensweise beiträgt.

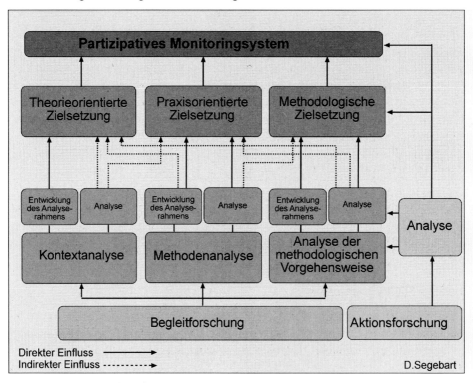

Abb. 15: Beitrag der unterschiedlichen Analysen zu den Zielsetzungen der Arbeit

Die empirische Erhebung und Analyse der Daten zu den unterschiedlichen Analysen hat zeitgleich stattgefunden. Die Begleitforschung an sich hat jedoch vor der Aktionsforschung begonnen, hat diese konzipiert und setzte sich nach Beendigung der Aktionsforschung - sofern diese ein Ende haben kann - fort (vgl. Abb. 16).

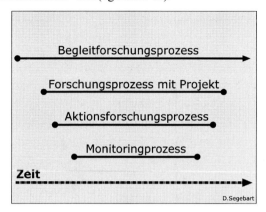

Abb. 16: Chronologische Abfolge der Teilforschungsprozesse

Der detaillierte Ablauf der einzelnen Forschungsaktivitäten ist in 3.2.4 zu finden. Das Forschungssetting ist schematisch in Abb.17 dargestellt.

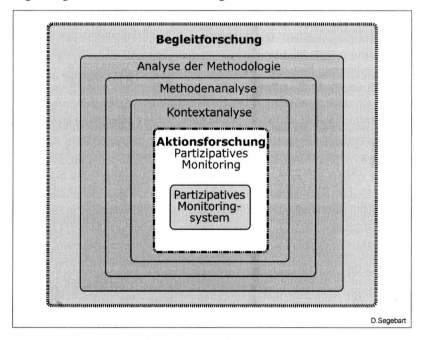

Abb. 17: Das Forschungssetting

Im Folgenden wird die Aktionsforschung (3.2.2) in ihren unterschiedlichen Prozessphasen und die Begleitforschung (3.2.3) unterteilt in ihre Analysen ausführlicher vorgestellt.

3.2.2 Die Aktionsforschung

In diesem Aktionsforschungsprojekt sind unterschiedliche Akteure involviert, deren Handlungen sich auf unterschiedlichen Ebenen auf den Aktionsforschungsprozess auswirken, bzw. sich in diesen integrieren. In dieser Forschung sind die idealtypischen Phasen der Aktionsforschung nicht klar abgegrenzt, sondern die Akteure durchlaufen nicht unbedingt alle gleichzeitig die jeweiligen Phasen, sie überlappen sich teilweise. Dieses Forschungsszenario ist die Konsequenz aus der Vorgehensweise im Sinne eines *Ownership-Mentoring* (vgl. 3.1.3.2).

Darüber hinaus durchläuft der gesamte Forschungs- und Implementierungsprozess im großen Zyklus mehrere Mikrozyklen. Im Prinzip folgte nach jeder Art von Aktion eine Evaluierung, Reflexion, ein Lernen und eine Neuplanung oder Anpassung des Prozesses.

Hauptakteure im Prozess sind die MitarbeiterInnen des Projektes PRORENDA, Schlüsselakteure in den Munizipien (z.B. Präsidenten des CMDRS, leitende Verwaltungsangestellte, Führungskräfte der Zivilgesellschaft), die Mitglieder der CMDRS und die aus diesen gebildeten Monitoringgruppen in den jeweiligen Munizipien.

Letztendlich können vier Akteursebenen und damit gleichzeitig Hauptrhythmen im Prozess erkannt werden: die

- der Monitoringgruppe,
- der Lokalverwaltung,
- des Projektes PRORENDA und
- meine eigene.

Es wurde von mir 2001 in ständiger Rücksprache und ausführlichen Diskussionen mit PRORENDA ein Vorschlag für die Entwicklung eines partizipativen Monitoringssystems ausgearbeitet und dieser den Mitgliedern des CMDRS in drei Munizpien vorgestellt. Nach der Bekundung von Interesse von Seiten der CMDRS – außer in einem Munizip - führte ich in den zwei interessierten Munizipien (Ourém und São Domingos do Capim) jeweils ein zweitägiges Monitoringtraining durch, das das gemeinsame Entwickeln des lokalen Monitoringsystems und die Bildung einer lokalen Monitoringgruppe beinhaltete. In Ourém konnten im Anschluss aus internen politischen Auseinandersetzungen im CMDRS nur noch zwei Monitoringtreffen stattfinden. In São Domingos jedoch traf sich die Monitoringgruppe regelmäßig einmal im Monat während eines Zeitraums von 1 1/2 Jahren. Die Phasen des durchgeführten Monitoringprozesses sind in Abb. 18 dargestellt.

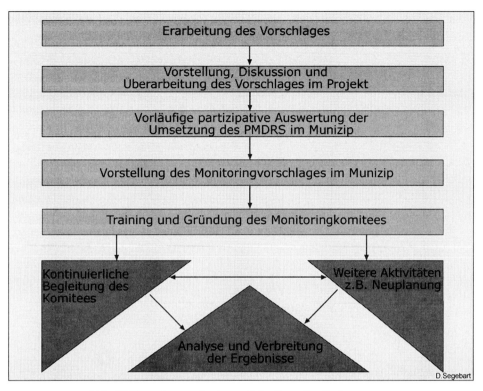

Abb. 18: Vorgehensweise im partizipativen Monitoringprozess

Die Aktivitäten des Monitorings waren eingebettet in den Gesamtprozess, der aus der partizipativen Erarbeitung des PMDRS und dessen Umsetzung bestand. Die folgende Abb.19 zeigt in vereinfachter Form diese Einbindung und Verflechtung. Dieser Prozess wird in III. detaillierter dargestellt.

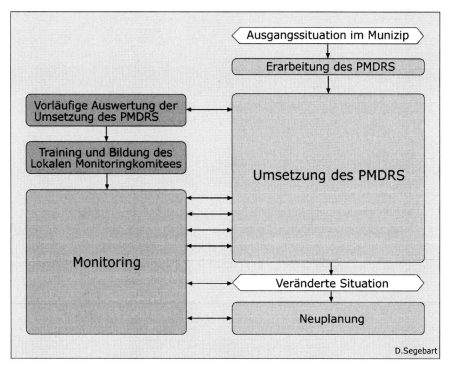

Abb. 19: Monitoring im Prozess der Erarbeitung und Umsetzung des PMDRS

Die Beschreibung einer Aktionsforschung und im Besonderen eines Monitoringprozesses ist nicht ganz einfach, da sich der Prozess ständig verändert.

> „Because PM&E is an evolving field, this makes documenting PM&E experiences almost as difficult and problematic as ‚tracking a moving target'." (ESTRELLA 2000:14)

Es wäre jedoch wenig aufschlussreich nur das Eingangskonzept oder wiederum nur das letztendlich realisierte Konzept vorzustellen. Ein detailliertes Dokumentieren jedes Zwischenschrittes lässt jedoch das Wesentliche nicht mehr erkennen. In der Analyse des Monitoringprozesses (III.) werden daher die wichtigsten Wandlungs- und Lernprozesse während des Monitorings dargestellt. An dieser Stelle soll nur kurz darauf hingewiesen werden, dass anfangs das partizipative Monitoringsystem sowohl als Prozessmonitoring als auch als Wirkungsmonitoring konzipiert war. Das Wirkungsmonitoring wurde aus verschiedenen Gründen (vgl. IV.2.3) nicht durchgeführt, daher bezieht sich das in dieser Arbeit dargestellte partizipative Monitoring vor allem auf ein Prozessmonitoring.

Der Gesamtprozess, der zwischen den Akteursebenen und damit zwischen Aktions- und Begleitforschung zirkuliert, wird in der folgenden Graphik (Abb.20) zusammenfassend dargestellt:

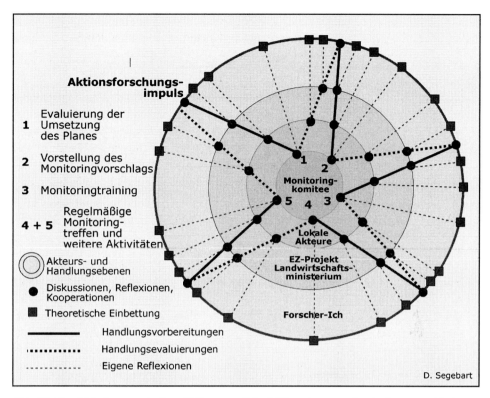

Abb. 20: Das Zirkulieren zwischen Aktions- und Begleitforschung und zwischen verschiedenen Akteursebenen im Forschungsprozess

Der dynamische Prozess dieser Aktionsforschung mit seinen ständigen *feed-back loops*, der Abstimmung mit allen involvierten Akteuren oder auch den *sozialwissenschaftlich-hermeneutischen Paraphrasen* (vgl. 3.2.3.1) lässt erahnen, dass diese Dynamik ebenfalls Auswirkungen auf die Begleitforschung hat.

3.2.3 Die Begleitforschung

Die Begleitforschung zur Erarbeitung des partizipativen Monitoringsystems ist - wie unter 3.2.1 erläutert - unterteilt in eine Kontextanalyse (3.2.3.1), eine Methodenanalyse (3.2.3.2) und eine Analyse der methodologischen Vorgehensweise (3.2.3.3). Deren Zielsetzung und Vorgehensweise wird im Folgenden kurz skizziert.

3.2.3.1 Kontextanalyse

Wie bereits erwähnt, hat die Kontextanalyse die vorrangige Aufgabe die Methodenanalyse inhaltlich zu unterstützen. Durch die Analyse sollen Schlüsselfaktoren, die die Entwicklung des partizipativen Monitoringsystems sowie die gesamte Aktionsforschung beeinflussen, identifiziert und anschließend in der Methodenanalyse eingehender analysiert werden.

Die dafür notwendigen Daten wurden durch folgende Methoden erhoben und durch die Triangulation dieser Methoden analysiert und interpretiert:

- Dokumentationen von Gruppendiskussionen mit natürlichen Gruppen (vgl. REUBER/PFAFFENBACH 2005:145ff), Workshops und Sitzungen aber auch informelle Gespräche, die zum Teil parallel, ausführlicher jedoch hinterher protokolliert wurden. Die Workshops und Sitzungen beinhalten v.a. Monitoringtraining, regelmäßige Monitoringsitzungen und Beiratssitzungen, Planungsworkshops, weitere thematische Workshops im Rahmen der Aktivitäten von PRORENDA oder anderen in den *Munizipien* tätigen Institutionen, der Gewerkschaften und Bauernvereinigungen sowie Teamsitzungen des Landwirtschaftssekretariats. Die Gruppendiskussionen deckten jeweils unterschiedliche Themenbereiche ab, u.a. politische Partizipation, Nachhaltigkeit, der Gemeindehaushalt (wie funktioniert er? wer zahlt? wer entscheidet?), die Funktion des Beirats für ländliche Entwicklung, Vermarktung von Agrarprodukten.

- Führung eines Feldtagebuchs

- Durchführung von 31 semistrukturierten problemzentrierten Leitfaden-Interviews[69] (REUBER/PFAFFENBACH 2005:133ff, LAMNEK 1995:70ff) mit in den Prozess direkt involvierten Akteuren, aber auch weiteren politischen Schlüsselpersonen in den Munizipien und Institutionen, inklusive des Anlegens eines *postscriptums* (REUBER/PFAFFENBACH 2005:138) zu jedem Interview. 15 der jeweils ca. 1-1,5 stündigen Interviews wurden aufgenommen und transkribiert, die anderen wurden protokolliert. In einer Pilotstudie (2001) in einem benachbarten Munizip wurden gemeinsam mit einer brasilianischen Kollegin 70 problemzentrierte Interviews durchgeführt (CAYRES/SEGEBART 2003), deren Ergebnisse indirekt in diese Arbeit einfließen.

- Teilnahme am *Participatory Rural Appraisal* und der partizipativen Erarbeitung des PMDRS in beiden Munizipien

- Regelmäßige Vorstellung des Standes der Monitoringaktivitäten und der Forschungsergebnisse im Rahmen des PRORENDA-Teams, meistens unter Teilnahme von Vertretern von PRONAF und der kommunalen Landwirtschaftssekretariate. Diese Treffen wurden im Sinne einer *sozialwissenschaftlich-hermeneutischen Paraphrase* (REUBER/PFAFFENBACH 2005:178) zur Überprüfung der eigenen Interpretationen genutzt.

- Analyse interner Dokumente der Gemeindeverwaltungen und des Projektes PRORENDA sowie weitere sekundäre Datenerhebungen.

---

[69] Der Leitfaden wurde nach Akteursgruppen und Akteuren angepasst, beinhaltete aber generell die folgenden Themenbereiche:
- Einschätzungen, Erfahrungen, Erwartungen, Visionen zu Planung, Steuerung, Partizipation, *Governmentality*
- konkrete Fragen zu Aktivitäten und Programmen, zum Munizip (Situation der ländlichen, landwirtschaftlichen Entwicklung, politische Institutionen, Macht, Politik, Konflikte)
- Partizipatives Monitoring, partizipative Planung (Bewertung der konkreten Aktivitäten im Munizip, des Konzeptes und konkreten Anwendung, des Handelns der involvierten Akteure)

Der Erhebungszeitraum liegt schwerpunktmäßig zwischen 2001 und 2003, wobei einige Gespräche, Interviews und Workshops auch in den Jahren 1999, 2000 und 2004 stattgefunden haben.

Die Protokolle und Transkriptionen wurden mit Hilfe einer strukturierten Inhaltsanalyse (MAYRING 1995, REUBER/PFAFFENBACH 2005:173ff), aber auch mit hermeneutischer Textinterpretation bearbeitet und einer ersten Analyse unterzogen. Die Daten für die Kontextanalyse wurden anschließend nach dem in IV.1.2 dargestellten Analyserahmen analysiert.

3.2.3.2 Methodenanalyse

Anhand von Schlüsselfaktoren wird die Entwicklung und Anwendung des partizipativen Monitoringsystems analysiert. Die Kriterien für die Methodenanalyse haben sich im Laufe des Prozesses herauskristallisiert. Einige Schlüsselfaktoren waren aus der Literatur bereits bekannt, andere offenbarten sich durch Beobachtungen, in Gesprächen, Gruppendiskussionen und Interviews während des Prozesses. In monitoringspezifischen Diskussionsgruppen beispielsweise der Arbeitsgruppe *Monitoring und Lessons Learnt* (MuLL) des Fachverbundes Ländliche Entwicklung der GTZ oder während eines Workshops zu partizipativen Monitoring im Rahmen des AMA-Projektes (*Projeto Apoio ao Monitoramento e Análise*) des Pilotprogramms zum Schutz des Regenwaldes (PPG7), in denen jeweils Zwischenergebnisse dieser Studie vorgestellt wurden, konnten angenommene Schlüsselfaktoren zur Diskussion gestellt werden. Darüber hinaus werden beobachtete Phänomene und identifizierte Schlüsselfaktoren anhand der Ergebnisse der Kontextanalyse auf ihre Generalisierbarkeit hinterfragt.

3.2.3.3 Analyse der methodologischen Vorgehensweise

Die Analyse der methodologischen Vorgehensweise stellt die abschließende Analyse dar, trotzdem haben die Reflexionen zu dieser Analyse bereits den gesamten Forschungsprozess durchzogen. So speist sich diese Analyse auch zum größten Teil aus den Dokumentationen der Sitzungen, Workshops, informellen Gesprächen, den Aufzeichnungen im Feldtagebuch sowie aus manchen Interviews.

3.2.4 Überblick der Aktivitäten im Rahmen der Aktions- und Begleitforschung

Die folgende Graphik (Abb.21) veranschaulicht die in diesem Kapitel beschriebenen Aktivitäten im Rahmen der Aktions- und der Begleitforschung in ihrem zeitlichen und inhaltlichen Zusammenspiel.

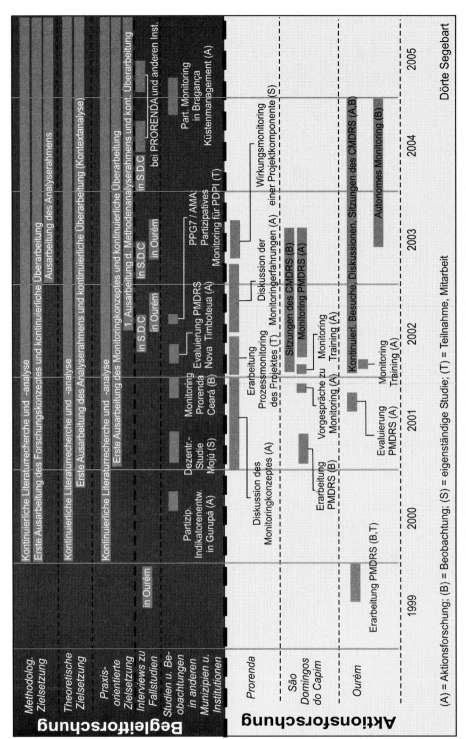

Abb. 21: Überblick der Aktivitäten im Rahmen der Aktions- und Begleitforschung

III Aktionsforschung

Dieses Kapitel beschreibt die Aktionsforschung und beginnt bereits eine Analyse, die in den Analysen der Begleitforschung fortgesetzt und vertieft wird.

Die generellen Vorgehensweisen in der Aktionsforschung und speziell im Monitoringprozess sowie wurden bereits in II.3.2.2 kurz skizziert. In III.1.1 wird der Monitoringprozess in dieser Arbeit anhand der idealtypischen Phasen der Aktionsforschung nochmals ein wenig ausführlicher dargestellt und anschließend auf die spezifischen Umsetzungserfahrungen des partizipativen Monitorings in den Fallstudien Ourém und São Domingos do Capim eingegangen (1.2).

Das zweite Unterkapitel widmet sich der Analyse sowohl des Monitoringprozesses (2.1) als auch der Aktionsforschung (2.2). Ein Fazit fasst die verschiedenen Analysen zusammen (3.).

1 Beschreibung der Aktionsforschung

1.1 Der Monitoringprozess

Wie bereits erwähnt, soll der Monitoringprozess im Folgenden detaillierter dargestellt und anhand der idealtypischen Phasen einer Aktionsforschung (vgl. II.3.1.3, Abb.14 und Abb.22) gegliedert werden: in Forschungsimpuls, Diagnose/Sondierung, Prozessplanung, Aktion, Evaluierung, Lernen und partizipative Steuerungsinstanz. Dabei wird jedoch bereits das idealtypische Schema der Aktionsforschung z.T. in Frage gestellt. Die sich daraus ergebenden Reflexionen werden später unter 2.2 zusammengefasst.

1.1.1 Forschungsimpuls

Der Forschungsimpuls dieser Aktionsforschung ist auf mehreren Akteursebenen verortbar und fand dort zeitlich versetzt statt: Neben meinem eigenen Impuls, der sich aus praktischen Beobachtungen und Erfahrungen mit partizipativer Planung u.a. in Ourém, einem der Fallbeispiele, sowie theoretischen Überlegungen speiste, stand für mich vor allem der artikulierte Forschungsbedarf des Projektes PRORENDA sowie der Menschen die in partizipativen Planungsprozessen teilgenommen hatten und direkt ins partizipative Monitoring eingebunden werden sollten, im Vordergrund. Das Interesse des Projektes war wichtig, weil für mich nur eine anwendungsbezogene und politikrelevante Forschung in Frage kam. Das Projekt bot eine Einbindung in bestehende Planungs- und Kommunalentwicklungsprozesse in der Region. Ich konnte somit eine projektbegleitende Forschung durchführen. Darüber hinaus konnte das Projektteam als ein interessantes Korrektiv in meiner Forschung wirken, letztendlich als eine Art *Feed-back-loop* für beide Seiten. Hätten PRORENDA oder die lokalen Akteure sich gegen das Forschungsvorhaben ausgesprochen, hätte ich die Forschung nicht durchgeführt.

Zu Beginn des Prozesses arbeitete ich einen Vorschlag für ein partizipatives Prozess- und Wirkungsmonitoring der Umsetzung der PMDRS aus (vgl. SEGEBART 2002). Dieser Vorschlag wurde mit dem Team von PRORENDA Rural Pará ausführlich diskutiert und teilweise modifiziert. Der Vorschlag unterlag von da an einem stetigen Anpassungsprozess, wobei jedoch die Grundelemente nicht verändert wurden. Nach jeder Diskussion[70] sowie der Vorstellung des Vorschlages in den Munizipien wurde das Feedback eingearbeitet, sofern es sinnvoll erschien und es den Vorschlag stärker an die lokale Realität anpasste. Wie weit die Vorschläge entfernt waren von der lokalen Realität, erwies sich jedoch erst während der Anwendung.

1.1.2 Diagnose/Sondierung

Um den mit dem PMDRS involvierten Akteuren in den Munizipien das Thema partizipatives Monitoring nicht überzustülpen, moderierte ich 2001/2002 gemeinsam mit MitarbeiterInnen von PRORENDA zweitägige Workshops in drei verschiedenen Munizipien (Ourém, São Domingos do Capim, Nova Timboteua), die von den CMDRS der Munizipien angeregt worden waren. Die Workshops hatten die Evaluierung der bisherigen Umsetzung der PMDRS zum Thema.

In allen Munizipien formulierten die Teilnehmenden aufgrund der unbefriedigenden Umsetzung der PMDRS die Forderung nach einer systematischen Begleitung der Umsetzung. Ich bot daher noch am Ende dieser Workshops an, dieses Thema mit ihnen gemeinsam zu vertiefen und erwähnte auch, dass wir uns zu diesem Thema bereits konkrete Gedanken gemacht haben und ich ihnen das Konzept des partizipativen Monitorings das nächste Mal vorstellen könnte. In Ourém und São Domingos wurde der Vorschlag mit Wohlwollen aufgenommen. In Nova Timboteua hielten die Mitglieder des CMDRS die lokale politische Situation jedoch für zu angespannt und beschlossen diese erst einmal zu lösen, bevor sie sich mit der Umsetzung des PMDRS beschäftigen.

Die Phase der Diagnose ist zeitlich nicht unbedingt immer klar definierbar. Ich habe informelle Gespräche vor dem Beginn meiner Forschung aufgezeichnet, sowohl mit Mitgliedern des CMDRS, anderen lokalen Akteuren als auch mit MitarbeiterInnen von PRORENDA, in dem die ungenügende Umsetzung der Pläne bereits thematisiert wurde.[71] Die Diagnose, wie die oben beschriebenen Workshops, kann also m.E. auch dem Forschungsimpuls vorausgehen.

---

[70] Der Vorschlag wurde ebenfalls während eines Austauschaufenthaltes bei dem Projekt PRORENDA Rural im Bundesstaat Ceará bei einem Treffen mit einem kommunalen Beirat für nachhaltige ländliche Entwicklung (CMDRS) 2001 vorgestellt und diskutiert sowie während eines Seminars zu partizipativen Methoden im Rahmen des brasilianisch-deutschen Forschungsprogramms MADAM (*Mangrove Dynamics and Management*) im Dezember 2001 in Bragança. Weiterhin wurde der Vorschlag mit einer damaligen Mitarbeiterin der brasilianischen NRO FASE (*Federação dos Órgãos para Assistência Social e Educacional*) in Kooperation mit der belgischen NRO Atrai diskutiert, die zu dieser Zeit seit mehreren Jahren u.a. in Ourém arbeitete.

[71] Darüber hinaus nahm ich 2001 an einer Evaluierung der partizipativen Planung, v.a. der Umsetzung der PMDRS, mit Vertretern des staatlichen landwirtschaftlichen Beratungsdienstes (EMATER, *Empresa de Assistência Técnica e Extensão Rural*), die PRORENDA organisiert hatte, teil. Hier wurden bereits Probleme

Trotz dieser tendenziell phasen-unabhängigen eher informellen Diagnose- oder Sondierungsaktivitäten, ist nach der Entscheidung eine Aktionsforschung durchzuführen, eine weitere gemeinsame Diagnose wichtig. Ich habe diese ebenfalls in das Monitoringtraining integriert. Aus den dort zusammengetragenen Gründen für die Nicht-Umsetzung des PMDRS wurde das lokale Design des partizipativen Monitoringsystems gemeinsam entwickelt.

1.1.3 Prozessplanung

Eine erste Planung des Prozesses wurde von mir bereits im Rahmen der Erarbeitung des Monitoringvorschlags vorgenommen. Diese Planung beinhaltete jedoch bewusst mehrere von PRORENDA sowie der Monitoringgruppe zu definierende Variablen. Ich diskutierte zunächst die Vorgehensweise mit PRORENDA und konkretisierte sie dann im Monitoringtraining mit der Monitoringgruppe, die Raum hatte, ihre eigenen Vorstellungen und Bedürfnisse einzubringen. Hier galt es sowohl mit PRORENDA als auch mit der Monitoringgruppe den Prozess abzustimmen, dazu gehörte v.a. die Definition der zu involvierenden Akteure, des Inhalts des Monitorings, der Form der Monitoringgruppe, der Art der Vorgehensweise und der Zeitplanung.

Wie bereits erwähnt, ist die Prozessplanung ein Teil des Gesamtprozesses, wiederholt sich jedoch in Unter- oder Mikrozyklen während verschiedener Phasen des Gesamtprozesses. So wurden während des gesamten Prozesses Anpassungen in der Planung und Umsetzung des Monitoringprozesses aufgrund von Diskussionen und Evaluierungen gemeinsam mit der Monitoringgruppe oder PRORENDA durchgeführt.

1.1.4 Aktion

Die Aktion zentriert sich in der Formierung der lokalen Monitoringgruppe und den monatlichen Monitoringtreffen. Die Ergebnisse der Monitoringaktivitäten machten jedoch weitere Aktionen notwendig. Dazu gehörte die Neuplanung und v.a. die Konkretisierung des PMDRS (vgl. 2.1.1). Gemeinsam mit einer Mitarbeiterin von PRORENDA moderierte ich ein zweitägiges Treffen zur Durchführung dieses Überarbeitungsprozesses. Das Monitoring brachte jedoch so viel Veränderungsbedarf zum Vorschein, dass v.a. auf Wunsch des lokalen Agrarsekretärs einige Monate später eine externe Gutachterin und ich einen völlig neuen Planungsprozess für eine Neuformulierung des PMDRS durchführten. Durch das Monitoring wurde ebenfalls deutlich, dass viele geplante Aktivitäten nicht realisiert wurden, weil u.a. kein Geld dafür vorhanden war und die lokalen Akteure nicht wussten, wie sie welches beantragen konnten. Daher wurde in der Monitoringgruppe der Bedarf für ein Fundraising-Training formuliert. In Folge erarbeitete ich gemeinsam mit zwei Mitarbeiterinnen von PRORENDA zwei Trainingsmodule, die wir anschließend in São Domingos durchführten.

---

benannt auf die ich in der Erarbeitung des Monitoringsystems eingehen konnte. Weiterhin ermöglichte PRORENDA mir und einer PRORENDA-Mitarbeiterin Erfahrungen mit Monitoring aus einem anderen PRORENDA-Projekt im Bundesstaat Pará kennen zu lernen (vgl. FRANCO/STRUCK ET AL 2000). Auch die Schlüsse, die wir daraus gemeinsam zogen, flossen in den Monitoringvorschlag ein.

1.1.5 Evaluierung

Es fand keine wirkliche explizite Evaluierungsphase nach der Aktionsphase statt. Dafür war der Prozess aufgrund von politischen Problemen in der Stadtverwaltung von São Domingos zu brüsk abgebrochen worden. Es hatten jedoch kontinuierlich Zwischenevaluierungen sowohl mit der Monitoringgruppe als auch mit dem Projektteam PRORENDA stattgefunden, an denen auch weitere Akteure, z.B. Vertreter der Landeslandwirtschaftsbehörde (SAGRI), des PRONAF oder auch des staatlichen landwirtschaftlichen Beratungsdienstes (EMATER, *Empresa de Assistência Técnica e Extensão Rural*) teilnahmen. Neben diesen halb-offiziellen Evaluierungen der Zwischenergebnisse in Gruppendiskussionen, fanden viele Evaluationsgespräche in Form von informellen Gesprächen oder auch in Interviewsituationen statt.

1.1.6 Lernen

Die Lernphase ist sicherlich die Phase, die sich am wenigsten einem bestimmten Zeitraum oder einer bestimmten Phase im Prozess zuordnen lässt. Die Lernprozesse sind bei jedem Akteur unterschiedlich ausgeprägt, liegen auch dort auf unterschiedlichen Ebenen, finden zu verschiedenen Zeitpunkten oder in verschiedenen Zeiträumen statt und sind einmalige Erlebnisse, punktuelle oder auch kontinuierliche graduelle Prozesse.

Die Lernprozesse fanden im Monitoringkomitee und bei PRORENDA sowie bei den anderen beteiligten Akteuren, z.B. den politischen Akteuren in den Munizipien, auf persönlicher und institutioneller Ebene statt. Bei mir selbst konnte ich Lernprozesse auf persönlicher, professioneller und wissenschaftlicher Ebene beobachten. Sie fanden durch die konkreten Erfahrungen statt und auch durch Reflexion im Austausch mit anderen Monitoringvorhaben. Welche Bereiche diese Lernprozesse umfassten wird in IV.2.3.2 näher analysiert.

Versteht man die Lernphase als die Phase, in der die Ergebnisse der Evaluierung des gesamten Aktionsforschungsprozesses reflektiert und in neue Projekte kanalisiert werden, so lässt sich sagen, dass dies punktuell stattgefunden hat. Partizipatives Monitoring fand Eingang in einige neue Projektentwürfe im Rahmen von PRORENDA, aber auch von anderen Organisationen. Diese hatten über persönliche oder institutionelle Kontakte von den Erfahrungen mit partizipativem Monitoring gehört.[72]

1.1.7 Partizipative Steuerungsinstanz

Auch die partizipative Steuerungsinstanz lässt sich aufgrund der Fülle der Akteure auf zwei bis drei Ebenen verorten: PRORENDA, das Monitoringkomitee und weitere Schlüsselakteure in den Munizipien. Während die lokalen Schlüsselakteure mit dem Monitoringkomitee direkt

---

[72] Vorläufige Ergebnisse wurden auf Tagungen und Treffen vorgestellt, beispielsweise während eines spezifischen Workshops zu partizipativen Monitoring während der Jahresevaluierung 2002 von PRORENDA, an der alle Partner von PRORENDA, Regierungs- wie Nichtregierungsorganisationen, teilnahmen.

in Austausch standen, war ich im Bereich Monitoring für die Kommunikation zwischen PRORENDA und der Monitoringgruppe verantwortlich.

Die partizipativen Steuerungsinstanzen haben sich während des gesamten Prozesses ausgebildet und diesen auch die ganze Zeit über beeinflusst und zu einem unterschiedlichen Grad gesteuert. Als größte Herausforderung kann in diesem Prozess die Herausbildung der *Ownership* beim lokalen Monitoringkomitee gelten, die eine wichtige Voraussetzung für die institutionelle Nachhaltigkeit des Prozesses darstellt. Dieses Thema wird ausführlicher in der Methodenanalyse behandelt (vgl. IV.2.3).

Die folgende Graphik (Abb.22) zeigt zusammenfassend die idealtypischen Phasen der Aktionsforschung verknüpft mit den Phasen des Monitoringprozesses.

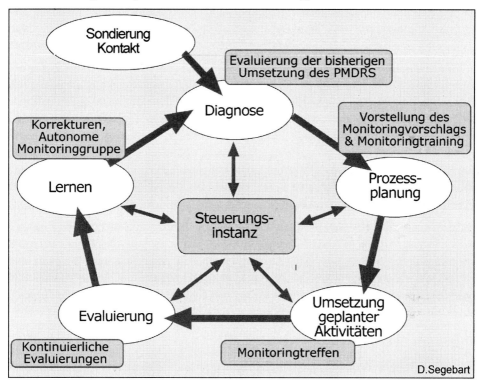

Abb. 22: Idealtypische Phasen der Aktionsforschung verknüpft mit den Phasen des Monitoringprozesses

1.2 Der Monitoringprozess in den beiden Fallstudien

Im Folgenden werden auf die konkreten Ausprägungen des Monitoringprozesses in den ausgewählten Munizipien Ourém (1.2.1) und São Domingos do Capim (1.2.2) eingegangen sowie auf einen weiteren durchgeführten Versuch hingewiesen. An dieser Stelle bleibt es zunächst nur bei einer Beschreibung. Die spezifischen Ursachen für die sehr unterschiedlichen Ausprägungen der Monitoringprozesse in den Fallstudien werden in der Kontextanalyse (IV.1.3) eingehender analysiert.

1.2.1 Fallbeispiel Ourém

In Ourém wurde mit einer ersten Auswertung der Umsetzung des PMDRS im Oktober 2001 begonnen und damit bereits eine Diskussion über Monitoring des PMDRS angeregt. Die Vorstellung des Monitoringvorschlags im CMDRS fand erst Ende Februar 2002 statt, weil der Präsident des CMDRS die darauf folgenden verabredeten Treffen jeweils platzen ließ, indem er die Mitglieder nicht über das jeweilige Treffen informierte. Das Monitoringtraining, an dem fünfzehn Personen teilnahmen, fand im März 2002 statt. Die Teilnehmenden am Training entschieden, dass die Mitglieder des Monitoringkomitees jedoch noch nicht, sondern erst nach der Wahl des neuen Vorstands des CMDRS, bestimmt bzw. ebenfalls gewählt werden sollten. Die Wahl des Vorstands wurde jedoch aus juristischen und politischen Gründen erst im März 2003 durchgeführt, bis dahin tagte auch der CMDRS nicht. Bei meinen regelmäßigen Aufenthalten in Ourém zum Versuch der Reaktivierung des CMDRS und des Monitorings bekundeten die Beteiligten immer wieder Interesse am Monitoring und an der Kontinuität der Arbeit des CMDRS. Es gelang ihnen jedoch sehr lange nicht, sich politisch zu einigen.

Einige der im Monitoringtraining provisorisch ernannten Mitglieder des Monitoringkomitees gründeten jedoch Ende 2002 eine autonome Monitoringgruppe, die es sich zur Aufgabe gemacht hatte, die öffentlichen Einnahmen und Ausgaben der Munizipverwaltung zu überprüfen. Diese Gruppe besitzt jedoch keine demokratische Legitimierung,[73] keine institutionelle Anbindung noch eine klar definierte interne Organisationsstruktur. Ihr Einfluss, ihre Sichtbarkeit und Wirkung sind bisher noch sehr limitiert.

1.2.2 Fallbeispiel São Domingos do Capim

In São Domingos do Capim wurde im Januar 2002 der Vorschlag im Kommunalen Beirat für nachhaltige ländliche Entwicklung (CMDRS - *Conselho Municipal de Desenvolvimento Rural Sustentável*) vorgestellt und etwas später ein zweitägiges Training durchgeführt, an dem mehrere Mitglieder des CMDRS teilnahmen. Im Anschluss wurde ein Monitoringkomitee gewählt.

---

[73] Auch die Legitimierung des Monitoringkomitees im Rahmen des CMDRS ist nur bedingt: Die Teilnehmenden im Monitoringkomitee wurden von den am Monitoringtraining teilnehmenden Beiratsmitgliedern gewählt – also nicht von der Bevölkerung des Munizips und auch noch nicht mal von allen Mitgliedern des CMDRS.

Den Beteiligten war es sehr wichtig, dass Kleinbauern im Komitee vertreten sein sollten. Ebenso wurde ein Kleinbauer zum Präsidenten des Monitoringkomitees gewählt. Von Februar 2002 bis September 2003 fanden regelmäßige monatliche Treffen des Monitoringkomitees statt, die (bis auf einmal) stets von mir begleitet wurden. Aufgrund von Schwierigkeiten beim Monitoring des PMDRS hatten sich das Monitoringkomitee, der CMDRS und das kommunale Landwirtschaftssekretariat SEAMA (*Secretaria Municipal de Agricultura e Meio Ambiente*) für eine Neuformulierung des Plans entschieden. Ich begleitete daher weitere Aktivitäten der SEAMA und des CMDRS, die mit der Auswertung und Neuformulierung des PMDRS im Zusammenhang standen und nahm an den regelmäßigen Sitzungen des CMDRS teil, da dort ebenfalls der PMDRS und das Monitoring diskutiert wurden.

Im Oktober 2003 trat der kommunale Landwirtschaftssekretär aus politischen Gründen von seinem Amt zurück. Unter dem nachfolgenden Landwirtschaftssekretär wurde das Monitoring und zunächst auch die regelmäßigen Treffen des CMDRS nicht politisch und organisatorisch unterstützt. Die regelmäßigen Treffen des Monitoringkomitees brachen damit ab und wurden bisher nicht fortgesetzt.

Die Teilnahme an den Sitzungen des lokalen Monitoringkomitees verdeutlichten praktische Schwierigkeiten, die bei der theoretischen Erarbeitung des Konzeptes nicht in dem Maße abzusehen gewesen waren. Das Konzept erscheint technisch einfach, gestaltete sich jedoch in der Umsetzung wesentlich komplizierter. Gleichzeitig hatte es größere positive Auswirkungen als dies zunächst angenommen wurde.

Das Komitee bestand aus neun Mitgliedern, zum größten Teil Kleinbauern (6), die ebenfalls Präsidenten ihrer jeweiligen Kleinbauernvereinigung (*associação*) waren. Weiterhin nahmen die Präsidentin der LandarbeiterInnengewerkschaft (STR, *Sindicato dos Trabalhadores Rurais*), ein Repräsentant des staatlichen landwirtschaftlichen Beratungsdienstes (EMATER) und einer des munizipalen Landwirtschaftssekretariats (SEAMA) teil. Insgesamt nahmen zwei Frauen teil. Alle Teilnehmenden waren zu dieser Zeit Mitglieder des Kommunalen Beirats für ländliche Entwicklung (CMDRS) und hatten bereits an der Erarbeitung des PMDRS teilgenommen. Das Komitee traf sich einmal im Monat, jeweils nachmittags am selben Tag an dem die Sitzung des CMDRS am Vormittag stattfand.

1.2.3 Weitere Erfahrungen

Nach einem Besuch in Nova Timboteua im März 2002, wurde ein Treffen im April mit dem CMDRS vereinbart, um eine erste Auswertung der Umsetzung des PMDRS durchzuführen. Diese Auswertung zeigte, dass die Mitglieder des CMDRS an einer Umsetzung des PMDRS sehr interessiert sind und die Begleitung dieser Umsetzung durch ein partizipatives Prozessmonitoring für wichtig und überfällig halten. Jedoch wurde ebenfalls deutlich, dass zunächst einige politische Probleme gelöst werden mussten, bevor eine Monitoringgruppe ins Leben gerufen werden konnte. In der Gemeinde existierten zu diesem Zeitpunkt weder ein Landwirtschaftssekretär noch ein Landwirtschaftssekretariat. Die Mitglieder hielten es daher für sinnvoller ihre Energien zunächst in diesen Problembereich, der eine intensive Verhandlung zwischen dem Bürgermeister, dem Landwirtschaftssekretariat des Bundesstaates Pará (SAGRI), dem CMDRS und der Bevölkerung nötig machte, zu investieren.

Auch in der Gemeinde Bragança war partizipatives Monitoring im Prozess der Erarbeitung und Umsetzung des PMDRS vorgesehen. Allerdings wurde hier zunächst nur die partizipative ländliche Strukturanalyse (DRP - *diagnóstico rural participativo*) durchgeführt. Der Prozess wurde aufgrund eines kommunalen Regierungswechsels nicht weitergeführt, d.h. die vorgesehene Erarbeitung des PMDRS fand nicht statt. Aus diesem Grunde wurde auch der Monitoringprozess dort nicht begonnen.

2 Analyse der Aktionsforschung und des partizipativen Monitorings

Dieser Analyseteil bezieht sich zum einen auf die Analyse des Monitorings (2.1) und zum anderen auf die Analyse der Aktionsforschung (2.2).

2.1 Analyse des Monitorings

Die Analyse untersucht zunächst intensiv die vielfältigen Herausforderungen und Schwierigkeiten im Monitoringprozess (2.1.1), bevor sie auf die positiven Aspekte im Monitoringprozess eingeht (2.1.2).

2.1.1 Herausforderungen und Schwierigkeiten

Im Folgenden werden die wichtigsten Herausforderungen und Schwierigkeiten im Prozess des partizipativen Prozessmonitorings dieser Arbeit dargestellt.

<u>2.1.1.1 Von Wirkungsmonitoring zu Prozessmonitoring, von Techniken zu Prozessen, von Monitoring zu Steuerung</u>

Wie bereits erwähnt, ist Wirkungsmonitoring zu einem Modethema in der internationalen Entwicklungszusammenarbeit und ebenfalls in der Kommunalverwaltung avanciert. Ein großes Anliegen aller beteiligten Akteure war es daher, nicht nur die Umsetzung der PMDRS zu begleiten und damit zu unterstützen, sondern auch dessen Wirkungen zu messen. Das Prozessmonitoring, das unterschwellig als einfach eingestuft worden war, erhielt dadurch nur die Rolle eines nützlichen Nebenproduktes des eigentlich beabsichtigten Wirkungsmonitorings.

Ich entwickelte daher zunächst eine ausführliche Methodologie für ein partizipatives Wirkungsmonitoring, dem ich jedoch sogleich eine Methodologie für ein partizipatives Prozessmonitoring vorlagerte. Der methodologische Vorschlag des Monitorings behandelt insbesondere den methodischen, technischen Bereich des Monitorings, wenngleich auch den Akteuren und deren Ausbildung Aufmerksamkeit geschenkt wird. In den Fallbeispielen stellte sich heraus, dass sich bei der Umsetzung des PMDRS und des Monitorings, weniger Probleme technischer als vielmehr politischer, institutioneller und sozialer Art stellen: schwach entwickelte Institutionen, fehlende Zuordnung von Kompetenzen und Verantwortlichkeiten, fehlende Organisation, politische Intrigen, schwach vorhandene technische und intellektuelle Kapazitäten u.a.. Die beiden methodologischen Vorschläge (vgl. SEGEBART 2002) beinhalten stichwortartig die folgenden Bereiche:

Einführung

- Was ist Monitoring und wofür braucht man es? Integration zwischen Monitoring und Planung
- Die Akteure des partizipativen Monitorings, Struktur des Monitoringkomitees

Vorgehensweise

- Definition des Monitoringdesigns
- Datenerhebung
- Datenanalyse, Aggregation der Daten
- Informationsmanagement, Informationsspeicherung
- Partizipation der Bevölkerung, Weitergabe der Ergebnisse

Evaluierung

- Evaluierung des Monitorings
- Evaluierung der Methode

Da die Umsetzung der PMDRS in den beiden Munizipien langsamer voranschritt, als zunächst von PRORENDA und einigen lokalen Schlüsselakteuren angenommen, machte es zum Zeitpunkt der Aktionsforschung noch wenig Sinn ein Wirkungsmonitoring der Pläne durchzuführen. Aus diesem Grund konzentrierten wir uns ausschließlich auf die Implementierung des Prozessmonitorings. Dies gilt auch für den Inhalt des Monitoringtrainings. Es wurde für besser gehalten, die Idee und die Methodologie des Wirkungsmonitorings erst einzuführen, wenn das lokale Monitoringkomitee etwas konsolidierter und mit der Anwendung der Methodik des Prozessmonitorings vertrauter geworden sei. Zur Praktikabilität der vorgeschlagenen Methodologie im Bereich Wirkungsmonitoring kann daher in dieser Arbeit keine auf empirische Erfahrungen begründete Aussage gemacht werden.

In São Domingos do Capim wurde in der monatlichen Monitoringsitzung anhand einer Monitoringmatrix (vgl. SEGEBART 2002) überprüft, welche Aktivitäten im vorherigen Monat durchgeführt oder welche Ausgaben getätigt wurden, zu welchem Grad sie durchgeführt wurden, von wem und im Falle, dass sie nicht realisiert wurden, welche Gründe es dafür gibt. Fehlten einem für die Überprüfung einer bestimmten Aktivität die benötigten Informationen, wurde eine verantwortliche Person aus dem Komitee benannt, die Erkundigungen über diese Aktivität bis zum nächsten Treffen einholen sollte, was sich jedoch häufig aus verschiedenen Gründen als nicht sehr einfach herausstellte.

Die Ergebnisse des Monitorings sollten jeweils in der nächsten Sitzung des CMDRS öffentlich vorgestellt werden, auch dies funktionierte nur bedingt. Die Ergebnisse sollten aber vor allem auch über den Repräsentanten der SEAMA im Monitoringkomitee an diese zurückgefüttert werden. Der Repräsentant war der Landwirtschaftssekretär, der ebenfalls der Präsident des CMDRS war und der sich und die SEAMA zu den Hauptakteuren in der Umsetzung des PMDRS entwickelte. Diese Doppelrolle als Umsetzer und gleichzeitig Überprüfer des Umgesetzten ließ ihn zum zentralen Mitglied des Monitoringkomitees werden und ersetzte damit einen systematischen oder formellen Kontakt zwischen Monitoringkomitee und SEAMA. Die Informationen mussten nicht von der SEAMA angefordert werden, denn er konnte im Monitoringtreffen direkt von den Aktivitäten berichten. Die Ergebnisse des Monitoringkomitees mussten wiederum nicht an die SEAMA vermittelt werden, denn er war die zentrale Person innerhalb der SEAMA, die in Kenntnis zu setzen wäre und er übernahm es die Ergebnisse in die Sitzungen der SEAMA hineinzutragen. Seine Mitarbeit und Rolle stärkte sicherlich die Effizienz des Monitorings, zumal er die Umsetzung des PMDRS technisch und ethisch korrekt vorantrieb, aber nicht unbedingt die Monitoringkompetenzen und die *Ownership* der anderen beteiligten Akteure und damit verbunden die institutionelle Nachhaltigkeit des Monitorings. Generell sollte in einem solchen Fall besonders auf ein objektives und kritisches Monitoring und viel Transparenz geachtet werden, damit Schlüsselpersonen das Monitoring nicht in ihrem Sinne manipulieren können.

Deutlich wurde, dass das Prozessmonitoring mehr Mühe machte als erwartet. Die größten Herausforderungen waren dabei folgende Aspekte und bedurften einer kontinuierlichen Aufmerksamkeit:

- die Idee von Monitoring verstehen
- die Vorgehensweise im Prozessmonitoring verstehen und umsetzen
- den PMDRS, seinen Inhalt, seine Struktur und seine Umsetzungsmechanismen verstehen
- die Rolle des Monitoringkomitees und die eigene Rolle darin verstehen
- die Rolle der Mentorin verstehen
- Selbst-Organisation lernen, Verantwortung für die Gruppe übernehmen
- Kommunalpolitik und -verwaltung verstehen (administrativ und politisch)
- Intellektuelle Fähigkeiten aktivieren (wie lesen, schreiben, rechnen)

Ihnen wurde begegnet mit kleineren themenspezifischen Lern- und Diskussionseinheiten während der Monitoringsitzung, die von mir, also der Mentorin, inhaltlich und didaktisch vorbereitet wurden und deren Inhalt meist in der vorherigen Sitzung von Mitgliedern des Monitoringkomitees als Ergebnis einer Diskussion bzw. als Bedarf formuliert wurde.

Die speziellen Techniken des Prozessmonitorings machten also nur einen kleinen Teil des gesamten Lernprozesses aus. Weit wichtiger mussten im Laufe der Zeit die Prozesse der Organisations- und *Ownership*entwicklung eingeschätzt werden.

Aufgrund der Unangepasstheit des ursprünglichen Monitoringvorschlags an die intellektuellen Kapazitäten der Monitoringmitglieder wurde bereits im Monitoringtraining vor allem das qualitative Monitoring (vgl. SEGEBART 2002) herausgenommen und im Laufe des Prozessmonitorings auch das Finanzmonitoring, das von da an von dem Team der SEAMA übernommen wurde. Dies wurde von den Mitgliedern des Komitees begrüßt, weil sie sich mit dieser Aufgabe überfordert sahen, diese jedoch als wichtig anerkannten und sie gleichzeitig dem damaligen Landwirtschaftssekretär starkes Vertrauen entgegenbrachten. Das Monitoring erhielt dadurch immer stärker den Charakter eines Steuerungsinstrumentes der SEAMA.

2.1.1.2 Das Monitoring kann nur so gut sein, wie der Plan selbst...

Ein wichtiger Lerneffekt bei den Monitoringaktivitäten war die Auseinandersetzung mit dem Plan. Während der ersten Evaluierung der Umsetzung der Pläne, während des Trainings und in den Treffen des Monitoringkomitees, bei denen versucht wurde den Plan in eine Monitoringmatrix zu übertragen, kamen einige Schwächen des Plans zutage: unklare oder unkonkrete Formulierungen, technisch unzulängliche Kostenvoranschläge, logische Unstimmigkeiten zwischen Aktivitäten und Ergebnissen, fehlende Zeitplanung, fehlende Priorisierung, fehlende Zuständigkeiten etc..

Dabei wurde auch immer generell diskutiert über die Form der Umsetzung des Plans, den Inhalt des Plans, die Art der Formulierungen und die angewandte Methodologie bei der Erarbeitung des Plans.[74] Aufgrund der aufgedeckten Unzulänglichkeiten des Plans in São Domingos do Capim, der in diesem Zustand nicht überprüft werden konnte, wurde eine Neuformulierung des Plans vorgenommen. Neben der Klärung der fehlenden Informationen zu den Aktivitäten und den Kostenvoranschlägen wurde eine Zeitplanung über vier Jahre durchgeführt, die Semesterplanung für das erste Jahr erarbeitet und eine detailliertere Monatsplanung für das erste Halbjahr 2002. Weitere Aktivitäten der SEAMA, die bisher noch nicht im Plan auftauchten, wurden in den Plan integriert, so dass anhand des PMDRS nun die gesamte Arbeit der SEAMA monitoriert werden konnte.[75] Anschließend wurde eine Priorisierung (A, B, C) der Aktivitäten innerhalb jedes Monats für das Jahr 2002 durchgeführt. Der PMDRS wurde durch die notwendige Konkretisierung und Detaillierung so komplex, dass der Versuch, mit Meta-Plan oder ähnlichen Methoden der Visualisierung zu arbeiten aus Zeitgründen scheiterte, da uns nur ein Nachmittag pro Monat zur Verfügung stand (vgl. dazu die daraus folgenden Probleme in 2.1.1.4 a + c). Jedes Mitglied des Monitoringkomitees hatte daher eine Kopie der Monitoringmatrix und man ging sie gemeinsam während des Treffens durch.

Durch den Versuch einer systematischen Umsetzung der Monatsplanung, die der neuformulierte PMDRS vorgab, von Seiten der SEAMA und das kontinuierliche Monitoring des PMDRS wurde sehr schnell deutlich, dass es aus personellen und finanziellen Gründen nur möglich war, einen Bruchteil der geplanten Aktivitäten umzusetzen.[76] So kam die Idee auf,

---

[74] Meine eigene Evaluierung der Methodologie der Erarbeitung der PMDRS - basierend auf den Erfahrungen und Diskussionen innerhalb des Monitoringprozesses - wurde dem PRORENDA-Team im März 2002 vorgestellt. PRORENDA selbst hatte im August 2001 einen eintägigen Workshop mit seinen Kooperationspartnern zur Evaluierung der Erarbeitung der PMDRS durchgeführt. Weitere interessante Diskussionen entstanden auf dem von PRORENDA Pará durchgeführten Workshop zu partizipativer Planung im April 2002, an dem auch die vorläufigen Erfahrungen des partizipativen Monitorings vorgestellt wurden.

[75] Diese Vorgehensweise wäre generell sinnvoll im Rahmen der Erarbeitung von PMDRS. Die PMDRS stehen bisher neben der allgemeinen mehrjährigen Gemeindeplanung (PPA – *Plano plurianual*) und einer bisher nicht formalisierten Jahres- oder Aktivitätenplanung der kommunalen Landwirtschaftssekretariate und überschneiden sich gleichzeitig in vielen Teilbereichen mit ihnen.

[76] Die PMDRS werden nicht anhand eines vorhandenen Budgets erstellt, sondern stellen vielmehr eine Art Bedarfsanalyse dar. Sie werden auch bewusst nicht nur an den vorhandenen Finanzmitteln ausgerichtet, da man auf ihrer Grundlage Gelder bei PRONAF und möglicherweise auch bei weiteren Gebern zu beantragen versucht.

sowohl die Erarbeitung des Plans als auch seine Umsetzung auf eine andere Weise zu organisieren. Es wurde daher eine völlig neue Planung mit einer anderen Planungsmethodologie durchgeführt.[77] Hierdurch wird deutlich wie viele direkte Auswirkungen das Monitoring auf den PMDRS und seine Umsetzung hatte.[78]

2.1.1.3 Unklare Steuerung des PMDRS wird zum Monitoringproblem

Der Landwirtschaftssekretär in Ourém meinte während des Monitoringtrainings, er hielte nun zum ersten Mal bewusst den PMDRS in Händen. Viele der Anwesenden hatten den Plan ebenfalls noch nie gesehen. Solche Erfahrungen wurden in allen drei Munizipien gemacht, obwohl in allen Munizipien der PMDRS partizipativ erarbeitet, in einer Gemeindekonferenz der Bevölkerung vorgestellt und an die Mitglieder des CMDRS und andere lokale Akteure verteilt worden war. Es waren jedoch zu keiner Zeit Steuerungs- und Umsetzungsmechanismen des PMDRS definiert worden, so dass der Plan selbst - als Umsetzungsinstrument - vergessen wurde.

Ein großes Problem bei der Umsetzung und dem Monitoring der PMDRS bestand in der Tat darin, dass von Anfang an nicht definiert wurde, wer für die Umsetzung des PMDRS verantwortlich ist. So blieb auch (zunächst) unklar, ob die Mitglieder des Monitoringkomitees eigentlich mit zur Gruppe der für die Umsetzung Verantwortlichen gehören oder Außenstehende sind, was den Charakter eines Monitorings vom Managementinstrument zum Kontrollinstrument verändern kann. Ebenso ist damit nicht geklärt, bei wem die notwendigen Informationen über die Aktivitäten im Rahmen der Umsetzung des PMDRS eingeholt werden können und wen man über die Monitoringergebnisse informieren sollte.

Aus diesem Grund sollten vor dem Beginn eines Monitoringprozesses die Verantwortlichen für die Steuerung der Umsetzung des PMDRS identifiziert und die Aufgaben zwischen Steuerung und Monitoring ganz klar definiert werden. Beim Konzept des partizipativen Monitorings als Managementinstrument sollte die Steuerungsgruppe neben der partizipativen Erarbeitung des PMDRS und dessen Umsetzung, ebenfalls das kontinuierliche partizipative Prozessmonitoring und das periodische partizipative Wirkungsmonitoring koordinieren (vgl.

Die PMDRS sind also so angelegt, dass viele Aktivitäten zunächst keine Finanzierung haben, was die Messung der *Performance* der Umsetzung schwierig gestaltet.

[77] Die Definierung von „strategischen Linien" (*linhas estratégicas* oder *macro-estratégica*) wurde in der ursprünglichen Planung vermisst und sollte nun nachgeholt werden. Gleichzeitig sollte jede „strategische Linie" in „strategische Projekte" (*projetos estratégicos*) münden.

In Kooperation mit einer externen Gutachterin und dem lokalen Landwirtschaftssekretär bereitete ich die Methodologie für die zweitägige „strategische Planung" (*Planejamento estratégico*) vor und unterstützte bei der Durchführung. In diesem Workshop wurden strategische Linien und strategische Projekte definiert. In einem Nachfolgeworkshop im Oktober 2002 wurden diese strategischen Projekte im Detail ausformuliert.

[78] Der Landwirtschaftssekretär stellte fest, dass der Kommune sowohl das Wissen fehle, bei welchen Institutionen man Projekte bzw. Finanzmittel beantragen kann, als auch die Fähigkeit Projektanträge zu schreiben. Es wurde daher im Oktober 2002 gemeinsam mit KollegInnen aus dem PRORENDA-Team eine Seminareinheit zum Thema Projekterarbeitung und Fundraising erarbeitet und in São Domingos in Form einer dreitägigen Weiterbildung durchgeführt. Diese Aktivitäten waren bereits im Monitoringvorschlag für den Bereich Finanzmonitoring und Wissensmanagement vorgesehen.

Abb.23). Das kontinuierliche partizipative Prozessmonitoring seinerseits monitoriert im Idealfall die Erarbeitung und die Umsetzung des PMDRS sowie das periodische Wirkungsmonitoring.

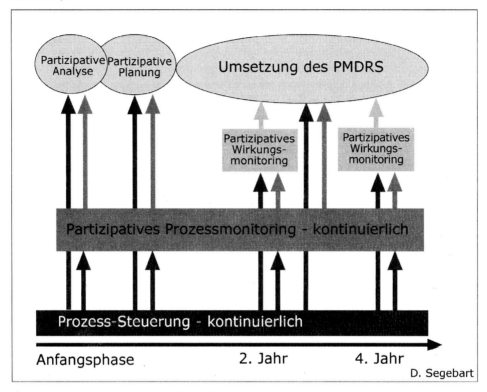

Abb. 23: **Zusammenhang zwischen Steuerung, Monitoring und der Erarbeitung und Umsetzung des PMDRS**

2.1.1.4 Niveau des Monitorings und die Monitoringkompetenzen der Akteure bestimmen die Ownership

Die folgenden Überlegungen bauen sehr stark auf die in II.1.2.3.3a. vorgestellten Überlegungen zu Partizipationsintensität auf, die wiederum auf den empirischen Ergebnissen der Aktionsforschung beruhen. Die einzelnen Punkte haben alle einen etwas anderen Fokus, berühren jedoch gemeinsam das Thema der Monitoringkompetenzen.

a) Partizipatives Monitoring muss verstanden werden - Komplexität versus Partizipation

"Die Anwender müssen das System nicht verstehen, aber die Nutzeroberfläche muss leicht verständlich sein." Dies meinte ein externer Gutachter zu mir in einem Gespräch über Monitoring im Rahmen dieser Arbeit. Im Falle des partizipativen Prozessmonitorings in dieser Arbeit muss dies sicherlich anders eingeschätzt werden. Soll *Ownership* erreicht werden, muss das System von den lokalen Akteuren verstanden werden, damit es auch nach den eigenen Wünschen und Bedürfnissen zukünftig immer wieder angepasst werden kann. Es ist jedoch möglich, das System zu vereinfachen, so dass es leichter handhabbar wird - was in São Domingos auch gemacht wurde.[79] Dafür muss eine Qualitätseinbuße in Kauf genommen werden, derer man sich bewusst sein muss - die jedoch durch eine Verbesserung der *Ownership* aufgewogen wird.

b) Eigenständigkeit des Monitoringskomitees – Ownership *oder Überforderung?*

Führt die frühe Übertragung vieler Verantwortlichkeiten, Kompetenzen und Entscheidungsfindungen auf das Monitoringkomitee zur schnelleren und besseren Entwicklung der *Ownership* oder zu einer Überforderung der beteiligten Akteure?

Wie diese Frage beantwortet werden muss, hängt zum einen von Ausbildungsstand und Kompetenz der Mitglieder des Komitees ab und zum anderen von der Zeit und den Unterstützungsmöglichkeiten, die zur Verfügung stehen, um das Komitee zu stärken. Die Begleit- oder Beratungstätigkeit, das *Mentoring*, wird hier zu einem Balanceakt: bei welchen Fragen muss extern beraten werden, damit es funktioniert und die Gruppe nicht die Motivation verliert und wo hält sich die Mentorin/der Mentor zurück, muss sie die Gruppe selbst entscheiden lassen und teilweise ihre eigenen Entdeckungen und Fehler machen lassen (vgl. hierzu IV.2.3.)?

c) Monitoringkompetenzen sind Forschungskompetenzen– wird zuviel erwartet?

Monitoring verlangt von den Beteiligten Erforschungsarbeit wie die Identifizierung dessen, was zu erheben ist, die Erhebung, Analyse, Speicherung oder Dokumentation der Daten sowie die Verbreitung und Anwendung der Ergebnisse. Dies ist auf der einen Seite sehr anspruchsvoll, auf der anderen Seite sind solche Verfahren Teil unserer alltäglichen Routinen, unserer alltäglichen Lernprozesse.

Das Monitoringkomitee setzte sich in São Domingos do Capim vor allem aus Kleinbauern zusammen. Für sie war die Arbeit im Komitee etwas völlig Neues. Sie erhielten zu Beginn des Monitoringprozesses jeder eine Kopie des PMDRS, einen Ordner mit Papier und einen Stift. Beim zweiten Treffen hatte fast niemand diese Utensilien wieder mitgebracht und nach wiederholtem Erinnern bei jeder Sitzung pendelte es sich ein, dass doch mindestens 50-70% der Anwesenden die Monitoringmatrix mitbrachte, in die ich mittlerweile den gesamten Plan

---

[79] Das formale Bildungsniveau der Mitglieder des Monitoringkomitees war sehr niedrig: Die Planungslogik, bzw. der Aufbau des Plans mit Zielen, Ergebnissen und Aktivitäten und einer entsprechenden Nummerierung war für viele der teilnehmenden Akteure sehr verwirrend und abstrakt, was wiederum nicht für den Plan spricht. Nachdem dies jedoch ein paar Mal erklärt wurde, gelang es den Mitgliedern des Komitees die Struktur des Plans besser zu verstehen. Darüber hinaus hatten viele Mitglieder des Komitees Schwierigkeiten beim Lesen, Schreiben und Rechnen, was das eigenständige Lesen, Analysieren und Ausfüllen der Monitoringmatrix schwierig gestaltete. Das Visualisieren des Plans durch Meta-Plan, Plakate oder Tafeln war aufgrund seiner Komplexität nicht möglich und es fehlte die technische Infrastruktur, um das Problem durch eine Projektion zu lösen.

übertragen hatte. Dass alle die diskutierten Ergebnisse ohne Aufforderung mitschrieben, konnte bis zum Schluss nicht erreicht werden.

Das Stadium einer funktionierenden Erforschungsarbeit hatte das Monitoringkomitee in São Domingos do Capim nie erreicht. Die fehlenden Informationen wurden nicht systematisch erhoben und die Monitoringergebnisse ebenfalls nicht systematisch nachbearbeitet und an die verantwortlichen Akteure und die Bevölkerung weitergeleitet. Damit hat das Monitoring sein Potenzial und vor allem seine externen Wirkungen nur sehr wenig entfaltet.

Dieses Problem hat mindestens drei Ursachen:

- fehlende oder nur wenig ausgebildete Kapazitäten der Monitoringakteure in der Erhebung von Informationen und Dokumentation von Ergebnissen
- fehlende Infrastruktur zur Speicherung von Ergebnissen (z.B. kein Büro, kein Schrank, kein Computer) und
- fehlende Zeit und Ressourcen, um Informationen zu erheben (für 70% der Mitglieder war die Anreise in die Stadt São Domingos, wo das Monitoringtreffen stattfand, sich das Landwirtschaftssekretariat befindet und die notwendigen Informationen vorrangig zu erheben wären, mit hohen zeitlichen und finanziellen Kosten verbunden).

Möglicherweise sind diese Probleme vor allem die Folge einer fehlenden Priorisierung der Monitoringaktivitäten von den unterschiedlichen Akteuren. Es sind mit Sicherheit Herausforderungen, die berücksichtigt werden müssen beim Abwägen der Ansprüche an das Monitoring, den erwünschten Partizipationsgrad, -niveau, *Ownership* und damit an die Partizipationsintensität.

Die dargestellten Punkte verdeutlichen noch mal die Prämisse, dass *Ownership* erreicht werden kann, wenn die beteiligten Akteure das Monitoring verstehen und als ihr eigenes Anliegen wahrnehmen. Je nach Profil der Teilnehmenden muss daher das Monitoring in seinen Inhalten und Methoden angepasst werden. Gleichzeitig können die Monitoringkompetenzen der teilnehmenden Akteure gestärkt werden, so dass auch auf einem höheren Monitoringniveau *Ownership* erreicht werden kann (vgl. II.1.2.3.3, Abb.9). Das Fallbeispiel São Domingos do Capim zeigt dies ganz deutlich: Im Laufe des Prozesses (vor allem bereits am Anfang) wurde dort das Monitoringniveau heruntergesetzt und gleichzeitig die Förderung von Monitoringkompetenzen unterstützt. Auf diese Weise konnte die *Ownership* erhöht werden.

2.1.1.5 Schaffung institutioneller Nachhaltigkeit

Trotz des sehr positiv funktionierenden Monitoringkomitees konnte in São Domingos institutionelle Nachhaltigkeit nicht erreicht werden. In Ourém dagegen, wo der Impuls, eine autonome Monitoringgruppe zu gründen, einzig von den beteiligten Akteuren der Zivilgesellschaft ausging, existierte es unabhängig von Legislaturperioden oder politischen Strukturen, Akteuren oder Interessen in der Kommunalverwaltung. Trotzdem lässt sich auch über die institutionelle Nachhaltigkeit der autonomen Monitoringgruppe keine endgültige Aussage machen. Wie lange muss eine Institution existieren, um als nachhaltig gewertet zu werden? Spielt es eine Rolle, wie eine Institution in welche Strukturen eingebunden ist, um als nachhaltig zu gelten? Welche Form der Nachhaltigkeitsmessung ist sinnvoll, um institutionelle Nachhaltigkeit wirklich zu erfassen?

Wichtig ist es, dass die involvierten Akteure frei entscheiden, ob und wann sie den Monitoringprozess abbrechen oder weiterführen wollen, ob sie ihn für sinnvoll oder nicht halten. *Ownership* ist daher sehr wichtig für die Herstellung institutioneller Nachhaltigkeit, jedoch nicht das einzige Kriterium: die institutionelle Anbindung oder Verankerung in bestehende Strukturen, Prozesse oder Routinen ist äußerst relevant. Diese ist wiederum abhängig vom politischen Willen wichtiger Akteure und/oder von einer gesetzlichen Verankerung. Institutionelle Nachhaltigkeit ist somit ein Zusammenspiel aus den Kriterien *Ownership*, institutioneller Anbindung und politischem Willen. Eine gesetzliche/formelle Verankerung kann hilfreich sein, ist jedoch nicht zwingend, da auch regierungsferne autonome Institutionen eine institutionelle Nachhaltigkeit besitzen können.

In dieser Forschung war trotz großer Offenheit hinsichtlich der Gestaltung des Monitorings ein gewisser institutioneller Rahmen vorgegeben. Es ging um das Monitoring des PMDRS, der unter Federführung des CMDRS erarbeitet wurde und an dessen Umsetzung ebenfalls die jeweiligen Landwirtschaftssekretariate beteiligt sind. Im Umfeld dieser Institutionen sollte das Monitoring stattfinden und nach Möglichkeit in Hinblick auf Nachhaltigkeit in ihnen verankert werden. Die angebliche institutionelle Verankerung des Monitoringkomitees in São Domingos do Capim stellte sich im Nachhinein als eine personelle Verankerung in der Person des Landwirtschaftssekretärs heraus.

2.1.2 Positive Wirkungen

Trotz der großen Schwierigkeiten und Herausforderungen produzierte das partizipative Prozessmonitoring auch viele positive Wirkungen, die in IV.2.3 ausführlicher dargestellt werden.

An dieser Stelle sollen nur einige aufgelistet werden (vgl. auch Abb.24):

- Qualitätskontrolle des PMDRS (oder einer Monitoringvorlage generell)
- Korrektur der angewandten Planungsmethode und Monitoringvorlage
- Beeinflussung von Verwaltungsstruktur, -routine und -kultur
- politische Sensibilisierung der Mitglieder
- politische Sensibilisierung des CMDRS für Monitoring
- politisches Lernen (z.B. über Rolle des CMDRS, Kommunalpolitik, -haushalt, Verwaltungsstrukturen und -prozesse)

- Schaffung eines neuen politischen Kommunikations- und Mediationsraums (Beitrag zu Empowerment und Demokratisierung)
- weitere individuelle und institutionelle Lernprozesse
- Verbreitung des Monitoringgedankens (auch außerhalb des CMDRS und des Munizips)

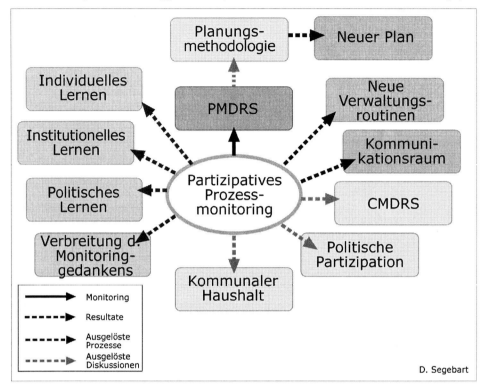

Abb. 24: Durch partizipatives Prozessmonitoring ausgelöste Diskussionen, Prozesse und Resultate

2.2 Analyse der Aktionsforschung

2.2.1 Aktionsforschung in Reinform?

Bei meinem Forschungsdesign handelte es sich nicht um eine puristische Aktionsforschung. Dies lag nicht nur an der Tatsache, dass ich eine Aktionsforschung mit einer theorieorientierten Begleitforschung gekoppelt habe. Auch die Aktionsforschung an sich verlief nicht immer konform mit den hohen Ansprüchen an eine Aktionsforschung. Wenn auch zunächst anders gewünscht, geplant und angelegt, lag die Steuerung des Prozesses in weiten Teilen sehr stark in meinen Händen oder zumindest habe ich stets die Impulse für die Planungs-, Aktions- oder Evaluierungsphasen gegeben. Dabei habe ich natürlich oft indirekte oder nur schwach artikulierte Impulse der Beteiligten aufgenommen, direkt artikuliert oder umformuliert. Ich habe eine zentrale und von mir daher sehr kritisch reflektierte Moderationsrolle in der Aktionsforschung übernommen. Möglicherweise trifft daher die Bezeichnung „moderierte Aktionsforschung" eher diese Vorgehensweise.

Die Meta-Kommunikation über das Monitoringsystem, also die eigentliche Aktionsforschung, konnte nur mit bestimmten lokalen Akteuren stattfinden. Neben dem PRORENDA-Team, waren dies in São Domingos vor allem der damalige Landwirtschaftssekretär, der politische Berater des Bürgermeisters, die Präsidentin des STR sowie zu unterschiedlichen Graden weitere Mitglieder des Monitoringkomitees, jedoch nicht wie angestrebt das gesamte Monitoringkomitee. Die Ursachen dafür sind sicherlich vielfältig und beinhalten den geringen formalen Bildungsstand der Mitglieder des Komitees und die noch geringen Monitoringkompetenzen und -erfahrungen, die Komplexität oder den Abstraktheitsgrad des Monitoringsystems und damit des zentralen Themas der Aktionsforschung sowie die geringen zur Verfügung stehenden Ressourcen (v.a. Zeit und Mobilität von Seiten der Mitglieder des Monitoringkomitees). In Ourém wären wahrscheinlich die Ausgangsbedingungen für eine Aktionsforschung unter den oben genannten Gesichtspunkten positiver gewesen. Die Akteure besaßen dort sowohl bereits Vorkenntnisse im Bereich Monitoringverständnis, Monitoringkompetenzen und Organisationsentwicklung als auch einen einfacheren Zugang zu potenziellen Versammlungsräumen und zu Informationen aus der Verwaltung. Darüber hinaus verfügten sie über eine größere zeitliche Flexibilität und räumliche Mobilität.

2.2.2 Der idealtypische Zyklus der Aktionsforschung

Wie gemeinsam der Prozess der Aktionsforschung zwischen mir und den lokalen Akteuren verlief, ließe sich möglicherweise auch am Forschungsimpuls festmachen. Der Forschungsimpuls für eine Aktionsforschung soll von den direkt betroffenen Akteuren ausgehen. Mein Impuls für die Aktionsforschung fand schon sehr früh im Gesamtprozess statt, noch bevor ich mit den lokalen Akteuren zum ersten Mal über Monitoring gesprochen hatte. Wahrscheinlich stammt er aus der Unzufriedenheit mit der Umsetzung des PMDRS von denen mir beteiligte Akteure erzählt hatten. Vielleicht fand in diesen Gesprächen bereits der Forschungsimpuls sowohl bei mir, als auch bei den Kleinbauern und Mitgliedern des CMDRS statt. Vielleicht kann oder muss der Anfang einer Aktionsforschung auch nicht genau festgelegt werden. Vielmehr entwickelt sie sich fließend, erhöht langsam ihren Grad, ihre Intensität, kann aber auch zwischendurch in einigen Phasen wieder abnehmen.

Hieraus ergeben sich folgende Überlegungen:
Folgt dem Forschungsimpuls die Diagnose oder bedarf es erst einer Diagnose, um einen Forschungsimpuls zu initiieren? Dieses Dilemma wirft m.E. eine grundsätzliche Kritik an dem idealtypischen Modell der Aktionsforschung auf. In der Realität verlaufen m.E. die meisten Phasen zeitgleich ab: Jeder Schritt stellt einen gesamten Zyklus dar. Er besteht aus einem Impuls, einer ungeplanten oder geplanten Aktion, die evaluiert wird und aus dem Lernen entstehen wiederum neue Handlungsimpulse. Gleichzeitig ist es bei einer moderierten

Aktionsforschung notwendig, einige externe Inputs zu leisten, um den generellen Zyklus der Aktionsforschung zu vollführen. Hier sollen nur einige Punkte aufgelistet werden, die im Fallbeispiel notwendig wurden, aber es sind sicherlich auch andere denkbar: Moderation der Problemanalyse, ein thematischer Input zum Thema Monitoring und methodische Inputs zur Entwicklung der Monitoringkompetenzen, die für die Aktion notwendig sind. Daneben sind spezielle Inputs für die Durchführung der Aktionsforschung sinnvoll, mit denen die involvierten Akteure v.a. die Planungs-, Aktions- und Evaluierungsphase der Aktionsforschung durchführen können.

In einer als Resultat dieser Arbeit als praktikabel empfundenen Vorgehensweise in der Aktionsforschung bewegt sich die Wissenschaftlerin oder der Wissenschaftler zwischen Charakteristika einer „reinen" Aktionsforschung, einem *Monitoring* der lokalen Akteure bis hin zu einer Moderation. Es lohnt sich, eine „reine" Aktionsforschung anzustreben oder diese zumindest als Vision vor Augen zu haben. Die jeweilige Realisierung muss jedoch an die Bedürfnisse und Fähigkeiten der involvierten Akteure angepasst sein, sehr wahrscheinlich unter Anwendung von *Mentoring* und Moderation.

Die Charakteristika der drei verschiedenen Vorgehensweisen (reine Aktionsforschung, Mentoring, Moderation), die auch in der untenstehenden Abbildung (vgl. Abb.25) verwendet werden, können folgendermaßen beschrieben werden:

- Moderation – WissenschaftlerIn ist dezent initiativ, teilweise den Prozess anleitend, Interessen harmonisierend, spricht konkret Stärken und Schwächen an, macht Vorschläge, initiiert und moderiert einzelne Forschungsphasen

- *Mentoring* – Befähigung der lokalen Akteure zu Forschungsaktivitäten durch *Capacity Development*, "Hilfe zur Selbsthilfe", WissenschaftlerIn erkennt Schwächen und Stärken und steuert „sanft", sollte jedoch keine Führungsfunktion übernehmen

- Pure Aktionsforschung – WissenschaftlerIn reagiert nur auf Anfrage, Forschungsimpuls geht von den lokalen Akteuren aus, WissenschaftlerIn kann angefragten Input liefern, Zurückstecken eigener Interessen, keine Einmischung[80]

Festzuhalten ist noch mal, dass eine Vorgehensweise favorisiert wird, in der die lokalen Akteure in eine Aktionsforschung mit ihren jeweiligen Phasen integriert sind und die Wissenschaftlerin oder der Wissenschaftler die eigene Vorgehensweise in jeder Phase der Aktionsforschung den Bedürfnissen der lokalen Akteuren anpasst und sich dabei phasenweise zwischen „reiner" Aktionsforschung, *Mentoring* und Moderation bewegt. Die folgende Abbildung (Abb.25) fasst diese Überlegungen graphisch zusammen, geht jedoch vom

---

[80] Hier können die Meinungen auseinandergehen: Stehen ausschließlich die Interessen, Rhythmen der lokalen Bevölkerung im Vordergrund, die damit eine wie auch immer geartete Intervention (z.B. auch Fragen, die anregen zur Reflexion) kategorisch ausschließen oder gehört zu einer reinen Aktionsforschung auch die partnerschaftliche gemeinsame Forschung, in der sich die Wissenschaftlerin oder der Wissenschaftler durchaus mit ihrer eigenen Persönlichkeit und den eigenen Interessen, Ideen, Fragen einbringen darf?

Beispiel des partizipativen Monitorings dieser Arbeit aus. In einem anderen Kontext mit anderen Akteuren könnte sich die Anwendung „reiner" Aktionsforschung, von *Mentoring* oder Moderation in den jeweiligen Phasen anders gestalten.

Lokale Akteure	WissenschaftlerIn		
Aktionsforschung Partizipatives Monitoring	Aktions- forschung	Mentoring	Moderation
Kontakt	Forschungs- impuls		
Diagnose/ Analyse			Moderation der Analyse
Forschungs- impuls	input Aktions- forschung		
Design des Monitoring- systems		Inputs: Monitoring Methoden	Moderation der Entwicklung des Designs
Durchführung des Monitorings		inputs: Methoden Organisations- beratung, Konflikt- management	*möglichst keine Moderation - nur nach Bedarf*
Evaluierung des Monitoring- prozesses	input Analyse		Moderation der Evaluierung des Monitorings

D. Segebart

Abb. 25: Begleitung lokaler Aktivitäten im Monitoringprozess durch Aktionsforschung, *Mentoring* und Moderation

3 Fazit: Partizipatives Monitoring als ein flexibler Lernprozess

Partizipatives Monitoring besitzt ein hohes Transformationspotenzial, es ist jedoch mit vielen Schwierigkeiten und Herausforderungen verbunden. Für die Herausbildung einer partizipativen Monitoringkapazität[81] einer Gemeinde oder einer Institution sind viele Faktoren relevant. Daher muss ein partizipatives Monitoring als ein flexibles Instrument angesehen werden, dem die notwenigen Ressourcen wie Zeit, Raum, finanzielle und personelle Mittel zugestanden werden sollten.

Im Folgenden werden einige Beobachtungen und Ergebnisse der Aktionsforschung zusammengefasst (3.1). Eine ausführlichere Analyse und die Konsequenzen für die Entwicklung eines partizipativen Monitoringsystems folgt in der Methodenanalyse in IV.2.. Einige Reflexionen (3.2) beschließen das Kapitel und weisen hinüber zu den nachfolgenden Analysen der Begleitforschung.

3.1 *Lessons Learnt*

Im Folgenden werden schlaglichtartig die Aspekte beleuchtet, die sich als besonders relevant und entscheidend für die Durchführungsqualität des Monitoringprozesses herausgestellt haben.

Weitere Analyseergebnisse zum Monitoringprozess finden sich in der Methodenanalyse im Kapitel IV.2.

3.1.1 *Ownership*

Das größte Potenzial des partizipativen Monitorings und gleichzeitig seine größte Herausforderung und Schwierigkeit liegt in der Entwicklung von *Ownership* und institutioneller Nachhaltigkeit.

3.1.2 Politischer Wille

Soll ein partizipatives Monitoring im Kontext der Umsetzung der PMDRS durchgeführt werden, ist das Vorhandensein eines politischen Willens von Seiten der beteiligten Akteure, v.a. des kommunalen Landwirtschaftssekretariats und des CMDRS, eine Grundvoraussetzung. Mit dem Monitoring werden neue Verwaltungsprozeduren und -strukturen angeregt oder geschaffen, die mit den bereits bestehenden Strukturen und Prozessen kompatibel sein sollten. Daher ist eine Einbeziehung der lokalen öffentlichen Verwaltung und der politischen Gremien und RepräsentantInnen ein Muss.

---

[81] Der Begriff ist angelehnt an die Begriffe *Evaluation Capacity* oder *Capacity for Monitoring and Evaluation*, die das *Operations Evaluation Department* (OED) der Weltbank verwendet (vgl. WORLD BANK 1998 und 2001). OED versteht darunter meistens Institutionen, politische Strukturen und Prozesse als auch Fähigkeiten von Akteuren. Allerdings beziehen sich ihre Studien vorwiegend auf die nationale Ebene und auf konventionelles, nicht partizipatives Monitoring.

Politischer Wille wird sehr oft bemängelt oder eingeklagt, wenige Hinweise jedoch gegeben, wie dieser zu erreichen wäre. Im Fall des (partizipativen) Monitorings könnte an eine Strategie auf verschiedenen Ebenen gedacht werden: Die politischen Entscheidungsträger müssen zunächst ausreichend über das Konzept Monitoring informiert werden, um sein Potenzial als hilfreiches und strategisches Managementinstrument zu erkennen. Gleichzeitig muss bei Ihnen der Wille zu *Good Governance* gestärkt werden durch das Kennen- und Schätzenlernen des Konzeptes *Good Governance* als auch durch die Verbreitung des Konzeptes in den Medien und im Politikdiskurs. Auch die Einforderung von Monitoringinstrumenten und -prozessen in der Kommunalverwaltung von Seiten der Bevölkerung kann zu einer wichtigen Motivation werden, dass sich (Lokal)Politiker oder Verwaltungspersonal für eine Einführung von Monitoring entscheiden. Darüber hinaus können direkte oder indirekte ökonomische Anreizinstrumente von Seiten der Bundesregierung oder einer anderen übergeordneten administrativen Ebene angedacht werden, die die Einführung von Monitoring für Lokalverwaltungen attraktiv machen.

3.1.3 Vorerfahrungen mit Partizipation

Die partizipative Erarbeitung des PMDRS stellte in den Fallbeispielen eine positive Vorbedingung für die Einführung des partizipativen Monitorings dar, da sie mit positiven Erfahrungen für die Akteure verbunden war. Die partizipative Erarbeitungsphase bewirkte, dass die Beteiligten den PMDRS tatsächlich als ihren eigenen Plan betrachteten und dementsprechend motiviert waren ihn umzusetzen und sorgfältig zu monitorieren. Auch wenn die Akteure in den Fallbeispielen nach der partizipativen Erarbeitung des PMDRS zunächst die *Ownership* für die Umsetzung des PMDRS verloren hatten (vermutlich hatten sie jedoch in den meisten Fällen nie eine wirkliche *Ownership* im partizipativen Planungsprozess besessen), konnte das partizipative Monitoring mühelos an die Vorerfahrungen anknüpfen und somit die brachliegende Erfahrung der partizipativen Erarbeitung positiv für das Monitoring in Wert setzen.

Negative Vorerfahrungen mit partizipativen Prozessen könnten sich dagegen entsprechend negativ auf die Bereitschaft auswirken, sich auf einen neuen langwierigen partizipativen Prozess einzulassen. Dementsprechend vorsichtig - auch in Abwägung der Kosten und Nutzen - sollte man mit einem partizipativen Prozess umgehen.

3.1.4 Qualität der Monitoringvorlage

Das Monitoring kann nur so gut wie die Monitoringvorlage selbst, also das worauf sich das Monitoring bezieht, beispielsweise ein Plan, sein. Oder anders: je besser, logischer, verständlicher der Plan, desto einfacher und besser gelingt das Monitoring. Ein partizipatives Monitoringsystem kann nur funktionieren, wenn der Plan eine ausreichende Qualität aufweist und am besten bereits bei der *Ex-ante*-Situationsanalyse (*diagnóstico*) und bei der Planerstellung das zukünftige Monitoring berücksichtigt wird. Dies kann zu einer klareren Formulierung von Aktivitäten und Zielen und den entsprechenden Indikatoren führen, was sich positiv auf das Monitoring auswirken wird. In der Analyse könnten im Idealfall bereits die Informationen zu den Kriterien des Wirkungsmonitorings erhoben werden und somit bereits als *baseline study* für ein zukünftiges Wirkungsmonitoring genutzt werden.

3.1.5 Steuerung

Verantwortlichkeiten für die Umsetzung des Plans und die inhaltliche Arbeitsteilung zwischen Steuerung und Monitoring müssen klar definiert werden.

3.1.6 Monitoringkompetenzen

Partizipatives Monitoring erfordert Monitoringkompetenzen und Selbst-Organisation. Für eine positive Unterstützung des Prozesses sollte man sich der Instrumente der Organisationsentwicklung bedienen und in die Weiterbildung der Mitglieder des Monitoringkomitees investieren.

3.1.7 Kosten-Nutzen-Analyse

Trotz der positiven Resultate sollte eine Kosten-Nutzen-Analyse des partizipativen Monitorings durchgeführt werden. Das partizipative Monitoring ist nicht teuer in Bezug auf Infrastruktur und Materialien,[82] jedoch ist erheblicher Beratungsbedarf vorhanden. Dieser könnte evtl. durch die Ausbildung von MultiplikatorInnen reduziert, bzw. umgeleitet werden. Vor allem sollte der Monitoringaufwand in einem angemessenen Verhältnis stehen zu dem, was monitoriert wird und welche Wirkungen man sich davon verspricht.

3.1.8 Flexibilität

Jede Gemeinde, jede Region, jedes Projekt stellt ein anderes Szenario dar. Die Ansprüche und Rahmenbedingungen für die Umsetzung eines partizipativen Monitoringsystems variieren erheblich und erfordern daher flexible Instrumente.

---

[82] Die Ausgaben setzen sich beispielsweise zusammen aus Kopien, Schreibutensilien, Reisekosten der Mitglieder, einen Raum zum monatlichen Treffen. Interessant wäre weiterhin der Zugang zu einem Computer, sofern die Gruppe mit einem Computer umgehen kann.

3.2 Abschließende Reflexionen: Partizipatives Monitoring als *Citizenship*

> „Recognizing the limits of the makeability of social life is as important to achieving something in development as overoptimistic faith in the possibilities of participatory politics."
> (CLEAVER 2004:276)

Die positiven Effekte des partizipativen Monitorings wurden ausreichend benannt. Auch auf die Kosten für die lokalen Akteure wurde hingewiesen, die nicht gering sind (vgl. hierzu auch IV.2.3). Ebenso ist eine Hinterfragung der Monitoringlogik, einer fortgesetzten Planungslogik und eines Matrixdenkens, eines sehr abstrakten, möglicherweise von außen induzierten mit bestimmten Interessen verbundenen Modells, legitim (vgl. dazu auch SYMES/JASSER 2000[83]).

Kann nach einer abwägenden Kosten-Nutzen-Analyse konstatiert werden, dass sich der Aufwand lohnt? Die Umsetzungsmöglichkeiten des partizipativen Monitorings sind stark von den spezifischen lokalen Faktoren abhängig, die sich sowohl auf der Handlungsebene befinden, als auch auf struktureller Ebene. Was kann man sich von Monitoring wirklich erwarten? Auf welcher Ebene kann partizipatives Monitoring ansetzen oder wirken als Beitrag zur Entwicklung von Good Governance? Kann Monitoring Strukturen verändern oder neue Strukturen schaffen? Braucht partizipatives Monitoring erst bestimmte Strukturen, um zu funktionieren oder besteht Monitoring aus Handlungen, die zu Struktur werden?

Die Kritik an rein projekt-basierten Ansätzen von Partizipation (vgl. COOKE/KOTHARI 2001, auch II.1.2) führte zur Ausarbeitung eines neuen Ansatzes oder vielmehr eines neuen Verständnisses von Partizipation, zum Ansatz der *Citizenship* (vgl. verschiedene Artikel in HICKEY/MOHAN 2004). Es geht bei diesem Ansatz darum, Partizipation nicht als einen Methodenkasten, sondern als ein Politik- und Demokratieverständnis zu begreifen, im speziellen Fall des partizipativen Monitorings als ein politisches Steuerungsverständnis.

> „The citizenship approach (…) offers the possibility of multi-level approaches to participation; linking the micro-politics of community participation to good governance and the workings of the state. Linking this focus to a wider political project of social justice (…) allows us to broaden thinking about participation away from a focus on projects and techniques towards the implicit possibilities of dealing with structural inequality through participatory governance and state action." (CLEAVER 2004:271)

Beim Monitoring geht es sowohl um ein neues politisches Steuerungsverständnis, um die Schaffung von Räumen für *Good Governance* (Monitoringkapazität) und für die Entwicklung von Monitoringkompetenzen von lokalen Akteuren, um Fähigkeiten, *Good Governance*

---

[83] „Hence, control over the M&E process is concentrated in the hands of the ‚logical framework analysis expert', which, in turn, discourages participation in – a community ownership over – the process." (SYMES/JASSER 2000:148)

einzufordern und aktiv mitzugestalten. Das partizipative Monitoringsystem kann ein Baustein in diesem *Citizenship-Konzept* sein.

Je nach Anliegen, Zeitpunkt, Ort und beteiligten Akteuren können auch weitere bereits bestehende Instrumente einen wichtigen Beitrag zu Partizipation als *Citizenship* leisten. Hier können im brasilianischen Amazonien einige Beispiele genannt werden, die noch gestärkt werden müssen:

- Förderung der Grund-Schulausbildung (und der LehrerInnenausbildung) im ländlichen Raum

- Dezentrale Einrichtung von praxisorientierten dreijährigen Landwirtschaftsausbildungen für Jugendliche aus bäuerlichen Familien (*casa familiar rural*)[84]

- Politische Bildungsarbeit von Landarbeitergewerkschaften (STR) und anderen NRO

- Fortbildungen von Mitgliedern der Beiräte in der Beiratsarbeit durchgeführt von PRO-NAF und STR

- Erwachsenenalphabetisierung, häufig nach Methoden Paulo Freires v.a. durch kirchliche Institutionen, v.a. durch die Landpastorale (CPT - *Comissão Pastoral da Terra*)

Im partizipativen Monitoring geht es wie diesen Ansätzen nicht um Momentaufnahmen, sondern um eine langfristige Umdefinierung von Handlungen, Prozessen und Strukturen hin zu mehr Demokratie und *Good Governance*. Der Nutzen von Aktivitäten des partizipativen Monitorings geht in diesem Sinne weit über die unmittelbare Monitoringfunktion im Projektzusammenhang hinaus. Daher sollte partizipatives Monitoring nicht als Instrument, sondern als Prozess verstanden werden, als einen flexiblen Lernprozess innerhalb eines Konzeptes von Partizpation als *Citizenship*.

---

[84] Vgl. beispielsweise http://membres.lycos.fr/dominiquesourty/ oder http://www.cfra.hpg.ig.com.br/links.htm

IV Analysen

Dieses Kapitel umfasst die drei Analysen, die bereits in der methodologischen Vorgehensweise (vgl. II.3.2) vorgestellt wurden: Kontextanalyse (1.), Methodenanalyse (2.) und die Analyse der methodologischen Vorgehensweise (3.). Jedes Kapitel stellt zunächst die theoretische bzw. thematische Einbettung der Analyse vor, anschließend den Analyserahmen, dem dann die eigentliche Analyse und ein Fazit folgen.

1 Kontextanalyse

Die Kontextanalyse beginnt mit der Beschreibung der theoretischen Einbettung (1.1), die zum einen sehr spezifisch auf die Generierung eines Analyserahmens für die Kontextanalyse ausgerichtet ist, zum anderen jedoch auch als stellvertretend für die theoretische Einbettung der gesamten Arbeit verstanden werden kann. Ihr folgt die Entwicklung des Analyserahmens (1.2), die Analyse (1.3) und ein Fazit (1.4).

1.1 Einbettung

Wird eine geographische Arbeit, die sich mit Kommunalentwicklung und -verwaltung im Norden Brasiliens beschäftigt, durch ihre regionale Verortung automatisch zu einer Arbeit im Rahmen der geographischen Entwicklungsforschung? Wird bei dieser Arbeit Entwicklung erforscht? Welche Entwicklung oder was ist eigentlich Entwicklung?

Seit den Anfängen der geographischen Entwicklungsländer-Forschung in den Fünfziger und Sechziger Jahren des 20. Jahrhunderts, die noch eher einen länderkundlichen Ansatz verfolgte und an koloniale Vorkriegsforschung anknüpfte (vgl. Ausführungen bei SCHOLZ 1985 und 2004, er verweist u.a. auf TROLL 1960, BOBEK 1962, KOLB 1962, WEIGT 1963) bis heute, kann eine eigene Entwicklungsgeschichte beobachtet werden. Beeinflusst durch populäre Entwicklungskritiker wie Arturo ESCOBAR, Gustavo ESTEVA oder Wolfgang SACHS wurde gefordert von der Entwicklungsländerforschung zur geographischen Entwicklungsforschung überzugehen (z.B. BLENCK 1979). Heute verweisen beispielsweise DÖRFLER ET AL 2003 auf die Kritik der *post development studies* (u.a. RAHNEMA 1997, ZIAI 2001) am Begriff Entwicklung und den dahinter stehenden Weltbildern und plädieren „für einen Perspektivenwechsel von der Entwicklungsforschung zur Sozialforschung in Entwicklungsländern" (DÖRFLER ET AL 2003:14). Eigentlich müsste m.E. hier noch einen Schritt weiter gegangen werden und der Begriff „Entwicklungsländer" dekonstruiert werden. Trotz dieses Vorbehaltes, will ich mich diesem Plädoyer anschließen und mit dieser Arbeit den geforderten Perspektivenwechsel nachvollziehen, ihm methodisch gerecht werden sowie anknüpfen an die aktuellen Tendenzen in der bisherigen geographischen „Entwicklungsforschung".

Ab den 70er Jahren standen nun theoriegeleitete und problembezogene Arbeiten im Vordergrund. Die Krise der großen Entwicklungstheorien in den vergangenen Jahrzehnten (vgl. MENZEL 1992), die Kritik, gerichtet sowohl an Modernisierungs- als auch Dependenztheorien, nur die Struktur zu sehen und Erklärungsansätze darauf aufzubauen und dabei gleichzeitig die Menschen, die Akteure, zu übersehen, führte zu einem Paradigmenwechsel in der Entwicklungsdiskussion. KREUTZMANN stellt fest, dass heute in der geographischen Entwicklungsforschung „Erkenntnisse in der ‚mittleren Reichweite', wenn nicht allein im individuellen, alltagsweltlichen Handlungsraum, der multidimensional verflochten ist, gesucht werden" (KREUTZMANN 2003:5). Eine „Verlagerung der Perspektive von gesellschaftlichen Zusammenhängen hin zu einer Fokussierung auf das eigenverantwortlich agierende Subjekt, von der Struktur zum Handeln" (DÖRFLER ET AL 2003:13) wird damit deutlich.

Im Rahmen der Globalisierungsdebatte, u.a. der Debatte um fragmentierende Entwicklung (vgl. SCHOLZ 2002, 2004), kamen darüber hinaus neue Herausforderungen auf die geographische Entwicklungsforschung zu:

> „Schon bei der Suche nach den Ursachen für die alten Probleme schieden sich die Geister und wiesen einmal mehr internen, ein andermal vor allem externen Faktoren vorrangige Bedeutung für Entwicklungsblockaden und Strukturdeformationen zu. Heute kommt die Frage hinzu, ob diese Probleme im lokal-globalen Wechselspiel angesichts veränderter politisch-gesellschaftlicher Rahmenbedingungen (z.B. Neoliberalismus) und angesichts veränderter Akteurskonstellationen (z.B. Bedeutungszuwachs der so genannten *global players*) eine neue Qualität und Dynamik erhalten und deshalb auch neue Antworten erforderlich werden." (COY 2000: 47)

Die Antworten hierauf können folgendermaßen aussehen: COY (2000) beobachtet vier Orientierungen, die für die heutige geographische Entwicklungsforschung als grundlegend angesehen werden können:

- Akteursorientierung
- Handlungsorientierung
- Konfliktorientierung
- Praxisorientierung

Sehr ähnlich sieht dies KRÜGER (2003), der drei Tendenzen in den letzten Jahren in der geographischen Entwicklungsforschung konstatiert:

Hinwendung zu

- Akteurs- und handlungsorientierten geographischen Analysen
- Analysen auf mehreren Maßstabsebenen und multisektoralen Ansätzen
- Anwendungsbezug und entwicklungspolitischer Relevanz

Im Folgenden (1.1.1) wird jeder dieser drei Punkte etwas detaillierter vorgestellt und in die geographische Diskussion eingebettet. Dabei werden verschiedene Forschungsansätze der Sozialgeographie vorgestellt und in Bezug auf die Fragestellung bewertet. Gefragt werden soll jeweils, welche Analysevorschläge diese Ansätze für die empirische Untersuchung des Handelns von diversen Akteuren in einem komplexen Kontext geben oder geben können.

Im folgenden Unterkapitel werden sich einige Theoriestränge und zentrale Konzepte herauskristallisieren, die in 1.1.2 ausführlicher diskutiert werden. Welche Relevanz diese Diskussionen und Konzepte für die methodische Vorgehensweise in dieser Arbeit haben, wird in der Zusammenführung der Zwischenergebnisse (1.1.3) dargelegt.

1.1.1. Allgemeine Einbettung in die geographische Diskussion

Die folgenden Ausführungen orientieren sich an den von KRÜGER (2003) identifizierten aktuellen Tendenzen in der geographischen Entwicklungsforschung. Es werden daher akteurs- und handlungsorientierte geographische Ansätze (1.1.1.1), Analysen auf mehreren Maßstabsebenen und multisektorale Ansätze (1.1.1.2) und geographische Ansätze, die sich Anwendungsbezug und entwicklungspolitische Relevanz zum Ziel gemacht haben (1.1.1.3) vorgestellt. Dabei wird hier bereits auf Parallelen zu Konzepten aus anderen Disziplinen hingewiesen, die zum Teil in 1.1.2 ausführlicher behandelt werden. Die zusammenfassenden Thesen dieser Ausführungen (1.1.1.4) geben die Orientierung für die Entwicklung der zentralen Theoriestränge dieser Arbeit vor.

1.1.1.1. Akteurs- und handlungsorientierte geographische Ansätze

Die Hinwendung zu handlungsorientierten Ansätzen sind in vielen sozialwissenschaftlichen Disziplinen als Antwort auf als unzureichend empfundene rein strukturelle Erklärungsansätze zu Fragen von Entwicklung und Sozialem Wandel entstanden. Gerade durch die theoretische und empirische Unzulänglichkeit der Hauptströmungen in den Entwicklungstheorien, der Modernisierungs- und Dependenztheorie, durch das in beiden vorhandene Primat der Struktur, wurde die Notwendigkeit für eine stärkere Einbeziehung der Akteure und ihrer Handlungsstrategien auch in der Entwicklungsforschung als notwendig erachtet.

In der Geographie wurden stark strukturdeterministischen und funktionalistischen Sichtweisen, beispielsweise die Überbetonung des Raumes oder die Reduktion der sozialen Wirklichkeit auf Klassenstrukturen (z.B. marxistische Geographie), akteurs- und handlungsorientierte Ansätze entgegengestellt.

Eine einheitliche Handlungstheorie existiert heute nicht. Gemeinsam haben die verschiedenen handlungstheoretischen Ansätze, dass sie die Gesellschaft in ihrer komplexen Realität verstehen möchten und dies über den Ansatzpunkt des sozialen Handelns her unternehmen. Die Theorieansätze unterscheiden sich hinsichtlich ihrer Menschenbilder, ihrer Annahmen im Modell des Handelnden, in Bezug auf Handlungsmotivationen, den Prozess der Zielorientierung des Handelns und den Bezugsrahmen der Handlungsorientierung. Viele sehen in Max

WEBER (1921) den Begründer der Handlungstheorien, die sich im Anschluss in viele verschiedene Strömungen auffächerten.

WERLEN (2002) unterscheidet zwischen den folgenden drei Hauptströmungen, dem zweckrationalen, normorientierten und verständigungsorientierten Ansatz:

- Zweckrationaler Ansatz: Mit ihm werden vor allem Vilfredo PARETO (1916/55) und Max WEBER (1921/72) verbunden. Gekennzeichnet ist dieser Ansatz durch das Feld des Ökonomischen in neoklassischer und neoliberaler Tradition. Der Mensch wird als *homo oeconomicus* oder *homo rationalis* gesehen. Es wird davon ausgegangen, dass dieser stets die optimale Zweck-Mittel-Relation im Handeln anstrebt. Diesem Ansatz werden die heute stark diskutierten Entscheidungstheorien bzw. *rational choice theories* zugeordnet.

- Normorientierter Ansatz: Talcott PARSONS (1937/68) entwickelte den Ansatz WEBERs zu einer normorientierten Gesellschaftstheorie weiter. Auch einer seiner Schüler, Robert MERTON (1936), erstellte ein funktionales Handlungsmodell. Bei diesen Ansätzen wird von der Fähigkeit der Subjekte zur Normbrücksichtigung ausgegangen. Der von ihnen angenommene *homo sociologicus* (DAHRENDORF 1958/64) führt bei Handlungsentscheidungen nicht nur Nutzenkalkulationen durch, sondern er berücksichtigt ebenfalls soziokulturelle Werte und Normen. Für die Handlungsorientierung muss daher eine angemessene Abstimmung zwischen kulturellen, sozialen, Persönlichkeits- und biologischen Bedürfnissystemen vollführt werden. Dem Handelnden wird daher eine gewisse Freiheit im Handeln zugestanden.

- Verständigungsorientierter Ansatz: Dieser Ansatz wird mit der handlungszentrierten, interpretativen Sozial- und Kulturwissenschaft von Alfred SCHÜTZ (1971) verbunden, die dieser auf Grundlage der phänomenologischen Philosophie von Edmund HUSSERL (1859-1938) entwickelt hat. Er kann als eine der umfassendsten Auseinandersetzungen mit der Konstitution gesellschaftlicher Wirklichkeit in subjektbezogenen Handlungsvollzügen verstanden werden. Der *homo communicans* (vgl. Jürgen HABERMAS' Theorie des kommunikativen Handelns von 1981) versucht sich in seiner Lebenswelt zu verständigen und handelt auf Grundlage der aktuellen Ausprägung seines biographischen Wissensvorrates, d.h. seines Erfahrungskontextes. In den Blickpunkt rücken die thematische Eingrenzung und Zentrierung des Handelns (thematische Relevanz), die Bedeutung des Körpers für die Wissensaneignung (Kopräsenz, Abwesenheit) und die Interpretation der Umstände des Handelns (Auslegungsrelevanz). Dieser Ansatz misst subjektiven Sinnkonstitutionen eine hohe Bedeutung zu, gleichzeitig werden sowohl die rationale Mittelwahl als auch die Normorientierung an einem gesellschaftlich und kulturell geprägten Orientierungsraster in die Analyse integriert. Jeder Handelnde orientiert sich an einem intersubjektiven Bedeutungszusammenhang, der alle diese Faktoren umfasst und interpretiert daraus sein ganz persönliches Möglichkeitsfeld.

Ausgehend von den Handlungstheorien beschäftigten sich die Sozialwissenschaften mit der Frage, wie Menschen es schaffen, ihre individuellen Sinndeutungen und Handlungen aufeinander abzustimmen und mehr oder weniger stabile Situationen, kollektives Handeln, funktionierende Gesellschaften etc. hervorzubringen.

Handlungsorientierte Ansätze sind nichts Neues. *Actor-oriented approaches* waren vor allem in den 1960er und 1970er Jahren nicht nur in der Geographie, sondern generell in den Sozialwissenschaften, vor allem der Soziologie und Anthropologie, populär. Die Spannbreite reichte von verhaltensorientierten Ansätzen, Transaktions- und Entscheidungsfindungsmodellen bis hin zu auf symbolischem Interaktionismus oder phänomenologischen Herangehensweisen basierenden Analysen.

Nun wurde wiederum den akteursorientierten Ansätzen *methodologischer Individualismus* (Verallgemeinerung individuellen Handelns) oder ein schematisches, unrealistisches Menschenbild vorgeworfen, sei es nun der *homo oeconomicus* oder *sociologicus*. In den letzten Jahren wurden diese Kritiken ernst genommen und die verschiedenen Zweige der Handlungstheorie bemühten sich konzeptionell darauf zu reagieren.

Auch in der Geographie ist es richtiger, heute von einer Wiederentdeckung handlungsorientierter Ansätze zu sprechen, denn dort kann bereits auf verschiedene Forschungstraditionen in der Sozialgeographie und auch speziell in der Entwicklungsforschung in diesem Bereich zurückgeblickt werden. Neuere Impulse können an der verstärkten Rezeption von GIDDENS' Strukturierungstheorie (GIDDENS 1984/97) in der Geographie ab Anfang der 1990er Jahre festgemacht werden (vgl. z.B. WERLEN 1997).

WERLEN sieht in HARTKE den geographischen Vorreiter, der bereits Ende der Vierziger Jahre "als erster überhaupt eine Analyse des alltäglichen Geographie-Machens gefordert" hat (WERLEN 1997:17). HARTKE bezieht sich "auf den aktionsräumlichen Kontext als primären Ausgangspunkt der Sozialgeographie" und will "auf die soziale Basis von 'Geographien' aufmerksam machen" (WERLEN 1997:29). Er geht davon aus, dass jeder Mensch nicht nur in einen bestimmten physisch geographischen Ort hineingeboren wird, sondern vor allem in einen spezifischen soziokulturellen Kontext, in eine bestimmte Sozialgruppe, in deren Normen und Werte das Individuum sozialisiert wird und die ihm den Zugang zu Wissen erschwert oder erleichtert. Das Handeln des Individuums wird daher durch Gruppenerwartungen, aber auch durch subjektive Erwägungen geprägt. Die verschiedenen Geofaktoren werden "immer nur unter bestimmten (ziel- und vor allem) wertspezifischen Gesichtspunkten in die subjektiven Überlegungen einbezogen" (WERLEN 1997:30). HARTKE hält bei der Einwirkung des menschlichen Handelns auf den Raum nicht nur die Anordnung der physischen Umwelt für relevant, sondern vor allem die Bewertung dieser durch die Akteure aufgrund ihrer Interpretationen, die wiederum vom verfügbaren Wissen, kulturellen Normen, Werten und technischen Voraussetzungen abhängen (vgl. HARTKE 1959). Die Ideen HARTKEs wurden vielfach in der Sozialgeographie aufgegriffen und weiterentwickelt.

Die Sozialgeographie, teildisziplinspezifisch Ende des 19. Jahrhunderts in Frankreich herauskristallisiert, beschäftigt sich mit dem menschlichen Handeln im Kontext seiner materiellen Umwelt. Sie will die Lücke füllen zwischen der *Raumversessenheit* der allgemeinen Geographie und der *Raumvergessenheit* der Soziologie (WERLEN 2000:12). Sie hat sich seitdem in die verschiedensten Richtungen weiterentwickelt. Einige sozialgeographische Ansätze, die sich mit dem menschlichen Handeln intensiver auseinander gesetzt haben, sollen im Folgenden vorgestellt werden.

Die sozialgeographischen Ansätze, die sich mit dem Handeln des Menschen beschäftigen, definieren dieses sehr unterschiedlich im Verhältnis zum Raum bzw. zur Struktur, untersuchen unterschiedliche Akteure (bspw. Individuum/Gruppe), gehen von unterschiedlichen Menschenbildern aus und unterscheiden sich in der Wertschätzung und Interpretation von Handlungsmotivationen, -orientierungen und -prozessen. Sie verwenden ebenfalls oftmals unterschiedliche empirische Erhebungsmethoden: während die quantitative Sozialgeographie Menschen als Teile von Strukturen wahrnimmt, die eingebunden in Abläufe und eingeordnet im Raum handeln, eher einem positivistischen Menschenbild anhängt und über Statistiken Gesetzmäßigkeiten des Handelns erfasst, verwendet die qualitative Sozialgeographie (SEDLACEK 1989) Methoden, die an die der Hermeneutik, Phänomenologie und Ethnomethodologie angelehnt sind. Daher wird in ihr auch die Dichotomie zwischen Forschungssubjekt und -objekt in Frage gestellt, der Anspruch wissenschaftlicher Objektivität durch die Prämisse der Intersubjektivität ersetzt und die eigene Position als Forschende kritisch beleuchtet (vgl. auch FLIEDNER 1993:207).

Ohne die berechtigten Diskussionsstandpunkte verwässern zu wollen, sollen im Folgenden sowohl einige Ansätze der quantitativen sowie der qualitativen Sozialgeographie gleichberechtigt nebeneinander stehend dargestellt werden. Die folgenden Ansätze weisen einen unterschiedlichen Grad an Handlungs- und Akteursorientierung auf, auch beziehen einige Ansätze Strukturfaktoren in die Analyse mit ein. Trotzdem reflektieren alle Ansätze geographische Herangehensweisen an das Thema Handlung und wurden daher ausgewählt.

Wie im Folgenden deutlich werden wird, sind die Ansätze nicht klar voneinander getrennt zu verstehen, sondern sie sind stets voneinander beeinflusst, bzw. greifen Aspekte der anderen Ansätze auf.

a) Humanistische Geographie(n) und phänomenologische Handlungstheorien

Gerade bei der Humanistischen Geographie wird stets darauf hingewiesen, dass es ebenso viele Humanistische Geographien gäbe, wie Humanistische GeographInnen. Im Folgenden soll trotzdem versucht werden ein paar Gemeinsamkeiten der Humanistischen Geographien darzustellen. Die Humanistische Geographie ist den verständigungsorientierten Ansätzen der Handlungstheorie und der qualitativen Sozialgeographie zuzuordnen.

Die Humanistische Geographie wendet sich gegen die Verkürzung der Erfahrung von Wirklichkeit, wie sie für den Positivismus typisch ist, sowie gegen das dort vorherrschende Menschenbild des *homo oeconomicus*. Gleichzeitig kritisiert sie den Psychologismus, der oftmals in verhaltensorientierten Ansätzen vorliegt, bei dem für die Interpretation der sozialen Wirklichkeit stets auf die Psyche des Individuums rekurriert wird.

Eine der herausragendsten Vertreterinnen der humanistischen Geographie Ende der 1960er Jahre ist Ann BUTTIMER (1969). Der zentrale Begriff in BUTTIMERs Ansatz (und in der Humanistischen Geographie allgemein) ist die *Lebenswelt*. Dieses Konzept stammt aus der Phänomenologie Edmund HUSSERLs (1859-1938) und wurde von SCHÜTZ (1971) und SCHÜTZ/LUCKMANN (1975) weiterentwickelt. Sie prägen unter anderen den Begriff der *Lebenswelt des Alltags*. Relevant dabei ist die Verweigerung der Übernahme des Postulats einer unabhängig existierenden objektiven Wirklichkeit. Vielmehr wird die subjektive Wahrnehmung und Interpretation der Wirklichkeit als entscheidend erachtet. Es wird davon ausgegangen, dass man nur wahrnehmen kann wie einem etwas erscheint, nicht wie es wirklich ist. Jede Wahrnehmung ist das Ergebnis eines komplizierten subjektiven Interpretationsprozesses, der beeinflusst ist von den individuellen Sozialisations- und Erfahrungszusammenhängen. Obwohl der Einfluss gesellschaftlicher Strukturen auf das Individuum anerkannt wird, werden dem Mensch autonome und entscheidende raumgestaltende Handlungen zugesprochen. Weiterhin wird angenommen, dass Menschen nicht aufgrund der objektiven Eigenschaften von Dingen handeln, sondern aufgrund der subjektiven Bedeutungen, die sie den Dingen zuweisen. Intersubjektive Bedeutungen von Dingen können existieren und sind Ergebnis kommunikativen Alltags-Handelns in einer Gesellschaft. Räume werden in diesem Ansatz ganzheitlich, auch in ihrer Ästhetik und Symbolik, wahrgenommen. Methodisch arbeitet die Humanistische Geographie v.a. mit Methoden der qualitativen Sozialforschung und weist eine Nähe zur Ethnomethodologie und Hermeneutik auf. Weiterhin ist dieser Ansatz humanistisch im klassischen Sinn, insofern er sich bewusst für die Belange unterprivilegierter sozialer Gruppen einsetzt.

b) Verhaltensorientierte geographische Ansätze

Verhaltensorientierte oder auch verhaltenstheoretische Ansätze in der Geographie (*Behavioural approaches*) sind in den 1960er Jahren als Kritik auf geographische Erklärungsansätze entstanden, die mit rein quantitativen Berechnungen und geometrischen Verteilungen von Phänomenen im Raum basierend auf normativen und mechanistischen Modellen die Mensch-Umwelt-Beziehungen zu erklären versuchten. Sie sind je nach ihrem spezifischen Ansatz innerhalb der verhaltensorientierten Geographie den norm- oder den verständigungsorientierten Handlungstheorien zuzuordnen. Der Beginn dieser sogenannten Mikrogeographie wird auch als ‚kognitive Wende' bezeichnet. Dabei datiert FLIEDNER die ersten Vorüberlegungen bereits in die 1940er Jahre.[85]

Sie wandten sich ebenfalls gegen die vereinfachende Annahme des menschlichen Verstands (*mind*) als *black box*, die in vielen früheren Forschungsarbeiten vorherrschte, und der Vorstellung von machtlosen, von ihren Rahmenbedingungen bestimmten Individuen – also natur-,

---

[85] Er bezieht sich dabei auf die Arbeit von WRIGHT (1947/66): Terrae Incognitae, the Place of the Imagination in Geography (vgl. FLIEDNER 1993:146).

sozial- oder strukturdeterministischen Ansätzen. Dabei sollten jedoch die Einflüsse der Rahmenbedingungen auf das individuelle Handeln nicht negiert werden.

Vordenker verhaltenstheoretischer Ansätze sind in der Humanistischen Geographie *(z.B.* BUTTIMER*)*, der Landschaftsgeographie *(landscape school)* oder auch in der *human ecology* zu finden. Philosophische Strömungen wie der Possibilismus (VIDAL DE LA BLACHE, DE SAUSSURE) thematisierten den Gedanken der Interpretations- und Entscheidungsmöglichkeiten (*choice*) im menschlichen Handeln innerhalb gegebener physischer und sozialer Strukturen und beeinflussten damit diese Diskussionen.

Verhaltenstheoretische geographische Ansätze beschäftigen sich mit Themenbereichen wie dem menschlichen Bewusstsein, Werten, subjektiven Wahrnehmungen, Handlungsmotiven und -absichten. Ihnen wird häufig vorgeworfen, dass sie zum einen Konzepte und Fachbegriffe der Psychologie übernehmen, ohne sich tiefer gehend mit diesen auseinander zu setzen. Zum anderen wird die in den frühen verhaltensorientierten Ansätzen vorherrschende Sichtweise des menschlichen Handelns als eine Reaktion auf einen Reiz als zu vereinfachend kritisiert. Gerade den letzten Kritikpunkt hatte die Diskussion innerhalb der verhaltenstheoretischen Ansätze bereits aufgegriffen und zum Teil als Antwort recht differenzierte Konzepte entwickelt, die diesen Kritikpunkt bis zu einem gewissen Grad entkräften.

Meist werden Konzepte vorgestellt, bei denen das Individuum über Reflexivität, Kognition, Affektivität und Bewusstsein vermittelte Reize wahrnimmt und entsprechend seiner individuellen Informations-, Wahrnehmungs- und Entscheidungsfilter reagiert bzw. agiert. Diese Filter können wiederum geprägt sein von individuellen Merkmalen wie Persönlichkeit, Motivation, Emotion, früheren Erfahrungen, Lernfähigkeit, Bildungsgrad etc. sowie von gesellschaftlichen bzw. gruppenspezifischen kulturellen Normen und Werten. Die Reize werden in Informationen umwandelt, reflektiert und münden in eine Handlungsentscheidung. Einige Ansätze nehmen darüber hinaus noch an, dass der Entscheidungsspielraum für das individuelle Handeln sowohl von inneren als auch von äußeren Zwängen begrenzt wird.

Die verhaltenstheoretische Sozialgeographie nimmt in Zusammenhang mit der subjektiven Raumwahrnehmung, der individuellen Wahrnehmung von Distanzen und von Objekten sowie der Erforschung subjektiver kognitiver Karten (*mental maps*) auf phänomenologische Grundlagen Bezug und wird wiederum von der Perzeptionsgeographie rezipiert. Fragen hinsichtlich der Wahrnehmung und wie die räumliche Umwelt subjektiv im Bewusstsein abgebildet wird sind heute auch für die *Hazardforschung* relevant.

c) Aktionsraumforschung und Zeitgeographie

Die Aktionsraumforschung, einzuordnen in normorientierte Handlungstheorien und funktionalistische Ansätze, steht im engen Zusammenhang mit den Arbeiten der Münchner Sozialgeographie der 1970er und 80er Jahre (RUPPERT, SCHAFFER, MAIER, PAESLER u.a.). Sie versuchte durch eine Synthese der Arbeiten von BOBEK (Landschaftsgeographie) und dem Indikatorenansatz von HARTKE einen Forschungsansatz für komplexe Kulturlandschaften (v.a. Stadt) zu entwickeln. Zentral in diesem Ansatz sind die von ihnen entwickelten Daseinsgrundfunktionen (PARTZSCH 1965, 70) (Wohnen, Arbeiten, Sich-Versorgen, Sich-Bilden, Sich-Erholen, Verkehrsteilnahme, In Gemeinschaft leben).[86] In ihnen sollen sich die verschiedensten menschlichen Handlungen kategorisieren und analysieren lassen. Die Idee ist, dass gerade in der Planung für jede Daseinsgrundfunktion ausreichend Raum eingeplant wird. Der Aktionsraum oder auch Handlungsspielraum (potenzieller Aktionsraum) eines Individuums oder einer (aktionsräumlichen) Gruppe wird am Zugang zu einer bestimmten, bzw. mehreren oder allen Daseinsgrundfunktionen definiert. Der Aktionsraum wird nicht als Fläche verstanden, sondern definiert die Menge der tatsächlich berührten Einrichtungen oder Orte im Sinne eines Feldbegriffes. Die Aktionsräume werden auch mit Hilfe der Zeitgeographie erfasst. Die Zeitgeographie analysiert die zeitliche und räumliche Dimension individuellen und kollektiven Handelns. Sie geht von der Unteilbarkeit des Menschen aus und davon, dass alle Handlungen eine Dauer haben. Als ein Vorläufer kann die soziologische Chicagoer Schule gesehen werden, die bereits mit Konzepten wie Dominanz (*temporal dominance*) oder Segregation (*temporal segregation*) arbeitete. Als Begründer der Zeitgeographie wird Torsten HÄGERSTRAND (1975) verstanden.[87] Durch sein Innovations- und Diffusionsmodell und seine *time-space-structured theory* hat er interessante Kategorien für die Analyse menschlichen Handelns eingeführt. Er unterscheidet beispielsweise verschiedene Formen der Zeit: *universe time*, *life time*, *social time*. Auch seine *constraints-theory* gibt Anregungen zur Analyse (der Grenzen) des Aktionsraumes, beispielsweise die von ihm definierten Einschränkungen (*constraints*) menschlichen Handelns:

- *capability constraints* (aufgrund biologischer und/oder persönlicher Faktoren)
- *coupling constraints* (aufgrund der Koordination mit anderen Akteuren)
- *authority constraints* (aufgrund von machtpolitischen, institutionellen oder rechtlichen Faktoren)

HÄGERSTRANDs Zeitgeographie hat u.a. Eingang gefunden in Netzwerkanalysen und die Strukturierungstheorie[88] (GIDDENS 1984/97) (vgl. 1.1.2.7).

d) Handlungsorientierte Sozialgeographie

Auch unter dem Begriff der handlungsorientierten Sozialgeographie vereinen sich unterschiedliche Ansätze. Auch sie bewegen sich zwischen den norm- und den verständnisorien-

---

[86] Auch andere Geographen definierten bereits Funktionen menschlichen Handelns z.B. BOBEK (z.B. 1948, 1957, 1959) (biosoziale, ökosoziale, politische, toposoziale, migrosoziale und Kulturfunktionen) und CHAPIN (1965:226) (income-producing activities, child-raising and family activities, education and intellectual development activities, spiritual development activities, social activities, recreation and relaxation, club activities, community service/political activities, activities associated with food, shopping, health etc.).

[87] Weitere Autoren zur Zeitgeographie: u.a. CARLSTEIN/PARKES/THRIFT 1978

[88] Obwohl viele deutschsprachige WissenschaftlerInnen den Begriff der Strukturationstheorie oder der Theorie der Strukturation für GIDDENS' *theory of structuration* verwenden, orientiert sich diese Arbeit an der deutschen Übersetzung seines Buches, in dem von der Theorie der Strukturierung gesprochen wird.

tierten Handlungstheorien. Die prominentesten Vertreter sind Eugen WIRTH (1981/1984), Peter SEDLACEK (1982) und Benno WERLEN (1987).

Gemeinsam haben sie, dass nicht mehr der Raum, auch nicht der Mensch, sondern das menschliche Handeln im Vordergrund der Forschung steht. Raumprobleme werden als Handlungsprobleme verstanden. Der Raum wird erst durch das menschliche Handeln definiert bzw. konstruiert. Die Geographie soll nicht als Raumwissenschaft, sondern als Sozialwissenschaft verstanden werden.

WIRTH fordert - aus kritischer Distanz zum verhaltensorientierten Ansatz – „eine raumwissenschaftliche relevante Konzeption habitualisierten menschlichen Alltagshandelns" (WIRTH 1981:186, zitiert in FLIEDNER 1993:214). Für ihn steht die Gruppe und nicht das Individuum im Zentrum des Interesses. Klassische soziologische Grundbegriffe tauchen nun in der Analyse auf: Verhaltensmuster, Einstellungen, Verbrauchsgewohnheiten, Gruppennormen, Anspruchsniveau, Rollenkonformität etc.. Hier wird eine Parallele zu normorientierten Handlungstheorien deutlich: Es wird davon ausgegangen, dass die Normen der Gruppe zu einem Orientierungsraster werden, welches das Wahrnehmungsfeld, die Wahrnehmungsperspektive und die Interpretationsmuster des Einzelnen bestimmt und strukturiert. Unter Rückgriff auf phänomenologische Handlungstheorien (beispielsweise der Prämisse der Intersubjektivität) wird versucht den Gegensatz zwischen individueller Handlungssituation einerseits und übergeordneten handlungsleitenden sozialen Strukturen, Systemen und Normen - den Rahmenbedingungen - andererseits zu überbrücken. Hier wiederum zeigt sich der Bezug zu verständnisorientierten Handlungstheorien.

Eine etwas andere Sichtweise vertritt WERLEN. Er hat u.a. mit seinem Buch zur *Sozialgeographie alltäglicher Regionalisierungen* (1997) einen wichtigen Impuls zur Diskussion handlungsorientierter Ansätze in der deutschen Sozialgeographie gegeben und zu vielen kontroversen Debatten geführt (vgl. MEUSBURGER 1999). WERLEN bezieht sich in seinem Entwurf auf die Theorie der Strukturierung von GIDDENS (1984/97). Er verwirft jedoch das Raumkonzept von GIDDENS, das sich u.a. auf die Zeitgeographie von HÄGERSTRAND bezieht.

WERLEN bezieht sich auf die von HARTKE entwickelte Idee des „Geographie-Machens", d.h. es wird davon ausgegangen, dass über die alltägliche Praxis der handelnden Subjekte Geographie hergestellt und reproduziert wird. Für wichtig erachtet WERLEN es festzustellen, dass nicht alle Individuen in diesem Prozess über die gleichen Gestaltungsmöglichkeiten verfügen. Es existieren verschiedene Aneignungsformen des Raumes und unterschiedliche Arten gesellschaftlicher Koordination dieser Aneignungsformen (bspw. Durchsetzung von Zugangs- und Entscheidungsrechten). Er plädiert daher für die Thematisierung des Faktors Macht innerhalb der Handlungstheorie (vgl. WERLEN 1995a:50, aber auch 1997:142 und 333).

An den handlungsorientierten Ansätzen und speziell WERLENs Ansatz wird kritisiert, dass ihre Vorwürfe der Raumzentriertheit der Geographie überzogen seien. Ihr starker Subjektbezug, v.a. WERLENs methodologischer Individualismus (nach POPPER), vernachlässige das Zusammenspiel zwischen Struktur und Handeln und die Bedeutung struktureller Macht (u.a.

MEUSBURGER 1999). Trotz WERLENs Plädoyer für eine Machtanalyse wurden jedoch auch von handlungstheoretischer Seite bisher noch wenig konkrete und analytische Auseinandersetzungen über die Entstehung und Auswirkungen von Machtdifferenzen geführt.

e) Räumliche Konfliktforschung und critical geopolitics

In der Politischen Geographie haben sich ebenfalls handlungsorientierte Ansätze herausgebildet, beispielsweise innerhalb des Zweiges der räumlichen Konfliktforschung (u.a. OßENBRÜGGE 1983) und dem der *critical geopolitics* (GREGORY, THRIFT, PRED). Neben strukturalistischen Strömungen innerhalb der räumlichen Konfliktforschung,[89] existierten auch handlungsorientierte Ansätze: Ein Ansatz, der Parallelen aufweist zu den Theorien des *rational* und *public choice*, geht von einem *homo oeconomicus* aus, der rational und nutzenorientiert handelt. Dieser *homo oeconomicus* tritt in Konflikt mit anderen Individuen, sobald gegensätzliche Handlungsziele verfolgt werden. Meist geht es dabei um Konflikte bezüglich des Zugangs zu öffentlichen Gütern (*common goods*). Mittlerweile wandelten sich die Menschenbilder. Heute wird in der politischen Geographie vielmehr die folgende Definition vertreten:

> „Menschen ‚wählen' die Alternative, deren subjektiv erwarteter Nutzen
> (...) im Vergleich zu den anderen betrachteten Alternativen der höchste
> ist." (ESSER 1991:79, zitiert in REUBER 2001:82)

Aus der postmodernen und poststrukturalistischen (und post-marxistischen) Kritik an materialistischen, strukturalistischen und marxistischen Ansätzen entstanden neue konzeptionelle Strömungen: Kapital- und Habitustheorien, Regulationstheorie und Poststrukturalismus boten Alternativen an. Die Politische Geographie hatte darüber hinaus in den letzten zwei Jahrzehnten neue Impulse erhalten: Verstärkt traten lokale Konflikte in die Öffentlichkeit, neues Interesse an Fragen der Weltordnungspolitik bildete sich und die Globalisierung (z.B. Auflösung territorialer Regulationsweisen, Zunahme militanter Konflikte, ökologische Herausforderungen) wurde breit diskutiert. Neue geographische Weltbilder wurden diskutiert und es wurde erneut deutlich, wie hegemoniale Vorstellungen über sprachliche (und visuelle) Diskurse erzeugt wurden. Diskurstheoretische Ansätze wurden in der politischen Geographie nun als *critical geopolitics* (GREGORY, PRED, THRIFT) zusammengefasst.

Hier wurden sozial- und politikwissenschaftliche mit konstruktivistischen Teiltheorien integriert. Daraus ergab sich die Möglichkeit verschiedene Akteure, Akteursrollen, Lebensstile und Identitäten zu analysieren. Es wird davon ausgegangen, dass die Handlungen eines Akteurs, seine individuellen Präferenzen „in einem vielfältigen Spannungsfeld strukturell vorgegebener Rahmenbedingungen" (REUBER 2001:80) existieren, das seine Wahlmöglich-

---

[89] So identifizierten und thematisierten bereits die gesellschaftstheoretischen Grundannahmen des Marxismus Konflikte beispielsweise zwischen Produktionsmittelbesitzer und Proletariat. Diese Konflikte wurden analytisch von der *marxist geography* (u.a. HARVEY 1973) und *radical geography* (u.a. PEET/THRIFT 1989) thematisiert und bearbeitet.

keiten bestimmt, einschränkt oder ermöglicht. Dieses Spannungsfeld beinhaltet nach REUBER (2001) folgende Faktoren:

- Soziopolitische Institutionen, gesellschaftliche „Spielregeln" (Zwänge und Möglichkeiten) des Handelns
- Individuelle Biographie des Akteurs und die daraus erwachsenen konfliktrelevanten Normen, Ziele und Fähigkeiten
- Räumlich gebundene Strukturen, Ressourcen, Symbole, Machtpotenziale als subjektive Konstruktionen/Repräsentationen

KNOX/MARSTON fassen diese beschriebenen Entwicklungen in der Politischen Geographie wie folgt zusammen:

> „Der zunehmenden Pluralisierung (und Fragmentierung) des Politischen entspricht sie [die Politische Geographie] durch eine zunehmende Stärkung akteurs- und handlungsorientierter Konzepte. Aus den noch sehr stark klassisch-strukturalistisch angelegten Konzepten der Radical geography entwickelt sich eine stärker handlungsorientierte geographische Konfliktforschung, die auf der Grundlage eines methodologischen Individualismus die Basis dafür bildet, die neue, hoch flexible Gestalt politisch-geographischer Prozesse von den kleinsten Bausteinen, den politischen Handlungen einzelner Akteure her, aufrollen und verstehen zu können." (KNOX/MARSTON 2001:453)

f) Poststrukturalistische Ansätze und Critical Geography

Die philosophischen und gesellschaftlichen Diskussionen um die Postmoderne wurden ebenfalls von der Geographie aufgenommen (u.a. HARVEY 1989, SOJA 1989). Ausgelöst durch strukturelle Veränderungen in Gesellschaft, Wirtschaft, Technik, Politik, Kunst und Kultur, die HABERMAS (1985) mit der *neuen Unübersichtlichkeit* bezeichnet, macht sich die Wissenschaft auf die Suche nach Antworten und einige WissenschaftlerInnen beginnen (oder enden) mit der Forderung nach einem *paradigmatischen Pluralismus* der Ansätze (vgl. FLIEDNER 1993:227).

Aber die poststrukturalistischen Ansätze begnügen sich nicht damit: Der Relativismus des menschlichen Wissens generell wird thematisiert und führt weiterhin zu einer Hinterfragung der Position des Wissenschaftlers/der Wissenschaftlerin. Forschung soll als reflexiver Prozess betrieben werden, die Grundposition, die Forschungsmotivation, der individuelle Erfahrungshintergrund etc. des Forschenden muss berücksichtigt werden. Die Trennung von Subjekt und Objekt wird abgelehnt. Hier werden Parallelen sichtbar zur Humanistischen Geographie, zu feministischen Ansätzen (u.a. MIES 1984) und zur *reflexive geography* (u.a. ROSE 1997). Auch Menschenbilder werden reflektiert. Dies führt zu einer zunehmenden Anerkennung ihrer Existenz sowie der Heterogenität existierender Menschenbilder und der damit einhergehenden Implikationen (vgl. REICHERT 1987). Heute herrscht meist das Menschenbild eines individuellen subjektiven Nutzenoptimierers vor, dessen Handlungsspielräume von der Gesellschaft mitbestimmt werden. Jedoch sind diese Einflüsse nur in der Weise handlungsrelevant wie sie vom Individuum subjektiv wahrgenommen werden, was wiederum von dessen spezifischen Wissens-, Werte- und Erfahrungskontext abhängt (vgl. REUBER 2001).

Die Kritik an den mechanistischen Vorstellungen der klassischen politischen Ökonomie, mündete seit Mitte der 1980er Jahre in einen innovativen Diskurs, der die Debatte um *Rational Choice* Theorien konzeptionell neu belebte und Kritikpunkte am Konzept überwand. Heute wird bei Handlungsentscheidungen von *bounded rationality* oder *subjective expected utility* ausgegangen sowie davon, dass emotionale, rationale bewusste und unbewusste Erwägungen dort mit einfließen.

Mit Bezugnahme auf LATOUR (1995) wird jedoch bereits auch darüber hinausgegangen: sprachliche Dichotomien wie rational-emotional, vernunfts- versus gefühlsbetontes Handeln werden als künstliche, konstruierte Trennungen aufgefasst, die das Verstehen von Handeln eher behindern. Eine *Theorie der subjektiven, eigennutzorientierten Wahl* (REUBER 2001:83) kann daher einen Schirm darstellen, unter denen sich die verschiedenen heterogenen Ansätze zusammenfinden können.

Die Berücksichtigung der Machtkomponente, die in den menschlichen Handlungen präsent ist und sich in räumlichen Strukturen manifestiert, wurde bereits in der *radical geography* (HARVEY) ab den 1970er Jahren angeregt und wird von der *critical human geography* (GREGORY, PRED, THRIFT) und der poststrukturalistischen Geographie weiterhin gefordert.

Die Anerkennung von Heterogenität und Pluralismus führte ebenfalls zu Forderungen sowohl die Strukturebene als auch die Lebenswelt anzuerkennen, bzw. beide Ebenen in der Analyse zu berücksichtigen.

> "A postmodern social theory deliberately maintains the creative tensions between all theories in its search for better interpretations of human behaviour. At the core of the wonderful 'geographical puzzle' lies the dialectic between space and society." (DEAR 1988:271f.)

g) Zusammenfassende Darstellung

Das hier folgende Unterkapitel führt die vorgestellten Ansätze zusammen. Die Darstellung von Gemeinsamkeiten der Ansätze und eine kritische Würdigung führen zu einem perspektivischen Ausblick, der die Überleitung zu den zentralen Theoriesträngen dieser Arbeit bildet.

Gemeinsamkeiten der Ansätze

Die vorgestellten Ansätze, so unterschiedlich sie sind, weisen Parallelen zueinander auf. Meist greifen sie auf gemeinsame Annahmen, Aspekte oder Analysekategorien zurück, die sie jedoch mit unterschiedlichen Inhalten oder Wertigkeiten belegen. Zusammenfassend kann konstatiert werden, dass alle Ansätze sich mit den folgenden Aspekten beschäftigen:

- Handlungsmotivation der Akteure
- Handlungsentscheidung (beeinflussende Faktoren, Ablauf)
- Ablauf kognitiver Prozesse /Verarbeitung von Erfahrungen
- unbewusstes und bewusstes Handeln
- reale (Aktionsräume) und potenzielle Handlungsspielräume
- Handlungsrestriktionen und -möglichkeiten
- Macht (Ausprägungen, Auswirkungen, Zugang zu Macht)
- Ausstattung der Akteure
- Verhältnis der Akteure und ihrer Handlungen zum Raum, bzw. zur Struktur

Die verschiedenen Ansätze

- analysieren das Handeln des Menschen, meistens als Individuum und
- gehen von einer Interrelation zwischen Handlung und Raum oder Struktur aus,
- wobei ihre Bewertung des Einflusses des Raumes auf das Handeln des Subjektes vom angenommenen Menschenbild abhängt.

Die aktuellen akteurs- und handlungsorientierten geographischen Ansätze sind in norm- oder verständigungsorientierte Handlungstheorien einzuordnen.

Kritische Würdigung der Ansätze

Da die hier vorgestellten handlungsorientierten Ansätze sich voneinander unterscheiden, variieren dementsprechend auch die Kritikpunkte die gegen sie vorgebracht werden. Trotzdem werden im Folgenden die wichtigsten Kritikpunkte an handlungsorientierten geographischen Ansätzen zusammengefasst, die für den größten Teil der Ansätze Gültigkeit besitzen. Oder man kann es auch so sehen: Es werden Aspekte vorgestellt, auf die beim Arbeiten mit handlungsorientierten Ansätzen geachtet werden sollte.

Sehr häufig wird den Ansätzen methodologischer Individualismus und eine Vernachlässigung der Strukturen vorgeworfen. Damit sollen zwei Aspekte angesprochen werden:

- Zum einen bleibt unklar, wie methodisch analysiert werden soll. Wie kann vom Einzelnen auf die Allgemeinheit geschlossen und kollektive Verhaltensweisen abgeleitet werden, d.h. wie kann von der Mikroebene auf die Makroebene gelangt werden? Ihnen werden daher von Kritikern oftmals gesellschaftstheoretische Defizite bescheinigt.
- Zum anderen wird eine Verlagerung der Verantwortung für gesellschaftliche Entwicklungsprozesse auf die individuelle Ebene beobachtet. Strukturelle Gewalt und die Rolle der Rahmenbedingungen werden wenig thematisiert.

> „Konsequenz dieser Verlagerung der Perspektive auf die mehr oder weniger individuelle Handlungsebene ist, dass die Verantwortung für Veränderung nicht mehr primär mit gesellschaftlichen und/oder makroökonomischen Strukturen verknüpft wird, sondern mit fähigen Akteuren vor Ort. (...) Die fehlende kritische Auseinandersetzung mit dieser Tendenz hat zur Folge, dass die dadurch konstituierten Abhängigkeitsverhältnisse aus dem Blick geraten und damit latent perpetuiert werden. **Dadurch bleibt die von der gesellschaftlichen Realität ausgehende Gewalt, die Bedeutung der Struktur für das Handeln und die sich daraus ergebenden Handlungszwänge der Menschen in Entwicklungsländern unberücksichtigt.**" (DÖRFLER ET AL 2003:13, Heraushebungen im Original)

Gefordert und vorgeschlagen wird daher beispielsweise in der geographischen Entwicklungsforschung ein Ansatz, der den „Zusammenhang zwischen individuellen Handeln und gesellschaftlichen Veränderungen in Entwicklungsländern" zu analysieren hilft (DÖRFLER ET AL 2003:14).

Auch die verwendeten Menschenbilder der handlungstheoretischen Ansätze stehen in Kritik. Sie variieren von Ansatz zu Ansatz (und damit auch die Kritikpunkte). Die jeweiligen Ansätze bemühen sich oft in ihrer Weiterentwicklung die Kritikpunkte aufzunehmen und ihr Menschenbild zu modifizieren und realitätsnäher zu gestalten. Trotz allem bleiben die Menschenbilder normative Annahmen und können erkenntnistheoretisch nicht nachgeprüft werden. Die Reflexion über Menschenbilder und die Anerkennung der Heterogenität in ihnen sind mit Sicherheit wichtige Schritte den berechtigten Kritikpunkten zu begegnen.

Die Thematisierung von Machtbeziehungen klang in mehreren der vorgestellten Ansätzen an. Keiner macht jedoch bisher konkrete methodische Vorschläge. Weiterhin wird kritisiert, dass durch die Fokussierung auf das eigenständig handelnde Subjekt strukturelle Macht oder auch das Eingebundensein eines Individuums in Machtbeziehungen nicht thematisiert werden. KRINGS/MÜLLER kritisieren beispielsweise, „dass Konflikte, Ungleichheiten unter dem Schleier der Wahlfreiheit, Lebensstile oder Handlungsroutinen versteckt werden" (KRINGS/MÜLLER 2001:112f.) und dass Konflikte und Widersprüche zu wenig oder gar nicht reflektiert werden. Dass es Ziel handlungszentrierter sozialgeographischer Forschung sein sollte, mitzuhelfen, die *verborgenen Mechanismen der Macht* (BOURDIEU 1992) aufzudecken, formulieren alle Ansätze. Jetzt kann es um die Umsetzung gehen.

Perspektivischer Ausblick

Heute kann erfreulicherweise eine immer stärkere Tendenz beobachtet werden, strukturalistische und aufs Individuum orientierte handlungstheoretische Ansätze nicht mehr als klassische Dichotomie gegenüberzustellen. Poststrukturalistische Ansätze diskutieren quer zu alten Trennungen. REUBER (2001) sieht beispielsweise, dass der daraus entstandene Theorienpluralismus der Politischen Geographie (und dies lässt sich erweitern auf die Sozialgeographie allgemein) - eine *open geography* (ALLEN 1998) - die Möglichkeit eröffnet, „die facettenreichen Auseinandersetzungen um ‚Macht und Raum' weit angemessener zu bearbeiten, als mit einer Orientierung auf eine quasi universalistische Grand Theory" (REUBER 2001:78).

Geographische Handlungstheorien sollten ihre analytischen Potenziale auf der Mikroebene noch stärker entwickeln, gerade im Bezug auf Machtbeziehungen. Zur gleichen Zeit sollte versucht werden, Ansätze zu entwickeln, die Mikro-, Meso- und Makroebene integrieren (vgl. auch 1.1.1.2) oder gar auflösen (vgl. 1.1.2) können. Dabei sollten bereits bestehende Ansätze, auch aus den Nachbardisziplinen, berücksichtigt werden, von denen einige im Kapitel 1.1.2 vorgestellt werden.

1.1.1.2 Analysen auf mehreren Maßstabsebenen und multisektorale Ansätze

Die Geographie zeichnet sich dadurch aus, eine „interdisziplinäre Disziplin" zu sein. Schon im universitären Curriculum – zumindest der deutschen Geographie – umfasst die Geographieausbildung sowohl die physische als auch die Anthropogeographie. Das heißt, es werden Kenntnisse der Geologie, Bodenkunde, Vegetationskunde oder Biologie, Hydrologie, Meteorologie, Agronomie, Ökonomie, Verkehrswissenschaften, Kultur- und Sozialwissenschaften vermittelt, um nur ein paar Fächer explizit aufzuzählen. Multisektorale Ansätze sind daher für GeographInnen generell nicht neu und vor allem bereits fachinhärent. Warum wird dann heute diese Neuentdeckung der verschiedenen Maßstabsebenen und der multisektoralen Ansätze so betont?

Die wissenschaftlichen und politischen Diskussionen, ob es nun die nationalen und internationalen Rahmenbedingungen, beispielsweise der Weltmarkt, sind, die für die ungleichen Entwicklungschancen verantwortlich zu machen sind oder aber die regionalen Gegebenheiten, vielleicht sogar vor allem die Naturraumausstattung, oder die soziokulturellen Gegebenheiten, in denen die marginalisierte Gruppe oder gar das Individuum gefangen sind, zeichnen deutlich die Diskussionen um Handlung oder/und Struktur nach.

In der geographischen Entwicklungsforschung, die stark durch die Entwicklungstheorien beeinflusst wurde, sollte Forschung zu anwendungsbezogenen Lösungen beitragen. Die Verabschiedung von den großen Entwicklungstheorien und die Hinwendung zu Theorien mittlerer Reichweite haben sich auch in der geographischen Entwicklungsforschung niedergeschlagen, was in differenzierte empirische lokale Untersuchungen mündete. Die Einsicht, dass dabei auch die Rahmenbedingungen nicht völlig außer Acht gelassen werden dürfen, gewann erst mit anhaltender Forschungstätigkeit erneut ihre gebührende Bedeutung zurück (vgl. RAUCH 1996, 2003). RAUCHs Ansatz wird in 1.1.2.1.d. stellvertretend für die verschiedenen Ansätze innerhalb der sozialgeographischen (Entwicklungs-) Forschung, die Analysen auf verschiedenen Maßstabsebenen durchführen, vorgestellt. Er arbeitet beispielsweise mit einer Mehrebenenanalyse (lokal, regional, national, global) und der Analyse von verschiedenen Sphären oder Dimensionen (ökonomisch, ökologisch, soziokulturell, politisch-institutionell). Die meisten Mehr-Ebenen- und/oder multi-sektoralen Ansätze innerhalb der geographischen Entwicklungsforschung sind interessant und sinnvoll, haben jedoch nie besondere Aufmerksamkeit oder Popularität genossen. Stark beeinflusst wurde die geographische Entwicklungsforschung in diesem Punkt in den 1980er Jahren auch von der Bielefelder Verflechtungsanalyse AG BIELEFELDER ENTWICKLUNGSSOZIOLOGEN 1981, ELWERT 1983/85, ELWERT/ EVERS/ WILKENS 1983, EVERS 1987) (vgl. auch 1.1.2.1.a.).

Bei Arbeiten mit verschiedenen Ebenen und Dimensionen tauchen auch Probleme und Kritikpunkte auf. Ein solches Arbeiten ist empirisch sehr komplex und damit methodisch schwierig handhabbar, bzw. wenn eine individuelle wissenschaftliche Arbeit ein Problem auf allen Ebenen und Dimensionen analysieren will, wird sie sehr allgemein oder gar oberflächlich bleiben müssen. Bescheidenheit ist daher gefordert in der Generalisierbarkeit oder Aussagekraft von Ergebnissen, sowohl wenn man multisektoral und interdisziplinär gearbeitet hat, als auch gerade, wenn man dies nicht getan hat und sich nur auf wenige Ebenen und/oder Dimensionen konzentriert hat.

Multisektorale Analysen auf verschiedenen Ebenen könnten zukünftig zur Integration oder Überwindung des Handlung-Struktur-Dilemmas einen größeren Beitrag leisten, als sie es bisher tun. Dafür müssten handlungsorientierte Ansätze auf der Ebene des Individuums und der Gruppe bei der Analyse der lokalen Ebene eingebunden werden, bzw. die entsprechenden Mehr-Ebenen-Modelle um die individuelle Ebene (und bei Bedarf Gruppen-Ebene) erweitert werden.

Multisektorale, interdisziplinäre Arbeiten auf verschiedenen Maßstabsebenen werden aufgrund der Komplexität der aktuellen Probleme zunehmend stärker von Nöten sein. Die geographische (Entwicklungs-)Forschung sollte daher die bisherigen Ansätze in dieser Richtung weiter stärken und entwickeln. Aber auch die Arbeit in interdisziplinären Teams wird an Bedeutung gewinnen, in denen GeographInnen beinahe schon klassischer Weise eine vermittelnde Rolle spielen können. Für diese Aufgabe fehlt es der Geographie jedoch bisher an spezifischen methodischen Ansätzen.

1.1.1.3 Anwendungsbezug und entwicklungspolitische Relevanz

> "The goal of academic work must be emancipation, leading to social change." (JOHNSTON 1997:224, zit. n. REUBER /WOLKERSDORFER 2001:12)

Die von KRÜGER (2003) konstatierte Tendenz zu stärker anwendungsbezogenen Arbeiten in der geographischen Entwicklungsforschung, wird jedoch in Hinblick auf die Sozialgeographie als Ganze von einigen AutorInnen noch vermisst. Teilweise werden die postmodernen und poststrukturalistischen Diskussionen und Ansätze dafür verantwortlich gemacht.

> „The more significant reasons for this lack of relevance to, and influence on, the policy realm include: the effects on the subject of the postmodern and cultural ‚turns'; the consequential emphasis on ‚sexy' philosophical, linguistic and theoretical issues rather than on practical social research; the retreat from detailed, rigorous empirical work; the intellectual bias against policy studies; and the lack of political commitment." (MARTIN 2001:189)

Möglicherweise handelt es sich jedoch nur um eine weitere Dichtomie, dieses Mal Praxis/Theorie, die es zu überwinden gilt. Ohne sich notwendigerweise der Kritik am *cultural turn* (vgl. MARTIN 2001, PAIN 2003[90]) anzuschließen, soll der Anwendungsbezug und die Hinwendung zur aktions-orientierten (*action-oriented*) Forschung (PAIN 2003) als eigenständige Forderung, als einen *policy turn* (MARTIN 2001) in der Geographie, vor allem vorgetragen von der *critical geography*, verstanden werden.

Aber auch das ist nichts Neues. Die marxistische und radikale Geographie (*radical geography*)[91] haben in den späten 1960er Jahren die Kritische Theorie (und ihre Einheit von Theorie und Praxis) und den Marxismus für die Geographie fruchtbar gemacht (vgl. u.a. *Geographische Revue* 2001, Jg.3, H.2). Neben ihrer Kapitalismuskritik, den sie verantwortlich machen für die gesellschaftlichen Missstände, werfen sie der Wissenschaft vordergründige Wertneutralität und herrschaftsstabilisierende Funktionen vor. *Spatial analysis* wird abgelehnt, wenn es nur um die Beschreibung des Raumes und der Gesellschaft geht – sie sollen nicht nur beschrieben, sondern auch verändert werden.

> "'Advocate geographers' ought to allow members of the local community to become problematizers of their situations and to become active creators of their environment." (GREGORY 1978:162, zitiert in WERLEN 1997:30)

Mit diesem Postulat für die *kritische Regionalgeographie* knüpft Derek GREGORY an die Ideen Paulo FREIREs (1970)[92] und generell an die Ansätze der *Participatory Action Research* (vgl. REASON/BRADBURY 2001a) an. Für diese *advocacy geography*, die sich für die Verbindung von Forschung und Praxis und das Einsetzen der Forschung für die Belange marginalisierter Bevölkerungsgruppen engagierte, kamen Impulse auch aus den Nachbarwissenschaften, z.B. von Alain TOURAINEs *Sociologie de l'action* (1965) (Soziologie als Handlungswissenschaft). WissenschaftlerInnen oblag demnach auch ein aktives Mitgestalten gesellschaftlicher Bewegungen und Veränderungsprozesse. Mit diesem neuen Selbstverständnis der Wissenschaft und der Forschenden war auch die Suche nach angepassten Forschungsmethoden verbunden, die - wie bereits erwähnt - v.a. in die Anwendung von Methoden der Aktionsforschung (vgl. Kapitel II.3) mündete.

---

[90] „....the surge of interest in the cultural, symbolic and reflexive nature of capitalist society, in ‚identity', ‚embodiment', ‚the self' and the ‚other', has had the unfortunate effect of shifting attention firmly away from the uneven development of the capitalist markets and the social inequality and environmental problems it produces. Concepts such as ‚class', ‚inequality' and ‚conflict' have all but disappeared from the human geographer's lexicon. (...) the danger is that the real world becomes subordinated to language games in which the ‚real' is just another ‚discourse' (...)." (MARTIN 2001: 195f.)

„If the cultural turn has not quite become a folk devil, its intellectual and practical limitations, particularly in its apparent neglect of material practices and relevance, are increasingly evident. Where there has been a failure to relate a focus on representation and meaning to material life and social welfare, it is fair to say that the cultural turn has led some away from earlier ideals of a progressive social geography which focuses on social problems and their resolutions." (PAIN 2003: 649f.)

[91] u.a. BUCHANAN, BLAUT, BUNGE, HARVEY, LACOSTE, PEET

[92] Pädagogik der Unterdrückten und Aktionsforschung (*Pesquisa Ação*)

Aber auch die poststrukturalistische Geographie, vor allem die feministische Geographie[93], hat den Anwendungsbezug nicht vergessen, sondern sucht in der Forschung ein weiteres Instrument, um Ungerechtigkeiten zu analysieren, Marginalisierten Gehör zu verschaffen, neue Räume für Transformation zu öffnen und Machtdiskurse zu dechiffrieren.

Auch die *welfare geography* (SMITH 1977, 2000) hält Betroffenheit und Parteilichkeit für eine legitime, wenn nicht gar notwendige Voraussetzung geographischer Forschung, z.B. wenn geographische Verteilungsmuster erstellt werden sollen zu *who gets what where, and how*, um soziale Missstände aufzudecken.

Gemeinsam haben diese verschiedenen Strömungen der *advocate geographers*, dass sie sich mit Problemen von Gruppen beschäftigen, die sich beispielsweise an der gesellschaftlichen Peripherie bewegen, von Artikulationsprozessen ausgeschlossen sind und soziale Ausgrenzung erfahren und dass sie zu einem großen Teil Methoden der Aktionsforschung anwenden. Ein ähnliches Anliegen besitzt die geographische Entwicklungsländerforschung, wobei diese (noch) nicht (oder kaum) in so genannten Industrieländern forscht und bisher nur in seltenen Fällen den methodischen Ansatz der Aktionsforschung wählt. Diese beiden Forschungsrichtungen sind nicht streng voneinander getrennt und es existieren natürlich Überlappungsbereiche. Trotzdem bleibt die Frage, wodurch sich die bisher so genannte Entwicklungs- oder Entwicklungsländerforschung tatsächlich auszeichnet oder auszeichnen möchte. Dabei soll noch mal an das Plädoyer von DÖRFLER ET AL (2003) für eine *Sozialforschung in Entwicklungsländer*, als Hinterfragung des Entwicklungsbegriffes, erinnert werden. Meiner Ansicht nach greift gerade in Hinblick auf die schon lange existierenden und im Rahmen der Globalisierung noch stärker diskutierten Interrelationen zwischen Staaten, Regionen, Firmen, Gruppen, Individuen etc. der Fokus auf so genannte Entwicklungsländer zu kurz. Vielmehr müssen verstärkt diese Beziehungen - zum größten Teil komplexe Abhängigkeits- und Machtbeziehungen - in den Mittelpunkt der Forschung gestellt werden, ebenso wie die Auswirkungen der Lebensstile im *Norden* auf die Lebensbedingungen im *Süden* und umgekehrt. Diese Themen gehören zweifelsohne in das Verständnis der allermeisten WissenschaftlerInnen der geographischen Entwicklungsforschung von ihrem Forschungsgegenstand. Um diesen Themenbereichen und der Kritik am Entwicklungsbegriff gerecht zu werden, schlage ich daher den Begriff der *kritischen geographischen Entwicklungsforschung* vor. Darunter verstehe ich jedoch ebenfalls eine Geisteshaltung in Anlehnung an die *advocacy geography*, die sowohl Anwendungsbezug und angepasste Forschungsmethoden als auch die Hinterfragung der Objektivität von Forschung fordert. Der Begriff *critical* mag zum einen abgenutzt klingen – *critical geography, critical regional geography, critical geopolitics*, etc. – zum anderen soll aber *critical geographical development studies* genau an diese Disziplintraditionen anknüpfen.

---

[93] Die feministische Geographie (u.a. BÄSCHLIN 2003) bezieht sich bei dieser Frage stark auf die Diskussionen zur feministischen Wissenschaftskritik (u.a. MIES 1984) (vgl. auch II.3).

Für die Entwicklungsforschung besteht der Anwendungsbezug zum großen Teil am direktesten durch eine Kooperation mit der internationalen Entwicklungszusammenarbeit oder mit Organisationen aus den Ländern des Südens. Die Anwendungsbereiche für projektbegleitende oder projektevaluierende Forschung sind groß:

> „Für eine dauerhafte Wirksamkeit von Entwicklungszusammenarbeit ist die Definition der Zielgruppen sowie die Festlegung der Handlungsbereiche und die technisch-organisatorische Auslegung spezifischer Maßnahmen allein nicht ausreichend. Wichtig sind vor allem detaillierte Kenntnisse über die wirtschaftlichen, machtpolitischen und sozialstrukturellen Rahmenbedingungen, die die Handlungslogiken und Handlungsspielräume der Akteure bestimmen und damit die langfristige Wirkung implementierter Maßnahmen beeinflussen." (COY 2000:54f.)

Trotzdem werden jedoch von Seiten sowohl der Wissenschaft als auch der Praxis dieses Potenzial nur zögerlich genutzt.[94]

Wie kommt es nun zu diesem *neuen* Anwendungsbezug? In der Entwicklungszusammenarbeit (EZ) sind gerade Ansätze, die zur Handlungsorientierung der Entwicklungsforschung passen könnten - *Farmers first*, Hilfe zur Selbsthilfe, *Empowerment* etc. – fast schon wieder aus der Mode. Stattdessen wird Anfang des Jahrtausends Entwicklungspolitik zur Globalen Strukturpolitik (BMZ 2002c) erklärt.

Vielleicht haben die Globalisierungsprozesse und deren Auswirkungen, die zunehmende ökologische Krise, internationale Konflikte und Kriege und die sich immer gravierender entwickelnden Lebensbedingungen des Großteils der Weltbevölkerung aber auch neue *advocate geographers* zum Leben erweckt.

> „Action-orientated social geographies, which not only comment on but get directly involved in seeking solutions to social problems and inequalities, never went away; perhaps they became less fashionable, perhaps they received less exposure. There are strong signs that social geography is remobilizing, and, despite many pressures which militate against some of these types of academic work, there is a critical mass of engagement beyond the academy." (PAIN 2003:655)

1.1.1.4 Zusammenfassende Thesen

Aus der Darstellung der akteurs- und handlungsorientierten Ansätzen, aber auch auch im Rahmen der Diskussion der Mehrebenen- und multisektoralen Ansätze und der Forderung nach Anwendungsbezug wird deutlich, dass die Analyse der komplexen Realität nicht nur Akteure und Handlungen beinhalten kann, sondern auch Strukturen. Weiterhin wird ersichtlich, dass eine Integration von Struktur und Handlung nötig wird, will man aktuelle Entwicklungsprozesse analysieren und verstehen. Die dargestellten Reflexionen und Diskussionen weisen teilweise jedoch darüber hinaus und formulieren in logischer Konsequenz die Auflösung dieser Dichotomien.

---

[94] Um dem Abhilfe zu schaffen, existiert beispielsweise das von der GTZ seit 2002 finanzierte Projekt „Zwischen Hörsaal und Projekt": http://www.gtz.de/de/unternehmen/2383.htm.

Ein weiterer gemeinsamer Diskussionspunkt der Ansätze ist das Erkennen der Wichtigkeit von Machtaspekten und die daraus resultierende Forderung diese verstärkt analytisch in die geographische Entwicklungsforschung zu integrieren.

Schließlich haben die Reflexionen bezüglich des Anwendungsbezugs der Forschung Auswirkungen, die quer zu allen Ansätzen verlaufen oder zumindest verlaufen sollten: Die Erkenntnis, dass geographisches (und anderes wissenschaftliches) Arbeiten immer von der politischen und sozialen Geisteshaltung des Forschenden zur Umwelt und zur Forschung an sich geprägt ist, ist nicht neu, sondern weiterhin aktuell und fordert einen bewussten Umgang damit heraus.

Die folgenden Thesen fassen diese Überlegungen kurz zusammen:

- Geographische Entwicklungsforschung sollte die Komplexität der Realität beachten.
- Dafür ist die Integration von Struktur und Handlung notwendig. Nach Möglichkeit sollte diese Dichotomie aufgelöst werden. Entwicklung muss von oben und von unten und auf allen Ebenen gedacht und analysiert werden, bzw. nach Möglichkeit jenseits der Einschachtelung durch Ebenen, Sektoren oder Dimensionen.
- Die geographische Entwicklungsforschung leidet an Machtblindheit! Machtaspekte werden bisher in der geographischen Forschung zu wenig beachtet bzw. zu wenig systematisch untersucht.
- Forschung ist politisch!

Im folgenden Kapitel (1.1.2) werden Ansätze aus anderen Disziplinen zusammengeführt, die sich diesen Forderungen theoretisch nähern. Der Schwerpunkt liegt auf der Frage der Integration oder Auflösung der Dichotomie Handlung und Struktur, wobei aber auch Vorschläge in Bezug auf die Analyse von Macht vorgestellt werden.

1.1.2 Zentrale Theoriestränge: Handlung und Struktur – Konzepte zur Integration, Überwindung und Auflösung

> "Warum wird die Frage der Beziehung zwischen 'mikro'- und 'makrosoziologischen' Ansätzen von vielen Autoren als so problematisch angesehen? Die (...) konzeptionelle Arbeitsteilung ist vermutlich der Hauptgrund. Weil sie durch einen philosophischen Dualismus verstärkt wird, verlangt sie eine grundlegendere Reformulierung der Sozialtheorie, als die meisten Autoren ausarbeiten wollen oder können."
> (GIDDENS 1997:193)

> „The dialectic is a process and not a thing and it is, furthermore, a process in which the Cartesian separations between mind and matter, between thought and action, between consciousness and materiality, between theory and practice have no purchase." (HARVEY 1996: 48)

CHOUINARD (1996) weist darauf hin, dass die *structure-agency debate* auf der Suche nach der Erklärung von Sozialem Wandel schon zurückreicht bis zu den Anfängen der Philosophie und der Wissenschaften. Mit einem Aufschwung in den 1970er Jahren und noch bis heute motivieren die Reflexionen über Freiheiten und Beschränkungen des menschlichen Handelns vor allem die Sozialwissenschaften und eben auch die Geographie. Die Geographie hatte schon immer in ihrer Disziplingeschichte eine ganz besondere Beziehung zu dieser Debatte, spiegelt sie sich doch ebenfalls in den Raum-Mensch-Diskussionen wider: Umwelt- und Raumdeterminismus des menschlichen Handelns versus Formung des Raumes durch den Menschen.

Die Integration, Überwindung oder Auflösung der Dichotomien von Handlung und Struktur werden heute verstärkt auch von GeographInnen thematisiert. Die unterbreiteten Vorschläge sind bisher noch nicht sehr konkret, dafür sensibilisieren sie für ein Umdenken im Kopf.

> „Dualism have been a recurring feature of sociospatial analysis. Micro/macro, local/global, subject/object, particular/universal – one or more of these dualistic frameworks can be discerned in many geographical texts. Dissolving the dualisms, somehow finding a way through the gaps which open up between them, requires the development of an approach which allows the various scales of social life to be treated symmetrically so that we never have to shift to a different register when studying large-scale or 'big' (usually termed structural) phenomena." (MURDOCH 1997:321)

MURDOCH selbst hat einen dritten Weg im Sinn, die Entwicklung einer *inbetweenness* mit seiner *geography of associations*. Ihm geht es dabei um die Aufhebungen von Dualismen. Nicht die Unterschiede sollen im Zentrum stehen, sondern die Verbindungen:

> „(...) we should concentrate on middles, links, chains, networks and associations." (MURDOCH 1997:322)

Auch HARVEY gibt Anregungen grundsätzlicher Art:

> „Parts and wholes are mutually constitutive of each other. 'Parts *makes* whole, and whole *makes* parts' (Levins and Lewontin, 1985). This is a principle that Giddens (1984) promotes in some of his writings on structuration theory (agency makes structure and structure makes agency) and it is, of course, a fundamental principle which operates across the whole breadth and range of Marx's work. To say that parts and wholes are mutually constitutive of each other is to say much more than that there is a feedback loop between them." (HARVEY 1996:53, Heraushebungen im Original)

Dieses Kapitel soll „Geographisches Handlungsverstehen mit Hilfe interdisziplinärer Teiltheorien" (REUBER 2001) erweitern. So skizziert beispielsweise REUBER in einem Artikel „wie sich Ansätze aus den Sozial-, Politik- und Raumwissenschaften produktiv nutzen lassen, um jeweils die individuellen, soziokulturellen und physisch-materiellen Aspekte von Handlungen genauer zu verstehen" (REUBER 2001:81).

Dies scheint typisch für die Geographie zu sein, sich nicht zu scheuen einen Blick in die Nachbarwissenschaften zu wagen, sich die dort diskutierten Theorien anzuschauen und zu analysieren, inwiefern sich diese für die Geographie praktisch erschließen könnten und sie dann zu inkorporieren. Der Geographie wird gerne - und wohl mit einem gewissen Recht - Theorieschwäche vorgeworfen oder sie bezichtigt sich dessen gleich selbst (z.B. BLENCK 1979[95], HARD 1992). Demgegenüber wird ihre Anwendungsstärke der Theorien nicht genügend hervorgehoben. Welche andere Wissenschaft wagt es komplexe Theorien wie Systemtheorie (z.B. BEIER 1995) oder Handlungstheorie (um nur ein paar Beispiele zu nennen) in einer empirischen Forschung umzusetzen?

> „Vorbei ist die Zeit, in der sich in Sozial- und Politikwissenschaften fast bekenntnisartig strukturalistische und individualistische Ansätze mit ihren unterschiedlichen Prämissen und gesellschaftlichen Ontologien gegenüberstanden (...). Der klassische Dualismus wird insbesondere durch poststrukturalistische Ansätze aufgebrochen (...). Eine 'open geography' (Allen 1998) postmoderner Differenz und Pluralität (Massey 1998) erfordert aber auch ein verändertes Bewusstsein über den Status und die Rolle von Theorien. Sie dürfen nicht länger als idealisierte, wissenschaftlich ständig zu verfeinernde Ontologien der ‚wirklichen' Welt gelten, sondern stellen vielmehr normative Konzepte mittlerer Reichweite dar, die ihre Tauglichkeit daran messen lassen müssen, inwieweit sie plausible Rekonstruktionen und Ausdeutungen (hier) politisch-geographischer Alltags- und Forschungsprobleme ermöglichen." (REUBER 2001:78f.)

---

[95] „Dieser Forderung sind Geographen bisher kaum nachgekommen, weshalb sie sich den Vorwurf des Theoriedefizits eingehandelt haben. Der Vorwurf, die Geographie arbeite untheoretisch, ist jedoch unzutreffend, da zweifelsohne jeder Wissenschaftler gewisse Vorstellungen von der Gesellschaft als Ganzem, d.h. gewisse gesellschaftstheoretische Vorstellungen in seine Arbeit mit einbringt. Die Situation für die Geographie ist also weit schlimmer: man kennt nicht einmal die Theorien, die man (bewusstlos zwischen den Zeilen) verteilt." (BLENCK 1979:11-12)

Wenn auch die poststrukturalistische Debatte die Dichotomie - oder die Dualität wie GIDDENS vorschlägt – zwischen Handlung und Struktur schon beinah für bereits überwunden erklärt, sollen trotzdem die Konzepte Handlung und Struktur und deren Verflechtung als Leitfaden für dieses Unterkapitel dienen. Basierend auf den Überlegungen des vorigen Kapitels soll die Diskussion über das Verhältnis von Handlung und Struktur nachgezeichnet und zu einem schlüssigen Konzept für die Analyse dieser Studie zusammengeführt werden.

Mittlerweile hat die Sozialgeographie zum großen Teil die Diskussionen der anderen Sozialwissenschaften zur Kenntnis genommen und teilweise integriert und ebenfalls die Theorie der Strukturierung von GIDDENS für sich entdeckt, die sich ausdrücklich als eine Antwort auf die strukturdeterministische marxistische Sozialtheorie versteht.

Die post-strukturalistische Debatte und vor allem die feministische Theorie eröffneten neue Sichtweisen und Einsichten in Bezug auf die Produktion und Reproduktion von Machtbeziehungen durch menschliches Handeln. Aus der beständigen Hinterfragung von Konzeptionen der Objektivität und Rationalität in der wissenschaftlichen Praxis und von konstruierten Dichotomien, die Unterdrückung perpetuieren, wie privat-öffentlich, subjektiv-objektiv, Produktion-Reproduktion, entstand der Versuch und die Forderung solche Dichotomien aufzulösen und Dualitäten, Diversität und Differenzen anzuerkennen. CHOUINARD (1996:398) spricht in diesem Zusammenhang von der Destabilisierung universeller Konzeptionen von Wissen und Identität durch den Postmodernismus.[96]

Es scheint jedoch eine Annäherung in Sicht zu sein, wie es die folgenden AutorInnen fassen. Sie beobachten

> „[a] general shift toward conceptions of structure and agency that emphasize diversity in the living of social relations of power and the consequences of that diversity for social change (…). (CHOUINARD 1996:398f.)
>
> „Both advocates of scientific method and humanists increasingly appreciate the importance of structures, whereas structuralists are coming to see that actual behaviour patterns may be one of the things that cause social life to take different forms in different places." (WALMSLEY/LEWIS 1993:3)

In diesem Kapitel werden nun einige Ansätze vorgestellt, die eine Verflechtung von Struktur und Handlung andenken, anstreben und einen entsprechenden - mal mehr, mal weniger ausgearbeiteten - Analyserahmen anbieten. Zunächst werden verschiedene Ansätze aus der Entwicklungsforschung und auch -praxis (1.1.2.1) vorgestellt und auch der darauf folgende Ansatz der Politischen Ökologie (1.1.2.2) wird häufig in der anwendungsbezogenen v.a. Umwelt- und Agrarforschung verwendet. Die Neue Institutionenökonomie (1.1.2.3) und das Konzept des Sozialen Kapitals (1.1.2.4) haben heute Eingang in Konzepte der Entwicklungszusammenarbeit gefunden und der akteursorientierte Ansatz (1.1.2.5) wurde speziell für die Analyse von Entwicklungsprojekten konzipiert. Im Anschluss daran werden zwei eher

---

[96] „(…) postmodernism's destabilization of universal conceptions of knowledge and identity (…)." (CHOUINARD 1996:398)

theorieorientierte Konzepte - die Theorie der Praxis von BOURDIEU (1.1.2.6) und die Theorie der Strukturierung von GIDDENS (1.1.2.7) - vorgestellt, die einen großen Einfluss auf aktuelle Konzeptentwicklungen, auch auf die vorher vorgestellten Ansätze, besitzen und entscheidende Beiträge für die Diskussion um Handlung und Struktur beisteuern. Zum Abschluss werden zwei weitere interessante, vielleicht zukunftsweisende Konzepte kurz skizziert, die jedoch entweder bisher nur wenige konkrete Analysekategorien beisteuern konnten oder aber deren empirische Anwendbarkeit noch nicht ausreichend verifiziert wurde: die Aktor-Netzwerk-Theorie und HARVEYs *Theory of Historical-Geographical Materialism* (*geography of difference*) (1.1.2.8).

Wie in einem gut funktionierenden lebendigen wissenschaftlichen Umfeld wünschenswert, sind die meisten dieser Ansätze bereits kritisiert und von einzelnen AutorInnen verändert oder an spezifische Forschungsfragen angepasst worden. Auch ich werde mit den folgenden Ansätzen weiterarbeiten, daher habe ich mich entschieden, zunächst die meisten Ansätze in ihrer Originalfassung zu skizzieren und der Übersichtlichkeit halber nicht im Detail auf alle wissenschaftlichen Weiterentwicklungen einzugehen. Die in den Ansätzen vorgeschlagenen Analysekategorien werden auf ihre Relevanz für das Thema dieser Arbeit untersucht, miteinander verglichen und in 1.2 in den Analyserahmen dieser Arbeit integriert.

1.1.2.1 Ansätze der Entwicklungsforschung und -praxis

Die Diskussion über Struktur und Handlung lässt sich ebenfalls in der Entwicklungszusammenarbeit in beständigen Wellen wieder finden (vgl. hierzu RAUCH 2003): nachdem die *trickle-down*-Effekte allgemeinen volkswirtschaftlichen Wachstums oder aber punktueller finanzieller Interventionen auf Makroebene nicht eingesetzt haben, so wie es gleichfalls modernisierungs- und dependenztheoretische Ansätze angenommen hatten, und spätestens seit dem 'verlorenen Jahrzehnt' der 1980er hatte man entdeckt, dass die Entwicklung beim Menschen ansetzen muss. Daher wurden nun verstärkt entsprechende Konzepte wie Hilfe zur Selbsthilfe und Empowerment verfolgt sowie für diese Zielebene angepasste Instrumente entwickelt, wie z.B. partizipative Methoden und spezifische Analysen (Zielgruppenanalyse, Stakeholderanalyse, Genderanalyse, Organisationsanalyse etc.). Doch bereits Ende der 1990er Jahre geht es wieder um die Rahmenbedingungen, die Struktur: so versteht das deutsche Bundesministerium für wirtschaftliche Zusammenarbeit und Entwicklung (BMZ) heutige Entwicklungszusammenarbeit als Globale Strukturpolitik (BMZ 2002c) und Lobbyarbeit von Nicht-Regierungsseite fokussiert ebenfalls zunehmend auf globale Fragestellungen und internationale Politikvereinbarungen.

Der Pearson-Bericht (1969) läutete die Kritik an der Wachstumsstrategie innerhalb der internationalen Entwicklungspolitik der 1950er und 1960er Jahre ein. Ab Mitte der 1970er Jahre wurde die Kritik an der bisherigen Entwicklungspolitik und -forschung aufgrund des Ausbleibens von nachhaltigen Verbesserungen der Lebensbedingungen in den sogenannten Entwicklungsländern immer lauter. Die erwarteten Durchsickerungs- und Ausbreitungseffekte volkswirtschaftlicher Interventionen (*growth first, redistribution later*) blieben aus und man versuchte den Fokus auf die am stärksten betroffenen Bevölkerungsgruppen zu richten und grundbedürfnisorientierte Strategien zu entwickeln (vgl. WALLER 1980, 1985).

Bereits 1969 hatte Dudley SEERS mit der Frage danach was Entwicklung eigentlich sei, zum einen eine Diskussion über alternative Entwicklung und Ansätze initiiert und zum anderen die bisherigen Entwicklungsdiskurse um die Aspekte der Reduzierung der Armut, Arbeitslosigkeit und Ungleichheit erweitert.

Mitte der 1970er Jahre wurde daraufhin das Konzept *Umverteilung mit Wachstum* (*redistribution with growth*) (vgl. CHENERY 1974) propagiert. Statt des bisherigen Ziels der Erhöhung des Pro-Kopf-Einkommens sollte nun die gleichmäßigere Einkommensverteilung im Zentrum stehen. Um das Ziel der langfristigen Verbesserung der Einkommen der armen Bevölkerung und der Umverteilung der laufenden Investitionen zugunsten der Armen zu erreichen, mussten nun die Zielgruppen der Armutsbevölkerung und die Investitionsmöglichkeiten für diese Zielgruppen identifiziert werden. Die neuen Konzepte in der Entwicklungszusammenarbeit hießen daher nun: Bedürfnisorientierung, Zielgruppenorientierung, Produktionsorientierung und Partizipation.

Auch wenn bereits ab Mitte der 1980er Jahre erneut neoliberale Wirtschaftsförderungsstrategien diskutiert und angewandt wurden, darunter die Strukturanpassungsprogramme von IWF und Weltbank, konnten sich in der entwicklungspolitischen Praxis armuts- und zielgruppenorientierte Strategien bis heute durchsetzen. Das Design dieser Maßnahmen hat sich jedoch auch in der Praxis über die Jahrzehnte hinweg gewandelt. Armutsorientierte Maßnahmen sind nicht zwangsläufig handlungs- oder akteursorientiert, sondern können auch auf der strukturellen Ebene der Politikberatung ansetzen. Die deutsche geographische Entwicklungsforschung hat diese internationalen Diskursentwicklungen (Modernisierungs- versus Dependenztheorie versus Theorien mittlerer Reichweite) (vgl. SCHMIDT-WULFFEN 1987) sowie die Diskussionen in den sozialwissenschaftlichen Nachbardisziplinen spätestens seit der Gründung des Geographischen Arbeitskreises Entwicklungstheorien im Jahre 1976 (vgl. HOTTES 1979) kritisch aufgenommen und in empirische Forschungsansätze umgesetzt (vgl. SCHOLZ 2004:29ff, COY 2005). Ein Beispiel ist der *Verflechtungsansatz* der Bielefelder-Soziologen, der als Beispiel einer Mehr-Ebenen-Analyse im Folgenden kurz skizziert werden soll (a). Im Anschluss werden zwei relativ bekannte Entwicklungsstrategien vorgestellt: das Konzept der *Ländlichen Regionalentwicklung* (LRE) (b) und der *Sustainable Rural Livelihoods Approach (SLA)* (c). Beide Ansätze analysieren und intervenieren auf mehreren Ebenen, wobei ihr Schwerpunkt vor allem auf der regionalen und lokalen Ebene liegt. Als eine Art Zusammenfassung kann der Vorschlag von RAUCH (2003) eines *Analyserahmens zur Bestimmung von Ansatzpunkten für entwicklungspolitische Interventionen* verstanden werden, der dieses Unterkapitel abschließt (d).

Die Frage nach *Development from Above or below?* (vgl. STÖHR 1981, STÖHR/TAYLOR 1981) konnte bis heute nicht eindeutig beantwortet werden und mündete wie oben angedeutet in sehr unterschiedliche Strategien, v.a. im Planungsbereich. WALLER stellt im folgenden Zitat eine Position dazu vor, der auch die in diesem Kapitel vorgestellten Ansätze zustimmen würden:

> „Grundbedürfnisorientierte Planung kann weder reine Planung ‚von oben' noch ‚von unten' sein. Die entscheidende Ebene, auf der Ansätze ‚von unten' und ‚von oben' koordiniert werden müssen, ist die regionale Ebene, auf der unterschiedliche Interessen und Machtansprüche des Gesamtstaates sowie auch ausländischer Akteure mit den Bedürfnissen und Interessen lokaler Gruppen aufeinanderstoßen. (...) Der Grundsatz könnte lauten: soviel Planung ‚von unten' wie möglich, soviel Planung ‚von oben' wie nötig." (WALLER 1985:406)

a) Verflechtungsansatz

Die Verflechtungsanalyse der Bielefelder SoziologInnengruppe (AG BIELEFELDER ENTWICKLUNGSSOZIOLOGEN 1981, ELWERT 1983/85, ELWERT/EVERS/WILKENS 1983, EVERS 1987 u.a.) wurde in den 1980er Jahren populär und untersucht die Bedingungen alltäglicher Produktion und Reproduktion v.a. in Ländern Afrikas, Asiens und Lateinamerikas.[97]

Ein zentraler Aspekt des Verflechtungsansatzes ist es, Subsistenzproduktion (in ländlichen und städtischen Räumen), unentlohnte Reproduktionsarbeit (v.a. von Frauen, aber auch Kindern) (vgl. dazu u.a. WERLHOFF 1985) sowie den informellen Sektor als einen integrierten Teil der kapitalistischen Produktionsweise zu verstehen. Dazu wurden viele empirische Untersuchungen auf Mikro-Ebene, Haushaltsebene, bis hin zu haushaltsinternen Analysen durchgeführt, ohne dabei die internationale wirtschaftliche und politische Verflechtung zu negieren, aber sie auch anfangs nicht besonders zu berücksichtigen.

Neben der Anerkennung der horizontalen Verflechtung verschiedener (sozio-)ökonomischer Sektoren wurde zunehmend auch die vertikale Verflechtung vom globalen über den nationalen zum lokalen Maßstab thematisiert. An diesem Punkt wuchs auch das Interesse der geographischen Entwicklungsforschung an diesem Ansatz (z.B. SCHMIDT-WULFFEN 1985, BLENCK/TRÖGER/WINGIRI 1985, BOHLE 1988, SCHAMP 1990, ESCHER 1999, GERTEL 1999, vgl. auch SCHOLZ 2004:189ff).[98] Ihr wurde bewusst, dass der von ihr bisher untersuchte geographische Wirtschaftsraum nicht statisch, sondern dynamisch ist. Daher können Aussagen jeweils nur für einen bestimmten Zeitpunkt oder Zeitraum, d.h. für eine bestimmte

---

[97] Die Entwicklung dieses Ansatzes hat zum einen seinen Ausgangspunkt im Kontext dependenztheoretischer Debatten. Gleichzeitig sollte der wenn auch komplementäre Dualismusbegriff des Konzeptes der *strukturellen Heterogenität* (bspw. Entwicklung-Unterentwicklung, Moderne-Tradition, Marktproduktion-Subsistenzproduktion) (vgl. BLENCK/TRÖGER/WINGWIRI 1985) überwunden werden. Zum anderen wurde der Ansatz beeinflusst durch die Arbeiten einiger französischer Wirtschaftsanthropologen, die sich mit der Verflechtung von Produktionsweisen (u.a. Claude MEILLASSOUX, Emanuel TERRAY, Pierre-Philippe REY, Jean-Pierre OLIVIER) auseinandergesetzt hatten (vgl. ELWERT 1985).

[98] „Ein Teil derer, die sich schon immer für eine problemorientierte und theoriegeleitete geographische Entwicklungsforschung eingesetzt hatten, sahen im ‚Bielefelder Verflechtungsansatz' ein geeignetes Theorem, welches es ermögliche, den Fortschritt des gesellschaftstheoretischen Bezugs geographischer Entwicklungsforschung (...) zu bewahren und gleichzeitig stärker die eigene methodische Kompetenz im Bereich der Mikro- und Regionalanalyse zu nutzen." (RAUCH 1996a:2f.)

Entwicklungsstufe der gesellschaftlichen Arbeitsteilung, gemacht werden. Die geographische Entwicklungsforschung hielt es daraufhin für

> „(...) unumgänglich (..), sich auch mit dem räumlichen Niederschlag der wichtigsten Normaleigenschaft der kapitalistischen Weltökonomie zu beschäftigen: den Konjunkturen und Krisen. Hierbei gilt es, der Verflechtung und Vermittlung globaler Konjunkturen und Krisen auf den nationalen, regionalen und lokalen Maßstab nachzugehen (...)." (BLENCK/TRÖGER/WINGWIRI 1985:70)

Die VertreterInnen der Verflechtungsanalyse bezeichneten ihr Konzept selbst als handlungstheoretischen Ansatz (EVERS 1987:139), allerdings vor allem verstanden in Abgrenzung zu den damals vorherrschenden systemtheoretischen Ansätzen beispielsweise zu WALLERSTEINS Weltsystemtheorie.

In der Tat liegt der Fokus der Ansätze auf der Mikroebene, allerdings wird der Einfluss der Struktur auf das Handeln der Akteure durch die Verflechtungen verdeutlicht. Unklar bleibt, ob unter Verflechtung ein wechselseitiger Prozess verstanden wird, d.h. ob das Handeln der Individuen auch die Struktur beeinflusst. Da dies nicht explizit ausgeschlossen wird, kann die Verflechtungsanalyse jedoch durchaus für die Analyse von Wechselbeziehungen zwischen Handlungen und Struktur angewendet werden.

b) Ländliche Regionalentwicklung (LRE)

Bereits seit Anfang der 1970er Jahre wurde der Ansatz der (Integrierten) Ländlichen Entwicklung (vgl. WESEL 1982) sowie der grundbedürfnisorientierten ländlichen Regionalplanung (vgl. DIE 1980) diskutiert. Beide können verstanden werden als eine Weiterentwicklung von stärker auf landwirtschaftliche Entwicklung ausgerichteten Ansätzen sowie von Ansätzen, die autozentrierte Entwicklung (vgl. SENGHAAS 1974) und *Self-Reliance* anstrebten.

Ein neuer Trend wurde in der Planungswissenschaft sichtbar: Abwendung von einer Planung von 'oben', hin zu einer Planung von 'unten'. Neu war aber auf jeden Fall die Hinwendung zum Menschen, zum individuellen Akteur:

> „(...) die eindeutige Orientierung [der grundbedürfnisorientierten Regionalplanung] an den Menschen einer Region [stellt] einen entscheidenden Bruch mit dem traditionellen Verständnis von Regionalplanung im Sinne von ‚Landschaftsentwicklung' dar (...). Damit ordnet sich die grundbedürfnisorientierte Regionalplanung ein in das moderne Selbstverständnis der Geographie, deren wissenschaftliche Arbeiten ‚beim Menschen und nicht beim Raum ansetzen'."[99] (WALLER 1985:397)

Die Integrierte Ländliche Entwicklung mündete Anfang der 1980er Jahre im deutschsprachigen Raum in das Konzept der Ländlichen Regionalentwicklung (LRE), das von der DEUTSCHEN GESELLSCHAFT FÜR TECHNISCHE ZUSAMMENARBEIT (GTZ) ausgearbeitet, in Projekten der

---

[99] Im Zitat bezieht sich WALLER auf BLENCK 1979:11.

Entwicklungszusammenarbeit angewendet und aus den gemachten Erfahrungen heraus stetig überarbeitet wurde (vgl. GTZ/KROPP 1983, GTZ/RAUCH 1993).

Die Idee von LRE ist es, die Kluft zwischen den ökonomischen, politischen, institutionellen, soziokulturellen und ökologischen Rahmenbedingungen und der Realität der Mehrzahl der ländlichen KleinproduzentInnen zu überwinden. Es wird davon ausgegangen, dass unangepasste Märkte, sowie ein unangepasstes Angebot an Dienstleistungen (Kredite, Informationen) und Produktionsmitteln gepaart mit einer unangepassten Nutzung der lokalen Ressourcen durch die lokalen Akteure zu einer unzureichenden Grundbedürfnisbefriedigung führt. Die aktuelle lokale Situation ist demzufolge ein Produkt aus dem Zusammenspiel der Handlungen der Akteure und den Rahmenbedingungen. Das LRE-Projekt soll nun diese *Kluft* überwinden. Worin nun genau die Kluft liegt und wie sie zu überwinden ist, wird im LRE-Konzept nicht definiert, sondern soll im Projektplanungsprozess erst gemeinsam mit allen involvierten Akteuren identifiziert werden. LRE-Projekte setzten daher auf sehr unterschiedlichen Ebenen an. Sie konnten die Akteure auf der lokalen Ebene befähigen, ihre Handlungen den Rahmenbedingungen effizient anzupassen oder sogar diese durch ihr Handeln zu beeinflussen (*Empowerment*). LRE-Projekte konnten jedoch auch, wenn der Träger des Projektes ein staatlicher Akteur war, einen Beitrag leisten zur Veränderung ungünstiger Rahmenbedingungen für die lokalen Akteure, beispielsweise KleinproduzentInnen (Politikberatung). Es existierten jedoch auch Projekte, die sich sozusagen als Vermittlungsmedium zwischen den beiden Polen ansiedelten.

LRE setzt während der Analysephase und als Begleitung der Umsetzung Methoden partizipativer Forschung ein, u.a. *Participatory Rural Appraisal*, aber auch *farming system analysis*, *adaptive on-farm research*, Zielgruppenanalyse, Genderanalyse, Organisationsanalyse etc. und während der Planungsphase die Zielorientierte Projektplanung (ZOPP). Ein ganz wichtiger Aspekt ist dabei stets, die unterschiedlichen Interessen der verschiedenen Akteure zu identifizieren und gegebenenfalls zwischen ihnen zu vermitteln.

c) Verwundbarkeit und Sustainable Rural Livelihoods Approach *(SLA)*

Die sogenannte Verwundbarkeitsforschung, die als Reaktion auf zunehmende Krisensituationen auf der Welt verstanden werden kann, ist in den 1990er Jahren von den *livelihood*-Ansätzen aufgegriffen und dort zum Teil weiterentwickelt worden.

Im Folgenden sollen beide Konzepte vorgestellt werden, wobei die Verwundbarkeitsforschung (*vulnerability approach*) eher dem wissenschaftlichen Bereich und der *sustainable rural livelihood approach* eher der entwicklungspolitischen Praxis zuzuordnen ist.

Verwundbarkeit

In den 1980er Jahren wurde aufgrund von zunehmenden Dürrekatastrophen und Hungerkrisen in Afrika begonnen, deren Ursachen und Auswirkungen auf die Menschen u.a. durch die geographische Risikoforschung wissenschaftlich zu erfassen. Die Ansätze sollten sich von den bisherigen Ressourcenmanagement-Theorien absetzen. Man kritisierte die neoklassische

Ressourcenökonomik und wendete sich Konzepten zu, in denen Wahrnehmungen, Verhalten und Werte der Akteure berücksichtigt wurden, wie beispielsweise in den verhaltensgeographischen Ansätzen, ohne jedoch deren positivistisches Menschenbild zu übernehmen (vgl. EMEL/PEET 1989). Anknüpfen konnte man dabei an humanökologische Ansätze aus den 1970er Jahren, die sich mit Naturereignissen und dem angepassten oder auch unangepassten menschlichen Verhalten beschäftigen oder auch mit der Umgestaltung der natürlichen Umwelt durch den Menschen und deren Auswirkungen. Kritisiert wurde jedoch, dass dem humanökologischen Ansatz eine Einbettung in größere soziokulturelle, politische und ökonomische gesellschaftliche Zusammenhänge fehle. Man versuchte daher vielmehr verfügungsrechtliche Ansätze (*entitlements*) (vgl. SEN 1981, DRÈZE/SEN 1989) und Anregungen aus der politischen Ökonomie aufzunehmen.

Der Verwundbarkeitsansatz[100] (vgl. u.a. WATTS/BOHLE 1993, BOHLE/DOWNING/WATTS 1994, BOHLE 1994, NEUBURGER 2002), der heute in der geographischen Hazard- und Hungerforschung (z.B. WISNER 1993) besonders häufig angewendet wird, verbindet Ansätze aus den Bereichen Humanökologie, Verfügungsrechte und politische Ökonomie. Verwundbarkeit kann wie folgt definiert werden:

> "(…) the characteristics of a person or group in terms of their capacity to anticipate, cope with, resist, and recover from the impact of a natural hazard. It involves a combination of factors which determine the degree to which someone's life and livelihood is put at risk by a discrete and identifiable event in nature or society." (BLAIKIE ET AL 1994:9)

Der Verwundbarkeitsansatz geht davon aus, dass nicht alle Menschen auf die gleiche Weise von natürlichen oder menschengemachten Krisen betroffen sind. Gerade arme Bevölkerungsschichten sind besonders stark von Krisen betroffen. Innerhalb dieser Kategorisierung existieren jedoch viele weitere nicht-ökonomische Faktoren, die die Verwundbarkeit beeinflussen, so dass Verwundbarkeit von Gruppe zu Gruppe oder auch innerhalb eines Haushaltes stark variieren kann. WATTS/BOHLE schlagen daher vor, Armut zu ‚dekonstruieren' (1993:44).

> "Quite often it is not the system of production or habitation per se that is vulnerable to environmental hazards, but persons or households within those systems who lack the resources to mobilize the defenses such systems may already have against hazards or who do not possess the resources or bureaucratic access to recover their livelihoods or rebuild following disaster." (WISNER 1993:14)

Wichtige Einflussfaktoren können dabei Alter, Geschlecht, soziale Position in der Gemeinschaft, Fähigkeiten etc. sein. Aus diesem Grunde müssen bei einer Verwundbarkeitsanalyse gruppenspezifische (individuelle, haushaltsbezogene, gruppenbezogene), geographische (lokale, regionale, nationale) und auch zeitliche (kurzfristige, mittelfristige, langfristige) Faktoren berücksichtigt werden.

---

[100] Der Ansatz weist Parallelen oder Verbindungen auf zu den folgenden Konzepten: *resilience, marginality, susceptibility, adaptability, fragility* und *risk*.

Im verfügungsrechtlichen Ansatz werden beispielsweise Nahrungskrisen weniger durch Nahrungsmangel erklärt, als durch die spezifischen Faktoren, die die Nachfragemöglichkeit nach Nahrung einer bestimmten Person oder einer Gruppe einschränken. Hier wird deutlich, dass soziokulturelle sowie politische Verfügungsrechte (beispielsweise soziale Sicherungssysteme innerhalb der Familie, Gruppe oder Staat und ihr reales Funktionieren) in dieser Situation eine große Rolle spielen können.

> „One has to rely on models of social causality and the linkages that actually exist among whatever ‚parts' one believes constitute society. What one believes are important characteristics of 'vulnerable' households at the 'micro' level must coherently relate to beliefs one holds about society as a whole (the 'macro' level) and whatever mediating entities one believes link 'macro' and 'micro' (…)." (WISNER 1993:17)

Die Verfügungsrechte (*entitlements*[101]) sind nicht immer formal festgelegte Rechte, sondern darunter werden im Verwundbarkeitsansatz auch informelle Regeln verstanden. Die Verfügungsrechte, die ebenfalls von Gruppe zu Gruppe und von Person zu Person sehr stark variieren können, sind durch verschiedene Faktoren beeinflusst. Verfügungsrechte sind sozial konstruiert und gestalten, modifizieren und reproduzieren sich in Prozessen gesellschaftlicher Konflikte und Verhandlungen. Sie hängen vor allem davon ab, welche wirtschaftlichen, sozialen, politischen, ökologischen, infrastrukturellen und persönlichen Aktivposten, sogenannte *assets* (nach SWIFT 1989, CHEN 1991, vgl. auch UNDP 1997:61-64), dem Individuum zur Verfügung stehen. Diese stellen die zentralen Elemente der Lebenssicherung dar. Sie sind determiniert durch den Zugang (*access*), den das Individuum zu diesen Ressourcen besitzt, der wiederum durch die spezifische Position des Akteurs im Gesamtkontext der gesellschaftlichen Beziehungen (u.a. Klasse, Kaste, Ethnizität, Alter, Geschlecht) ausgestaltet ist sowie durch soziale Netzwerke, Macht- und Abhängigkeitsstrukturen, Ressourcen und Vorräte, Haushaltsbudgets und Qualifikationen u.a. (vgl. u.a. *access*-Modell von BLAIKIE ET AL 1994).

Die *assets* bilden die *endowments* eines Individuums oder einer Gruppe, die in einem gesellschaftlichen Prozess in *entitlements* umgewandelt werden. Diesen Prozess nennt SEN (1981) *E-mapping*[102].

---

[101] SEN (1982:347f.) definiert *entitlements* folgendermaßen: „It is usual to characterize rights as relationships that hold between distinct agents e.g. between one person and another, or between one person and the state. In contrast, a person's entitlements are the totality of things he can have by virtue of his rights...In the social context, a person's entitlements would depend, among other things, on all the rights he has *vis-à-vis* others and others have *vis-à-vis* him. If a right is best thought of as a relationship of one agent to another, entitlements represent a relationship between an agent and things – based on the set of *all* rights relevant to him." (zitiert in GORE 1993:430, Hervorhebungen im Original)
Zur Kritik an SENs *Entitlement*-Konzept siehe GORE 1993. Er kritisiert die ungenaue Definition von *entitlements* und ihre zu eingeschränkte Sichtweise. Er plädiert für eine Erweiterung des *Entitlement*-Konzeptes, für die Einbeziehung von Kritiken und Konzepten der *Moral Economy* und der Feministischen Theorie. Weiterhin sollten Macht- und Diskursanalysen integriert werden.
[102] "a complex and largely unexplored term in Sen's corpus" (WATTS 2000:60)

"The E-mapping then refers to the actual transformative process by which assets, citizenship, and other claims are rendered into effective (i.e. meaningful) entitlement bundles." (WATTS 2000:63)

Die *assets* und *entitlements*, die ein Akteur besitzt, bestimmen seine Verwundbarkeit (vgl. CHAMBERS 1989:1, zitiert in BOHLE 1994:401), seine Risikoträchtigkeit (*exposure*), seine Fähigkeit (*capability*) sowie seine Strategien auf Krisen zu reagieren und sie zu bewältigen (*coping strategies*) und sich von Krisen wieder zu erholen (*resilience*).

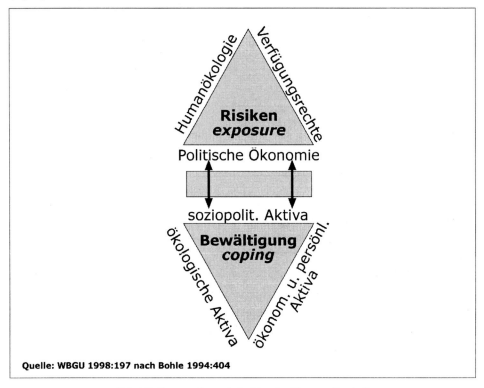

Quelle: WBGU 1998:197 nach Bohle 1994:404

Abb. 26: BOHLEs Doppelstruktur der Verwundbarkeit

Das in der Graphik (Abb.26) dargestellte Konzept bezeichnet BOHLE als die *Doppelstruktur von Verwundbarkeit* und bezieht damit sowohl struktur- als auch handlungsorientierte Faktoren in die Analyse ein.

> „Die theoretische Begründung des Verwundbarkeitskonzeptes, die bislang eher auf die ‚externe' Seite von Verwundbarkeit abzielte und theoretische Konzepte von Humanökologie, Verfügungsrechten und politischer Ökonomie miteinander verknüpfte (vgl. Watts/Bohle 1993), muss also systematisch um die ‚interne' Dimension erweitert werden. Ein Versuch in diese Richtung bietet das Modell der ‚doppelten Struktur der Verwundbarkeit' (...), das auf der internen Seite Aspekte von Zugang (‚access') und Aktiva (‚assets') einbezieht." (BOHLE 1998:15)

Bei der Analyse von *Vulnerability* und Überlebenssicherung müssen individuelle und gemeinschaftliche Handlungsstrategien verknüpft werden und in ihren gesellschaftlichen Kontext gestellt werden. Das Konzept öffnet damit einen Analyseradius, der Handlung und Struktur analysiert, ohne dabei stets in die alten Dualitäten zu verfallen. Die Wirkung der Struktur auf das Handeln des Menschen wird aufgebrochen und dekonstruiert. Angedacht, jedoch bisher wenig konkretisiert wird die Frage, wie Wirkungen des individuellen Handelns auf die Struktur vorstellbar und analysierbar sind.

> „Die geographische Perspektive richtet sich dabei auf den (raum- und zeitspezifischen) ökologischen und gesellschaftlichen Kontext, in dem Überlebenssicherung ,ausgehandelt' (Chen 1991) wird, auf die gesellschaftlichen Akteure, die daran mit jeweils spezifischen Handlungsspielräumen und -zwängen beteiligt sind, sowie auf die ,sozialen Schnittstellen' (vgl. Schlottmann), an denen letztlich über Erfolg bzw. Misserfolg der Überlebenssicherung entschieden wird." (BOHLE 1998:14f.)

Sustainable Livelihood Approach

Der spezifische Ansatz des *Sustainable Rural Livelihood* wurde in den 1990ern im Umfeld des Institute for Development Studies (IDS) als Analyseinstrument für die Projektpraxis der britischen Entwicklungsagentur DfID (Department for International Development) konzipiert (CHAMBERS/CONWAY 1992, SCOONES 1998, CARNEY 1998, ASHLEY/CARNEY 1999, GHANIM 2000) und von vielen anderen internationalen Organisationen (UNDP, Weltbank, Care, Oxfam, FAO, GTZ u.a.) aufgenommen.

Livelihood kann wie folgt definiert werden als:

> „(...) the command an individual, family or other social group has over an income and/or bundels of resources that can be used or exchanged to satisfy the needs. This may involve information, cultural knowledge, social networks, legal rights as well as tools, land, or other physical resources." (BLAIKIE ET AL 1994:9)

> "A livelihood comprises the capabilities, assets (including both material and social resources) and activities required for a means of living. A livelihood is sustainable when it can cope with and recover from stresses and shocks and maintain or enhance its capabilities and assets both now and in the future, while not undermining the natural base." (DFID 1999:section 1.1)

Die Analyseeinheit des Ansatzes von DfID sind Haushalte und soziale Netzwerke. Es soll untersucht werden, welche Lebenssicherungsstrategien die Akteure entwickeln im Spannungsfeld zwischen ihren spezifischen vorhandenen Ressourcen (*assets*) bzw. ihres Zugangs zu Ressourcen (*access*) und den Einflüssen externer Rahmenbedingungen.

Der Ansatz basiert auf Annahmen, die dem Bielefelder Verflechtungsansatz ähneln: Haushalte versuchen durch eine Kombination von subsistenz- und marktwirtschaftlichen Tätigkeiten ihre Überlebensstrategien zu optimieren, um ihre Verwundbarkeit gegenüber widrigen Rahmenbedingungen zu reduzieren. Verbindungen besitzt der Ansatz hier zu Konzepten wie *vulnerability*, *resilience* und *adaptability*. Diese widrigen Rahmenbedingungen reduzieren sich in der Analyse nicht nur auf wirtschaftliche Rahmenbedingungen (Markt- und Preisentwicklung, Arbeitslosigkeit, Rezension, Inflation etc.), sondern beinhalten ebenfalls ökologische Risikofaktoren sowie politische, soziale und kulturelle Aspekte.

Als Analyseinstrument wird ein Polygon verwendet (vgl. Abb.27), das das verfügbare Kapital des Haushalts abbildet. Im *livelihood* Ansatz wird zwischen fünf verschiedenen Kapitaltypen unterschieden: Humankapital, Sozialkapital,· Sachkapital/physisches Kapital, Naturkapital, Finanzkapital[103]. Dieser breite Kapitalbegriff ist den soziologischen Diskussionen um Kapital entlehnt (vgl. beispielsweise COLEMAN und BOURDIEU zu Human- und Sozialkapital, vgl. ebenfalls in dieser Arbeit Kapitel 1.1.2.4 und 1.1.2.6).

Der Zugang (*access*) den der spezifische Haushalt zu der jeweiligen Ressource (Kapitalform) (*asset*) hat, wird im Polygon abgebildet, dabei steht der Mittelpunkt des Polygons für *kein Zugang* und entsprechend symbolisieren die äußersten Bereiche den maximalen Zugang zu einer Ressource. Auf diese Weise können sehr unterschiedlich geformte *Lebenshaltungsprofile* erkennbar werden, an denen sich die Stärken und Engpässe der Existenzsicherung ablesen lassen, was die Identifizierung von Zielgruppen und angepassten Entwicklungsstrategien unterstützt.

In der Praxis soll diese Vorgehensweise die Armutsfokussierung und das Einsetzen von immer knapper werdenden EZ-Mitteln für die risikoanfälligsten Bevölkerungsgruppen garantieren. Hierbei unterstützen die Strategien des *sequencing*, des Fokussierens auf Schlüsselfaktoren, bzw. -ressourcen und der *substitution*, der Ersetzung einer fehlenden oder nur schwach vorhandenen Ressource durch eine verfügbare.

Neben der Analyse der *Lebenshaltungsprofile*, sollen darüber hinaus Strukturen und Prozesse analysiert werden. Eine Institutionenanalyse soll die Politik- und Verfassungsorgane, private, öffentliche und zivilgesellschaftliche Organisationen beleuchten (Struktur) und durch eine Analyse der Entscheidungs- und Informationsprozesse sollen ebenfalls Machtverhältnisse innerhalb der gesellschaftlichen Strukturen untersucht, aber auch die Gründe und Motivationen für das Handeln der Akteure verstanden werden (Handlung).[104]

Der *Livelihood*-Ansatz unterscheidet sich insofern vom *Vulnerability*-Ansatz, als dass er die Assets konkretisiert und für eine schnelle Analyse handhabbar macht.

Auch wenn sich der Ansatz als "Analyse der Lebenshaltungssysteme insbesondere von risikoanfälligen Gruppen und deren Beeinflussung durch externe Rahmenbedingungen" (DERICHS/RAUCH 2000:19) versteht und dem auch gerecht wird, bleibt die Frage, inwiefern

---

[103] *Humankapital*: Wissen, Fähigkeiten, Fertigkeiten, Gesundheit usw.; *Naturkapital*: Land, Wasser, Böden, Biodiversität usw.; *Sozialkapital*: soziale Netzwerke, Status, Vertrauensverhältnis, Loyalitätsbeziehungen usw.; *Sachkapital*: Infrastruktur, Produktionsmittel, Wohnraum usw.; *Finanzkapital*: Einkommen, Ersparnisse, Kreditzugang usw. (KRÜGER 2003:11)

[104] DERICHS/RAUCH 2000 sprechen bei diesen beiden unterschiedlichen Analysen auch von der Untersuchung der *hardware* und der *software*.

das Handeln des einzelnen Akteurs und dessen Wirkungen auf die Struktur mit diesem Ansatz analysiert werden kann.

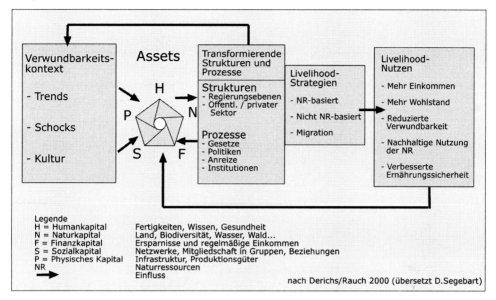

Abb. 27: **Analyseschema des *Sustainable Livelihood*-Ansatzes**

Der Ansatz geht von einem bewusst handelnden Akteur aus, dessen Handeln durch seine *assets* und die Rahmenbedingungen definiert ist. Offen bleibt jedoch, „welche Handlungs-Macht dem Akteur oder der Akteurin in der Konfrontation mit dem vorgegebenen Rahmen mit seinen Strukturelementen zuzuweisen ist. (...) So weiß man wenig über die Größe des Handlungsspielraums der Menschen in solchen Situationen struktureller Flexibilität." (TRÖGER 2003:26)

d) Vier-Ebenen-Modell: Rahmenbedingungen, Handlungsspielräume und Handlungsstrategien

RAUCH (2003) diagnostiziert in der Entwicklungszusammenarbeit eine Fokusverschiebung von der ehemals hart erkämpften lokalen Interventionsebene (zurück) zur globalen Ebene. Heute gilt es wieder die Rahmenbedingungen so zu verändern, dass eine nachhaltige Entwicklung auf lokaler Ebene stattfinden kann. Von globaler Strukturpolitik ist die Rede, Mitgestaltung internationaler Regelwerke und Konzepte und Politikberatung zur Unterstützung von Makrostrukturreformen stehen heute in der Entwicklungspraxis an exponierter Stelle (vgl. RAUCH 2003, BMZ 2002). RAUCH sieht diese Tendenz kritisch und warnt: „Bessere Rahmenbedingungen allein beseitigen Armut nicht!"[105]

---

[105] Titel und Thema seines Artikels, vgl. RAUCH 2003

Er nennt auch Gründe dafür, warum die durch verbesserte Rahmenbedingungen geschaffenen Handlungsspielräume oftmals von den lokalen Akteuren nicht oder nicht ausreichend genutzt werden können (vgl. RAUCH 2003:41):

- Fortbestehen alter klientelistischer Abhängigkeiten,
- begrenzter individueller Zugang zu Ressourcen,
- fehlende Erfahrungen mit dem Umgang mit den neuen Bedingungen und
- mangelndes Wissen über entsprechende Problemlösungsmöglichkeiten.

RAUCH geht davon aus, „dass menschliches Handeln sich innerhalb bestimmter, sich wandelnder, durch Natur, Kultur, Gesellschaft, Politik und Ökonomie vorgegebener Handlungsspielräume abspielt" (2003:36). Rahmenbedingungen sind nicht die alleinigen Entwicklungsfaktoren, erhalten jedoch in RAUCHs Ansatz ihre gebührende Wertschätzung: sie schaffen, gestalten und begrenzen Handlungsspielräume und Handlungsanreize. Gleichzeitig hält er die Handlungsstrategien der Akteure für relevant sowie das wechselseitige Einflussverhältnis zwischen Handlungsstrategien und Rahmenbedingungen:

> „Hier steht das wechselseitige Verhältnis zwischen Struktur und Handeln, zwischen Rahmenbedingungen und den Handlungsstrategien der verschiedenen Akteure im Zentrum der Betrachtung. Hier wird nicht a priori eine Dominanz der Strukturen oder eine hohe strukturprägende Gestaltungsmacht von Akteuren paradigmatisch vorausgesetzt, sondern – ergebnisoffen – als Resultat historischer Konstellationen betrachtet und damit als Gegenstand konkreter, historisch-spezifischer Theorien mittlerer Reichweite." (RAUCH 2003: 37)

Trotzdem versucht er zu realistischen Einschätzungen zu gelangen:

> „Zwar ist es möglich, im Sinne der Strukturationsthese, Menschen zu Handlungsstrategien zu befähigen, welche zu einer Veränderung von sozio-kulturellen, ökologischen und lokalen politischen Rahmenbedingungen beitragen, indem klientelistische Abhängigkeitsstrukturen durch demokratische Interessenvertretungsstrukturen ersetzt werden (wozu es i.d.R. eines langfristigen Ansatzes bedarf). Diese Möglichkeiten beschränken sich im Allgemeinen auf lokale Rahmenbedingungen. Makro-Rahmenbedingungen auf nationaler oder gar globaler Ebene sind meist ausser Reichweite solcher auf lokale Akteure bezogener Strategien." (RAUCH 2003:41)

Seine Prämissen zu der Analyse von Rahmenbedingungen fasst RAUCH folgendermaßen zusammen (vgl. 2003:37ff):

- Es gibt Handlungsspielräume begrenzende bzw. gestaltende Rahmenbedingungen.
- Die Rahmenbedingungen beeinflussen sich wechselseitig und bilden für die lokalen Akteure Handlungsvorgaben und -begrenzungen.
- Die Rahmenbedingungen lassen den lokalen Akteuren unterschiedlich große Handlungsspielräume: „Da unterschiedliche Akteure unterschiedliche Einflusssphären und -

möglichkeiten haben, sind sie mit unterschiedlichen Konstellationen von Rahmenbedingungen und Handlungsspielräumen konfrontiert." (RAUCH 2003:37)

- Lokale Akteure konkurrieren innerhalb der für die Gemeinschaften verfügbaren Handlungsspielräume um begrenzte Möglichkeiten und Ressourcen (Konkurrenz- bzw. Kooperationsbeziehungen). Dadurch entstehen unterschiedlich große individuelle Handlungsspielräume.
- Rahmenbedingungen schaffen Handlungsanreize bzw. -entmutigungen.
- Lokale Akteure sind nicht immer in der Lage, ihre Handlungsspielräume stets in bestmöglicher Weise zur Problemlösung bzw. Verbesserung ihrer Situation zu nutzen: „Die Handlungsstrategien erzielen aufgrund begrenzter Informationen, begrenzter individueller Fähigkeiten, aufgrund von Wahrnehmungsmustern oder aufgrund von habituell vorgeprägten Reaktionsmustern (...) nicht immer die erwünschte Wirkung oder es werden nicht alle vorhandenen Möglichkeiten wahrgenommen und genutzt." (RAUCH 2003:38)
- Akteure beschränken sich nicht notwendigerweise auf die abgesteckten Handlungsspielräume, sondern versuchen mit bestimmten Strategien Veränderungen herbeizuführen.
- Ungenutzte Handlungsspielräume, Ressourcen, Mitbestimmungsspielräume, Marktnischen etc. können von anderen Akteuren besetzt und dominiert werden.

Die folgende Graphik (Abb.28) zeigt modellhaft wie ökonomische, politisch-institutionelle, soziokulturelle und ökologische Rahmenbedingungen den Handlungsspielraum der Akteure gestalten.

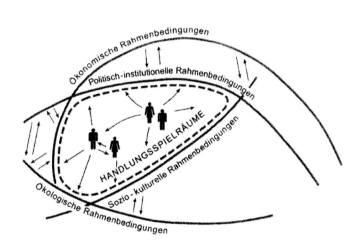

Quelle: RAUCH 2003:38

Abb. 28: RAUCHs Analyserahmen für armutsorientierte Interventionen

RAUCH (1996a) schlägt ein Vier-Ebenen-Modell als Rahmen für die Analyse von Entwicklungsprozessen vor.[106] Er versucht dabei Verbindungen zu knüpfen zu Ansätzen aus anderen Disziplinen, bzw. diese in seinem Modell zu integrieren und damit weiterzuentwickeln:

> „In Anlehnung vor allem an ALTVATERs 3-Ebenen-Modell (mit den Ebenen Weltmarkt, Nation, Region; vgl. 1987, S.56), aber auch unter Bezugnahme auf die Unterscheidung dreier gesellschaftlicher Sphären durch HABERMAS (Ökonomie, Politik, Lebenswelt; vgl. 1985, S.150f.) an einen Analyserahmen von HEIN (1985a, S.43), in dessen Zentrum die wechselseitigen Zusammenhänge zwischen Kapital, Nationalstaat und Sozialstrukturen stehen, ein Systemmodell von STEIGERWALD (1989, S.134 ff), welches - vom Kontext ländlicher Entwicklung ausgehend – zwischen Haushalts-, Dorf-, Regionalebene und Umgebung sowie zwischen ökologischen, ökonomischen, institutionell-administrativen und sozialem Subsystem unterscheidet und an ein akkumulationstheoretisches Modell von mir (RAUCH 1982, S.174) über den Zusammenhang zwischen Weltmarkt, Akkumulationsmuster und Gesellschaftsstruktur scheint es mir zweckmäßig, der allgemeinen und regionalen Entwicklungsforschung einen vierstufigen Analyserahmen zugrunde zu legen." (RAUCH 1996a: 36)

Ähnlich wie ALTVATER geht RAUCH davon aus, dass auf jeweils einer spezifischen Ebene eine der Dimensionen dominiert oder zumindest eine prioritäre Stellung einnimmt. So ordnet er die ökonomische Dimension der globalen Ebene zu, die politisch-institutionelle der nationalen, die soziokulturelle der regionalen und die ökologische Dimension der regionalen und lokalen (bzw. Haushalts-) Ebene zu. Die folgende Tabelle 7 zeigt das Vier-Ebenen-Modell.

---

[106] RAUCH knüpft 2003 an dieses Modell an, erweitert und konkretisiert es an einigen Punkten.

Ebene	Dominante Sphäre	Dominante Logik	Analysereichweite	Theorieansätze	Praxisrelevante Erkenntnisse (für regionale Entwicklungsplanung)
Global	ökonomisch	Markt	global	Weltmarkttheorien	außenwirtschaftliche Rahmenbedingungen
				Theorie des peripheren Kapitalismus	makroökonomische Rahmenbedingungen
Nation	politisch	Macht	Staatstypen, Produktionsweisen	Klassentheorien, Staatstheorien	machtpolitische Rahmenbedingungen
Region	a. ökologisch	Natur	ökologische Zonen/global	Ökosystemforschung, Entropie	ökologische Rahmenbedingungen
	b. sozio-kulturell	Werte	Kulturräume global	Ethnizitätsforschung Regionalismusforschung ‚territorial development'	sozio-kulturelle Rahmenbedingungen, Zielgruppenspezifika
	c. räumlich-distanziell	„Distanz"	Global	Raumwirtschaftstheorien	Standortbestimmung
Haushalt	gebrauchswert-orientiert/privat	Reproduktion (Überleben)	Gesellschaftsformationen, Produktionsweisen	'Verflechtungsansatz'	Zielgruppenspezifika

Tabelle 7: Vier-Ebenen-Modell nach RAUCH

Quelle: RAUCH 1996a:37

Eine solche Herangehensweise, die Handlungsspielräume und Handlungsstrategien angemessen analysiert, bedarf so RAUCH eines „pragmatischen Theorien-Pluralismus" (2003:37), der sowohl strukturalistische als auch handlungstheoretische Teiltheorien integriert. RAUCHs Ansatz versteht sich als Synthese aus handlungs- und strukturtheoretischen Ansätzen.

In seinem Vier-Ebenen-Interventionsmodell geht RAUCH davon aus, dass sowohl die Rahmenbedingungen beeinflusst, als auch die lokalen Akteure befähigt werden müssen. Er hält daher Interventionen auf den verschiedensten Ebenen für wichtig: auf globaler, nationaler, regionaler und lokaler Ebene (vgl. Abb.29).

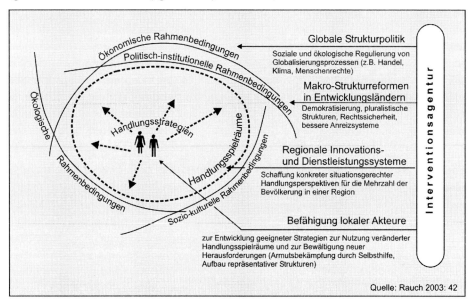

Abb. 29: RAUCHs Vier Ebenen-Interventionsstrategie zur Armutsminderung

RAUCH stellt sowohl ein Analyse- als auch ein Interventionsmodell vor. Die erwähnten Wechselbeziehungen zwischen Handlungsspielräumen und Handlungsstrategien stellen auf anschauliche Weise dar, wie Handlung und Struktur in der Realität aufeinander wirken und wie diese Beziehung analysiert werden kann, ohne rein strukturalistisch oder handlungstheoretisch argumentieren zu müssen. Die Festlegung auf Ebenen (lokal, regional, national, global) und Sphären (oder auch Dimensionen) (ökonomisch, ökologisch, politisch-institutionell, soziokulturell) kann strukturierend wirken und Analysen vereinfachen. Man sollte sich jedoch in der Analyse von diesen Kategorien nicht zu sehr einschränken lassen, sondern sich diese m.E. vielmehr von der jeweiligen zu analysierenden Realität vorgeben lassen. RAUCHs Modell diente bisher schon für einige Arbeiten innerhalb der geographischen Entwicklungsforschung als theoretische Anregung.[107]

---

[107] Vgl. TEKÜLVE 1997, MAYER 1998, SEGEBART 1999

e) Implikationen für den Analyserahmen

Die in diesem Kapitel vorgestellten Ansätze werden in der folgenden Tabelle 8 im Bezug auf ihre Analyseebenen und -elemente gegenübergestellt und im Anschluss diskutiert.

	Maßstabsebenen	**Sphären/Dimensionen**	**Weitere Analyseelemente**
Verflechtungsansatz	Lokal, national, global	Verschiedene ökonomische Sektoren	Gelenkverbindungen, Transfer, Konflikte, Rationalitäten/ Zielvorstellungen, Zeit (Krisen, Konjunkturen, Stufen gesellschaftlicher Arbeitsteilung)
LRE	Lokal/regional und Rahmenbedingungen	Ökonomisch, politisch-institutionell, soziokulturell, ökologisch	*Constraints*, Handlungslogiken
Vier-Ebenen-Modell	Lokal/Haushalt, regional, national, global	Ökonomisch, politisch-institutionell, soziokulturell, ökologisch	Rahmenbedingungen, Handlungsspielräume, Handlungsstrategien
Vulnerability	Individuell, Haushalt	Nicht eindeutig definiert, teilweise Übernahme der Kapitalformen des SLA (soziopolit., ökolog., ökonom. u. persönliche Aktiva)	*access, assets/endowment, entitlements, capabilities, e-mapping, coping strategies, exposure, resilience*
Sustainable Rural Livelihood Approach (SLA)	Individuell, Haushalt	Kapitalformen: Human-, Sozial-, Natur-, Sach- und Finanzkapital	*access, assets/endowment, entitlements, capabilities, e-mapping, coping strategies, exposure, resilience*

Tabelle 8: Analysekategorien der Ansätze aus der Entwicklungsforschung und -praxis

Schon anhand des Vergleichs der Ansätze in der obigen Tabelle wird deutlich, dass sowohl LRE und das Vier-Ebenen-Modell auf der einen Seite, als auch der *Vulnerability*- und der *Livelihood*-Ansatz auf der anderen jeweils Parallelen oder Verwandtschaften aufweisen und die beiden Gruppen von Ansätzen sich von einander unterscheiden:

Das Vier-Ebenen-Modell kann als eine Vertiefung oder Weiterentwicklung des LRE-Ansatzes verstanden werden. Charakteristisch für beide Ansätze ist das Denken und Analysieren in Ebenen und Sphären bzw. Dimensionen.

Dem *Vulnerability-* und dem *Livelihood-*Ansatz könnte man vorwerfen, dass sie nicht systematisch die verschiedenen Ebenen und Dimensionen abarbeiten. Auf der anderen Seite ersetzen sie das Denken in Ebenen und damit tendenziell in Handlung und Struktur durch Konzepte, die sowohl Handlungs- als auch Strukturelemente in sich bergen, z.B. die Konzepte von *assets*, *endowment* und Kapitalformen. Der Verflechtungsansatz kann als Vordenker oder Wegbereiter für die anderen vier Ansätze verstanden werden, bietet jedoch im Vergleich zu den anderen Ansätzen weniger konkrete Analysekategorien als diese.

Bei einem Vergleich, den DERICHS/RAUCH (2000) zwischen dem LRE-Konzept und dem *Sustainable Rural Livelihood Approach* vornehmen, kommen sie zu dem Schluss, dass der LRE-Ansatz stärker die Rahmenbedingungen, der *Livelihood-*Ansatz dagegen die lokale Vielfalt an Lebenshaltungsstrategien berücksichtigt und schlagen vor, dass beide voneinander lernen könnten, d.h. dass die Ansätze sich ergänzen und daher integriert werden könnten. Auch in dieser Gegenüberstellung zwischen LRE und SLA spiegelt sich ein sehr ähnliches dualistisches Argumentationsmuster wider, wie in der Diskussion um das Verhältnis zwischen Handlung und Struktur.

Für den Analyserahmen dieser Arbeit ist es interessant, die Analysebreite von LRE und Vier-Ebenen-Modell in Bezug auf Ebenen und Dimensionen aufzugreifen, um zum einen nicht nur die lokale Ebene oder das Handeln des Individuums zu fokussieren, aber zum anderen sich auch nicht nur auf die Struktur, beispielsweise die Rahmenbedingungen zu konzentrieren. Gleichzeitig geben die Analysekonzepte und Analysetiefe des Verwundbarkeits- und des *Livelihood-*Ansatzes methodologische Anregungen zur Auflösung des Dualismus von Handlung und Struktur in der Analyse.

1.1.2.2 Politische Ökologie

Der Ansatz der Politischen Ökologie entstand bereits in den 1970er Jahren, wurde jedoch vor allem in den 80er und 90er Jahren weiterentwickelt und populär.[108] Er entstand als Antwort auf die Ausblendung von politischen aber auch sozioökonomischen Aspekten in der Ökologiedebatte. Umweltveränderungen sollten stärker in Bezug zur Gesellschaft gesetzt werden. Dabei wurden jedoch neo-malthusianische Ansätze sowie stark lokal-fokussierte Ansätze der Kulturökologie abgelehnt. Ausgangspunkt dieses Forschungsansatzes ist die These, dass vielen ökologischen Konflikten politische, sozio-ökonomische und/oder kulturelle Aspekte zugrunde liegen, bzw. diese eingebettet sind in und ausgelöst werden durch spezifische politische, sozio-ökonomische und kulturelle Rahmenbedingungen. Diese Einbettung oder

---

[108] Der Begriff der Politischen Ökologie wurde erstmals in den 70er Jahren durch WOLF (1972) verwendet. Anschließend wurde das Konzept von britischen Entwicklungsforschern (u.a. BLAIKIE, PEET, WATTS) ausgearbeitet. Von GEIST wurde das Konzept 1992 in die deutsche Debatte eingeführt.

progressive contextualization (VAYDA 1983) wird als die entscheidende Weiterentwicklung verstanden. Die Politische Ökologie schlägt daher vor, Umweltkonflikte auf verschiedenen Ebenen zu analysieren.

Die Politische Ökologie wurde schon früh dafür kritisiert, dass die involvierten WissenschaftlerInnen oftmals die Theorie zu Gunsten umfangreicher empirischer Erhebungen vernachlässigten. Die entstandenen Arbeiten waren eher durch die Thematik und ähnlichen Untersuchungsregionen verbunden, als durch ein einheitliches theoretisches Konzept. PEET/WATTS (1996) schlugen daher vor, stärker theoretische Aspekte, beispielsweise poststrukturalistische Ansätze, z.B. Diskurstheorie, in das Konzept zu integrieren. Auch ESCOBAR (1996) forderte eine *poststructural political ecology*. Bisher sind diese Forderungen jedoch noch nicht ausreichend umgesetzt worden. Trotzdem bietet die Politische Ökologie interessante Konzepte für eine Mehrebenenanalyse.

BRYANT/BAILEY gehen in ihrer Definition von Politischer Ökologie einen Schritt weiter und halten die *radical perspective* dabei für charakterisierend und als wichtiges Unterscheidungsmerkmal in Hinblick auf andere wissenschaftliche Ansätze, die Umweltprobleme untersuchen.

> „Political ecologists (...) agree that the environmental problems facing the Third World are not simply a reflection of policy or market failures (...), but rather are a manifestation of broader political and economic forces. (...) The work of political ecologists has been largely an attempt to describe the spatial and temporal impact of capitalism on Third World peoples and environments." (BRYANT/BAILEY 1997:3)

Die Politische Ökologie reduziert sich jedoch nicht auf eine Kapitalismuskritik, sondern untersucht die Rolle(n) vielfältiger Akteure (z.B. des Staates), die umweltschädigende ökonomische Aktivitäten zulassen oder fördern, sowie die Rolle von positiv wirkenden Akteuren. In der Politischen Ökologie werden Umweltprobleme in ihrer gesellschaftlichen (aber auch ökologischen) Komplexität wahrgenommen und es herrscht Konsens, dass schnelle, kurzfristige technische Lösungen den Herausforderungen der Umweltprobleme nicht gerecht werden. Die Notwendigkeit von Veränderungen oder Umbrüchen lokaler, regionaler und globaler politischer und sozio-ökonomischer Prozesse wird daher anerkannt, ohne das entsprechende Konfliktpotenzial auszublenden, das in den bestehenden ungleichen Machtbeziehungen vorhanden ist, auf denen das System basiert.

Ein weiteres Merkmal der Politischen Ökologie ist es, dass sich zunehmend das Verständnis von Natur, Umwelt und Ökologie als eine gesellschaftliche Konstruktion durchsetzt, was wichtige Implikationen für die Analyse von Umweltkonflikten hat.

Da die Politische Ökologie, wie bereits erwähnt, kein einheitliches Theoriegebäude besitzt, sondern sich aus den Beiträgen vieler verschiedener WissenschaftlerInnen zusammensetzt, können im folgenden auch nur einige Gemeinsamkeiten wiedergegeben werden, ohne auf alle Strömungen angemessen einzugehen.

a) Wichtige Analysekategorien

Im Folgenden werden drei Analysekategorien vorgestellt, auf die sich die meisten Ansätze innerhalb der Politischen Ökologie auf jeweils abgewandelte Weise beziehen: *Politicised environment*, Akteure und Machtbeziehungen.

Politicised environment

Der Begriff des *politicised environment*, des politischen (oder politisierten) Umfeldes, wird von BRYANT/BAILEY (1997) verwendet, kennzeichnet jedoch eine Denkfigur, die für alle anderen VertreterInnen der Politischen Ökologie ebenfalls zentral ist: die gesellschaftliche Einbettung, der Kontext, in dem ein spezifischer Konflikt verortet ist.

Um nicht wieder der Natur-Gesellschaft-Dichotomie aufzuliegen, schlägt die Politische Ökologie vor, auf verschiedenen Ebenen (*scale*) und in verschiedenen Dimensionen (*dimensions*) zu analysieren. BRYANT/BAILEY gehen beispielsweise davon aus, dass Umweltkonflikte in drei Dimensionen analysiert werden können: tagtäglich (*every day*), episodisch (*episodic*), systemisch (*systemic*). Diese zunächst zeitlich erscheinenden Dimensionen bergen in sich darüber hinaus unterschiedliche räumliche sowie soziale Dimensionen. Die tagtägliche Dimension bezieht sich auf graduelle, lokal begrenzte Prozesse, die oftmals von der betroffenen Bevölkerung kaum wahrnehmbar sind, beispielsweise Bodenerosion, Abholzung, Versalzung von Böden. Die Auswirkungen dieser Prozesse sind meist sehr ungleich verteilt und häufig ist besonders die arme Bevölkerung stark davon betroffen. Die AutorInnen verbinden diese Dimension mit dem Schlüsselkonzept *Marginalität*. Die episodische Dimension bezieht sich auf plötzlich auftretende Ereignisse, beispielsweise schwere Stürme, Überschwemmungen oder Dürren. Die gesamte Bevölkerung der spezifischen Region mag auf gleicher Weise von diesem Ereignis betroffen worden sein, trotzdem hängen die realen Auswirkungen von der spezifischen Verletzbarkeit der jeweiligen Bevölkerungsgruppe ab. Schlüsselkonzept ist hier *Verletzbarkeit* (*vulnerability*) (vgl. 1.1.2.1.c). Bei der systemischen Dimension geht es um Ereignisse, die sich nicht unbedingt lokal oder regional orten lassen, wie die Gefahren der Atomkraft, Gentechnik oder von Umweltschadstoffen. Oft sind ihre Wirkungen graduell, kaum bemerkbar, aber möglicherweise auch plötzlich und heftig. Die Auswirkungen sind generell und nicht einer spezifischen Bevölkerungsgruppe zuzuordnen. Das Schlüsselkonzept wird mit *Risiko* definiert.

Es stellt sich die Frage, ob die Dimensionen so klar getrennt werden können oder es nicht eher viele Wechselwirkungen zwischen den Dimensionen gibt, beispielsweise ob das alltägliche und episodische nicht oftmals eine Konsequenz des systemischen ist oder das episodische stark vom alltäglichen beeinflusst wird, aber diese Diskussion sei hier zurückgestellt.

Eine Parallele zum *politicised environment* kann man in COY/KRINGS (2000:397) Vorschlag der Analyse der politisch-gesellschaftlichen Rahmenbedingungen, als eine von zwei Analyseebenen, sehen. Ihrer Meinung nach sollten folgende Aspekte dabei untersucht werden:

- Staat und politisches System
- Zivilgesellschaft
- Wirtschaftssystem
- Klassenstruktur/Marginalisierung
- Globalisierungseinflüsse

Für die Analyse auf verschiedenen Ebenen schlagen BRYANT/BAILEY (1997) eine Art Kosten- und Nutzenanalyse der Aktivitäten aller untersuchten Akteure auf der lokalen, regionalen und globalen Ebene vor (vgl. Tabelle 9). Bei dieser Analyse bleiben die Fragen nach Handlungsmotiven oder auch Konflikten offen. Ebenfalls unklar bleibt, wie die zu untersuchenden Akteure identifiziert wurden[109] bzw. generell zu identifizieren sind oder ob dies beliebig ist. Darüber hinaus werden die Ebenen im Beispiel vorgegeben, aber nicht klar erläutert, ob es sich unbedingt um diese Ebenen handeln muss oder ob auch andere denkbar wären. Ein Hinweis ergibt sich aus dem folgenden Zitat, das auf die Wechselbeziehungen zwischen den Ebenen hinweist:

> „(...) just as environmental problems may interact at various scales, so too different actors interact simultaneously over the environment at different scales, with the result that developments at one scale may have an important bearing on activities at another level." (BRYANT/BAILEY 1997:38)

	Lokale Ebene			Regionale Ebene			Globale Ebene		
	Beitrag (und potentieller Nutzen)	Wirkung (Kosten)	Handlungsfolge	Beitrag (und potentieller Nutzen)	Wirkung (Kosten)	Handlungsfolge	Beitrag (und potentieller Nutzen)	Wirkung (Kosten)	Handlungsfolge
Akteur 1 (Staat)									
Akteur 2 (Grassroot-Akteure)									
Akteur 3 (Wirtschaft)									
Akteur 4 (Multilaterale Organisationen)									
Akteur 5 (NGO)									

nach BRYANT/BAILEY 1997:35, übersetzt und verändert durch die Autorin

Tabelle 9: Kosten-Nutzen-Analyse auf mehreren Ebenen

---

[109] Im Original wurden fünf Schlüsselakteure untersucht (vgl. Tabelle 9).

Akteure

Die Akteursorientierung der Politischen Ökologie nahm ab den 1980er Jahren zu und spielt heute eine zentrale Rolle in der Analyse. Für die Umsetzung einer Akteursanalyse existiert in der Politischen Ökologie bisher kein einheitliches Schema, wohl aber einige Orientierungsparameter, die im Folgenden skizziert werden.

Viele AutorInnen unterscheiden zwischen sogenannten *place-based-actors* (Kleinbauer, Tierhalter, Fischerinnen etc.) auf lokaler Ebene und *non-place-based actors* (Staatspräsidenten, Minister, Staatsangestellte, Entscheidungsträger in der internationalen Politik, Wirtschaft und Finanzwelt) auf nationaler und internationaler Ebene.[110]

BRYANT/BAILEY (1997) stellen fünf Akteure (vgl. Tabelle 9) - nennen wir sie Schlüsselakteure - vor, die sie bei der Analyse von Umweltkonflikten als besonders relevant erachten: Staat, multilaterale Institutionen, Wirtschaft, (Umwelt-) Nichtregierungsorganisationen und Basisakteure (*grassroot actors*). Die Akteure werden in der Politischen Ökologie vor allem in Form von Akteursgruppen und nicht als Individuen analysiert. Es geht darum ihre unterschiedlichen Aktivitäten, Interessen und Konflikte zu untersuchen.

COY/KRINGS (2000) schlagen vor, bei der Analyse der Akteure und ihrer Handlungsstrategien die folgenden Aspekte zu berücksichtigen:

- Akteurskonstellationen (place-based- und non-place-based-actors)
- Wahrnehmungen
- Lokale Wissenssysteme
- Verfügungsrechte
- Verwundbarkeit

Uneinigkeit herrscht noch darüber, ob die Analyse der Rahmenbedingungen und die der Akteure separat (Vorschlag KRINGS/COY) oder verflochten (BRYANT/BAILEY) stattfinden soll. Weiterhin stellen sich die Fragen, ob bestimmte Akteure nur auf einer Ebene und andere auf einer anderen Ebene analysiert werden sollten, beispielsweise die *place-based-actors* auf der lokalen Ebene und die *non-place-based actors* auf der globalen Ebene oder ob auf allen Ebenen alle Akteure und alle Rahmenbedingungen untersucht werden sollten.

---

[110] Diese Unterscheidung kann hilfreich sein, jedoch auch für einige Analysen nicht den notwendigen Detaillierungsgrad bereithalten: Wie sieht es aus mit lokalen Politikern oder Personen auf Landesebene, die engen Kontakt halten zum *place* (beispielsweise eine Gemeinde), dort jedoch nicht wohnen. Eventuell könnte man die *non-place-based actors* unterscheiden in solche, die die lokale Bevölkerung nie zu Gesicht bekommt, aber trotzdem die Lebensrealität der Bevölkerung beeinflussen (*non-place-based actors*) und solchen, die in der Lokalität persönlich bekannt sind (z.B. Politiker), jedoch nicht dort wohnen (*semi-(non)-place-based actors*).

Macht

> "Power is, thus, for political ecologists a key concept in efforts to specify the topography of a politicised environment." (BRYANT/BAILEY 1997:39)

Akteure agieren auf verschiedenen Ebenen. Es existieren Interaktionen und Konflikte zwischen den Akteuren und Ebenen. Die Beziehungen zwischen den Akteuren sind oftmals ungleich und/oder durch Machtverhältnisse gekennzeichnet. Die Kosten und Nutzen bei Aktivitäten beispielsweise der Naturnutzung (vgl. Tabelle 9) sind oft ungleich zwischen den Akteuren verteilt und häufig zu Ungunsten der ärmeren Bevölkerungsschichten. Es geht weiterhin darum, die Kontrolle über Ressourcen zu erlangen. Macht wird daher auch folgendermaßen definiert:

> "[Power can be defined as the] ability of an actor to control their own interaction with the environment and the interaction of other actors with the environment. It is above all 'the control that one party has over the environment of another party'. (R. ADAMS cited in BUNKER 1985:14)" (BRYANT/BAILEY 1997:39)

Bei der Analyse von Macht soll es aber nicht nur um die Kontrolle über Ressourcen und materielle Praktiken gehen, sondern auch um die Macht der Diskurse, der Regulation von Ideen. Standpunkte, Werte, Wissen sind dynamisch und können in der *battle of ideas* (SCHMINK/WOOD 1992) definiert werden. Heutzutage wendet sich die Politische Ökologie von elitistischen Auffassungen von Macht und klassischen strukturellen Machtbegriffen ab und einem poststrukturalistischen Machtbegriff, beispielsweise im Sinne von FOUCAULTs *power/knowledge*, zu. Macht wird sowohl als Produktionsfaktor als auch Resultat von individuell kaum beeinflussbaren Mechanismen verstanden, die eine alles umfassende, in allen gesellschaftlichen Bereichen verankerte Subtilität und Vielschichtigkeit von Macht und Abhängigkeit reproduzieren. Dadurch werden

> „(...) Begriffe wie Ungleichheit, Abhängigkeit und Macht weder eindimensional auf ökonomische Strukturen reduziert noch als einseitige Macht- und Abhängigkeitsverhältnisse begriffen, sondern als analytisch nur partiell erfassbare Komplexitäten erkannt." (KRINGS/MÜLLER 2001:98)

Neben dem öffentlichen Transkript (*public transcript*), das verstanden werden kann als ordnender Diskurs, Spielregeln oder Handlungslogiken der dominierenden Akteure, existieren immer auch alternative (und die Macht angreifende) versteckte Transkripte (*hidden transcipts*) der schwächeren Akteure (SCOTT 1990), die gemeinsam die spezifischen Knotenpunkte von Kontrolle und Widerstand (*specific nodes of control and resistance*) (BRYANT/BAILEY 1997) kreieren.

Die Politische Ökologie geht davon aus, dass sich diese Machtbeziehungen in der Ikonographie der Landschaft (*iconography of landscape*) (vgl. MOORE 1996) ausdrücken, dass sie also von uns in unserer Umwelt lesbar sind. Es stellt sich die Frage, bis zu welchem Grad sich durch ein aufmerksames Lesen (*reading*) des Umwelttextes (*environmental ‚text'*)

(BRYANT/BAILEY 1997:42) vergangene und gegenwärtige Machtverhältnisse tatsächlich ausreichend erschließen angesichts der Komplexität des Verständnisses von Macht:

> „It [power/knowledge] comprises intellectual discourses, social organizations, architectural forms, laws and regulations, administrative processes, scientific statements and so on, each having its own specific and distinctive features. Each discourse is carried by a specific social group, and it reflects their particular perspectives and interests. The clash of discourses reflects the struggle of these groups for power and domination over one another, and the consequent fragmentation of discourse means that there is an incommensurability among the various discourses that make up the social world." (SCOTT 1995:185, zitiert in KRINGS/MÜLLER 2001:99)

Die Politische Ökologie vertritt heute die Ansicht, dass Machtverhältnisse sich nicht ausschließlich aus dem Raum interpretieren lassen:

> "(...) such a reading is insufficient on its own because it fails to capture the many 'intangible' qualities associated with the concept of power." (BRYANT/BAILEY 1997:44)

Trotzdem untersucht sie heute weiterhin auch die räumlichen Muster von Kontrolle und Widerstand (*spatial patterns of control and resistance*), den Einfluss machtvoller Akteure (*imprint of powerful actors*) sowie die spezifischen Knotenpunkte von Kontrolle und Widerstand (*specific nodes of control and resistance*) (BRYANT/BAILEY 1997:43).

> "To understand the workings of a politicised environment is to appreciate, therefore, the complex ways in which actors interact at the material and discursive levels over environmental questions. Yet the suggestion that power is at the heart of this politicised environment serves as a reminder that it is the unequal power relations of *actors* that is central to research in Third World political ecology." (BRYANT/BAILEY 1997:47, Heraushebungen im Original)

b) Handlung und Struktur

Wie bereits erwähnt, kritisierte die Politische Ökologie in ihrer Entstehungsphase neomalthusianische und kultur-ökologische Ansätze. Diese sollten in einen größeren politischen und ökonomischen Zusammenhang gestellt werden. Die Politische Ökologie wurde in den 1970er und 80er Jahren von strukturalistischen und strukturdeterministischen Ansätzen, wie dem Marxismus, der Dependenz- und Welt-Systemtheorie beeinflusst. Mit dem Erstarken von Diskussionen und Ansätzen zu Feminismus, Sozialen Bewegungen und dem Neo-Weberianismus (z.B. SKOCPOL 1985) in den 80er/90er Jahren verschob sich jedoch der Fokus in der Politischen Ökologie stärker zu handlungsorientierten Ansätzen. Die einzelnen Akteure rückten damit stärker in den Mittelpunkt der Analyse und es wurde versucht eine differenzierte Analyse den früheren Herangehensweisen entgegen zu stellen:

> „(...) the interests and actions of the actors involved in (...) conflict were often portrayed as ‚monolithic' in that little effort was made to appreciate the internal complexity or differentiated concerns of the state or other actors (Moore 1993:381)." (BRYANT/BAILEY 1997:6)

Wird heute ein stärker akteursorientierter Ansatz vorgeschlagen, soll damit der Einfluss von globalen Prozessen auf diese Akteure nicht negiert werden. Aus der Ablehnung strukturdeterministischer Ansätze resultierte in der Politischen Ökologie kein breites Plädoyer für handlungsorientierte Untersuchungen auf lokaler Ebene (wie beispielsweise MOORE 1993:381), sondern der Vorschlag von Analysen auf verschiedenen Ebenen.

> „Die zahlreichen Positivbezüge der Politischen Ökologie zu den Theorien der Entwicklungsforschung, die strukturelle Gewalten und Abhängigkeitshierarchien herausgearbeitet haben, zeigen dagegen, dass die Dualität von Handlung und Struktur von der Politischen Ökologie eben nicht über die individualistische Seite aufgelöst wird. Trotz der Herausarbeitung individueller Handlungsspielräume betrachtet die Politische Ökologie unterschiedliche Lebensformen, spezifische Macht- und Abhängigkeitsverhältnisse, spezifische ‚Verwundbarkeiten' usw. vorrangig als gruppen-, schicht- oder klassenspezifische Phänomene (...)." (KRINGS/MÜLLER 2001:112f.)

Der akteursorientierte Ansatz in der Politischen Ökologie untersucht den Akteur als Gruppe, nicht als Individuum. Das Dilemma des analytischen Umgangs mit internen Konflikten innerhalb Akteursgruppen wurde von einigen Autoren erkannt (*internal complexity*), aber bisher nicht konsequent analytisch gelöst.

c) Implikationen für den Analyserahmen

Die Analysevorschläge der einzelnen AutorInnen der Politischen Ökologie scheinen zunächst sehr heterogen. Es kann jedoch sehr anregend sein, unter einem gemeinsamen Schirm einen vielseitigen Analysefächer zu besitzen.

Hier sollen noch mal kurz die gemeinsamen Merkmale zusammengefasst werden:

- Erklärung von Umweltveränderungen und –problemen in Bezug zur Gesellschaft

- Prämissen:
  - gesellschaftsbedingte Naturressourcenknappheit (z.B. bedingt durch Wissenssysteme, gesellschaftliche Regelungen bezüglich Zugang und Nutzung natürlicher Ressourcen)
  - politics matter!
  - Umwelt ist ein gesellschaftliches Konstrukt

- Berücksichtigung der gesellschaftspolitischen und ökonomischen Rahmenbedingungen (*politicised environment*) → Analyse der Rahmenbedingungen

- Akteursorientierung (Akteure, Interessen, Handlungsspielräume, Durchsetzungsstrategien) → Akteursanalyse

- Analyse von Machtbeziehungen

- Mehrebenenanalyse

Welche Implikationen ergeben sich daraus für den Analyserahmen dieser Arbeit?

Interessant ist es, sich noch mal genau die möglichen Analysekategorien vor Augen zu führen:

- Akteure (*place-based actors, non-place-based actors*)
- *politicised environment* (*topography of politicised environment*)
- (zeitliche, räumliche, soziale) Dimensionen – tagtäglich, episodisch, systemisch
- Ebenen (*scale*) – lokal, regional, global
- Räumliche Strukturen/Anordnung (*spacial patterns/nodes of control and resistance*)
- Transkript (Werte/Diskurse/Regeln) (*public or hidden transcript*)
- Machtbeziehungen (*multiple power centres, tools of powers*)

Die Politische Ökologie bietet vom Ansatzpunkt her viele Anregungen für die Analyse einer komplexen Realität, ohne dies meistens genauer auszuführen oder gar methodische Vorschläge zu unterbreiten. Akteure, Ebenen, Dimensionen bleiben ohne konkrete Verortung in der Analyse. Dies bietet wiederum die Möglichkeit, die genannten Analysekategorien auf sein spezifisches Untersuchungsthema nach eigenem Ermessen anzupassen.

Mit ihrem Namen bezieht sich die Politische Ökologie auf ihr ursprüngliches Forschungsinteresse, der Umweltforschung einen Rahmen für die Analyse von Umweltkonflikten zu bieten. Zur gleichen Zeit wirkt er jedoch zunächst ausgrenzend für die Analyse anderer Themenbereiche. Die Politische Ökologie hat m.E. ihr Analysepotenzial und ihre Anwendungsbereiche bisher noch nicht ausreichend entwickelt.

1.1.2.3 Neue Institutionenökonomie und Kollektives Handeln

Der Ansatz der Neuen Institutionenökonomie (NIÖ) wurde als Antwort auf unzureichende neoliberale Wirtschafts- und speziell Wachstumstheorien entwickelt, ohne diese grundsätzlich in Frage zu stellen, sondern vielmehr, um sie weiterzuentwickeln und realitätsnäher zu gestalten. In traditionellen entwicklungsökonomischen Ansätzen werden institutionelle Faktoren für die Erklärung menschlichen Handelns nicht systematisch in die ökonomische Analyse integriert.

Mit einem Artikel von Ronald COASE im Jahre 1937 über vertragsrechtliche Faktoren in der Wirtschaft wurde der Grundstein gelegt, aus dem sich bis heute die verschiedenen Ansätze der Neuen Institutionenökonomie herausgebildet haben: beispielsweise die Theorie der unvollständigen Verträge, die *Property-Rights*-Theorie (COASE 1960), die Transaktionskostentheorie (ARROW 1969, WILLIAMSON 1985) und die *Principal-Agent*-Theorie (JENSEN/MECKLING 1976, JENSEN 1983). Gemeinsam mit der verwandten *Rational-Choice*-Theorie (OLSON 1965, AXELROD 1984) geht die NIÖ von dem Ziel und der Problemstellung aus, der Generierung gemeinsamer Vorteile durch Kooperation. OLSON (1965) untersucht die Probleme kollektiven Handelns (*collective action*) (vgl. 1.1.2.3.e.), der oft fehlenden Übereinstimmung individueller und kollektiver Rationalitäten und die Probleme der Organisation von Gruppen allgemein.

Uneinig in diesen verschiedenen Ansätzen ist man sich über die anzuwendenden Menschenbilder, über den Rationalitätsbegriff sowie über Gewichtung und Entstehung von Präferenzen.

Mit den Veröffentlichungen von NORTH (1990), SEN (1981) und OSTROM (1990) wurde die Thematik in den 1990er Jahren auch verstärkt in den Nachbardisziplinen diskutiert. In der Geographie wurden die Ansätze der NIÖ vor allem in der Entwicklungs- und Umweltforschung angewandt, beispielsweise bei der Bearbeitungen von Thematiken wie Umsetzung von Nationalparks (BACKHAUS/KOLLMAIR 2001), Landrechte (COY 2001), Einführung von Sozial- und Umweltstandards im Welthandel (MAYER 2002) und Dezentralisierung in der öffentlichen Verwaltung (THOMI 2001, RAUCH 2001).

Gerade auch in Verbindung mit der Politischen Ökologie wurde in der Geographie im Bereich der Entwicklungs- und Umweltforschung auch der *Environmental entitlements*-Ansatz (LEACH ET AL 1999) angewandt, der sich auf einen erweiterten verfügungsrechtlichen Ansatz (SEN 1981) bezieht, sowie Aspekte der *New Ecology*, der NIÖ, der Theorie der Strukturierung und der historischen Landschaftsgenese aufgreift. In der Politischen Geographie wurde dagegen die NIÖ mit *Public Choice* Ansätzen der Neuen Politischen Ökonomie verknüpft.

Die NIÖ geht davon aus, dass in unserer Gesellschaft Spielregeln (Institutionen) existieren, die das individuelle (und kollektive) Handeln beeinflussen (NORTH 1990) und die Akteure wiederum Institutionen verändern oder neu schaffen können. Institutionen sind Regeln, die in einer bestimmten Gruppe bekannt sind und nach NORTH aus formellen Regeln, informellen Normen und Konventionen sowie Durchsetzungsmechanismen bestehen. Institutionen werden dabei von Organisationen unterschieden. Organisationen und andere Akteure sind die Spieler (*players*), die in einem bestimmten institutionellen Rahmen entstehen und handeln, der wiederum von bestimmten Spielregeln (Institutionen) gekennzeichnet ist.

> "Both what organizations come into existence and how they evolve are fundamentally influenced by the institutional framework. In turn they influence how the institutional framework evolves." (NORTH 1990:5)

Institutionen können formal, in geschriebener Form, z.B. in Form von Gesetzen existieren, oder aber auch informell in Form von bewussten oder unbewussten Verhaltenskodexen. Institutionen können menschliche Handlungen ermöglichen oder beschränken. Institutionen können unbewusst entstehen oder bewusst geschaffen werden und ebenfalls bewusst oder unbewusst angepasst, verändert oder abgeschafft werden. Institutionen können kulturell oder regional und auch zeitlich am selben Ort variieren. Sie sind also dynamisch, deshalb aber nicht unbedingt kurzlebig. Gerade informelle Verhaltenskodexe wandeln sich meist nur sehr langsam, dafür jedoch kontinuierlich.

Das Handeln wird nicht nur von den formellen Institutionen gesteuert, sondern findet in einem sozialen Beziehungskontext statt. Das Problem des menschlichen Zusammenlebens und Wirtschaftens, vor allem die Verteilung und Bewirtschaftung knapper und/oder gemeinschaftlicher Ressourcen, wird häufig mit Hilfe des Gefangenendilemmas (TUCKER[111]) verdeutlicht. Es wird davon ausgegangen, dass im menschlichen Verhalten eine Tendenz zum am Eigennutz orientierten Handeln existiert, die auf einer Erwartungs- und Handlungsunsicherheit zwischen den Akteuren basiert und diese gleichzeitig stets wieder reproduziert.

Es wird daher versucht, soziale Beziehungen mit Hilfe von Institutionen zu festigen und Vertrauen aufzubauen. Vertrauen kann als eine informelle Institution betrachtet werden, die Erwartungssicherheit zwischen den Handelnden herstellt, am Eigennutz orientiertes Handeln und damit die Handlungsunsicherheit reduziert.

Die Vermehrung der Wohlfahrt aller soll erreicht werden durch die Schaffung und Beachtung dieser Institutionen. Deren Funktionieren ist jedoch stets abhängig von einem kollektiven Rationalismus, der wiederum von der Art der kollektiven Lernprozesse geprägt ist. Diese Lernprozesse sind beeinflusst durch die Ideen und Ideologien der beteiligten Akteure, ihren bisherigen Erfahrungen und ihrem kulturellen Kontext.

Gesellschaftliche Entwicklung wird als ein Prozess zunehmender Spezialisierung wahrgenommen. Individuen und Gruppen konzentrieren sich auf spezifische Tätigkeitsbereiche, eine ökonomische und soziale Differenzierung findet statt. Je höher der Grad an Spezialisierung in einer Gesellschaft, desto mehr Transaktionen und Regeln werden notwendig und desto mehr (Transaktions-)Kosten entstehen dabei.

Wirtschaftliches Wachstum ist abhängig vom Vorhandensein der notwendigen Regeln und von Organisationen, die deren Einhaltung garantieren. Wirtschaftliches Wachstum kann daher nicht nur im technologischen, sondern auch im institutionellen Sinne als pfadgebundenes Phänomen (*path-dependence*) bezeichnet werden.

In der NIÖ gibt es unterschiedliche Ansätze und Strömungen. Im Folgenden werden drei Ansätze der NIÖ vorgestellt, die die meisten Anknüpfungspunkte zur Thematik dieser Arbeit bieten:

- Transaktionskosten-Theorie
- *Principal-Agent*-Theorie
- Theorie des Institutionellen Wandels

Im Anschluss daran wird das Konzept des Kollektiven Handelns (*Collective Action*) vorgestellt.

---

[111] Albert William TUCKER hatte 1950 die Ideen von Merrill FLOOD und Melvin DRESHER im sogenannten *Prisoner's Dilemma* zusammengefasst und im Rahmen eines Vortrages vorgestellt. Weitere Publikationen dazu: u.a. RAPOPORT/CHAMMAH (1965), AXELROD (1984).

a) Transaktionskosten-Theorie

Interaktionen produzieren Kosten. Im gesellschaftlichen Zusammenleben und Wirtschaften lassen sich folgende Kosten identifizieren: Such-, Anbahnungs- und Informationskosten, Kommunikations-, Verhandlungs- und Abwicklungskosten, Durchsetzungs-, Kontroll-, Sanktions- sowie Anpassungskosten.[112] Diese Transaktionskosten wurden in vielen bisherigen ökonomischen Ansätzen nicht mitgedacht und mitgerechnet.

Mit der Schaffung von Institutionen als Koordinationsmechanismen zwischen den handelnden Akteuren, inklusive der sie überwachenden Organisationen, können die Transaktionskosten der Individuen erheblich gesenkt werden. Hinzu kommen nun die Kosten für Schaffung, Anpassung und Unterhalt dieser Institutionen.

Es wird weiterhin unterschieden zwischen fixen Transaktionskosten, beispielsweise die Einführung eines demokratischen politischen Systems, und variablen Transaktionskosten, die die Betreibungskosten einer Institution darstellen.

b) Principal-Agent-Theorie

In der *Principal-Agent-Theorie*[113] wird die Situation beschrieben, in der ein Akteur (Prinzipal) einen Agenten beauftragt, ihn in gewissen Aktivitäts- und Entscheidungsbereichen zu vertreten. Diese Beziehung stellt sich beispielsweise zwischen WählerInnen als Prinzipal und Regierung als Agent ein. Der Auftraggeber (Prinzipal) weiß nicht, ob der Auftragnehmer in seinem Sinne handelt. Der Agent hat möglicherweise andere Interessen oder es existieren sogar Interessenskonflikte. Darüber hinaus besitzt der Agent einen Informationsvorsprung in Hinblick auf die von ihm zu leistenden oder bereits geleisteten Tätigkeiten. Es existiert eine Informationsassymetrie. Der Prinzipal kann seinen Agenten nur über die von ihm erzielten Ergebnisse bewerten. Der Agent hat dadurch die Möglichkeit seine eigenen Interessen zu verfolgen und die Situation zu seinen Gunsten auszunutzen. Es entsteht eine Handlungsunsicherheit für den Prinzipal. Dieser kann durch Schaffung und Anwendung von Anreiz-, Kontroll- und Sanktionssystemen einem am eigennutzorientierten Handeln des Agenten entgegenwirken.

c) Theorie des institutionellen Wandels

NORTH will wissen, wie Institutionen entstehen und sich über die Zeit hinweg entwickeln, und warum auch Institutionen, die eine negative ökonomische Situation für den Großteil einer Bevölkerung verursachen, beständig existieren können.

---

[112] Viele Autoren haben bereits hierzu geschrieben. MICHAELIS (1987:9) verweist auf einige: PETHIG 1975:81, COASE 1978:164, ESCHENBURG 1978:19, TEECE 1981:3, PICOT 1982:270, WINDSPERGER 1983:896, MICHAELIS 1985:95ff. Zur Transaktionskostentheorie allgemein vgl. auch ARROW 1969, WILLIAMSON 1985.

[113] Vgl. v.a. JENSEN/MECKLING 1976, JENSEN 1983, aber auch Auflistung von MICHAELIS (1987:9): ROSS 1973, REYNOLDS 1976, FELLINGHAM/NEWMAN 1979, FAMA 1980, BAIMAN 1982, FAMA/JENSEN 1983, ARROW 1985, REES 1985.

Er geht davon aus, dass institutioneller Wandel durch das Zusammenspiel von Institutionen und Organisationen bestimmt ist. Konkurrenz zwischen den Organisationen zwingt sie, sich stets weiterzuentwickeln und positiv anzupassen. Dafür müssen sie in Wissen und Fähigkeiten investieren. Die Art von Wissen und Fähigkeiten, die sich eine Organisation angeeignet hat, entscheidet über die Wahrnehmung von Möglichkeiten und beeinflusst Entscheidungen, die Institutionen verändern. Der institutionelle Rahmen wiederum bestimmt welches Wissen und welche Fähigkeiten als opportun bewertet werden. Die Wahrnehmungen der Möglichkeiten, Fähigkeiten, Notwendigkeiten hängen von den mentalen Kognitionsmustern und Konstruktionen (*mental constructs*) der *player*, der Akteure und Organisationen, ab. Die institutionelle Matrix ermöglicht also pfadgebundenen (*path dependence*) institutionellen Wandel.

> „The resultant path of institutional change is shaped by (1) the lock-in that comes from the symbiotic relationship between institutions and the organizations that have evolved as a consequence of the incentive structure provided by those institutions and (2) the feedback process by which human beings perceive and react to changes in the opportunity set." (NORTH 1990:7)

Diese rekursive Sichtweise von Institutionen, Organisationen und den involvierten Akteuren lässt Parallelen erkennen zur *Theorie der Strukturierung* (GIDDENS) (vgl. 1.1.2.7).

Es existieren jedoch auch Fälle, in denen Institutionen nicht miteinander konkurrieren, da sich die Organisationen dem institutionellen Rahmen angepasst haben und einzelne *player* durch die Möglichkeit der Durchsetzung von Partikular- oder Sonderinteressen im gesetzten institutionellen Rahmen von diesem profitieren und ihn beibehalten wollen. Diese versuchen daher Veränderungen des bisherigen Institutionensystems entgegenzuwirken. Gerade im Hinblick auf das sogenannte *Kollektivgut-Dilemma*[114] sind es oftmals Individuen, die sich selbst bevorteilen durch die Existenz einer Institution und damit die Institution von der sie profitieren, unterwandern und aushöhlen.

> „Sie [die Regeln] mögen mit Blick auf die Gesellschaft durchaus vorteilhaft sein; gleichzeitig kann sich jedoch der einzelne gerade dadurch besser stellen, dass ihm Ausnahmen von diesen Institutionen gewährt werden, während sie für alle anderen uneingeschränkt gelten." (MUMMERT 1999:306)

Eine solche Situation kann entstehen durch ideologiegeprägte gesellschaftliche Wahrnehmungsmuster und Wertevorstellungen, eigennutzorientiertes Handeln, bewusste Informationsunterschlagung (u.a. wenig Investitionen in Bildung der anderen Akteure, beispielsweise der lokalen Bevölkerung) oder die Anwendung des Systems des *Rent-Seeking*, indem die Akteure, die von einem korrupten System profitieren, sich meist gegen eine Veränderung des Systems wehren.

---

[114] Vgl. *Tragedy of the Commons* (HARDIN 1968) und die Diskussion um *freerider* (OLSON 1965), vgl. auch das Unterkapitel (e.) zum Konzept des Kollektiven Handelns.

Die Stabilität einer Institution und die Möglichkeit des Wandels hängen von verschiedenen Faktoren ab. Zunächst werden *stabilisierende Faktoren* dargestellt:

- Koordinationseffekte fördern Vertrauen in Institutionen und konformes Verhalten

Je mehr Akteure sich regelkonform verhalten, desto mehr profitiert auch das Individuum davon, sich entsprechend zu verhalten. Mit zunehmender Akzeptanz der Institution oder Verhandlungen zwischen den Akteuren können die Transaktionskosten sinken, v.a. die Kontrollkosten zur Aufrechterhaltung der Institution, bzw. die Kosten, die die Vermeidung von eigennutzorientierten Verhalten der Individuen verursacht.

- Generierung verlässlicher Erwartungen

Je höher die Zahl der mit der Institution verbundenen Transaktionen, desto niedriger die Unsicherheit über den Fortbestand der Institution und desto höher die Akzeptanz der Institution durch die Akteure. Die Generierung verlässlicher Erwartungen kann das Bestehen einer Institution stärken.

In Bezug auf *Möglichkeiten des institutionellen Wandels* sind die folgenden Faktoren zu nennen: Die Einführung eines neuen Institutionensystems ist mit Kosten verbunden, die sich meist nur lohnen, wenn die Institution längerfristig existiert. Wer in die Schaffung einer Institution investiert, geht das Risiko ein, dass sie unter veränderten (politischen, sozialen, ökonomischen oder auch ökologischen) Rahmenbedingungen die Institution möglicherweise nicht dieselben positiven Resultate hervorbringen wird, wie zum Zeitpunkt der Implementierung oder dass sie sogar keinen Fortbestand mehr haben wird. Die Investition, die Anpassungskosten, müssen sich also lohnen.

Wenig Aufschluss bietet die NIÖ in Bezug auf den Wandlungsimpuls. Wann beginnt die erste Person, eine Institution in Frage zu stellen und Möglichkeiten der Modifikation auszuloten? Denkbar sind negative Ereignisse z.B. des Vertrauensverlustes, Enttäuschung oder unerwartete negative Auswirkungen des Funktionierens der Institution oder des Nicht-Funktionierens der Institution. Ebenso können sich die Rahmenbedingungen verändert haben. AITKEN (1991) reflektiert über diese Art von Ereignissen, oder auch *events*, und betont:

> „(…) that individuals do not attain a stable adaptation to, and integration with, their environment. Rather the relationship is a *changing* one where change is triggered by *events* that create imbalance in pre-existing behaviours and understandings. In this sense, 'events are a nexus of behavioural, environmental and temporal features and, as such, it is important not to fragment a person-in-environment whole artificially by studying behaviours or environments separately'." (AITKEN 1991:107, zitiert in WALMSLEY/LEWIS 1993:72, Heraushebungen im Original)

Events können als Impulse für sozialen Wandel verstanden werden. Diese können beispielsweise Krisenmomente sein, die das Individuum, die Gruppe oder Gesellschaft bewegen, bewusst oder auch unbewusst zu reagieren, seine Handlungsweise zu verändern, an die gegenwärtige oder auch vorhersehbare zukünftige Situation anzupassen.

Auch die Aktivitäten der Entwicklungszusammenarbeit können als eine Intervention verstanden werden, also ein von außen induzierter *event*. Dieser *event* muss (und sollte natürlich) nicht als Krise erscheinen, um einen Impuls zum Handeln auszulösen. Der *event* an sich, sagt nichts darüber aus, ob die ausgelöste Handlung positive oder negative Wirkungen haben und ob diese Handlung zu einem institutionellen Wandel führen wird.

NORTH selbst hält den institutionellen Wandel für einen komplexen Prozess:

> „Institutional change is a complicated process because the changes at the margin can be a consequence of changes in rules, in informal constraints, and in kinds and effectiveness of enforcement." (NORTH 1990:6)

d) Konzept des Kollektiven Handelns

Mancur OLSON hat den Begriff des Kollektiven Handelns (*Collective Action*) 1965 durch die Veröffentlichung seines Buches *The Logic of Collective Action* geprägt. Ihn interessiert, wie die Kooperation zwischen zwei oder mehr Individuen funktioniert, um öffentliche Güter zu beschaffen, z.B. Sicherheit, deren Erstellung durch Einzelne relativ ineffizient oder unmöglich wäre. Ebenfalls interessiert ihn, wie sich die Einflüsse von *externalities* auf das Gruppenverhalten auswirken. Er geht davon aus, dass sich in modernen Gesellschaften Interessensgruppen bilden, die versuchen für ihre Mitglieder öffentliche Güter bereitzuhalten. Das Handeln dieser kollektiven Akteure und die Bereitstellung der öffentlichen Güter unterliegen internen Spielregeln, darunter werden auch formale und informelle Verfügungsrechte, Ge- oder Verbote verstanden. Dieses Konzept lässt sich beispielsweise auf die Beziehung zwischen Bevölkerung und Staat anwenden. Seiner Ansicht nach, wird die Entwicklung von Staaten häufig durch unzureichende Institutionen gebremst (vgl. OLSON 1982). OLSON gilt heute als Wegbereiter des *Good-Governance*-Konzeptes und sein Ansatz sucht Antworten auf die Frage: Welches sind die geeigneten Spielregeln (Institutionen) einer Gesellschaft zur Förderung ihrer wirtschaftlichen Entwicklung? (vgl. FAUST 2002 und 2005)

Das Konzept des Kollektiven Handelns wurde zunächst von HARDIN (1982) und im Zusammenhang mit dem *Management of Common Property Resources* vor allem von Elinor OSTROM (1990) aufgegriffen und weiterentwickelt. Anknüpfungspunkte existieren vor allem zu dem von OLSON (1965) diskutierten Gegensatz zwischen individueller und kollektiver Rationalität (*Freerider*-Problem), dem Gefangenen-Dilemma von TUCKER[115] und der Diskussion um das Kollektivgut-Dilemma (*Tragedy of the commons*, vgl. HARDIN 1968). Gerade in diesem Bereich geht es darum, popularisiert durch den Slogan '*getting the institution right*', angepasste Institutionen beispielsweise in Form von Nutzerkomitees oder Vereinigungen zu implementieren.[116] Man geht davon aus, dass diese sich auf ihr Soziales Kapital (vgl. 1.1.2.4)

---

[115] Vgl. Fußnote 114.

[116] Gerade beim Beispiel der Nutzerkomitees überschneidet sich der Begriff der Institution verstanden als Spielregel zum einen und die geläufigere Form als Organisation zum anderen. Im Kontext der NIÖ und des Kollektiven Handelns wird Institution jedoch weiterhin nur als Spielregel verstanden.

gründen und darüber hinaus dieses auch (weiterhin) produzieren. Auch hier gibt es unterschiedliche Diskussionsrichtungen, die kurz dargestellt werden sollen:

OSTROM (1990) geht in ihrem Konzept von *crafting* (bzw. *crafted institutions*) davon aus, dass Institutionen - im Sinne der NIÖ - sich verändern und wachsen können, bzw. optimale Institutionen für den jeweils spezifischen Zweck von den Betroffenen (NutzerInnen) und den involvierten politischen Akteuren in einem kontinuierlichen Entwicklungsprozess geschaffen werden können und sollten.

> "Culture and social structure then become the raw material to be built upon and improved, the institutional resource bank from which arrangements can be drawn which reduce the 'social overhead costs' of co-operation in resource management. Increasingly such resources are referred to as 'social capital' but as Ostrom herself admits there is generally a lack of understanding about how to 'create, maintain and use social capital' (Ostrom 1992:23)." (CLEAVER 2000:365)

CLEAVER (2000) kritisiert die 'bürokratischen' Erklärungsansätze der Neuen Institutionenökonomie und die 'instrumentelle' Sichtweise des Sozial-Kapital-Konzeptes, die davon ausgeht, dass die individuellen Akteure eine Art politische und soziale Unternehmer sind, die bewusst soziales Kapital einsetzen, um die idealen Institutionen für die optimale Ressourcennutzung zu kreieren. Im Gegensatz dazu formuliert sie ihre Sichtweise von Institutionen:

> "Institutions are partial, intermittent and indeed often invisible, being located in the daily interactions of ordinary lives. I question the possibility of consciously and rationally crafting institutions for collective action and support instead ideas about multiple processes of institutional formation combining both conscious and unconscious acts, unintended consequences and a large amount of borrowing of accepted patterns of interaction from sanctioned social relationships." (CLEAVER 2000:366)

Sie geht vielmehr davon aus, dass es sich bei der Schaffung, Anpassung und Aufrechterhaltung von Institutionen um einen Prozess im Sinne von Mary DOUGLAS' *institutional bricolage* (1987)[117] handelt:

> "(...) institutions are constructed through a process of bricolage – gathering and applying analogies and styles of thought already part of existing institutions. Formulae are used repeatedly in the construction of institutions, thereby economizing on cognitive energy by offering easy classification and legitimacy." (CLEAVER 2000:380)

Sie kritisiert, dass den meisten Ansätzen die Einbettung (*embeddedness*) fehlt, dass sie versäumen, das Individuum in seinem Kontext wahrzunehmen, in seiner Lebenswelt zu verorten und die spezifischen Einflüsse zu verstehen, die persönlichen Geschichten und Eigenheiten. In den Ansätzen von GIDDENS (vgl. 2.7), LONG (vgl. 2.5) und DOUGLAS sieht sie die Möglichkeit, die Akteure in ihrer sozialen Einbettung, in ihren multiplen Realitäten und verschiedenen sozialen Handlungen zu analysieren.

---

[117] in Weiterentwicklung des Konzeptes der *intellectual bricolage* von LEVI-STRAUSS

e) Handlung und Struktur

Ob die Neue Institutionenökonomie (NIÖ) den handlungstheoretischen oder strukturtheoretischen Ansätzen zuzuordnen ist, bleibt sicherlich eine offene wissenschaftliche Diskussion. So spricht sich auf der einen Seite der Klassiker NORTH u.a. für die Fokussierung auf das Handeln individueller Akteure aus:

> "Institutions are a creation of human beings. They evolve and are altered by human beings; hence our theory must begin with the individual." (NORTH 1990:5)

Andere AutorInnen sehen auf der anderen Seite gerade im Ansatz der NIÖ, zumindest in der praktischen Umsetzung beispielsweise in der EZ, eine Hinwendung zur Strukturorientierung:

> „(...) nicht mehr „asset creation" (Bildung von Vermögen oder Fähigkeiten) steht im Vordergrund [der EZ], sondern die Schaffung von Strukturen, die Zielgruppen Zugang zu Ressourcen ermöglichen oder Wachstum fördern." (MÜLLER-BÖKER 2001:2)

NORTH (1990) und andere AutorInnen sehen aber auch, dass sich gerade im Ansatz der NIÖ die Frage nach dieser Dichotomie nicht mehr stellt: Menschen kreieren Institutionen. Institutionen beeinflussen wiederum das Handeln der Menschen, eröffnen oder beschränken Handlungsmöglichkeiten.

> „Integrating individual choices with the constraints institutions impose on choice sets is a major step toward unifying social science research." (NORTH 1990:5)

f) Implikationen für den Analyserahmen

Im Namen des Ansatzes Neue Institutionenökonomie steckt bereits die wichtigste Analysekategorie, die dieser Ansatz zur Untersuchung der verschiedensten sozialwissenschaftlichen Fragestellungen beitragen kann: die Institutionen. Verstanden als die Spielregeln der Gesellschaft mit direktem Einfluss auf das Handeln der Akteure und die Ausgestaltung der gesellschaftlichen Strukturen, wird die Analyse von Institutionen zu einem unverzichtbaren Instrument, um das gesellschaftliche Beziehungsgeflecht, dessen Entstehung, Reproduktion und Wandel, zu verstehen.

Weitere interessante Analysekategorien können aus den vorgestellten Teiltheorien übernommen werden:

- individuelle und kollektive Akteure *(players, agents, principal)*
- Machtasymmetrien
- Informationsasymmetrien
- Transaktionskosten
- vorherrschende Wertevorstellungen
- Individuelle und kollektive Rationalität

- Koordinationseffekte

- *mental constructs*

- *events*

- *institutional stock*

Die NIÖ demonstriert auf eingängige Weise das Wechselspiel zwischen Handlung und Struktur: Menschen kreieren Institutionen. Institutionen beeinflussen das Handeln der Menschen. Durch die Analyse dieser Prozesse bietet die NIÖ ein Instrumentarium zur Analyse von Abhängigkeits- und Machtbeziehungen. Möglicherweise kommt jedoch die Analyse des Kontextes, in den dieses Wechselspiel eingebettet ist, ein wenig zu kurz.

1.1.2.4 Soziales Kapital

Social Capital - oder Soziales Kapital - gewann in den letzten Jahrzehnten an Popularität. Durch die Vereinfachung des theoretischen Ansatzes auf Formeln wie *"It is not (just) important what you know, but who you know"* hat Soziales Kapital relativ schnell den Sprung vom wissenschaftlichen zum anwendungsbezogenen Konzept geschafft. Es fand Eingang in verschiedene wirtschaftliche Bereiche, Organisationsentwicklung, (Kommunal-)Planung und Entwicklungszusammenarbeit.

Das Konzept ist in der Tat mehr als ein Schlagwort. Ihm liegen interessante theoretische Überlegungen zugrunde. Trotzdem hat Soziales Kapital bisher kaum Eingang gefunden in die geographische Diskussion (vgl. MOHAN/MOHAN 2002, RADCLIFFE 2004).

Im Folgenden soll das Konzept näher beleuchtet werden und auf seine Relevanz für die Integration von Handlung und Struktur sowie für die Erarbeitung des Analyserahmens überprüft werden.

a) Historischer Rückblick

Das Konzept des Sozialen Kapitals hielt in den 1980er Jahren durch die Publikationen von BOURDIEU (1980, 1985, 1992) und COLEMAN (1987, 1988) Einzug in die wissenschaftliche Diskussion. Seine Weiterentwicklung und breite Popularisierung fand das Konzept in den 1990er Jahren durch die vieldiskutierten Arbeiten von PUTNAM über Italien (1993) und später über die USA (1996, 2000) sowie durch die Arbeiten von PORTES (u.a. 1998). Interessante Beiträge von GRANOVETTER (1973), EVANS (1996a,b) und FUKUYAMA (1995) bereicherten das Konzept. Auch in der Weltbank (z.B. WOOLCOCK/NARAYAN 2000, DASGUPTA/SERAGELDIN 2000, vgl. auch BEBBINGTON et al. 2004) und in der Entwicklungszusammenarbeit wurde es im Anschluss breit diskutiert. Einige interessante Aspekte zur intellektuellen Geschichte des Konzeptes finden sich in WOOLCOCK (1998).[118]

---

[118] WOOLCOCK (1998) und auch NARAYAN (1999) weisen darauf hin, dass Lyda J. HANIFAN bereits 1916 den Begriff des Sozialen Kapitals als Erste verwendet. Ihr folgen einige weitere WissenschaftlerInnen, auf die sich ebenfalls kaum namentlich bezogen wird. Eine Soziologengruppe (SEELY, SIM, LOOSELY) publizierte 1956

b) Was ist Soziales Kapital?

Der Begriff Soziales Kapital schließt an das Konzept des Kapitals an. Auch wenn der Begriff neben den Konzepten des Humankapitals und dem Kulturellen Kapital zu den neo-kapitaltheoretischen Ansätzen gehört und sich von der klassischen Kapitaltheorie von MARX unterscheidet, so hat es durchaus Wurzeln in dieser. Kapital ist für MARX der Mehrwert, der durch die sozialen Beziehungen zwischen der Bourgeoisie und dem Proletariat im Rahmen der Austauschprozesse, der Produktions-, Vermarktungs- und Konsumierungsprozesse entsteht und der um weiteren Profit zu erzielen wieder investiert werden kann. Die Neo-Kapital-Theorien unterscheiden sich insofern von der klassischen Theorie, als sie die Prämisse der Klasse als wichtigste Analyse- und Erklärungskategorie hinterfragen, modifizieren und teilweise sogar eliminieren oder aber in einigen Fällen ihre Position im kapitalistischen System anders definieren. (vgl. u.a. LIN 2001)

Dieser letztgenannte Unterschied, die Anerkennung der Möglichkeit der Handlung des Arbeiters, manifestiert die Abwendung vom strukturellen marxistischen Ansatz. Die neo-kapitaltheoretischen Ansätze (Humankapital (BECKER 1964, COLEMANN 1988), soziales Kapital und kulturelles Kapital (BOURDIEU 1992)) weisen eine Hinwendung zu mikroanalytischen Ansätzen auf. Handlung und *choice* werden wichtig, auch betonen sie stärker das Zusammenspiel zwischen Handlung und Struktur.

Wie auch bei der NIÖ spielt beim Sozialen Kapital das Konzept des Tausches und der Reziprozität eine große Rolle. Hier werden Parallelen zu anthropologischen Ansätzen sichtbar, beispielsweise zum Klassiker „Die Gabe" von Marcel MAUSS (1990/1925).

> „Sozialkapitalbeziehungen können nur in der Praxis auf der Grundlage von materiellen und/oder symbolischen Tauschbeziehungen existieren, zu deren Aufrechterhaltung sie beitragen. Sie können auch gesellschaftlich institutionalisiert und garantiert werden (...)." (BOURDIEU 1992:63)

Trotz der breiten Popularisierung des Konzeptes des Sozialen Kapitals, besteht im theoretischen Bereich keine einheitliche Definition von dem, was Soziales Kapital eigentlich ist.

LIN (2001:21ff) identifiziert in den unterschiedlichen theoretischen Ansätzen zu Sozialem Kapital folgende konzeptionelle Kontroversen:

- ob es sich bei Sozialen Kapital um eine kollektive oder individuelle Ressource handelt,
- ob für die Schaffung von Sozialem Kapital eher offene oder geschlossene Netzwerke von Nöten sind,
- ob es sich bei Sozialem Kapital um eine soziale Strukturressource handelt, die sich auf das Handeln des Individuums auswirkt oder von diesem produziert wird und auf die Struktur wirkt und

---

Forschungsergebnisse, die sich mit dem Konzept des Sozialen Kapitals beschäftigen. In den nächsten Jahrzehnten folgten HOMANS 1961, JACOBS 1961, LOURY 1977 (zitiert in NARAYAN 1999).

- ob Soziales Kapital messbar und quantifizierbar ist, bzw. wie.

Weitere, unzählige Detailfragen schließen sich an, beispielsweise, ob soziales Kapital angeboren bzw. vererbt oder nur erworben werden kann. Gerade bei dieser Frage gibt es Parallelen zu den Diskussionen um Kulturelles Kapital und Humankapital - wie viel ist Struktur und wie viel ist Handlung?

Individuelles und kollektives Soziales Kapital

Wissenschaftler wie BOURDIEU, COLEMAN und PUTNAM vertreten den Kollektiv-Ansatz, wobei damit meist nicht nur gemeint ist, dass eine Gruppe soziales Kapital besitzt, sondern auch die Existenz von Sozial-Kapital fördernden Strukturen in einer Gruppe oder Gesellschaft.

COLEMAN betont, dass es sich bei Sozialem Kapital nicht um Privateigentum handelt, sondern dass dieses eingebettet (*embedded* - GRANOVETTER 1985) ist in soziale Strukturen. Für PUTNAM repräsentieren Aspekte der sozialen Organisationen, wie Netzwerke, Normen und Vertrauen, die die Handlungs- und Kooperationsmöglichkeiten der Individuen erweitern können, das soziale Kapital einer Gruppe. BOURDIEU meint sogar, dass das Soziale Kapital nur im Netz sozialer Beziehungen zu finden ist.

> „Das Sozialkapital ist die Gesamtheit der aktuellen und potentiellen Ressourcen, die mit dem Besitz eines dauerhaften Netzes von mehr oder weniger institutionalisierten *Beziehungen* gegenseitigen Kennens oder Anerkennens verbunden sind; oder, anders ausgedrückt, es handelt sich dabei um Ressourcen, die auf der Zugehörigkeit zu einer Gruppe beruhen." (BOURDIEU 1992:63, Hervorhebungen im Original)

Die Betonung der Zugehörigkeit zu einer Gruppe betont BOURDIEUs strukturalistisches Verständnis von Sozialem Kapital als *class good*. COLEMAN und PUTNAM gehen nicht ganz so weit und verstehen es einfach als *public good*.

Während einige den individuellen Ansatz des Sozialen Kapitals vertreten (z.B. BURT 1992), versuchen andere wiederum diese verschiedenen Positionen zu integrieren. DURSTON (2000a) schlägt beispielsweise eine solche Sichtweise vor, nämlich die Unterscheidung von vier verschiedenen Formen des Sozialen Kapitals: individuell, gruppenspezifisch, kommunal und extern[119].

Folgt man diesem Verständnis, so arbeiteten auch bereits die vorher genannten Theoretiker des kollektiven sozialen Kapitals auf unterschiedlichen Aggregationsebenen: beispielsweise Regionen, Nationen, Klassen.

Das individuelle soziale Kapital findet sich laut DURSTON in auf Vertrauen und Reziprozität basierenden Beziehungen in egozentrischen Netzen. Komplexe Institutionen mit Inhalten

---

[119] DURSTON unterteilt das kollektive kommunale soziale Kapital in das interne soziale Kapital (kommunal) und das externe soziale Kapital, dass die Beziehungsnetze mit Akteuren außerhalb der Kommune darstellt (extern).

bezüglich Kooperation und Steuerung charakterisieren hingegen das kollektive/kommunale soziale Kapital (DURSTON 2000b:21).

Wie gestalten sich nun die Beziehungen zwischen individuellem und kollektivem (beispielsweise kommunalem) Sozialem Kapital? In welchem Verhältnis stehen sie zueinander?

Die Individuen innerhalb einer Gruppe beeinflussen und gestalten das kollektive soziale Kapital und können wiederum durch die kollektiven Strukturen, Institutionen, Normen und Regeln beeinflusst werden (vgl. e.).

> „(…) das individuelle sowie das gemeinschaftliche soziale Kapital sind Teil der gemeinsamen Kultur und bis zu einem gewissen Punkt von den Individuen internalisiert, aus denen die Gemeinschaft/Gemeinde besteht. Das gemeinschaftliche soziale Kapital ist die formelle und informelle Institution, die zum einen die kulturellen Normen des Vertrauens zwischen Individuen mit den Kooperationspraktiken zwischen den Mitgliedern des sozialen Systems integriert. Die individuellen und kollektiven Aspekte durchdringen sich gegenseitig." (DURSTON 2000b:24, eigene Übersetzung)[120]

Diese beiden Kapitaltypen können parallel, komplementär oder auch konträr zueinander wirken. Man kann beispielsweise den Zugang zu Ressourcen, Entscheidungsfindungen etc. von bzw. innerhalb einer bestimmten sozialen Gruppe analysieren und man wird möglicherweise feststellen, dass es sich gleichzeitig um individuelles und kollektives/kommunales Soziales Kapital handelt oder aber, dass sie sich unterscheiden und dass sich dies nicht an generellen Normen festmacht, sondern an der jeweils spezifischen Situation. Die genauen Zusammenhänge sind bisher noch nicht ausreichend erforscht.

Anzumerken ist ebenfalls, dass sich aus individuellem Sozialen Kapital, auch wenn es sich um eine ansehnliche Größe handelt, nicht notwendigerweise kollektives Soziales Kapital bildet und umgekehrt.

Verfolgt man diese Gedankengänge weiter, kann man zu dem Schluss kommen, dass es soziales Kapital auf jeglicher Ebene, bzw. für jegliche Art von Gruppe (natürlich auch von Individuum) gibt. Das bedeutet, dass es ein spezifisches Soziales Kapital einer Kommune geben kann, eines Stadtteils, eines Sportvereins oder einer Partei. Die Individuen können dabei in verschiedenen Vereinigungen teilnehmen und von den unterschiedlichen Sozialen Kapitalen profitieren oder sie mitgestalten. Denkt man nun an die Ebene des Individuums, fällt es leicht, zum gleichen Schluss zu kommen: in unterschiedlichen Lebensbereichen, z.B. Beruf und Familie oder Freundeskreis, kann das Individuum über einen recht unterschiedlichen Grad an Sozialen Kapital verfügen, beispielsweise über ein hohes soziales Kapital im Privatleben und über ein niedriges im Berufsleben oder umgekehrt. Diese Lebensbereiche

---

[120] „(…) el capital social individual como comunitário son partes de la cultura compartida y hasta cierto punto internalizada por los individuos que componen la comunidad. El capital social comunitario es la institucionalidad formal y informal que integra las normas culturales de confianza entre indivíduos, por un lado, con las práticas de cooperación entre todos los miembros de un sistema social. Los aspectos individuales e colectivos se compenetram." (Durston 2000b:24)

kann man nun je nach Analysefokus beliebig weit auffächern um immer detailliertere Ergebnisse über das individuelle soziale Kapital zu erhalten. Das Individuum kann nun sein soziales Kapital eines bestimmten Lebensbereichs in eine höher aggregierte Gruppe einbringen bzw. möglicherweise sein eigenes aus dieser speisen (vgl. Abb.30).

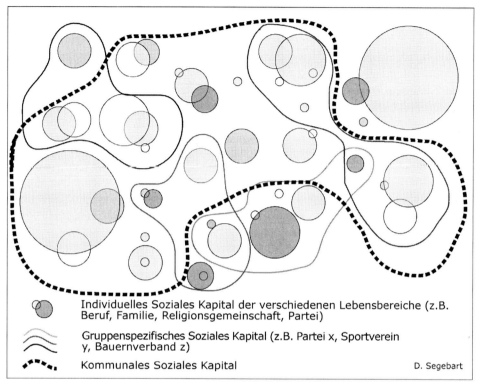

Abb. 30: Individuelles, gruppenspezifisches und kommunales Soziales Kapital in einem systemischen Sozial-Kapital-Modell

Bonding und *Bridging* – *strong ties* und *weak ties*

Soziales Kapital kann also sowohl einem Individuum zugeordnet werden, als auch ein Charakteristikum einer Gruppe sein. Soziales Kapital bezeichnet Ressourcen, die über die eigenen individuellen Ressourcen hinausgehen, die das Individuum oder die Gruppe jedoch über soziale Beziehungen bei Bedarf aktivieren kann.

Diese sozialen Beziehungen der Akteure können sogenannte vertikale oder horizontale Beziehungen sein in Bezug auf den sozialen oder ökonomischen Status des Individuums bzw. der Gruppe und seiner Partner. LIN (2001) nennt horizontale Beziehungen zu Partnern mit gleichen oder ähnlichen (sozialen oder sozioökonomischen) Merkmalen *homophile* Beziehungen und grenzt diese zu den heterophilen, also den vertikalen Beziehungen zu Partnern mit unterschiedlichen Merkmalen ab. Andere AutorInnen beziehen sich auf diese Beziehungen mit den Prozess-Bezeichnungen *bonding* (*homophil*) und *bridging* (*heterophil*), womit strukturelle Löcher (*structural holes*) überbrückt werden können, oder sprechen auch von *strong ties* (*homophil*) oder *weak ties* (*heterophil*) bzw. *cross-cutting ties*.

Diese Begriffsbezeichnungen scheinen zunächst etwas unübersichtlich und bleiben es auch beim näheren Hinsehen. Folgen wir zunächst LIN's Unterscheidung:

> „For simplicity's sake, two types of interaction have been identified and defined: homophilous and heterophilous. The former characterizes relations between two actors who have similar resources, which can include wealth, reputation, power, and lifestyle. The latter describes relations between two actors with dissimilar resources." (LIN 2001:47)

Sogenannte homophile Beziehungen sind, nach LIN, für die Akteure mit weniger Aufwand verbunden und finden häufiger statt. Die von ihm als *heterophilous* bezeichneten Beziehungen finden seltener statt, weil sie mit hohem Aufwand verbunden sind, trotzdem gibt es Motivationen sich darauf einzulassen.

LIN geht davon aus, dass es zwei unterschiedliche Motivationen geben kann mit anderen zu interagieren: zum einen, um seine bereits vorhandenen Ressourcen zu behalten, bzw. zu festigen (*expressed action*) und zum anderen, um sich neue Ressourcen zu erschließen, über die man selbst nicht verfügt (*instrumental action*).

Das erste Motiv lässt sich seiner Ansicht nach einfacher über homophile Beziehungen befrieden, während für das zweite sich (fast ausschließlich) die heterophilen Beziehungen anbieten.

Hier existieren Parallelen zu dem Konzept der *weak ties* und *strong ties* von GRANOVETTER. Es wird davon ausgegangen, dass das Lernen innerhalb der eigenen Bezugsgruppe (*strong ties*) sich nach einer gewissen Zeit erschöpft und dass neue Impulse am besten durch Kontakte zu anderen sozialen Gruppen oder Netzwerken (*weak ties*) aufgenommen werden können. Er spricht daher von der Stärke der schwachen Verbindungen (*strength of weak ties*) (GRANOVETTER 1973).

> „(...) die engen Netze kommunizieren redundante Information; die schwächeren Verbindungen können Quellen neuen Wissens und neuer Ressourcen sein." (PORTES 1998, zitiert in DURSTON 2000b:29, eigene Übersetzung)[121]

Die folgende Tabelle 10 fasst einige gängige Unterscheidungen in Bezug auf die Charakteristika der sozialen Beziehungen (*ties*) zusammen.

---

[121] „(...) las redes densas comunican información redundante; los lazos más debiles pueden ser fuentes de conocimientos y recursos nuevos." (PORTES 1998, zitiert in DURSTON 2000b:29)

Soziale Beziehungen (*Ties*)	Typ I	Typ II
Eigenschaft (u.a. GRANOVETTER)	stark (*strong*)	schwach (*weak*)
Eigenschaft (LIN)	*homophilous* Partner haben ähnliche Eigenschaften	*heterophilous* Partner haben unterschiedliche Eigenschaften
Richtung	horizontal	vertikal
Prozesse	*bonding*	*bridging*
Häufigkeit	groß	gering
Aufwand	niedrig	hoch
Motivation	*expressed action*	*instrumental action*

Tabelle 10: Typen und Charakteristika sozialer Beziehungen

Die eigene Bezugsgruppe kann jedoch bei GRANOVETTER (vgl. auch WOOLCOCK 1998) ebenfalls eine Gruppe sein, die in sich *vertikale* Beziehungen aufweist, beispielsweise Unterschiede im ökonomischen oder sozialen Status. Die heterophilen Beziehungen LINs, die mit den *weak ties* GRANOVETTERS zu vergleichen sind, können beim letzteren durchaus horizontal sein.

Die Schwierigkeit, die verschiedenen Konzepte zusammenzuführen, liegt an den Definitionen der Begriffe *horizontal* und *vertikal* sowie *homophilous* und *heterophilous*. So kann eine Kleinbauerngruppe in Region A sehr viel gemeinsam haben in sozialer, kultureller und ökonomischer Hinsicht mit einer Kleinbauerngruppe in Region B. Trotzdem kann eine Vernetzung dieser beiden Gruppen mit großem Aufwand verbunden sein und möglicherweise dazu führen, dass beide Seiten ihre (beispielsweise intellektuellen) Ressourcen erweitern können: Ein Beispiel für *bridging* und *weak ties* - aber auch für *heterophilous*?

Gleichzeitig kann dieselbe Bauerngruppe eine Zusammenarbeit mit einer Bank aufnehmen, mit der sie nie zuvor gearbeitet hat: Ein weiteres Beispiel für *bridging* und *weak ties* - aber auch für eine horizontale Beziehung?

Meiner Ansicht nach, ist es durchaus möglich und interessant zu untersuchen, ob eine Beziehung horizontal oder vertikal ist (und mit welchen Analyseparameter dies bestimmt wird) und auch, ob sie hetero- oder homophil ist. Jedoch lässt sich daraus nicht schließen, ob es sich um *weak ties* oder *strong ties* handelt, also um *bonding* oder *bridging,* welche Handlungsmotivation dem zugrunde liegt und welcher Grad von Sozialem Kapital damit erreicht werden kann.

Es muss m.E. vielmehr davon ausgegangen werden, dass sich die Unterschiedlichkeit von Gruppen (d.h. wo ist Homogenität oder Ähnlichkeit, wo Heterogenität vorhanden?) je nach Analysekategorie (sozialer/ökonomischer Status, Gender, Ethnie, Alter, Religion, Bildungsgrad, etc.) und Handlungsmotivation (hier soll nicht nur an die zwei von LIN gedacht werden) auf verschiedene Weise darstellen und ebenfalls in der Zeit veränderbar sein kann, also dynamisch ist. Die Analysekategorien sind für jede thematische Fragestellung neu zu definieren. Es ist daher m.E. nicht möglich eine generelle Aussage über das soziale Kapital einer Gruppe zu treffen, bzw. nur als Zusammenfassung von thematischen Teilanalysen (z.B. das soziale Kapital einer Kleinbäuerinnengruppe in Bezug auf Kontakt mit Finanzinstitutionen).

Diese Sichtweise löst einige strukturierende Analyseannahmen des Sozialen Kapitals auf, macht das Konzept komplexer und damit möglicherweise unübersichtlicher, kann jedoch dadurch neue Handlungsmöglichkeiten sichtbar machen (vgl. auch Abb.31): Für Kleinbauern ist es durchaus möglich mit den selben Partnerakteuren in verschiedenen Themenbereichen unterschiedliche Arten von Beziehungen zu haben bzw. zu konstruieren. So könnten sie mit der Kommunalverwaltung im Bereich Schulspeisung aus lokaler Nahrungsproduktion eine *bonding*-Beziehung besitzen und in einem anderen Bereich, beispielsweise Einführung eines kommunalen Monitoringsystems, eine *bridging*-Beziehung. Es lässt sich allerdings nicht generell sagen, ob die Beziehung zwischen den Kleinbauern und der Kommunalverwaltung vertikal oder horizontal, *homo*- oder *heterophilous* ist und ob es sich um *strong* oder *weak ties* handelt.

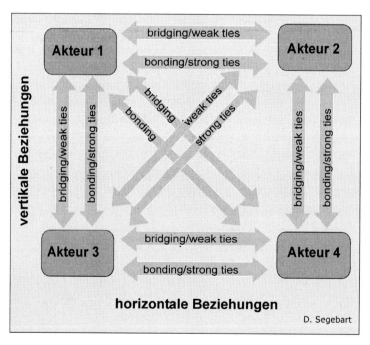

Abb. 31: Analysemodell des Beziehungsgeflechts im Sozialen Kapital

Das Soziale Kapital eines Individuums oder einer Gruppe kann die Summe aller seiner unterschiedlichen sozialen Beziehungen sein. NARAYAN (1999:12) geht davon aus, dass alle Gesellschaften und sozialen Gruppen Soziales Kapital besitzen. In der Analyse kann es nun um den Grad des Sozialen Kapitals gehen und um die jeweilige Zusammensetzung.

In Bezug auf Abbildung 31 muss daher hinwiesen werden, dass es sich bei der Darstellung um eine - wenn auch generelle - Momentaufnahme handelt. Bei der Analyse anderer Thematiken kann sich nicht nur die Art der Beziehungen zwischen den Akteuren verändern, sondern auch die horizontale oder vertikale Anordnung der Akteure selbst.

c) Wie entsteht Soziales Kapital?

Die Quellen des Sozialen Kapitals sind die in einer Gesellschaft oder Gruppe bestehenden Normen und Netze des gegenseitigen und solidarischen Austauschs. Normen sind kulturspezifisch, werden in der Regel durch Sozialisation von Generation zu Generation und im Rahmen gesellschaftlicher Institutionen (z.B. Familie, Bildungssystem) weitergegeben. Austauschnetzwerke basieren auf Vertrauen, das durch Bande der Familie, Verwandtschaft, Nachbarschaft, Zugehörigkeit der gleichen Ethnie, etc. getragen wird.

Diese Normen können aber auch neu entstehen, bzw. kreiert und vereinbart werden, durch die Einsicht in die Notwendigkeit oder den Nutzen, den man sich durch die Investition in soziale Beziehungen verspricht. Meist geht man davon aus, dass durch diese Investitionen der Informationsfluss besser funktioniert, man mit sozialen Beziehungen in strategischen Positionen Einfluss ausüben kann, diese Beziehungen einen über die eigene Person hinaus auszeichnen können, einem höhere Wertschätzung einbringen können oder einfach Bestätigung bringen und damit die eigene Identität bestärken, was wichtig ist für das Selbstwertgefühl sowie für die Sicherung und Reproduktion der eigenen Ressourcen (vgl. LIN 2001:20).

Nach DURSTON (2000b:24f.) kann die Institutionalisierung des kollektiven bzw. kommunalen Sozialen Kapitals durch verschiedene Prozesse hervorgerufen werden:

- durch Sozialisation,
- durch die Co-Evolution der Strategien von Individuen,
- durch rationale Entscheidungen der Individuen, aus denen die Kommune (oder Gruppe) besteht oder
- durch die Intervention einer externen Organisation, die eine entsprechende Methodologie anwendet.

In der Diskussion um die Stärkung der Zivilgesellschaft geht FOX (1996) davon aus, dass eine politische Konstruktion von Sozialem Kapital stattfinden muss. Dies kann in einer Kooperation von staatlichen und lokalen zivilgesellschaftlichen Akteuren oder aber von lokalen und externen zivilgesellschaftlichen Akteuren geschehen. Die Einbindung externer Verbündeter hält FOX ausgehend von der mexikanischen Realität für außerordentlich wichtig. Hier ergeben sich Parallelen zur bewussten Schaffung von Institutionen (*crafted institutions*), die in 1.1.2.3.e. diskutiert wurde. Auch EVANS (1996b) hält die komplementäre Kooperation (*complementarity*) verschiedener Akteure für die Entstehung Sozialen Kapitals relevant und glaubt an mögliche Synergieeffekte (*state-society synergy*):

> "The value of synergetic strategies is evident. Creative action by government organizations can foster social capital; linking mobilized citizens to public agencies can enhance the efficacy of government. The combination of strong public institutions and organized communities is a powerful tool for development. Better understanding of the nature of synergetic relations between state and society and the conditions under which such relations can most easily be constructed should become a component of future theories of development." (EVANS 1996b:130)

d) Wie kann man Soziales Kapital messen?

Der Wunsch das theoretische Konzept des Sozialen Kapitals in der Praxis anzuwenden, wirft mit der Definitionsfrage auch die Frage der Messbarkeit auf. Viele Kritiker werfen den vielfältigen Versuchen Messkategorien und Indikatoren für Soziales Kapital zu entwickeln oft vor, einer Tautologie zu erliegen: Die Existenz, aber auch die Wirkung von Sozialem Kapital wird mit der Existenz von Sozialem Kapital erklärt (vgl. MOHAN/MOHAN 2002). In diesem Sinne entstehen Erklärungszusammenhänge wie der folgende: Die Bauern organisieren sich, weil Soziales Kapital vorhanden ist. Soziales Kapital ist vorhanden, weil die Bauern sich organisieren.

> „Equating social capital with the resources acquired through it can easily lead to tautological statements." (PORTES 1998:5)

Diese Schwierigkeit entsteht jedoch m.E. eher aufgrund von Ungenauigkeiten bei der Definition von Sozialem Kapital, indem man die Wirkung von Sozialem Kapital als Soziales Kapital bezeichnet, denn bei der Messung. Hier sehe ich ein größeres Problem in der Generalisierbarkeit von Messindikatoren. Ein Indikator, der für eine gewisse Region aussagekräftig sein kann, z.B. Wahlbeteiligung in Deutschland, kann für eine andere Region völlig unbedeutend sein, z.B. besteht in Brasilien Wahlpflicht.

Die meisten Messansätze bestehen aus Indikatorensets und sind entwickelt worden, um das soziale Kapital einer Bevölkerung in einer bestimmten Region zu ermitteln. Die Gedankengänge, die in 1.1.2.4.b dargelegt wurden, bezüglich der Notwendigkeit der Differenzierung Sozialen Kapitals nach Themenbereichen und Zielgruppe, wurden in den folgenden Beispielen nicht berücksichtigt. Dies führt m.E. zu einer enormen Fehlerquelle. Das Soziale Kapital von Personen mit Lebensstilen, die von denen als Norm dem jeweiligen Indikatorensets zugrunde liegenden abweichen, wird dort meist als anders und damit als niedrig bewertet. Trotzdem ist der Versuch Soziales Kapital zu messen und damit fassbar zu machen, sehr interessant und kann wie viele Indikatorensysteme eine gesellschaftliche Diskussion um den Gegenstand herbeiführen und somit als Dialoginstrument dienen (vgl. Diskussionen um die Messung von Nachhaltigkeit und Kriterien- und Indikatorensets, z.B. SEGEBART 1999).

Im Folgenden werden einige Beispiele für Kriteriensysteme vorgestellt. Das erste Beispiel ist interessant, weil es das Konzept aufschlüsselt nach Determinanten, Dimensionen und Resultaten. Hier werden Parallelen zum *Pressure-State-Response*-Konzept (vgl. OECD 1991, 1993) sichtbar, das häufig strukturierend in der Nachhaltigkeitsmessung verwendet wird. Hierdurch wird ebenfalls vermieden der bereits erwähnten Tautologie zu erliegen. Da bei diesem Beispiel noch die Indikatoren fehlen, bleibt offen, wie diese Analysekriterien konkretisiert werden können (vgl. Tab.11).

Illustrative Proximate Determinants of Social Capital	Dimensions of Social Capital	Illustrative Social, Political and Economic Outcomes of Social Capital
Community solidarity	• membership in informal groups and networks with particular characteristics • everyday sociability • community participation and neighborhood connections • family connections • trust and fairness norms • crime and safety • subjective well-being • political engagement	Governance, political engagement
Empowerment		safety and security
Sense of belonging		Empowerment
		social cohesion

Tabelle 11: Beispiel für die Messung von Sozialem Kapital

Der *Index of National Civic Health* (NATIONAL COMMISSION ON CIVIC RENEWAL 1998) führt die folgenden Analysekriterien an:

- *political engagement*
- *trust in others*
- *trust in federal government*
- *associational membership*
- *security and crime (murder rates, fear of crime)*
- *family stability and integrity (divorce rates, non marital birthes)*
- *political dimensions: voting in election*
- *political activities*
- *signing petitions*

Die *New South Wales Study* (ONYX/BULLEN 1997a,b) versucht stärker auch den nachbarschaftlichen Bereich und Einstellungen (Werte) zu erfassen:

- *participation in local community*
- *pro-activity in social context*
- *feelings of trust and safety*
- *neighbourhood connections*
- *tolerance of diversity*
- *value of life*
- *work connections*
- *government institutions*
- *policy*
- *quality of interactions between agencies*

Das *Barometer of social capital* von John SUDARSKY (1998/1999) ähnelt den beiden vorigen Beispielen, ist jedoch allgemeiner verfasst, so dass es möglicherweise für eine größere Diversität von Regionen oder Gruppen Anwendung finden kann:

- *faith in unvalidated sources of information (FUSI)*
- *institutional trust*
- *civic participation*
- *mutuality and reciprocity*
- *horizontal relationships*
- *hierarchy*
- *social control*
- *civic republicanism*
- *political participation*

Weitere Ansätze in ähnlicher Richtung bieten u.a. NARAYAN/CASSIDY 2001 und GROOTAERT ET AL 2004.

Einen - möglicherweise gerade für die wissenschaftliche Analyse - interessanteren Ansatzpunkt als den Grad des Sozialen Kapitals zu ermitteln und ihm nach Möglichkeit einen Wert zuweisen zu können, sehe ich beispielsweise in der Herangehensweise von LIN (2001:63f.). Er schlägt vor, die folgenden Faktoren zu berücksichtigen, wenn es um die Bewertung des Zugangs zu Sozialem Kapital geht:

- Stärke der strukturellen Position des Akteurs
- Stärke der Verbindung (*tie*)
- Stärke der Lokalisation der Verbindung
- Effekt des Zusammenspiels zwischen Position, Verbindung und Lokalisation

Interessant bei dieser Art von Analyse ist, dass der Fokus auf den jeweiligen Akteur liegt, seiner spezifischen Position, der spezifischen Beziehung, bzw. Beziehungen, die er zu anderen Akteuren hat, die sich wiederum an bestimmten Positionen befinden. Diese Art von differenzierter Herangehensweise ist m.E. am geeignetsten, um komplexe soziale Beziehungsgeflechte und Machtstrukturen analysieren zu können.

e) Handlung und Struktur

Bei der in c) behandelten Frage "Wie entsteht Soziales Kapital?" klingt die Diskussion um Handlung und Struktur bereits an: Ist Soziales Kapital strukturell, z.B. aufgrund von Geschichte, kulturellen, politisch-institutionellen oder ökonomischen Strukturen vorgeprägt und bestimmt oder entsteht es durch die Handlung der Individuen? (vgl. Abb.32)

> „(...) we clarify the debate on action versus structure in the process of social capitalization: the process by which structural resources are turned into social capital. That is, does social capitalization represent purposive action on the part of the actor or does it simply reflect the structural opportunity present for an actor?" (LIN 2001:52)

Auf der strukturellen Seite lässt sich die gesellschaftliche Sozialisation, die wiederum das individuelle Handeln beeinflusst, verorten. Hier sind Parallelen zum Konzept des Kulturellen Kapitals von BOURDIEU (1992) (vgl. 1.1.2.6.c) erkennbar. Die soziale Reproduktion von gesellschaftlichen Normen und Werten findet durch die kulturellen Institutionen statt und schaffen durch symbolische Gewalt (*symbolic violence*) das Kulturelle Kapital einer Gruppe. Das Humankapital, ebenfalls Teil der neo-kapital-theoretischen Konzepte, kann nach BOURDIEUscher Auffassung sich ebenfalls nur so entwickeln, wie die Strukturen, auch das Kulturelle Kapital, es zulassen (vgl. Abb.32).

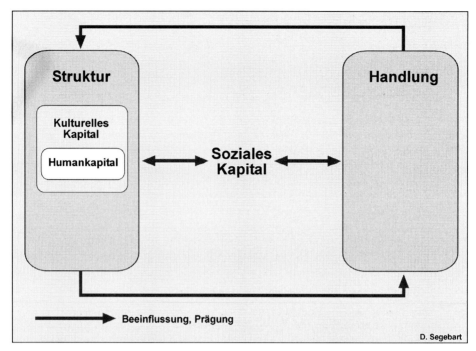

Abb. 32: Soziales Kapital zwischen Handlung und Struktur

Die Diskussion um Soziales Kapital birgt in sich strukturalistische und handlungsorientierte Ansätze, die allerdings - gerade von der Praxis her gesehen - sich relativ leicht verbinden oder auflösen lassen:

> "While each particular theory places emphasis either on the former or the latter element [action or structure], it is recognized that it is this interplay, or choice actions within structural constraints, that accounts for the capitalization process." (LIN 2001:18)

Möglicherweise kann das Konzept gerade deshalb als integrierendes Konzept für die generelle Debatte zwischen Handlung und Struktur im Folgenden oder einem ähnlichen Sinne fungieren (vgl. auch Abb.33):

> „(...) social capital is rooted in social networks and social relations and is conceived as resources embedded in a social structure that are accessed and/or mobilized in purposive actions. Thus conceived, social capital contains three components intersecting structure and action: structure (embeddedness), opportunity (accessibility through social networks), and action (use)." (LIN 2001:41)

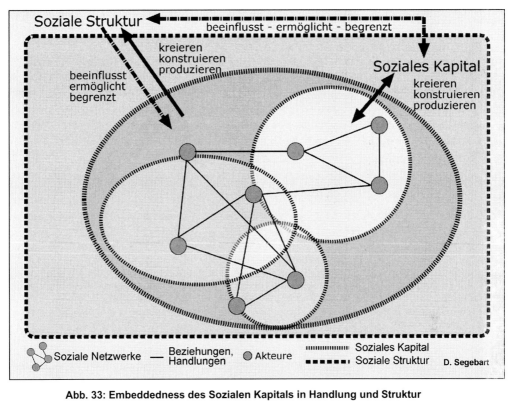

Abb. 33: Embeddedness des Sozialen Kapitals in Handlung und Struktur

f) Kritische Anmerkungen

Soziales Kapital ist ein ambivalentes Konzept. Das Vorhandensein von Sozialem Kapital kann sich positiv oder negativ auswirken. Wie lassen sich starke Familienbande, klientelistische Beziehungen, Korporativismus oder Nepotismus in einer Analyse des Sozialen Kapitals bewerten?

Nach PORTES (1998) ist Soziales Kapital weder gut noch schlecht, sondern stets abhängig von seiner ethischen Anwendung. In einer Definition von COLEMAN wird ebenfalls der offene Charakter des Konzeptes deutlich:

> „It is not a single entity but a variety of different entities, with two elements in common: they all consist of some aspect of social structures, and they facilitate certain actions of actors – whether persons or corporate actors – within the structure." (COLEMAN 1988:98)

Während RUBIO (1997) in einer Fallstudie zu Kolumbien von *perverse social capital* spricht, verwenden andere den Begriff des negativen Sozialen Kapitals oder unterscheiden zwischen formellen und informellen Sozialen Kapital. Es wird von der dunklen Seite der Macht gesprochen, in der soziales Kapital auch zu Diskriminierung, Ausbeutung, Korruption,

Dominierung durch mafiaähnliche Gruppen oder autoritäre Regime führen kann (PORTES/LANDOLT 1996; PUTZEL 1997, PORTES 1998), was ebenfalls Parallelen aufweist zum *familismo amoral* (BANFIELD 1958).

PUTNAM würde sich sicherlich gegen eine solche Definition von Sozialem Kapital wehren. In mehreren Gelegenheiten verwendet PUTNAM den Begriff des *civic engagement*, beinah stellvertretend für Soziales Kapital. Es sind nur wenige sehr spezifische Situationen vorstellbar, in denen *civic engagement* negative Auswirkungen hervorrufen könnte. Auch DURSTON (2002:16) geht davon aus, dass die Reziprozität und Kooperation eines der wichtigsten Merkmale des Sozialen Kapitals sind und mafiöse Organisationen, diese nicht besitzen. Weiterhin verfolge die Mafia einen Partikularismus und keinen Universalismus. Dies seien die entscheidenden Unterschiede.

WOOLCOCK (1998) geht jedoch davon aus, dass es sich um ähnliche oder sogar gleiche Mechanismen handle und sich dabei ein „Zuviel an Gemeinschaft" (*exceso de comunidad*) negativ auswirken kann.

> "(...) sometimes the negative impacts of social capital are manifested in powerful, tightly knit social groups, that are not accountable to citizens at large, and practice corruption and cronyism (Evans, 1989; Mauro, 1995; World Bank, 1997). Thus societies can be rich in social capital within social groups, and yet experience debilitating poverty, corruption and conflict. To understand why, it is necessary to examine three other phenomena: first, the connectedness or cross-cutting ties between groups; second, the nature of the state; and third, how the state interacts with the distribution of social capital." (NARAYAN 1999:8)

PUTNAM wird von einigen Kritikern vorgeworfen, dass er die Rolle des Staates und anderer politischer Organisationen in Hinblick auf die Produktion von sozialem Kapital vernachlässigt. EVANS (1996a, 1996b) und OSTROM (1996) sprechen in diesem Zusammenhang vielmehr vom Vorhandensein einer *state-society synergy* (vgl. MOHAN/MOHAN 2002:195). Hierin spiegelt sich ein weiteres synergetisches Verständnis oder einfach eine differenzierte Sichtweise: weder der Staat, noch die Gesellschaft oder (zivilgesellschaftliche) Gruppen sind per se gut oder schlecht. Für eine nachhaltige Entwicklung benötigt man das positive Zusammenspiel aller Akteure. Zugegebenermaßen besitzt der Staat zwischen allen Akteuren eine zentrale und gleichzeitig problematische Rolle.

Eine andere Kritik bezieht sich auf das Preisen von Sozialem Kapital als Wundermittel, vor allem im Bereich der Entwicklungsforschung und -praxis.

> „(...) we are concerned about the ways in which social capital has come to be privileged over material inequalities (between people and places) in a way which may be both analytically weak and practically disabling." (MOHAN/MOHAN 2002:205)

Soziales Kapital kann natürlich nicht als einzige Determinante oder auch Indikator für Entwicklung herhalten. Die Zusammenhänge zwischen Sozialen Kapital und wirtschaftlicher Entwicklung und umgekehrt (vgl. e.) sind bisher erst unzureichend geklärt und es kann mit

Sicherheit noch nicht von einem klaren Ursachen-Folge-Verhältnis die Rede sein. Nichtsdestotrotz kommt man möglicherweise bei der Hinterfragung des Konzeptes Entwicklung zum Schluss, dass Soziales Kapital ein Entwicklungsziel an sich sein kann und die Einteilung der Welt in entwickelte und unterentwickelte Staaten oder Gesellschaften unter dem Gesichtspunkt des Sozialen Kapitals völlig anders aussehen mag.

MOHAN/MOHAN (2002) kritisieren weiterhin die vagen, oft sehr ungenauen Definitionen von Sozialem Kapital, die Vernachlässigung der politischen Geschichte, die definitorische Vermischung von Kultur und sozialen Beziehungen sowie abstrakter Aspekte der Kultur und des konkreten menschlichen Verhaltens. Ebenso scheint die Frage weiterhin unbeantwortet zu bleiben, ob die Entwicklung und die Präsenz des Sozialen Kapitals historisch determiniert ist oder ob es möglich ist, soziales Kapital bewusst zu kreieren.

> „The dangers of uncritical application of the concept are emphasized by Leeder (1998), who warns of the risk of a one-sided obsession with social capital as ‚the god-thing in a secular power religion, the one true treasure into which we can empty all that is complex and puzzling, the embodiment of all our bravest ambitions and secret desires for a society that reflects our very own values'." (MOHAN/MOHAN 2002:206)

g) Praxisbezug

Was macht das Konzept so attraktiv? Die theoretischen Überlegungen zum sozialen Kapital und über die Rolle von sozialen Beziehungen im Allgemeinen im Entwicklungsprozess haben zu Denkanstößen in der Praxis geführt, u.a. in der Entwicklungszusammenarbeit. Es reiht sich in Diskussionen beispielsweise um *Empowerment*, Partizipation und Zivilgesellschaft ein, vertieft und differenziert diese jedoch.

Den praktischen Nutzen, der sich häufig vom Vorhandensein sozialen Kapitals versprochen wird, fasst DURSTON (2000a) in den folgenden Punkten zusammen:

- Transaktionskosten senken
- öffentliche Güter produzieren
- Aufbau und Stärkung von Basisgruppen, sozialen Akteuren und Zivilgesellschaft

In der Praxis-Diskussion wird Soziales Kapital klar von klientelistischen Strukturen unterschieden und gegen die letzteren soll gerade mit der Stärkung des ersteren vorgegangen werden.

> "However, for societal well being or the collective good, a transition has to occur from exclusive loyalty to primary social groups to networks of secondary associations whose most important characteristic is that they bring together people who in some ways are different from the self." (NARAYAN 1999:12)

NARAYAN (1999) schlägt weiterhin vor, dass man das Konzept des brückenbauenden (*bridging*) Sozialen Kapitals mit dem der synergetischen Staat-Gesellschaftsbeziehungen integrieren sollte. Um dies zu gewährleisten, bedarf es ihrer Meinung nach der folgenden Bedingungen:

- Komplementarität zwischen Staat und Gesellschaft und
- Bau von Brücken zu den Exkluierten

Das klingt häufig leichter als getan und man stößt erneut auf die Frage, wie Soziales Kapital kreiert werden kann. DURSTON (2000a) schlägt zwei Vorgehensweisen im Rahmen einer externen Intervention vor: Entweder man versucht verschüttete Strukturen sozialen Kapitals in einer Gesellschaft aufzudecken und daran anzuknüpfen (*arqueologia*) oder, im Falle dass solche nicht existieren oder an solche nicht anknüpfbar ist, sie gemeinsam neu zu kreieren. Auch EVANS bezieht sich auf eine ähnliche Vorgehensweise:

> „More crucial in practice is the question of ‚scaling up' existing social capital to create organizations that are sufficiently encompassing to effectively pursue developmental goals." (EVANS 1996b:1130)

Doch allein das Vorhandensein Sozialen Kapitals in einer Gruppe oder Gesellschaft ist keine alleinige Garantie für Entwicklung. WOOLCOCK (1998) geht davon aus, dass ein hoher Grad an Kooperation und interner Kohäsion eines Individuums oder einer Gruppe nur dann zu positiven Effekten führen wird, wenn dieser gekoppelt ist mit Verbindungen zu sozialen Netzwerken und externen Institutionen, d.h. im Klartext und etwas weiterführend: auch die Rahmenbedingungen müssen gleichzeitig verändert werden. Handlung und Struktur müssen also zusammen gedacht werden.

h) Implikationen für den Analyserahmen

Die Diskussion um Soziales Kapital macht deutlich, wie Handlung und Struktur in der Analyse sozialer Beziehungen miteinander verschmelzen. Das Konzept selbst bietet einige Analysekategorien an, um das soziale Beziehungsgeflecht besser zu verstehen, die im Folgenden kurz zusammengefasst werden.

- Arten des sozialen Kapitals: individuell/kollektiv, formell/informell, positiv/negativ
- Entstehungsbedingungen: Ressourcen, *state society synergy*
- Arten von Verbindungen (*ties/links*): vertikal/horizontal, schwach/stark, *heterophilous/homophilous*, Netze, strukturelle Löcher (*structural holes*)
- Prozesse: *bridging/bonding*

Das Konzept Soziales Kapital geht bisher sehr wenig auf Regeln ein, nach denen soziales Kapital entsteht und agiert. In den meisten Ansätzen wird die Existenz oder Relevanz von Regeln oder auch Werten noch nicht einmal explizit genannt. Auch der Faktor Macht taucht selten in der Diskussion und noch weniger in der Analyse auf. Implizit wird häufig davon ausgegangen, je größer die Macht, desto höher das Soziale Kapital und vice versa. Diese fast tautologische Annahme reicht m.E. nicht für eine Machtanalyse aus.

1.1.2.5 Akteursorientierter Ansatz

> „An actor-oriented type of social constructionism, then, requires that we throw our net high and wide. We must encompass not only everyday social practice and language games, but also larger-scale institutional frameworks, resource fields, networks of communication and support, collective ideologies, socio-political arenas of struggle, and the beliefs and cosmologies that may shape actors' improvisations, coping behaviours and planned social actions."
> (LONG 2001: 3f.)

Norman LONG (2001) hat sich zur Aufgabe gemacht, Entwicklungsprozesse wissenschaftlich zu begleiten. Einen Schwerpunkt legt er dabei auf die Analyse geplanter Entwicklungsinterventionen. Er entwirft dafür einen akteurs-orientierten Ansatz (*actor-oriented approach*), der von der Prämisse ausgeht, dass sich unterschiedliche Handlungen und sehr verschiedene soziale Formen gesellschaftlicher Organisation entwickeln können unter denselben oder ähnlichen strukturellen Bedingungen. Diese Variationen zeigen auf, wie unterschiedlich Akteure kognitiv, emotional und organisatorisch mit einer Situation, von der sie betroffen sind, umgehen.

Es wird davon ausgegangen, dass Akteure Kapazitäten besitzen, um ihre gemachten Erfahrungen zu verarbeiten. Erfahrungen und Wünsche werden bewusst oder auch unbewusst interpretiert, reflektiert und internalisiert und dienen als Orientierung für die nächste Handlungsentscheidung (vgl. auch *Reflexivität* bei GIDDENS).

In LONGs Ansatz werden viele Parallelen zur Humanistischen Geographie und zu verständigungsorientierten Handlungstheorien deutlich. Er bezieht sich ebenfalls auf das Konzept der Lebenswelt von SCHÜTZ (basierend auf HUSSERL) (vgl. SCHÜTZ 1974; SCHÜTZ/LUCKMANN 1975), in dem der Handelnde den „Koordinatennullpunkt seiner Weltorientierung" (WERLEN 2000:85) bildet. Von diesem Ausgangspunkt erstreckt sich die aktuelle und potenzielle Reichweite des Handelns des Individuums. In der Lebenswelt des Individuums findet sein soziales Handeln basierend auf Werten und Absichten statt. Diese Realität ist rein subjektiv und wird mit anderen intersubjektiv geteilt.

LONG propagiert ein sehr differenziertes Menschen- oder Akteursbild und bezieht sich dabei auf Akteure als ‚knowing/feeling, active subjects' (KNORR-CETINA 1981:4). Die Muster sozialen Verhaltens sollen auf diesem Menschbild basierend verstanden und nicht als eine bloße Auswirkung äußerer Kräfte gedeutet werden. Im Fokus stehen daher die Identifizierung und Charakterisierung der unterschiedlichen Handlungen, Strategien und Handlungslogiken (*rationales*) der Akteure. Es soll untersucht werden, unter welchen Bedingungen sie entstehen, in welchem Zusammenhang sie zueinander stehen und ob sie nutzbar sind für die Lösung spezifischer Probleme. Im Folgenden sollen die Schlüsselkonzepte seines Ansatzes vorgestellt werden.

a) Akteure, Netzwerke und livelihood

Akteure

Wie bereits erwähnt wird der individuelle Akteur als in seiner Lebenswelt handelnd verstanden. Bedeutungen, Werte und Interpretationen sind kulturell konstruiert, können jedoch abhängig vom Handlungsspielraum der Akteure oder in Situationen des Wandels unterschiedlich angewendet oder interpretiert werden und sogar wiederum neue Werte und Interpretationsmuster entstehen lassen.

LONG hält es daher für wichtig zu untersuchen, wie Identität (*notions of personhood*) und Handlung kulturspezifisch unterschiedlich konstituiert werden und wie es die Gestaltung der interpersonellen Beziehungen der Akteure beeinflusst.

Gerade im Bereich der Entwicklungsforschung kann beispielsweise analysiert werden, wie die unterschiedlichen Konzeptionen von Macht, Wissen und Wirksamkeit (*efficacy*) die Handlungen, Handlungsentscheidungen und -strategien der verschiedenen Akteure (beispielsweise im ländlichen Raum: Kleinbauern, Großgrundbesitzer, lokale Politiker, Entwicklungsorganisationen etc.) beeinflussen.

Ein zentrales Konzept sind die sozialen Praktiken der Akteure, die *Projects* genannt werden. In ihnen werden die Handlungsinteressen und ziele, ihre zeitliche und geographische Reichweite und die involvierten sozialen Beziehungen zusammengefasst.

LONG (2001) untersucht neben den individuellen auch kollektive Akteure. Bei den kollektiven Akteuren identifiziert er die folgenden drei Formen (S.56f.):

- Netzwerk/Gruppe: Mehrere individuelle Akteure handeln bewusst oder unbewusst gemeinsam, haben eine gemeinsame Ausgangssituation und/oder ein gemeinsames Ziel, gemeinsame Interessen oder Werte.

- Akteur-Netzwerk[122]: Diese Definition hebt die Unterscheidung zwischen Dingen und Menschen auf. Sie beschreibt die Interaktion von menschlichen und nicht-menschlichen Faktoren, ohne dass diese sich mit einem gemeinsamen Sinn oder Zweck zusammenschließen.

    „The merit of this second interpretation (…) is twofold: it stresses the heterogeneous make-up of organising practices founded upon enrolment strategies; and it warns against individualist/reductionist interpretations of collective forms." (LONG 2001:57)

- Staat, Markt, Gesellschaft: Diese kollektiven Akteure setzen sich häufig aus unterschiedlichen Bildern, Repräsentationen und Kategorisierungen von Dingen, Menschen und Institutionen zusammen, die von ihnen jedoch als ein Ganzes präsentiert werden oder es ihnen zugeschrieben wird. LONG warnt vor solchen Verallgemeinerungen in der wissenschaftli-

---

[122] vgl. Aktor-Netzwerk-Theorie in 1.1.2.8

chen Analyse, lehnt deshalb diese Kategorien jedoch nicht ab. Vielmehr sollte man sich den Einfluss dieser Konglomerate auf die Handlungsorientierungen und Handlungen der Akteure bewusst machen, diese Schlüsse in die Analyse einbeziehen und gleichzeitig sich jede spezifische Handlung eines spezifischen Akteurs zu einem bestimmten Zeitpunkt in seinem jeweiligen Handlungskontext vergegenwärtigen und entsprechend analysieren. Die kollektiven Akteure können wiederum nur im Zusammenhang mit den Interaktionen zwischen diesen und den Handlungen der individuellen Akteure interpretiert werden.

Netzwerke

Soziales Handeln findet in Netzwerken von Beziehungen statt, die sowohl aus menschlichen als auch nicht-menschlichen Komponenten (z.B. Akteur-Netzwerk) bestehen können. Sie sind geprägt durch Routinen und Organisationspraktiken basierend auf sozialen Konventionen, Werten und Machtverhältnissen. Sie sind dynamisch und transformieren sich im Laufe der Zeit. Sie sind vielfältig und können für spezifische Handlungskontexte wichtig sein.

Obwohl die meiste Literatur zu Netzwerken von der Prämisse ausgeht, Netzwerke bestünden meist aus relativ ausgeglichenen sozialen Beziehungen, die auf Reziprozität basieren, geht LONG davon aus, dass in Realität die meisten Netzwerke hierarchisch und zentralistisch aufgebaut sind. Unterschiedlicher Zugang zu Ressourcen und ungleicher Tausch prägen die Beziehungen und strategische Interessen definieren die hierarchischen Ordnungsprinzipien in Netzwerken.

Diese sozialen und institutionellen *Constraints* können nicht einfach auf soziologische Kategorien wie Klasse, Gender, Ethnizität etc. verkürzt werden, sondern sind kontextabhängig. LONG geht davon aus, dass diese Ordnungsprinzipien spezifisch sind für die entsprechenden *Arenen*[123] und sollten daher nicht im Vorfeld analytisch vorgegeben werden. LONG rückt bei der Analyse vor allem auch informelle und symbolische Regeln und Prozesse in den Vordergrund.

> „While much organisational analysis focuses on formal rules and administrative procedures, highlighting for example the ways in which government, private company and development agency rules and regulations shape the workings of organizations, an actor perspective concentrates on delineating actors' everyday organising and symbolising practices and the interlocking of their ‚projects'." (LONG 2001:56)

Livelihood

Die inter-individuellen Beziehungen der Akteure können sehr unterschiedlich gestaltet sein und reichen von hierarchischen Beziehungen über soziale Austausch-Netzwerke zu formellen Gruppen und Organisationen. In LONGs Konzept der inter-individuellen Netzwerke (*inter-individual network*) ist das Konzept *livelihood* von zentraler Bedeutung.

---

[123] spezifische Felder sozialen Handelns, vgl. 1.1.2.5.c

LONGs Konzept von *livelihood* steht dem heute (u.a. in der Entwicklungsforschung) recht populären Begriff nahe (vgl. 1.1.2.1.c), geht jedoch in einigen Punkten darüber hinaus. Sein Verständnis von *livelihood* deckt sich mit der Definition von Sandra WALLMANN:

> „Livelihood is never just a matter of finding or making shelter, transacting money, getting food to put on the family table or to exchange on the market place. It is equally a matter of ownership and circulation of information, the management of skills and relationships, and the affirmation of personal significance [involving issues of self-esteem] and group identity. The tasks of meeting obligations, of security, identity and status, and organising time are as crucial to livelihood as bread and shelter." (WALLMAN 1982:5, zitiert in LONG 2001:54)

Im Mittelpunkt des Konzeptes stehen also nicht nur ökonomische Strategien beispielsweise auf Haushaltsebene, sondern ebenfalls Lebensstile, Werte, Status, Identität, Kooperation etc..

Livelihoods sind sowohl individuell, als auch gemeinsam mit anderen Individuen konstruiert und repräsentieren die sozialen Beziehungsmuster, Bedürfnisse, Interessen und Werte von Individuen oder Gruppen. Durch sie und in ihnen wird versucht die Bedürfnisse und Interessen der Akteure zu befriedigen, mit Unsicherheiten umzugehen, auf neue Möglichkeiten zu reagieren, Positionen einzunehmen, Werte zu hinterfragen, zu modifizieren und zu definieren und Handlungsentscheidungen zu treffen.

Livelihoods variieren nach den Wahrnehmungen, Fähigkeiten, symbolischen Formen und Organisationsstrategien und -formen der beteiligten Akteure und den notwendigen und vorhandenen Ressourcen (z.B. Arbeit, Kapital, Zeit, Information, Identität, etc.). *Livelihoods* sind dynamisch und können sich im Laufe des Lebens eines Akteurs verändern (*livelihood trajectories*).

Um mit dem Konzept *livelihoods* zu arbeiten, bedarf es der Definition der Untersuchungseinheit. Auch hier warnt LONG davor mit vordefinierten Einheiten, wie Haushalt, Gemeinde, Produktionssektor, Warenkette etc. zu operieren. Seiner Meinung nach werden dadurch künstliche Trennungen vollzogen, die der Heterogenität von *livelihoods* und deren Verflechtungen nicht gerecht werden:

> „Indeed in many situations confederations of households and wide-ranging interpersonal networks embracing a variety of activities and crosscutting rural and urban contexts, as well as national frontiers, constitute the social fabric upon which livelihoods and commodity flows are interwoven." (LONG 2001:54)

b) Vom individuellen Handeln zur Gruppe: cultural repertoires

Die Ausgangsituation oder die Problemsituation einer Handlung wird in vielen Fällen auf unterschiedliche Weise von den verschiedenen Akteuren interpretiert. Auch die Interpretation ihres Handelns ist wiederum geprägt durch ein spezifisches Set an Repräsentationen, Bildern, kognitivem und emotionalem Verstehen. Wie repräsentiert man nun diese Problemsituation, wenn es unterschiedliche Sichtweisen dieser Situation von Seiten der unterschiedlichen Akteure gibt?

Wie im Lebenswelt-Konzept bezieht sich LONG auf eine Intersubjektivität, ein gemeinsames Verstehen der Realität durch das Existieren gemeinsamer Werte und kultureller Wahrnehmungsfilter, die er mit *cultural repertoires* bezeichnet.

> „Though the repertoire of ‚sense-making' filters and antennae will vary considerably, (..) [social] processes are to a degree framed by ‚shared' cultural perceptions, which are subject to reconstitution or transformation." (LONG 2001:51)

Die Analyse muss sich daher gerade der Beziehung zwischen den Lebenswelten der Akteure und den Prozess der Kulturkonstruktion (*cultural construction*) widmen. So kann es möglich werden, die Produktion von heterogenen kulturellen Phänomenen und die Resultate des Zusammenspiels verschiedener repräsentativer und diskursiver Felder zu verstehen, um damit zu einer „cartography of cultural difference, power and authority" (LONG 2001:51) zu gelangen.

Ein Verständnis im Sinne eines homogenen Kulturkonzeptes (u.a. auch was unter „traditionell" und „modern" verstanden werden kann) wird abgelehnt und sich Konzepten wie *cultural repertoires*, Heterogenität[124] und Hybridität[125] zugewandt.

> „The concept of cultural repertoires points to the ways in which various cultural elements (value notions, types and fragments of discourses, organisational ideas, symbols and ritualised procedures) are used and recombined in social practice, consciously or otherwise." (LONG 2001:51)

LONG empfiehlt die Methode der Diskursanalyse, um die Bedeutungen der *cultural repertoires* und wie sie situationsabhängig miteinander interagieren zu ergründen.

Unter Diskurs werden Bedeutungen verstanden, die sich in Metaphern, Repräsentationen, Bildern, Erzählungen und Standpunkten ausdrücken und eine gewisse Sichtweise, Vision der Realität oder der Wahrheit über Objekte, Personen, Ereignisse und die Beziehungen zwischen ihnen widerspiegeln. Diskurse produzieren Text. Dieser kann geschrieben, gesprochenen oder auch non-verbal sein, beispielsweise Architektur, Mode, Kunstobjekte. Diskurse beeinflussen (*frame*) unser Verstehen unserer Lebenswelt dadurch, dass sie unser Bild der Realität konstruieren.

c) Fields, Domains *und* Arenas

Wie im vorigen Unterkapitel diskutiert, soll ein Konzept entwickelt werden, das es möglich macht mit sozialer Ähnlichkeit und Differenz umzugehen. LONG schlägt zu diesem Zweck die Konzepte des *social field*, *domain* und *arena* vor. Alle drei Konzepte beziehen sich auf das Eingrenzen eines sozialen Raumes sowie auf dessen Entstehung und Transformation.

---

[124] „Heterogeneity points to the generation and co-existence of multiple social forms within the same context or same scenario of problem-solving, which offer alternative solutions to similar problems, thus underlining that living cultures are necessarily multiple in the way in which they are enacted." (LONG 2001:51)

[125] „And hybridity refers to the mixed end products that arise out of the combining of different cultural ingredients and repertoires." (LONG 2001:51)

Social field

Unter *social field* wird ein weitläufiges Handlungsfeld verstanden, in dem die Handlungen und die Prozesse durch die sie entstehen stattfinden und in dem sich die für diese notwendigen Ressourcen befinden:

> „The notion of social field conjures up a picture of open spaces: an irregular landscape with ill-defined limits, composed of distributions of different elements - resources, information, technological capacities, fragments of discourse, institutional components, individuals, groups and physical structures - and where no single ordering principle frames the whole scene. Whatever configurations of elements and relationships make up the field, these are essentially the product of human and non-human interventions, both local and global, as well as the result of both cooperative and competitive processes." (LONG 2001:58)

Die Idee des sozialen Feldes wurde zuerst von der „Manchester School" (BARNES 1954, EPSTEIN 1958) entwickelt und bereits 1968 ebenfalls von LONG aufgenommen. Auch BOURDIEU (1977) entwickelt ein Konzept des Feldes. Für BOURDIEU ist das Konzept des Feldes zentral für die Analyse von Macht und Status und des Konzeptes des symbolischen Kapitals (vgl. 1.1.2.6). LONG hält BOURDIEUs Konzept des Feldes für zu strukturalistisch und schlägt zwei weitere Konzepte vor: *Domains* und *Arenas*.

Domain

Domains sind Gebiete des sozialen Lebens, die um ein zentrales Thema oder ein Wertesystem herum angeordnet sind. In Zusammenhang mit diesem Thema sind bestimmte Normen, Werte und Regeln entstanden, denen sich die beteiligten Akteure sozial verpflichtet fühlen. Hierunter werden beispielsweise Institutionen wie Familie, Markt, Staat, Gemeinschaft und Gesellschaft gefasst, aber auch Themenbereiche wie Produktion und Konsum. *Domains* existieren nicht *a priori*, sondern werden kulturell produziert und transformiert. *Domains* variieren untereinander in ihrem Stellenwert und ihrer sozialen Signifikanz. Die Analyse von *Domains* eignet sich, laut LONG, um zu untersuchen, wie *social ordering* funktioniert, wie soziale und symbolische Grenzen kreiert und verteidigt werden. Hierdurch kann untersucht werden, wie soziale Werte, Beziehungen, Ressourcennutzung, Autorität und Macht reguliert werden.

Arena

Als *Arena* sollen darüber hinaus soziale Lokalisationen oder auch Situationen bezeichnet werden, in denen Auseinandersetzungen und Verhandlungen über Themen, Ressourcen und Werte stattfinden. In ihnen konfrontieren sich die Akteure, mobilisieren ihre sozialen Beziehungen und Netzwerke und nutzen diskursive oder kulturelle Mittel, um ihre Interessen durchzusetzen und ihre Ziele zu erreichen. LONG hält dieses Konzept gerade für die Anwendung in der Entwicklungsforschung interessant:

> „Arena is an especially useful notion when analysing development projects and programmes, since intervention processes consist of a complex set of interlocking arenas of struggle, each characterised by specific constraints and possibilities of manoeuvre." (LONG 2001:59)

d) Statt Handlung und Struktur: social interfaces

Der akteursorientierte Ansatz versucht die Dichotomie zwischen Handlung und Struktur, zwischen lokal und global zu überwinden.

> „Rather than seeing the ‚local' as shaped by the ‚global' or the ‚global' as an aggregation of the ‚local', an actor perspective aims to elucidate the precise sets of interlocking relationships, actor ‚projects' and social practices that interpenetrate various social, symbolic and geographical spaces." (LONG 2001:50)

LONG arbeitet zwar weiterhin mit dem Dualismus von Handlung und Struktur, interpretiert ihn jedoch neu.

> „The point is simply that (…) [structures] should not be seen as determinants that entail self-evident limits beyond which action is judged to be inconceivable, but rather as boundary markers that become targets for negotiation, reconsideration, sabotage and/or change, i.e. barriers to be removed or transformed (…)." (LONG 2001:63)

Strukturen werden nicht nur als veränderbar und im Fluss betrachtet, sondern können auch in einem bestimmten Moment von verschiedenen Akteuren (in ihrer spezifischen Lebenswelt) unterschiedlich wahrgenommen und bewertet werden und daher unterschiedlich auf sie wirken.

> "Thus, so-called ‚external' factors become ‚internalised' and come to mean quite different things to different interest groups or to the different individual actors, whether they be implementers, clients or bystanders." (LONG 2001:72)

Trotzdem stehen weiterhin die Handlungen, die Akteure und die sogenannten sozialen Formen im Vordergrund des Ansatzes. In Hinblick auf die Analyse der Interrelationen zwischen den sozialen Praktiken der Akteure in und mit dem Raum, mit den Strukturen, schlägt er vor, mit dem Konzept des *social interface* zu arbeiten. Es soll untersuchen, wie Diskrepanzen zwischen sozialen Interessen, kulturellen Interpretationen, Wissen und Macht vermittelt und reproduziert oder transformiert werden (*interface analysis*). Angesetzt wird dabei zunächst an kritischen Punkten der Beziehung oder Konfrontation (*critical event analysis*[126]). Auch diese *social interfaces* sollen nicht auf durch Vorannahmen definierte Kategorien gründen, sondern mit Hilfe einer ethnographischen Studie identifiziert werden.

> "Interface analysis, which concentrates upon analysing critical junctures or arenas involving differences of normative value and social interest, entails not only understanding the struggles and power differentials taking place between the parties involved, but also an attempt to reveal the dynamics of cultural accommodation that make it possible for the various worldviews to interact." (LONG 2001:72)

---

[126] Auch FOUCAULT und HARVEY (vgl. auch 1.1.2.9) arbeiten mit dem Begriff *critical event*, von ihnen auch Brüche oder *locus of change* genannt. Beide halten Brüche für kreative Momente an denen sich Prozesse des sozialen Wandels manifestieren.

In der *Interface*-Analyse sollen Verbindungen (*linkages*) und Netzwerke, ihre Interaktionen und Grenzen untersucht werden. Im *Interface* spielen sich Konflikte und Verhandlungen ab, zeigen sich Differenzen oder auch Übereinstimmungen. Das *Interface* wird damit selbst zu einer organisierten Entität, einem Raum bestehend aus miteinander verflochtenen Beziehungen und Interessen.

e) Implikationen für den Analyserahmen

Der akteursorientierte Ansatz von LONG bietet einige Anregungen für die Analyse von Entwicklungsprozessen und damit für den Analyserahmen dieser Arbeit. Im Folgenden sind die Schlüsselbegriffe seines Ansatzes und einige damit verbundenen Analysefaktoren stichwortartig in einer Tabelle (vgl. Tab.12) zusammengefasst. Mit der *Interface*-Analyse bietet LONG einen Analyseansatz, der versucht, quer zu Handlung und Struktur zu agieren.

Schlüsselbegriffe	Analysefaktoren
Akteure	Handlungen, Handlungslogiken, Lebenswelt, *notions of personhood*
Netzwerke	*inter-individual network*, *actor-network*, Routinen, Organisationspraktiken basierend auf sozialen Konventionen, Werten und Machtverhältnissen
Projects	soziale Praktiken, Zusammenfassung der Handlungsinteressen und -ziele, seine zeitliche und geographische Reichweite und die involvierten sozialen Beziehungen
Livelihood	ökonomische Strategien, Lebensstile, Werte, Status, Identität, Kooperation
Cultural repertoires	kultureller Wahrnehmungsfilter, gemeinsame Werte
Field	*social field*, Handlungsfeld bestehend aus Ressourcen, Informationen, technologischen Kapazitäten, Diskursen, institutionelle Komponenten, Individuen, Gruppen, physische Struktur, Beziehungen
Domain	Gebiete des sozialen Lebens mit spezifischen Normen, Werten und Regeln
Arena	soziale Lokalisationen, Räume (und Situationen) in denen Auseinandersetzungen über Themen, Ressourcen und Werte stattfinden
Social interfaces	Interrelationen zwischen den sozialen Praktiken der Akteure, in und mit dem Raum, mit den Strukturen
Critical event	kritische Punkte einer Beziehung

Tabelle 12: Schlüsselbegriffe und Analysefaktoren des akteurs-orientierten Ansatzes von LONG

1.1.2.6 Entwurf einer Theorie der Praxis

BOURDIEU war es lange ein Anliegen die Gegensatzpaare Objektivismus und Subjektivismus, Theorie und Praxis, Struktur und Handlung zu überwinden. In seinem *Entwurf einer Theorie der Praxis* (BOURDIEU 1979)[127] (vgl. a) schlägt er einige theoretische Konzepte vor, die diese Dualitäten überwinden sollen. BOURDIEUS *Theorie der Praxis* basiert auf seinen drei ethnologischen Studien in Algerien[128] und kann als ihre theoretische Zusammenfassung verstanden werden. In ihr wird davon ausgegangen, dass die Handlungen der Menschen in einem sozialen Feld stattfinden und sie in diesem aufgrund verschiedener Faktoren unterschiedlich und individuell positioniert sind. Im Folgenden werden einige Grundbegriffe seiner Theorie vorgestellt: Habitus, Feld und Kapitalformen. Zur Erläuterung wie und durch was die Handlungen der Akteure beeinflusst werden, wird der Begriff des *Habitus* eingeführt (vgl. b). Auf das Konzept des sozialen *Feldes* und die Faktoren, die die Positionierung des Individuums in diesem Feld bestimmen (*Kapitalformen*), wird in c) eingegangen. Im Anschluss wird das in BOURDIEUS Theorie vorgeschlagene Verhältnis von Struktur und Handlung untersucht (d) und die Implikationen für den Analyserahmen (e) zusammengefasst.

a) Praxeologische Theorie der Praxis

BOURDIEU nimmt eine Kluft wahr zwischen dem Subjektivismus, zwischen Wissenschaftsansätzen wie der phänomenologischen, interaktionistischen oder ethnomethodologischen Herangehensweise und den objektiven positivistischen Wissenschaftraditionen. Beide greifen seiner Meinung nach zu kurz, die soziale Realität zu erfassen. Die einen sind zu sehr involviert, können vom Vertrautheitsverhältnis zur sozialen Welt (BOURDIEU 1979:147) nicht abstrahieren, die anderen sind zu distanziert und vernachlässigen bis ignorieren die Akteure mit ihren praktischen Erfahrungen und subjektiven Alltagserkenntnissen.

Er schlägt daher eine sogenannte *praxeologische* Herangehensweise vor, die die beiden komplementären Einseitigkeiten des Subjektivismus und Objektivismus überwinden soll.

> „Die praxeologische Erkenntnis annulliert nicht die Ergebnisse des objektiven Wissens, sondern bewahrt und überschreitet sie, indem sie integriert, was diese Erkenntnis ausschließen musste, um allererst jene zu erhalten." (BOURDIEU 1979:148)

Zunächst bedarf es (wie auch in der bisherigen objektiven Wissenschaft) eines epistemologischen Bruches mit der Primärerfahrung. Für die Wiedereinbeziehung der Primärerfahrungen in die Wissenschaft bedarf es nun eines zweiten Bruches (den bisher nur die subjektivistischen Herangehensweisen vollziehen) - dieses Mal mit der objektivistischen Erkenntnis.

> „Die Sozialwissenschaft muss nicht nur wie der Objektivismus mit der eingeborenen Erfahrung und der eingeborenen Darstellung dieser Er-

---

[127] Vgl. auch BOURDIEU 1987. Das Buch stellt eine überarbeitete Version des *Entwurfs einer Theorie der Praxis* dar.

[128] Themen der Studien waren Ehrverhalten, die symbolische Organisation des Hauses und Verwandtschaftsbeziehungen in der kabylischen Gesellschaft in Algerien.

> fahrung brechen, sondern außerdem in einem zweiten Bruch die mit der Position des ‚objektiven' Beobachters untrennbar verbundenen Voraussetzungen in Frage stellen." (BOURDIEU 1987:52)

BOURDIEU geht davon aus, dass eine Differenz zwischen theoretischer (Erkenntnis-)Praxis und praktischer (Erkenntnis-)Praxis existiert, die sich auf unterschiedliche zeitliche, soziale und ökonomische Bedingungen zurückführen lässt. Besonderes Augenmerk legt er auf die Differenz in Bezug auf die Begriffe 'Logik' und 'Zeit'.

Wissenschaftliche Theoriebildung unterliegt den Regeln der Logik. Ihre Voraussetzung ist eine gewisse *Praxisentlastetheit*. Die Praxis besitzt jedoch eine andere Logik, eine praktische Logik, ein weniger an Logik, eine *Ökonomie der Logik* (BOURDIEU 1987:158).

> „Die (...) praktische Logik kann alle Gedanken, Wahrnehmungen und Handlungen nur deswegen vermittels einiger als praktisch integriertes Ganzes eng miteinander verknüpfter Erzeugerprinzipien ordnen, weil ihre gesamte, auf dem Prinzip der logischen Einsparung beruhende Ökonomie voraussetzt, dass die Exaktheit der Einfachheit und Allgemeingültigkeit geopfert wird (...)." (BOURDIEU 1987:157)

Theorie und Praxis haben ebenfalls eine unterschiedliche spezifische Form von Zeitlichkeit. BOURDIEU verwendet gerne die Vorstellung der Sozialen Welt als Spiel, in denen die sozialen Akteure die Spieler sind. Die Zeit der Praxis - sozusagen in der die Akteure im Spiel sind - ist daher irreversibel, unumkehrbar und bildet ein Kontinuum, innerhalb dessen die Akteure ihre Praxis ausführen. Diese Zeit hat eine bestimmte Richtung, einen spezifischen Rhythmus und ist von der Bedingung der Dringlichkeit und Unaufschiebbarkeit charakterisiert. Eine Handlung findet im Kontext der vorherigen und nachfolgenden Praktiken statt. Sie besitzen daher stets einen unmittelbaren Kontext.

> „Er lässt sich auf das Künftige ein, ist im Künftigen präsent und identifiziert sich unter Verzicht auf die Möglichkeit, den Spieleifer, der ihn in den Bereich der Wahrscheinlichkeit mitreißt, jederzeit abschalten zu können, mit dem Künftigen der Welt und postuliert dabei, dass die Zeit kontinuierlich ist." (BOURDIEU 1987:150)

Demgegenüber ist die Zeit der Wissenschaft zeitlos (BOURDIEU 1987:149). Zum einen analysiert die Wissenschaft (meist) was bereits geschehen ist und zum anderen, und dies hält er für wichtiger, kann sie die Zeit totalisieren und damit Zeiteffekte aufheben. Die Zeit wird für sie reversibel, umkehrbar quasi aufgehoben.

Zusammenfassend kann zunächst festgestellt werden, dass

> „(...) der Bourdieusche Strukturalismus eine wissenschaftstheoretische Alternative [bietet] jenseits des Dualismus von (subjektive Sinnbeziehungen rekonstruierender) Hermeneutik und (objektive Funktionen analysierendem) Funktionalismus." (SCHWINGEL 1998:51)

Der Anspruch von BOURDIEUS *Theorie der Praxis* geht jedoch darüber hinaus die Dualismen von Theorie und Praxis, von Objektivismus und Subjektivismus zu überwinden. Ihn interessiert ebenso die Überwindung der Dichotomie von Handlung und Struktur, zu der er die im folgenden Kapitel vorzustellenden Konzepte *Habitus*, *Feld* und *Kapital* entwickelt hat.

b) Habitus: Theorie des Erzeugungsmodus der Praxisformen

Einen wichtigen Stellenwert in der Theorie der Praxis nimmt die Habitustheorie ein. Durch sie soll erklärt werden, wie Handlungen, Praktiken - oder auch *Praxisformen* genannt - zustande kommen. Er spricht dabei von der Theorie des Erzeugungsmodus der Praxisformen (BOURDIEU 1979:164). Ihm geht es auch hier um die Überwindung von Dualitäten: Er weist auf die Dialektik zwischen Interiorität und Exteriorität, von objektiven und einverleibten Strukturen, d.h. „zwischen der Interiorisierung der Exteriorität und der Exteriorisierung der Interiorität" (BOURDIEU 1979:164) hin, die im Folgenden durch die Habitustheorie erläutert werden soll.

Habitusformen definiert BOURDIEU als „(...) Systeme dauerhafter *Dispositionen*, [d.h.] strukturierte Strukturen, die geeignet sind, als strukturierende Strukturen zu wirken, mit anderen Worten: als Erzeugungs- und Strukturierungsprinzip von Praxisformen und Repräsentationen (...)" (BOURDIEU 1979:165).

Der Habitus bestimmt, „wie Akteure die gesellschaftliche Praxis, in die sie involviert sind wahrnehmen, erfahren, erkennen" (SCHWINGEL 1998:54) und interpretieren. Auch andere Theoretiker wie HEGEL, HUSSERL, WEBER, DURKHEIM und MAUSS haben den Begriff vor BOURDIEU verwendet. Stets wurden Konzepte wie Anlage, Haltung, Erscheinungsbild, Gewohnheit oder Lebensweise darunter verstanden. BOURDIEU geht davon aus, dass soziale Akteure mit bestimmten systematisch strukturierten Anlagen aufgrund verschiedener Faktoren ausgestattet sind, die für ihre Art zu Handeln, ihre Praxis und ihr Denken über diese Praxis entscheidend sind.

BOURDIEUs Menschenbild ist ein gesellschaftlich geprägter Akteur. Sein Habitus ist nicht angeboren, sondern hat sich durch die praktischen und primären (individuellen und kollektiven) Erfahrungen mit seiner sozialen Welt entwickelt und ist dadurch also historisch, ein Produkt der Geschichte und in unaufhörlichen Wandel begriffen.

Diese gemachten Erfahrungen und die Ausbildung des Habitus sind wiederum gesellschaftlich determiniert. Hier wird nun die spezifische Stellung eines Akteurs in der Gesellschaft, z.B. die soziale Klasse, der man ihn zurechnen kann, seine materiellen und kulturellen Existenzbedingungen von Bedeutung. Der Habitus formt sich „im Zuge der Verinnerlichung der äußeren gesellschaftlichen (materiellen und kulturellen) Bedingungen des Daseins. Diese Bedingungen sind, zumindest in modernen, differenzierten Gesellschaften, ungleich, nämlich klassenspezifisch verteilt" (SCHWINGEL 1998:60). Nicht nur die Primärsozialisation, sondern auch die daraufffolgende soziale Laufbahn, die bestimmt wird durch ökonomisch und kulturell verfügbare Ressourcen (sogenanntes Kapital) und die Kapazität diese strategisch einzusetzen, beeinflusst den Habitus weiterhin und kann ihn festigen oder auch modifizieren. Der anfängliche Bezug zur *Interiorisierung der Exteriorität* wird hiermit deutlich, häufig auch als *embodied history* bezeichnet. Dieser Prozess könnte auch als eine Einverleibung von externen Normen und Werten umschrieben werden.

> „(...) er [der Habitus] gewährleistet die aktive Präsenz früherer Erfahrungen, die sich in jedem Organismus in Gestalt von Wahrnehmungs-, Denk- und Handlungsschemata niederschlagen und die Übereinstimmung und Konstantheit der Praktiken im Zeitverlauf viel sicherer als alle formalen Regeln und expliziten Normen zu gewährleisten suchen.'
> (BOURDIEU 1987:101)

Diese Wahrnehmungs-, Denk- und Handlungsschemata sind in der Praxis untrennbar miteinander verflochten und wirken immer zusammen. Sie sind mehr oder weniger unbewusst und erreichen nur bruchstückhaft die Ebene des (bewussten) diskursiven Bewusstseins.[129] Das habituelle Dispositionssystem, das diese Schemata beinhaltet, stellt die Grundlage des von BOURDIEU definierten *sozialen Sinns (le sens pratique)* dar. Der praktische (soziale) Sinn dient den Akteuren als Orientierungssinn für die Ausführungen ihrer Praktiken. Er beinhaltet alle Sinne, die praxisrelevant sind. Darunter versteht BOURDIEU neben den bekannten fünf Sinnen beispielsweise auch den Orientierungs- und Wirklichkeitssinn, den moralischen Sinn für Verantwortung, Verpflichtung und Pflicht, für Rangfolgen, den religiösen Sinn für das Sakrale, den politischen Sinn, den ästhetischen Sinn für Schönheit, den Sinn für Humor und für das Lächerliche, den Sinn fürs Geschäft, u.a. (BOURDIEU 1979:270). Der soziale Sinn funktioniert, wie oben bereits angedeutet, „mit der automatischen Sicherheit eines Instinkts" (BOURDIEU 1987:191). Gleichzeitig produziert der soziale Sinn auch *Strategien* (u.a. BOURDIEU 1979:165), damit positioniert BOURDIEU das Handeln der Akteure erneut jenseits der Zwänge eines Strukturdeterminismus auf der einen und einer voluntaristischen Handlungsauffassung auf der anderen Seite. BOURDIEUs *Strategien* sind nicht als rationales Kalkül (beispielsweise im Sinne der *rational-choice-theories*) zu verstehen, sondern sie entspringen, wie bereits erwähnt, dem sozialen Sinn des Habitus. Rein rationale Handlungsberechnungen, so nimmt BOURDIEU an, kommen nur in Krisensituationen vor, wo die vom Habitus generierten Handlungsweisen (und Strategien) versagen.

Wichtig ist BOURDIEU die Unterscheidung, dass nicht der Akteur an sich, sondern sein Habitus gesellschaftlich geprägt ist. Den Habitus versteht er nicht als ausschließlichen Determinant des menschlichen Handelns, sondern nur als einen Faktor oder ein *Produktionsprinzip von Praktiken* unter anderen.

Der Habitus an sich legt nicht die Praktiken fest, sondern den Spielraum oder die Grenzen dessen, was an Praxis möglich (und unmöglich) ist. Im Mittelpunkt seiner Habitustheorie stehen nicht die einzelnen Praktiken, sondern die *Praxisformen*, die Art und Weise der Ausführung von Praktiken, der *modus operandi* (BOURDIEU 1982:281). Der Habitus kann also „unendlich viele (...) relativ unvorhersehbare Praktiken von dennoch begrenzter Verschiedenartigkeit" (BOURDIEU 1987:104) erzeugen. BOURDIEU geht davon aus, dass gruppen- und klassenspezifische Spielräume existieren. Die individuellen Unterschiede der Praktiken innerhalb beispielsweise einer Klasse lassen sich nun durch die spezifische Stellung aufgrund

---

[129] Vgl. auch die Unterscheidung zwischen dem (unbewussten) *praktischen Bewusstsein* und dem (bewussten) *diskursiven Bewusstsein* bei GIDDENS, s. auch 1.1.2.7.

des verfügbaren Kapitals (vgl. den Kapitalbegriff BOURDIEUS in c) und die soziale Laufbahn eines Individuums erklären. Er bezeichnet dies auch als ein Verhältnis der *Homologie* oder als „ein Verhältnis der Vielfalt in Homogenität" (BOURDIEU 1987:113).

Zum besseren Verstehen der *Praxisformen* führt BOURDIEU den Begriff des *Feldes* ein, der im folgenden Kapitel erläutert wird. Die Konzepte *Habitus* und *Feld* spiegeln ein ähnliches Verhältnis zueinander wieder, wie die Dualismen Individuum und Gesellschaft oder Handlung und Struktur. Sie werden jedoch bei BOURDIEU stets zusammengedacht und in ein Komplementärverhältnis gesetzt.

c) Ökonomie der Felder: Soziale Felder und Kapitalformen

Die Praktiken oder das Handeln der Akteure finden in einem Rahmen statt, den BOURDIEU mit *Feld* bezeichnet. Es existieren verschiedene *Felder*, die BOURDIEU manchmal auch *Räume* oder *Praxisfelder* nennt.

Felder sind objektive, vom Willen und Bewusstsein der Akteure unabhängige Strukturen, die das Handeln der Akteure mit Zwängen belegen. Diese Strukturen existieren nur vermittelt durch die Praxis der Akteure, besitzen dennoch ein gewisses Eigenleben. Es existieren mehrere Felder, die sich auch überlappen können.

BOURDIEU macht nicht klar deutlich, wie sich die Felder voneinander abgrenzen, bzw. wer sie definiert oder abgrenzt. Offensichtlich ist, dass es sich dabei um eine analytische Kategorie handelt, die als solche nicht bewusst praxisrelevant für die Akteure ist, diese sich jedoch bei ihren Handlungen unbewusst in diesen bewegen und diese konstituieren. Gerade wenn es um die Definition von sozialen Feldern und ihrer Entstehung geht, wird die erwähnte Komplementarität zwischen Habitus und Feld, erneut deutlich: Soziale Felder entstehen durch die Beziehungen der Akteure untereinander, die in den Feldern um Ressourcen, Positionen oder Macht konkurrieren und verhandeln. Diese Machtbeziehungen konstituieren die sozialen Felder.

Das Machtmoment und der Prozess der Verhandlung oder Konkurrenz lässt BOURDIEU von sozialen Feldern auch als *Spielräumen* reden, als „autonome Sphären, in denen nach bestimmten Regeln ‚gespielt' wird" (BOURDIEU 1992:187, zitiert in SCHWINGEL 1998:78). Ebenso verwendet er in Anlehnung an den Feldbegriff der Physik den Begriff der *Kraftfelder*, welche den Akteuren spezifische Zwänge auferlegen, sobald sie sich im jeweiligen Feld bewegen. Diese Zwänge erklären sich zum einen aus den feldspezifischen Regeln und zum anderen durch die Knappheit der Ressourcen, um die die Akteure in den Feldern ringen müssen.

Der Akteur nimmt eine spezifische Position in einem Feld ein, die durch seine Verfügung über bestimmte Ressourcen, über bestimmte *Kapitalformen* und deren Einsatz bestimmt ist. Hier wird eine weitere Komplementarität deutlich: die Position des Individuums innerhalb eines Feldes hängt von seinen verfügbaren Ressourcen ab, die wiederum werden durch die Position des Akteurs im Feld beeinflusst.

BOURDIEU unterscheidet vier Grundformen des Kapitals: das ökonomische, kulturelle, soziale und symbolische Kapital (vgl. BOURDIEU 1992). Kapital versteht BOURDIEU generell als akkumulierte Arbeit und speziell als Verfügungsmacht über spezifische Ressourcen. Zum ökonomischen Kapital zählt BOURDIEU die verschiedenen Formen des materiellen Reichtums, die in Geld umtauschbar und mit Eigentumstiteln institutionalisierbar sind. Das kulturelle Kapital dagegen ist nur bedingt monetarisierbar. Er unterteilt es in objektiviertes (über Bücher, Kunstwerke, technische Instrumente etc.), inkorporiertes (kulturelle Fähigkeiten und Bildung, die personenbezogen sind) und institutionalisiertes (Bildungstitel) kulturelles Kapital.

Das soziale Kapital (vgl. auch 1.1.2.4) definiert BOURDIEU als das Zurückgreifenkönnen auf ein Netz sozialer Beziehungen.

> "(...) das Beziehungsnetz ist das Produkt individueller oder kollektiver Investitionsstrategien, die bewusst oder unbewusst auf die Schaffung und Erhaltung von Sozialbeziehungen gerichtet sind, die früher oder später einen unmittelbaren Nutzen versprechen." (BOURDIEU 1992:65)

Das symbolische Kapital ist wiederum ein Konzept, das in Komplementarität zu den anderen vorgestellten Kapitalformen steht. Es ist die gesellschaftliche und als legitim anerkannte Form der anderen drei Kapitalformen - eine Art Ehrenkapital, Prestige, Renommee, eine symbolische Wertschätzung. Es ist im Grunde unabhängig von den anderen Kapitalformen, tritt jedoch in der Praxis meist gemeinsam mit ihnen auf und kann diese noch potenzieren in Effizienz und Wirksamkeit. In der Realität bedeutet dies: je höher die akkumulierten drei anderen Kapitalformen, desto höher das symbolische Kapital - je höher das symbolische Kapital, desto leichter fällt die Akkumulation der anderen drei Kapitalformen. Das symbolische Kapital ist aber mehr als die bloße Addition der anderen drei Kapitalformen - es geht meistens darüber hinaus, kann jedoch auch dahinter zurückstehen.

In den Feldern wird nun unter Einsatz der verfügbaren Ressourcen (Kapital) um die Bewahrung oder Modifikation von Machtverhältnissen in diesen gerungen. Abhängig von der Kapitalsorte, die in den Feldern (hauptsächlich) zum Einsatz kommt, wird das Feld dieser zugeordnet, d.h. es können ökonomische, kulturelle, soziale oder symbolische Felder existieren. Dies bedeutet im Umkehrschluss jedoch nicht, dass es nur so viele Felder wie Kapitalformen gäbe.

Das Feld unterliegt einem ständigen Wandel. Dies bezieht sich zum einen auf die Kapitalverteilung zwischen den Akteuren und zum anderen auf die feldspezifischen Regeln und ihrer Legitimität.

> „Die sozialen Akteure in ihrer Eigenschaft als Kapitalbesitzer stellen gleichsam die Strukturelemente dar, zwischen denen Relationen bestehen, welche systematischen Einfluß auf die Praxis nehmen." (SCHWINGEL 1998:90)

Hier wird nochmals die Komplementarität von Feld und Akteur deutlich sowie die Überwindung dieser Dualität: indem der einzelne Akteur handelt, beeinflusst er das Handeln der anderen Akteure, in diesem Moment wird er selbst Teil der Struktur und beeinflusst bzw. verändert diese dadurch und damit das Feld. Deshalb „gilt, dass in jedem dieser Spiel-Räume sowohl die Definition dessen, worum gespielt wird, als auch die Trümpfe, die stechen, immer wieder aufs Spiel gesetzt werden kann" (BOURDIEU 1985:27, zitiert in SCHWINGEL 1998:91). Die verschiedenen sozialen Felder sind daher definiert durch den spezifischen Spielraum, die Spielregeln und durch die spezifischen Einsätze (BOURDIEU 1987:123).

> „Die Struktur des Feldes gibt den *Stand* der Machtverhältnisse zwischen den am Kampf beteiligten Akteuren oder Institutionen wieder bzw., wenn man so will, den *Stand* der Verteilung des spezifischen Kapitals, das im Verlauf früherer Kämpfe akkumuliert wurde und den Verlauf späterer Kämpfe bestimmt. Diese Struktur, die der Ursprung der auf ihre Veränderung abzielenden Strategien ist, steht selber ständig auf dem Spiel: Das Objekt der Kämpfe, die im Feld stattfinden, ist das Monopol auf die für das betreffende Feld charakteristische legitime Gewalt (oder spezifische Autorität), das heißt letzten Endes der Erhalt bzw. die Umwälzung der Verteilungsstruktur des spezifischen Kapitals." (BOURDIEU 1993:108, zitiert in SCHWINGEL 1998:94f., Hervorhebungen im Original)

d) Handlung und Struktur

In den vorherigen Darstellungen wurde deutlich, dass es ein Anliegen BOURDIEUs war, scheinbare Dualitäten zu überwinden: Subjektivismus und Objektivismus, Praxis und Theorie, Handlung und Struktur, Mensch und Gesellschaft. Seine Theorie verbindet die mikro- mit der makrosoziologischen Perspektive, aber im Grunde geht es ihm, v.a. in der Habitustheorie, um die Erklärung „makroskopischer Phänomene gesellschaftlicher Reproduktion" (SCHWINGEL 1998:67). Er rechnet sich daher selbst dem Strukturalismus zu, wenngleich er seine Herangehensweise als *genetischen* Strukturalismus (BOURDIEU 1989:34) bezeichnet. Er bezieht sich damit auf seine Annahme, dass sowohl der Habitus als auch die objektiven äußeren Strukturen ihre Entstehungsgeschichte besitzen (und einem stetigen Wandel unterliegen). Gerade dem Wandel schenkt er große Aufmerksamkeit durch seine Prämisse der Dialektik zwischen objektiven und einverleibten Strukturen (BOURDIEU 1979:164ff) oder auch zwischen Feld und Habitus (vgl. c).

In der Annahme von gegenseitiger Einflussnahme oder sogar wechselseitiger Bedingung von objektiven und einverleibten Strukturen zergliedert er diese Dialektik in drei Teile (vgl. SCHWINGEL 1998:70):

- externe, objektive Strukturen (soziale Felder),
- interne Habitusstrukturen
- und als Synthese des Aufeinandertreffens von Habitus und Feld: die Praxisformen.

In den Praxisformen kann in der Tat gerade das Moment der Synthese, beinah mag man sagen der Verschmelzung, zwischen Feld und Habitus, zwischen Handlung und Struktur gesehen werden, in dem - wie in c) beschrieben - der Handelnde durch seine Praxis zu einem strukturellen Element für die Handlungen der anderen Akteure wird (und für seine eigenen zukünftigen Handlungen) und damit sowohl Handlung als auch Struktur beeinflusst, indem er das Feld verändert.

BOURDIEU hat durch seine Konzepte des *Habitus* und des *Feldes* auf anschauliche Weise gezeigt, wie das Zusammenspiel von Handlung und Struktur, die Einverleibung von äußeren Sozialstrukturen durch den Handelnden und die Konstitution externer sozialer Strukturen durch die Praxis der Akteure, interpretierbar und analysierbar sein kann. In BOURDIEUS Modell ist Historizität und Dynamik integriert, wodurch es möglich wird, sowohl gesellschaftliche Kontinuität als auch sozialen Wandel zu untersuchen.

e) Implikationen für den Analyserahmen

BOURDIEU dient gleich mit einer Vielfalt an analytischen Kategorien, die sich für einen Analyserahmen verwenden ließen: soziales Feld (soziale Struktur, aber auch Praxisfelder, Kraftfelder, Spielräume, Kampfräume), Habitus (Wahrnehmungs-, Denk- und Handlungsschemata, Dispositionen, sozialer Sinn), Praxisformen, Strategien, Kapitalformen (ökonomisches, kulturelles, soziales und symbolisches Kapital) (Ressourcen, Spieleinsätze), Spielregeln, Positionen.

BOURDIEUS Habitus- und Feldtheorie wurde in der entwicklungspolitischen (vgl. u.a. RAPHAEL 1987), aber auch in der geographischen Entwicklungsforschung (vgl. u.a. DÖRFLER ET AL 2003) rezipiert, jedoch bisher eher zögerlich. Gerade für die empirische geographische Feldforschung hat sie mit Sicherheit ein Potenzial zu bieten, das bei der Analyse von Praxisformen in ihrem räumlichen und zeitlichen Kontext noch nicht annähernd ausgeschöpft wurde.

1.1.2.7 Theorie der Strukturierung

GIDDENS' Theorie der Strukturierung (1982) ist einer der prominentesten Ansätze, die versuchen die Mikro- und Makro-Ebene, Handlung und Struktur zu verbinden.

Sie betont die Verwobenheit von menschlichen Handeln und sozialer Struktur in Zeit und Raum. Da der Ansatz bereits in vielen anderen Publikationen besprochen wird, beispielsweise innerhalb der Geographie in GREGORY 1982/1989, THRIFT 1983/1996, PRED 1990, HARRIS 1991, WERLEN 1997, soll er an dieser Stelle nur kurz skizziert werden.

a) Handlung und Struktur

Für GIDDENS besteht das Problem in der Handlung-Struktur-Debatte darin, dass Struktur stets als handlungsbestimmend angesehen wurde. Er geht jedoch davon aus, dass Struktur in jeder Handlung implizit ist. Die Theorie der Strukturierung führt damit Elemente der Strukturtheorien in die Handlungstheorie ein: Menschliches Handeln wird in Zusammenhang mit raumzeitlichen Strukturen gebracht. Strukturen zwingen Handlungen in bestimmte Bahnen, ermöglichen sie andererseits aber auch und gleichzeitig werden Strukturen durch die Handlungen der Individuen reproduziert und gegebenenfalls umgeformt. GIDDENS geht davon aus, dass Handlung und Struktur gegenseitig aufeinander wirken. Handlung und Struktur können Ausgangssituation oder Grundlage und Wirkung des jeweils anderen sein.

> "Materielle Gegebenheiten werden [bei Giddens] als Bedingungen, Mittel und Folgen des Handelns interpretiert. Bedingungen und Mittel werden jeweils als Folgen früherer Handlungen (anderer) begriffen." (WERLEN 1997:63)

Die Struktur gibt den Handlungsrahmen vor, produziert Handlungen und wird von ihnen produziert. GIDDENS bezeichnet dies als Dualität der Struktur (*duality of structure*). Er geht davon aus, dass ein Mensch handelt, auf Struktur wirkt und seine Handlung und deren Auswirkungen dabei überdenkt, modifiziert und erneut handelt. Raumzeitliche Informationen und übergeordnete Strukturen werden durch diese Rückkoppelungsprozesse stabilisiert. GIDDENS verwendet hierfür den Begriff der *Reflexiven Selbststeuerung*.

GIDDENS nennt die Interrelationen raum-zeitlich produzierter und reproduzierter Handlungen *System* und die damit verbundenen Zusammenhänge gemeinsamer *Regeln* und verteilter *Ressourcen* definiert er als *Struktur*. Er löst damit den Dualismus von Handlung und Struktur auf und kommt zu einer Dualität, die durch die Vorstellung eines Handlung-Struktur-Geflechts deutlich wird.

b) Handlung

Um die Konstitution des Alltagslebens zu verstehen, beschäftigt sich GIDDENS mit dem Handeln der Akteure und deren Bewusstsein (und Unbewusstsein) in Bezug auf ihre Handlung.

> „Die reflexiven Fähigkeiten des menschlichen Akteurs sind auf charakteristische Weise kontinuierlich mit dem Strom des Alltagslebens in den Kontexten sozialen Handelns verbunden." (GIDDENS 1997:36)

Die Bewusstheit (*knowledgeability*) der Akteure unterteilt GIDDENS in praktisches und diskursives Bewusstsein. Das *praktische Bewusstsein* (*practical consciousness*), dem GIDDENS die Mehrheit der Handlungen zuordnet und das nicht mit Unbewusstsein gleichzusetzen ist, beinhaltet das Wissen, wie in alltäglichen sozialen Kontexten routinemäßig zu verfahren ist (*Routinisierung*). Für ihn bilden Routinen ein Grundelement des alltäglichen sozialen Handelns.

> „Der Wiederholungscharakter von Handlungen (...) ist die materielle Grundlage für das, was ich das rekursive Wesen des gesellschaftlichen Lebens nenne. (Unter rekursiven Wesen verstehe ich, dass die Strukturmomente des sozialen Handelns – mittels der Dualität von Struktur – aus eben den Ressourcen, die sie konstituieren, fortwährend neu geschaffen werden.)" (GIDDENS 1997:37)

Bei der *Routinisierung* des Handelns wird der Strukturcharakter im Handeln besonders deutlich. Das *diskursive Bewusstsein* dagegen beinhaltet die Möglichkeit der klaren Formulierung der Handlungsabsicht, eine *Rationalisierung des Handelns oder Verhaltens*, das für eine *reflexive Steuerung des Handelns* notwendig ist.

> „Unter Rationalisierung des Handelns verstehe ich, dass Akteure - ebenfalls routinemäßig und meistens ohne viel Aufhebens davon zu machen - ein 'theoretisches Verständnis' für die Gründe ihres Handelns entwickeln." (GIDDENS 1997:55f.)

c) Struktur, System und Strukturierung

Für GIDDENS besteht *Struktur* aus *Regeln* und *Ressourcen*. GIDDENS unterteilt Ressourcen in *autoritative* und *allokative Ressourcen*. Autoritative Ressourcen stammen aus der Koordination des Handelns von Menschen (z.B. politische Position, persönliche Kontakte zu wichtigen Entscheidungsträgern, Kenntnis der formellen und informellen 'Spielregeln'), allokative Ressourcen dagegen aus der Kontrolle über materielle Produkte oder über bestimmte Aspekte der materiellen Welt (Verfügbarkeit über Grund und Boden, materielle, finanzielle Mittel). In GIDDENS Ressourcenbegriff könnte man eine Parallele zum Kapitalbegriff von BOURDIEU sehen (vgl. 1.1.2.6.c): Die autoritativen und allokativen Ressourcen von GIDDENS zusammengefasst könnten als äquivalent zum symbolischen Kapital von BOURDIEU verstanden werden.

Regeln können bei GIDDENS als eine Art Verteilungsvorschrift für die Ressourcen verstanden werden und beinhalten normative Elemente und Signifikationscodes. Sie können normativen Charakter besitzen, darunter können auch informelle Regeln des menschlichen Miteinanders fallen, oder aber Signifikationscodes darstellen. Hierunter versteht GIDDENS Zeichen, Symbole, Sprache, Architektur etc., d.h. sozusagen die Regeln darüber, auf welche Weise etwas ausgedrückt wird.

Anders als bei den bisher vorgestellten Ansätzen werden Ressourcen der Struktur und nicht der Handlung bzw. den individuellen Handelnden zugeordnet. Da die Handelnden jedoch diese Ressourcen für ihr Handeln verwenden, bzw. dieses durch die Ressourcen bestimmt wird, scheinen Struktur und Handlung näher zueinander zu rücken, fast miteinander zu verschmelzen. Die Struktur ist rekursiv in die Reproduktion sozialer Systeme integriert. Die erwähnte *Dualität der Struktur* vermittelt zwischen dem Handeln, bzw. der reflexiven Steuerung des Handelns und der Produktion von Strukturmomenten und -prinzipien, die GIDDENS (1997:240) folgendermaßen definiert (vgl. Abb.34):

- Strukturprinzipien: Prinzipien der Organisation gesellschaftlicher Totalitäten

- Strukturen: Regeln-Ressourcen-Komplexe, die an der institutionellen Vernetzung sozialer Systeme beteiligt sind

- Strukturmomente: institutionalisierte Aspekte sozialer Systeme, die sich über Raum und Zeit hinweg erstrecken

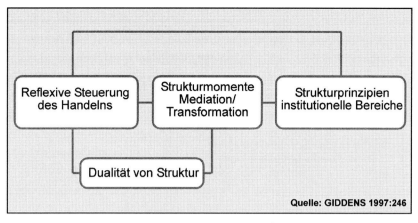

Abb. 34: Dualität von Struktur bei GIDDENS

„Die Analyse von Strukturgefügen, oder Strukturen, schließt die Isolierung voneinander unterschiedener ‚Komplexe' von Transformations-Mediations-Beziehungen, die an der Formierung von Strukturprinzipien beteiligt sind, ein. Strukturgefüge gründen in der wechselseitigen Konvertierbarkeit von Regeln und Ressourcen, die in die soziale Reproduktion einbegriffen sind." (GIDDENS 1997:240)

GIDDENS schlägt die (institutionelle) Analyse von Transformations-Mediations-Beziehungen vor. Diese Beziehungen sind seiner Meinung nach wichtig in der raumzeitlichen Organisation des Systems für die Verknüpfung institutioneller Praktiken. Sie sind ebenfalls relevant für die Reproduktion des Systems. GIDDENS spricht daher auch von *Reproduktionskreisläufen*, die für die Produktion, Reproduktion und Ausdehnung von Institutionen innerhalb des Systems (in Raum und Zeit) verantwortlich sind, aber durch deren Analyse man auch Mechanismen des sozialen Wandels identifizieren kann.

GIDDENS gibt darüber hinaus eine weitere Anregung für die Analyse von Handlung und Struktur, bzw. zur Analyse der Sozial- mit der Systemintegration:

"Von ganz besonderem Nutzen für die Anleitung der Forschung ist zum einen die Untersuchung der routinisierten Überschneidungen von Praktiken, die in Strukturbeziehungen die "Transformationspunkte" bilden, und zum zweiten die Art und Weise, wie institutionalisierte Praktiken die Sozial- mit der Systemintegration verbinden." (GIDDENS 1997:45f)

Ein weiteres wichtiges Element ist für GIDDENS, inspiriert von der Zeitgeographie HÄGERSTRANDs, die Situiertheit, die sogenannte *Kontextualität* von Interaktionen in Raum und Zeit.

„Alles gesellschaftliche Leben vollzieht sich in, und ist konstituiert durch, Überschneidungen von Gegenwärtigem und Abwesendem im Medium von Raum und Zeit. (...) Die Zeitgeographie liefert eine wichtige Darstellungsform der Überschneidung von Raum-Zeit-Wegen der Alltagshandlungen sozialer Akteure. Aber sie muss mit einer anspruchsvolleren theoretischen Analyse sowohl des Akteurs als auch der Organisation

> von Interaktionsbezugsrahmen verknüpft werden. Mit meinem Vorschlag der Konzepte des Ortes und der Regionalisierung möchte ich ein Begriffsschema formulieren, das es erlaubt, die Kontextualität als inhärenten Bestandteil der Verknüpfung von Sozial- und Systemintegration zu thematisieren." (GIDDENS 1997:185)

Die Kontextualität beinhaltet den Ort (*locale*), Raum und Zeit als Bezugsrahmen, kopräsente Akteure und die Kommunikation zwischen diesen. Eine besondere Relevanz erhält die *Positionierung* der Akteure in diesem Kontext.

> „Die Akteure (...) sind mit Bezug auf Raum und Zeit positioniert oder in Raum und Zeit ‚situiert' und leben (...) entlang ihrer Raum-Zeit-Wege; gleichzeitig sind sie in Beziehung aufeinander positioniert, was gerade im Begriff der ‚sozialen Position' zum Ausdruck kommt." (GIDDENS 1997:137)

Um zum Schluss noch einmal zum Namen der hier vorgestellten Theorie zurückzukommen, sei *Strukturierung* mit einer Definition von GIDDENS zusammengefasst als

> „(…) Bedingungen, die die Kontinuität oder Veränderung von Strukturen und deshalb die Reproduktion sozialer Systeme bestimmen." (GIDDENS 1997:77)

d) Exkurs: Macht

GIDDENS thematisiert die Analyse von Macht. Macht beruht laut GIDDENS sowohl auf autoritativen Ressourcen als auch auf den allokativen Ressourcen. Da GIDDENS die Ressourcen als Teil der Struktur definiert, fordert er damit Kritiker heraus:

> „Die stark strukturalistische Konzeption blendet individuelle Komponenten von Macht weitgehend aus. Um solche persönlichen Aspekte sollte eine Machtkonzeption erweitert werden (z.B. persönliches Charisma, Durchsetzungsstärke, Führungsqualitäten), ohne aus dem Blick zu verlieren, dass die Trennung nur pragmatisch sein kann, da selbst in sogenannten ‚individuellen' Kategorien immer auch strukturalistische Komponenten enthalten und aufgehoben sind." (REUBER 2001:85)

Man könnte diesem Einspruch jedoch entgegenhalten, dass diese genannten persönlichen Komponenten ebenfalls in den autoritativen oder allokativen Ressourcen vorhanden sind, egal ob man sie nun der Struktur oder direkt dem handelnden Individuum zuordnet.

e) Implikationen für den Analyserahmen

GIDDENS' Ansatz wird in vielen Kontexten zitiert und verwendet, aber auch kritisiert. Die Theorie der Strukturierung von GIDDENS wird als ein gutes Analyseraster angesehen, nicht jedoch um sozialen Wandel zu untersuchen, wie einige Kritiker meinen, sondern vielmehr um den *Status quo* zu analysieren. Auch in der geographischen Entwicklungsforschung wurde sein Ansatz von einigen fruchtbar aufgenommen und weiterentwickelt (vgl. MÜLLER-MAHN 2001) oder aber auch scharf kritisiert (vgl. DÖRFLER ET AL 2003:19).

In diesem Unterkapitel konnte die Theorie der Strukturierung nicht in ihrer ganzen Komplexität vorgestellt werden, sondern es wurden nur die m.E. wichtigsten Elemente für das in diesen

Überlegungen relevante Handlung-Struktur-Verständnis ausgewählt. Die Theorie der Strukturierung hat zwar noch weitere interessante Analysekategorien anzubieten, doch sollen für den Analyserahmen zunächst nur die hier vorgestellten Kategorien verwendet werden:

- Struktur: Regeln, Ressourcen
- Autoritative und allokative Ressourcen
- Regeln: normative Elemente und Signifikationscodes
- Strukturprinzipien
- Strukturmomente
- System
- Strukturierung
- Rückkopplungsprozesse
- Reproduktionskreisläufe (Transformations-Mediations-Beziehungen)
- Reflexive Selbststeuerung
- Dualität der Struktur
- Kontextualität
- Ort
- Kompetente, kopräsente Akteure
- Diskursives Bewusstsein
- Praktisches Bewusstsein
- Routinisierung
- Rationalisierung der Handlung
- Reflexive Steuerung der Handlung
- Transformationspunkte

1.1.2.8 Aktor-Netzwerk Theorie und HARVEYs Analyserahmen

Zum Abschluss der Vorstellung unterschiedlicher Ansätze, die sich mit dem Verhältnis von Handlung und Struktur beschäftigen und Vorschläge zur Integration der Konzepte bieten, werden noch zwei weitere Diskussionslinien präsentiert, die möglicherweise am weitesten die Auflösung dieser Dichotomie oder sogar der Dualität vorantreiben. Gleichzeitig kann man beide Diskussionslinien noch nicht als abgeschlossene Theoriestränge bezeichnen, so dass es in dieser Arbeit auch nur bei einem ersten Skizzieren der zentralen Ideen bleiben soll.

a) Aktor-Netzwerk Theorie

Die Aktor-Netzwerk Theorie (ANT) ist den poststrukturalistischen Ansätzen zuzuordnen.[130] Sie stellt mit Sicherheit heute den Ansatz dar, der am weitestgehendsten die Handlung-Struktur-Dichotomie auflöst und sich selbst damit noch nicht zufrieden gibt. Ihr Ziel stellt sie folgendermaßen vor:

> "(...) to by pass the dualisms of micro/macro, local/global and even subject/object by focusing upon the 'blind spot' ([LATOUR]1994a:41) where society and matter meet and importantly, exchange properties." (MURDOCH 1997:329)

ANT lehnt gängige Analysekategorien ab und fordert mit unkonventionellen oftmals sehr komplexen Kategorien die Wissenschaft heraus. Aus diesem Grund finden einige WissenschaftlerInnen ANT interessant und aus demselben Grund halten sie andere für empirisch wenig hilfreich. Der Ansatz wurde von verschiedenen WissenschaftlerInnen entworfen (B. LATOUR, M. CALLON, J. LAW, M. LYNCH, S. WOOLGAR, S.L. STAR u.a.) und wird beständig weiterentwickelt (vgl. LAW 1999). Viele sehen vor allem in den Publikationen von Michael CALLON (1991) und Bruno LATOUR (1992) den Gründungsmoment der ANT.[131]

Der Ansatz wurde zunächst vor allem im Bereich der kritischen Wissenschafts- und Technologieforschung (z.B. *critical information systems research*) angewandt. Heute wird er darüber hinaus auch besonders im Bereich der Umwelt- und Agrarforschung verwendet, vor allem in den Themenbereichen genetische Ressourcen und geistiges Eigentum.[132] Auch einige GeographInnen haben den Ansatz bereits aufgegriffen und (teilweise) empirischer Überprüfung unterzogen (vgl. u.a. THRIFT 1996, MURDOCH 1997, MARTIN 2000, WHATMORE 2002). Der Ansatz weist Parallelen und Anknüpfungspunkte zur Systemtheorie, Komplexitätstheorie und Wissenssoziologie auf, sowie zu feministischen Ansätzen (vgl. HARAWAY 1991, 1997). Im Folgenden werden die wichtigsten Analysekategorien der ANT kurz skizziert.

Das Analyseobjekt der ANT ist ein *actor network*: ein Netzwerk von Akteuren und Aktanten. Die sogenannten *Aktanten* sind nicht menschliche (*non-human*) Aspekte oder Dinge (*artifacts, devices, entities*), die in anderen Ansätzen zum Teil der Struktur zugeordnet oder zum Teil ignoriert werden würden. In der ANT erhalten sie den Status von sozialen Partnern, denn es wird davon ausgegangen, dass nicht nur Menschen und soziale Gruppen handeln, bzw. eine Handlung auslösen, sondern auch nicht-menschliche Aktanten.[133] Diese Perspektive ermöglicht die *symmetrische* Analyse von Subjekten und Objekten, Akteuren und Dingen. Die Akteure können nur in ihrem Umfeld verstanden werden. Sie und ihr Handeln sind immer

---

[130] Zur Kritik und Missverständnissen bezüglich des Begriffs *Actor-Network Theory* vgl. LATOUR 1999.
[131] vgl. LATOUR 2005
[132] vgl. u.a. RUSSELL 1999, STRATHERN 1999, BURGESS/CLARK/HARRISON 2000, STREET 2003, WILLIAMS-JONES/GRAHAM 2003, HIGGINS/KITTO 2004
[133] In einigen Ansätzen wird nicht von Akteuren und Aktanten gesprochen, sondern nur von Aktanten, die entweder *Human* oder *Non-Human* sind. Dieser Unterschied ist jedoch nicht sehr relevant, da in beiden Fällen davon ausgegangen wird, dass es menschliche und nicht-menschliche Akteure gibt.

eingebunden in ein Netzwerk, das wiederum zum Netzwerk des Handelns weiterer Akteure gehört:

> "Actors are networks rather then human beings and these networks are relentlessly heterogeneous." (MURDOCH 1997:332)

Ein Aktant kann wiederum je nach Netzwerk, in das er integriert ist, verschiedene Formen und Rollen annehmen. ANT stellt sich die Welt als ein Konglomerat diverser heterogener Netzwerke vor, dadurch wird Raumanalyse zur Netzwerkanalyse.

> "Space is bound into networks and any assessment of spatial qualities is simultaneously an assessment of network relations. Actor-network theory insists therefore that spatial analysis is also network analysis." (MURDOCH 1997:332)

Gleichzeitig wird das Denken in Ebenen überwunden, wodurch der Raum- und Zeitbezug des menschlichen Handelns eine völlig neue Perspektive erhält:

> "Actor-network theorists thus reject the view that social life is arranged into levels or tiers (...), everything is kept at 'ground level' (...). The theory never departs to the realm of the spatial and there are no divisions between spatialized interactions and the frameworks which organize these interactions: it is only the mobilization of nonhumans across space and time that distinguishes the local from the global, the micro from the macro. Thus, theory puts space 'in its place': there can be no purely *spatial* processes, for the use of nonhuman resources to facilitate action-at-a-distance not only binds space into social, natural and technical processes but is also a mean of ensuring these actions become historical, that is, of rendering them permanent and stable. Time and space become seamlessly entwined (...)." (MURDOCH 1997:332, Hervorhebungen im Original)

MURDOCH sieht bei der ANT Parallelen zum *power geometry* Ansatz von Doreen MASSEY (1991 und auch 1999). Auch MASSEY geht von lokalen Interaktionen aus, die in einem Beziehungsnetzwerk gebunden sind und die auf einer breiteren Ebene (*scale*) angesiedelt und aufgebaut werden als auf der, die wir zu einem bestimmten Augenblick als Ort (*place*) an sich definieren, sei es eine Strasse, eine Region oder gar ein Kontinent (vgl. MASSEY 1991:28, zitiert in MURDOCH 1997:333). Beide gehen davon aus, dass Netzwerke den Raum strukturieren:

> "(...) places are points of 'intersection' where networks meet (...)." (MURDOCH 1997:333)

Die sogenannte *Topologie* von Netzwerken wird in der ANT als *nicht-lokal* verstanden. Im Zentrum stehen die verbindenden oder auch Grenz-Objekte[134] (*boundary objects*) innerhalb und zwischen Netzwerken, die eine vorgefasste Ebenen durchbrechende Funktion besitzen. Hinzu kommt das spezifische Menschenbild in der ANT. Hier wird (z.B. bei CALLON) davon

---

[134] Alle deutschen Übersetzungen der in diesem Kapitel vorgestellten englischen Fachbegriffe (kursiv gekennzeichnet) sind eigene Übersetzungen und fungieren nicht als allgemeingültige deutsche Bezeichnungen der Fachbegriffe.

ausgegangen, dass der Akteur zunächst in seinem Handeln nicht vorbestimmt ist (*radical indeterminacy of the actor*): es existieren daher keine Annahmen über seine Größe, seinen Handlungsspielraum (und dass es so etwas gäbe), seine psychologische Verfassung, seine Interessen oder Handlungsmotivationen etc.. In ihrer Positionierung zwischen wissenschaftlichem Realismus, sozialem Konstruktivismus und Diskursanalyse sieht ANT die Aktanten als *Hybride* oder auch *Quasi-Objekte*, die zur gleichen Zeit real, sozial (konstruiert) und diskursiv sein können.

Mit dem Wort Netzwerk wird in ANT ein Prozess der Transformation, Verhandlung und Übersetzung verstanden.[135] Die Netzwerke sind heterogen und basieren auf den abgestimmten Interessen der Netzwerkteilnehmer. Die Entstehung eines Netzwerkes (*translation*) besteht aus drei Phasen: *problematization*, *interessment* und *enrolment*. In der ersten Phase (*problematization*) definiert ein Fokus-Akteur (*focal actor*) die Identität und Interessen des Netzwerkes und der anderen Aktanten in Übereinstimmung seiner eigenen Interessen und kreiert einen obligatorischen Passierpunkt (*obligatory passage point = OPP*). Dieser OPP fungiert als eine Art Interessensfilter für das Netzwerk und alle Beteiligten müssen durch diesen OPP ins Netzwerk kommen, so dass der Fokus-Akteur im Laufe des Prozesses überflüssig wird. Dieser Prozess ist Teil des *interessment*, die Situation in der der Fokus-Akteur die anderen teilnehmenden Akteure überzeugt, die Definition des Netzwerkes zu akzeptieren und den OPP zu passieren. Die dritte Phase, das *enrolment*, ist der Moment, in dem die anderen Akteure und Aktanten die Definition, die Identität und Interessen des Netzwerkes akzeptieren und das Netzwerk sich stabilisiert. Das Netzwerk kreiert, konsolidiert und reproduziert sich durch das Zirkulieren von Austauschobjekten (*intermediaries*) zwischen den Netzwerkakteuren und -aktanten. Hierdurch wird die spezifische Position der jeweiligen Akteure und Aktanten im Netzwerk definiert sowie das Netzwerk an sich.

Es existieren eine Art Regeln (*prescriptions*), die definieren, was den Akteuren/Aktanten erlaubt und verboten ist, eine Art Moral (*morality of the setting*). Diese Moral kann für den jeweiligen Akteure/Aktanten oder auch für das gesamte Netzwerk gelten. Weiterhin werden durch die Schaffung technischer Artefakte die Interessen eines Akteurs oder eines Aktanten (oder mehrerer) festgehalten und dadurch geschützt (*inscription*).

Die ANT möchte soziale und technologische Entwicklungen interpretieren und erklären ohne dabei technischem Materialismus noch sozialem Reduktionismus zu verfallen. Ihr Prinzip ist, wie oben bereits erwähnt, die Symmetrie. In der ANT werden die Themen des Handelns und der Identität untersucht sowie versucht die Dichotomien von Voluntarismus und Determinismus, von Mikro und Makro aufzulösen.

---

[135] Vgl. auch die ANT-Konzepte: *regimes of delegation, centrality of mediation*

b) HARVEYs Analyserahmen (Geography of difference)

HARVEY hatte sich mit seinem Buch "Social Justice and the City" (1973) dem historischen Materialismus zugewendet. Die zunehmende Reflexion und Kritik in Bezug auf strukturalistische Ansätze hat jedoch auch er in den folgenden Jahren aufgegriffen und in seine postmodernen Ansätze (z.B. HARVEY 1989) integriert. Beispielsweise versucht er in seinem Buch „Justice, Nature and the Geography of Difference" (1996) durch eine dialektische Perspektive die Dichtomie Handlung und Struktur aufzulösen oder zumindest beide Konzepte zu verbinden. Die Ansätze HARVEYs sollen hier nicht vollständig wiedergegeben werden, sondern vielmehr die bisher vorgestellten theoretischen Ansätze durch einige Reflexionen HARVEYs lediglich ergänzt werden. Im Folgenden sollen insbesondere einige Gedanken zum Verhältnis zwischen Handlung und Struktur aus HARVEY (1996) skizziert werden.

Handlung und Struktur

HARVEY (1996) stellt nicht nur das Handlung-Struktur-Konzept in Frage, sondern auch die Annahme von kausalen Ursache-Wirkungszusammenhängen und schlägt daher ein Verständnis vom Eingebettetsein der Handelnden, der Dinge und Prozesse und von fließenden kontinuierlichen Prozessen vor.

> "The interdigitation of parts and wholes entails 'the interchangeability of subject and object, of cause and effect' (Levins and Lewontin, 1985:274). Organisms, for example, have to be looked at as both the subjects and the objects of evolution in exactly the same way that individuals have to be considered as both subjects and objects of social change. The reversibility of cause and effect renders causally specified models (even when endowed with feedback loops) inappropriate. Precisely by virtue of its embeddedness in and representation of the flow of continuous processes, dialectics makes limited appeal to cause and effect argument and then only as a particular limiting case. Causal argumentation necessarily rests, for example, upon absolute not relational conceptions of space and time." (HARVEY 1996:54)

Die Konstruktion des Verständnisses von Raum und Zeit, die Veränderlichkeit der Wahrnehmung von Raum und Zeit je nach Kontext, Subjekt und Objekt (vgl. z.B. auch das Konzept von *time-space-compression* in HARVEY 1989) ist für HARVEY zentral, aber auch schon lange bekannt.

> "Durkheim pointed out in *The Elementary Forms of Religious Life* (1915) that space and time are social constructs. The writings of anthropologists (...) confirm this view: *different societies produce qualitatively different conceptions of space and time.*" (HARVEY 1996:210, Hervorhebungen im Original)

HARVEY kritisiert die Abspaltung des Wandels vom Subjekt und die Wahrnehmung von Dingen als etwas Statisches und nicht als Prozesse. Weiterhin hält er das Konzept der gesellschaftlichen Ordnung für nicht adäquat, sondern schlägt vor, vielmehr vom Verständnis eines gesellschaftlichen Werdens oder eines gesellschaftlichen Prozesses auszugehen.

Er stellt sich das Handlungs-Struktur-Geflecht als durch Prozesse verbundene und verwobene Elemente vor, die in gemeinsamen Feldern agieren.

> "Elements or 'things' (as I shall call them) are constituted out of flows, processes, and relations operating within bounded fields which constitute structured systems or wholes." (HARVEY 1996:50)

Auf dieser Grundlage beginnt er soziale Prozesse und sozialen Wandel besser verstehen und analysieren zu können.

Soziale Prozesse

HARVEY unterscheidet sechs verschiedene Momente (*moments*) im sozialen Prozess:

- Sprache/Diskurs (*language/discourse*) - kodierte Wege, die uns offen stehen, um die Welt darzustellen, wiederzugeben, über sie zu sprechen oder zu schreiben

- Macht (*power*) - politisch, ökonomisch, symbolisch, militärisch, etc.

- Werte (*beliefs, values, desires, fantasies*) - komplexe innere Welt, inklusive das Imaginäre

- Institutionen, Rituale (*institutions, rituals*) - Organisation der politischen und sozialen Beziehungen zwischen Individuen auf einer mehr oder weniger stabilen Basis

- Materielle Praktiken (*material practices*) - Ausdruck der menschlichen Wünsche und Werte, körperlich in der Welt sein, hierdurch lernen wir von der Welt

- soziale Beziehungen (*social relations*) - beschreibt die verschiedenen Arten von Sozialität, in die das Individuum eingebunden ist, die Art und Weise, wie sich Menschen zueinander verhalten

Diese verschiedenen Momente oder Elemente sind miteinander verbunden und kommunizieren untereinander. Diese Kommunikation funktioniert laut HARVEY nach bestimmten Korrespondenzregeln (*correspondence rules*). Wollen wir soziale Prozesse verstehen, müssen wir diese Regeln verstehen (HARVEY 1996:80).

HARVEY spricht häufig von Flüssen (*flows*), die sich zu bestimmten Zeitpunkten und an bestimmten Orten auskristallisieren, materialisieren, in etwas anderes transformieren und eine relative Permanenz erhalten können. Damit verlieren sie jedoch nicht die Charakteristik des Flusses, sondern können weiterhin als Prozess verstanden werden (HARVEY 1996:81).

HARVEY geht davon aus, dass der Raum selbst, in dem diese Prozesse, Kommunikationen, Übersetzungen und Kristallisierungen stattfinden, von den verschiedenen Momenten geformt wird. Die materiellen Praktiken (*material practices*), die Manifestationen von symbolischen Bedeutungen, Mythen, Wünschen und Begierden sind, transformieren die Erfahrungsräume (*spaces of experience*), durch die das Wissen über den Raum und die Räumlichkeit (*knowledge of spaciality*) sowie der Raum selbst produziert wird. Dies gilt ebenfalls für das Imaginäre (*imaginary*), die Gedanken und Phantasien, die sozialen Beziehungen, Diskurse und die

Institutionen, die die Rituale des sozialen Prozesses darstellen.[136] Der Raum beeinflusst wiederum, ermöglicht oder behindert die Art der Entfaltung der verschiedenen Momente. (vgl. HARVEY 1996:112)

Sozialer Wandel

Obwohl HARVEY davon ausgeht, dass (sozialer) Wandel die Normalität darstellt und ein statischer Zustand des Gleichgewichts mehr Erklärungsbedarf besitzt, als der Wandel an sich, geht auch HARVEY besonders den Fragen nach, wie und wodurch sozialer Wandel stattfindet.

> „(…) given that change is always a part of what things are [our] research problem [can] only be *how, when,* and *into what* [things or systems] change and why they sometimes appear not to change." (OLLMAN 1990:34, zitiert in HARVEY 1996:54f., Hervorhebungen und Ergänzungen im Original)

Besonders interessieren HARVEY die Kräfte, die hinter dem Wandel stecken, die Ereignisse oder sogenannte Momente, ihre Transformationskraft und die Orte des Wandels (*locus of change*).

> "(…) it is not change per se that has to be explained, but the forces that hold down change and/or which give it a certain directionality. There is no single moment within the social process devoid of the capacity for transformative activity – a new imaginary; a new discourse arising out of some peculiar hybrid of others; new rituals or institutional configurations; new modes of social relating; new material practices and bodily experiences; new political power relations arising out of their internalized contradictions." (HARVEY 1996:105)

Die Momente, Kräfte und Akteure des (sozialen) Wandels können für HARVEY erst einmal alles sein - jeder Mensch, jedes Sein, jedes Element, jeder Moment. Darüber hinaus stellt sich für ihn die Frage nach der Motivation, nach dem bewusst verursachten Wandel.

> "So who and where are the agents of social change? Again, the simplest answer is everyone, everywhere. Everyone who lives, acts, and talks is implicated. (…) But why do certain individuals or groups come to view social order as unduly repressive and requiring radical change? (…) And how do they get mobilized individually and collectively to affect the trajectory of change? (…) The purpose of historical materialist analysis is to try and understand how individuals and groups came to understand themselves and their reality and act in accordance with that understanding." (HARVEY 1996:106)

Ziel der Forschung muss es nun sein, die sogenannten kreativen Punkte (*creative points*) der transformativen Handlung zu identifizieren sowie die Mechanismen, die relative Stabilität,

---

[136] HARVEY nennt Beispiele für geschaffene Räume z.B. im Bereich der Institutionen: *territories of control and surveillance, terrains of jurisdiction,* domains *of organization and administrations, organization of symbolic spaces, spatial orchestration of semiotic systems that support and guide all manner of institutional practices and allegiances.*

Identität und Integrität eines Systems (Person, Gruppe, Region, Staat etc.) herstellen können (*gatekeeping*).

> "How are all these diverse potentialities and possibilities controlled and disciplined to produce permanences, the circular causal structures and systems that we daily encounter in that entity we call society?" (HARVEY 1996:105)

c) Implikationen für den Analyserahmen

Einer der herausforderndsten Aspekte an der ANT-Perspektive ist für die Geographie m.E. das Auflösen eines Denkens in räumlichen Ebenen (*scale*) und der Lokalität des Handelns.[137] Sie eröffnet damit eine neue Raumwahrnehmung und ein neues Raumverständnis in denen Mensch, Materie und Geist verwoben sind und dadurch den Raum strukturieren. Raum wird damit zu einer Art Plattform, auf der Akteure und Aktanten verhandeln und transformieren. Damit wird nicht nur die Dichotomie Mensch-Natur, sondern auch Handlung und Raum oder Handlung und Struktur aufgelöst.

Diese Aufhebung schafft Platz für Komplexität und an diesem Punkt setzen bereits Kritiker an:

> „Die Akteure (bzw. nicht-menschlichen ‚Aktanten'), die damit [ANT] ins Spiel kommen, stellen ihrerseits aber eine bisher kaum plausibel bewältigte Herausforderung für herkömmliche Handlungstheorien dar. Schwer ersichtlich ist zudem, wie sie mit psychologischen Perspektiven verknüpfbar wären." (FLITNER 2004:218)

Die Kritik ist wertvoll und regt zu vielen weiteren Überlegungen und Weiterentwicklungen an. Gleichzeitig existieren bereits ForscherInnen, die sich dieser Herausforderung mit Erfolg empirisch stellen (vgl. oben zitierte Arbeiten). Diese Arbeit hat den Anspruch Komplexität zu erfassen und ist auch bereit den in der ANT angedachten Perspektivenwechsel zu wagen. Der Analyserahmen wird daher Konzepte der ANT berücksichtigen und sie mit den bereits vorgestellten Theorien und Konzepten verbinden.

> „They [ANT researchers] have a theory, but it will be through recombinations and not its purifications that it will travel." (STARK 2001:97)

Auch HARVEYs Konzepte sind reich an Begriffen, die inspirieren, sie als Analysekategorie zu verwenden. Oftmals erläutert HARVEY sie nicht im Detail und dennoch bieten sie viele Interpretations-, Reflexions- und Analyseanregungen. Er bezieht sich dabei auch häufig auf Begriffe, die von anderen AutorInnen entworfen wurden, setzt sie in einen anderen Kontext oder kombiniert sie mit anderen und beobachtet, was daraus entsteht.

> „I am not (...) trying to design some meta-theory of the social process (...) My aim is (...) to create an initial map to assess the form, the power, the creative possibilities as well as the limitations inherent in different theorizations (...)." (HARVEY 1996:78)

---

[137] Zur Bedeutung von *scales* in der Geographie vgl. PAASI 2004.

1.1.3. Schlussfolgerungen für die methodische Vorgehensweise und den Analyserahmen

> „In the past, friction has existed between the proponents of different viewpoints: the positivists against the structuralists. Perhaps the way ahead is not to be disparaging and not to compartmentalize. Rather, more may be gained from attempting to see a plurality of approaches as a basis for complementary perspectives on people-environment interaction." (WALMSLEY/LEWIS 1993:139)

Die verschiedenen Ansätze haben unterschiedliche Perspektiven auf das Verständnis von Handlung und Struktur eröffnet. Die Perspektiven sind heterogen, weisen jedoch auch Gemeinsamkeiten auf, an denen sich diese Arbeit orientieren möchte.

Deutlich wurde, dass es bei einer Analyse sozialer Handlungen darum gehen muss, sich der Komplexität der Realität zu nähern. Die Komplexität besteht in der Anerkennung eines differenzierten Menschenbildes, einer Heterogenität an Handlungsinteressen innerhalb von Gruppen sowie einer Dynamik dieser Faktoren in Raum und Zeit. Weiterhin geht es um das Eingebundensein der Akteure in Netzwerke von Faktoren, die von vielen Struktur genannt werden, und um die Wechselwirkungen zwischen den Akteuren und den Faktoren der Netzwerke, auch hier unter Berücksichtigung der Dynamik in Zeit und Raum.

Die Ansätze unterscheiden sich auch von früheren Handlung-Struktur-Vorstellungen in dem sie nicht nur die materiellen Faktoren berücksichtigen, sondern immer stärker diskursive und symbolische Elemente in die Analyse einbeziehen und Machtbeziehungen eine exponierte Stellung einräumen.

Die verschiedenen Ansätze weisen nicht nur ein unterschiedliches Wahrnehmen des Verhältnisses von Handlung und Struktur auf, sondern integrieren oder lösen dieses zu unterschiedlichen Graden auf und haben ebenfalls einen unterschiedlichen Anspruch anwendungsorientiert zu sein. Die folgende Graphik (Abb.35) soll einen qualitativen (und nicht wertenden!) Überblick geben über eine mögliche Einordnung der Ansätze in Hinblick auf Anwendungsorientierung und Komplexität, womit m.E. meist eine weitergehende Auflösung der Kategorien von Handlung und Struktur einhergeht.

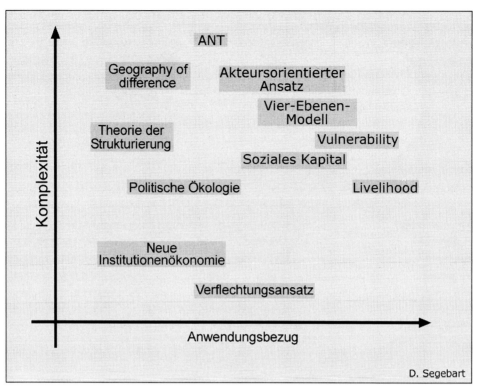

Abb. 35: Anwendungsbezug und Komplexitätsgrad der Theorieansätze

Die Darstellung der verschiedenen theoretischen Ansätze macht deutlich, dass es bisher keine einheitliche allumfassende Theorie zur Erfassung des Verhältnisses von Handlung und Struktur gibt und möglicherweise auch nicht geben kann. Eine weitere Schwierigkeit besteht in der Anwendung dieser komplexen Konzepte in der empirischen Forschung. Auf den ersten Blick scheint eine stärkere Auflösung der Kategorien von Handlung und Struktur mit einer geringen Anwendungsorientierung zu korrelieren. Möglicherweise ist jedoch bisher einfach noch nicht genügend empirische Forschung in diesem Bereich durchgeführt worden. HARVEY schlägt für dieses Dilemma der Komplexität eine dialektische Herangehensweise vor, die versucht generelle Prozesse zu identifizieren, die zur gleichen Zeit Phänomene vereinigen und differenzieren:

> „There is, however, an acute epistemological problem of how to present, codify, abstract, and theorize the vast amount of information of seemingly incomparable status generated out of the kind of research program which a dialectical stance mandates. The principles of dialectical enquiry as enunciated above (entailing multiple changes of scale, perspective, orientation, and the like, while internalizing contradictions, oppositions, and heterogeneity at every level), *should* generate a perpetual state of motion in our concepts and our thoughts. But the negative side of this flexibility and openness is that it appears to have little

> chance of producing anything except a vast panoply of insecure and shifting concepts and findings (...). The purpose of multiple and relational approaches to phenomena is, as Ollman points out (...), to try to identify a restricted number of very general underlying processes which simultaneously *unify and differentiate* the phenomena we see in the world around us. (...) In this sense, dialectics does seek a path towards a certain kind of ontological security, or reductionism - not a reductionism to 'things' but to an understanding of common generative processes and relations." (HARVEY 1996:58, Hervorhebungen im Original)

Offen bleiben die folgenden Fragen, auf die in 1.2 Antworten gefunden werden sollen:

- Wie sieht diese dialektische Herangehensweise in der Praxis aus?

- Welche Art von Analyserahmen kann kreiert werden, der nicht mit Handlung und Struktur als Dualitäten - geschweige denn Dichotomien - arbeitet und trotzdem diese beiden Konzepte integriert?

- Wie können Mensch-Umwelt- oder Handlung-Struktur-Beziehungen beschrieben und analysiert werden, so dass dies leicht umsetzbar und von Nutzen ist für Menschen, die in der Planung und Politik tätig sind, ohne die notwendige Breite und Tiefe der Diversität menschlicher Handlungen aus dem Blick zu verlieren?

- Wie lässt sich dies empirisch umsetzen?

1.2 Analysevorschlag zur theorieorientierten Zielsetzung: Kontextanalyse

> "*Location* and *bounding* are important if not vital attributes for the definition of the objects, events, and relationships existing in the world around us. To choose one ordering principle rather than another is to choose a particular spatio-temporal framework for describing the world. The choice is not neutral with respect to what we can describe. The absolute theory of space and time always forces us into a framework of mechanistic descriptions, for example, that conceal from view important properties of the world (such as those of living organisms) that stand only to be revealed by a relational view. To choose the wrong framework is to misidentify elements in the world around us."
> (HARVEY 1996:264, Hervorhebungen im Original)

> „The contextualization of human action in time and space is central to the linking of structure and agency, for it is context which delimits and shapes the parameters of social action."
> (DYCK 1990:462, zitiert in WALMSLEY/LEWIS 1993:137)

Der Analysevorschlag für die theorieorientierten Fragestellungen orientiert sich an der in I.3.2 formulierten Zielsetzung:

Ziel der Arbeit ist es einen Analyserahmen zu entwickeln, mit dem die spezifischen, die Umsetzung der Methode beeinflussenden Faktoren (Akteure, deren Handlungen und Handlungsmotivationen, Rahmenbedingungen etc.) untersucht werden können.

Im Folgenden wird ein allgemeiner Analyserahmen zur generellen Analyse bestimmter Untersuchungsrealitäten vorgestellt (1.2.1), dem durch *Framing* (1.2.2) und Analyseleitfragen (1.2.3) Instrumente zur Seite gestellt werden, die seine Anwendung erleichtern.

1.2.1 Allgemeiner Analyserahmen

Die sich daraus ableitende Analyse soll im folgenden Kontextanalyse genannt werden. Hierfür gilt es der in 1.1 diskutierten Komplexität ein praktikables Analyseschema gegenüberzustellen.

Die folgenden Tabellen 13, 14 und 15 identifizieren mögliche gemeinsame Kategorien der unter 1.1 vorgestellten Ansätze. Hierfür wird eine Vielfalt von spezifischen Analysebegriffen, die von den jeweiligen AutorInnen verwendet wurden, zu Kategorien gruppiert. Damit soll nicht ausgedrückt werden, dass alle unter einer Kategorie eingeordneten Begriffe gleichbedeutend sind. Es soll vielmehr dadurch auf interessante Parallelen zwischen den Ansätzen hingewiesen werden.

Analyse-kategorien	LRE	Verwundbar-keitsansatz	SLA	Politische Ökologie
Akteur	Zielgruppen, *target groups*, *stakeholder*	Person, Haushalt, Gruppe	Haushalt, Soziale Netzwerke	Akteursgruppen, Akteurskonstellationen, *place-based actors non-place-based actors*
Beziehungen				Beziehungen Knotenpunkte von Kontrolle und Widerstand, *multiple power centres*
Raum	Region	*livelihood*, lokal, regional, national	*livelihood*	politisches/politisiertes Umfeld, räumliche Muster, Knotenpunkte von Kontrolle und Widerstand, Handlungsspielräume
Regeln	Logiken	Verfügungsrechte *entitlements*, *access*, *coping strategies*	Lebenssicherungsstrategien, *access*	öffentliche u. versteckte Transkripte, Verfügungsrechte
Ressourcen	Potenziale, *inputs*	Aktivposten (*assets*), *endowment*	*capabilities*, *assets*: Human-, Sozial-, Sach-, Natur-, Finanzkapital	*tools* (*of power*)
Ordnung	regionale, lokale Ebene, *gap*	lokal, regional, national		*scale* (local, regional, global), *topography of politicised environment*; räumliche Muster
Praktiken	tasks	E-Mapping, *exposure*, *resilience*	activities	materielle Praktiken
Werte	Logiken	*coping strategies*	Lebenssicherungsstrategien	öffentliche u. versteckte Transkripte, Lokale Wissenssysteme, Wahrnehmungen
Diskurse				Diskurse, öffentliche und versteckte Transkripte, *battle of ideas*
Zeit	Projektlaufzeit	kurzfristig, mittelfristig, langfristig, *hazards*	*shocks*, *stresses*	Dimensionen - täglich, episodisch, systemisch

Tabelle 13: Übersicht der aus den theoretischen Ansätzen abgeleiteten Analysekategorien (I)

Analyse-kategorien	Neue Institutio-nen-ökonomie	Soziales Kapital	Actor-oriented-approach	Theorie der Praxis
Akteur	individuelle und kollektive Akteure, *players*, Agenten, Prinzipal	Akteure, soziale Netzwerke	Akteure, indivi-duell (*knowing/ feeling active subject*), kollektiv, Netzwerke (interindividuell, Aktor-Netzwerk), Staat/ Markt/ Gesellschaft	(Individuen)
Beziehun-gen	Beziehungen, Machtasymme-trien, Informa-tionsasym-metrien, Koordi-nationseffekte	*ties* - vertikal/ hori-zontal, schwach/ stark, *heterophilous/ homophilous, state society synergy,* Netze, strukturelle Löcher *bridging/ bonding*	*social interface, linkages*	
Raum	Felder	*embeddedness*	Feld, *domain, arena, interface, livelihood*	Feld, soziales Feld Praxisfelder, Kraft-felder, Raum, Spiel-räume, Kampfräume
Regeln	Institutionen	Regeln		Regeln, Spielregeln, Habitus, praktische Logik
Ressourcen	*Institutional stock*	(soziales) Kapital individuell/ kollektiv, formell/ informell, positiv/ negativ		Ressourcen, Kapital-formen (ökonomisch, kulturell, sozial, sym-bolisch), Spieleinsätze
Ordnung		Lokalisationen, *embeddedness*		Positionen, Dispositionen
Praktiken		*bridging/bonding*	soziale Praktiken, *projects, livelihood*	Handlungen, Praxis-formen, Praktiken
Werte	vorherrschende Wertevor-stellungen, Indiv./ kollektive Ratio-nalität, mentale Kognitions-muster		*cultural reper-toires*, Handlungs-logiken (*rationa-les*), Identität (*notions of personhood*)	sozialer/praktischer Sinn, praktische Logik, Habitus, Dispositionen
Diskurse			diskursive Felder	
Zeit	*events*		(*livelihood*) *trajectories, critical event*	Zeit der Praxis, Zeit der Wissenschaft, Historizität

Tabelle 14: Übersicht der aus den theoretischen Ansätzen abgeleiteten Analysekategorien (II)

Analyse-kategorien	Theorie der Strukturierung	ANT	HARVEYs Analyserahmen
Akteur	Akteure	Akteure, Aktanten, *focal actors*	
Beziehungen	Transformations-/Mediationsbeziehungen	Netzwerk, *boundary objects*	soziale Beziehungen, *power*, *creative points of transformative activity*
Raum	Kontextualität, Ort (*locale*), Regionalisierung, Transformationspunkte	Aktor-Netzwerk	Feld, Orte des Wandels, *locus of agency*, Erfahrungsräume, *territories of control and surveillance, terrains of jurisdiction, domains of organization and administrations, organization of symbolic spaces, spatial orchestration of semiotic systems*
Regeln	Regeln, Strukturmomente, institutionelle Praktiken, Reproduktionskreisläufe, Regeln-Ressourcen-Komplex	Regeln, *prescription, inscription, obligatory passage point*	Institutionen, Rituale, *correspondance rules*
Ressourcen	Autoritative und allokative Ressourcen als Teil der Struktur	Austauschobjekte (*intermediaries*)	Macht - politisch, ökonomisch, symbolisch, militärisch, etc.
Ordnung	Soziale Positionierung, Situiertheit, Strukturprinzipien, Transformationspunkte	alles '*on ground-level*'	*hidden positionalities*, gesellschaftliches Werden
Praktiken	Praktiken, Routinen, institutionalisierte Praktiken, Reflexive Steuerung des Handelns	Transformation, Verhandlung, Übersetzung, *problematization, interessment, enrolment*	materielle Praktiken
Werte	Rationalisierung des Handelns, praktisches/diskursives Bewusstsein, Reflexivität	*morality of the setting*	*beliefs, fantasies, values, desires, imaginary*
Diskurse			Sprache, Diskurs
Zeit	Kontextualität, Transformationspunkte		*time-space-compression, continuties*

Tabelle 15: Übersicht der aus den theoretischen Ansätzen abgeleiteten Analysekategorien (III)

Die augenscheinliche Komplexität der Tabellen 13, 14 und 15 soll nicht entmutigen. Mit einem *Framing* innerhalb der Komplexität - einer Art von Fokussierung - kann ein bestimmter, limitierter Ausschnitt analysiert werden, ohne die notwendige Tiefe einzubüßen (vgl. Abb.36). Das Konzept des *Framing* wird im Exkurs (1.2.2) skizziert.

In der folgenden Graphik (Abb.36) werden die Analysekategorien in einem Modell integriert. Um die visuelle Komplexität zu verringern, wurde die Kategorie Zeit nicht graphisch dargestellt. Das Modell basiert auf den folgenden Prämissen, die aus den theoretischen Inputs hervorgehen:

- Regeln und Institutionen, die in einer Gesellschaft vorhanden sind, leiten sich aus Werten ab.
- Die Matrix der sozialen Ordnung basiert auf den Werten und Regeln/Institutionen, die in einer Gesellschaft existieren.
- Diskurse sind beeinflusst von Werten, produzieren oder reproduzieren sie.
- Diskurse determinieren soziale Felder und manifestieren sich im Raum.
- Akteure haben Zugang zu oder besitzen bestimmte Ressourcen (aufgrund von spezifischen Faktoren, beispielsweise herrschende Werte, Institutionen, (soziale) Ordnung, Diskurse, Felder, Beziehungen etc.), dies bestimmt ihre Beziehungen zu anderen Akteuren oder ihre Position in der (sozialen) Ordnung.
- Akteure können Netzwerke bilden, die alle vorher genannten Faktoren beeinflussen können.
- Es existieren kontinuierliche Wechselbeziehungen und -wirkungen zwischen den Kategorien, die aus Praktiken resultieren und diese wiederum produzieren, zeitlich dynamisch.

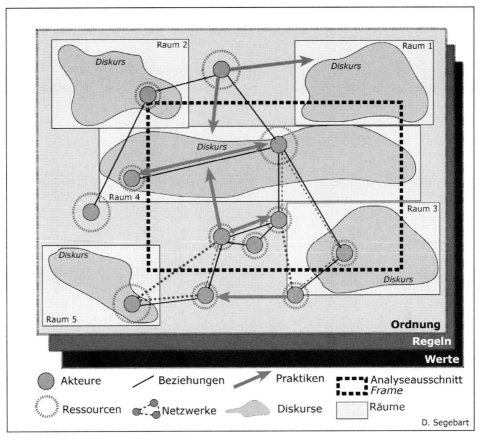

Abb. 36: Modell des Analyserahmens

1.2.2 *Framing*

> „Any 'thing' can be decomposed into a collection of other 'things' which are in some relation to each other. For example, a city can be considered as a 'thing' in interaction with other cities, but it can also be broken down into neighborhoods or zones which can in turn be broken down ad infinitum. The ad infinitum clause is very important because it says that there are no irreducible building blocks of 'things' for any theoretical reconstruction of how the world works. It then follows that what looks a system at one level of analysis (e.g. a city) becomes a part of another level, e.g., a global network of world cities. This idea has become very important in contemporary quantum physics where a fundamental guiding principle is that ‚whatever we say a thing or structure is, it isn't' because 'there is always something more than what we say and something different' (Bohm and Peat, 1987:141-2)." (HARVEY 1996:51f.)

Auf eine ähnliche Weise soll in dieser Arbeit der Begriff *frame* verstanden werden. *To frame* kann bedeuten etwas fassen, etwas einen Rahmen geben. Dies wird gerade dort notwendig, wo die Komplexität einen Sachverhalt empirisch kaum noch handhabbar macht. Hier kann *frame* verstanden werden als Bezugsrahmen, Wahrnehmungsraum oder -filter, als Interpretationsmuster.

Der Begriff *framing* wird heute relativ häufig in der Politikfeldanalyse (vgl. NYLANDER 2000) verwendet. Das Konzept bezieht sich meist explizit oder implizit auf das GOFFMANsche Konzept der *Primary Frameworks* (1974). Hier geht es darum, wie Individuen ihre Handlungen und Erfahrungen einordnen und bewerten und was dabei ihren Orientierungsrahmen darstellt. SNOW ET AL (1986) definiert *frame* als "schemata of interpretation that enable individuals to locate, perceive, identify and label occurence within their life space and world at large" (zitiert in NYLANDER 2000:73).

Interessant ist es für diese Arbeit von *frame* und nicht von *Fokus* zu sprechen, da in diesem Begriff deutlicher wird, dass sich aus der Analyse eines bestimmten abgegrenzten Bereichs eine ganz andere Perspektive eröffnet. Der Wahrnehmungsbereich wird nicht einfach größer oder kleiner, es geht über eine bloße Maßstabsveränderung hinaus: die Perspektive verändert sich.

Bei all diesen Definitionen bleiben jedoch einige Aspekte ungeklärt, beispielsweise ob die Grenzen von *frames* klar definierbar sind, wie *frameworks* sich voneinander abgrenzen, ob sie sich überlappen können.

In dieser Arbeit wird davon ausgegangen, dass ein *frame* immer die Beobachter-, Analyse- oder Wahrnehmungsperspektive beschreibt. So können sich aus der Analyseperspektive dieser Arbeit verschiedene involvierte Akteure (internationale, staatliche, kommunale Politik, Entwicklungsprojekt, Kleinbauern etc.) im gleichen Analyse-*frame* dieser Arbeit befinden, wogegen jeder dieser Akteure für sich die aktuelle Situation möglicherweise auf eine andere Weise ‚rahmt'. Für verschiedene Kontexte kann es unterschiedliche *frames* geben und es ist möglich dieselbe Situation in einem anderem *Frame* zu analysieren, von einem zum anderen zu springen sowie dass ‚Unter-*frames*' in größeren *frames* existieren.

Hier finden sich sowohl Parallelen zum Systemgedanken, als auch zu den Netzwerkkonzepten der ANT oder des Sozialen Kapitals in dieser Arbeit. *Frames* können sinnvoll sein, wie bereits erwähnt, um die Analyse einzugrenzen und damit durchführbar zu machen. Auf der anderen Seite sollten die *frames* nicht als völlig abgeschlossen betrachtet werden, da es sich nur um eine analytische Grenze handelt.

GOFFMAN vergleicht die menschlichen Interaktionen mit dem Aufführen eines Theaterstückes auf einer Bühne. Dieser Theatergedanke fördert das Bewusstsein oder die Bewusstmachung, dass das von uns Wahrgenommene, wie auf einer Bühne, immer nur einen abgegrenzten Ausschnitt der Realität darstellt und wir nehmen nur wahr, was wir in diesem spezifischen Moment von unserem spezifischen Standort, unserer spezifischen Perspektive aus sehen. *Frame* soll jedoch nicht mit Wahrnehmung verwechselt werden, es geht vielmehr um eine bewusste Eingrenzung und Schärfung unseres Wahrnehmungsfeldes mit allen Vor- und Nachteilen die dies mit sich bringt.

Frames geben die Interpretationsmuster einer durch sie eingerahmten Situation vor. Dies gilt nicht nur für Interaktionen, wie MURDOCH sie unten beschreibt, sondern kann ebenfalls für die Analyse gelten. Dieses Konzept schränkt die Übertragbarkeit eines Analyseergebnisses zwar ein, kann jedoch als logische Konsequenz aus der Kritik an der Objektivität der Wissenschaft abgeleitet werden.

> „According to Latour (1996b:231), in human societies it is always necessary to talk about 'framed interactions' in which face-to-face social engagement is always bounded, configured, confined and abridged. Moreover, 'framed interaction is not local by itself...an interaction is actively localized by a set of partitions, frames, umbrellas, fire breaks...' (1996b:232)." (MURDOCH 1997:327)

1.2.3 Analyseleitfragen

Die aus den theoretischen Überlegungen generierten Analysekategorien können ein schweres Gepäck darstellen für Personen, die in der Praxis arbeiten und denen nicht viel Zeit für ausführliche Analysen zur Verfügung steht. Daher sollen die Kategorien mit handhabbaren Analyseleitfragen 'anwenderfreundlich' umgewandelt werden. Im Folgenden werden daher für jede Kategorie einige Analysefragen formuliert:

- Akteur

Welche individuellen oder kollektiven Akteure spielen eine Rolle in der Analyse?

Existieren für die Analyse relevante Netzwerke?

- Beziehungen

Welche Beziehungen existieren unter den Akteuren? Gibt es zentrale oder periphere, horizontale und vertikale Beziehungen? Machtzentren? Allianzen? Oder aber auch strukturelle Löcher, keine Beziehungen?

- Raum

In welchem Raum bewegen sich die Akteure? Was sind ihre Handlungs- und Handlungsspielräume? Welche räumlichen Muster existieren, welche produzieren oder reproduzieren die Akteure? Existieren spezifische machtgeladene Räume und Felder, beispielsweise Kraftfelder, Kampfräume oder Arenen? Existieren spezifische Orte, beispielsweise Orte des Wandels, Knotenpunkte oder *interfaces*?

- Regeln

Welche Regeln, Institutionen, Rituale existieren? Nach welchen Regeln wird gehandelt, verhandelt, kommuniziert, gespielt? Wie sind Zugangs- und Verfügungsrechte geregelt?

- Ressourcen

Wer besitzt welche Ressourcen (v.a. Sach- und Humankapital, kulturelles, soziales, finanzielles oder symbolisches Kapital)? Wie können sie eingesetzt werden und wie werden sie eingesetzt? Wie werden sie angeeignet und getauscht?

- Ordnung

Welche Ordnungskonzeptionen sind erkennbar oder relevant? Wie positionieren oder lokalisieren sich die Akteure, Ressourcen und Beziehungen darin?

- Praktiken

Welche relevanten Handlungen, Routinen, Projekte, Transformationen existieren?

- Werte

Welche Werte und Haltungen existieren? Welche Logiken, Wahrnehmungen, individuelle oder kollektive mentale Kognitionsmuster existieren oder sind zumindest wahrnehmbar?

- Diskurse

Welche offenen und versteckten Diskurse existieren? Existieren widerstreitende Diskurse? Welche Absichten oder Wirkungen haben die Diskurse?

- Zeit

Welche Rhythmen besitzen die Prozesse? Existieren markante Zeitläufe/-spannen (*trajectories*), Zeitrhythmen (täglich, episodisch, systemisch) oder Zeitpunkte (*events*, Schocks)? Welche Rolle spielt die zeitliche Kontextualität?

Die Inhalte der einzelnen Kategorien überlappen sich zum Teil. Dies zeigt jedoch nur, dass sie alle Teil eines Ganzen sind und nicht seziert gedacht werden sollen. Die Unterteilung in Kategorien soll ausschließlich die Analyse anregen und vereinfachen.

1.3 Analyse

Ziel dieser Analyse ist es, Faktoren herauszuarbeiten, die die Umsetzung eines partizipativen Monitoringsystems beeinflussen und die daher für die darauffolgende Methodenanalyse nutzbar gemacht werden können. Dafür werden die Erfahrungen mit der Einführung des partizipativen Montorings in zwei Munizipien, Ourém und São Domingos do Capim, im Nordosten Parás ausgewertet.

Die Monitoringerfahrung ist eingebettet in einen größeren Kontext (vgl. II.2), dessen Analyse durch ein *framing* eingegrenzt wird. Bei dieser Analyse soll es ausschließlich um die Umsetzung des partizipativen Monitorings gehen. Durch das *framing* bleiben die äußeren Grenzen des Systems ausgeblendet. In diesem Fall soll sich das *framing* an den direkt in das Monitoring involvierten Akteuren orientieren: die Monitoringgruppe, der Kommunale Beirat für nachhaltige ländliche Entwicklung (CMDRS), die Stadtverwaltung, die Zivilgesellschaft, PRORENDA, PRONAF und die Mentorin (vgl. Abb. 37).

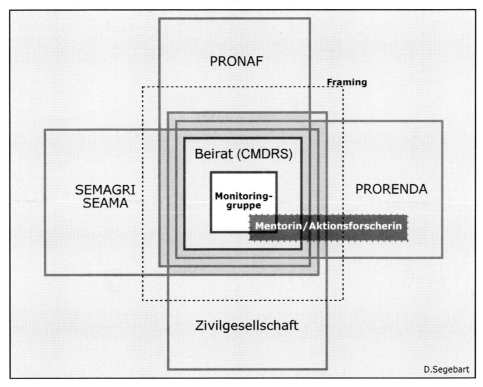

Abb. 37: Die in das Monitoring involvierten Akteure

Die beiden Fallstudien werden vorgestellt und analysiert (1.3.2, 1.3.3) und durch eine Zusammenstellung der Teilergebnisse in 1.4 relevante Einflussfaktoren für die Umsetzung des Monitorings identifiziert. Die in 1.3.2.3 und 1.3.3.3 vorgenommenen Analysen orientieren sich an den unter 1.2 identifizierten Analysekategorien. Die Orientierung einer Analyse an dieser Art von Kategorien mag zunächst ungewohnt erscheinen. Sie soll jedoch zu einer Auflösung oder Integration der Handlung- und Strukturdichotomie in unserem Denken führen, unsere Wahrnehmung schärfen und gleichzeitig der Komplexität unserer Lebensumwelt Rechnung tragen. Zunächst soll jedoch der gemeinsame Kontext der beiden Fallstudien im Rahmen der Umsetzung des partizipativen Monitoringsystems skizziert werden (1.3.1).

1.3.1 Gemeinsamer Kontext der Fallstudien

Wie bereits beschrieben (vgl. III.), geht es bei dem hier untersuchten partizipativen Monitoring um eine partizipative Begleitung der Umsetzung von kommunalen Entwicklungsplänen zur nachhaltigen ländlichen Entwicklung (PMDRS) in zwei Gemeinden (*municípios*) im Nordosten Parás. Die PMDRS sind Teil einer generellen Dezentralisierungspolitik der brasilianischen Regierung und die Unterstützung dieser Pläne durch über das Bundesprogramm PRONAF kanalisierte finanzielle Mittel, stellt ein spezifisches Instrument zur Förderung der kleinbäuerlichen Landwirtschaft dar (vgl. II.2.2.1). PRONAF wird koordiniert vom Sekretariat für kleinbäuerliche Landwirtschaft (SAF, *Secretaria de Agricultura Familiar*) angesiedelt im Bundesministerium für landwirtschaftliche Entwicklung (MDA, *Ministério de Desenvolvimento Agrário*) und operiert auf der bundesstaatlichen Ebene in den Sekretariaten für Landwirtschaft. Im Bundestaat Pará ist dies das SAGRI (*Secretaria Executiva de Agricultura*).

Das deutsch-brasilianische Kooperationsprojekt PRORENDA, das von 1997-2005 im Landwirtschaftssekretariat des Bundesstaates Pará (SAGRI) angesiedelt war, unterstützte ab 1999 die partizipative Erarbeitung von PMDRS in mehreren *municípios* im Nordosten Parás (vgl. Abb.38).

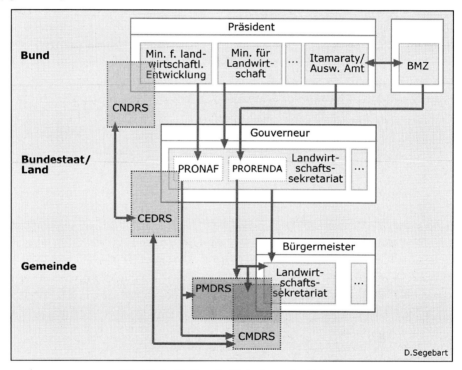

Abb. 38: Institutionelle Einbettung der Akteure

Einer der ersten Pläne wurde 1999 in Ourém entwickelt. An der Planung nahmen v.a. Mitglieder des lokalen CMDRS teil. Er war gleichzeitig einer der am aufwändigsten erstellten Pläne in der Region. Die für die partizipative Entwicklung der PMDRS vorgeschlagene Methodologie von PRORENDA wurde kontinuierlich evaluiert und modifiziert, um sich an die spezifischen lokalen Bedingungen optimal anzupassen, um auf diese Weise zu einer Methodologie zu gelangen, die PRONAF und SAGRI auch nach Beendigung des Projektes

PRORENDA übernehmen und weiterführen würden. Von Relevanz war neben Partizipation, Durchführbarkeit und inhaltlicher Qualität daher auch der Kosten- und Zeitaufwand. Schnell wurde deutlich, dass der partizipative Ansatz sehr personalaufwändig war. Ende 1999 wurde aus diesem Grund, aber auch um *Ownership* zu fördern und institutionelle Nachhaltigkeit vorzubereiten, von PRORENDA ein zweiwöchiges Training (in 2 Modulen) in partizipativen Methoden für interessierte VertreterInnen der kommunalen Landwirtschaftssekretariate, des staatlichen landwirtschaftlichen Beratungsdienstes (EMATER), der kommunalen Beiräte für nachhaltige ländliche Entwicklung (CMDRS) und der Zivilgesellschaft aus der Region angeboten. Diese sollten auf diese Weise geschult werden, um langfristig die partizipative Entwicklung der PMDRS, die alle vier Jahre neu formuliert werden müssen, selbst zu initiieren und zu moderieren.

Bei der Entwicklung des PMDRS in São Domingos do Capim, der immer mit der Erstellung einer partizipativen ländlichen Situationsanalyse (DRP, *Diagnóstico Rural Participativo*) beginnt, moderierten bereits zwei während des erwähnten Kurses ausgebildete ModeratorInnen, die bereits an zwei weiteren Planentwicklungen im Vorfeld teilgenommen hatten.

Die Analyse und Planentwicklung wird stets durch den kommunalen Beirat für ländliche Entwicklung (CMDRS) durchgeführt, der eine breite Einladung ausspricht und im besonderen die kleinbäuerliche Bevölkerung einlädt. An dem drei- bis fünftägigen Workshop zur Situationsanalyse (DRP), der auch Interviews mit Kleinbauern auf ihren Grundstücken beinhaltet, nahmen durchschnittlich 40-60 Personen teil, ebenso wie an dem nach der Datenanalyse folgenden zwei- bis dreitägigen Planungsworkshop. Die Datenanalyse und Dokumentation wurde jeweils von ca. 5-10 Personen, meistens v.a. von den ModeratorInnen und PRORENDA, durchgeführt.

In Ourém wurde nach der Datenanalyse und vor dem Planungsworkshop noch eine Vorstellung der Analyseergebnisse durchgeführt, die als breite Diskussionen in allen 11 Dörfern der Gemeinde organisiert wurden. Als erfolgreicher Ansatz erwies sich hierfür die Transformation der Informationen in Theaterstücke und deren Aufführung in den Dörfern. Die erarbeiteten Pläne wurden vor der Verabschiedung in der Gemeindekammer (*câmera dos vereadores*) der Bevölkerung in einer großen Gemeindeversammlung vorgestellt, noch einmal diskutiert und abgestimmt.

Die seit 1999 vorgenommenen Beobachtungen zur Umsetzung des PMDRS in Ourém und anderen Gemeinden, machten deutlich, dass die PMDRS nicht die Bedeutung von Seiten der Stadtverwaltung erhalten, die angemessen wäre, und dass die in ihnen formulierten Aktivitäten nur zu einem Bruchteil tatsächlich verwirklicht werden. Dies motivierte PRORENDA der partizipativen Planung noch ein partizipatives Monitoring hinzuzufügen.

Der Entstehungsprozess des Monitoringvorschlags und die Einführung des partizipativen Monitorings in die Munizipien sowie die Interaktionen zwischen PRORENDA, den CMDRS und der Mentorin während des Prozesses sind in II.3.2 und III. detailliert dargestellt, werden aber auch zum Teil nochmals in den nachfolgenden Kapiteln zu den beiden Fallstudien angesprochen.

1.3.2 Fallstudie Ourém

Im Folgenden wird zunächst der Munizip kurz skizziert (1.3.2.1), die Umsetzung des partizipativen Monitorings in Ourém beschrieben (1.3.2.2) und im Anschluss eine Analyse vorgenommen (1.3.2.3). Ein Zwischenfazit (1.3.2.4) schließt dieses Unterkapitel ab.

1.3.2.1 Der Munizip Ourém

Ourém (vgl. Karte 3) liegt am südlichen Rande der Zona Bragantina[138] im Nordosten Parás (vgl. Karte 1). Bereits 1727 fand die erste amtliche Erwähnung statt und 1762 wurde Ourém zum ersten Mal als Munizip anerkannt (IDESP/CEE o.J.:1). Der Munizip, heute mit einer Größe von 593,94km^2 (IBGE/IDESP 1995/96) und 14.397 Einwohnern (IBGE, Zensus 2000) (23,6 E/km^2), ist stark landwirtschaftlich geprägt.

Ungefähr 45% der Bevölkerung leben in der urbanen Zone und 55% in der ländlichen Zone des Munizips. Die Mehrheit der Bevölkerung Ouréms ist in der kleinbäuerlichen Landwirtschaft tätig. Bereits 1986 waren 72,73% der ursprünglichen Vegetationsbedeckung verändert. Es existiert faktisch nur noch Sekundärwald und eine *Várzea*-Vegetation an den Ufern des Guamás.

Schwarzer Pfeffer ist in Ourém zurzeit mit einem Jahreserlös von 2.592.000 R$ die einträglichste Kulturpflanze. Bei einer Anbaufläche von 300 ha (insgesamt 960 t) entspricht dies einem Erlös von 8640 R$/ha/Jahr. Maniok ist mit 800 ha flächenmäßig das Hauptanbauprodukt im Munizip und mit einem Erlös von 1.368.000 R$/Jahr (entspricht 1710R$/ha/Jahr) die zweitwichtigste Einkommensquelle im Kulturpflanzenanbau. Weitere wichtige Produkte sind Bohnen (680 ha, 656 t), Mais (500 ha, 300 t) und einige mehrjährige Pflanzen wie Kokosnüsse (250 ha, 3120 t) und Orangen (45 ha, 540 t). Hier wird bereits der Einfluss des FNO (s.u. und vgl. I.2.) deutlich, durch dessen Kredite an Kleinbauern für mehrjährige Kulturpflanzen die heutige Anbaustruktur geprägt ist. Insgesamt ist die Produktivität pro ha bei den meisten Kulturpflanzen signifikant höher als in São Domingos do Capim. (IBGE 2005)[139]

Neben der kleinbäuerlichen Landwirtschaft existieren ebenfalls ein paar große Viehfarmen (Viehbestand insgesamt 15.383)[140], deren Größe und Produktivität im regionalen Vergleich nicht sehr signifikant sind, jedoch relevant für die lokalen Machtkonstellationen.

---

[138] Zur Situation der kleinbäuerlichen Landwirtschaft in der Zona Bragantina vgl. HURTIENNE 1998 und zu Siedlungsgeschichte der Zona Bragantina vgl. PENTEADO 1967.
[139] Jährliche Erhebung des IBGE: "Produção Agrícola Municipal" von 2005. Download bei: ftp://ftp.ibge.gov.br/Producao_Agricola/Producao_Agricola_Municipal_[anual]/ 2005
[140] Quelle: PPM - Pesquisa da Pecuária Municipal 2005 - ftp://ftp.ibge.gov.br/Producao_Pecuaria/Producao_da_Pecuaria_Municipal_[anual]/2005/

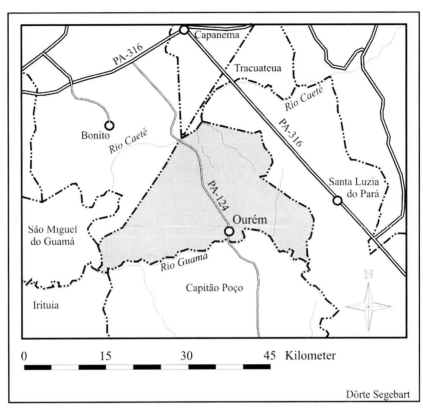

Karte 3: Die Gemeinde Ourém

In der partizipativen ländlichen Situationsanalyse (DRP, *Diagnóstico Rural Participativo*), die 1999 durchgeführt wurde (CMDRS Ourém 1999), identifizierten die beteiligten Akteure folgende Probleme in der landwirtschaftlichen Entwicklung: Neben der ungerechten Landbesitzverteilung (vgl. Tabelle 16) leidet die kleinbäuerliche Landwirtschaft unter einer Verknappung der Anbauflächen bedingt durch die für die Tropen typischen Probleme des Verlustes der Bodenfruchtbarkeit sowie der Degradation und Erosion durch den häufig praktizierten Brandrodungsfeldbau[141].

---

[141] Für eine Zusammenfassung der aktuellen Diskussion zu diesem Thema in der Region vgl. BÖRNER 2005:56ff.

	über 10 ha	10-100ha	100-500ha	500-2000ha	über 2000ha
Anzahl der Betriebe	602	324	39	8	2
Anteil an der Gesamtagrarfläche	3%	36%	26%	23%	12%

Quelle: CMDRS OURÉM 1999

Tabelle 16: Landbesitzverhältnisse in Ourém

Die Kleinbauern in Ourém sind relativ gut organisiert und vernetzt: Es existieren 18 Bauernvereinigungen und es war ihnen bereits gelungen eine Kooperative (COMAG – *Cooperativa Mista do Alto Guamá*) aufzubauen - wenn auch bisher nicht auf lange Zeit und ohne die notwendige ökonomische Nachhaltigkeit. Viele von ihnen waren Mitte der 90er Jahre Nutznießer des Bundesprogramms FNO geworden, das Kredite für bestimmte Anbauprodukte (z.B. Orange, Bananen, Kokosnuss, Pfeffer, Rinder) an Kleinbauern vergab sowie die Lieferung des Saatguts und die technische Beratung übernahm. Dieses Programm hatten sich die sozialen Bewegungen im Umkreis der Vereinigung der Landarbeitergewerkschaften (FETAGRI) und des Gewerkschaftsdachverbandes CUT Anfang der 90er Jahren durch öffentlichen Druck und Lobbyarbeit zur Unterstützung der kleinbäuerlichen Landwirtschaft erstritten. Aufgrund der mangelhaften oder unangepassten technischen Beratung, der Verspätung der Auszahlung der Mittel und der Lieferung von schlechtem Saatgut (vgl. CMDRS OURÉM 1999) wuchs jedoch die Unzufriedenheit der Kleinbauern mit dem Programm, das mittlerweile abgesetzt wurde. PRONAF und damit in Verbindung die Entwicklung von PMDRS stellt somit einen neuen Versuch dar, auf angepasste Art die kleinbäuerliche Landwirtschaft zu fördern.

Im Rahmen eines partizipativen Workshops (Okt. 2002) haben die Mitglieder des CMDRS die Entwicklung ihres Munizips in den letzten 10 bis 20 Jahren auf folgende Weise, unter Anwendung der Methode der 'Lebenslinie' (vgl. bspw. NEUBERT 1999) dargestellt:

	Vorher	1990	1991	1992	1993	1994	1995	1996	1997	1998	1999	2000	2001	2002
Positive Veränderungen		Reaktivierung der COMAG 1990	FNO 91/92 Für 150 Bauern					Kredite	Gründung des CMDR	Fabrik der COMAG beginnt Produktion	Erarbeitung des PMDRS			Einweihung der CFR
	Involvierte Akteure: STR, EMATER, COMAG, Bauernvereinigungen 1990: Gründung der Vereinigung 25/7; Unterstützung: FASE, Manitese								Kommunalwahlen (97); Soziale Bewegung erhält das Landwirtschaftssekretariat und das Sekretariat für Soziales		Erste Kommunalkonferenz für kleinbäuerl. Landwirtschaft			
Veränderungen −/+	Gründung STR 1973					Bündelung der kleinbäuerlichen Produktion durch die COMAG		Einrichtung Verkaufsstand der COMAG in der CEASA	Mechanisierung der Landwirtschaft	PRONAF begann mit Infrastrukturfinanzierungen 98 und individuellen Krediten 99/00				
	In den 80ern: Restrukturierung der STR, Unterstützung von FASE u.a.							letzter FNO, danach nichts mehr: Rinder, Cupuaçu, Kokosnuss	Erstes Treffen mit PRORENDA Salinas (97) Stabilisierungsphase 94-98					
Negative Veränderungen			~ 50% der Bauern kommen nicht voran			BASA expandiert FNO zu sehr		Verlust der landwirtschaftl. Produktion (Acerola, Banane) aufgrund fehlender Vermarktungsmechanismen, Gelder für die Fabrik wurden zu spät freigegeben			Letzte Gelder vom FNO: Rinder, Pfeffer, Kokosnuss 2000		Fabrik hat ihre Produktion eingestellt	
											Soziale Probleme: Drogen, Gewalt	Arbeitslosigkeit,		

Abb. 39: Partizipativ erarbeitete 'Lebenslinie' des Munizips Ourém (1990-2002)

1.3.2.2 Der Monitoringprozess in Ourém

In Ourém wurde mit einer ersten Auswertung der Umsetzung des PMDRS im Oktober 2001 begonnen und damit bereits eine Diskussion über Monitoring des PMDRS angeregt.

Dabei wurde deutlich, dass kaum jemand den Plan nach seiner Erarbeitung und Verabschiedung 1999 bewusst in der Hand gehabt hatte und dass generell den lokalen Akteuren der Umsetzungsprozess des PMDRS unklar ist. Bereits Ende 1999 machte eine Studie, die durch IBAM im Auftrag von PRORENDA und in Kooperation mit PRONAF in acht Munizipien in Pará, darunter auch Ourém, durchgeführt wurde, darauf aufmerksam, wie viel Unklarheit im Bereich Steuerung, Umsetzung und Monitoring des Programms PRONAF und bezüglich entsprechender Verantwortlichkeiten unter den Akteuren in den Munizipien herrscht oder herrschte (PRONAF/IBAM/GTZ 2000b):

> „Der Bürgermeister von Ourém informierte, dass eine regelmäßige und systematische Begleitung von PRONAF in der Gemeinde existiert, die vom CMDR durchgeführt wird. Aus diesem Grund weiss er nicht, welche Aspekte monitoriert werden und ob sie in standardisierten und systematischen Formularen aufgenommen werden. Er weiss auch nicht, ob es regelmäßige Treffen des (lokalen) Expertenteams gibt oder eine Supervision durch Fachleute, die nicht aus der Gemeinde stammen.
>
> Die interviewten Nutzniesser des Programmes gaben an, dass sie keine Information, die mit einem Monitoring von PRONAF zu tun hätte, an irgendeine Behörde oder Institution, die mit dem Programm verbunden ist, weitergegeben hätten." (PRONAF/IBAM/GTZ 2000b:23f.)[142]

Die Vorstellung des Monitoringvorschlags im CMDRS fand erst Ende Februar 2002 statt, weil der Präsident des CMDRS die verabredeten Treffen jeweils platzen ließ, indem er die Mitglieder nicht über das jeweilige Treffen informierte. Das Monitoringtraining, an dem fünfzehn Personen teilnahmen, fand im März 2002 statt. Die Teilnehmenden am Training entschieden, dass die Mitglieder des Monitoringkomitees jedoch noch nicht, sondern erst nach der Wahl des neuen Vorstands des CMDRS gewählt werden sollten. Diese Wahl wurde jedoch aus juristischen und politischen Gründen erst im März 2003 durchgeführt, bis dahin tagte auch der CMDRS nicht. Bei regelmäßigen Aufenthalten in Ourém zum Versuch der Reaktivierung des CMDRS und des Monitorings bekundeten die Beteiligten immer wieder Interesse am Monitoring und an der Kontinuität der Arbeit des CMDRS. Es gelang ihnen jedoch nicht, sich schneller politisch zu einigen.

---

[142] „O prefeito de Ourém informou que existe um acompanhamento regular e sistemático do PRONAF no Município, desenvolvido pelo CMDR. Por esse motivo, não conhece os aspectos que são monitorados e se são registrados em fichas padronizadas ou sistematizadas. Desconhece, também, se há reuniões regulares da equipe técnica ou supervisão de técnicos de nível extramunicipal.
Os usuários do Programa entrevistados declararam não fornecer qualquer informação relacionada com o monitoramento do PRONAF, a qualquer Órgão ou Entidade a ele vinculada." (PRONAF/IBAM/GTZ 2000b:23f.)

Einige der im Monitoringtraining provisorisch ernannten Mitglieder des Monitoringkomitees gründeten jedoch Ende 2002 eine autonome Monitoringgruppe, die es sich zur Aufgabe gemacht hatte, die öffentlichen Einnahmen und Ausgaben der Munizipverwaltung zu kontrollieren. Diese Gruppe hat weder eine demokratische Legitimierung, noch eine klar definierte interne Organisationsstruktur. Ihr Einfluss, ihre Sichtbarkeit und Wirkung sind bisher noch sehr limitiert.

1.3.2.3 Analyse

Diese Analyse folgt den unter 1.2 vorgeschlagenen Analysekategorien. Sie basiert auf Informationen und Daten, die durch die in dieser Arbeit angewandten empirischen Untersuchungsmethoden (vgl. II.3.2.2) gewonnen wurden.

a) Akteure

Ourém ist gekennzeichnet durch eine starke und aktive Zivilgesellschaft, so scheint es jedenfalls auf dem ersten Blick. Gleichzeitig ist die Munizipverwaltung auffällig wenig präsent im öffentlichen Leben. Der Bürgermeister hält sich, wie in vielen ländlichen Gemeinden Parás, selten innerhalb der Gemeindegrenzen und noch viel weniger in seinem Amtszimmer im Rathaus auf. Den Amtgeschäften kommt er kaum nach, aber das ist kein Grund nicht wiedergewählt zu werden: 2001 begann er sein zweites Mandat.

Während seines ersten Mandates (1997-2000) wurde er sogar von den Mitgliedern der Arbeiterpartei (PT) und damit von dem Großteil der Zivilgesellschaft unterstützt, die im Gegenzug das kommunale Landwirtschaftssekretariat (SEMAGRI, *Secretaria Municipal de Agricultura*) übernehmen durften. Joana,[143] die bereits Erfahrungen als Vorsitzende in der Landarbeitergewerkschaft (STR) in Ourém gesammelt hatte, übernahm nun die Position der kommunalen Agrarsekretärin. Sie wurde ebenfalls zur Präsidentin des kommunalen Beirats für nachhaltige ländliche Entwicklung (CMDRS) gewählt. Der von 2001-2004 amtierende Landwirtschaftssekretär, hatte den Posten bereits 1993-1996 ausgeübt und während Joana ihn übernahm, war dieser weiterhin als Mitarbeiter in der SEMAGRI angestellt. Dem Präsident des CMDRS ab 2001 und Chef des lokalen Büros der EMATER in Ourém wurde seine Präsidentschaft vom Bürgermeister und vom Agrarsekretär aufgedrängt, damit der CMDRS stärker von der Stadtverwaltung und den entsprechenden politischen Positionen beeinflusst werden kann.

Ihm ist nicht an einem funktionsfähigen CMDRS gelegen, er empfindet ihn vielmehr als Zeitverschwendung. Für die Umsetzung des PMDRS fühlt er sich nicht verantwortlich. Er beruft keine Sitzungen von sich aus ein und achtet auch nicht auf eine kontinuierliche Dokumentation der Arbeit des CMDRS.

Die Zivilgesellschaft in Ourém verfügte bereits in den 1970er und 80er Jahren über herausragende Führungspersönlichkeiten, die in der Landarbeiterbewegung stark aktiv waren, auch

---

[143] Die Namen der Akteure der Fallbeispiele wurden verändert.

während der Militärdiktatur, beispielsweise Joanas Onkel João. Aus diesem Grunde kam es bereits 1973 zur Gründung der Landarbeitergewerkschaft (STR) im Munizip. Sie ist heute in der Region sehr gut vernetzt und kooperiert mit vielen Organisationen der Zivilgesellschaft.

Innerhalb der Zivilgesellschaft in Ourém herrscht eine kleine aktive Gruppe, die auch den Kern der Arbeiterpartei PT im Munizip darstellt und deren Mitglieder alle derselben Strömung (*tendência*) innerhalb der PT angehören.[144] Im Folgenden wird diese Gruppe als Opposition bezeichnet, nicht weil nur sie die Opposition in Ourém stellen würde, im Gegenteil: Zum einen gibt es einige andere Akteure, die der Opposition zugerechnet werden können und zum anderen waren sie von 1997-2000 sogar durch die Stellung der Agrarsekretärin direkt an der Regierung beteiligt. Vielmehr artikulieren sie sich politisch als Gruppe am stärksten gegen den amtierenden Bürgermeister. Darüber hinaus charakterisieren sie sich selbst stets als Opposition.

> „Der Vertreter der Gemeinde Furo Novo [Stadtteil der Großgemeinde Ourém, D.S.] bestätigte, dass 80% der Beiratsmitglieder Teil der politischen Opposition zum Bürgermeister sind, was auch zu politischen Konflikten innerhalb des Beirats führt." (PRONAF/IBAM/GTZ 2000b:25)[145]

Die Oppositionsgruppe stellt meistens die PräsidentInnen der Landarbeitergewerkschaft (STR), der Bauernkooperative COMAG, der wichtigsten und infrastrukturell am besten ausgestatteten Bauernvereinigung 25/7 (*25 de Julho*), der Landwirtschaftsschule, des CMDRS und des PD/As[146].

Die Zivilgesellschaft umfasst noch weitere Akteure, die jedoch oftmals nicht im Zentrum der Kooperation mit PRORENDA standen, da sie nicht oder nur sporadisch im CMDRS vertreten waren. Dazu gehörten zwei Frauen, die sich zunächst lange in der COMAG im Vorstand und in der Vermarktung engagiert hatten, jedoch mit den dort herrschenden, klientelistischen Verhaltensweisen nicht zurecht kamen, und gleichzeitig führende Rollen in der katholischen Kirche, im kommunalen Radio und in dem von der Regierung implementierten partizipativen Sozialprogramm Forum DLIS[147] spielten. Eine der beiden setzte sich bewusst ein, um den

---

[144] Es gibt auch andere Mitglieder der PT in Ourém, wenn auch sehr wenige, die jedoch einer anderen Strömung angehören und möglicherweise auch aus diesem Grund nicht zu der kleinen Gruppe der sogenannten „Opposition" gehören. Die Oppositionsgruppe gehört einer wichtigen Tendenz innerhalb der PT an, der *Democracia socialista* (DS).

[145] „O representante da Comunidade de Furo Novo afirmou (...) que 80% dos conselheiros fazem parte da oposição política ao Prefeito, o que gera conflitos políticos também dentro do Conselho." (PRONAF/IBAM/GTZ 2000b:25)

[146] Ein Projekt der internationalen Kooperation im Rahmen des Pilotprogramms zum Schutz des Regenwaldes der G-7-Staaten (PPG7), das auf zwei Jahre befristete Projekte (teilweise mit Verlängerungsmöglichkeit) lokaler NRO zur nachhaltigen Ressourcennutzung finanziert. In Ourém wurden Aktivitäten der Bauernvereinigung 25/7 unterstützt.

[147] DLIS (= *desenvolvimento local integrado sustentável* - lokale integrierte nachhaltige Entwicklung) wurde noch während der Amtszeit des Präsidenten Fernando Henrique Cardoso eingeführt und stellt eine Weiterentwicklung des vorherigen Programmes *Comunidade Ativa* dar. Beide basieren ebenfalls auf der partizipativen Erarbeitung von Entwicklungsplänen.

Konflikt im CMDRS zu lösen, indem sie immer wieder die Oppositionsgruppe und den Präsidenten des CMDRS und den Agrarsekretär auf die Notwendigkeit der Reaktivierung des Beirates ansprach.

Ourém gehört zu den Munizipien, in denen PRORENDA tätig wurde, um Konzepte für eine nachhaltige lokale Entwicklung für das Landwirtschaftsministerium von Pará zu entwickeln. Zu den erprobten Konzepten gehören eine systematische partizipative Erarbeitung von Entwicklungsplänen und die Integration von nachhaltigen Landnutzungsformen in der kleinbäuerlichen Landwirtschaft. Hier sind im besonderen Agroforstsysteme und Bienenhaltung zu nennen. Ursprünglicher Kooperationspartner von PRORENDA war der staatliche landwirtschaftliche Beratungsdienst (EMATER) mit dem die Zusammenarbeit jedoch aus mehreren Gründen unbefriedigend verlief. PRORENDA orientierte daher ab 1998 seine Aktivitäten an einem bereits bestehenden und gut funktionierenden Politiknetzwerk[148], mit dem auch bereits der DED zusammengearbeitet hatte. Dieses Netzwerk basiert, wie die lokale Oppositionsgruppe auch, auf gemeinsamen politischen Einstellungen. Alle involvierten Gruppen stehen der PT nah und gehören zum größten Teil sogar derselben Strömung innerhalb der Partei an. Eine wichtige Rolle in diesem Politiknetzwerk spielt Roberto, der seit Jahrzehnten in der Region politisch aktiv ist und seit 2001 auch persönlicher Berater des Bürgermeisters von São Domingos arbeitete. Er stellte stets eine wichtige Verbindungsfigur zwischen PRORENDA und den Akteuren in den Munizipien und auch speziell zwischen den Akteuren in Ourém und denen in São Domingos dar. Er unterstützte sehr stark die Idee der partizipativen Erarbeitung des PMDRS und nahm an den Weiterbildungen von PRORENDA in diesem Bereich teil, wie viele andere Schlüsselfiguren oder Vertreter von Schlüsselinstitutionen des Politiknetzwerkes.

b) Beziehungen

Die zentrale Instanz der Erarbeitung und Umsetzung des PMDRS und damit auch für das Monitoring ist der CMDRS. Der CMDRS und sein Handeln sind stark von der jeweiligen Präsidentschaft des CMDRS geprägt.

Die partizipative Erarbeitung des PMDRS fand v.a. durch die enge Kooperation zwischen PRORENDA und der Oppositionsgruppe statt. Diese belegte zu diesem Zeitpunkt die Präsidentschaft des CMDRS durch João und das Landwirtschaftssekretariat (SEMAGRI) durch Joana. Der PMDRS wurde von ihnen als ein nützliches Instrument zur Umsetzung einer an Kleinbauern orientierten kommunalen Landwirtschaftspolitik gewertet, mit dem sie somit ihr eigenes Politikprogramm realisieren konnten. Mit den veränderten politischen Verhältnis-

---

[148] vgl. zu Politiknetzwerken die Ausführungen in II.1.1. Das konkrete Politiknetzwerk im Nordosten Parás besteht u.a. aus den folgenden Institutionen, bzw. Personen in diesen Institutionen: FETAGRI, STRs, FASE, FANEP, MMNEPA, FAPIC, PRORENDA, ATRAI, DED. Das Konzept der Politiknetzwerke hat einen bewusst offenen Charakter: Bei der Konkretisierung des Netzwerkes in verschiedenen Projekten oder Programmen, z.B. PROAMBIENTE, öffnet es sich für viele weitere Institutionen. Im Fall von PROAMBIENTE in São Domingos do Capim beispielsweise für IPAM, MMA, IMAZON, Embrapa u.a..

sen (Verlust des CMDRS und der SEMAGRI) verlor für sie auch die Umsetzung des PMDRS an Bedeutung. Eine erfolgreiche Umsetzung des PMDRS würde der Stadtverwaltung und nicht der Oppositionsgruppe Anerkennung sichern.

Die Kommunikation zwischen EMATER und SEMAGRI auf der einen und der Oppositionsgruppe (STR, COMAG, 25/7, CFR) auf der anderen Seite war ab 2001 stark limitiert und zeitweise blockiert.

Die beiden Frauen, die ursprünglich in der COMAG und dem CMDRS sehr aktiv waren, haben durch ihre Mitarbeit in den von der Bundesregierung initiierten Programmen zur nachhaltigen lokalen Entwicklung (*Comunidade Ativa* und das Nachfolgeprogramm DLIS) einen stärkeren Kontakt zur Kommunalverwaltung, obwohl sie politisch der Oppositionsgruppe zuzuordnen sind. Sie sind durch diese Zwitterstellung eher doppelt marginalisiert und sind stets auf der Suche nach offenen politischen Räumen (z.B. Kirchengemeinde, DLIS, Kommunales Radio, Imkervereinigung), die dann jedoch auch sehr schnell politisch belegt und dominiert werden.

Generell lassen sich in Ourém zwei große Lager beschreiben: auf der einen Seite die Oppositionsgruppe, die durch die Landarbeitergewerkschaft auch fast alle Kleinbauernvereinigungen hinter sich hat. Durch das Politiknetzwerk erhalten sie stets starke Unterstützung auch finanzieller Art von NROs (z.B. FASE) und bi- oder internationalen Institutionen, u.a. PRORENDA. Die meisten Aktivitäten im Bereich nachhaltiger ländlicher Entwicklung im Munizip waren über das Politiknetzwerk artikuliert worden.

Auf der anderen Seite stehen der Bürgermeister und damit in 2001 und 2002 auch die Landes- und Bundesregierung, der Agrarsekretär, das lokale EMATER-Büro, die städtischen und ländlichen Eliten des Munizips.

Das Monitoring sollte die Akteure beider Lager in Diskussionen zusammenbringen.

c) Raum

Materielle Räume sind in Ourém kaum von politischen und symbolischen Handlungsspielräumen zu trennen. Seit der Gründung der Landarbeitergewerkschaft (1973) und ihrer Revitalisierung in den 80er Jahren konnte die Zivilgesellschaft und speziell die Opposition ein Wachstum und eine Stärkung verzeichnen, was sich auch im Raum materialisierte: Die Gewerkschaft besitzt in der Stadt Ourém ein Haus, das seit Jahren als Büro funktioniert. Mittlerweile wurde in das Haus eine Küche eingebaut und seit drei Jahren verfügt es über einen großen überdachten Versammlungsraum, in dem auch übernachtet werden kann. Nach der Gründung der Kooperative (COMAG) gelang es dieser, zwei Büroräume sowie eine kleine Fabrik mit Verkaufsraum im Zentrum der Stadt aufzubauen und ihr Eigen zu nennen. Anfang der Neunziger Jahre wurde die Bauernvereinigung 25/7 gegründet, die mit Unterstützung einer italienischen NRO ein großes Gelände in der Nähe der Stadt Ourém kaufen und dort ein Versammlungshaus, eine Baumschule, mehrere Modellflächen für Agroforstsysteme sowie Bienenstöcke implantieren konnte. 2003 kam noch ein Anbau für die zukünftige von der Opposition organisierte Landwirtschaftsschule (*Casa Familiar Rural*) hinzu. Die Opposition ist damit auch physisch in Ourém nicht zu übersehen. Die Nutzung dieser Räume wurde auch genau so gehandhabt: die Räume gehören alle der Opposition und können ganz variabel für diese eingesetzt werden.

Die Erarbeitung des PMDRS und die Sitzungen des CMDRS hatten bis Ende 2000 immer in der 25/7 stattgefunden, auch die Evaluierung der Umsetzung des PMDRS wurde dort durchgeführt. Mit der neuen Präsidentschaft des CMDRS ab 2001 wechselte auch bewusst oder gezwungenermaßen der Versammlungsraum. Es wurde nun stets in jeweils extra organisierten Räumen getagt (z.B. Kirche, Seniorenclub, Bibliothek, Räume einer anderen Bauernvereinigung), da der CMDRS noch nie einen eigenen Raum besessen hatte und sich zu dem Zeitpunkt wohl keinen aneignen wollte. Dadurch wurde er aus dem Oppositionsraum herausgeholt und war dadurch möglicherweise offener und sichtbarer. Ebenfalls ist denkbar, dass die Opposition den CMDRS ab 2001 absichtlich aus ihren Räumen ausgeschlossen hat oder aber die neue Präsidentschaft des CMDRS sich von der bisherigen Phase und damit der Opposition und ihren Räumen bewusst distanzieren wollte. Sicher ist, dass die 25/7 als Raum seine zentrale Funktion als Informationsbörse und Marktplatz ab 2001 einbüßte. Der Informationsfluss gestaltete sich m.E. wesentlich beschwerlicher, träger, komplizierter, zumindest für die Informationen, die den CMDRS betrafen. Obwohl die Regierung dem CMDRS nie den gebührenden Stellenwert zuerkannte und einräumte, wollte sie verhindern, dass die Opposition ihn als Arena oder als Sprachrohr nutzt. Deshalb musste der Chef des lokalen EMATER-Büros die Präsidentschaft des CMDRS übernehmen. Die Rolle des CMDRS als politische Arena, als ein Feld des Kampfes, wurde von beiden Akteursgruppen anerkannt. Ab 2001 versuchten daher beide Seiten den CMDRS durch Boykott zu instrumentalisieren.

Die Besetzung öffentlicher oder zumindest offizieller politischer Räume ist für die Opposition sehr wichtig. Von 1997-2000 „besaßen" sie das Landwirtschaftssekretariat und den Beirat für nachhaltige ländliche Entwicklung (CMDRS). Sie engagierten sich in dieser Zeit sehr stark für die Landwirtschaftspolitik und speziell für die Situation der Kleinbauern in Ourém. Sie wollten jedoch ab 2001 nicht mehr in diesen Räumen agieren, weil sie nicht mehr ihnen gehörten und sie für ihre Arbeit im CMDRS in diesem Kontext ihrer Meinung nach keine Anerkennung erhalten konnten und damit implizit auch keine Wählerstimmen in zukünftigen Wahlen.

Die Demotivierung der Opposition seit der Wahl in 2000, in der es ihnen nicht gelang, mit eigenen Stadträten in den Gemeinderat gewählt zu werden oder Sekretariate zu besetzen, führte zu einer Schwächung der Opposition oder zumindest zu einer Reduzierung ihrer Aktivität im Munizip. Ihre Aktivitäten wurden vielmehr in andere Munizipien und Institutionen außerhalb Ouréms verlagert, zum Teil vermittelt durch das beschriebene Politiknetzwerk. Seit dem Wahlsieg des PT-Kandidaten Lulas bei den Bundeswahlen 2002 wurde die Zahl der in der Region aktiven Akteure weiter reduziert, da sie Positionen in der Regierung einnahmen, die nun die PT besetzen durfte. Sichtbar wird die Schwächung der Präsenz der Opposition auch im Raum: Die stillstehende Fabrik, das kaum noch funktionstüchtige Büro der

COMAG, das vorher die lebendige Schaltzentrale für alle politischen Aktionen der Opposition war, das mittlerweile verwilderte und überwucherte Gelände der 25/7, samt der Baumschule und dem bereits funktionsuntüchtigen Solartrockner (Situation 2002-2005).[149]

Obwohl die Oppositionsgruppe sich in Ourém möglicherweise vorübergehend zurückzog, gelang es ihr generell in den letzten zehn Jahren ihren Handlungsspielraum durch das Politiknetzwerk bedeutend zu vergrößern.

d) Regeln

Die Regeln, die die Nicht-Umsetzung - oder den Boykott - des Monitorings in Ourém bestimmten, lagen nicht in der grundsätzlichen Ablehnung des Monitorings, der Aktivitäten von PRORENDA oder meiner Person, sondern in politisch-strategischen Abwägungen.

Als eines der relevantesten Rituale in Ourém, so wie in vielen anderen Munizipien Brasiliens, kann der Wahlkampf bezeichnet werden, der bereits ein Jahr vor der eigentlichen Wahl beginnt und sehr viele lokale Ressourcen bindet.[150] Aber auch in der wahlkampffreien Zeit ist er stets präsent. Ursache hierfür ist unter anderem der zweijährige Wahlrhythmus[151]. Politische Institutionen, egal welcher administrativer Ebene, sind immer sowohl in die Kommunalwahlen, als auch in die Landes- und Bundeswahlen involviert. Die Parteien und deren interne Strömungen engagieren sich stets auf allen Ebenen für ihre KandidatInnen und setzen nach Möglichkeit alle ihnen zur Verfügung stehenden Ressourcen ein, beispielsweise jene, die sie innerhalb der Institution, in der sie arbeiten, aktivieren können. Zu diesen Ressourcen gehören neben politischem Einfluss die Bereitstellung von Personal, Fahrzeugen, Büromaterial und -infrastruktur wie Fax- und Kopiergeräte, Telefone, Internet, Räume, Zuweisung von Mitteln nach eigenen politischen Kriterien, bis hin zur Umwidmung und Unterschlagung von finanziellen Ressourcen. In den letzten Jahren werden diese Delikte zwar noch nicht systematisch und konsequent, aber doch strenger verfolgt unter dem Vorwurf der *'uso da máquina'* (Nutzung des Staatsapparates).

Die Institutionalisierung beispielsweise eines Monitoringsystems im Rahmen der Routinen der Stadtverwaltung ist daher sehr oft abhängig von den aktuellen politischen Akteuren, die politische Positionen in der Kommunalpolitik und -verwaltung einnehmen. Institutionelle Nachhaltigkeit, beispielsweise für ein Monitoringsystem im Rahmen der Stadtverwaltung ist daher sehr schwer herstellbar.

Wichtiger als die Koalitionsverhandlungen nach einer Wahl, sind die Verhandlungen vor der Wahl mit den unterschiedlichsten auch nicht-politischen Akteuren, bei denen es um die Unterstützung auch finanzieller Art beim Wahlkampf geht, die gegen bestimmte Politiken,

---

[149] In dieser Arbeit können nur Aussagen zur Situation bis Mai 2005 gemacht werden.

[150] FLORISBELO/GUIJT (2004:195 und 198) beschreiben ebenfalls die Rolle von Wahlen und Legislaturperioden für die Umsetzung der PMDRS in Minas Gerais/Brasilien.

[151] Die Kommunal- und die Landes- und Bundeswahlen finden alle vier Jahre statt, sind jedoch um zwei Jahre versetzt. Alle Kommunalwahlen finden gleichzeitig statt sowie alle Landes- gemeinsam mit den Bundeswahlen.

Stellen im Staatsapparat oder sonstige Vergünstigungen ausgehandelt werden. Die amtierenden Politiker befinden sich daher stets in großen finanziellen und politischen Abhängigkeiten.

In Ourém bestimmen ökonomisch wichtige Gruppen, vor allem Großgrundbesitzer, die auch im örtlichen Handel- und Dienstleistungssektor aktiv sind, die politische Zusammensetzung der Gemeindekammer sowie den Kandidaten oder die Kandidatin für das Amt des Bürgermeisters. Wie in vielen anderen Munizipien Parás finanzieren ökonomische Gruppen den Wahlkampf eines Bürgermeisterkandidaten vor, der in den allermeisten Fällen auch die Wahl gewinnt und während seiner Amtsperiode das Darlehen zurückzahlen muss. Häufig wird aus diesem Grund Geld des Munizips unterschlagen oder – wie im Fall Ouréms - Angestellte nicht bezahlt. Angestellten eines Munizips mehrere Monate keinen Lohn zu zahlen ist keine Seltenheit in Pará.

Eine wichtige Geldquelle für die Bürgermeister sind aus diesem Grund auch die extern eingeworbenen Finanzmittel wie PRONAF. Da das für die Auszahlung der Gelder zuständige Kreditinstitut, nicht über ausreichend Kapazitäten verfügt, um ein Controlling und Finanzmonitoring in den jeweiligen Munizipien direkt vor Ort vorzunehmen, ist es relativ einfach Gelder von PRONAF zu veruntreuen. Umso wichtiger ist die Funktion des Monitoringkomitees zu bewerten.

e) Ressourcen

Auch hier sind politische und symbolische Ressourcen mit materiellen Ressourcen verknüpft. Die Oppositionsgruppe hatte sich trotz wenig bis keiner eigener finanzieller Ressourcen einen gewissen politischen Handlungsspielraum erarbeitet. Ihre Stärke gründet sich stets auf ihr soziales Kapital, das sie durch ihre Kooperationen mit relativ wichtigen nationalen und internationalen Organisationen (z.B. FASE, FANEP, Manitese, DED, PPG7, PRORENDA) vergrößern konnte. Diese Kooperationen mündeten meistens in die Bereitstellung technischer Beratung und materieller sowie finanzieller Ressourcen. Mit ihrem Einsatz für die Förderung von Kleinbauern erhielten sie darüber hinaus soziale Anerkennung im Munizip, die ihr gesamtes politisches und symbolisches Kapital stärkte.

Die LandarbeiterInnengewerkschaft (STR), die in Ourém sehr aktiv ist und die oben genannten NRO und die internationale Entwicklungszusammenarbeit investieren in der gesamten Region in das Humankapital der Zivilgesellschaft durch das dezentrale Durchführen von thematischen Workshops, aber auch längerfristigen Weiterbildungen, für Mitglieder und Führungskräfte der lokalen Gewerkschaftsgruppe und weiteren sozialen Gruppierungen. In Ourém profitierte die Oppositionsgruppe sehr von dieser Stärkung ihres Humankapitals. Viele Mitglieder konnten dadurch Managementfähigkeiten über die Jahre entwickeln.

Die Oppositionsgruppe besitzt eine hohe Steuerungskapazität (*governance*), die sie sich seit Anfang der 1970er Jahre durch Erfahrungen in mehreren organisationellen Prozessen (Aufbau und Organisation von Gewerkschaften und Bauernvereinigungen, Aufbau und Steuerung einer Kooperative und einer Fabrik, Koordination von Projekten) erworben hat.

Der Präsident des CMDRS (2001-2004) und EMATER-Büroleiter sowie der kommunale Landwirtschaftssekretär Bahia haben eine relativ gute formale Berufsausbildung und erhalten in ihrer Arbeit die direkte Unterstützung des Bürgermeisters, der wiederum durch sein politisches Kapital auf die finanziellen Ressourcen der lokalen Eliten u.a. der Großgrundbesitzer zurückgreifen kann. Die zwei vorrangigen Akteursgruppen verfügen beide über hohes Human-, soziales, politisches und symbolisches Kapital, obwohl sich die verschiedenen Kapitalarten bei beiden aus sehr unterschiedlichen Quellen speisen.

Ressourcen im Bereich des Humankapitals wären für die Umsetzung des Monitorings somit ausreichend vorhanden gewesen. Sie wurden jedoch absichtlich nicht genutzt oder zumindest anders genutzt als erwartet. Sie befanden sich möglicherweise alle in einem internen Konflikt: Alle waren bemüht es PRORENDA und mir recht zu machen, aber eigentlich wollte, aus unterschiedlichen politischen Gründen, keiner der Akteure das Monitoring durchführen. So wurden die vorhandenen Ressourcen erfolgreich für den Boykott eingesetzt.

f) Ordnung

Die Abgrenzung von Gruppen und Räumen oder auch Hierarchien lässt sich in Ourém nur schwer anhand administrativer Grenzen vornehmen. Eine wichtigere Rolle scheinen parteipolitische Aktionsräume und Grenzen zu spielen. Die lokalen Akteure, auch speziell die zwei Hauptakteursgruppen, sind stark mit Akteuren auf anderen administrativen, politischen und räumlichen Ebenen direkt verbunden, zum Teil auch hierarchisch organisiert. Möglicherweise lassen sich darin parallele Partialhierarchien erkennen bzw. die Akteure oder Akteursgruppen bewegen sich in unterschiedlichen hierarchisch strukturierten Räumen. Sie selbst grenzen sich voneinander politisch ab.

Eine Unterscheidung zwischen staatlichen und nichtstaatlichen Akteursgruppen würde nahe liegen, trifft jedoch ebenfalls nicht die Realität. Die ehemalige Agrarsekretärin Joana wurde immer als Zivilgesellschaft wahrgenommen, auch beispielsweise von PRORENDA, auch als sie Teil der Stadtverwaltung war.

Ob eine Person oder eine Gruppe ein staatlicher oder nichtstaatlicher Akteur ist, hängt nur vom jeweiligen Wahlergebnis ab und ist daher nicht sehr aussagekräftig, sondern definiert nur den vorübergehenden Aktionsraum. In beiden Fällen handelt es sich um einen politischen Akteur, dessen politische Einstellung und Ausrichtung, in der Region manifestiert durch Parteizugehörigkeit und durch die Zugehörigkeit zu einer internen Strömung innerhalb der Partei, ihn verortet und einordnet.

Die institutionelle Ansiedlung des partizipativen Monitorings muss diese Ordnungen beachten, um zu wissen, wo es sich selbst am besten „einordnet".

g) Praktiken

Die für das Monitoring relevanten, involvierten Akteure oder Akteursgruppen in Ourém sind *broker*[152], sowohl die Oppositionsgruppe als auch der CMDRS-Präsident/EMATER-Chef und der Landwirtschaftssekretär. Sie haben sogar dasselbe Klientel: die kleinbäuerliche Bevölkerung. Sie sind verantwortlich für Informationsflüsse, Wissensmanagement und Informationspolitik im Bereich der landwirtschaftlichen und ländlichen Entwicklung im Munizip. Sie sind spezialisiert auf die Akquirierung von Projekten, auf das Anwerben und/oder Anbieten von technischer Beratung oder finanzieller Unterstützung sowie auf die politische Repräsentation der Kleinbauern. Für diese Klientel müssen sie die landwirtschaftliche Produktion, die *inputs*, die politische Steuerung organisieren. Hierzu gehört das Teilnehmen in politischen Gremien und Netzwerken, aber auch die ständige Beschäftigung mit dem Wahlkampf.

Neben diesem direkten Bedienen der Klientel müssen die Akteure sich ebenfalls selbst reproduzieren: sich Jobs schaffen, Jobs vergeben, Macht akkumulieren und selbst Geld dabei verdienen.

Monitoring kann in diesem Szenario eine zusätzliche Arbeitsbelastung darstellen. Es kann jedoch auch genau für diese Tätigkeiten nützlich sein, bzw. passt sich genau in den Handlungsbedarf der Akteure ein: Es kann relevant sein für das Wissensmanagement, für die Erhöhung der Steuerungsfähigkeit, für das Einwerben von Mitteln, für eine konstruktive Begleitung der Kommunalpolitik.

h) Werte

Die lokalen Akteure haben unterschiedliche *governmentalities* (vgl. II.1.1.2.1b). Sie haben sehr unterschiedliche Einstellungen zu Politik, politischer Steuerung, Beteiligung, Rechten und Pflichten. Das Spektrum reicht von hohen politischen Motivationen, die vor allem in der Oppositionsgruppe anzutreffen sind und manchmal sehr ideologisch gefärbt sind, bis hin zur bewussten persönlichen Vorteilsnahme aufgrund der gesellschaftlichen oder politischen Position.

Häufig ist jedoch eine ethische Verwischung von *rent-seeking*-Tendenzen anzutreffen. Zum einen will man sich und seinem Klientel möglichst viele materielle Vorteile schaffen, solange man sich in einer Machtposition befindet, u.a. mit der Begründung dann mit diesen Mittel einen Wahlkampf für das Wohl der Gesellschaft führen zu können. Zum anderen ist der gesellschaftliche Druck groß, in einer solchen Situation allen zu helfen, die einem bisher auch geholfen haben (oder deren Hilfe man sich für die Zukunft sichern will). Eine einflussreiche politische Position kann somit als ein persönliches gesellschaftliches Umverteilungsinstrument öffentlicher Gelder zum Wohle der Unterprivilegierten verstanden werden, das auf diese Weise ethisch legitimiert werden soll.

---

[152] Zuordnung von Problemen, Lösungen, Strategien und Akteuren in einem Netzwerk, vgl. Kapitel II.1.1.4.

Einen hohen Stellenwert nimmt meiner Beobachtung nach bei den meisten Akteuren die Loyalität in den Regeln des Zusammenlebens und -arbeitens ein, vor allem die Oppositionsgruppe in Ourém ist stark von dieser Prämisse geleitet. Dies verdeutlicht sich an verschiedenen beobachteten und diskutierten Konfliktsituationen. Meistens ging es dabei um die Vergabe von zeitlich befristeten Jobs und materiellen Ressourcen, aber auch um politische Positionierung und Unterstützung. Loyalität wird bei solchen Handlungsentscheidungen über Integrität gesetzt. Loyalität dient zur Rechtfertigung der Etablierung oder Aufrechterhaltung klientelistischer Beziehungsmuster.

Eine ehemalige Beirätin, die sich in Ourém stark sozial und politisch engagiert, mit hoher ethisch-christlicher Motivation agiert und einem strikten Ablehnen und Kritisieren von unethischer Vorteilsnahme egal aufgrund welcher Motivation, findet im Akteursspektrum in Ourém, auch auf der Seite der Oppositionsgruppe, kein Verständnis, keine Unterstützung für ihre Positionen und keine Kooperationspartner.

Das Monitoring ist ein Plädoyer für Transparenz und für die Einhaltung vereinbarter Kriterien und damit häufig unangenehm für einige Akteure. Es muss den Spagat bewältigen, sich einerseits nicht auf Loyalitäten einzulassen und andererseits einen offenen Kommunikations- und Verhandlungsraum anzubieten mit dem sich die lokalen Akteure identifizieren können.

i) Diskurse

Der Diskurs in Ourém ist von allen Seiten pro Monitoring und auch pro PRORENDA. Alle Akteure haben spezifische Bedenken bezüglich der konkreten Umsetzung des Monitorings, lehnen es jedoch zumindest nicht öffentlich ab. Der Präsident des CMDRS gibt zu, dass er das partizipative Monitoring für sehr zeitaufwändig hält. Er hätte zu viel zu tun, um Partizipation, Beiratssitzungen und Monitoring zu realisieren. Trotzdem erkennt er die Notwendigkeit an.

Generell herrscht wenig oder gar kein Diskurs über *Good Governance* im Munizip. Auch der Diskurs zu nachhaltiger Entwicklung ist verebbt oder hat noch nie so richtig gegriffen. Es existieren unterschiedliche Vorstellungen von kleinbäuerlicher Landwirtschaft und daher auch unterschiedliche Interessen den PMDRS tatsächlich umzusetzen. Im politischen Diskurs zur Unterstützung der kleinbäuerlichen Landwirtschaft schwingt auch immer ein parteipolitischer Diskurs mit.

Kommunikation zwischen den Akteuren ist daher schwierig, weil beide Seiten den anderen vorwerfen, es ginge nicht um Inhalte, sondern um ideologisch eingefärbte Diskurse. Das Monitoring hätte möglicherweise einen Diskurs über *Good Governance* im Munizip anregen können und damit eine Neupositionierung der Akteure bzw. Akteursgruppen und einen Dialog zwischen ihnen ermöglichen können.

j) Zeit

Der auffälligste Rhythmus in Ourém, der Wandel hervorruft, sind die politischen Legislaturperioden, alle zwei Jahre werden abwechselnd Kommunalwahlen oder Bundes- und Bundesstaatenwahl durchgeführt.

Die sozialen und politischen Entwicklungen in Ourém sind dynamisch, zu jeder Zeit muss eine andere Aussage gemacht werden. Das Szenario ist fluid, nichts ist fest, vor allem nicht die politischen Verhältnisse.

Der Zeitpunkt des Beginns des Monitorings, der *entry point*, war in Ourém ungünstig. Es kamen mehrere ungünstige Ereignisse zusammen: Die Mitglieder der Oppositionsgruppe, die die Hauptakteure in der Erarbeitung des PMDRS gewesen waren, hatten gerade die Wahl verloren, sie „besaßen" nun nicht mehr das kommunale Landwirtschaftssekretariat. Das PDA war gerade ausgelaufen und sie hatten daher keine finanziellen und personellen Ressourcen mehr, sich richtig um die verschiedenen Einrichtungen und Aktivitäten der 25/7 zu kümmern. Auch PRORENDA hatte seine Aktivitäten zum selben Moment stärker in andere Munizipien verlagert, beispielsweise nach São Domingos do Capim. Also auch Projektlaufzeiten prägen markant das Leben und Arbeiten der lokalen Akteure und damit die Entwicklungen im Munizip. Jedes Projekt und die meisten externe Akteure, die im Munizip tätig werden, agieren zeitlich begrenzt und haben teilweise eher *Event*-Charakter. Diese *Events* prägen entscheidend die Rhythmen und Entwicklungen des Munizips.

Die Akteure der Oppositionsgruppe waren enttäuscht und demotiviert und konnten aus politisch-strategischen Gründen nicht mit dem neuen Präsidenten des CMDRS zusammenarbeiten, der gleichzeitig sehr desinteressiert an Monitoring, an neuen Verfahren politischer Partizipation, Transparenz und der Arbeit des CMDRS generell war.

<u>1.3.2.4 Zwischenfazit</u>

In Ourém hatten positive Ausgangsbedingungen für Monitoring existiert: positive Vorerfahrungen mit Partizipation, eine aktive Arbeit des CMDRS, politische Akteure mit gesellschaftlichem Anspruch in der Gremienarbeit, einem guten Bildungsniveau und Selbstorganisationskapazitäten. Der Zeitpunkt, zu dem das Monitoring beginnen sollte, vereinte jedoch mehrere ungünstige Faktoren. Vor allem fehlte es bei allen beteiligten Akteuren am politischen Willen. Der Boykott des CMDRS durch die Oppositionsgruppe dehnte sich auch auf die Monitoringaktivitäten aus.

Alle lokalen Akteure diskutierten Monitoring stets als etwas Positives. Ein gut funktionierendes Monitoring hätte ihrer Einschätzung nach für die Arbeit des derzeitigen Agrarsekretärs und des amtierenden Präsidenten des CMDRS, die beide dem Bürgermeister sehr nah stehen, ein positives Steuerungsinstrument dargestellt und damit die Qualität ihrer Arbeit ‚unverdient' verbessert. Dies galt es zu verhindern. Für den Präsidenten des CMDRS schien das Monitoring nie eine Wichtigkeit zu besitzen, er verband es vielmehr mit Mehrarbeit. Eine größere Transparenz der Arbeit des CMDRS und des Landwirtschaftssekretariats bedeutet auch mehr

Angriffsfläche für Kritik und damit mehr Druck und mehr Arbeit. Daher war auch er stets bemüht, die Umsetzung des Monitorings so lange wie möglich zu verhindern. Ein Versuch einer akteursspezifischen Einordnung des gegründeten, aber nie funktionierenden Monitoringkomitees sowie der autonom gegründeten Monitoringgruppe stellt die folgende Abbildung (Abb.40) dar. Es wurde ebenfalls versucht, den Einfluss und das Interesse am Monitoring der jeweiligen Akteure graphisch zu berücksichtigen.

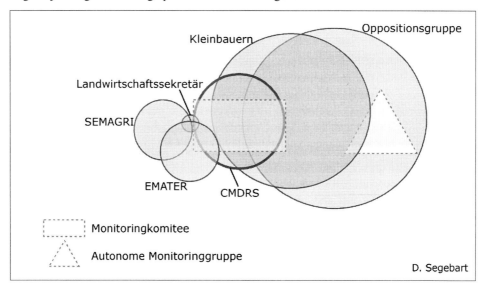

Abb. 40: Institutionelle und akteursspezifische Einbettung des Monitoringkomitees und der autonomen Monitoringgruppe in Ourém

1.3.3 Fallstudie São Domingos do Capim

Auch in diesem Unterkapitel wird zunächst der Munizip kurz skizziert (1.3.3.1), die Umsetzung des partizipativen Monitorings in São Domingos do Capim beschrieben (1.3.3.2) und im Anschluss eine Analyse vorgenommen (1.3.3.3). Das Zwischenfazit (1.3.3.4) fasst die wichtigsten Punkte noch einmal zusammen.

1.3.3.1 Der Munizip São Domingos do Capim

Der Munizip São Domingos do Capim (vgl. Karte 4) liegt im Nordosten des Bundesstaates Pará, ca. 180 km von Belém, der Hauptstadt des Bundesstaates entfernt (vgl. Karte 1). São Domingos hat eine Größe von 1691 km^2 und ca. 28.000 EinwohnerInnen (IBGE, Zensus 2000).

Der Munizip ist mit einer jährlichen Produktion von 49.000 t ein großer Maniokproduzent in Pará. Die Maniokproduktion findet in São Domingos fast ausschließlich in kleinbäuerlichen Betrieben statt. Maniok ist mit 3500 ha flächenmäßig die weit dominierende Kulturpflanze im Munizip und mit 3.920.000 R$/Jahr stellt sie über 50% der jährlichen Einnahmen des Munizips durch Kulturpflanzen dar. Im Vergleich mit anderen Munizipien in der Region (z.B. Ourém) ist die Maniokproduktion im Munizip jedoch mit einem Erlös von durchschnittlich 1120R$/ha nicht sehr rentabel. Weitere Anbauprodukte sind v.a. Bananen (3.715 t), Mais (1080 t), schwarzer Pfeffer (320t) und Açaí. (IBGE 2005)[153]

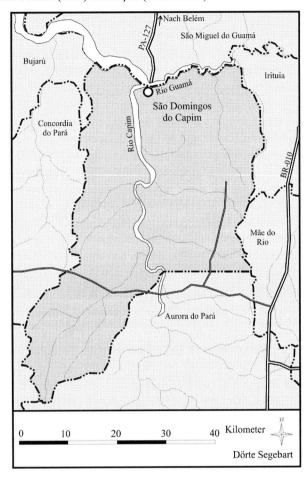

Karte 4: Die Gemeinde São Domingos do Capim

Es existieren ebenfalls ein paar große Rinderfarmen, die jedoch mit einem Viehbestand von 21.578[154] im regionalen Vergleich nur eine geringe Produktion aufweisen. Nur knapp 20% der EinwohnerInnen leben in der Stadt, rund 80% der Bevölkerung leben relativ isoliert im

---

[153] Jährliche Erhebung des IBGE: "Produção Agrícola Municipal" von 2005. Download bei: ftp://ftp.ibge.gov.br/Producao_Agricola/Producao_Agricola_Municipal_[anual]/ 2005
[154] Quelle: PPM - Pesquisa da Pecuária Municipal 2005 - ftp://ftp.ibge.gov.br/Producao_Pecuaria/Producao_da_Pecuaria_Municipal_[anual]/2005/

ländlichen Raum (IBGE 2000). Die Gemeinde besitzt noch eine Waldbedeckung von 80%. Es gibt nur wenige Verbindungsstraßen, keine davon ist asphaltiert. Viele Lokalitäten sind nur per Boot zu erreichen. Die Infrastruktursituation im ländlichen Raum ist prekär und die Kommunikation sowie die Vermarktung von landwirtschaftlichen Produkten sehr schwierig. Weniger als 30% der ländlichen Ansiedlungen haben Stromanschluss und weniger als 10% Zugang zu aufbereiteten Trinkwasser (CMDRS 2001). Der Munizip zählt heute 22 Bauernvereinigungen und zwei Gewerkschaften. Die Landarbeitergewerkschaft wurde bereits 1966 gegründet, vertrat jedoch zunächst einen stark assistenzialistischen Ansatz. 1995 gelang es unter Mitwirkung von katholischen Priestern eine eigenständige Gewerkschaft im Sinne einer Interessensvertretung der Kleinbauern zu gründen.

In São Domingos wurde im Jahr 2000 ein seit Jahren in der sozialen Bewegung aktiver Priester zum Bürgermeister gewählt. Zu seinem Berater benannte er einen langjährigen PT-Politiker und Gewerkschaftsaktivisten, der bereits in anderen Kommunen mit einem Projekt der deutsch-brasilianischen Entwicklungszusammenarbeit (PRORENDA) im Rahmen der partizipativen Erarbeitung von kommunalen Entwicklungsplänen (PMDRS) und Stärkung der Beiräte für nachhaltige ländliche Entwicklung (CMDRS) für PRONAF gearbeitet hatte und diese Institutionen und die entsprechenden Ansätze in die Gemeinde einführte. Dazu gehörten auch seine Erfahrungen mit Agroforstsystemen in anderen Kommunen. Der Agrarsekretär, lokal verankert und politisch aktiv, ein diplomierter Agrarwissenschaftler, kam darüber hinaus aus einem akademischen Umfeld, in dem zu nachhaltiger Landwirtschaft geforscht wurde.

1.3.3.2 Der Monitoringprozess in São Domingos do Capim

Der Ablauf des Monitoringprozesses in São Domingos do Capim wurde in Kapitel III bereits ausführlich beschreiben. An dieser Stelle werden nur noch mal die wichtigsten Fakten genannt. Aufgrund der Erfahrungen mit der schwierigen Umsetzung des PMDRS in anderen Munizipien wurde die Idee des Monitorings bereits gleich nach der Erarbeitung des PMDRS im Jahr 2001 mit den involvierten Akteuren vorbesprochen und das weitere Vorgehen geplant. Im Januar 2002 wurde der Monitoringvorschlag im kommunalen Beirat für nachhaltige ländliche Entwicklung (CMDRS) vorgestellt und etwas später ein zweitägiges Training durchgeführt, an dem mehrere Mitglieder des CMDRS teilnahmen. Im Anschluss wurde ein Monitoringkomitee gewählt. Von Februar 2002 bis September 2003 fanden monatliche Treffen des Monitoringkomitees statt, die ich stets begleitete. Darüber hinaus wurden weitere Aktivitäten des Landwirtschaftssekretariats und des CMDRS im Munizip begleitet, die mit der Auswertung und Reformulierung des PMDRS zu tun hatten, sowie an den Sitzungen des CMDRS teilgenommen, da dort ebenfalls der PMDRS und das Monitoring diskutiert wurde. Im Oktober 2003 trat der kommunale Landwirtschaftssekretär aus politischen Gründen von seinem Amt zurück. Unter dem nachfolgenden Landwirtschaftssekretär wurden das Monitoring und zunächst auch die regelmäßigen Treffen des CMDRS weder politisch noch organisatorisch unterstützt. Die regelmäßigen Treffen des Monitoringkomitees brachen damit ab und wurden bisher nicht fortgesetzt.

1.3.3.3 Analyse

a) Akteure

Zwei der relevantesten Akteure in São Domingos waren der kommunale Landwirtschaftssekretär sowie der Berater des Bürgermeisters. Sie waren vom Bürgermeister eingesetzt worden. Zu Beginn des Mandats gehörten alle drei derselben Partei an.[155]

Der Bürgermeister (2001-2004) selbst ist ein katholischer Priester, der sich stets in den sozialen Bewegungen im Munizip und speziell für die kleinbäuerliche Landwirtschaft und ihre gewerkschaftliche Vertretung eingesetzt hatte. Zum wichtigsten Verbindungsglied und Kommunikationskanal zwischen dem Landwirtschaftssekretariat und der kleinbäuerlichen Bevölkerung entwickelte sich der reaktivierte Beirat für ländliche Entwicklung (CMDRS). Eine weitere nicht unwichtige Akteursposition nahm PRORENDA in São Domingos in diesem Zeitraum ein.

Das Politiknetzwerk, von dem in Ourém die Rede war, spielt auch in São Domingos eine Rolle und setzt sich aus denselben Akteuren zusammen. Die wichtigsten Akteure des Netzwerks für den partizipativen Prozess der Erarbeitung, Umsetzung und Monitoring des PMDRS sind der Agrarsekretär, der Berater und PRORENDA. In parallel dazu verlaufenden Aktivitäten im Agroforstbereich und in der Bienenhaltung kommen darüber hinaus noch der DED, FAPIC, FCAP, CIFOR, PROAMBIENTE und einzelne Akteure von der Vereinigung 25/7 aus Ourém dazu.

In São Domingos unterstützte das Landwirtschaftssekretariat (SEAMA, *Secretaria Municipal de Agricultura e Meio Ambiente*) das Politik-Netzwerk, integrierte die meisten seiner Aktivitäten im Bereich kleinbäuerliche Landwirtschaft in das Netzwerk, stärkte es dadurch und festigte hiermit selbst seine politische Position in der Gemeinde. Darüber hinaus stärkte sich die Position des Landwirtschaftssekretärs im Politik-Netzwerk wodurch es ihm gelang das Netzwerk signifikant zu steuern. Nach dem Ausscheiden aus der Kommunalverwaltung wurden sie sofort vom Netzwerk absorbiert: ihnen wurden neue Tätigkeitsfelder zugewiesen, es wurden für sie neue Jobs geschaffen oder bereits bestehende vermittelt, so dass ihre weitere politische Tätigkeit sowie ihr finanzielles Einkommen gesichert wurden.

b) Beziehungen

Charakteristisch für den Prozess in São Domingos do Capim ist das Ausprobieren neuer Formen der *Governance*, der politischen Beziehungen zwischen Staat und Bevölkerung, auf Initiative der SEAMA. Hier lassen sich einige Beispiele für *state-society-synergies* finden. Die SEAMA initiierte ab 2001 beispielsweise eine partizipative Gemeindeanalyse, einen partizipativ erarbeiteten Vier-Jahres-Plan, eine Gemeindekonferenz, das partizipative Monito-

---

[155] Der Bürgermeister wechselte im Laufe der Legislaturperiode die Partei und machte zunehmend mehr Zugeständnisse an die lokalen Eliten. Im Oktober 2003 traten daher die drei von ihm eingesetzten Sekretäre, die alle der PT angehörten, sowie der persönliche Berater, gemeinsam aus Protest von ihren Ämtern zurück.

ring, die Wiederbelebung des CMDRS, öffentliche thematisch Konsultationsprozesse (*audiências públicas*), interne *team-building*- und *institution-building*-Aktivitäten und mehr.

Weiterhin experimentierten der Agrarsekretär und der Berater mit neuen Formen der Kooperation mit Akteuren aus dem Staatsapparat, mit NRO, Gewerkschaften, Universitäten, der freien Wirtschaft oder mit Projekten der internationalen technischen Zusammenarbeit wie PRORENDA. Inhaltlich ging es dabei u.a. um die Entwicklung eines angepassten ländlichen Entwicklungskonzeptes, um einkommensschaffende Maßnahmen für Kleinbauern, um Agroforstsysteme und Umweltdienstleistungen.

Synergiebeziehungen konnten etabliert werden zwischen SEAMA, CMDRS und der EMATER sowie zwischen SEAMA und dem Monitoringkomitee. Durch einen regelmäßigen gemeinsamen Planungsprozess von CMDRS, EMATER, SEAMA - Institutionen, die auch alle im Monitoringkomitee vertreten waren – konnten gemeinsame Aktivitäten oder aber arbeitsteilige Verfahren besser koordiniert und dadurch gefördert werden. So etablierte sich beispielsweise ein gut funktionierendes System gemeinsamer landwirtschaftlicher Beratung durch SEAMA und EMATER, die ebenfalls dieselbe Infrastruktur (z.B. Büro, Computer und Transportmittel) nutzten.

Die Beziehung zwischen SEAMA und PRORENDA war nicht nur synergetisch; sie konnte fast als symbiotisch charakterisiert werden: PRORENDA konnte durch die SEAMA alle ihre programmatischen Ideen testen und umsetzen. São Domingos entwickelte sich zum Modellmunizip für das Projekt PRORENDA. Die SEAMA dagegen erhielt durch die Zusammenarbeit mit PRORENDA eine kontinuierliche technische, finanzielle und politische Unterstützung und erhöhte damit ihren Aktionsradius. Gleichzeitig bot die Kooperation mit PRORENDA einen weiteren Zugang zu Akteuren innerhalb der SAGRI, deren Kontakt der Agrarsekretär kontinuierlich pflegte.

Über all diesen Beziehungen sowie über die internen Beziehungen beispielsweise zum Bürgermeister schien der Berater des Bürgermeisters zu wachen, der in einer gewissen Weise auch in einer Mentorbeziehung zum Landwirtschaftssekretär steht, der bei seinem Amtsantritt erst 23 Jahre alt war.

c) Raum

In São Domingos wurden neue Räume geschaffen für Dialog, Diskussionen und Experimente: sowohl in der kleinbäuerlichen Landwirtschaft, beispielsweise mit Agroforstsystemen, Experimentierflächen und angepasster landwirtschaftlicher Beratung (*agentes agroflorestais*[156]), als auch im Bereich der politischen Verwaltung und Steuerung, der *Governance*.

---

[156] Die sogenannten *agentes agroflorestais* sind ausgewählte Kleinbauern, die neben dem normalen Kurs in Agroforstwirtschaft noch einen spezifischen Kurs für Multiplikatoren erhalten hatten. Meist waren die normalen Kurse bereits auf den Waldstücken der zukünftigen *agentes agroflorestais* abgehalten worden, so dass die *agentes agroflorestais* auch gleich verantwortlich für die Pflege bzw. Weiterbewirtschaftung der Modellflächen waren. Interessierte Kleinbauern und -bäuerinnen konnten nun nach Absprache sich ausserhalb der Kurse die

Dies begann mit den Diskussionen im Rahmen der Entwicklung des PMDRS und setzte sich in den Aktivitäten des CMDRS und des Monitoringkomitees fort.

Durch die direkte Zusammenarbeit der Kleinbauern mit der SEAMA und diese wiederum mit den verschiedensten externen Akteuren, schienen sich die Aktionsräume enorm vergrößert zu haben.

Das Schaffen von neuen Räumen drückt sich auch im physischen Raum aus. Die SEAMA musste sich erst einmal eine funktionierende Infrastruktur schaffen. Dazu gehörte auch das Anschaffen eines Schulungsbootes, das, vermittelt durch PRORENDA, von der Deutschen Bank finanziert wurde. Das Monitoringtreffen fand auf Wunsch der Monitoringakteure meistens auf dem Schulungsboot statt. Damit wurden nicht nur räumlich die Arbeit des CMDRS am Morgen und die des Monitoringkomitees am Nachmittag getrennt, sondern das Komitee tagte damit auch in einem Raum, der symbolisch für eine neue Politik, eine neue Beziehung zwischen Regierung und Bevölkerung stand und auch für eine neue Sichtweise auf die landwirtschaftliche Produktion im Munizip. Das Schulungsboot wurde für dezentrale Agrarberatung und Schulungen genutzt und stand daher auch für Beweglichkeit, Flexibilität, Angepasstheit und für eine Nähe zur Realität der UferbewohnerInnen (*ribeirinhos*), die eine wichtige und bisher häufig vernachlässigte Bevölkerungsgruppe im Munizip darstellten.

Im Laufe der Zeit begann auch die SEAMA das Boot für ihre monatlichen Sitzungen zu nutzen und sie fuhren manchmal tatsächlich los und entfernten sich von der Stadt, um sich zum einen stärker zu konzentrieren und sich zum anderen näher an der ländlichen Realität des Munizips bei ihrer Monatsplanung zu orientieren.

Die Aktivitäten im Bereich der Agroforstsysteme und des Monitorings stellten sich als relativ konfliktarm im Munizip dar, so dass sich zumindest keine öffentlichen Arenen bildeten, in denen konfliktive Interessen ausgetragen wurden.

d) Regeln

Der charismatische junge Landwirtschaftssekretär schuf neue Regeln und Rituale, v.a. im Bereich der Kommunikation im öffentlichen Raum, beispielsweise im CMDRS. In jeder Sitzung hielt er ein Plädoyer für Ethik, Transparenz und *Good Governance* und ermutigte die Mitglieder sich zu äußern und frei zu diskutieren. Auch im SEAMA-Team erhielten die Mitarbeiter klare Verantwortungsbereiche zu denen sie bei jedem monatlichen Treffen berichteten. Der Diskurs der *Good Governance* wurde durch solche Regeln, Rituale und Maßnahmen in die Praxis umgesetzt. Dies führte zu neuen Verhaltensweisen, Eigenverantwortlichkeit und Motivation bei allen Beteiligten.

Modellflächen anschauen und von den *agentes agroflorestais* erklären lassen bzw. sich auch bei spezifischen Fragen an sie wenden. Die *agentes agroflorestais* konnten aufgrund des zusätzlichen Ausbildungsmoduls und ihrer täglichen Erfahrungen mit den Modellflächen relativ kompetent, authentisch und vor allem dezentral die anderen beraten. Die Ausbildungskurse in Agroforstwirtschaft sowie der Multiplikatorenkurs wurden von der SEAMA angeboten, von PRORENDA finanziert und von einem externen Agroforstspezialisten durchgeführt.

Diese neuen Regeln und Verhaltensweisen mussten auch die Teilnehmer des Monitoringkomitees unter Beweis stellen. Einige nahmen die neuen Verantwortlichkeiten und Freiheiten gerne an, andere fühlten sich jedoch dadurch verunsichert und überfordert.

e) Ressourcen

Der große Erfolg der *Good Governance*-Kampagne der zwei zentralen Akteure in São Domingos basierte auf ihren spezifischen Ressourcen. Wenn sie auch nicht über umfangreiche finanzielle Ressourcen verfügten, so doch über eine große politische Macht, die sich vor allem aus der Nähe zum Bürgermeister und zu den Basisbewegungen speiste, aber auch durch die persönliche Anerkennung in der Gemeinde (politisches, soziales und symbolisches Kapital). Beide setzten sich seit Jahren für eine armutsorientierte und nachhaltige Landwirtschaftspolitik in der Region ein. Gerade durch die Thematik der Agroforstsysteme konnten sie eine große Vielfalt an Akteuren zusammenführen: Kleinbauern, Landarbeitergewerkschaft, den Beirat für ländliche Entwicklung, PRORENDA, den staatlichen landwirtschaftlichen Beratungsdienst (EMATER) u.a.. Die beiden erwähnten Schlüsselakteure in der Stadtverwaltung in São Domingos verfügen über große Kooperationserfahrungen in der Region. Sie gehören seit Jahren der Landarbeitergewerkschaftsbewegung an, sind in der Arbeiterpartei (PT) aktiv und gehören innerhalb dieser derselben politischen Strömung an. Sie besitzen aufgrund ihrer Zugehörigkeit zu dieser Strömung eine direkte Verbindung zu bestimmten Personen in bestimmten Regionen, Kommunen, Institutionen, politischen Ämtern und auf verschiedenen administrativen Ebenen.

Gleichzeitig wurde auch vielen anderen beteiligten Akteuren deutlich, dass die eingeschlagene Strategie erfolgversprechend ist, dass gerade durch die Orientierung an Nachhaltigkeit, Partizipation und *Good Governance* viele interessante externe Kooperationspartner für den Munizip gewonnen werden konnten. Diese bringen wiederum finanzielle, technische und politische Ressourcen ein, durch die mehr der geplanten Aktivitäten im Munizip umgesetzt werden können. Diese Erfolge machen den Munizip wiederum attraktiv und eröffnen neue Kooperationsspielräume. Diese Spirale von kontinuierlich zunehmenden Ressourcen und positiven *outputs* und *outcomes* konnte durch den Anfangsimpuls der *Good Governance* initiiert und durch ein effizientes Management aufgrund von *Good Governance* weitergeführt werden. Ein konkretes Ergebnis ist die Akkumulation von Kooperationspartner, die im Rahmen von PROAMBIENTE zusammengeführt werden konnten.

f) Ordnung

Die bereits beschriebenen positiven *state-society-synergies* legen relativ flache Hierarchien zwischen den Akteuren nah. Trotz der Anwendung des *Good Governance*-Konzepts war die führende, wenn auch partnerschaftliche Rolle der SEAMA stets deutlich. Sie verstand sich selbst als Dienstleister für die Kleinbauern, aber gleichzeitig auch als Visionenentwickler, Vordenker und letztendlich Manager des gesamten Prozesses. Der Agrarsekretär erweiterte durch Kooperationen die Aktionsräume der Kleinbauern und der Zivilgesellschaft und verkleinerte diese wiederum durch sein Ausscheiden. Die jeweilige Beziehung zwischen dem Agrarsekretär und dem Bürgermeister gab vor, wie sich die Aktionsräume der SEAMA, der Zivilgesellschaft und der Kleinbauern gestalteten.

Der Einfluss der Akteure, beispielsweise der Kleinbauern, war im neuen Politikkonzept nicht abhängig von ihren Ressourcen, sondern vorrangig von ihren Aktivitäten, von ihrem Engagement und ihrer Motivation. Dies ermöglichte neue gesellschaftliche Ordnungsmuster.

In São Domingos wäre eine Unterteilung in staatliche und nichtstaatliche Akteure eine ähnlich unbrauchbare Kategorie wie in Ourém.

g) Praktiken

Für viele lokale Akteure, vor allem für jene, die sich im CMDRS engagierten und besonders für die Mitglieder des Monitoringkomitees, eröffneten sich ab 2001, dem Beginn der Legislaturperiode, neue Praktiken und Routinen der *Governance* und des gemeinsamen Lernens. Die Durchführung der partizipativen ländlichen Situationsanalyse (DRP), die Erarbeitung des PMDRS und die Gemeindekonferenz zur Verabschiedung des PMDRS bildeten dabei den markanten Auftakt. Ihm folgte die Reetablierung der kontinuierlichen monatlichen Sitzungen des CMDRS, die sich zu einem lebendigen Diskussions- und Wissensaustauschforum entwickelten. In Kooperation mit PRORENDA und anderen Institutionen wurden zahlreiche Workshops und Weiterbildungen mit den Kleinbauern durchgeführt, sowie praktisches Lernen im Agroforstbereich bei Seminaren auf den Grundstücken der Kleinbauern. Hier wurden auch neue Formen der dezentralen Agrarberatung, des gegenseitigen Lehrens und Lernens erprobt (z.B. durch die *agentes agroflorestais*).

Auch im Rahmen des Monitorings wurden neben dem kontinuierlichen monatlichen Treffen eine Reihe von Workshops durchgeführt, sowohl im Rahmen des Monitoringtrainings als auch im Zusammenhang mit der Neuformulierung des PMDRS und seiner letztendlichen Neuplanung. Partizipative Prozesse wurden damit zu einem Teil der administrativen Routine der SEAMA, sowie auch Teil der lokalen *Governance* und kontinuierliches Element im Diskussions- und Lernprozess der Kleinbauern. *Good Governance* wurde dadurch praktisch erfahrbar und gestaltbar.

Auf lokaler Ebene wurde versucht, Strukturen zu stabilisieren, die auch weiterbestehen würden, wenn die parteipolitische Situation sich ändern würde. So wurde viel in die politische Fortbildung der Beiräte investiert. Kleinbauern wurden als lokale Ansprechpartner für Agroforstsysteme ausgebildet (*agentes agroflorestais*), so dass sie ihr Wissen direkt an ihre Nachbarn weitergeben können. Weiterhin wurde versucht, wie an vielen Orten in Amazonien (z.B. Ourém), eine Schule für eine praxisorientierte Ausbildung von Jugendlichen in kleinbäuerlicher Landwirtschaft (*casa familiar rural*) aufzubauen, auch hier sollte ein Schwerpunkt auf Agroforstsystemen liegen.

h) Werte

Auch in diesem Munizip und speziell im Monitoringkomitee existierten unterschiedliche *governmentalities*, wobei allen gemeinsam war, dass sie das partizipative Monitoring umsetzen wollten und ihnen - mal mehr mal weniger konkret - das Ideal der *Good Governance* vorschwebte. Wenn auch ein paar wenige Akteure dabei waren, die sich vor allem persönliche Vorteile aus der Mitarbeit im partizipativen Monitoring versprachen, äußerte die große Mehrheit der Akteure eine starke gesellschaftspolitische Motivation für ihre Teilnahme. Viele hielten es für ihre gesellschaftliche Pflicht am partizipativen Monitoring teilzunehmen und waren bereit dafür ihren persönlichen Preis zu zahlen. Dieser hohen Wertschätzung des Monitorings konnte m.E. die letztendlich erreichte Qualität des Monitorings gar nicht ausreichend gerecht werden. Die hohe Motivation der Beteiligten war für die Gestaltung des Gesamtprozesses äußerst relevant und prägend.

i) Diskurse

Der Diskurs zu *Good Governance*, Partizipation und Nachhaltigkeit nahm eine relevante Funktion im Gesamtprozess ein. Er hatte Mobilisierungs- und Identifizierungscharakter. Er wurde von den zentralen Akteuren sehr bewusst eingesetzt. Es wurden stets Räume und Plattformen gesucht oder geschaffen, um ihn zu verbreiten. Im Munizip selbst zählen dazu die Sitzungen des CMDRS, der Abgeordnetenkammer, des Monitoringkomitees, interne Sitzungen der SEAMA meist mit EMATER, Workshops, Kurse, Gemeindekonferenzen, andere öffentliche Veranstaltungen. Außerhalb des Munizips kamen vor allem von NROs, Gewerkschaften, PRORENDA, PPG/7, Universitäten durchgeführte Treffen, Tagungen oder Fortbildungen als Plattformen hinzu. Die diversen Kooperationspartner führten annähernd dieselben Diskurse[157] und unterstützen sie daher.

Die Inhalte der Diskurse sind positiv. Sie arbeiten nicht mit Feindbildern, sondern mit positiven Visionen und sind dadurch breit konsensfähig, was zu einer Stärkung der Identifikation mit der Politik der SEAMA und damit zu deren breiten Unterstützung in der Bevölkerung führte.

j) Zeit

Auch in São Domingos do Capim war der Zeitpunkt des Monitorings sehr relevant. PRORENDA begann seine Arbeit im Munizip mit dem Start der Legislaturperiode des neuen Bürgermeisters im Januar 2001. Dies war einvZeitpunkt, an dem die politischen Entscheidungsfinder des Munizips der Förderung kleinbäuerlicher Landwirtschaft sehr aufgeschlossen

---

[157] Die größten Diskursunterschiede finden sich zwischen den LandarbeiterInnengewerkschaften und den anderen genannten Akteuren im Umweltbereich. Der ökologische Nachhaltigkeitsgedanke ist im Vergleich zu den anderen Akteuren im Diskurs der LandarbeiterInnengewerkschaft bisher nicht ausreichend aufgenommen worden, da er dort häufig noch als konkurrierend zu den Zielen der sozialen und/oder wirtschaftlichen Nachhaltigkeit wahrgenommen wird.

gegenüber standen und eine stärkere Demokratisierung und Partizipation der Bevölkerung anstrebten.

Auch hier bestimmten die politischen Zyklen und Konjunkturen die Lebensdauer des partizipativen Monitorings. Durch den abrupten Abbruch der Tätigkeiten des Landwirtschaftssekretärs nach nur knapp drei Jahren erhielten sein Wirken bzw. die Prozesse in dieser Periode einen episodischen oder fast einen *Event*-Charakter. Dies kollidierte mit den angestrebten langfristigen Lernprozessen, die nicht nur im partizipativen Monitoring notwendig sind für *Ownership*, institutionelle Nachhaltigkeit und die Umsetzung von *Good Governance*. Mit dem Ende des Monitorings ging auch das Ende der Orientierung der Aktivitäten der SEAMA an dem PMDRS und damit seiner Umsetzung einher. So erscheint auch die gesamte partizipative Kommunalplanung im Bereich kleinbäuerliche Landwirtschaft nachträglich als *Event*. Auf langfristige individuelle und institutionelle Lernprozesse kann nur gehofft werden.

1.3.3.4 Zwischenfazit

Viele positive Faktoren wirkten bei der Realisierung des partizipativen Monitorings in diesem Fallbeispiel zusammen. Wie bereits erwähnt, begegneten sich SEAMA und die kleinbäuerliche Bevölkerung in einem synergetischen Verhältnis. Aufgrund ihrer gemeinsamen politischen Ziele vermittelt durch den Diskurs der Good Governance und manifestiert in gemeinsamen Aktivitäten bietet es sich an, von einer Art *intimate government* (AGRAWAL 2005) zu sprechen. Markant für den Prozess in São Domingos do Capim war die Schaffung neuer Räume, Diskurse, Regeln, Rituale und Praktiken. Das partizipative Monitoring fügte sich in dieses Szenario sehr gut ein und unterstützte den Gesamtprozess.

Die Kurzlebigkeit des Experiments bedingt sich fast selbst: der Prozess wurde stark vom Agrarsekretär getragen und vorangebracht, der dadurch - und möglicherweise weil die anderen Akteure noch zu schwach waren - zu viel Verantwortung auf seine Person konzentriert hatte. Der Prozess währte nicht lang genug, um ihn auf eine breitere solide Basis zu stellen.

Das Fallbeispiel zeigt aber auch, dass eine Realisierung von *Good Governance* und von partizipativem Monitoring möglich ist, sofern der politischen Wille, ausreichend Zeit für die notwendigen Lernprozesse sowie eine gewisse Unterstützung von außen (bspw. technischer, personeller, politischer oder finanzieller Art) vorhanden sind.

Auch an dieser Stelle soll das Szenario der beteiligten Akteure wie im Fallbeispiel Ourém (vgl. 1.3.2.4) dargestellt werden (vgl. Abb.41).

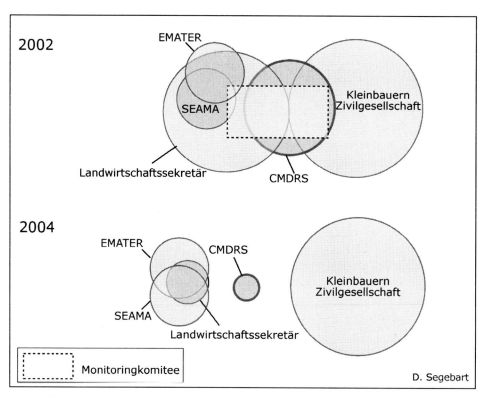

Abb. 41: Institutionelle und akteursspezifische Einbettung des Monitoringkomitees in São Domingos do Capim

1.4 Fazit der Kontextanalyse

In beiden Fallbeispielen war die spezifische politische Situation außerordentlich relevant für den Monitoringprozess und damit der Zeitpunkt, zu dem Aktivitäten beginnen, bzw. die Perioden politischer Offenheit für das Konzept. Die Akteure in den beiden Munizipien veränderten sich nicht, nahmen jedoch im politischen Kontext des Munizips zu verschiedenen Phasen unterschiedliche Rollen ein und damit auch für die Umsetzung des partizipativen Monitorings.

Politik-Netzwerke sind in beiden Fallbeispielen wichtige Akteure. In den beiden Fällen handelte es sich sogar um dasselbe Politik-Netzwerk, das folgende Charakteristika aufweist:

Das Nutzen von Gelegenheitsfenstern (*windows of opportunities*) scheint eine Strategie darzustellen, die zunehmend von dem Netzwerk praktiziert wird. Man tauscht Informationen, Kontakte und Personen aus, spielt sich Programme und Jobs zu und konzentriert sich auf bestimmte politische *hot spots* oder eben *windows of opportunities*. Das Vorhandensein einer relativ festen Basis, Zusammenhalt und gegenseitige Unterstützung ermöglicht es, auch einmal radikale Maßnahmen zu ergreifen, wie der Rücktritt der drei Sekretäre in São Domingos. Eine feste Basis bildet zurzeit die FANEP, auch dies kann sich je nach Konjunktur wieder ändern und verlagern. Noch vor fünf Jahren war die NRO[158] kurz davor, ihre Türen schließen zu müssen. Durch den Wahlsieg Lulas und damit der PT erhielt sie indirekt Aufschwung: Mit der Besetzung von hohen Positionen in der Nationalen Kolonisations- und Agrarreformbehörde (INCRA, *Instituto Nacional de Colonização e Reforma Agrária*) durch Akteure des Netzwerkes, erhielt die FANEP einige Aufträge von INCRA und sicherte so vorerst ihre finanzielle und damit institutionelle Überlebensfähigkeit. Sie bot auch den drei Sekretären aus São Domingos vorübergehend eine neue Tätigkeit. Das Politik-Netzwerk kann sicherlich als eine Plattform für die Verbreitung des Monitoringgedankens, gerade die des partizipativen Monitorings, bezeichnet werden.

In São Domingos do Capim gab es noch nicht so festgefahrene Partizipations- und Politikstrukturen, die Kleinbauern selbst waren noch sehr aktiv. In Ourém sind diese Prozesse schon etwas rückläufig und man kann heute in Ourém fast von einer Partizipationselite sprechen. Im Prozess in São Domingos do Capim konnte eine breitere Basismobilisation erreicht werden. Eine Art Aufbruchstimmung war unter den Kleinbauern und -bäuerinnen zu spüren.

Die Erfahrungen mit der Umsetzung des Monitorings in São Domingos do Capim verleiten dazu einige Annahmen in Bezug auf Faktoren zu formulieren, die sich als positiv für den Umsetzungsprozess erwiesen haben. Jedoch geben die Erfahrungen in Ourém Anlass all diese zu hinterfragen, weil letztendlich der fehlende politische Wille die ganzen anderen positiven

---

[158] Die NRO hatte sich erst Mitte der 1990er Jahre in der Stadt Capanema im Nordosten des Bundesstaates Parás gebildet zum Zeitpunkt als die lokale Vertretung der NRO FASE sich aus der Stadt und der Region aus finanziellen Gründen zurückziehen musste. Die ersten MitarbeiterInnen der FANEP setzten sich überwiegend aus den ehemaligen MitarbeiterInnen der FASE Capanema zusammen.

Vorbedingungen außer Kraft setzte. Beide Beispiele zeigen, wie schwierig es ist, Instrumente des *Good Governance* langfristig nachhaltig institutionell zu verankern. In Ourém waren die Ausgangsbedingungen vom Profil der Teilnehmenden im Monitoringkomitee sehr positiv. Die meisten waren Teil der Oppositionsgruppe und hatten eine gute Ausbildung, Erfahrungen mit politischen Prozessen, mit dem Aufbau und der Organisation von politischen Institutionen und Prozessen, waren geschult im Dialog mit politischen Entscheidungsträgern, dem Umgang mit Plänen, administrativen Dokumenten, dem Formulieren von Anträgen, Berichten, Dokumenten aller Art. Ebenfalls hatten sie eine politische Motivation, die Umsetzung des PMDRS kritisch zu begleiten. Auch die Vertreter des staatlichen landwirtschaftlichen Beratungsdienstes (EMATER) und des Landwirtschaftssekretariats (SEMAGRI) hatten die notwendigen intellektuellen Kapazitäten besessen, um ein qualitativ hochwertiges Monitoring durchzuführen, aber auch sie waren aus politischen und möglicherweise individuellen Interessen nicht an einer Umsetzung des Monitorings interessiert. Trotzdem haben die Thematisierung des Monitorings in mehreren Sitzungen des CMDRS sowie das Monitoringtraining zu einem Nachdenken über Monitoring und möglicherweise zur Gründung der autonomen Monitoringgruppe beigetragen.

In São Domingos do Capim waren die Ausgangsbedingungen von Seiten der Teilnehmenden auf eine gewisse Weise schwieriger. Die positiven politischen Situationen oder 'Perioden politischer Offenheit' in Ourém (1997-2000) sowie in São Domingos do Capim (2001-2003) in Hinblick auf die Zusammenarbeit mit PRORENDA waren geprägt durch eine positive Zusammenarbeit zwischen einer staatlichen Institution (jeweils das kommunale Landwirtschaftssekretariat) und der Bevölkerung, im Speziellen der Zivilgesellschaft.

AGRARWAL (2005) nennt diese Form der Steuerung und der Beziehung zwischen Regierung und Bevölkerung *intimate government*. Dieses ist für ihn charakterisiert durch gemeinsames Handeln, bzw. gemeinsame Aktivitäten von Bevölkerung und Regierungsorgan, eine Art von Einbeziehung der Bevölkerung in die Regierung. Die Basis für das *intimate government* bildet weniger ein Expertentum von Seiten der Regierung, sondern vielmehr die gemeinsame Praxis und die soziale Interaktion.

> "Intimate government shapes practice and helps to knit together individuals in villages, their leaders, state officials stationed in rural administrative centers, and politicians interested in classifying existing ecological practices. Intimate government involves the creation and deployment of links of political influence between a group of decision makers within the village and the ordinary villagers whose practices it seeks to shape. Institutional changes in the exercise of power are the instruments through which these links between decision makers and the practices of villagers are made real." (AGRARWAL 2005:179)

Die Schlüsselakteure in Ourém und in São Domingos sind in dasselbe Politik-Netzwerk eingebunden. Sie verfolgen dieselben langfristigen politischen Ziele und besitzen eine ähnliche *governmentality*. Die Schlüsselakteure in Ourém besitzen hohe intellektuelle Kapazitäten, um potenziell das Monitoring eigenständig durchzuführen.

Unter den involvierten Akteuren in São Domingos do Capim ist das Ausbildungsniveau sehr unterschiedlich ausgeprägt. Die Motivation der Beteiligten, sich für das Monitoring einzusetzen ist sehr groß. Jedoch reicht ihre Kapazität zur Eigenorganisation nicht aus, um die Monitoringgruppe auch nach dem Ausscheiden des Landwirtschaftssekretärs weiterzuführen. Dies hat zum einen mit der Persönlichkeit des Sekretärs zu tun. Er übernimmt meistens, unabhängig von seiner formalen Position, die Führung in Gruppenprozessen. Es hat aber zum anderen auch mit seiner Position als Landwirtschaftssekretär und Präsident des CMDRS zu tun: mit seinem Ausscheiden hat die Gruppe auch nicht mehr die direkte Anbindung an den CMDRS und die SEAMA und vielleicht damit verbunden nicht mehr die Legitimierung durch diese. Denn es kommt hinzu, dass der neue Sekretär, der nicht der PT angehört, die Tätigkeiten seines Vorgängers nicht weiterführt. Der ehemalige Landwirtschaftssekretär sagt, der Grund sei, dass ein Nachfolger nie die Projekte seines Vorgängers und darüber hinaus eines politisch Andersdenkenden weiterführen will, sondern sie möglichst zerschlägt und für nutzlos erklärt. Der neue Sekretär dagegen beschwert sich, dass sein Vorgänger keine korrekte Übergabe seiner Amtsgeschäfte gemacht hätte, sondern ihm Informationen und Kontakte vorenthalten, wichtige Dateien gelöscht und Akten mitgenommen hätte. Wenngleich es sich hier um einen Wechsel eines Sekretärs während derselben Legislaturperiode handelt, so stellt dies eine in Pará relativ übliche Situation beim Regierungswechsel zwischen verschiedenen Parteien auf kommunaler Ebene dar. Auch die Zusammenarbeit mit PRORENDA sei nicht an das Landwirtschaftssekretariat geknüpft, sondern mit der Person des ehemaligen Sekretärs verbunden gewesen. PRORENDA bezog dazu keine Position, weil das Projekt sowieso zu diesem Zeitpunkt keine Mittel mehr zur Verfügung hatte, um weiterhin in den Munizipien aktiv zu sein.

2 Methodenanalyse

Die Methodenanalyse trägt direkt zur praxisorientierten Zielsetzung (vgl. I.3.1) dieser Arbeit bei indem sie

- einen Analyserahmen zur Messung der Qualität eines partizipativen Monitoringsystems (oder einer anderen partizipativen Methode) (2.2.) entwirft und basierend auf der anschließend durchgeführten Analyse (2.3)
- ein Grundkonzept für partizipative Monitoringverfahren in der Kommunalentwicklung (2.4) entwickelt.

Diese Analyse ist so wie sie hier vorgestellt wird, nicht partizipativ erarbeitet worden. Sie basiert jedoch auf den Erfahrungen und Ergebnissen der Aktionsforschung und damit auch auf den kontinuierlichen gemeinsamen Auswertungen, Lernprozessen und Anpassungen während der Umsetzung des partizipativen Monitorings in der Aktionsforschung.

2.1 Einbettung

> „Thinking about participation (in development)...has lacked the analytical tools...and an adequate theoretical framework" (SHEPHERD 1998:179, zitiert in HICKEY/MOHAN 2005:252)

> "At the moment, the body of knowledge about PM&E is young, fragile, and vulnerable to 'attack' from critics and sceptics." (CASTILLO 1998, zitiert in CAMPILAN 2000:1999)

In der Partizipationsforschung wird zu Recht bemängelt, dass bisher erst wenige theoretische oder analytische Ansätze existieren. Gleichzeitig wird oft der häufig als Aktionsforschung entworfenen Forschung zu Partizipation der Vorwurf der Unwissenschaftlichkeit gemacht (vgl. dazu GUIJT 2000:209f.). Daher ist die Dokumentation von Erfahrungen sowie Analysen und theoretischen Überlegungen umso wichtiger für die Entwicklung eines kohärenten Wissenskörpers zu PM&E.

Aufgrund dieser Situation folgt auch diese Analyse keinem bestehenden analytischen Modell, sondern analysiert anhand von selbst entwickelten Kriterien, die sich aus den Debatten und Ansprüchen an Partizipation, Nachhaltigkeit und *Good Governance* ableiten.

In dieser Analyse soll es darum gehen, eine partizipative Monitoringmethode zu analysieren. Dabei soll die Analyse von Partizipation an sich nur einen Aspekt dieser Analyse darstellen, wenn auch einen sehr wichtigen (vgl. dazu OAKLEY 1991:239-268). Weiterhin interessieren Fragen, in denen es darum geht, ob die Methode funktioniert, welche Bedingungen sie fördert, welche sie behindert, ob sie die Wirkungen auslöst, die sie beabsichtigt, ob die Methode auch längerfristig funktioniert, ob sie also eine institutionelle Nachhaltigkeit besitzt und ob man sie auch an anderen Orten oder in anderen Situationen anwenden kann.

2.2 Analysevorschlag zur praxisorientierten Zielsetzung: Methodenanalyse - Analyserahmen zur Messung der Qualität eines Monitoringsystems

Der Analyserahmen zur Messung der Qualität eines (partizipativen) Monitoringsystems (oder auch einer anderen partizipativen Methode) orientiert sich an den von mir als wichtig erachteten Prinzipien Partizipation, Wirksamkeit, Nachhaltigkeit und Übertragbarkeit. Im Folgenden werden diese Prinzipien für den Analyserahmen konkretisiert.

2.2.1 Partizipation

Die Analyse der Partizipation wird anhand der unter II.1.2.3.3 beschriebenen Kriterien Partizipationsgrad, -niveau, *Ownership* und Partizipationsintensität durchgeführt. Dabei werden aufgrund einer qualitativen Einschätzung Werte von 0-10 zugewiesen, die die Kategorien niedrig (0-3), mittel (4-7) oder hoch (8-10) verdeutlichen.

Als ein Teil der Partizipationsanalyse wird hier die Analyse der einzelnen Prozessabschnitte (*core steps*) im partizipativen Monitoring vorgeschlagen, der an den Anfang der Analyse gestellt werden kann:

Jeder Teilabschnitt im Monitoringprozess kann eine ganz eigene Dynamik aufweisen und eine spezifische Analyse jedes Schrittes, jedes Instrumentes kann ein sehr differenziertes Bild entstehen lassen. Hieraus lässt sich ablesen, welches Instrument welche Potenziale oder Gefahren aufweist, welche Probleme an welcher Stelle im Prozess auftauchen, welche Methoden also möglicherweise besonders gut oder aber nicht geeignet sind, bzw. wo Modifikationsbedarf besteht.

Die Analyse soll entlang der von GUIJT (2000:202) vorgeschlagenen und in dieser Arbeit unter II.1.2.3.3 leicht veränderten *core steps* eines Monitoringverfahrens durchgeführt werden, die hier noch mal kurz aufgelistet werden:

- Identifizierung der Informationsbedürfnisse/des Monitoringbedarfs
- Designs des Monitoringsystems
- Identifizierung von Wirkungshypothesen
- Identifizierung von Feldern der Beobachtung
- Identifizierung von Kriterien und Indikatoren
- Auswahl der anzuwendenden Methoden und Verfahren
- Datenerhebung
- Analyse und Interpretation der Daten
- Datenspeicherung und Dokumentation

- Interpretation und Verhandlung der Ergebnisse
- Umsetzung der Monitoringergebnisse.

In einer Tabelle (vgl. Tab.17) können zu jedem Prozessabschnitt die angewandten Methoden genannt und die erreichte Partizipationsintensität anhand der Kriterien Partizipationsniveau, -grad und -qualität qualitativ bewertet werden. Hierbei soll die Partizipationsintensität unter Anwendung von *Ownership-Mentoring* berücksichtigt werden. Hierbei geht es entweder um die erreichte Partizipationsintensität mit *Ownership-Mentoring* oder (wenn noch nicht mit *Ownership-Mentoring* gearbeitet wurde) um die Einschätzung der damit potenziell zu erreichenden Partizipationsintensität.

Core Step bzw. Prozessabschnitt	Angewandte Methoden	Partizipations-intensität	Partizipationsintensität mit *Ownership-Mentoring*
a) Identifizierung der Informationsbedürfnisse / Monitoringbedarf			
b) Planung des Designs des Monitoringsystems			
c)...			

Tabelle 17: Analyseraster für die Prozessabschnitte (*core steps*) im Monitoring

2.2.2 Wirksamkeit

Um die Wirksamkeit des Monitoringsystems bewerten zu können wird analysiert, ob die Methode funktioniert, d.h. ob sie die erwarteten Wirkungen hervorruft und ob ihr dies auf effiziente Weise gelingt.

2.2.2.1 Eintreten erwarteter Wirkungen

Die erwarteten Wirkungen können auf unterschiedlichen Ebenen liegen. Im Vordergrund stehen bei dieser Analyse die institutionellen, aber auch die individuellen Lernprozesse. Darüber hinaus werden ebenfalls die Auswirkungen auf ein weiteres Umfeld beachtet.

a) Institutionelle Lernprozesse

Kollektives Lernen

Hier werden in der Analyse des Monitoringkomitees vor allem Aspekte des Lernens als Gruppe im Vordergrund stehen, darunter besonders Gruppenbildung und Selbstorganisation, Selbstverständnis, Politikverständnis, gesellschaftliche und inhaltliche Positionierung, interne Kommunikation, Kommunikation nach außen, Wissensmanagement im Allgemeinen, Anpassungsfähigkeit, aber auch die Aneignung von spezifischen Wissen und Fähigkeiten. Zusammenfassend geht es um Aspekte, die mit *Institution Building, Empowerment, Capacity Development, Governmentality* und *Ownership* beschrieben werden können. Bei dieser

Analyse sollte man sich nicht nur auf die unmittelbarste Institution, das Monitoringkomitee, konzentrieren, sondern auch deren institutionelles Umfeld mit einbeziehen.

Verbesserung der Steuerungskapazität

An dieser Stelle werden die Auswirkungen der Methode vor allem auf technische, administrative aber auch politische Abläufe in der Gruppe und dem institutionellen Umfeld analysiert.

b) Individuelle Lernprozesse

Individuelle Akteure sind Träger von Wissen, Fähigkeiten und Einstellungen (Werte, Normen) und entscheidend für die Entwicklung von institutionellen Lernprozessen. Deshalb wird bei der Analyse auch auf dieser Ebene nach *Empowerment, Capacity Building, Governmentality* und *Ownership* gefragt.

c) Auswirkungen auf ein weiteres Umfeld

Dieser Aspekt ist bewusst vage gehalten, da es bei dieser Analyse darum geht explorativ möglicherweise intendierte aber auch gerade nicht-intendierte positive und negative Wirkungen des Monitoringprozesses aufzuspüren.

2.2.2.2 Effizienz

Mit einem hohen (finanziellen, personellen oder zeitlichen) Ressourceneinsatz wird man meistens die erwarteten Wirkungen eher erzielen können als mit einem niedrigeren. Auch in Hinblick auf Übertragbarkeit der Methoden werden sie daher hier einer Kosten-Nutzen-Analyse unterzogen.

2.2.3 Nachhaltigkeit

Der Schwerpunkt dieser Analyse liegt auch in Hinblick auf die Übertragbarkeit auf der Untersuchung der institutionellen Nachhaltigkeit. Ob die anderen Dimensionen von Nachhaltigkeit, also die soziale, ökologische, ökonomische, kulturelle und politische Dimension, im Monitoringprozess Raum erhalten, wird darüber hinaus mit einem Nachhaltigkeitscheck überprüft.

2.2.3.1 Institutionelle Nachhaltigkeit

Das Monitoringsystem sollte an das institutionelle und politische Umfeld angepasst sein. Es bekennt sich jedoch mit seinem Anspruch an Partizipation und institutionellem Lernen dazu, auch Impulse zu geben und zu Wandel und Transformation innerhalb der Institution anzuregen. In seiner Angepasstheit an das institutionelle Umfeld muss daher der Transformationsspielraum mit einbezogen werden.

Die institutionelle Nachhaltigkeit hängt sowohl vom Design des Monitoringsystems als auch vom institutionellen Umfeld ab.

a) Design des Monitoringsystems in Bezug auf Durchführbarkeit, Anpassungsfähigkeit und Transformationspotenzial

Bei der Analyse der Durchführbarkeit wird das Monitoringsystem als Ganzes, aber auch die darin vorhandenen Methoden und Instrumente auf ihre Umsetzbarkeit überprüft, die vom Schwierigkeitsgrad und der Erlernbarkeit der Methode abhängen. Dabei werden auch die in oder für die Monitoringgruppe vorhandenen (finanziellen, personellen und zeitlichen) Ressourcen berücksichtigt.

Die Analyse der Anpassungsfähigkeit wird sich weniger auf die Akteure und mehr auf im System angelegte Evaluierungs- und Lernschleifen beziehen sowie auf Räume für die Umsetzung der Ergebnisse dieser Prozesse.

Die Analyse des Transformationspotenzials des Monitoringsystems spielt insofern für die Analyse der institutionellen Nachhaltigkeit eine Rolle, als es in diesem Fall im Speziellen um das Potenzial geht, eine Institution, beispielsweise eine Bürokratie, so zu transformieren, dass sie das Monitoringsystem integriert und in einer sinnvollen Weise weiterführt. Hierfür müssen besonders die im Monitoringsystem vorgesehenen Instrumente, Inhalte und Strategien für Kommunikation und Kooperation in Hinblick auf andere Institutionen, v.a. mit der bereits genannten Bürokratie, beachtet werden.

Bei allen drei Aspekten wird jeweils der Rolle des Mentors oder der Mentorin eine besondere Aufmerksamkeit zuteil, da mit dieser das vom Monitoringsystem induzierte Selbst-Organisationspotenzial der Gruppe und damit die institutionelle Nachhaltigkeit maßgeblich beeinflusst wird.

b) Institutionelles Umfeld

Diese Analyse besitzt Überlappungsbereiche mit der Analyse der institutionellen Lernprozesse (vgl. 2.2.2.1) setzt ihren Fokus jedoch auf die Aspekte Offenheit für Transformationen, politischer Wille, Kapazitäten und Ressourcen zur Durchführung und Weiterführung des Monitorings.

2.2.3.2 Nachhaltigkeitscheck

Hier soll keine umfangreiche Analyse der ökologischen, ökonomischen, sozialen, kulturellen und politischen Nachhaltigkeit durchgeführt werden. Es wird jedoch geprüft, inwiefern der Monitoringprozess Raum bietet sich vom Leitbild Nachhaltigkeit orientieren zu lassen.

2.2.4 Übertragbarkeit

Da davon ausgegangen wird, dass viele unterschiedliche Variablen bei der Erarbeitung eines Monitoringkonzeptes beachtet werden müssen, kann die Frage nach der Übertragbarkeit des Monitoringsystems mit dem Hinweis auf den Grad der Flexibilität des Systems, d.h. der Anpassungsfähigkeit an den jeweiligen Kontext beantwortet werden. Die folgende Graphik (Abb.42) fasst die oben diskutierten Aspekte noch einmal zusammen:

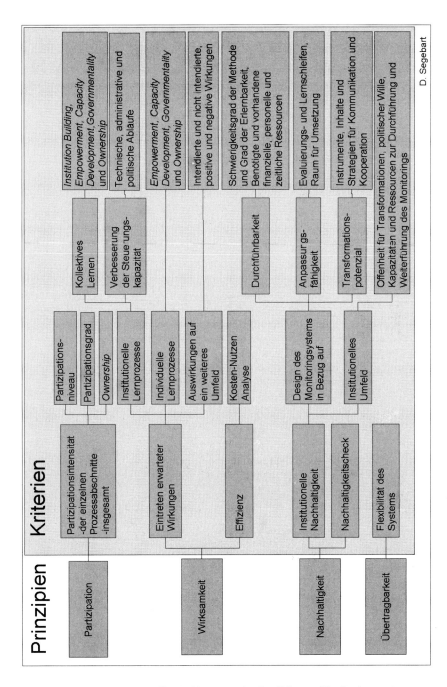

Abb. 42: Analyserahmen für die Messung der Qualität von Monitoringsystemen

2.3 Analyse

Diese Analyse bezieht sich vor allem auf die Erfahrungen und Ergebnisse der Aktionsforschung in São Domingos do Capim. Es werden jedoch auch generelle Einschätzungen vorgenommen, die auf anderen eigenen Erfahrungen mit partizipativen Monitoring basieren, sowie auf dokumentierten Erfahrungen aus der Literatur. Die generellen Einschätzungen sind in der Analyse vor allem in denen als Reflexion gekennzeichneten Unterkapiteln zu finden.

2.3.1 Partizipation

Die Analyse der Partizipation beginnt mit der Analyse der Prozessabschnitte (*core steps*) im Monitoring (vgl. Tabelle 18) und wird anhand der unter II.1.2.3.3 beschriebenen Kriterien Partizipationsgrad, -niveau, *Ownership* und Partizipationsintensität durchgeführt. Aufgrund einer qualitativen Einschätzung werden den Kriterien Werte von 0-10 zugewiesen, die die Kategorien niedrig (0-3), mittel (4-7) oder hoch (8-10) verdeutlichen.

Core Step bzw. Prozessabschnitt	Angewandte Methoden	Partizipation	Partizipationsintensität mit *Ownership-Mentoring*
Identifizierung der Informationsbedürfnisse, des Monitoringbedarfs	Gemeindeworkshop, ca. 50 Teilnehmende	Partizipationsniveau: hoch (8) Partizipationsgrad: hoch (9-10) *Ownership*: niedrig (3)	hoch
Planung des Designs des Monitoringsystems	Monitoringtraining ca. 25 Teilnehmende	Partizipationsniveau: hoch (9) Partizipationsgrad: hoch (9) *Ownership*: niedrig (3)	hoch
Identifizierung von Wirkungshypothesen	Monitoringtraining ca. 25 Teilnehmende	Partizipationsniveau: hoch (10) Partizipationsgrad: hoch (9) *Ownership*: niedrig (1)	gering
Identifizierung von Feldern der Beobachtung	Monitoringtraining ca. 25 Teilnehmende	Partizipationsniveau: hoch (10) Partizipationsgrad: hoch (9) *Ownership*: niedrig (1)	mittel
Identifizierung von Kriterien und Indikatoren	Monitoringtraining ca. 25 Teilnehmende	Partizipationsniveau: hoch (10) Partizipationsgrad: hoch (9) *Ownership*: niedrig (1)	gering
Auswahl der anzuwendenden Methoden und Verfahren	Monitoringtraining ca. 25 Teilnehmende	Partizipationsniveau: hoch (9) Partizipationsgrad: hoch (9) *Ownership*: niedrig (1)	gering

Core Step bzw. Prozessabschnitt	Angewandte Methoden	Partizipation	Partizipationsintensität mit Ownership-Mentoring
Datenerhebung	Treffen des Monitoringkomitees (9 Teilnehmende), Gruppendiskussionen, Befragungen verantwortlicher Akteure, Besichtigungen von Baustellen/Projekten	Partizipationsniveau: hoch (9) Partizipationsgrad: hoch (8) *Ownership*: niedrig (3)	mittel – hoch
Analyse und Interpretation der Daten	Treffen des Monitoringkomitees (9 Teilnehmende), Gruppendiskussionen	Partizipationsniveau: hoch (8) Partizipationsgrad: hoch (8) *Ownership*: mittel (5)	hoch
Datenspeicherung und Dokumentation	Treffen des Monitoringkomitees (9 Teilnehmende), Gruppendiskussionen	Partizipationsniveau: hoch (10) Partizipationsgrad: hoch (8) *Ownership*: niedrig (1)	gering
Interpretation und Verhandlung der Ergebnisse	Treffen des Monitoringkomitees (9 Teilnehmende), Gruppendiskussionen, Sitzungen des Beirats für ländliche Entwicklung (ca. 25 Teilnehmende)	Partizipationsniveau: hoch (8) Partizipationsgrad: hoch (8) *Ownership*: niedrig (3)	mittel
Umsetzung der Monitoringergebnisse	Treffen des Monitoringkomitees, (9 Teilnehmende), Gruppendiskussionen, Sitzungen des Beirats für ländliche Entwicklung (ca. 25 Teilnehmende)	Partizipationsniveau: hoch (10) Partizipationsgrad: hoch (8) *Ownership*: niedrig (1)	gering

Tabelle 18: Analyse der Prozessabschnitte (*core steps*) im Monitoring

Diese Darstellung und die darin enthaltenen Prozessabschnitte gliedern sich in vier größere Phasen, die sich neben den Inhalten auch in der Anzahl der beteiligten Akteure unterscheiden:

- Herstellung der Monitoringmotivation in einer größeren Gruppe (50 Personen)
- Festlegung des Monitoringdesigns im Rahmen eines Monitoringtrainings (25 Personen)
- Durchführung des eigentlichen Monitorings im Monitoringkomitee (9 Personen)
- Verbreitung und Umsetzung der Monitoringergebnisse (9-25 Personen)

Durch diese Analyse lassen sich folgende Aspekte erkennen:

- Die *Ownership* nimmt durch die kleinere Gruppe nicht automatisch zu.
- Ein *Ownership*-Hoch wird in der Anfangsmotivation deutlich und immer dort, wo das durchgängig hohe Partizipationsniveau etwas niedriger ist.
- In einigen Bereichen, die in der Regel die höchsten Partizipationsniveaus aufwiesen, blieb die Partizipationsintensität trotz *Ownership-Mentoring* gering. Hierzu gehören die folgenden Prozessabschnitte, die im besonderen Maße (formelle oder informelle) Bildung voraussetzen:
  - Formulierung von Wirkungshypothesen
  - Formulierung von Indikatoren
  - Auswahl von Erhebungsmethoden
  - Dokumentation von Ergebnissen
  - Umsetzung der Monitoringergebnisse

An dieser Stelle werden bereits einige Limitationen des *Ownership-Mentorings* deutlich:

Ownership-Mentoring kann kurzfristig einige spezifische Kompetenzen fördern, jedoch keine formelle oder informelle Bildung ersetzen, bzw. das Bildungsniveau signifikant anheben. Für die Aktivitäten, die ein hohes Partizipationsniveau besitzen, ist ein langfristiges Training notwendig.

Wie in Kapitel II.1.2.3.3 bereits erwähnt, fällt auf, dass das Partizipationsniveau in den Aktivitäten, die zu Beginn und am Schluss des Monitorings durchgeführt werden, am höchsten ist, während dazwischen das Partizipationsniveau u-förmig absinkt. Einige Prozessschritte mit hohem Partizipationsniveau und teilweise trotz *Ownershipmentoring* niedriger Partizipationsintensität sollen an dieser Stelle etwas näher reflektiert werden:

<u>2.3.1.1 Monitoringdesign</u>

Die Vorgehensweise im PM&E sollte allen Beteiligten so transparent wie möglich gemacht werden und nach Möglichkeit partizipativ auf die jeweiligen Bedürfnisse der involvierten Akteure abgestimmt werden. Dabei sollten im Idealfall die Risiken, Kosten und Potenziale des PM&E allen Beteiligten bewusst sein. Dies ist jedoch schwer umzusetzen, da in den meisten Fällen die Akteure sich ihrer Ziele erst in dem Moment klar werden, in dem sie tatsächlich am Prozess teilnehmen. Dieses Dilemma ist typisch für einen partizipativen M&E-Prozess. Aus diesem Grund ist eine Ausbildung in Monitoring für die Teilnehmenden gleich am Anfang sehr wichtig. Eine solche Ausbildung müsste dem gesamten Prozess vorgelagert sein, bzw. ihn initiieren (vgl. die Debatte um die Monitoringmotivation in der Aktionsforschung in Kapitel III.).

2.3.1.2 Indikatorenentwicklung

Neben der Anwendung partizipativer Methoden in der Datenerhebung durch Externe[159] (vgl. z.B. NEUBERT 1999) ist der Bereich der partizipativen Indikatorenentwicklung bisher im partizipativen Monitoring am meisten dokumentiert worden. In den letzten Jahrzehnten hat die Debatte um Indikatorenentwicklung, v.a. im Bereich der nachhaltigen Entwicklung und speziell der nachhaltigen Ressourcennutzung zugenommen. Dabei wurde zuletzt auch partizipativen Ansätzen mehr Platz eingeräumt (vgl. bspw. für Amazonien OLIVEIRA 1999; POKORNY ET AL 2002; FONTALVO-HERAZO 2004).

Indikatoren bieten die Möglichkeit, über bestimmte Themenbereiche gemeinsam zu reflektieren und zu diskutieren und damit die Kommunikation sowie die Verhandlung zwischen verschiedenen Akteuren und ihren entsprechenden Interessen zu verbessern. Die Indikatorenentwicklung im PM&E-Prozess unterscheidet sich insofern von der konventionellen Indikatorenidentifikation, als dass der Schwerpunkt mehr auf dem Prozess an sich und weniger auf dem Ergebnis liegt. Die Indikatoren können sich bei der partizipativen Indikatorenentwicklung je nach Entwicklung des Wissensstandes und der vorherrschenden Werte in der Gruppe von einem Jahr zum anderen verändern. Sie sind von daher nicht wissenschaftlich vergleichbar und objektiv, sondern flexibel, kontext-spezifisch und aushandelbar und dienen dem Kommunikations- und Verhandlungsprozess innerhalb der Gruppe bzw. der Bevölkerung. Damit sind sie ein Instrument des gemeinsamen Lernens, wie es das folgende Zitat beschreibt:

> "This is not merely a question of which indicators are best for describing a particular process or set of events. It is more a matter of who is empowered or disempowered in the process of selection, development and application." (MACGILLIVRAY/ZADEK 1995, zitiert in GUIJT 2000:205)

Der Prozess der partizipativen Indikatorenentwicklung bietet sich an für eine Diskussion über Entwicklungsziele im Rahmen von Wirkungsmonitoring, jedoch m.E. weniger für die Umsetzung im Prozessmonitoring, da es dort nicht um das Monitoring von Wirkungen geht, sondern um das Monitoring auf der Ebene von Inputs, Aktivitäten und Ergebnissen, evtl. sogar bis zur Nutzung von Ergebnissen. Auf dieser Ebene bedürfen die Indikatoren relativ weniger Diskussionen, bzw. eignen sich auch weniger für explorative, grundsätzliche Diskussionen. Der Versuch im Rahmen der Aktionsforschung Indikatoren für ein Qualitätsmonitoring des Prozessmonitorings (im Sinne von: wer nimmt teil am Monitoring und wer sollte teilnehmen, laufen die Prozesse demokratisch oder konfliktiv etc.) zu erarbeiten, wurde relativ schnell verworfen, da es den Monitoringprozess in diesem Stadium m.E. unnötig verkomplizierte und die Gefahr bestand, anstatt Lernprozesse auszulösen, die Beteiligten eher zu überfordern.

> "However, for indicator development to be empowering is an impressive feat and one that few M&E efforts can correctly claim to have achieved." (GUIJT 2000:204)

---

[159] Darunter fallen auch viele PRA-Ansätze.

Trotzdem fanden Diskussionen zu diesem Thema im Rahmen des Monitoringtrainings statt, als es um die Definition des Monitoringdesigns ging.

An dieser Stelle soll auch noch einmal auf den relativen Charakter von Indikatoren allgemein aber im Besonderen von partizipativ entwickelten Indikatoren hingewiesen werden. Nach jeder Aktions- oder Lernphase besteht häufig die Notwendigkeit oder das Bedürfnis Indikatoren anzupassen. Gerade wenn das inhaltliche Verständnis für Monitoring oder den betreffenden Sachverhalt (beispielsweise Regeln für nachhaltige Waldwirtschaft in einer Gemeinde) steigt, werden auch die Indikatoren genauer. Dies ist jedoch ein längerer Lernprozess. Indikatoren können nicht schnell und ohne ausführliche Vorbereitungsphasen der Gruppe entwickelt werden, wenn sie wirklich partizipativ erarbeitet werden sollen. Dieser notwendige Anpassungsprozess steht in Konflikt mit dem Anspruch Trends oder Wirkungen über eine längere Zeit hinweg (anhand derselben Indikatoren) zu verfolgen.

Spielen Indikatoren einen wichtigen Aspekt für das Monitoringsystem (beispielsweise bei der Definition eines Management- und Monitoringsystems für kommunale nachhaltige Waldwirtschaft) kann durch *Mentoring* eine Brücke geschlagen werden: als wichtig definierte Aspekte, die in thematischen Gruppendiskussionen oder Gemeindeworkshops erhoben, aus Geschichten, die erzählt werden oder durch andere partizipative Methoden identifiziert werden, können durch den Mentor oder die Mentorin in Kriterien und Indikatoren umgewandelt werden und der Gruppe wieder zur Diskussion gestellt werden. Hier bewegt sich jedoch das *Mentoring* in den Bereich der Moderation hinein und die *Ownership* der Beteiligten für die Indikatoren kann damit behindert werden. Insgesamt stellt die Indikatorendefinition einen der schwierigsten Schritte im partizipativen Monitoring dar.

2.3.1.3 Dokumentation der Monitoringergebnisse

Auch in der Phase der Dokumentation der Monitoringergebnisse ist es nicht einfach, die im PM&E vorgesehene hohe *Ownership* und Partizipationsintensität zu erreichen. Gleichzeitig ist dieser Schritt sehr wichtig für das *Capacity Development* und die Stärkung der *Ownership*, weil es darum geht, das eigene Wissensmanagement in die Hand zu nehmen (z.B. *community learning teams*). Gleichzeitig wird in dieser Phase erneut deutlich, welche unterschiedlichen Informationsbedürfnisse in der Gruppe existieren.

> „This issue [documentation] is even more complex when local groups are involved in PM&E, as differences in communication styles, literacy and practice with formalized registering of information will need to be understood and accommodated. Methodologically, it is perhaps the least well implemented of the core steps of PM&E." (GUIJT 2000:214)

Es existieren heute eine Vielfalt von Vorschlägen, auf welche Weise der PM&E-Prozess dokumentiert werden kann, d.h. die Daten aufgenommen, gespeichert, aber auch der gesamten Bevölkerung oder zumindest den Gruppenmitgliedern zugänglich gemacht werden können. Eine besondere und nicht selten auftretende Herausforderung besteht, wenn nicht alle Gruppenmitglieder alphabetisiert sind. Hier kann eine Überforderung der Zielgruppe leicht zum Rückzug der Gesamtgruppe oder einzelner Mitglieder aus dem gesamten Prozess führen.

> "Documentation can easily disempower participants when (…) efforts are not made to share and use the data actively. Several authors note that in the data analysis stage – when documentation is used – participation reduces to a small group of people." (GUIJT 2000:215)

2.3.1.4 Reflexion: Partizipationsniveau, *Ownership* und Überforderung

Ist der Anspruch an das Partizipationsniveau zu hoch, kann dies zur Überforderung der beteiligten Akteure führen und dadurch die Entwicklung von *Ownership* erschweren. Daraus darf natürlich nicht der Umkehrschluss gezogen werden, ein niedriges Partizipationsniveau führe automatisch zu *Ownership*. Wie bereits in III.2.1.1.4 angesprochen und noch mal in den oben dargestellten Prozessschritten (v.a. Indikatorenentwicklung und Dokumentation) verdeutlicht, bewegt sich das partizipative Monitoring stets auf dem schmalen Grat zwischen *Ownership* und Überforderung.

Der Aspekt der Überforderung kann sich sowohl auf die intellektuelle als auch auf die zeitliche Ebene (Ressourcenbedarf des Monitorings und -verfügbarkeit bei den Akteuren) beziehen. Die Gefahr der Überforderung steigt proportional zum Anspruch an die Partizipationsintensität, d.h. das Ziel ein hohes Partizipationsniveau und einen hohen Partizipationsgrad bei einer gleichzeitigen hohen *Ownership* zu erreichen. Dies soll jedoch nicht dazu ermutigen, diese nicht anzustreben, sondern soll vielmehr für ein bedachtes Vorgehen im Rhythmus der beteiligten Akteure sensibilisieren.

> „Alles hat seinen Rhythmus. Man muss unseren Rhythmus respektieren." (Landwirtschaftssekretär in São Domingos do Capim, 2003)[160]

Der Landwirtschaftssekretär von São Domingos wies damit während eines Monitoringtreffens auf die Notwendigkeit hin, den Monitoringprozess an dem Rhythmus der beteiligten Akteure auszurichten. Er bezog sich dabei auf das manchmal schwierige Austarieren der Ansprüche an das Monitoring von Seiten der unterschiedlichsten Akteure (i.d.R. wollten alle schnelle Ergebnisse und ein funktionierendes Monitoringsystem) im Angesicht der Schwierigkeiten der Monitoringgruppe. Auch für ihn standen die *Ownership* und die institutionelle Nachhaltigkeit der Gruppe im Vordergrund, deren Ausbildung oftmals in Konflikt stand mit kurzfristigen Monitoringergebnissen. Diese Erfahrungen und Einsichten beschreibt auch OAKLEY (1991):

> „Rahman (1989) argues that the process of participation must unfold in rhythm with the pace of the life of the people involved. If people are to participate meaningfully, then they must do so at a pace consistent with their livelihoods. Too often projects proceed at a pace consistent with the demands of an immediate visible impact and the people either get left behind or plunge into the accompanying frenetic activities in the hope of some eventual benefit. Participation demands a different approach: 'We are well aware that the formation of groups among margin-

---

[160] „Tudo tem seu rítmo. Tem que respeitar o rítmo da gente." (Landwirtschaftssekretär in São Domingos do Capim, 2003)

> alised people is extremely slow; it is important to go forward with patience and hope that the people will discover what they need. This does not mean that we have to adopt a passive attitude, but more that it is important to determine the moment in which to hold a training course, put a proposal forward, allow something to develop, but always in the rhythm of the people.' (CEBEMO, Colombia 8866)." (OAKLEY 1991:208)

Eine wichtige Rolle beim Ausgleichen zwischen *Ownership* und Überforderung und bei dem Finden des richtigen Rhythmus spielt das *Ownership-Mentoring*. Um dies zu verstehen, bietet es sich an, das Konzept des Partizipationsniveaus noch einmal detaillierter zu analysieren: Es setzt sich zusammen aus der politischen Relevanz und dem fachlichen/inhaltlichen Niveau, die in den allermeisten Fällen in enger Korrelation stehen.

Das *Mentoring* muss nun die Herausforderung meistern, das fachliche Niveau des generellen Monitoringniveaus akteursgerecht abzusenken, gleichzeitig das politische Niveau hoch zu halten und dabei die *Ownership* möglichst wenig zu behindern.

Dies kann durch zwei komplementär anwendbare Strategien erreicht werden: zum einen die intellektuellen und kritischen Fähigkeiten der Akteure langfristig zu stärken und zum anderen durch didaktische Methoden Diskussionsthemen akteursgerecht aufzubereiten, d.h. bestimmte Inhalte auf eine einfachere Weise darzustellen und dabei möglicherweise die Komplexität eines Sachverhaltes bewusst zu reduzieren. Die erste Strategie der Stärkung der Fähigkeiten der Akteure steht im Zentrum des Konzeptes des *Ownership-Mentorings* und ist die langfristigere, zeit- und beratungsintensivere und damit auch kostenintensivere, aber auch nachhaltigere Variante. Die zweite Strategie lässt sich kurzfristig effektiv anwenden, birgt jedoch die Gefahr, die *Ownership* und die politische Relevanz zu beeinträchtigen.

Die angemessene Kombination der beiden Strategien muss in Feinabstimmung und als flexibles Konzept unter Berücksichtigung der beteiligten Akteure, der Ansprüche an das Monitoring und der zur Verfügung stehenden Ressourcen entwickelt werden und während des gesamten Prozesses immer wieder angepasst werden.

2.3.1.5 Zwischenfazit

Das partizipative Monitoring ist auf einem hohen Partizipationsniveau angesiedelt. Der erreichte Partizipationsgrad in São Domingos do Capim kann positiv gewertet werden, wogegen die *Ownership* während der meisten Prozessschritte relativ niedrig ausgeprägt war. Durch das *Ownership-Mentoring* konnte die Partizipationsintensität zwar positiv beeinflusst werden, es muss jedoch als noch nicht ausreichend betrachtet werden. Mit mehr zeitlichen, personellen und infrastrukturellen Ressourcen könnte das *Ownership-Mentoring* intensiviert und dadurch die Monitoringfähigkeiten der Akteure gestärkt werden. In einem solchen Szenario wäre die Erhöhung der *Ownership* und dadurch der Partizipationsintensität denkbar.

2.3.2 Wirksamkeit

2.3.2.1 Eintreten erwarteter Wirkungen

a) Institutionelle Lernprozesse

Im Folgenden soll auf beide Aspekte der *Good Governance* eingegangen werden, die sich häufig gegenseitig beeinflussen: das Lernen und das Steuern.

PM&E wird heute häufig zur Stärkung der institutionellen *Accountability* und Organisationsentwicklung angewendet. Wie in II.1.2 bereits diskutiert, wird *Accountability* heute nicht nur im Sinne finanzieller Transparenz verstanden, sondern immer mehr als ein gesellschaftlicher Lernprozess.

Gerade das organisationelle Lernen wird oftmals herausgehoben bei der Argumentation zugunsten des PM&E und möglicherweise ist dies tatsächlich seine eigentliche Stärke.

Beim organisationellen oder institutionellen Lernen lernt eine Organisation wie sie sich Wissen aneignet, wie sie die aus dem Prozess resultierenden Informationen verbreiten und interpretieren kann und wie sie ein effektives institutionelles Gedächtnis (*organizational memory*) und gut funktionierendes Wissensmanagement kreieren und pflegen kann.

Kollektives Lernen

Im Mittelpunkt des kollektiven Lernens steht die Entwicklung der Monitoringinstanz, im Fallbeispiel das Monitoringkomitee, und damit verbunden die Monitoringkapazität(en) des Beirats für nachhaltige ländliche Entwicklung.

Neben dem spezifischen Ausbildungsniveau, Organisationserfahrungen und *Governmentality* der teilnehmenden Akteure, sind der Grad der vorhandenen *Ownership* und das *Ownership-Mentoring* wichtige Faktoren bei der Entwicklung und der Selbststeuerung des Monitoringkomitees.

Das *Ownership-Mentoring* spielt dabei eine ambivalente Rolle: es scheint manchmal diesem Entwicklungsprozess, um den es ihm geht, im Weg zu stehen. Dies mag möglicherweise an den noch zu oft vorhandenen paternalistischen Beziehungen und Strukturen und der davon oftmals beeinflussten *Governmentality* der Akteure liegen, die von diesen auf die Strukturen und Prozesse des Monitoringkomitees angewandt wurden und möglicherweise auch an noch zu wenig angepassten *Mentoring*-Methoden.

Auch hier geht es im *Mentoring* wieder darum, den Prozess, der oft zäh, anstrengend und langwierig für die beteiligten Akteure ist, nur so weit wie nötig zu unterstützen, d.h. so weit dass die Motivation der beteiligten Akteuren nicht verloren geht und die *Ownership* für den Prozess bei den Akteuren bleibt.

Organisationslernen ist nicht konfliktfrei. Eine Organisation muss dafür bereit sein, ihre eigene Organisation - auch wenn sie gerade erst gegründet wurde – auf den Prüfstand zu stellen und dabei Hierarchien, Machtbeziehungen und Interessenskonflikte offen zu legen und zu erkennen und bereit sein, Alternativen und Lösungen zu diskutieren. Hierfür bietet sich eine Organisationsberatung und -analyse parallel zum, bzw. integriert in den Monitoringprozess an. BLAUERT und QUINTANAR (2000) weisen in diesem Zusammenhang noch darauf hin, dass Konfliktlösungskompetenzen ebenfalls hilfreich sein können.

> "(…) avoidance of addressing power issues relating to leadership issues, external relations, internal communications, and reward systems, within the organization can constrain effective learning, particularly with regard to sustaining participation within the organization or project. The process of participatory evaluation and indicator development can itself trigger conflict and division within an organization, as various perspectives of assessments are brought in. This will require conflict management skills and strong leadership to harness or shape potential divisions or conflict into a learning process." (BLAUERT/QUINTANAR 2000:49)

Die Organisationsentwicklung der Monitoringinstanz sollte nach Möglichkeit in all seinen Facetten vom *Mentoring* unterstützt werden, man sollte jedoch auch an dieser Stelle den Kostenfaktor nicht vergessen (vgl. 2.3.2.2), bzw. eine Kosten-Nutzen-Analyse durchführen, um zu einem praktikablen, effizienten und nachhaltigen partizipativen Monitoring zu gelangen.

Zusammenfassend kann festgehalten werden, dass im Fallbeispiel das kollektive Lernen im Sinne von Organisationslernen stattfand, jedoch langsamer, mühsamer und im geringeren Umfang als erwartet und notwendig.

Verbesserung der Steuerungskapazität

Das partizipative Monitoring hatte sehr schnell und sehr direkt Auswirkungen auf die Steuerung der Umsetzung des PMDRS. Trotzdem konnte die Steuerungskapazität der für die Umsetzung des PMDRS verantwortlichen Akteure nicht langfristig verbessert werden.

Interessanterweise konnte diese Steuerungskapazität ohne eine hohe Selbstorganisationsfähigkeit der Gruppe vergrößert werden. Auch waren dafür die im Monitoringkomitee wenig ausgebildeten Steuerungsschritte wie Dokumentation der Ergebnisse nicht unbedingt notwendig. Mit relativ geringem Aufwand konnten bereits große Veränderungen in der Steuerungskapazität erreicht werden. Dies lag sicherlich auch daran, dass die Ausgangssituation, nämlich dass der PMDRS nur mangelhaft formuliert war und fast gar nicht umgesetzt wurde, sehr schlecht war und sich daher im Vergleich relativ einfach und schnell positive Veränderungen erreichen ließen.

b) Individuelle Lernprozesse

Die individuellen Lernprozesse verliefen je nach Person sehr unterschiedlich. Die Akteure entwickelten zu unterschiedlichen Graden Monitoringkompetenzen. Dies war abhängig von ihrem Bildungsstand, von ihren Vorerfahrungen mit Partizipation und Projektdenken oder Organisationserfahrungen. So zeigten die Akteure in Ourém, die über hohe organisationelle Vorerfahrungen verfügten, bereits nach der ersten Einführung in Monitoring im weiteren

Verlauf des Trainings, als es um das Design des Monitoringsystems ging, hohe Monitoringkompetenzen. In São Domingos dagegen entwickelten sich die Monitoringkompetenzen der teilnehmenden Akteure trotz der aktiven Anwendung des Monitorings nur sehr langsam.

Ebenfalls spielte das Interesse der Akteure und ihre Einstellung zu Monitoring, zu Partizipation, zu Demokratie und Steuerung (*Governmentality*) eine wesentliche Rolle dabei. Bei allen Teilnehmenden kam es jedoch zu einer politischen Sensibilisierung in Bezug auf ihre Arbeit als Mitglieder des Monitoringkomitees und als Beiräte sowie zu einem besseren Verständnis politischer und administrativer Abläufe im Munizip, vor allem was den munizipalen Haushalt betrifft.

c) Auswirkungen auf ein weiteres Umfeld

Durch das partizipative Monitoring wurde nicht nur der PMDRS sichtbarer im Munizip, sondern es wurde auch seine partizipative Erarbeitung wieder ins Bewusstsein gerufen. Durch das partizipative Monitoring wurde der Partizipationsprozess gewissermaßen fortgesetzt und konkretisiert. Darüber hinaus wurden die Arbeit und die Funktion des CMDRS deutlicher. Die Mitglieder schienen teilweise erst durch die Diskussionen im Monitoringkomitee für ihre politische Rolle als Mitglied des Beirats sensibilisiert zu werden. Dies hatte wiederum Auswirkungen auf ihre Beiratsarbeit: Sie wurden dort aktiver, kritischer und trugen damit zu einer allgemeinen Belebung des CMDRS bei.

Nicht nur Partizipation, sondern auch vor allem das Konzept des Monitorings und in Verbindung damit auch das der *Good Governance* wurde durch das partizipative Monitoring bekannt bemacht, verbreitet und vorgelebt, was bei einigen Menschen oder Institutionen fast zu einen Paradigmenwechsel beitrug. Während Monitoring sich global zu einem Modethema entwickelte, trug das konkrete partizipative Monitoring sicherlich zur Verbreitung des Konzeptes und seiner Anwendung in der Region bei.[161] Zu diesem Punkt ist jedoch keine Wirkungsanalyse durchgeführt worden, so dass sich diese Wirkungen nur vermuten, nicht aber konkret bestätigen bzw. quantifizieren lassen.

Eine der positivsten Wirkungen des partizipativen Monitorings war sicherlich die Verbesserung der Steuerungskapazität der SEAMA. Sie nahm das Prinzip des Prozessmonitorings in ihre administrative Routine auf und integrierte darin auch die Tätigkeiten des lokalen Büros des staatlichen landwirtschaftlichen Beratungsdienstes (EMATER), mit dem sie ein Büro teilte, wie dies häufig im ländlichen Raum der Fall ist. Einmal im Monat wurde ein Prozessmonitoring der Aktivitäten der letzten vier Wochen durchgeführt und basierend darauf die Aktivitäten der nächsten vier Wochen geplant, sowohl der SEAMA als auch der EMATER. Beide Institutionen sind für die landwirtschaftliche Beratung der in der Landwirtschaft tätigen

---

[161] Neben der Entwicklung eines Prozess- und Wirkungsmonitorings für das Projekt PRORENDA in 2002 und 2003 fanden in der Region ausgehend von unterschiedlichen Institutionen Aktivitäten im Bereich Monitoring und auch partizipativen Monitoring statt - einem Thema, das vorher nur sehr selten thematisiert worden war. Vgl. auch II.2.2.2.

Bevölkerung des Munizips zuständig, so dass die gemeinsame Planung und das gemeinsame Monitoring zu einer guten Koordination und damit zu einer Effizienzsteigerung bei beiden Institutionen führten.

Durch das Monitoring der Umsetzung des PMDRS wurden auch die Verfahrensweisen von PRONAF in Bezug auf die Erarbeitung, Finanzierung und Begleitung der Pläne beobachtet und teilweise kritisch hinterfragt. Eine letztendliche Rückmeldung an PRONAF mit einem Vorschlag zu einer konsequenteren Begleitung der Pläne (vgl. V.2.1) steht noch aus. Hier sind positive Wirkungen zu erhoffen.

2.3.2.2 Effizienz

Zur Berechnung der Effizienz bietet sich eine Kosten-Nutzen-Analyse an, die, wenn man sie ernst nimmt, einige Zeit in Anspruch nimmt. Die Herausforderung besteht vor allem in der Berechnung des Nutzens des Monitorings, da darin nicht nur der direkte Nutzen, sondern vor allem auch die direkten und indirekten Wirkungen beachtet werden sollten, deren *time-* und *attribution-gap* (vgl. II.1.2.3.2) die Analyse komplex macht. In dieser Arbeit kann diese Analyse daher nicht geleistet werden.

Daher soll an dieser Stelle nur eine kurze Einschätzung abgegeben werden. Die Ergebnisse und der Nutzen des Monitorings wurden an anderen Stellen in dieser Arbeit bereits erwähnt (v.a. in 2.3.2.1) und werden hier nur noch einmal resümiert:

- Verbesserung der Steuerungskapazität in Hinblick auf die Umsetzung des PMDRS,
- Institutionelle Lernprozesse,
- Individuelle Lernprozesse und
- Verbesserung der Steuerungskapazität der SEAMA.

Die Kosten des Monitorings sind etwas einfacher zu überblicken, wenn auch die Details im Bereich des zeitlichen und finanziellen Aufwands der Mitglieder des Monitoringkomitees einer genaueren Untersuchung bedürften.

Ohne die Kosten für die Erarbeitung des Monitoringvorschlags zu berechnen entstanden im Laufe des Monitoringprozesses Kosten für die folgenden Punkte:

- Visualisierungsmaterial für Monitoringtraining und erste Evaluierung des PMDRS,
- Verpflegung während des Monitoringtrainings und Evaluierung des PMDRS,
- Mappen, Stifte, Papier für Monitoringkomiteemitglieder,
- Raum für monatliches Treffen, für die Durchführung des Monitoringtrainings und für die erste Evaluierung des PMDRS,
- Ausdruck und Kopien der Monitoringmatrix (ursprüngliche Matrix und Aktualisierungen),

- Zeitaufwand und Reisekosten der Mitglieder und
- Zeitaufwand und Reisekosten des externen *Mentorings*.

Diese Kosten stellen m.E. die Basiskosten dar. Eine bessere infrastrukturelle Ausstattung wie Büro, Computer, Drucker, Computerkurse etc. (die auch mit anderen Institutionen gemeinsam genutzt werden können) wäre mit zusätzlichen Kosten verbunden, würde jedoch der Qualität des Monitorings zuträglich sein. Es kommt an dieser Stelle sehr darauf an, auf welchem administrativen Niveau das Monitoring stattfindet oder stattfinden sollte. Es macht in der Regel sicher keinen Sinn ein computergestütztes Monitoring in einer kleinen Gemeinde von 50-500 EinwohnerInnen durchzuführen, aber auf der Munizipebene mit bspw. ab 5000 EinwohnerInnen[162] kann das computergestützte Monitoring bereits sinnvoll sein und zu einer kompetenten Steuerung im Munizip beitragen. Gerade computergestütztes Monitoring birgt jedoch auch die Gefahr, die *Ownership* zu reduzieren oder zumindest den Partizipationsgrad herabzusetzen.

In São Domingos do Capim hat sich m.E. die Einführung des partizipativen Monitoringsystems trotz der hohen Eingangsinvestition und der geringen institutionellen Nachhaltigkeit aufgrund der vielen positiven Wirkungen gelohnt.

2.3.2.3 Reflexion: Kosten, Nutzen, Kontinuität und *Ownership*

Mit den positiven Auswirkungen von PM&E wird versucht, den hohen Ressourcenaufwand[163] zu legitimieren. Darüber hinaus besteht die Erwartung, dass bei längerer Anwendung von PM&E vor allem innerhalb derselben Gruppe (aber auch in der allgemeinen Weiterentwicklung der Methode) sich mit der Zeit eine systematischere Vorgehensweise entwickelt, die auf

---

[162] Die EinwohnerInnenzahl einer Kommune kann nur einen groben Anhaltspunkt darstellen und wird mit Sicherheit nur ein Kriterium unter vielen sein. Wichtige Kriterien sind weiterhin die administrative und politische Relevanz der Monitoringebene, die Inhalte des Monitorings, bzw. deren Komplexitätsgrad (für das Monitoring einer nachhaltigen kommunalen Wald- oder Forstwirtschaft in einer Gemeinde von 200 Personen kann computergestütztes Monitoring durchaus Sinn machen), Bildungsstand der Akteure, Ressourcen zur Aneignung der erforderlichen Fähigkeiten, von der generellen infrastrukturellen Ausstattung, z.B. ob eine Stromversorgung vorhanden ist, ganz abgesehen.

[163] Hierzu gehören zeitliche, personelle, finanzielle und infrastrukturelle Ressourcen. Die größte Rolle spielt dabei meist der Zeitfaktor in Bezug auf die Monitoringmitglieder und in Bezug auf das *Mentoring*. Die Rolle des Zeitfaktors ist häufig an die schwierigen Mobilitätsbedingungen der Akteure gekoppelt, z.B. keine oder teure Transportmittel, keine Strassen, etc., kann aber auch mit finanziellen Ressourcen in Zusammenhang stehen. Die verlorene Arbeitszeit der Mitglieder ließe sich finanziell kompensieren, sofern entsprechende Ressourcen vorhanden wären. Trotzdem lässt sie sich häufig nicht direkt mit Geld ausgleichen, z.B. in den folgenden Fällen: Betreuungsbedarf von Familienangehörigen (Kindern, Alten, Kranken), Arbeitsspitzen in der Landwirtschaft (was sicherlich in anderen Regionen eine noch größere Rolle als im kleinbäuerlichen Kontext in Amazonien spielen kann). In Sao Domingos do Capim hatte PRORENDA auf Anfrage des CMDRS während eines Jahres die monatlichen Reisekosten der Komiteemitglieder übernommen. Die Mitglieder berechneten unter sich, wieviel jeder zu bekommen hätte, dies führte zu einigen Konflikten. Ein Beispiel: zwei Männer haben dieselbe Wegstrecke. Der eine fährt mit dem Fahrrad, ihm entstehen keine gleich ersichtlichen finanziellen Kosten, er erhält daher nichts. Der andere ist etwas älter und fährt nicht mehr (oder nicht gerne) mit dem Rad und lässt sich das Busgeld auszahlen, findet dann doch jedes Mal eine andere Mitfahrgelegenheit, die ihm nichts kostet. Dies führte auf der einen Seite zu vielen Konflikten und nahm wertvolle Diskussionszeit in Anspruch, auf der anderen Seite förderte dies auch die Selbstorganisation und das interne Konfliktmanagement.

routinierte Weise Flexibilität zulässt und langfristig die Kosten des Prozesses reduziert. Die größte Investition muss tatsächlich in der Phase der Einführung und Anpassung des Systems und des Trainings erfolgen, die Folgekosten der kontinuierlichen Begleitung (*Mentoring*) des Prozesses und der Aufrechterhaltung der Motivation für Partizipation und der Partizipation an sich sollte jedoch nicht unterschätzt werden.

> "PM&E takes time, which challenges people's commitment to and sense of ownership over a project. The methodological steps and the perceived 'value-added' benefits of such activities therefore need to be highly concrete and specific in order for participants to engage in the process." (BLAUERT/QUINTANAR 2000:48)

Obwohl partizipatives Monitoring v.a. auch ein Lernprozess ist, darf es sich nicht zum Selbstzweck entwickeln. *Ownership* und kontinuierliche Partizipation kann nur erreicht werden, wenn Ergebnisse möglichst konkret sichtbar werden oder ein persönlicher Nutzen deutlich wird.

> „Our experience shows that we can establish a PPM&E process more easily in programmes that incorporate some degree of individual focus. For example, in the case of a women's programme that incorporates leadership and administrative training for women setting up new businesses with small-scale credit, women have the incentive to develop their own monitoring and evaluation. But in village- or group-wide projects this has been a more difficult process to develop. It would appear that motivation for PPM&E may be increased when people see that they can derive greater or more direct personal benefits from their involvement." (SYMES/JASSER 2000:145)

Manchmal muss dafür auf bestimmte Methoden oder Prozesse lieber verzichtet werden. Hier müssen Kompromisse eingegangen werden zwischen methodischem Anspruch, teilweise auch bezüglich Ansprüchen an das Partizipationsniveau und Nachhaltigkeit, auf der einen und Praktikabilität und dadurch letztendlich *Ownership* auf der anderen Seite.

> "Our first experience in testing methods showed that some tools would not be appropriate for farmer's monitoring, simply because they will require considerable time investment from a project that offers little immediate financial return." (BLAUERT/QUINTANAR 2000:48)

RUTHERFORD (2000:134f.) weist aufgrund praktischer Erfahrungen mit partizipativen Monitoring darauf hin, dass manchmal eine geringere Anzahl formeller Treffen, also ein geringerer Aufwand für die Monitoringmitglieder, und eine größere Unterstützung von außen die Belastung und damit die Kosten für die Teilnehmenden senken können. Die Unterstützung von außen benennt sie mit *staff*. Es ist denkbar, dass dies durch ein spezifisch ausgebildetes Team der Gemeindeverwaltung oder durch eine externe Beraterin/ einen externen Berater im Sinne von *externem Mentoring* durchgeführt werden kann. Ihr Vorschlag zielt auf die Veränderung des Partizipationsgrads: Vielleicht müssen nicht immer alle teilnehmen,[164] sondern

---

[164] vgl. dazu auch: „We have experienced how difficult it is to achieve 100 per cent participation of all stakeholders in a PM&E process. Not all people want to be involved - and not all are needed." (SIDERSKY/GUIJT

anfangs eher Personen mit einer gewissen Vorbildung in dem Bereich. Man kann ein graduelles Wachstum der Gruppe anstreben, so dass keiner überfordert wird, aber Kontinuität gewährleistet werden kann und die Möglichkeit Fähigkeiten und Wissen weiterzugeben. Die folgende Prämisse nimmt die mit dem Monitoring verbundenen Kosten v.a. für unterprivilegierte Akteure, bspw. Kleinbäuerinnen und Kleinbauern in Amazonien, ernst:

> "Above all, we feel that realism about what PM&E can deliver is key. Repeatedly asking ourselves 'for whom is this information useful?' has helped us keep our feet firmly on the ground." (SIDERSKY/GUIJT 2000:82)

2.3.2.4 Zwischenfazit

Die Lernprozesse auf der individuellen Ebene waren sehr vielfältig und überraschend stark, jedoch auch sehr variabel und akteursabhängig und darüber hinaus schwer quantifizierbar.

Die institutionellen Lernprozesse innerhalb des Monitoringkomitees fielen dagegen recht bescheiden aus und wiederum die institutionellen Lernprozesse außerhalb der Gruppe, in dem Fall innerhalb der SEAMA, überraschend positiv. Aus diesen Erfahrungen lässt sich schließen, dass die Wirksamkeit der Methode sehr stark von der Rezeptivität der jeweiligen Akteure abhängig ist.

Aufgrund der fehlenden institutionellen Nachhaltigkeit weist der Prozess trotz der vielen positiven Wirkungen nur eine mäßige Effizienz auf. Sein Potenzial ist dagegen sicherlich höher einzuschätzen.

2.3.3 Nachhaltigkeit

2.3.3.1 Institutionelle Nachhaltigkeit

a) Design des Monitoringsystems in Bezug auf Durchführbarkeit, Anpassungsfähigkeit und Transformationspotenzial

Durchführbarkeit

Das Monitoring ist in seiner Kernphase, der Analyse der Aktivitäten des PMDRS relativ einfach: im Rahmen einer Gruppendiskussion wird anhand einer Monitoringmatrix die Umsetzung des Plans diskutiert und die Matrix ausgefüllt.

Schwierigkeiten bestanden für die Mitglieder des Komitees darin, diese Diskussion selbst zu moderieren, die *Ownership* dafür zu übernehmen[165] und die Aktivitäten und deren Umsetzung

---

2000:82)

[165] Nur ein Beispiel: Ich konnte spontan an einer morgendlichen Sitzung des CMDRS nicht teilnehmen, kam jedoch rechtzeitig zu unserem verabredeten Treffen des Monitoringkomitees (5. Sitzung) am Nachmittag. Die Mitglieder waren alle morgens in der Sitzung des CMDRS präsent gewesen und entschieden aufgrund meiner Abwesenheit das Treffen des Monitoringkomitees am selben Nachmittag abzusagen. Sie trauten sich nicht zu, es ohne *Mentoring* durchzuführen.

wirklich kritisch zu analysieren. Eine weitere Schwierigkeit bestand in den Aktivitäten, die hier Erforschungstechniken genannt werden sollen. Dazu gehört:

- Festlegen welche Informationen genau fehlen, wo man sie möglicherweise beschaffen kann und wer dies übernimmt,
- Informationen einholen (Informanten aufsuchen, die richtigen Fragen stellen und die Antworten notieren und gegebenenfalls diese hinterfragen)
- Monitoringergebnisse (nach der Analyse im Komitee) dokumentieren und die Monitoringmatrix aktualisieren

Die größten Herausforderungen bestehen somit in den folgenden Bereichen:

- *Ownership*-Entwicklung, Organisationsentwicklung
- Entwicklung kritischer Analysefähigkeit
- Erforschungstechniken (u.a. Informationen einholen und dokumentieren)

Der Monitoringvorschlag ist auf einem hohen Partizipationsniveau (und das impliziert einen hohen Schwierigkeitsgrad) angelegt, was die *Ownership* erschwert, sie jedoch gleichzeitig in den Mittelpunkt stellt.

Die Methode ist erlernbar, besitzt jedoch je nach Vorbildung der Akteure in der Anfangsphase einen hohen Beratungsbedarf.

Anpassungsfähigkeit

Die Anpassungsfähigkeit der Methode ist in jedem Moment vorhanden und Prinzip des Monitoringvorschlags, hängt jedoch stark von der Art des *Menitorings* ab. Der Mentor oder die Mentorin muss die Sensibilität besitzen, auch auf schwach artikulierte Bedürfnisse der Gruppe oder einzelner Mitglieder einzugehen und die Akteure zu befähigen und ihnen Raum zu lassen, ihre Bedürfnisse zu spüren, zu artikulieren und gemeinsam die angepasstesten Lösungen zu finden.

Ein Raum dafür ist das Monitoringtraining, das zunächst jeden Akteur befähigen soll über Monitoring nachzudenken und anzuregen, das Monitoringsystem nach den eigenen Bedürfnissen selbst zu entwickeln. An dieser Stelle wechselt das *Mentoring* sicherlich häufig zwischen Moderation und dem eigentlichen *Mentoring* hin und her. Dies ist jedoch in dieser Anfangsphase notwendig.

Die Monitoringsitzungen selbst sind auch so gestaltet, dass sie Raum für das Artikulieren von Anpassungswünschen und für das Herumexperimentieren bieten.

Transformationspotenzial

Im speziellen Fall des Prozessmonitorings eines PMDRS bot dieser ein ideales Kooperationsinstrument. In ihm ging es um die Aktivitäten der verschiedensten Akteure im Munizip, mit denen in diesem Rahmen Kontakt aufgenommen werden musste. Durch das Zusammenstellen von Informationen, Vermittlung von Ergebnissen und teilweise konkreten Umsetzungen entstand Kommunikation zwischen den Akteuren und festigten sich Kooperationen.

Das Monitoring und das Monitoringkomitee besaß durch seine Anbindung einerseits an den CMDRS und andererseits - vermittelt über die Person des kommunalen Landwirtschaftssekretärs - an die SEAMA einen direkten Zugang zu politischen Räumen, in die es seine Ergebnisse hineintragen und dadurch zu Wandel beitragen konnte. Dies geschah auf systematische Weise insbesondere in der SEAMA, die die Ergebnisse des Monitorings aufgenommen hat. Eher sporadisch geschah dies im CMDRS.

Es fehlte mit Sicherheit die Definition eines ganz spezifischen Raums, Mediums und/oder einer Strategie für die Verbreitung und Umsetzung der Ergebnisse. Dies war zwar seit Beginn angedacht gewesen, wurde auch im Monitoringtraining (vgl. SEGEBART 2002) und in vielen Monitoringsitzungen thematisiert, kam jedoch nie zur Konkretisierung. Das vorhandene Potenzial an Kommunikations- und Kooperationsräumen wurde hier sicher nicht ausgeschöpft.

Institutionelles Umfeld

Während der Monitoringprozess in Ourém aufgrund des schwierigen institutionellen Umfeldes gar nicht erst beginnen konnte, war in São Domingos do Capim ein großer politischer Wille hinsichtlich der Umsetzung des partizipativen Monitorings und ein Offenheit für Transformationen vorhanden. Dieser politische Wille manifestierte sich in der Person des Agrarsekretärs. Dies hatte Vor- und Nachteile: Der Agrarsekretär hatte viel dazu beigetragen, dass der Monitoringprozess überhaupt stattfinden konnte und dass er viele Monitoringergebnisse umsetzen und insgesamt positive Wirkungen zeigen durfte. Der Agrarsekretär zentralisierte jedoch so viel Macht und Kompetenz auf seiner Person, dass die anderen Akteure, besonders viele Kleinbauern, sich zu stark auf ihn verließen, zum einen aus Bequemlichkeit zum anderen aber auch aus Obrigkeitsdenken, teilweise auch weil sie sich selbst zu wenig zutrauten. Der Agrarsekretär, der stark interessiert war am Monitoring und ein positives politisches Umfeld für das Monitoring bot, unterminierte jedoch mit seiner Omnipräsenz die *Ownership* des Monitoringkomitees.

Das Ergebnis der starken Fixierung vieler Prozesse auf seine Person wurde im Abbruch der Monitoringaktivitäten mit seinem Ausscheiden aus dem Landwirtschaftssekretariat und damit aus den politischen Prozessen und Ämtern im Munizip deutlich. Das Monitoringkomitee hatte bis zu diesem Zeitpunkt, nach gut 1½ Jahren im Monitoringprozess, noch nicht genug eigene Monitoringkompetenzen zur eigenständigen Weiterführung des Monitorings entwickelt. In Ourém hat dagegen das Monitoringtraining ausgereicht, um die interessierten lokalen Akteure in die Lage zu versetzen ein eigenes Monitoring völlig eigenständig zu initiieren.

In diesen letzten Überlegungen spielt auch die Frage nach der Institutionalisierung bzw. nach der institutionellen Anbindung des Monitoringprozesses eine Rolle. Gerade für die Institutionalisierung und weitere Verbreitung kann eine Anbindung an oder Unterstützung von öffentlicher Seite hilfreich sein für die Sicherstellung der institutionellen Nachhaltigkeit. Eine solche Anbindung kann sich jedoch, wie das Fallbeispiel São Domingos zeigt, auch negativ auswirken, weil sie damit den politischen und vor allem parteipolitischen Konjunkturen oder Legislaturperioden unterliegt, was beispielsweise gerade im brasilianischen Amazonien eine große Rolle spielt. Aber auch die nichtstaatlichen Räume, beispielsweise der Zivilgesellschaft, sind häufig nicht weniger politikfrei. Hilfreich kann es sein, das partizipative Monitoring auf eine möglichst breite gesellschaftliche Basis zu stellen und gleichzeitig in die Selbstorganisation und die *Ownership* der Gruppe zu investieren. Aber auch die Integration oder Transformation des Monitorings in eine gesetzlich vorgeschriebene Verwaltungsroutine kann zur institutionellen Nachhaltigkeit beitragen sowie im Zusammenhang mit staatlich oder international geförderten Projekten die Bindung der Vergabe von Mittel an ein funktionierendes (partizipatives) Monitoring.

2.3.3.2 Nachhaltigkeitscheck

Im ursprünglichen Monitoringvorschlag war im Monitoring der Qualität des Monitoringprozesses auch ein Nachhaltigkeitscheck vorgesehen (vgl. SEGEBART 2002). Dieses Teilmonitoring wurde jedoch aus den in der Reflexion unter 2.3.1.4 dargestellten Gründen nicht durchgeführt. Es bestand damit kein offizieller Ansatzpunkt, Themen wie Gendergerechtigkeit und Umweltgerechtigkeit im Bezug auf die Umsetzung des PMDRS zu diskutierten. Das Thema soziale Gerechtigkeit wurde dagegen, möglicherweise aufgrund der sehr direkten Betroffenheit der Mitglieder, sehr oft in den Diskussionen des Monitoringkomitees aufgegriffen. Da nur sehr wenige Frauen (2) am Monitoringkomitee teilnahmen und diese auch weniger häufig präsent waren als die Männer, gerieten Genderaspekte wahrscheinlich stärker in den Hintergrund als dies sonst m.E. der Fall gewesen wäre, weil die anwesenden Männer diese nicht von sich aus aufgriffen..

Das Prozessmonitoring des PMDRS hat nicht die Aufgabe, den Plan, der bereits in einer Gemeindekonferenz verabschiedet wurde, einer Nachhaltigkeitsanalyse zu unterziehen. Trotzdem kann das Monitoring für Nachhaltigkeitsaspekte sensibilisieren. Im Monitoringtraining kann beispielsweise auf die Wichtigkeit der Repräsentativität verschiedener Gesellschaftsgruppen (dies wurde gemacht) und speziell von Frauen hingewiesen werden, ohne daraus eine Bedingung zu machen. In den beiden Fallbeispielen lag der Schwerpunkt darauf, den Mitgliedern des Beirats möglichst viel Entscheidungsfreiheit zu lassen beim Design des Monitoringsystems und damit auch bei der Definition der Kriterien für die Mitglieder des Monitoringkomitees und letztlich deren Auswahl. Dies spricht wieder mal ein typisches *Mentoring*-Problem an.

Es hätte jedoch die Möglichkeit bestanden, einige Nachhaltigkeitskriterien in die Monitoringmatrix zu integrieren, so dass die Gruppe bei der Überprüfung jeder Aktivität sich zu diesen Punkten Gedanken machen muss und dem CMDRS ein entsprechendes Feedback zu den Aktivitäten des PMDRS geben kann.

2.3.3.3 Zwischenfazit

Im Fallbeispiel São Domingos do Capim konnte die Methode ihr Potenzial zu institutioneller

Nachhaltigkeit nicht unter Beweis stellen.

Dieser Vorschlag für das partizipative Monitoring ist auf Langfristigkeit angelegt und erfordert daher in besonderem Maße institutionelle Nachhaltigkeit. Er ist allerdings auf einem hohen Partizipationsniveau (und das impliziert einen hohen Schwierigkeitsgrad) angelegt, was die Herausbildung von *Ownership* erschwert, sie jedoch gleichzeitig in den Mittelpunkt stellt. Die Methode ist prinzipiell von den Akteuren erlernbar, besitzt jedoch je nach Vorbildung der Akteure besonders in der Anfangsphase möglicherweise einen hohen Beratungsbedarf. Der Monitoringvorschlag ist sehr flexibel gehalten und bietet in sich viel Raum für das Artikulieren und Umsetzen von Anpassungsbedarfen. Auch das in der Methode vorhandene Potenzial an Entwicklung von Kommunikations- und Kooperationsräumen wurde hier sicher nicht ausgeschöpft.

Die Umsetzung des Monitoringvorschlags und seine institutionelle Nachhaltigkeit hängen ab von dem politisch-institutionellen Umfeld, vom Interesse, von den Kompetenzen (Vorbildung), der *Ownership* für das Monitoring und der Eigenständigkeit der involvierten Akteure.

2.3.4 Übertragbarkeit

> „Participatory municipal-level planning in the municipalities of the Zona da Mata of Minas Gerais [ein Bundesstaat Brasiliens, D.S.] (...) is shaped by the dynamics of political process and the existing social and historical patterns of communication and domination. Of course, one says! But this is significant for those trying to standardize the experience into a set of steps, as will inevitably happen as efforts to scale up such localized experiences emerge. It cannot be ‚methodologized' nor can a model be set down for others to follow. It thus confirms the critique that grew in the late 1990s about the routine, mechanical application of participation as a bag of tricks rather than as political awareness." (FLORISBELO/GUIJT 2004:202)

Die Schlüsse, die FLORISBELO und GUIJT aufgrund ihrer Erfahrungen mit der partizipativen Erarbeitung von PMDRS in Minas Gerais ziehen, decken sich mit denen dieser Arbeit zu partizipativen Monitoring von PMDRS in Pará.

Aufgrund der vielfältigen lokal spezifischen Faktoren, die die Umsetzung eines partizipativen Monitorings beeinflussen, liegt die Stärke der Übertragbarkeit dieses Konzepts in seiner Flexibilität. Es hat den Nachteil, dass es kein fertiges Rezept, kein Modell, keinen *blue-print* anbietet, sondern es schlägt vor, dass man sich sein Montoringsystemmodell - und das ist integraler Bestandteil des Vorschlags - erst partizipativ erarbeiten muss.

Partizipatives Monitoring ist damit immer experimentell, es muss immer für die spezifische Situation abhängig von einigen Monitoringdeterminanten neu designt werden und es muss auch während des Prozesses stets neu angepasst werden, was entweder einen relativ hohen Beratungsbedarf oder eine relativ hohe Selbständigkeit der Gruppe notwendig macht.

Dieser Raum für Flexibilität wurde bereits beschrieben und wird auch in den Grundbausteinen des partizipativen Monitorings (2.4) ausführlicher vorgestellt.

Das Konzept des *Mentorings* macht es möglich, das Konzept fast überall anzuwenden - sofern die dafür notwendigen personellen und finanziellen Ressourcen vorhanden sind. Dies ist jedoch ein kritischer Punkt: wie ist ein *Mainstreaming* des partizipativen Monitorings möglich, wenn dafür ein gewisser, möglicherweise relativ hoher Ressourcenbedarf notwendig ist? In diesem Bereich bestehen noch große Herausforderungen sowie generell in der Frage des *Up-Scalings*:

> "Few experiences demonstrate how PM&E can be applied in large-scale development efforts, which cover a wide area and involve several institutional levels and a large number of participants. What type of PM&E approach, or combination of approaches, will be required to address the increasing complexity in scaling-up PM&E efforts?" (ESTRELLA 2000:13)

Einige Lösungswege lassen sich möglicherweise in der politischen Priorisierung und Institutionalisierung des Ansatzes in der Kommunalverwaltung finden und in der aktiven Verknüpfung des partizipativen Monitorings mit anderen vorhandenen Ansätzen der (politischen) Bildungsarbeit in einer Region oder Gemeinde (vgl. auch III.3.2).

Darüber hinaus ist es denkbar, dass sich Flexibilität und damit die bessere Angepasstheit an den lokalen Kontext (und Übertragbarkeit) durch ein System komplementären partizipativen Monitorings erreichen lassen. Dieses komplementäre System könnte aus Monitoringmodulen verschiedenen Partizipationsniveaus bestehen, die methodisch an die Fähigkeiten der jeweiligen Akteure angepasst sind. Diese Monitoringmodule können auch unterschiedliche Zielsetzungen verfolgen, sollten aber ineinander integriert, in gewisser Weise aufeinander aufbauend sein und ein gemeinsames Monitoringsystem beispielsweise einer Kommune darstellen.

2.4 Fazit der Methodenanalyse: Grundbausteine für partizipative Monitoringverfahren in der Kommunalentwicklung

Der vorrangige Charakter des partizipativen Monitorings und seine Stärke liegen in den von ihm initiierten Lern- und Verhandlungsprozessen, bzw. in ihm als Lern- und Verhandlungsprozess:

> "(…) it [monitoring] must play a major role in creating a framework for negotiating common meanings and resolving differences and validation of approaches…the role of process monitors is then more of advocacy, facilitation or nurturing than analysis." (MOSSE 1998:9, zitiert in GAVENTA/BLAUERT 2000:238)

Der Vorschlag für ein partizipatives Monitoring der aus dieser Arbeit in Form von Grundbausteinen für ein partizipatives Monitoringverfahren resultiert, basiert auf diesem Prinzip des Lernens und Verhandelns.

Das Grundkonzept für partizipative Monitoringverfahren in der Kommunalentwicklung sollte ein an unterschiedlichste Monitoringkontexte anpassungsfähiges Modell sein. Mit der Prämisse der Übertragbarkeit öffnet es sich dem in der Realität existierenden Spektrum an Akteuren, Interessen, zur Verfügung stehenden Ressourcen, etc..

Ausgehend von der Prämisse, dass die Umsetzung des Monitorings von vielen unterschiedlichen Faktoren beeinflusst ist, wird daher ein flexibles Grundgerüst vorgeschlagen. In einem partizipativen Lern- und Verhandlungsprozess soll dies gemeinsam anhand der Analyse von Monitoringdeterminanten und in Hinblick auf die lokalen Bedingungen kreiert und ausgestaltet werden. Dafür müssen die beteiligten Akteure jedoch im Vorfeld bereits eine gewisse Sensibilisierung für Monitoring bzw. einige Grundkompetenzen in Monitoring erworben haben. Meistens kann ein *Mentoring* diesen Prozess unterstützen.

Diese Schlüsselelemente des partizipativen Monitorings, die im Laufe der Analyse in dieser Arbeit identifiziert wurden, werden im folgenden näher erläutert (2.4.1) und mit den anschließend kurz vorgestellten Monitoringdeterminanten (2.4.2) gekreuzt. In der weiteren Vorgehensweise orientieren sich die Akteure an den bereits angesprochenen *core steps*.

Die Flexibilität des Konzeptes soll jedoch nicht der Beliebigkeit den Weg bereiten: die oben bereits verwandten Kriterien der Partizipation, Wirksamkeit, Nachhaltigkeit und Übertragbarkeit müssen streng beachtet werden.

In dieses Grundkonzept fließen nicht nur die eigenen empirischen Beobachtungen und Analysen ein, sondern auch die aus Diskussionen mit anderen Projekten gezogenen Einsichten sowie die in der Literatur bereits zugänglichen Erfahrungen.

Hier noch einmal stichwortartig die Grundbausteine eines partizipativen Monitoringsystems:

- Monitoringmotivation und –kompetenzen entwickeln,
- partizipativ das Monitoringdesign - die Schlüsselelemente - erarbeiten
- und es orientiert an den Monitoringdeterminanten an lokale Bedingungen anpassen,
- d.h. Schlüsselelemente mit den Monitoringdeterminanten kreuzen und
- damit die *core steps* durcharbeiten.

2.4.1 Schlüsselelemente für partizipative Monitoringkapazität

An dieser Stelle werden einige Schlüsselelemente dargestellt, die sich in diesem Monitoringprozess als relevant herausgestellt haben und die für die Entwicklung der Monitoringkapazität einer Gemeinde, eines Beirats oder eines Projektes wichtig sind. Die generelle Darstellung wird mit Erfahrungen aus den Fallbeispielen unterlegt.

2.4.1.1 Sensibilisierung und Entwicklung einer Monitoringmotivation

Relativ selten wird über den zentralen und häufig schwierigen Aspekt der Sensibilisierung der Akteure für Monitoring berichtet (vgl. jedoch GOBISAIKHAN/MENAMKART 2000). Hier kann eine wichtige Basis für die Entwicklung der *Ownership* der Akteure für den Prozess gelegt werden.

Partizipative Monitoringprozesse, aber auch partizipative Prozesse allgemein, werden noch zu häufig ohne diese manchmal zeitaufwändige Sensibilisierungsphase begonnen. Dabei wird die

Gruppe zu häufig überfahren, wenn dies auch oft unabsichtlich oder mit guter Absicht geschieht.

Gerade in dieser Sensibilisierungsphase geht es darum, dass die Akteure ihr Anliegen oder ihren Bedarf, zum Beispiel für Monitoring, selbst erkennen. Die Mentoren und Mentorinnen müssen daher den Prozess so offen wie möglich gestalten, auch auf die Gefahr hin, dass die Gruppe den Bedarf nicht identifiziert und der Prozess nicht weitergeführt wird.

Die Analyse der Umsetzung der PMDRS zu Beginn des Prozesses in Ourém und Nova Timboteua sind Aktivitäten, die nicht im ursprünglichen Monitoringvorschlag enthalten waren. Das Resultat war in beiden Fällen eine Steigerung der Motivation bei den Beteiligten, sich für eine stärkere Umsetzung des PMDRS einzusetzen und das Formulieren der Notwendigkeit eines Monitorings, ohne dass dies direkt von außen herangetragen wurde. In São Domingos wurde keine vorläufige Analyse der Umsetzung des PMDRS durchgeführt. Dennoch ist hier das partizipative Monitoring realisiert worden, was zeigt, dass die Analyse der Umsetzung des Plans keinen unverzichtbaren methodischen Schritt bei der Umsetzung des partizipativen Monitorings darstellt. Trotzdem zeigt sie sich als ein interessantes Instrument, das den für das partizipative Monitoring so wichtigen Aspekt der Anfangsmotivation fördern kann.

Die vorherige Teilnahme an der gemeinsamen Erarbeitung des PMDRS förderte ebenfalls die Monitoringmotivation der Beteiligten. Diese Partizipation ließ bei ihnen das *Ownership*-Gefühl für den Plan steigen. Die Teilnahme am Monitoring steigerte wiederum die *Ownership* für den Plan. Dies konnte jedoch nur passieren, weil die Teilnehmer den Plan vorher selbst erarbeitet hatten.

<u>2.4.1.2 Monitoringkompetenzen entwickeln</u>

Das Monitoringtraining hatte in den Fallbeispielen die Funktion, den Monitoringgedanken allgemein und die spezifische Vorgehensweise des partizipativen Prozessmonitorings im Besonderen an ein etwas breiteres Publikum zu vermitteln. Dies ermöglichte zum einen, dass sich die Teilnehmenden nicht von vornherein entscheiden mussten, ob sie im Monitoringkomitee mitarbeiten möchten, ohne genau zu verstehen, worum es sich dabei handelt. Zum anderen bestand nun eine breitere Basis von Beiratsmitgliedern, die die Funktion von Monitoring verstand und die Arbeit des Monitoringkomitees für relevant hielt.

Das Training ist eine gute Vorbereitung für die Arbeit im Monitoringkomitee und kann möglicherweise auch einer gemeinsamen Situationsanalyse vorausgehen. Auch kann das Training die Motivation für das Monitoring erhöhen und die Bedeutung eines funktionierenden Monitoringsystems bewusst gemacht werden. Der Inhalt, die Form und zeitliche Länge oder Häufigkeit des Trainings sollte sowohl an das Profil der Teilnehmenden als auch an die Art des angestrebten Monitorings angepasst werden.

Dem Monitoringtraining wird in der Literatur bisher zu wenig Beachtung beigemessen. Oftmals reduzieren sich die Beschreibungen darauf, dass ein Gemeindeworkshop durchgeführt und dabei Monitoringindikatoren entwickelt wurden. Die m.E. schwierigsten und relevantesten Prozesse dazwischen sind bisher wenig dokumentiert (vgl. jedoch FRANCO/STRUCK ET AL 2000). Gerade für die Arbeit mit Menschen, die nicht die Möglichkeit einer formalen Schulbildung genießen konnten, ist es wichtig, den Monitoringgedanken in ihre Lebenswelt einzubetten. Beispiele in einem ländlichen, landwirtschaftlichen Kontext können dafür die Bestellung eines Feldes oder das Anlegen eines Gartens sein. Gemeinsam kann auf diese Weise der Zyklus mit den Phasen Planen - Durchführen - Beobachten - Lernen - Planen - neue Aktion etc. identifiziert werden. In einem solchen Beispiel kann Monitoring in der Beobachtungs- und Lernphase verortet werden. Auf praktische Weise werden so die Themen

- Ziel von Monitoring,
- Beobachtungs- und Messmethoden,
- Beobachtungsparameter (später kann man sie Kriterien oder Indikatoren nennen) und
- Verwendung von Monitoringergebnissen

erarbeitet.

In einem nächsten Schritt können Erhebungs-, Dokumentations- und Kommunikationsmethoden und -strategien vertieft werden.

Alle diese Themen lassen sich beispielsweise im ländlichen Kontext in Amazonien mit Kleinbauern kaum in einem einzigen Training so vermitteln, dass diese anschließend in der Lage wären, sich ein eigenes Monitoringsystem zu entwickeln und dieses selbst durchzuführen. Vielmehr sollten mehrere kürzere Trainingseinheiten, möglicherweise auch kontinuierlich parallel zum Monitoringprozess, eingeplant werden.

Wie in den dargestellten Fallbeispielen kann sich der Trainingsbedarf im Laufe des Prozesses noch stärker herauskristallisieren und Themenbereiche wie beispielsweise Organisationsentwicklung, Konfliktmanagement, Finanzmanagement (*Controlling*), Strukturen und Prozesse von Kommunalpolitik und -verwaltung zusätzlich angefragt werden.

Als eine Herausforderung stellte sich im Fallbeispiel ebenfalls die Herausbildung einer kritischen Analysefähigkeit bei den Akteuren dar. Wie diese vermittel- und erlernbar ist und wie schnell, hat sicherlich sowohl mit dem Grad der Vorbildung als auch mit kulturellen Verhaltens- und Denkmustern (Hierarchien in den Köpfen) zu tun.

Trainingseinheiten müssen folgende Inhalte vermitteln und Fähigkeiten entwickeln, die nützlich sind für den Monitoringprozess:

- ein Verständnis für den konzeptionellen Hintergrund von Monitoring, Evaluierung, Partizipation und Lernsystemen,
- das Verständnis von Methoden, die konkrete Anwendung der Methoden aber auch die Fähigkeit, Anpassungen der Methoden an den spezifischen Kontext durchführen zu können,

- Kenntnisse des Lesens und Schreibens sind für einen selbstbestimmten PM&E-Prozess unverzichtbar und sollten in jedem PM&E-Prozess besondere Aufmerksamkeit geschenkt werden und

- darüber hinaus gilt es Fähigkeiten zu entwickeln, die einen für den PM&E-Prozess wichtigen Werte- oder Verhaltenswandel fördern: Selbstbewusstsein, kritische Analysefähigkeit, soziale Kompetenz, Teamwork sowie konstruktive Diskussions- und Verhandlungskultur.

Das Training sollte nachvollziehbarer Weise gleich in einer Form durchgeführt werden, die die Prinzipien und Werte des PM&E integriert.

2.4.1.3 Monitoringinstanz

Das Monitoring muss von Akteuren durchgeführt werden und im partizipativen Monitoring von mehreren Personen, d.h. von einer Gruppe. Ihre Zusammensetzung bestimmt das Monitoring grundlegend. Wichtige Faktoren sind dabei folgende, die jedoch nur schlaglichtartig dargestellt werden sollen:

- Gruppenbildung

Wie hat sich die Gruppe zusammengefunden? Der Prozess der Gruppenfindung ist nicht unrelevant. Hier spielen viele Faktoren eine Rolle. Häufig spiegeln sich in ihr die Machtbeziehungen innerhalb einer Gemeinschaft, einer Kommune oder einer Region. Ihre demokratische Legitimierung ist relevant und bestimmt häufig den zukünftigen Handlungsspielraum der Gruppe.

- Profil/Monitoringkompetenzen der Gruppenmitglieder
- Interne Struktur der Gruppe

Hierunter fällt zunächst die Größe der Gruppe aber auch vor allem das Vorhandensein interner Konflikte, großer politischer, sozialer oder intellektueller Unterschiede, dominanter Persönlichkeiten, von Ausgrenzung einzelner Mitglieder oder von einer Kooptation der Gruppe.

- Institutionelle Anbindung, Politische Anerkennung und Ressourcenausstattung

Diese drei Aspekte bedingen sich häufig gegenseitig und geben wie auch immer sie gestaltet sind, der Monitoringinstanz ihr spezifisches Design und ihre spezifische Relevanz. Sie beeinflussen, wie die Monitoringinstanz sich stärken, die Monitoringkompetenzen der Mitglieder fördern und ihre Handlungsfähigkeit ausschöpfen kann.

Wichtig ist es, bereits im Monitoringtraining zum einen die Notwendigkeit der Monitoringinstanz und zum anderen die Offenheit in ihrer Gestaltung zu verdeutlichen, so dass sich die Monitoringakteure ihre eigene Monitoringinstanz kreieren können, so wie sie ihnen am angepasstesten erscheint. Dies muss nicht unbedingt die institutionelle Nachhaltigkeit der Instanz fördern, aber mit Sicherheit die *Ownership* der involvierten Akteure am Monitoring.

2.4.1.4 Kontinuität der Aktivitäten

Eine Kontinuität in der Durchführung des Monitorings ist aus verschiedenen Gründen wichtig: das Gelernte kann zu Routine werden, die *Ownership* kann sich besser entwickeln, die Außenwahrnehmung steigt und damit häufig der Handlungsspielraum.

Wie genau das eigentliche Monitoring oder Monitoringtreffen aussehen soll, muss von den involvierten Akteuren definiert werden meist im Zusammenhang mit der Definition des Monitoringinhalts und der Monitoringinstanz als Teil der Definition des Monitoringdesigns. Es kann beispielsweise variieren in:

- Länge (z.B. 2 h bis 2 Tage)
- Häufigkeit (wöchentlich, monatlich, quartalsweise etc.)
- Formen der Teilnahme oder der Gestaltung der Treffen (z.B. alle Mitglieder treffen sich bei jedem Treffen oder Aufgaben werden an Unterarbeitsgruppen delegiert etc.)
- Arbeitsweisen innerhalb des Treffens
- Ort oder Raum des Treffens

Zentral sind hierbei die Verfügbarkeit der Akteure und das Erreichen einer Kontinuität der Gruppe. Das Design des Treffens, der Vorgehens- und Arbeitsweise sollte daher berücksichtigen, dass beispielsweise die Verfügbarkeit wiederum von folgenden Faktoren abhängt:

- Grad der Priorisierung des Monitorings durch die Akteure
- Kosten des Monitorings für die Akteure (z.B. Mobilität[166]/Distanz, Zugang zu Verkehrsmitteln, Verfügung über finanzielle Mittel, Arbeitsausfall, Kinderbetreuung, etc.)
- Kommunikationsmöglichkeiten und -routinen unter den Akteuren
- Infrastruktur (Raum zum Treffen und Arbeiten, Arbeitsmaterial)

2.4.1.5 Raum für die Verbreitung und Umsetzung der Monitoringergebnisse

Eine der größten Herausforderungen ist es, den Prozess bis zum Punkt der Umsetzung der Monitoringergebnisse zu bringen. Erst dann ist ein Monitoringzyklus wirklich beendet.

Der dafür notwendige Raum muss genau geplant werden und mit den notwendigen Akteuren und politischen Kompetenzen bestückt werden. Er kann auch das Bindeglied, die institutionelle Einbindung des gesamten Monitoringprozesses darstellen. Es ist der Raum, in dem das Monitoring öffentlich ist, an die Öffentlichkeit tritt. Ein Raum für Kommunikation und Verhandlung. Ein solcher Raum sollte im Monitoringdesign bereits von den Akteuren

---

[166] FLORISBELO/GUIJT beschreiben eine sehr ähnliche Situation im ländlichen Raum in Minas Gerais/Brasilien, in der es um die Schwierigkeiten bei der Erarbeitung und Umsetzung von PMDRS geht: „Mobility is not insignificant as the type of political dialogue discussed (...) requires many meetings in all corners of the municipality to break the urban domination of municipal policies and politics." (FLORISBELO/GUIJT 2004:193)

mitgeplant werden, die konkrete Umsetzung liegt jedoch nicht nur in ihren Händen. Er konstruiert sich, teilweise auch erst während des Prozesses, durch strategische Allianzen mit außerhalb des Monitoring stehenden Akteuren.

Die Monitoringakteure sollten sich über den Raum hinaus Kommunikationsstrategien zur Verbreitung der Monitoringergebnisse überlegen und gestalten. Häufig bietet sich dafür das Festhalten der Ergebnisse in schriftlicher oder akustischer Form an: eigene Bulletins, Artikel in bestehenden Zeitungen, Plakate, Radioprogramme oder Beiträge, öffentliche Versammlungen, etc. Ein solches Vorgehen zwingt die Monitoringinstanz automatisch die notwendige Dokumentation und Speicherung ihrer Informationen und Daten vorzunehmen.

2.4.1.6 Arbeitstechniken

Um die *core-steps* im Rahmen von kontinuierlichen Treffens einer Monitoringinstanz umzusetzen, bedarf es bestimmter Arbeitstechniken, die auch wiederum an ihr spezifisches Umfeld angepasst werden müssen. Dabei sollten folgende Faktoren berücksichtigt werden:

- Partizipationsniveau des *core-steps*
- Spezifischer Inhalt des *core-steps*
- Partizipationsgrad der Akteure (v.a. Bildungsniveau, Größe der Gruppe, Partizipationserfahrungen)
- Verfügbarkeit von Zeit und Infrastruktur
- Profil der Mentorin/des Mentors (Vorerfahrungen, Kompetenzen, Zeit)

Gerade für *Core-steps* mit einem hohen Partizipationsniveau (wie beispielsweise Indikatorenentwicklung) muß sicherlich häufig in einem längeren Prozess mit einer Kombination von verschiedenen Arbeitstechniken gearbeitet werden. Hierunter fallen die verschiedensten Arten von Gruppendiskussionen, Visualisierungformen, Datensammlungen, Analysemethoden und Dokumentationsformen. Häufig bietet sich das Methodenmenü aus dem PRA-Bereich an, aber auch andere innovative Ansätze wie Theater, Soziodramen, *Open-space*, *Fish-Bowl* etc. sind denkbar.

2.4.1.7 *Mentoring*

In dieser Forschung war für die Begleitung der Treffen des Monitoringkomitees keine spezifische Methodologie vorgesehen, da davon ausgegangen wurde, dass das Komitee mit ein wenig anfänglicher Unterstützung (Monitoringtraining) selbständig die erlernten Methoden anwenden und daher keine kontinuierliche Begleitung notwendig sein würde. Dies stellte sich jedoch als nicht zutreffend heraus und die Notwendigkeit eines kontinuierlichen *Mentorings* des gesamten Monitoringprozesses und speziell auch der *Ownership* (vgl. *Ownership-Mentoring* in II.3.) wurde deutlich.

Während der Arbeit wurden einige Schlüsselaufgaben identifiziert, die für die Begleitung des partizipativen Monitorings (*Mentoring*) als wichtig erachtet werden:

- Motivation erzeugen und aufrecht erhalten (Anfangsimpuls und kontinuierliche Motivation)
- Verständnis von Monitoring fördern (z.B. durch das Monitoringtraining)
- Erwerb von Monitoringkompetenzen (und Aktionsforschungskompetenzen) fördern (z.B. durch Monitoringtraining und die kontinuierliche Begleitung des Komitees)
- Selbststeuerung und *Ownership* des Komitees unterstützen (*Empowerment* und Organisationsentwicklung)
- Institutionelle Nachhaltigkeit unterstützen (institutionelle Anbindung suchen, kontinuierliche Treffen/Arbeiten)

Mentoring ist keine einfache Aufgabe, da es sich stets um eine Gratwanderung handelt:

- zuviel Intervention behindert die Entwicklung der eigenständigen Monitoringkompetenzen, der Selbststeuerung, der *Ownership*, der Kreativität, der Lösungskompetenz der Gruppe sowie der Wertschätzung des lokalen Wissens,
- zuwenig Intervention kann dazu führen, dass Machtbeziehungen innerhalb der Gruppe nicht ausgeglichen werden, der Gesamtprozess sich verlängert, die Durchführbarkeit und die Qualität des Monitorings absinkt und damit möglicherweise auch die Motivation der Akteure sowie die externe Anerkennung und politische Relevanz des Monitoringprozesses absinkt und gleichzeitig die Akteure überfordert werden, was ebenfalls zu einem Motivationsverlust führen kann.

Es muss daher in jeder Situation während des Prozesses genau abgewogen werden, in wieweit man sich in die Moderation hineinbewegt und an welchen Punkten man bewusst im reinen *Mentoring* verharrt. Hier ist eine hohe Sensibilität für Gruppenprozesse und eine hohe Selbstdisziplin von den MentorInnen verlangt, was sich in einem entsprechenden Ausbildungsbedarf[167] manifestiert.

2.4.2 Determinanten des Monitorings

Aufgrund der Erfahrungen und Analysen im Prozess dieser Arbeit wurden ein paar Determinanten identifiziert, die den Monitoringprozess häufig sehr stark beeinflussen und bestimmen und die deshalb bei der Entwicklung eines Monitoringsystems berücksichtigt werden sollten. Es wird daher empfohlen, das Design des Monitoringprozesses und seine Instrumente an den folgenden Faktoren auszurichten.

---

[167] Zu Training in Partizipation für MentorInnen (und ModeratorInnen) vgl. CHAMBERS 1997 und OAKLEY 1991:229-238.

2.4.2.1 Monitoring- und Partizipationsanspruch

a) Partizipationsniveau (vgl. II.1.2.3.3)

- Zielsetzung, Inhalt, Form, intellektuelles oder fachliches/inhaltliches Niveau und politische Relevanz des Monitorings (was soll monitoriert werden? welche Art von Monitoring ist erwünscht, bzw. sinnvoll? welchen Schwierigkeitsgrad besitzt es?)

b) Partizipationsgrad (vgl. II.1.2.3.3)

- Angestrebte Partizipation (Repräsentativität, Betroffenheit, ...)
- Profil der Akteure des Monitorings (Ausbildungsstand, Monitoringkompetenzen, Verfügbarkeit, Mobilität,...)
- Motivation der Akteure (der Umsetzung und des Monitorings) und *Governmentality* der Akteure
- Vorerfahrungen der Akteure (z.B. mit Monitoring und/oder partizipativen Methoden, positive oder negative Erfahrungen)
- Struktur der Gruppe (Machtbeziehungen, Führungspersönlichkeiten, etc.)

2.4.2.2 Strukturelle Faktoren

a) Genereller sozialer, ökonomischer und politischer Kontext

Institutionen

- Umsetzungsakteure des Plans oder des Projektes (z.B. institutionelle Einbindung, interne Organisation), administrative Verankerung des Monitorings
- Institutionelle Einbindung des Plans oder Projektes und des Monitorings (politische Situation, Allianzen, Interessen, Machtbeziehungen)

Ressourcen

- Zeithorizont der Umsetzung und des Monitorings
- zur Verfügung stehende Ressourcen (Personen, Finanzen, Infrastruktur)

Durch eine Verkreuzung von Schlüsselelementen und Determinanten (vgl. Tabelle 19) lassen sich relevante Aspekte identifizieren, die für die Entscheidung für ein angepasstes Design des Monitoringsystems relevant sein können.

Determinanten Schlüsselelemente	Partizipations-niveau	Partizipations-grad	Institutionelle Faktoren	Sozio-ökonomischer u. politischer Kontext	Ressourcen	Designvorschlag
Sensibilisierung						
Monitoringkompetenzen entwickeln						
Monitoringinstanz						
Kontinuierliche Aktion						
Raum für Ergebnisum-setzung						
Arbeitstechniken						
Mentoring						
Designvorschlag (auch Identifikation von möglichen Konflikten, Herausforderungen)						

Tabelle 19: Analyse relevanter Aspekte für das Monitoringdesign orientiert an Schlüsselelementen und Monitoringdeterminanten

3 Analyse der methodologischen Vorgehensweise

An dieser Stelle wird die methodologische Vorgehensweise dieser Arbeit reflektiert und gefragt, inwiefern die anfangs (I.3.3) formulierten Zielsetzungen berücksichtigt wurden. Vor allem soll ebenfalls eine Antwort auf die dort formulierte Frage gegeben werden:

- Wie lässt sich die Entwicklung eines partizipativen Monitoringsystems am besten erforschen?

Zunächst wird die theoretische Einbettung zu diesem Fragenkomplex skizziert (3.1). Anschließend wird noch einmal erläutert, welche Fragen an die methodologische Vorgehensweise gestellt werden im Sinne eines Analyserahmens (3.2). In 3.3 werden Reflexionen und Vorschläge für die methodologische Vorgehensweise präsentiert. Ein kurzes Fazit fasst das Kapitel zusammen (3.4).

3.1 Einbettung

Die theoretische Einbettung zu dieser Analyse findet sich zu einem großen Teil in den wissenschaftstheoretischen Überlegungen, die in der Darstellung der methodologischen Vorgehensweise dieser Arbeit (II.3.2) angestellt worden sind. Die Entwicklung von kritischen Forschungsansätzen wie der Aktionsforschung basieren auf Prämissen wie den folgenden:

- Anerkennung von wissenschaftlichem und nichtwissenschaftlichem Wissen,
- Verständnis von Wissen als sozial und kulturell konstruiert und als Produkt eines Verhandlungsprozesses,
- Positioniertheit (*positionality*) von Wissen oder *situating knowledges* und
- Existenz von Machtverhältnissen im Forschungsprozess.

3.2 Entwicklung des Analyserahmens: Fragen an die methodologische Vorgehensweise

Die Analyse der methodologischen Vorgehensweise wird sich vor allem an den in I.3 beschriebenen Zielsetzungen orientieren und Vorschläge für methodologische Konzepte für die folgenden Themnbereiche entwickeln:

- Reflexion der eigenen Rolle und der Position als (Aktions-)ForscherIn,
- projekt-/praxisbegleitende (Aktions-)Forschung,
- Forschung über den Test einer Methode und
- Durchführung einer aktionsforschungsbasierten Methodenanalyse.

3.3 Analyse

Die Analysen, Reflexionen und Vorschläge in diesem Unterkapitel beziehen sich auf zwei Themenbereiche: Zunächst werden die Vorschläge für die Umsetzung der unter 3.2 aufgelisteten methodologischen Zielsetzungen dargestellt (3.3.1) und anschließend die daraus resultierende und in dieser Arbeit durchgeführten Kombination von Aktionsforschung und theorieorientierten Begleitforschung bewertet (3.3.2).

3.3.1 Vorschläge für die Umsetzung der methodologischen Zielsetzungen

3.3.1.1 Reflexion der eigenen Rolle

Für die Reflexion der eigenen Rolle und den Umgang mit möglichen Rollenkonflikten in der Aktionsforschung schlägt FULLER (1999) zum einen eine Problemumdeutung vor: Die angenommenen Rollenkonflikte sind keine Konflikte, sondern integraler Teil der Methode. Sie müssen nicht verhindert werden, sondern das Rein- und Rausspringen in und aus den verschiedenen Rollen geübt und perfektioniert werden. Er nennt dies die *politics of integration* und empfiehlt für deren Umsetzung eine reflexive Praxis und kontinuierliche externe Supervision. In meiner Forschung hat sich die Kombination von Aktionsforschung und Begleitforschung und das Zirkulieren zwischen beiden (vgl. Abb.20) als positiv herausgestellt, weil dies immer wieder die Reflexion der beiden Forschungstypen, speziell meiner Aktionen im Rahmen der Aktionsforschung und der Begleitforschung, und damit auch meiner eingenommenen Rolle(n), herausgefordert hat. Die Reflexionsphasen wurden dadurch zur wissenschaftlichen Routine im Prozess. Die Arbeit auf unterschiedlichen Akteursebenen hat ebenfalls eine stetige Vorbereitung auf die nächste Rolle nötig gemacht und dadurch das Einnehmen von Rollen und die Reflexion dieser Rollen bei jedem Forschungsschritt antizipiert.

3.3.1.2 Projektbegleitende (Aktions-)Forschung

Bei der projektbegleitenden Forschung besteht die Gefahr sich von den Interessen und Rhythmen der Kooperationspartner vereinnahmen zu lassen (vgl. II.3). Auch in diesem Kontext ist ein *going native* möglich im Sinne eines Annehmens der Projektlogik bei der Bewertung der Realität und der Einschätzung der eigenen Forschungsarbeit. Um dem zu begegnen, aber auch aus wissenschaftstheoretischen Gründen, kann es sinnvoll sein, die projektbegleitende Aktionsforschung mit einer theorieorientierten Begleitforschung zu kombinieren. Auch eine externe Supervision kann hilfreich sein, um stets zu reflektieren, in welchem Verhältnis man selbst zum Projekt und zur Forschungsarbeit steht.

3.3.1.3 Forschung zu Methodenentwicklung

Der Vorschlag für den Methodentest geht basierend auf den empirischen Erfahrungen von der Prämisse aus, dass ein lokaler Kontext immer sehr spezifisch ist und eine Methodenanalyse vor allem testen muss, wie ein Methodenvorschlag angepasst werden kann und auf diese Weise den Flexibilitätsspielraum einer Methode analysiert. Für den Test einer Methode, in diesem Fall das partizipative Monitoring, muss die Methode durchgeführt und folglich auch an den lokalen Kontext angepasst werden. Im konkreten Fall kommt hinzu, dass die lokalen Akteure nicht über ausreichende Fähigkeiten verfügen, die Methode eigenständig durchzuführen. Im Rahmen dieser Arbeit wurde für die notwendige Unterstützung der lokalen Akteure in der Umsetzung mit einem *Ownership-Mentoring* gearbeitet, das daher als integraler Bestandteil der Methode vorgeschlagen wird.

3.3.1.4 Methodenanalyse durch Aktionsforschung

Die gemeinsame Erarbeitung und Durchführung des Forschungssettings durch lokale Akteure und externe WissenschaftlerIn steht im Mittelpunkt der aktionsforschungsorientierten Methodenanalyse. Aufgrund der empirischen Erfahrungen im Rahmen dieser Arbeit wurde deutlich, dass bei einem niedrigen Ausbildungsniveau der beteiligten Akteure die Kompetenzen im Bereich Aktionsforschung, ähnlich wie die für die Anwendung der Methode, erst während des Prozesses entwickelt werden müssen. Es wird daher eine *moderierte* Aktionsforschung vorgeschlagen.

In einem Forschungssetting wie in dieser Arbeit gilt es daher auf mehreren Ebenen mit mehreren Strategien zu agieren: mit Moderation und *Ownership-Mentoring* in der Anwendung des partizipativen Monitorings und einer Methodenanalyse, die durch eine moderierte Aktionsforschung durchgeführt wird und von einer Begleitforschung flankiert wird (vgl. Abb.42).

3.3.2 Analyse der Kombination von Aktions- und Begleitforschung

Die Kombination von Aktionsforschung mit gleichzeitiger theorieorientierter Begleitforschung hat sich als positiv herausgestellt, weil dadurch einige Risiken oder problematische Aspekte der Aktionsforschung minimiert werden konnten, jedoch die positiven Aspekte voll zum Tragen kamen.

Aktionsforschung kann einige Risiken bzw. negative oder problematische Aspekte aufweisen wie die folgenden:

- Angewiesensein auf das Interesse der lokalen Bevölkerung,[168]

- hoher zeitlicher Aufwand,

- Rollenkonflikte,

- Dominanz lokaler Interessen,

---

[168] Dies beinhaltet die Bereitschaft und die Notwendigkeit Prozesse an die Rhythmen, Bedürfnisse und Interessen der lokalen Akteure anzupassen. Dies birgt die Gefahr, dass sich Prozesse verzögern, verlängern oder gar abbrechen, auch können sich die inhaltliche Ausrichtung und das Design der Prozesse verändern. Dies auch mehrmals während des Prozesses.

- Verlust der wissenschaftlichen Relevanz der Arbeit durch zu starke Praxis- oder Aktionsorientierung und
- bisher nur mangelhafte methodologische Konzeptionen im Bereich Aktionsforschung vorhanden.

Positive Effekte der Aktionsforschung mit theoriegeleiteter Begleitforschung bestehen in der Verbesserung des Konzeptes durch kontinuierliche Evaluierung des Konzeptes durch die Zielgruppe, die zu einem direkten Feedback führt, im Dialog zwischen wissenschaftlichen und lokalen Wissen, der die eigenen Positionen sowie die der beteiligten Akteure relativiert sowie in der Relativierung von Rollenkonflikten.

Eine Anwendungsrelevanz der wissenschaftlichen Ergebnisse konnte erreicht werden durch

- direkte Überprüfung des Konzeptes auf Anwendungstauglichkeit durch die lokalen Akteure,
- direkte Auswirkungen auf die Kommunalpolitik auf lokaler Ebene und
- den Beitrag zur Kompetenzentwicklung in der deutschen EZ.

Diese Art der anwendungsbezogenen Forschung kann sowohl für die theoretische als auch methodologische Weiterentwicklung der geographischen Entwicklungsforschung genutzt werden.

3.4 Fazit: Ein erster methodologischer Vorschlag für Aktionsforschung

> „Ich gehe nicht davon aus, dass sich solche Radikalführungen von Aktionsforschung [sie bezieht sich auf ihre Forschung im Rahmen ihrer Dissertation, vgl. MEIER 1989a, D.S.] zum Programm machen ließen - weder das aufgeregte Engagiertsein, noch das Glück in der Heuwiese zu liegen weit über dem Tal, am ehesten vielleicht doch das Nachdenken in Betroffenheit. Mit diesen Erfahrungen möchte ich nur darauf hinweisen, daß qualitatives Arbeiten nicht nur schön, sondern vor allem auch schwierig ist, und sorgfältiger Vorbereitung bedarf: Was mir dabei wichtig erscheint, ist *eine theoretische Basis, die Abstandnehmen und Kommunikation erlaubt; eine Methodenausbildung, die nicht von ethischen Fragen absieht*, und genügend *Zeit für laufende Reflexion und Exposition* läßt; und, daß ForscherInnen das nicht allein 'schaffen' müssen/können, sondern in *Zusammenarbeit* im Feld und in Akademia . auch das wird nicht ohne besondere Anstrengungen gehen." (MEIER 1989b:157f., Heraushebungen im Original)

Das Konzept für Aktionsforschung knüpft an die methodologische Zielsetzung dieser Arbeit an. Es macht Vorschläge, die an die Durchführbarkeit von Monitoring und dessen Potenzial für *Mainstreaming* orientiert sind, dabei puristische Ansprüche an Aktionsforschung hinter sich lassen, ohne die ethischen Implikationen des damit verbundenen Diskurses zu missachten oder zu ignorieren.

Vorgeschlagen wird eine *moderierte* Aktionsforschung, die mit einer theorieorientierten Begleitforschung kombiniert wird:

Der Forschungsimpuls darf hierbei durchaus auf der wissenschaftlichen Seite zuerst stattfinden und Ergebnisse der Aktionsforschung mit Ergebnissen einer nur von WissenschaftlerInnen durchgeführten Begleitforschung verbunden werden.

Dabei existieren in einer Aktionsforschung zur Entwicklung von partizipativen Methoden mehrere Arbeitsschritte - oder vielmehr Arbeitskontexte - und dadurch unterschiedliche Rollen (vgl. Abb.43):

- die Moderation oder das *Mentoring*,
- die eigentliche Aktionsforschung,
- die zu einer moderierten Aktionsforschung werden kann und
- die Durchführung der Begleitforschung als Wissenschaftlerin oder Wissenschaftler.

Darüber hinaus ist schon allein der Aktionsforschungsprozess sehr komplex und kann, wie im Fall dieser Arbeit, auf unterschiedlichen Akteursebenen stattfinden. Die Koordination dieser vielfältigen Prozesse und Aufgaben kann durchaus in der Person des Wissenschaftlers oder der Wissenschaftlerin liegen, wenngleich verständlicherweise im Dialog mit den beteiligten Akteuren.

Ziel	Entwicklung eines partizipativen Monitoringsystems				
Arbeits-schritte/-kontexte	Durchführung des partizipativen Monitorings			Methodenanalyse *(Analyse der im PM&E angewandten Methoden u. des Gesamtprozesses)*	
Vorgehens-weise	Aktion	Moderation	Mentoring	Aktionsforschung	Moderierte Aktions-forschung	Theorie-orientierte Begleit-forschung
Akteure	lokale Akteure	Wissen-schaftlerIn		lokale Akteure	Wissen-schaftlerIn	

Abb. 43: Kombination verschiedener Vorgehensweisen zur Entwicklung eines partizipativen Monitoringsystems (im Rahmen einer projektbegleitenden Forschung)

Die Kombination von Aktions- und Begleitforschung hat sich als hilfreich erwiesen zur Entwicklung von Grundbausteinen eines partizipativen Monitoringsystems.

Es konnte ein partizipativer Prozess mit den lokalen Akteuren entwickelt und dadurch kontinuierlich die Entwicklung der Methode kritisch analysiert werden.

Die theorieorientierte Kontextanalyse ermöglichte es, die beiden Fallbeispiele in einem größeren Kontext zu analysieren und so das Zusammenspielen der lokalen Bedingungen und

Handlungen mit einem weiteren Umfeld deutlich zu machen. Dadurch konnten die Fallbeispiele relativiert und relevante Einflussfaktoren für die Umsetzung des partizipativen Monitorings identifiziert werden. Die Methodenanalyse ermöglichte durch eine detaillierte Analyse des Monitoringprozesses, Grundbausteine für ein partizipatives Monitoring zu entwickeln.

Die Analyse der methodologischen Vorgehensweise deutet darauf hin, dass es sich lohnt, Anwendungsbezug und Theorieorientierung zusammen zu denken bzw. beide Aspekte in der Forschungspraxis zu integrieren. Die Anwendung von Aktionsforschung bleibt eine große Herausforderung für WissenschaftlerInnen. Folgende Aspekte können jedoch zu einer besseren Durchführung und Qualität von Aktionsforschung von der akademischen Seite beitragen:

- Kombination von Aktions- und Begleitforschung,
- Entwicklung von theoretischen und methodologischen Konzepten zur Aktionsforschung (und zur Kombination mit Begleitforschung),
- Integration von Aktionsforschung in das Methodenspektrum in der wissenschaftlichen Ausbildung zu Methoden empirischer Sozialforschung und
- Supervision für AktionsforscherInnen während des Prozesses - beispielsweise durch externes Coaching/Supervision, *Peer-to-peer*-Austausch, kollegiale Beratung, Forschungstandem, etc..

Ein wichtiger Aspekt in der Umsetzung und im *Mainstreaming* von Aktionsforschung liegt m.E. in der Stärkung von Aktionsforschungskompetenzen, sowohl bei den lokalen Akteuren, als auch bei den WissenschaftlerInnen.

Die Stärkung der Aktionsforschungskompetenzen der lokalen Akteure kann durch einen Auftaktworkshop gefördert werden, es sollte jedoch auch ein kontinuierlicher Lernprozess (z.B. durch kleine Lerneinheiten während des gesamten Prozesses) ermöglicht werden.

Die Stärkung der Akteure und die Unterstützung der Aktionsforschung kann in Form von Moderation oder *Mentoring* oder einer Kombination aus beidem geleistet werden. Moderation und Mentoring stehen trotz ihrer Kombinierbarkeit für unterschiedliche Strategien und Zielsetzungen(vgl. III.2.2.2):

- Im *Mentoring* beabsichtigen die WissenschaftlerInnen sich selbst überflüssig zu machen und hinsichtlich der Zielsetzung des *Empowerments* der lokalen Akteure, den Prozess längerfristig der Selbst-Organisation der lokalen Akteure zu überlassen.
- Bei der Moderation in der Aktionsforschung steht weniger Selbstorganisation, *Empowerment* und *Ownership* der lokalen Akteure im Vordergrund, sondern vielmehr der gemeinsame Forschungsprozess, an dem die Wissenschaftlerin oder der Wissenschaftler unterstützend und wenn nötig anleitend beitragen kann und will.

Die gemeinsamen Lernprozesse und die Rückbindung dieses Lernens an wissenschaftliche Konzepte der Erkenntnisgewinnung in der Aktionsforschung sind wichtige Aspekte in der Aktionsforschung und können durch eine begleitende stärker wissenschaftlich- und theorieorientierte Forschung gewährleistet werden.

Die Stärkung der Aktionsforschungskompetenzen von WissenschaftlerInnen kann durch die stärkere Etablierung der Aktionsforschung im Kanon der Methoden der empirischen Sozialforschung stattfinden. Dafür sollten in der akademischen Lehre folgende Aspekte vermittelt werden:

- Ursprünge, Prinzipien und Konzepte der Aktionsforschung,
- Fähigkeiten für das Arbeiten mit Gruppen (Didaktik, Gruppendynamik, Moderations- und Visualisierungstechniken, partizipative Analysemethoden, Konfliktmanagement, Organisationsentwicklung etc.) und
- interkulturelle Sensibilität (nicht nur im Bereich der Entwicklungsforschung).

V Fazit

> „(...) anwendungsorientierte geographische Forschung [kann] auf der Mikroebene sowohl - sozusagen *ex ante* - die Umsetzungsmöglichkeiten von Lösungsstrategien als auch *ex post* die Evaluierung ihres Erfolges thematisieren."
> (COY 2000: 53)

An dieser Stelle gilt es - *ex post* - die durchgeführte Forschung und deren Analysen zu resümieren und - *ex ante* - darauf aufbauend Vorschläge für zukünftige Anwendungen und Forschungen zu machen.

Zunächst werden einige Ergebnisse dieser Arbeit noch einmal kurz zusammengefasst (1.). Dabei wird jeweils auf den Bezug zu den drei Zielsetzungen dieser Arbeit, der praxisorientierten, der theorieorientierten und der methodologischen Zielsetzung, hingewiesen. Darauf aufbauend und als Konsequenz dieser Arbeit schließen sich Empfehlungen für die Kommunalpolitik in Brasilien, speziell für das Programm zur Förderung der kleinbäuerlichen Landwirtschaft (PRONAF), für die Entwicklungszusammenarbeit und für die Wissenschaft an (2.). Eine Schlussbetrachtung schließt dieses Fazit und damit diese Arbeit ab (3.).

1 Ergebnisse der Arbeit

1.1 Grundbausteine für ein partizipatives Monitoringsystem[169]

Die Analysen dieser Arbeit weisen darauf hin, dass die Umsetzung des partizipativen Monitorings ganz wesentlich von den aktuellen lokalen Bedingungen abhängig ist und daher jedes Monitoring spezifisch an den jeweiligen Kontext angepasst werden muss. Dies kann auch bedeuten, dass es über eine längere Zeit hinweg oder während des gesamten Prozesses kontinuierlich reflektiert und an sich ändernde Rahmenbedingungen angepasst werden muss. Auch der Monitoringprozess selbst kann Veränderungen der Rahmenbedingungen auslösen, die eine Anpassung des Monitoringkonzeptes erforderlich machen.

Daher wird in dieser Arbeit nicht ein starres Modell vorgeschlagen, sondern eine Reihe von Schlüsselelementen, deren Design anhand verschiedener Determinanten partizipativ im Diskussionsprozess definiert werden soll. Steht das Design der Schlüsselelemente, kann man sich anhand von *core steps* im Monitoringprozess vorwärts bewegen. Auch die *core steps* sind nur Anhaltspunkte, sie können je nach Kontext reduziert, verändert oder durch weitere Schritte ergänzt werden (vgl. Abb.44).

---

[169] Die folgenden Ausführungen beziehen sich v.a. auf die Kapitel III. und IV.2.3-4.

Begleitet werden kann der partizipative Prozess des Definierens der Schlüsselelemente und die Durchführung der *core steps* durch ein *Ownership-Mentoring*, das die Akteure im Entwickeln von Monitoringkompetenzen stärkt und eine Anpassung der Monitoringkapazitäten an die jeweiligen Einflussfaktoren unterstützt (vgl. Abb.44).

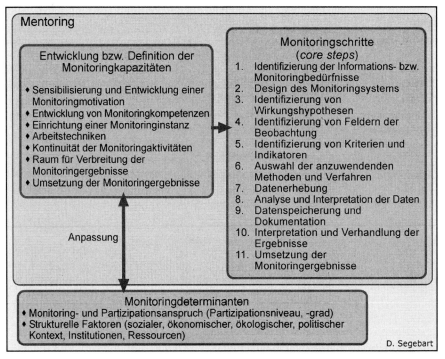

Abb. 44: *Ownership-Mentoring* zur Unterstützung der Entwicklung der Monitoringkapazitäten und der Durchführung der Monitoringschritte

Eine chronologische Vorgehensweise der Entwicklung und Durchführung eines partizipativen Monitoringsystems, das nach dieser Entwicklungsphase (Pilotphase) kontinuierlich angewendet werden kann, könnte folgende Schritte enthalten (vgl. Abb.45):

- Durchführung einer Kontextanalyse (vgl. 1.3)
- Identifizierung und Festlegung der Monitoringdeterminanten
- Identifizierung der vorhandenen und aufzubauenden Monitoringkapazitäten (Schlüsselelemente)
- Durchführung der Monitoringschritte (*core steps*) bei gleichzeitiger kontinuierlicher Methodenanalyse (vgl. 1.2) und Analyse der Monitoringdeterminanten sowie entsprechende Anpassung der Monitoringkapazitäten
- Ex-Post-Analyse der Monitoringdeterminanten

- Ex-Post-Methodenanalyse (vgl. 1.2)
- Formulierung des neuen angepassten Monitoringkonzeptes (mit dem nach dieser Entwicklungsphase weitergearbeitet werden kann)
- Beginn der kontinuierlichen Monitoringaktivitäten

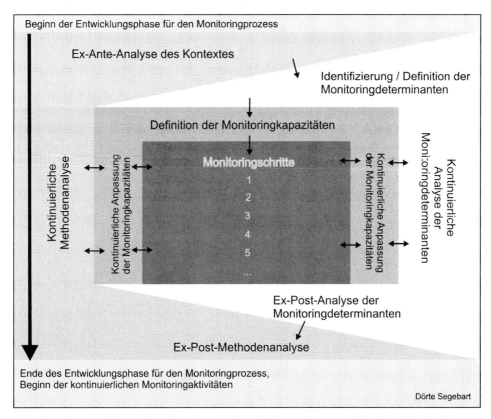

Abb. 45: Vorschlag zur Erarbeitung und Durchführung eines partizipativen Monitorings

Partizipatives Monitoring wird in diesem Konzept vor allem verstanden als ein gesellschaftlicher Lern- und Aushandlungsprozess. Partizipatives Monitoring ist ein qualitativer Sprung für die Bürgerbeteiligung in der Kommunalentwicklung, da es sich nicht um ein einmaliges Ereignis handelt, sondern einen Prozess darstellt, der ein kontinuierliches Engagement und Einflussnehmen sowie Selbst-Organisation von Seiten der Bevölkerung voraussetzt. Die dazu notwendige Qualifizierung der Beteiligten ist Bestandteil des Prozesses. Partizipatives Monitoring ist mehr als eine Methode: es steht vielmehr für ein neues Verständnis von *Good Local Governance* und *Citizenship*[170].

---

[170] Zum Konzept des *Citizenship* in der Partizipationsdiskussion vgl. HICKEY/MOHAN 2004, 2005.

1.2 Modelle zur Analyse von Partizipation[171]

In dieser Arbeit wurden zwei Modelle zur Analyse von Partizipation entwickelt:

- Das erste Analysemodell untersucht die Partizipationsintensität des Prozesses (vgl.1.2.1). Es stellt Faktoren zusammen, die den Partizipationsprozess beeinflussen und daher in der Analyse berücksichtigt werden sollten.

- Das zweite Modell stellt einen Analyserahmen für die Bewertung partizipativer Instrumente dar (vgl. 1.2.2) – ein Werkzeug für eine Methodenanalyse.

Die Modelle sind zum einen relevant für die theorieorientierte Zielsetzung, weil sie zur theoretischen und konzeptionellen Forschung zu Partizipation und damit zu einem relevanten Gegenstand der geographischen Entwicklungsforschung beitragen.

Zum anderen leisten sie einen Beitrag zur praxisorientierten Zielsetzung, indem sie mit einem Analysevorschlag die Methodenentwicklung für partizipatives Monitoring unterstützen.

Die Ergebnisse der Analysen anhand dieser beiden Modelle bildeten die Basis für die Entwicklung der Grundbausteine für ein partizipatives Monitoring (vgl. IV.2.4 und V.1.1).

1.2.1 Analysemodell für einen partizipativen Prozess

Aufgrund von eigenen empirischen Erfahrungen und Analysen im Rahmen der Aktionsforschung sowie von in der Literatur beschriebenen Fallstudien wurde ein Modell entworfen, das Faktoren beschreibt, die die Partizipationsintensität eines Prozesses bestimmen können (vgl. Abb. 46). Diese Faktoren stimmen mit den identifizierten Determinanten des Monitorings überein. Das Modell verdeutlicht damit die Einbettung der Determinanten von partizipativem Monitoring (aber auch anderen partizipativen Prozessen) in den gesamten Partizipationsprozess und kann daher hilfreich sein für das Verstehen und die Analyse von Partizipationsprozessen.

Für die Analyse eines Partizipationsprozesses wurden die folgenden Schlüsselkategorien entwickelt:

- Partizipationsgrad:
  Er beschreibt die Anzahl der Beteiligten und ihre Repräsentativität in Bezug auf die Gesamtbevölkerung sowie den Grad ihrer Betroffenheit von den Maßnahmen, die aufgrund der partizipativ erarbeiteten Ergebnisse, vorgenommen werden sollen. Außerdem fließt hier auch die Art und Häufigkeit der Beteiligung ein sowie die Frage, wie aktiv die Teilnahme ist.

---

[171] Die folgenden Ausführungen beziehen sich auf Kapitel II.1.2.2, III. und IV.2.2.

- Partizipationsniveau:
  Es beschreibt v.a. den fachlichen Anspruch der Inhalte, die durch partizipative Prozesse erarbeitet werden sollen und damit das Niveau der notwendigen intellektuellen Fähigkeiten bei den Beteiligten zur Erarbeitung bestimmter Ergebnisse. Außerdem ist hier auch die Tragweite der Entscheidungen relevant, die aufgrund der partizipativ erarbeiteten Ergebnisse getroffen werden.

- *Ownership*:
  Sie beschreibt wie selbstbestimmt von Seiten der Beteiligten der partizipative Prozess verläuft.

- Partizipationsintensität:
  Sie ist das Produkt aus Partizipationsgrad, -niveau und *Ownership*. Ziel ist es, sie zu maximieren.

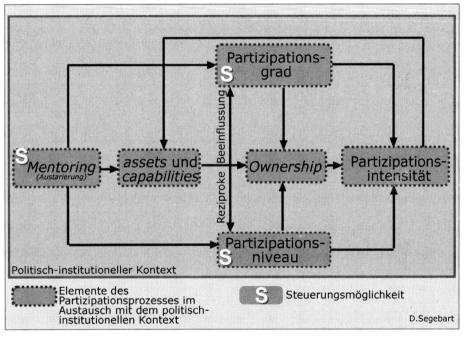

Abb. 46: Modell für die Analyse von Partizipationsintensität und *Ownership*

Das Modell beinhaltet folgende Grundprämissen:

- Partizipationsgrad, Partizipationsniveau und *Ownership* bestimmen die Partizipationsintensität eines Prozesses.

- Um eine hohe *Ownership* anzustreben, muss ein optimiertes Verhältnis zwischen Partizipationsgrad und -niveau hergestellt werden. Meist geschieht dies vermittelt über kontinuierliche Anpassungs- oder Austarierungs- und Qualifizierungsprozesse (*Mentoring* - Entwicklung von Monitoringfähigkeiten bei den Beteiligten), die abhängig sind von den beteiligten Akteuren, deren Lernfortschritten und den Anforderungen an das Monitoring (oder eines partizipativen Prozesses allgemein). Oftmals ist ein erhöhter Partizipationsgrad nur auf Kosten des Partizipationsniveaus zu erreichen und umgekehrt.

- *Capabilities* und *Assets* der Beteiligten bestimmen die Möglichkeit des *Ownerships*, jedoch in Abhängigkeit vom jeweils vorhandenen Partizipationsgrad und Partizipationsniveau.
- Strukturelle Faktoren (politisch-institutioneller Kontext) können die *Assets* und *Capabilities* beeinflussen.[172]
- Die Partizipationsintensität kann wiederum Auswirkungen auf die Struktur (Kontext) haben und damit ebenfalls auf die *Assets* und *Capabilities*.
- Durch *Mentoring* können *Assets* und *Capabilities* der beteiligten Akteure beeinflusst und verändert werden. Es können dadurch Monitoringkompetenzen bewusst kreiert oder gefördert werden. Das *Mentoring* unterstützt bei der Austarierung zwischen Partizipationsgrad und Partizipationsniveau, um eine „optimale" *Ownership* zu erreichen.
- Das *Mentoring* sowie die Festlegung (oder Veränderung) des Partizipationsgrades und die des Partizipationsniveaus sind die drei direkten Steuerungsmöglichkeiten des Partizipationsprozesses.

1.2.2 Analyserahmen für die Bewertung partizipativer Instrumente und Prozesse

Der Analyserahmen ist in Kapitel IV.2 ausführlich erläutert. Er orientiert sich an den Prinzipien Partizipation, Wirksamkeit, Nachhaltigkeit und Übertragbarkeit. Die den jeweiligen Prinzipien zugeordneten Kriterien (vgl. Abb.42) bilden die Basis für eine Evaluierung partizipativer Instrumente oder Prozesse. Der Analyserahmen ist ein Instrument zur Methodenanalyse.

1.3 Analyserahmen zur Kontextanalyse[173]

Der in dieser Arbeit entwickelte Analyserahmen für eine Kontextanalyse (vgl. Kapitel IV.1.2.) trägt zur theorieorientierten Zielsetzung bei, indem er anknüpfend an die Überlegungen der geographischen Entwicklungsforschung - v.a. der Analyse auf mehreren Ebenen -

---

[172] vgl. auch das Modell von NARAYAN (2005) zur Messung von *Empowerment* sowie die Handlung-Struktur-Debatte in IV.1.1: „Modelling organizations is analyzing governance structures, skills, and how learning by doing will determine the organizations success over time. Both what organizations come into existence and how they evolve are fundamentally influenced by the institutional framework. In turn they influence how the institutional framework evolves." (NORTH 1990:5).

[173] Die folgenden Ausführungen beziehen sich auf das Kapitel IV.1.2.

versucht, eine Integration von Handlungs- und Strukturorientierung in der geographischen Analyse zu unterstützen.

Der vorgeschlagene Analyserahmen (Abb.36) beinhaltet Konzepte aus verschiedenen Theoriesträngen und leitet aus ihnen folgende Kategorien zur Analyse ab: Akteure, Beziehungen, Raum, Regeln, Ressourcen, Praktiken, Ordnung, Werte, Diskurse, Zeit.

Mit diesem Analyserahmen ist es möglich, die Dichotomie von Handlung und Struktur aufzulösen und das analytische Denken von solchen Begrenzungen zu befreien. Er eignet sich damit vor allem für explorative Analysen. Dies weist gleichzeitig auf seine Grenzen hin: er ist an sich zu groß und weitläufig für kleinteilige, sehr detaillierte Analysen. Er sollte daher mit einem *Framing* angewendet werden, um auf die im jeweiligen Fall und Kontext zu priorisierenden Elemente fokussieren zu können.

1.4 Konzept für Aktionsforschung in der geographischen Entwicklungsforschung[174]

Im Rahmen dieser Arbeit wurde ein Konzept zur Vorgehensweise bei einer Aktionsforschung entworfen (vgl. Abb. 47 und IV.3.4). Es bezieht sich beispielhaft auf die Etablierung eines partizipativen Monitoringsystems. Der Konzeptentwurf ist jedoch bisher nicht erschöpfend genug, um als allgemeines Konzept für Aktionsforschung anwendbar zu sein. Hierfür muß noch eine ausführlichere Konzeptentwicklung folgen.

Ziel	Entwicklung eines partizipativen Monitoringsystems					
Arbeits-schritte/-kontexte	Durchführung des partizipativen Monitorings			Methodenanalyse (Analyse der im PM&E angewandten Methoden u. des Gesamtprozesses)		
Vorgehens-weise	Aktion	Moderation	Mentoring	Aktionsforschung	Moderierte Aktions-forschung	Theorie-orientierte Begleit-forschung
Akteure	lokale Akteure	Wissen-schaftlerIn		Lokale Akteure	Wissen-schaftlerIn	

Abb. 47: Kombination verschiedener Vorgehensweisen zur Entwicklung eines partizipativen Monitoringsystems (im Rahmen einer projektbegleitenden Forschung)

---

[174] Die folgenden Ausführungen beziehen sich auf die Kapitel II.3 und IV.3.

Es werden jedoch einige Eckpfeiler identifiziert, an denen weitergearbeitet werden kann:

- Offenheit für praktikable Formen der Aktionsforschung,
- Unterstützung der lokalen Akteure in der Umsetzung der Aktionsforschung durch Moderation (moderierte Aktionsforschung) oder *Mentoring*,
- Ausbildung von Aktionsforschungskompetenzen bei WissenschaftlerInnen und lokalen Akteuren,
- Kombination mit anderen Forschungsformen beispielsweise einer theorieorientierten Begleitforschung,
- Weiterentwicklung von Methoden des gemeinsamen Lernens und Forschens,
- Entwicklung von Methoden der Rückbindung des in der Aktionsforschung produzierten Wissens mit konventionell wissenschaftlich produzierten Wissen,
- Stärkung der Anerkennung von Aktionsforschung im wissenschaftlichen Bereich,
- Schaffung institutioneller Rahmenbedingungen zur Umsetzung von Aktionsforschung sowie
- Integration von Aktionsforschung in den methodologischen Kanon der empirischen Sozialforschung.

Auch wenn dieser konzeptionelle Vorschlag zunächst für den spezifischen Fall dieser Arbeit, der Entwicklung eines partizipativen Monitoringsystems, erarbeitet wurde, lässt er sich auch auf andere Fragestellungen und Zielsetzungen anwenden.

Wichtige Aspekte sind dabei die folgenden:

- Aktionsforschung besitzt nicht nur in ihrer Reinform Existenzberechtigung, vielmehr kann eine moderierte Aktionsforschung einen realitätsnäheren Ansatz darstellen und damit ihre Anwendung in der Forschungspraxis fördern.
- Die moderierte Aktionsforschung kann in ihrer konkreten Umsetzung mit einer Moderation des Prozesses oder aber einem *Mentoring* arbeiten.
- Eine theorieorientierte Begleitforschung wird empfohlen.
- Die konkrete Ausgestaltung der Aktionsforschung sollte an den lokalen Forschungskontext und vor allem an die Bedürfnisse, Wünsche und Fähigkeiten der lokalen Akteure angepasst werden.

2 Empfehlungen

Die Steuerung im brasilianischen Amazonien ist von Politik-Netzwerken besetzt und der Staat ist auf vielfältige Kooperationen im Rahmen dieser Politiknetzwerke angewiesen, gerade auch im Rahmen der Umsetzung von Dezentralisierung. Der Staat steuert am besten, wenn er andere Akteure bewusst und kontrolliert in die Steuerung einbindet und eine gemeinsame *Governmentality* entwickelt wird, die den Grundsatz der *Good Governance* ernst nimmt. Aus diesen Gründen sollte Dezentralisierung bewusst und explizit mit partizipativen Instrumenten gepaart werden und Politik-Netzwerke gezielt geplant und initiiert werden, bzw. sich in bestehende integriert und diese gestärkt werden. Insgesamt sollte das Politik-Netzwerkmanagement ein strategisches Ziel in der staatlichen Dezentralisierungspolitik zur Umsetzung einer nachhaltigen Entwicklung in Amazonien werden und transparent sein. Partizipatives Monitoring kann einen solchen Raum des Austauschs und des gemeinsamen Steuerns darstellen.

2.1 Empfehlungen für die Kommunalpolitik in Amazonien

2.1.1 Umsetzung und Monitoring der PMDRS stärken

PRONAF ist eine interessante Maßnahme, die die kleinbäuerliche Landwirtschaft fördern und gleichzeitig die Institution der kommunalen Beiräte für nachhaltige ländliche Entwicklung stärken kann. Darüber hinaus wird wiederum durch PRONAF die kleinbäuerliche Landwirtschaft als Thema in die Beiräte hineingetragen. Dies passiert jedoch nicht automatisch und wird auch von PRONAF wenig systematisch verfolgt, denn mit dem Programm sind keine beratenden Maßnahmen verbunden, die eine entsprechende Begleitung der Prozesse in den Kommunen gewährleisten könnten. Es wird keine Unterstützung für die Erarbeitung der PMDRS angeboten, auch findet keine langfristige Unterstützung des Implementierungsprozesses des PMDRS in einem Munizip durch PRONAF statt. Darüber hinaus existieren durch PRONAF finanzierte PMDRS bisher nur in sehr wenigen Munizipien Brasiliens.

Im Rahmen von PRONAF wurde bisher kein systematisches Monitoring der Umsetzung der PMDRS angedacht. Die finanzielle Abwicklung des Programms hat PRONAF völlig an das Kreditinstitut *Caixa Econômica* abgegeben und keine weiteren Anweisungen gegenüber dieser Institution in Bezug auf Monitoring der Anwendung der Finanzmittel auf Gemeindeebene formuliert. Auch das Kreditinstitut versteht sich selbst in erster Linie in seiner Funktion des Auszahlers. Es wendet bisher keine Instrumente zur Überprüfung an, ob das Geld von den Gemeinden auch tatsächlich für die beantragten Aktivitäten, Anschaffungen und Bauten ausgegeben wurde.

Die Erfahrungen mit dem partizipativen Monitoring haben gezeigt, dass das Monitoring die Pläne in der Gemeinde bekannt macht und ihre Wichtigkeit unterstreicht sowie die Steuerungskapazität der beteiligten Akteure stärkt und damit die Umsetzung der Pläne sowie die Nachhaltigkeit des Programms verbessern kann.

Zur Förderung des Monitorings (und damit der Umsetzung) der PMDRS könnte in allen Munizipien, nicht nur in denen, die Mittel von PRONAF erhalten, folgende Routinen bzw. Verpflichtungen etabliert werden:[175]

- Definition von Verantwortlichen zur Umsetzung des PMDRS, Definition und Einrichtung von klaren Steuerungsinstrumenten oder –mechanismen,

- Erarbeitung detaillierter Jahresplanungen für den standardmäßigen kommunalen 4-Jahresplan (PPA, *Plano Plurianual*) sowie für jedes Jahr detaillierte Monatsplanungen, Präsentation dieser im Munizip und Einreichung an eine höhere administrative Ebene,

- Stärkung von Planungs- und Monitoringkompetenzen und -kapazitäten der CMDRS,

- Erstellung eines monatlichen Prozessmonitorings in Matrixform, das von allen Mitgliedern des CMDRS (oder der Mehrheit der Mitglieder) unterschrieben und an die Gemeindekammer, PRONAF sowie an das Landes-Landwirtschaftsministerium weitergeleitet wird und

- Bereitstellung von Ressourcen[176] der Kommunalverwaltung zur Durchführung von partizipativem Monitoring.

Auch bei der Umsetzung dieser Vorschläge sollte nicht vergessen werden, die verantwortlichen Akteure für jede Aufgabe zu definieren.

2.1.2 Verwaltungsverfahren institutionell stärken

Die in dieser Arbeit beschriebenen Erfahrungen mit PRONAF, der Umsetzung der PMDRS und der Funktionsweise des CMDRS sind Beispiele für ein häufig zu beobachtendes Phänomen in der brasilianischen Kommunalpolitik: Spezifische Förderprogramme werden mit jedem Regierungswechsel im Munizip oder auf den übergeordneten Regierungsebenen – also alle zwei Jahre – neu eingeführt, um damit die eigene Politik von der der politischen Vorgänger abzusetzen und sich ein eigenes Profil zu schaffen. Auf kommunaler Ebene hat dies zur Folge, dass oftmals inhaltlich verwandte Programme und Projekte unkoordiniert nebeneinander existieren. Eine Effizienzsteigerung durch Koordination der Aktivitäten und Nutzung von Synergieeffekten scheint politisch nicht erwünscht. Der Bevölkerung fällt es zunehmend schwer, zu unterscheiden, was ein institutionalisiertes Verwaltungsverfahren (z.B. Beiräte sind in der Verfassung verankert) ist und was ein temporäres Projekt oder Programm (z.B.

---

[175] Die folgenden Vorschläge bedeuten alle einen hohen administrativen Aufwand und fallen hinter einige bereits im Rahmen der Dezentralisierungspolitik etablierte Praktiken zurück. Trotzdem sind m.E. diese Routinen auf munizipaler Ebene in Pará zu diesem Zeitpunkt unumgänglich, um ein besseres Verwaltungshandeln zu garantieren und damit einen Beitrag für eine effiziente Verwaltung und *Good Governance* zu leisten.

[176] Hier sind nicht unbedingt finanzielle Ressourcen gemeint (aber durchaus auch!), sondern materielle Ressourcen wie Räume, Büromaterialien, Computernutzung, Transportmittel, technische Beratung und politische Unterstützung.

PRONAF). So kreieren heute die meisten Politikprogramme einen spezifischen Beirat[177], in dem die Bevölkerung teilnehmen soll, und erstellen einen thematischen Kommunalplan. Die Verantwortlichen erhoffen sich, dadurch die Popularität und Legitimität der Programme zu erhöhen. Die Bevölkerung fühlt sich oftmals zeitlich überfordert durch die Teilnahme an mehreren Beiräten und verwirrt duch die Fülle der Programme. In einigen Munizipien liegen mehrere (oftmals konkurrierende) Kommunalpläne vor, deren geplante Aktivitäten nicht miteinander koordiniert sind. Dies schwächt die Partizipation der Bevölkerung in den von der Verfassung vorgesehenen Gremien und reduziert ebenfalls die Effizienz, Akzeptanz und Stärke der etablierten Institutionen und Verwaltungsverfahren. Jedoch nur diese können inhaltliche Kontinuität von Entwicklungsprozessen und Rechtssicherheit gewährleisten. Anstatt immer wieder neue Institutionen und Verfahren zu kreieren sollten die Bestehenden und gesetzlich Verankerten gestärkt werden.

2.1.3 Beiräte stärken

Eine der in der Verfassung vorgesehenen Formen der Institutionalisierung von bürgerlicher Partizipation sind die Beiräte.[178] Die Möglichkeiten ihrer inhaltlichen und institutionellen Ausgestaltung sind in der brasilianischen Verfassung nicht detailliert ausgeführt. Dies kann als Nachteil eingeschätzt, aber auch als Raum für Gestaltung verstanden werden. Mittlerweile liegen – wenn auch vor allem im Süden des Landes – einige überzeugende positive Erfahrungen mit Beiräten in verschiedenen Sektoren vor, die ermutigen, dieses Instrument in den Kommunalverwaltungen zu stärken.

Da auch die Beiräte der Gefahr unterliegen von einzelnen Individuen oder Interessensgruppen manipuliert oder instrumentalisiert zu werden, ist es notwendig demokratische Verfahren in den Beiräten zu fördern und ihre Transparenz zu erhöhen. Ebenfalls sollte die Kooperation zwischen den einzelnen sektorspezifischen Beiräten eines Munizips, mit dem Gemeinderat (*câmera dos vereadores*), mit anderen in der Gemeinde tätigen Gruppen sowie mit ähnlichen thematischen Beiräten anderer Munizipien gestärkt werden. Es könnten zu diesem Zweck auch formalisierte Abstimmungsverfahren eingeführt werden.

Die Kommune sollte den Beiräten nach Möglichkeit ein gewisses Budget für ihre Ausbildung und Vergütung im Sinne einer Aufwandsentschädigung zur Verfügung stellen. In der Ausarbeitung eines Ausbildungskonzeptes für die Beiräte sollte auch der Gedanke des institutionellen Gedächtnisses einfließen: wie kann die Arbeit des Beirats dokumentiert werden, so dass sie für Ausstehende oder Neueinsteiger nachvollziehbar ist, wie können gemachte Erfahrungen und ausgetestete Strategien weitergegeben werden, wie kann eine Kontinuität der Arbeit

---

[177] Ohne eine Aussage über die Qualität der Instrumente machen zu wollen, sei beispielsweise auf das Forum (*forro*) im Programm *Comunidade Ativa* und dem Nachfolgerprogramm DLIS in der Amtszeit des Präsidenten Fernando Cardoso hingewiesen oder auf die Komitees und Kerngruppen (*comitê, núcleo*) im Programm *Fome Zero* des amtierenden Präsidenten Luiz Ignácio „Lula" da Silva.
[178] Vgl. dazu die Ausführungen in II.2.2.1.

gewährleistet werden? Beispielsweise können angepasste *Debriefing*verfahren die Einarbeitung der Neuen durch ihre Vorgänger verbessern.

An dieser Stelle kann nur generell auf die Wichtigkeit der Stärkung der Beiräte hingewiesen werden. Ein umfassendes Konzept zur Stärkung der Beiräte muss an anderer Stelle erarbeitet werden.

2.1.4 *Good Local Governance* fördern

Das partizipative Monitoring der PMDRS ist eingebettet in einen breiteren Demokratisierungs- und Dezentralisierungsprozess. Partizipatives Monitoring hat sich bewährt als ein Instrument, das neue Räume für einen Politikdialog schaffen kann. Abschließend sollen hier nur einige kurze Reflexionen und Anregungen für diesen Bereich skizziert werden:

- Zur Stärkung der *Good Local Governance* sollte partizipatives Monitoring auch in anderen Sektoren der Kommunalpolitik (z.B. Gesundheit, Bildung etc.) etabliert werden.

- Darüber hinaus könnte ebenfalls die partizipative Erarbeitung der PMDRS zum Standard erhoben werden.

- Die allgemeine institutionelle Stärkung der Beiräte sollte priorisiert werden.

- Für eine Verbesserung der Steuerung der PMDRS wäre es ebenfalls empfehlenswert die Planungen im Rahmen des PMDRS stärker mit anderen bestehenden Planungspraktiken und -prozessen in den Kommunen zu koordinieren, beispielsweise mit dem PPA, den Sektorplanungen der anderen Sekretariate, dem ZEE, den Planungen anderer Bundesprogramme wie DLIS, Fome Zero oder Agenda-21-Prozessen.

- Der Diskurs und die Praxis der *Good Governance* sollten allgemein gestärkt werden.

2.2 Empfehlungen für die Entwicklungszusammenarbeit

Die Entwicklungszusammenarbeit ist spätestens seit dem 'verlorenen' Jahrzehnt der 80er Jahre in einer ständigen Legitimierungskrise. Die Öffentlichkeit erwartet heute von ihr nachweisbare Wirkungen. Das Messen von Wirkungen ist für die Entwicklungszusammenarbeit daher zur Existenzfrage geworden. Heute fließt viel Energie in die Entwicklung von Konzepten zur Messung von Ergebnissen und Wirkungen. Dies ist prinzipiell eine richtige Entwicklung, unterstützt die interne Steuerung von Projekten der Entwicklungszusammenarbeit und erhöht die Transparenz der Aktivitäten (und Wirkungen) der Projekte. Dies kommt auch der Akzeptanz der Projekte in den Partnerländern zugute. Es fördert mit Sicherheit die Kommunikation über die Projekte. Diese Entwicklung hat jedoch auch noch eine andere Seite: durch den Wunsch nach Messung und dem entsprechenden Formulieren von Erfolgskriterien und der gleichzeitigen Orientierung von Entwicklungsvorhaben an überschaubaren Finanzierungszeiträumen, häufig je nach Institution in einem zeitlichen Rahmen von 1-4 Jahren, sinkt die Bereitschaft, aber auch die bloße Möglichkeit in nur langfristig messbare

Prozesse und Wirkungen zu investieren, auch wenn sie natürlich weiterhin in den meisten Fällen mitgedacht oder zumindest erhofft werden.

2.2.1 *Good Local Governance* fördern

Mit dem Konzentrieren auf Wirkungen kommt auch die Steuerung stärker ins Blickfeld: *Good (Local) Governance* steht auf der Agenda der Entwicklungsagenturen (aber auch von nationalen Regierungen) - die konkrete Umsetzung bereitet jedoch noch große Schwierigkeiten. Gerade im brasilianischen Amazonien wären die Stärkung der Kommunalverwaltung und vor allem die Verbreitung des Diskurses der *Good Governance* sehr wichtig. Hierzu an dieser Stelle nur ein paar Thesen, die in den folgenden beiden Abschnitten noch mal aufgegriffen werden und Ergebnisse dieser Arbeit sind:

- Partizipatives Monitoring eignet sich hervorragend als Instrument für die Unterstützung von *Good Local Governance* - gerade im Rahmen von Dezentralisierungsstrategien.

- Dies muss allerdings von einem (möglichst langfristigen) *Capacity Development* für lokale Akteure und Institutionen flankiert werden (z.B. Lesen[179], Schreiben, Rechnen, kritische Analysefähigkeit, politisches Lernen, Kenntnisse zu Kommunalverwaltung, Planung, Monitoring, Moderation, Organisationsentwicklung, etc.), um eine Entwicklung der *Ownership* zu ermöglichen.

- Verwaltungsförderung und Verbreitung des Konzeptes und des Diskurses der *Good Governance* sind sehr wichtige Maßnahmen.

- Im Bereich Verwaltungsförderung muss es zum einen um die Stärkung von Verwaltungskapazitäten der lokalen Verwaltungsfachkräfte gehen, zum anderen aber auch um den Aufbau angepasster Verwaltungsstrukturen/-institutionen bzw. um die Stärkung oder Anpassung vorhandener Strukturen. Darüberhinaus müssen effiziente Verwaltungsverfahren entwickelt und implementiert werden, bzw. auch nicht-effiziente Verfahren ausgesetzt werden.

- Aber auch den nicht formellen Strukturen, den sich nicht an administrative Grenzen und Ebenen haltenden Akteure, den Politik-Netzwerken, sollte eine besondere Aufmerksamkeit geschenkt werden.

---

[179] Hier wird der Bereich der Grundbildung angesprochen, eines der acht UN *Millennium Development Goals* (MDG) (vgl. www.un.org/millenniumgoals/#). In den Fallbeispielen müßte begonnen werden bei der Stärkung der Alphabetisierung (auch für Erwachsene) und dem systematischen Ausbau der Grundbildung, wobei angepasste Konzepte für den ländlichen Raum, gerade für Amazonien erarbeitet, bzw. evtl. bestehende Konzepte umgesetzt werden müssten. Die Umsetzung von Grundbildung und anderen strukturellen langfristigen Lernprozessen (z.B. Verwaltungskapazitäten) ist jedoch gerade in sogenannten Schwellenländern wie Brasilien eine Aufgabe des Staates. Die internationale EZ kann jedoch auf der Ebene der Politikberatung in diese Richtung hinwirken.

2.2.2 Partizipation ernst nehmen

Die Entwicklungszusammenarbeit hat die Anwendung partizipativer Methoden bereits in den 80er Jahren breit aufgenommen und entscheidend zu einer Weiterentwicklung der Methoden, v.a. im Bereich des PRA beigetragen.

Trotzdem kann eine zunehmende Reduzierung von partizipativen Ansätzen auf die bloße Anwendung spezifischer Methoden (v.a. in der Datenerhebung, im PRA oder im Rahmen von ZOPP) auch in der Entwicklungszusammenarbeit beobachtet werden.[180] Methoden können jedoch nicht alles. Partizipative Methoden sind wichtig, aber nicht mit dem immer häufiger vorhandenen Eventcharakter - besonders beliebt sind in der Entwicklungszusammenarbeit die Planungsevents - sondern als längerfristig angelegter Mobilisierungsprozess im Sinne von Gemeinwesenarbeit und der Entwicklung von *Citizenship* (HICKEY/MOHAN 2005:257f.). Für die Umsetzung einer nachhaltigen Entwicklung muss auf der individuellen und strukturellen Ebene integrativ angesetzt werden. HICKEY/MOHAN (2005) plädieren daher für eine neue Erweiterung der Partizipationsagenda und beziehen sich dabei auf Konzepte wie *political capital* (BAUMANN 2000), *political capabilities* (WHITEHEAD/GRAY-MOLINA 2003; WILLIAMS 2004) und *political space* (WEBSTER/ENGBERG-PEDERSEN 2002) (zitiert in HICKEY/MOHAN 2005:253).

> "Relocating 'participation' within citizenship situates it in a broader range of sociopolitical practices, or expressions of agency, through which people extend their status and rights as members of particular political communities, thereby increasing their control over socioeconomic resources." (HICKEY/MOHAN 2005:253)

Partizipation sollte in der Entwicklungszusammenarbeit zukünftig ernster genommen werden. Statt partizipativer Momentaufnahmen sollte zum einen der Schwerpunkt auf die Entwicklung von Fähigkeiten der beteiligten Akteure und nicht so sehr auf kurzfristige technische Abläufe gelegt werden. Zum anderen sollte die Institutionalisierung von partizipativen Ansätzen stärker im Mittelpunkt stehen. Dabei kann es um die Schaffung eines positiven institutionellen Umfelds für Partizipation gehen, aber auch um die Initiierung von langfristigen methodologischen Strategien, wie beispielsweise Gemeinwesenarbeit.

2.2.3 Monitoringkompetenzen und -kapazitäten stärken

Partizipatives Monitoring hat ein großes Transformationspotenzial und könnte für die Stärkung von *Good Local Governance*-Prozessen eingesetzt werden.

Es hat sich in dieser Arbeit gezeigt, dass die Umsetzung von partizipativem Monitoring, im Speziellen von partizipativem Prozessmonitoring, nicht unproblematisch ist und sich recht aufwändig gestalten kann und stark von den lokal vorhandenen Monitoringkompetenzen und –kapazitäten abhängt. Um die Monitoringkompetenzen und -kapazitäten der lokalen Akteure

---

[180] vgl. Ausführungen in II.1.2.3.

und Institutionen, besonders im ländlichen Raum zu stärken, kann ein hoher Beratungsbedarf im Bereich *Capacity building* für Monitoring auftreten. Folgende Maßnahmen können dabei die Kosten für ein damit notwendig werdendes *Mentoring* reduzieren:

- Integration des Themas Monitoring in die Weiterbildung der Akteure der Stadtverwaltung,
- Integration des Themas Monitoring in die Weiterbildung der Beiratsmitglieder,
- Kombination des partizipativen Monitorings mit anderen Ansätzen der politischen Bildungsarbeit (vgl. III.3),
- Entwurf eines Gemeinde(weiterbildungs)konzepts zur Stärkung der Kompetenzen der lokalen Akteure,
- Identifikation, Vernetzung und Unterstützung von Lerninitiativen für lokale Akteure und
- *Citizenship*-Projekte und Gemeinwesenarbeit fördern.

2.3 Empfehlungen für die geographische Entwicklungsforschung

> „Nicht zuletzt bleibt die Frage offen, wie dieser Versuch der Übertragung von Partizipation auf den ‚Mikrokosmos' der Forscher-Beforschten-Beziehung, der mit hehren Zielen wie Emanzipation, empowerment etc. beladen ist, in Verbindung mit den Machtstrukturen der Meso- und Makroebene zu bringen ist." (KRÜGER/LOHNERT 1996:49)

In dieser Arbeit wurde versucht, ähnlich wie im obigen Zitat formuliert, mehrere Ebenen zu bearbeiten: eine Aktionsforschung durchzuführen, zum Thema Partizipation zu forschen, eine Methodenanalyse durchzuführen und dies in den lokalen Kontext zu stellen, der zum einen den Kontext für die Umsetzung des partizipativen Monitoring bildet, die Partizipation beeinflusst und konkrete Auswirkungen auf die Durchführung der Aktionsforschung hatte. Der Kontext der Forschungsarbeit setzt sich ebenfalls aus ganz unterschiedlichen Ebenen zusammen: neben dem konkreten lokalen Kontext Amazoniens, existiert auch der Kontext der Wissenschaft. Dieser ist geprägt durch die Nicht-Existenz von konkreten Leitlinien, Konzepten und Theorien für die spezifische Thematik und Methodologie dieser Arbeit. Dies soll als Anlass genommen werden, einige Vorschläge zur Verbesserung dieser Situation zu machen.

2.3.1 Aktionsforschung fördern

Gerade für eine engagierte geographische Entwicklungsforschung mit dem Wunsch nach Anwendungsbezug bietet sich die Aktionsforschung aufgrund ihrer Anwendungsrelevanz an: Ergebnisse werden sofort rückgekoppelt, kommentiert, angewandt oder verworfen.

In dieser Arbeit wurden bereits einige Vorschläge für die konzeptionelle Umsetzung von Aktionsforschung in der Forschung und Lehre gemacht, eine ausführlichere Konzeptionsentwicklung steht jedoch noch aus und wäre sinnvoll.

Hier sind darüber hinaus noch einige methodische oder fast wissenschaftstheoretische Fragen offen, beispielsweise

- wie der Umgang mit lokalem und akademischem Wissen in einer Forschungsarbeit gehandhabt werden kann (Fragen zur Operationalisierung von Transdisziplinarität),
- wie eine kooperative Forschung und eine gemeinsame Analyse und Dokumentation der Ergebnisse von lokalen Akteuren und WissenschaftlerInnen gestaltet werden kann,
- wie sich die Aktionsforschung zeitlich in die akademischen Rhythmen von Qualifikations- und Forschungsarbeiten integrieren lässt.

Auch sollten die Vor- und Nachteile der Aktionsforschung weitergehend analysiert und dokumentiert werden. Nur so lässt sich eine Argumentationsgrundlage für die notwendige finanzielle Forschungsförderung für Aktionsforschung erarbeiten, bzw. für die Sensibilisierung der entsprechenden Institutionen für dieses Thema.

Für die Entwicklung von Aktionsforschung und für eine stärkere Integration von Forschung und Praxis bietet sich eine intensive Kooperation zwischen Institutionen der Wissenschaft und Entwicklungspraxis an.

2.3.2 Theorieentwicklung zu Partizipation weiterführen

> „(…) thinking about participation (in development) (…) has lacked the analytical tools (…) and an adequate theoretical framework" (SHEPHERD 1998:179, zitiert in HICKEY/MOHAN 2005:252)

Ähnlich wie die Situation der Aktionsforschung gestaltet sich die der Forschung zu Partizipation. Es existieren bisher sehr wenig theoretische oder analytische Konzepte. Dies mag an dem sehr anwendungsbezogenen Forschungskontext liegen, doch auch der schließt natürlich eine theoretische Beschäftigung mit Partizipation nicht aus. Einige Veröffentlichungen in den letzten Jahren (z.B. COOKE/KOTHARI 2001, HICKEY/MOHAN 2005) beginnen, dieses Theoriedefizit zu thematisieren und anzugehen. Die geographische Entwicklungsforschung könnte ebenfalls ihren Beitrag dazu leisten.

2.3.3 Politische Analysen stärker integrieren

Ohne politische und in vielen Fällen, wie in Amazonien, ohne parteipolitische Analysen, sind die Umsetzungsspielräume nachhaltiger Entwicklung kaum zu verstehen. Die Geographie sollte sich daher noch stärker für politische Analysen öffnen und Kompetenz darin entwickeln, ohne ihre eigenen Stärken aufzugeben: das interdisziplinäre und problemorientierte Analysevermögen, das Denken in komplexen Zusammenhängen und über mehrere Ebenen hinweg. Gleichzeitig kann die Geographie ihre spezifische Kompetenz stärker in bestehende politikwissenschaftliche Ansätze einbringen.

2.4 Generelle Empfehlungen für ein *Mainstreaming* von partizipativem Monitoring

Partizipatives Monitoring besitzt viel Potenzial, steckt jedoch noch in den Kinderschuhen. Es leidet bisher noch darunter nicht ausreichend Anerkennung zu erhalten:

> "We also found that it takes a long time to develop research that is judged by others to be reliable and acceptable as evaluation. PE [participatory evaluation, D.S.] is often under pressure to undertake high quality research under serious time constraints and by overworked staff. The criticism that PE does not produce high quality information can be met with the answer that it is not funded so to do. PE should be as adequately funded as professional, outside evaluation. With adequate funding, support and professional back-up, a local evaluation team can produce high quality research." (RUTHERFORD 2000:135)

Ein Grund für die fehlende Anerkennung von partizipativem Monitoring liegt sicher darin, dass noch nicht ausreichend zu dem Thema geforscht wurde und außerdem eine Vielzahl von unterschiedlichen Ansätzen existieren, ohne dass ein gemeinsames Verständnis von partizipativen Monitoring geschaffen worden wäre.

CASTILLO schlägt einige Faktoren vor, die beachtet werden sollten, wenn es um das *Mainstreaming* und die Professionalisierung von PM&E-Prozessen geht (vgl. CASTILLO 1998, zitiert in CAMPILAN 2000:199f.):

- Entwicklung einer Wissensbasis (body of knowledge) zu PM&E, inklusive Konzepte und Philosophie,

- Dokumentation der Erfahrungen, die die Charakteristiken und die Potenziale des PM&E beschreiben,

- Anwendung klar definierter und getesteter Methoden und eine kontinuierliche Innovation und Verbesserung der bisherigen Vorgehensweisen im PM&E,

- Bereitstellung von Mitteln für das Capacity Development sowie für die Produktion, Verbreitung und Austausch von Erfahrungen, Fertigkeiten und Wissen,

- Einrichtung eines Akkreditierungssystems, das formell oder informell ein Gütesiegel an Praktiker vergibt, um das Erkennen von qualitativ hochwertiger Arbeit zu ermöglichen und

- die Definition eines Ethikkodex des Berufsfeldes.

3 Schlussbetrachtung

Im Rahmen dieser Arbeit hat sich gezeigt, dass die anfangs aufgestellten Hypothesen (vgl. auch I.3) bestätigt werden konnten:

- In einer Gesellschaft existieren Ungleichheiten und Machtbeziehungen.
- Machtverhältnisse beeinflussen die (Selbst-)Steuerungsfähigkeit einer Gesellschaft und die Umsetzung demokratischer Prozesse.
- Machtverhältnisse in einer Gesellschaft sind reversibel und dynamisch.
- Im Kontext von *Good Governance* ist Selbst-Steuerung erwünscht und möglich.
- Die Anwendung partizipativer Methoden in der Kommunalplanung und -verwaltung kann demokratische Prozesse fördern.
- Partizipatives Monitoring trägt zur Selbst-Steuerung bei.
- Partizipatives Monitoring trägt zum *Empowerment* der involvierten Individuen bei.
- Partizipatives Monitoring trägt zum *Capacity Development* bei.
- Partizipation kann Machtverhältnisse verändern.
- Die Umsetzung von partizipativem Monitoring wird sowohl von spezifischen verortbaren Rahmenbedingungen (interne und externe, hemmende und fördernde Faktoren) als auch von den beteiligten Akteuren beeinflusst.

Interessant sind vor allem die Überlegungen zu Wandel, Steuerung und Macht: Partizipatives Monitoring kann einerseits viele positive Aspekte auslösen und damit zu einem Wandel beitragen, andererseits beeinflussen die spezifischen Machtverhältnisse die (Selbst-) Steuerungsfähigkeit lokaler Akteure oder einer Gesellschaft und die Umsetzung demokratischer Prozesse. Diese Machtverhältnisse sind jedoch reversibel und dynamisch. Die Fallbeispiele zeigen Machtverhältnisse, die nicht herkömmlichen Konzepten von Macht und Steuerung entsprechen und ebenfalls nicht reduzierten Dichotomien anhängen wie Staat - Zivilgesellschaft, Elite - kleinbäuerliche Bevölkerung, etc.. Ähnliches gilt für die Dichotomie Handlung und Struktur. Vielmehr werden komplexe Beziehungsmuster deutlich im Sinne des Machtbegriffs von FOUCAULT, aber auch von LONG:

> „Power must be analysed as something which circulates, or rather as something which only functions in the form of a chain. It is never localized here or there, never in anybody's hands, never appropriated as a commodity or piece of wealth. Power is employed and exercised through a net-like organization." (FOUCAULT 1980:98)

> „Like knowledge, power is not simply possessed, accumulated and unproblematically exercised (Foucault, in Gordon 1980:78-108). Power implies much more than how hierarchies and hegemonic control demarcate social positions and opportunities, and restrict access to resources. It is the outcome of complex struggles and negotiations over authority,

> status, reputation and resources, and necessitates the enrolment of networks of actors and constituencies (Latour 1994, Callon and Law 1995)." (LONG 2001:71)

Die Realität ist vielschichtig, und um positiven Wandel in Gang zu setzen, *Good Governance* umzusetzen, muss ebenfalls auf mehreren Ebenen angesetzt werden. Hier soll noch einmal das Konzept der *state-society-synergies* (vgl. II.1.1) aufgegriffen werden: sie sind möglich und *de facto* existieren sie bereits in der lokalen Steuerung im brasilianischen Amazonien. Um Wandel zu initiieren, auch im Rahmen der Umsetzung des partizipativen Monitorings, sollte das oben beschriebene Wissen um Macht und Steuerung (beispielsweise von lokalen oder regionalen Verwaltungsinstitutionen und von beratenden EZ-Institutionen) bewusst genutzt werden.

In der brasilianischen Gesellschaft existieren bereits politische Findungsprozesse zur Umsetzung von *Good Governance*. Es wäre falsch, nicht in die bestehenden staatlichen Institutionen zu investieren, nur weil einige im Moment noch der Korruption bezichtigt werden. Statt sie zu isolieren, wäre es wichtiger, Gegengewichte zu schaffen, partizipative Instrumente zu etablieren, beispielsweise Beiräte zu stärken und den Versuch zu unternehmen, eine ethische Verwaltungskultur zu etablieren oder zumindest einen Diskurs über *Good Governance* zu beginnen und zum *Mainstream* werden zu lassen.

Partizipatives Monitoring wirkt sowohl auf Struktur- als auch auf Handlungsebene. Den Eingangsthesen wären in Bezug auf das partizipative Monitoring sicherlich Reflexionen wie die folgenden zu Wandel und den Diskussionen um Handlung und Struktur hinzuzufügen:

- Politischer Wandel kann zu sozialem Wandel führen.
- Handlungen lokaler Akteure können Strukturen, Institutionen und (Verwaltungs-) Prozesse verändern.
- Strukturen (und Ideen) können das Denken der Menschen, ihre Bewertungen und Handlungen in Bezug auf sozialen Wandel verändern.

Partizipatives Monitoring besitzt dieses Transformationspotenzial. Partizipatives Monitoring schafft bereits vom Konzept her neue Räume für *Good Governance*, es bietet ein Potenzial, die konkrete Ausgestaltung und damit auch die Wirkung verbleiben bei den lokalen Akteuren.

Partizipatives Monitoring ist eine Möglichkeit, es verspricht nichts, aber es eröffnet Räume, vor allem Räume zum Lernen und Experimentieren.

Räume schaffen zum Lernen sollte auch die Aufgabe einer engagierten geographischen Entwicklungsforschung sein.

Diese Räume können auf unterschiedliche Weise geschaffen werden, beispielsweise

- durch die Umsetzung partizipativen Monitorings,
- durch partizipative Steuerung allgemein in den verschiedensten Lebensbereichen in den unterschiedlichsten lokalen Kontexten,
- durch die Öffnung der Politik für innovative, lernorientierte, partizipative Ansätze,
- durch das Öffnen der Geographie und der Wissenschaft allgemein für neue Formen der Erkenntnisgewinnung sowie
- durch das Öffnen innovativer Räume in unserem eigenen Denken und Handeln.

Zusammenfassungen

Zusammenfassung

Die Förderung von Demokratie und *Good Governance* in Entwicklungs- und Transformationsländern hielt seit Beginn der 1990er Jahre verstärkt Einzug in Diskurse und Programme wichtiger entwicklungspolitischer Geber. Das Konzept *Good Governance* soll mit Aktivitäten auf vielen Akteursebenen wie Regierungsberatung auf nationaler, Institutionenförderung auf regionaler oder *Empowerment* der Zivilgesellschaft auf lokaler Ebene, sowie der Entwicklung von Ansätzen der Dezentralisierung, Kommunalentwicklung und Verwaltungsförderung in die Praxis umgesetzt werden. Aus den Diskussionen um *Good Governance*, Demokratisierung und Dezentralisierung ist das Konzept der Partizipation heute nicht mehr wegzudenken und appelliert an die ebenfalls im *Good Governance*-Konzept integrierten Prinzipien von Transparenz und Rechenschaftslegung (*Accountability*). Gerade für die Umsetzung von *Accountability* spielt Monitoring zunehmend eine größere Rolle. Das Themenfeld dieser Arbeit verortet sich an der Schnittstelle zwischen dem *Good Governance*- und dem Monitoring-Diskurs auf lokaler Ebene, beim Thema Partizipation. Es wird untersucht, ob und wie partizipatives Monitoring zur Umsetzung von *Good Local Governance* beitragen kann.

Die Arbeit verfolgt eine praxisorientierte, eine theorieorientierte und eine methodologische Zielsetzung. Die praxisorientierte Zielsetzung beinhaltet die Entwicklung eines partizipativen Monitoringsystems. Die theorieorientierte Zielsetzung entwickelt einen Analyserahmen zur Untersuchung des Kontextes einer Steuerungsintervention und die methodologische Zielsetzung ein Konzept für die Erforschung einer partizipativen Methodenentwicklung.

Diese Arbeit basiert auf einer Aktionsforschung im Zeitraum von 2001 bis 2003 zur Umsetzung von partizipativen Monitoring von kommunalen Plänen zur nachhaltigen ländlichen Entwicklung (PMDRS) am Beispiel zweier Kommunen (*municípios*) im Nordosten des brasilianischen Bundesstaates Pará.

In Brasilien wurde in der neuen Verfassung von 1988 eine Dezentralisierungspolitik und Elemente der Bürgerbeteiligung verankert, dazu gehören auch sektorale Bürgerbeiräte, die auf nationaler, bundesstaatlicher und kommunaler Ebene angesiedelt sind.

1996 wurde das Programm zur Unterstützung der kleinbäuerlichen Landwirtschaft (PRONAF) eingerichtet, das jährlich Gelder aus dem Bundeshaushalt direkt an die Kommunen transferiert. Als Voraussetzung für die Überweisung der Mittel sind neben der Erfüllung von "Armutskriterien", die Existenz eines kommunalen Beirats zur ländlichen Entwicklung, in dem die Zivilgesellschaft stark vertreten ist, und die Ausarbeitung eines Entwicklungsplans (PMDRS) notwendig. PRONAF bildet heute ein wesentliches Element der Dezentralisierungsbestrebungen des brasilianischen Staates im Bereich der ländlichen und landwirtschaftlichen Entwicklung.

Das Projekt PRORENDA Rural Pará, ein Projekt der deutsch-brasilianischen technischen Zusammenarbeit, angesiedelt im Landwirtschaftsministerium von Pará (SAGRI - *Secretaria Executiva de Agricultura do Estado do Pará*), arbeitet eng mit PRONAF zusammen und fördert die partizipative Erarbeitung der Entwicklungspläne in mehreren Gemeinden im Nordosten Parás. Die Implementierung der in den Plänen vorgesehenen Maßnahmen ging jedoch aufgrund verschiedener Faktoren nur sehr langsam voran. Aus diesem Grund wurde versucht mit einer kontinuierlichen Überprüfung der Umsetzung der PMDRS, mit einem sogenannten partizipativen (Prozess)Monitoring, ein Instrumentarium zu entwickeln, das die Implementierung der Pläne in den Munizipien unterstützt.

Die Entwicklung des partizipativen Monitorings in dieser Arbeit wurde in Form einer Aktionsforschung durchgeführt, die gemeinsam mit den lokalen Akteuren, den Mitgliedern des Beirats für nachhaltige ländliche Entwicklung, dem kommunalen Landwirtschaftssekretariat und dem Projekt PRORENDA, durchgeführt wurde. Die Aktionsforschung wurde kombiniert mit einer theorieorientierten Begleitforschung, die an die theoretischen Diskussionen innerhalb der geographischen Entwicklungsforschung anknüpft. Im Mittelpunkt stehen dabei die Diskussionen um handlungstheoretische auf der einen und strukturalistische Konzepte auf der anderen Seite und Analysen auf mehreren Ebenen. Hieraus resultiert der Versuch einer Integration der Konzepte innerhalb einer geographischen Analyse.

Die Analyse der Umsetzung des partizipativen Monitorings in zwei Kommunen führt zu folgenden Ergebnissen: Während das Monitoring in einer Gemeinde zunächst sehr erfolgreich umgesetzt werden kann, aber schließlich keine institutionelle Nachhaltigkeit aufweist, wird es in der anderen nach dem Monitoringtraining von den lokalen Akteuren boykottiert, eine kleine Gruppe gründet jedoch eigenständig eine autonome Monitoringgruppe, die fortbesteht. In den Beispielen wird deutlich, dass viele lokal spezifische Bedingungen die Umsetzung des partizipativen Monitorings beeinflussen. Die Ergebnisse der Arbeit führen daher zu dem Vorschlag von Grundbausteinen für ein partizipatives Monitoring. Einige Schlüsselelemente sollten für jeden spezifischen Kontext anhand der im Rahmen der Arbeit identifizierten Monitoringdeterminanten partizipativ definiert werden. Das Monitoring kann dann entlang definierter Prozessschritte (*core steps*) ablaufen. Zur Unterstützung dieses partizipativen Prozesses, der eine längerfristige Eigenständigkeit einer gegründeten Monitoringinstanz vorsieht, schlägt die Arbeit ein sogenanntes *Ownership Mentoring* vor.

Deutlich wurde, dass abhängig von dem Grad der Beteiligung (Anzahl und Profil der Akteure), des fachlichen Niveaus des Monitorings und der ihm zugewiesenen politischen Relevanz (Form und Inhalt des Monitorings) sowie dem institutionellen Kontext, die spezifische Ausgestaltung der Partizipation ausfällt. Ebenso beeinflussen diese Faktoren, welche Wirkungen hinsichtlich Demokratisierung, *Empowerment* der Akteure, *Ownership* oder Stärkung der lokalen Verwaltung erzielt werden können sowie die zu erwartende Qualität der im Rahmen des Monitorings erhobenen Daten. Zu diesem Themenkomplex wurde aufgrund der empirischen Ergebnisse ein Analysemodell für partizipative Prozesse entworfen.

Partizipatives Monitoring sollte weniger nur als ein zusätzliches partizipatives Instrument in einer Toolbox verstanden werden, denn vielmehr als ein weitreichenderer Lern- und Verhandlungsprozess im Rahmen der Umsetzung von *Good Local Governance* und der Schaffung einer mündigen und aktiven Bevölkerung (*Citizenship*). Partizipatives Monitoring bietet Raum zur Umsetzung von *Good Local Governance*, kann diese stimulieren, jedoch nicht automatisch garantieren. Die konkrete Ausgestaltung ist von den spezifischen lokalen Bedingungen abhängig.

Gerade im amazonischen Kontext, der durch schwache Rechtsstaatlichkeit und häufig mangelhafte Verwaltungs- und Steuerungskompetenzen gekennzeichnet ist, kann im Zusammenhang mit den vorhandenen Dezentralisierungsbestrebungen das partizipative Monitoring eine wichtige Funktion zur Förderung von *Good Local Governance* ausüben, indem es Transparenz und aktive BürgerInnen schafft.

Resumo

A partir do início dos anos 90, o fortalecimento da democracia e do bom governo (*good governance*) entraou nos discursos e programas das agências internacionais de cooperação. Por meio de intervenções em diversos níveis, essas agências procuram contribuir para o estabelecimento de práticas de bom governo, prestando assessoria aos governos nacionais, dando apoio a instituições em âmbito regional ou apoiando o empoderamento da sociedade civil na esfera local. Além disso, promovem novos modelos de descentralização, de desenvolvimento municipal e de gestão pública.

O conceito de participação já se tornou um elemento indispensável nos debates sobre bom governo, democratização e descentralização, por fazer referência aos princípios de transparência e prestação de contas (*accountability*), sendo estes contidos nos preceitos do bom governo. O monitoramento tem um papel cada vez mais relevante na *accountability* da administração pública. O tema desta dissertação aborda as interfaces entre o princípio da participação e os discursos de bom governo e monitoramento em âmbito local: Qual a possível contribuição do monitoramento participativo para promover a boa governança local?

Este trabalho tem três objetivos: um deles é voltado para a prática, outro, para o desenvolvimento da teoria e, o último, para a elaboração de uma nova metodologia científica. A finalidade prática refere-se ao desenvolvimento de um sistema de monitoramento participativo, enquanto a finalidade teórica compreende a elaboração de um marco analítico para examinar o contexto de uma intervenção de gestão. Por último, a finalidade metodológica é a elaboração de uma abordagem para pesquisar o desenvolvimento participativo de metodologias científicas.

O trabalho baseia-se numa pesquisa-ação realizada no período de 2001 a 2003 sobre a implantação de processos de monitoramento participativo de planos municipais de desenvolvimento sustentável (PMDRS), tomando como exemplos dois municípios do nordeste paraense.

A Constituição Brasileira de 1988 estabelece uma política de descentralização e vários canais de participação cidadã, por meio, por exemplo, dos conselhos setoriais estabelecidos nas esferas federal, estadual e municipal.

Em 1996 foi criado o Programa Nacional de Fortalecimento da Agricultura Familiar (PRONAF) e, desde então, transfere anualmente, de forma direta, recursos do orçamento federal aos municípios. Os pré-requisitos para se ter acesso a estes recursos são: "critérios de pobreza", a existência de um conselho municipal de desenvolvimento rural (no qual a sociedade civil esteja fortemente representada), bem como a elaboração de um Plano Municipal de Desenvolvimento Rural Sustentável (PMDRS). Atualmente o PRONAF constitui um elemento-chave dos esforços do Estado brasileiro para impulsionar a descentralização na área do desenvolvimento agrário e rural.

O projeto PRORENDA Rural Pará, implementado pela cooperação técnica Brasil-Alemanha por intermédio da Secretaria Executiva de Agricultura do Estado do Pará (SAGRI) cooperou estreitamente com o PRONAF e apoiou a elaboração participativa de planos de desenvolvimento em vários municípios do nordeste paraense. Porém, devido a diversos fatores, a adoção das medidas previstas nos planos se deu de forma muito lenta. Por esse motivo o projeto tentou desenvolver instrumentos para facilitar a implementação desses planos. Estabelecendo um processo de monitoramento participativo, o projeto procurou controlar e acompanhar, de forma contínua, a implementação dos planos.

A presente pesquisa trabalha com métodos de pesquisa-ação. No âmbito deste trabalho, uma metodologia de monitoramento participativo foi desenvolvida e testada. Este processo foi realizado junto com os membros dos conselhos municipais de desenvolvimento rural sustentável, com as secretarias municipais de agricultura e com o projeto PRORENDA. A pesquisa-ação foi acompanhada por uma pesquisa paralela que tomou como ponto de partida as discussões teóricas no âmbito dos estudos geográficos de desenvolvimento. No centro da abordagem teórica se encontram as discussões sobre conceitos da teoria de ação e conceitos estruturalistas, assim como análises em vários níveis, resultando desta abordagem a tentativa de integração destes conceitos por meio de uma análise geográfica.

A análise da implementação do monitoramento participativo em dois municípios levou aos seguintes resultados: em um dos munisípios, inicialmente, o monitoramento está sendo implementado com muito sucesso, mas não apresenta sustentabilidade institucional; no outro município, os atores locais boicotam as atividades, depois de receber o treinamento em monitoramento, porém, um pequeno número de pessoas forma um grupo autônomo de monitoramento com maior continuidade. Os exemplos mostram que muitos fatores específicos dos locais têm influência na implementação do monitoramento participativo. Portanto, os resultados da pesquisa sugerem que devam ser determinados elementos básicos para um monitoramento participativo. Alguns elementos-chave deveriam ser identificados em cada contexto específico, de forma participativa, mas tomando como referência os fatores de influência do monitoramento participativo identificados neste trabalho. O monitoramento pode então seguir determinados passos-centrais (*core steps*) no processo. Como instrumento para dar apoio a este processo participativo, que prevê a operação independente a longo prazo de uma entidade responsável pelo monitoramento, o trabalho elabora como metodologia o *ownership mentoring* (assessoramento no processo de apropriação do processo pela entidade responsável).

Ficou evidente que o impacto do monitoramento participativo em termos de democratização, empoderamento (*empowerment*) dos atores, apropriação do processo pelos atores envolvidos (*ownership*) ou fortalecimento da administração local, assim como a qualidade dos dados a serem levantados no âmbito do monitoramento dependem de quatro fatores: do grau de participação (número e perfil dos atores envolvidos), do nível técnico do monitoramento, da relevância política atribuída ao monitoramento (forma e conteúdo do monitoramento) e do contexto institucional. Baseado nos resultados empíricos, um modelo para analisar processos participativos foi desenvolvido.

O monitoramento não é pensado como mais um instrumento numa caixa de ferramentas participativas. É, de fato, um processo amplo de aprendizagem e negociação no âmbito da realização do bom governo local e da construção da cidadania. O monitoramento participativo abre espaço para estimular e implementar o bom governo local, porém não garante de forma automática sua efetivação.

No contexto amazônico, com a debilidade do Estado de direito e, em muitos casos, falta de capacidade em gestão e administração, o monitoramento participativo tem o potencial de apoiar os esforços existentes em democratizar a gestão pública e contribuir de forma significativa para fomento do bom governo local, construindo maior transparência e cidadania.

Summary

Since the beginning of the 1990s, support for democratic reforms and good governance in developing and countries in transition became key issues in the programmes and discourses of international donors. Good governance is to be implemented by activities on different levels: policy-advising on the national level, institutional development on the regional level and empowerment of civil society on the local level. New approaches to decentralization, community development and public management are also being developed and implemented. Participation has become part of the discussions on good governance, democracy and decentralization, as it contributes to the principles of transparency and accountability that are indispensable for good governance. Monitoring is increasingly seen as a key factor for the implementation of accountability. The central theme of this research is related to discussions on participation, good governance and the discourse on monitoring at the local level: Can participatory monitoring contribute to the implementation of good local governance?

This document is based on an action research conducted from 2001 to 2003 on the implementation of participatory monitoring of sustainable municipal development plans (PMDRS) in two municipalities in the northeast of the Brazilian State of Pará.

The study has three aims: one concerns practical demands, the other theory-based debates and the last methodological issues. The practical aim is to develop a participatory monitoring system. The theory-based aim is to develop an analytical framework capable of analysing the context in which the monitoring activity takes place. The methodological aim is to design a concept for research activities on the development of participatory methods.

The Brazilian constitution of 1988 established a policy of decentralization and some elements of public participation, which include sector-specific citizens' councils located on the national, the state and the municipal levels.

In 1996, the Peasant Agriculture Support Programme (PRONAF) was established. PRONAF transfers federal money directly to municipalities. To get access to these funds, the municipalities have to meet "poverty criteria" and create a municipal council for rural development, in which civil society must be strongly represented. Furthermore, they have to elaborate a rural development plan (PMDRS). Today, PRONAF represents a key element of federal decentralization efforts in rural and agricultural development.

The *PRORENDA Rural Pará* project, conducted by the German-Brazilian technical cooperation which is located in the Pará State Secretary of Agriculture (SAGRI - *Secretaria Executiva de Agricultura do Estado do Pará*) and associated with the International Pilot Programme for the Conservation of the Tropical Forest of Brazil (PPG7), cooperates closely with PRONAF and supports the participatory elaboration of development plans in several municipalities in the northeast of Pará. Due to various factors, the measures projected by these plans were implemented in an unsatisfactory manner. For this reason the project decided to develop and implement a participatory (process-)monitoring system that would continuously check the implementation of the PMDRS.

The participatory monitoring system in this study was developed through action research that was carried out jointly with local actors, members of the council for sustainable rural development, the municipal secretary for agriculture and the PRORENDA project. Along with the action research, a theory-based supplementary research was conducted based on current debates within the geographic development field.

The debate on action theory versus structuralist theories, as well as multi-level analysis, is the core of this theoretic analysis. It leads to the attempt to integrate these two concepts within a geographic analysis.

The analysis of the implementation of participatory monitoring in two municipalities produced the following results: While the monitoring activities in one municipality started in a very promising way, in the end did not reach institutional sustainability. The other municipality boycotted to continue monitoring activities after the first training workshop but created an autonomous monitoring group that carried on the activities.

These examples show that many specific local conditions have influence over the participatory monitoring process. The conclusion drawn from these experiences is the use of basic elements of participatory monitoring is most effective. Several key elements should be defined in a participatory way, considering monitoring determinants that were identified in this study. Then, the monitoring process can be conducted along pre-determined process steps (*core steps*). In order to support this participatory process that intends to build up a monitoring unit that persists autonomously in the long run, this study suggests carrying out "ownership mentoring".

It has become evident that the results expected from the monitoring process, in terms of democratization, empowerment, ownership and strengthening of local administration as well as the quality of the data collected in the monitoring process, depend on the number and characteristics of the actors, the technical level on which the monitoring process takes place, the political relevance assigned to it and its institutional context. Based on these empiric results, an analysis model for participatory processes has been designed.

Participatory monitoring should not be merely considered as another instrument added to participatory toolboxes, but as a wider learning and negotiating process to be applied together with the implementation of good local governance and the construction of citizenship. Participatory monitoring offers the space and stimulus for the implementation of good local governance, but it does not guarantee its success. The shape of the model to be used depends on specific local conditions.

In the context of the Amazon region, which is characterized by weak law enforcement and lack of administration and steering capacities, participatory monitoring can have an important role in boosting good local governance by enhancing transparency and citizenship, while promoting the current shift towards decentralization.

Bibliographie

ABBOT, Joanne; GUIJT, Irene (1998): Changing Views on Change: Participatory Approaches to Monitoring the Environment. (=SARL Discussion Paper 2) London.

ABBOT, Joanne; GUIJT, Irene (1999): Novas visões sobre mudança ambiental: abordagens participativas de monitoramento. Rio de Janeiro.

ABERS, Rebecca (1998): From Clientelism to Cooperation: Local Government, Participatory Policy, and Civic Organizing in Porto Alegre. In: *Politics & Society*, 26, 4, S.511-537.

ABERS, Rebecca (2000): Inventing Local Democracy: Grassroots Politics in Brazil. Boulder, CO.

ABRAMOVAY, Ricardo (2001): Conselhos além dos limites. In: *Revista Estudos Avançados*, 15, 43, S.121-140.

ACKERMAN, John (2004): Co-Governance for Accountability: Beyond 'Exit' and 'Voice'. In: *World Development*, 32, 3, S.447-463.

AG BIELEFELDER ENTWICKLUNGSSOZIOLOGEN (1981): Forschungskonzeption: Unterentwicklung und Subsistenzproduktion. Universität Bielefeld, Forschungsschwerpunkt Entwicklungssoziologie, Arbeitspapier Nr. 1, Bielefeld.

AGRAWAL, Arun (2005): Environmentality: Community, Intimate Government, and the Making of Environmental Subjects in Kumaon, India. In: *Current Anthropology*, 46, 2, S.161-190.

ALEMANN, Ulrich v.; HEINZ, Rolf; WEHRHÖFER, Ulrich (1999): Bürgergesellschaft und Gemeinwohl. Analyse, Diskussion, Kritik. Opladen.

ALFF, Uli; AY, Peter; BAUER, Eberhard (1998): Partizipation – Mit offizieller Anerkennung ins Abseits. In: *Peripherie*, 72, S.71-81.

AL-HINDI, Karen Falconer; KAWABATA, Hope (2002): Toward a More Fully Reflexive Feminist Geography. In: MOSS, Pamela (Hrsg.): Feminist Geography in Practice. Research and Methods. Oxford, S.103-115.

ALLEN, John (1999): Afterword: Open geographies. In: ALLEN, John; MASSEY, Doreen; SARRE, Philip (Hrsg.): Human Geography today. Cambridge, Oxford, Malden, S.323-328.

ALMOND, Gabriel A.; VERBA, Sidney (1963): The Civic Culture. Political Attitudes and Democracy in Five Nations. Princeton.

ALMOND, Gabriel A.; VERBA, Sidney (1980): The Civic Culture Revisited. Boston, Toronto.

ARAÚJO, José Newton Garcia de; SOUKI, Léa Guimarães; FARIA, Carlos Aurélio Pimenta de (Hrsg.) (2001): Figura Paterna e Ordem Social. Tutela, autoridade e legitimidade nas sociedades contemporâneas. Belo Horizonte.

ARNSTEIN, Sherry R. (1969): A ladder of citizen participation. In: *Journal of American Institute Planners* 35, 3, S.216-24.

ARNSTEIN, Sherry R. (1972): Stufen der Bürgerbeteiligung. In: LAURITZEN, Lauritz (Hrsg.): Mehr Demokratie im Städtebau. Hannover, S.192-218.

ARROW, Kenneth J. (1969): The organization of Economic Activity: Issues Pertinent to the Choice of Market Versus Nonmarket Allocation. In: U.S. Joint Economic Committee (Hrsg.): The Analysis and Evaluation of Public Expenditure: The PPB System. (91st congress, 1st session) Washington, D.C., S. 59-73.

ASCHER, Petra; GUIMARÃES, Alice (2004): Elaboração de sistemas de monitoramento de impacto em projetos do Programa Piloto. In: MMA/SCA/AMA (Hrsg.): Monitoramento e avaliação de projetos: métodos e experiências. Brasília, S.221-243.

ASHLEY, Caroline; CARNEY, Diana (1999): Sustainable Livelihoods: Lessons from Early Experiences. Department for International Development, London.

AVRITZER, Leonardo (2002): Democracy and public space in Latin America. Princeton.

AVRITZER, Leonardo; NAVARRO, Zander (Hrsg.) (2002): A inovação democrática no Brasil: O Orçamento Participativo. São Paulo.

AXELROD, Robert (1984): The Evolution of Cooperation. New York.

BACKHAUS, Norman; KOLLMAIR, Michael (2001): Heilige Institutionen? – Regelungen von Nutzungsansprüchen an Ressourcen von Nationalparks. In: *Geographica Helvetica*, 56, 1, S.57-69.

BANFIELD, Edward (1958): The Moral Basis of a Backward Society. New York.

BARNES, John Arundel (1954): Politics in a Changing Society. London.

BÄSCHLIN, Elisabeth (2002): Being Feminist in Geography. Feminist Geography in the German-Speaking Academy: History of a Movement. In: MOSS, Pamela (Hrsg.): Feminist Geography in Practice. Oxford, Malden, S.25-29.

BEBBINGTON, Anthony; GUGGENHEIM, Scott; OLSON, Elizabeth; WOOLCOCK, Michael (2004): Exploring Social Capital Debates at the World Bank. In: *Journal of Development Studies*, 40, 5, S.33-64.

BECKER, Bertha K. (1995): Undoing Myths: The Amazon – An Urbanized Forest. In: CLÜSENER-GODT, Miguel; SACHS, Ignacy (Hrsg): Brazilian Perspectives on Sustainable Development of the Amazon Region. (=Man and the Biosphere Series vol. 15) Paris, S.53-89.

BECKER, Bertha K. (2001): Construindo a Política Brasileira de Meio Ambiente para a Amazônia: Atores, Estratégias e Práticas. In: KOHLHEPP, Gerd (Hrsg): Brasil. Modernização e Globalização. Frankfurt/Main, S.197-207.

BECKER, Gary (1964): Human Capital. Columbia.

BEIER, Christoph (1995): Dezentralisierung und Entwicklungsmanagement in Indonesien. Beobachtungen zur politisch-administrativen und zur wissenschaftlichen Kommunikation: Ein systemtheoretischer Versuch. Saarbrücken.

BEIER, Christoph; RENGER, Jochen (2003): Entwicklungszusammenarbeit im Wandel – Herausforderungen für den Brückenschlag von Wissenschaft und Praxis. In: *Petermanns Geographische Mitteilungen*, 147, 1, S.74-83.

BELLAH, Robert Neelly; MADSON, Richard; SULLIVAN, William M.; SWIDLER, Ann; TIPTON, Steven M. (1985/1996): Habits of the heart: Individualism and Commitment in American Life. Berkley, Los Angeles, California.

BHABHA, Homi (1995): Signs taken for Wonders: Questions of Ambivalence and Authority Under a Tree Outside Delhi, May 1817. In: ASHCROFT, B. et al (Hrsg.): The Post-Colonial Studies Reader. London, S.29-35. (zuerst erschienen 1985)

BINSWANGER, Hans P.; AIYAR, Swaminathan S. (2003): Scaling up community-driven development. Theoretical underpinnings and program design implications. World Bank Policy Research Working Paper 3039, Washington, D.C.

BIRDSALL, Stephen S. (1996): Regard, respect and responsibility: sketches for a moral geography of the everyday. In: *Annals of the Association of American Geographers*, 86, 4, S.619-629.

BISCHOFF, Ariane; SELLE, Klaus; SINNING, Heidi (1996): Informieren – Beteiligen – Kooperieren. Kommunikation in Planungsprozessen. Eine Übersicht zu Formen, Verfahren, Methoden und Techniken. Dortmund.

BLAIKIE, Piers M.; CANNON, T.; DAVIS, I.; WISNER, Ben (1994): At Risk. Natural Hazards, People's Vulnerability and Disasters. London, New York.

BLAUERT, Jutta; QUINTANAR, Eduardo (2000): Seeking local indicators: Participatory Stakeholder Evaluation of Farmer-to-Farmer Projects, Mexico. In: ESTRELLA, Marisol (Hrsg.): Learning from Change. London, Ottawa, S.32-49.

BLENCK, Jürgen (1979): Geographische Entwicklungsforschung. In: HOTTES, Karl-Heinz; BLENCK, Jürgen; SCHOLZ, Fred (Hrsg.): Geographische Beiträge zur Entwicklungsländerforschung. Bonn, DGFK, S.11-21.

BLENCK, Jürgen; TRÖGER, Sabine; WINGWIRI, Svogi Sampson (1985): Geographische Entwicklungsforschung und Verflechtungsanalyse. In: *Zeitschrift für Wirtschaftsgeographie*, 29, 2, S.65-72.

BLOWERS, Andrew (1981): Much ado about nothing? – A case study of planning and power. In: HEALEY, Patsy; McDOUGALL, Glen; THOMAS, Michael J. (Hrsg.): Planning Theory. Prospects for the 1980s. Oxford.

BMZ (1999): Übersektorales Konzept: Partizipative Entwicklungszusammenarbeit. Partizipationskonzept. Bonn.

BMZ (2002a): Good Governance in der deutschen Entwicklungszusammenarbeit (Positionspapier, BMZ Spezial 044). Bonn.

BMZ (2002b): Verwaltungsreform in der deutschen Entwicklungszusammenarbeit. Ein Positionspapier des BMZ. Bonn.

BMZ (2002c): Rahmenbedingungen und Herausforderungen der Entwicklungspolitik zu Beginn des 21. Jahrhunderts. Bonn.

BOBEK, Hans (1962): Zur Problematik der unterentwickelten Länder. In: Mitteilungen der Österreichischen Geographischen Gesellschaft, 104, S.1-24. (Abdruckt in: Scholz, Fred (Hrsg.) (1985): Entwicklungsländer. Darmstadt, S.66-91.)

BOHLE, Hans-Georg (1988): Kleinräumige Wirtschaftskreisläufe und Verflechtungsanalyse. Am Beispiel ländlicher Vermarktungssysteme im südlichen Indien. In: *Zeitschrift für Wirtschaftsgeographie*, 32, 1, S.16-32.

BOHLE, Hans-Georg (1994): Dürrekatastrophen und Hungerkrisen. Sozialwissenschaftliche Perspektiven geographischer Risikoforschung. In: *Geographische Rundschau*, 46, 7/8, S.400-407.

BOHLE, Hans-Georg (1998): Strategien der Überlebenssicherung und Verwundbarkeit in Entwicklungsländern. In: *Rundbrief Geographie*,149, S.13-16.

BOHLE, Hans-Georg (Hrsg.) (1993): Worlds of pain and hunger: Geographical perspectives on disaster vulnerability and food security. (= Freiburger Studien zur Geographischen Entwicklungsforschung, Nr. 5) Saarbrücken, Fort Lauderdale.

BOHLE, Hans-Georg; DOWNING, Thomas. E.; WATTS, Michael J. (1994): Climate Change and Social Vulnerability: Toward a Sociology and Geography of Food Insecurity. In: *Global Environmental Change*, 4, 1, S.37-48.

BOOTH, William; MORIN, Robert (1996): Assessing Organizational Capacity through participatory monitoring and evaluation (Handbook prepared for the Pact Ethiopan NGO Sector Enhancement Initiative, USAID). Washington.

BÖRNER, Jan-Christoph (2006): A bio-economic model of small-scale farmers' land use decisions and technology choice in the eastern Brazilian Amazon. Bonn.
(URN: http://nbn-resolving.de/urn:nbn:de:hbz:5N-07475
URL: http://hss.ulb.uni-bonn.de/diss_online/landw_fak/2006/boerner_jan-christoph)

BOURDIEU, Pierre (1979): Entwurf einer Theorie der Praxis – auf der ethnologischen Grundlage der kabylischen Gesellschaft. Frankfurt/Main.

BOURDIEU, Pierre (1980): Le capital social: notes provisoires. In: *Actes de la Recherche Scientifique Sociale*, 31, 3, S.2-3.

BOURDIEU, Pierre (1981): Men and Machines. In: KNORR-CETINA, Karina; CICOUREL, Aaron V. (Hrsg.): Toward an Integration of Micro and Macro Theories. Boston, London.
BOURDIEU, Pierre (1982): Die feinen Unterschiede. Kritik der gesellschaftlichen Urteilskraft. Frankfurt/Main.
BOURDIEU, Pierre (1985): Sozialer Raum und ,Klassen'. Leçon sur la Leçon. Zwei Vorlesungen. Frankfurt/Main.
BOURDIEU, Pierre (1987): Sozialer Sinn. Kritik der theoretischen Vernunft. Frankfurt/Main.
BOURDIEU, Pierre (1989): Satz und Gegensatz. Über die Verantwortung des Intellektuellen. Berlin.
BOURDIEU, Pierre (1992): Ökonomisches Kapital – Kulturelles Kapital – Soziales Kapital. In: Ders.: Die verborgenen Mechanismen der Macht. Hamburg, S.49-79.
BOURDIEU, Pierre (1993): Soziologische Fragen. Frankfurt/Main.
BOURDIEU, Pierre (2003): Participant objectivation. In: *The Journal of the Royal Anthropological Institute*, 9, 2, S.281-294.
BR-163 SUSTENTÁVEL (2003): Desafios e sustentabilidade socioambiental ao longo do eixo Cuiabá-Santarém. Endbericht (Unveröffentlichtes Manuskript) [www.amazonia.org.br, 10.12.2003].
BROWDER, John O. (1988): Public Policy and Deforestation in the Brazilian Amazon. In: REPETTO, Robert; GILLIS, Malcolm (Hrsg.): Public Policies and the Misuse of Forest Resources. Cambridge, New York: World Resources Institute, S. 247-298.
BRYANT, Raymond L.; BAILEY, Sinéad (1997): Third World Political Ecology. London, New York.
BRYK, Anthony S. (1983): Stakeholder-Base Evaluation. San Francisco.
BUARQUE, Sérgio (1999): Metodologia de planejamento do desenvolvimento local e municipal sustentável. Brasília (Projeto de Cooperação Técnica INCRA/IICA,PCT) (unveröffentlichtes Manuskript).
BUNKER, Stephen G. (1985): Underdeveloping the Amazon: Extraction, Unequal Exchange, and the Failure of the Modern State. Urbana, Chicago.
BURGESS, Jacqueline; CLARK, Judy; HARRISON, Carolyn M. (2000): Knowledges in action: an actor network analysis of a wetland agri-environment scheme. In: *Ecological Economics*, 35, 1, S.119-132.
BURT, Ronald S. (1992): Structural Holes: The Social Structure of Competition. Cambridge, MA.
BUTLER, Judith (1991): Das Unbehagen der Geschlechter. Frankfurt/Main.
BUTTIMER, Ann (1969): Social Space in Interdisciplinary Perspective. In: *The Geographic Review*, 59, S.417-426.
BUTTIMER, Ann (1976): Grasping the dynamism of lifeworld. In: *Annals of the Association of American Geographers*, 66, 2, S.277-297.
CALCAGNOTTO, Gilberto (1992): Der Übergang zur Demokratie in Brasilien: Legitimationsgrundlagen, Schwächen des Parteiensystems und Klientelverhalten. In: TETZLAFF, Rainer (Hrsg.): Perspektiven der Demokratisierung in Entwicklungsländern. Hamburg, S. 157-178.
CALLON, Michel (1991): Techno-economic networks and irreversibility. In: LAW, John (Hrsg.): A Sociology of Monsters: Essays on Power, Technology and Domination. London, S.132-165.
CAMPILAN, Dindo M. (2000): Conceptual Tools for Tracking Change: Emerging Issues and Challenges. In: ESTRELLA, Marisol et al. (Hrsg.): Learning from change. Issues and experiences in participatory monitoring and evaluation. London, Ottawa, S.192-200.

CARDOSO, Ruth Corrêa Leite (1992): Popular Movements in the Context of the Consolidation of Democracy in Brazil. In: ESCOBAR, Arturo; ALVAREZ, Sonia E. (Hrsg.): The Making of Social Movements in Latin America. Identity, Strategy and Democracy. Oxford, S. 291-302.

CARLSTEIN, Thommy; PARKES, Don; THRIFT, Nigel (Hrsg.) (1978): Timing Space and Spacing Time. London.

CARNEY, Diana (Hrsg.) (1998): Sustainable Rural Livelihoods. What contribution can we make? Department for International Development, London.

CARVALHO, Manoel Vital de (1999): Assessoria ao processo de desenvolvimento local. Versão Preliminar (Projeto de cooperação técnica – INCRA/IICA). Rio Grande do Norte. (Unveröffentlichtes Manuskript)

CARVALHO, Maria do Carmo A.A. (2001): Participação social no Brasil hoje. In: ARAÚJO, José Newton Garcia de; SOUKI, Léa Guimaraes; FARIA, Carlos Aurélio Pimenta de (Hrsg.): Figura Paterna e Ordem Social. Tutela, autoridade e legitimidade nas sociedades contemporâneas. Belo Horizonte.

CASLEY, Dennis J.; KUMAR, Krishna (1987): Project Monitoring and Evaluation in Agriculture. Baltimore.

CAYRES, Guilhermina; SEGEBART, Dörte (2003): Moju: Agricultura Familiar, Reflorestamento e Sistemas Agroflorestais. In: TONI, Fabiano; KAIMOVITZ, David (Hrsg.): Municípios e gestão florestal na Amazônia. Natal, S.253-293.

CDE/GTZ (1999): Sustainable Land Management. Guidelines for Impact Monitoring. Bern.

CHAMBERS, Robert (1983): Rural Development. Putting the last first. Harlow.

CHAMBERS, Robert (1989): Vulnerability, Coping and Policy. In: *IDS Bulletin*, 20, S.1-7.

CHAMBERS, Robert (1993): Challenging the profession. London.

CHAMBERS, Robert (1994): The Origins and Practice of Participatory Rural Appraisal. In: *World Development*, 22, 7, S.953-969.

CHAMBERS, Robert (1995): Paradigm shifts and the practice of participatory research and development. In: NELSON, Nici; WRIGHT, Susan (Hrsg.): Power and Participatory Development. Theory and Practice. London, S.30-42.

CHAMBERS, Robert (1997): Whose Reality Counts? Putting the first last. London.

CHAMBERS, Robert; CONWAY, Gordon R. (1992): Sustainable Rural Livelihoods in practice: Early applications of concepts in rural areas. (Natural Resource Perspectives No. 42) London:ODI.

CHAPIN, F. Stuart Jr. (1965): The Study of Urban Activity Systems. Urban Land Use Planning. Urbana.

CHATAWAY, Cynthia J. (1997): An Examination of the Constraints on Mutual Inquiry in a Participatory Action Research Project. In: *Journal of Social Issues*, 53, 4, S.747-765.

CHEN, Marti Alter (1991): Coping with seasonality and drought. New Delhi, Newbury Park, London.

CHENERY, Hollis; AHLUVALIA, Montek S.; BELL, Clive; DULOY, John H.; JOLLY, Richard. (1974): Redistribution with Growth. London.

CHOUINARD, Vera (1996): Structure and Agency: Contested concepts in Human Geography. In: EARLE, Carville; MATHEWSON, Kent; KENZER, Martin S. (Hrsg.): Concepts in Human Geography. Lanham/MA, London, S.383-410.

CHRISTIAENSEN, Luc; HODDINOTT, John; BERGERON, Gilles (2001): Comparing Village Characteristics Derived from Rapid Appraisals and Household Surveys: A Tale from Northern Mali. In: *The Journal of Development Studies*, 37, 3, S.1-20.

CIFOR (1999): Modelo Genérico de Critérios e Indicadores do CIFOR. (= Série Manuais de Critérios e Indicadores, No. 2) Jakarta.

CLEAVER, Frances (2000): Moral Ecological Rationality, Institutions and the Management of Common Property Resources. In: *Development and Change*, 31, 2, S.361-383.
CLEAVER, Frances (2001): Institutions, Agency and the Limitations of Participatory Approaches to Development. In: COOKE, Bill; KOTHARI, Uma (Hrsg.): Participation: The New Tyranny? London, New York, S.36-55.
CLEAVER, Frances (2004): The social embeddedness of agency and decision-making. In: HICKEY, Samuel; MOHAN, Giles (Hrsg.) (2004): Participation: from tyranny to transformation? London, New York, S.271-277.
CLÜSENER-GODT, Miguel; SACHS, Ignacy (1995): Brazilian Perspectives on Sustainable Development of the Amazon Region. (= UNESCO Man and the Biosphere Series, vol. 15) Paris, Carnforth, New York.
CMDRS OURÉM (1999): Plano Municipal de Desenvolvimento Rural Sustentavel. Ourém (unveröffentlicht).
CMDRS São Domingos do Capim (2001): Plano Municipal de Desenvolvimento Rural Sustentavel – São Domingos do Capim. São Domingos do Capim (unveröffentlicht).
COASE, Ronald H. (1937): The Nature of the firm. In: *Economica*, 4, S.386ff.
COHEN, Joshua L.; ARATO, Andrew (1992): Civil Society and Political Theory. Cambridge/MA.
COLEMAN, James S. (1987): Norms as Social Capital. In: RADNITZKY, Gerard; BERNHOLZ, Peter (Hrsg.): Economic Imperialism. New York, S.133-155.
COLEMAN, James S. (1988): Social Capital in the Creation of Human Capital. In: *American Journal of Sociology*, 94, S.95-120.
COOKE, Bill (2001): The Social Psychological Limits of Participation? In: COOKE, Bill; KOTHARI, Uma (Hrsg.): Participation: The New Tyranny? London, New York, S.102-121.
COOKE, Bill; KOTHARI, Uma (2001): The Case for Participation as Tyranny. In: COOKE, Bill; KOTHARI, Uma (Hrsg.): Participation: The New Tyranny? London, New York, S.1-15.
COSTA, Francisco de Assis (2003): O Plano Plurianual (2004-2007) e a Amazônia. Belém. (Unveröffentlichtes Manuskript)
COSTA, João Bosco Araújo da (1996): A ressignificação do Local: o imaginário político brasileiro pós-80. In: *São Paulo em Perspectiva* – Revista da Fundação Seade, 10, 3, S.53-59.
COSTA, Sérgio (1997): Dimensionen der Demokratie. Öffentlichkeit, Zivilgesellschaft und lokale Partizipation in Brasilien. Frankfurt/Main.
COY, Martin (1988): Regionalentwicklung und regionale Entwicklungsplanung an der Peripherie in Amazonien. Probleme und Interessenskonflikte bei der Erschließung einer jungen Pionierfront am Beispiel des brasilianischen Bundesstaates Rondônia. (= Tübinger Geographische Studien, Bd. 97) Tübingen.
COY, Martin (2000): Aufgaben der Geographie für Entwicklungsländerforschung und Entwicklungspolitik. In: BLOTEVOGEL, Hans H.; OSSENBRÜGGE, Jürgen; WOOD, Gerald (Hrsg.): Lokal verankert - weltweit vernetzt (52. Deutscher Geographentag Hamburg, 2.-8.10.1999) Tagungsbericht und wissenschaftliche Abhandlungen. Stuttgart, S.46-58.
COY, Martin (2001a): Entre a Globalização e a Regionalização. Efeitos da Modernização, Conflitos de Interesse e Fatores Determinantes do Desenvolvimento Regional Sustentável no Espaço Rural Brasileiro. In: KOHLHEPP, Gerd (Hrsg): Brasil. Modernização e Globalização. Frankfurt/Main, S.259-273.
COY, Martin (2001b): Institutionelle Regelungen im Konflikt um Land. In: *Geographica Helvetica*, 56, 1, S. 28-33.

COY, Martin (2005): Geographische Entwicklungsländerforschung. In: SCHENK, Winfried; SCHLIEPHAKE, Konrad (Hrsg): Anthropogeographie. Gotha, Stuttgart, S. 727-765.

COY, Martin; KRINGS, Thomas (2000): Umweltveränderung und politische Ökologie in Entwicklungsländern. Einleitung. In: BLOTEVOGEL, Hans H.; OSSENBRÜGGE, Jürgen; WOOD, Gerald (Hrsg.): Lokal verankert - weltweit vernetzt (52. Deutscher Geographentag Hamburg, 2.-8.10.1999) Tagungsbericht und wissenschaftliche Abhandlungen. Stuttgart, S.396-399.

COY, Martin; LÜCKER, Reinhold (1993): Der brasilianische Mittelwesten: Wirtschafts- und sozialgeographischer Wandel eines peripheren Agrarraumes. (=Tübinger Geographische Studien Heft 108) Tübingen.

COY, Martin; NEUBURGER, Martina (2002a): Brasilianisches Amazonien. Chancen und Grenzen nachhaltiger Regionalentwicklung. In: *Geographische Rundschau*, 54, 11, S.12-20.

COY, Martin; NEUBURGER, Martina (2002b): Aktuelle Entwicklungstendenzen im ländlichen Raum Brasiliens. In: *Petermanns Geographische Mitteilungen*, 146, 5, S.74-83.

CRANG, Mike (2002): Qualitative Methods: the new orthodoxy? In: *Progress in Human Geography* 26, 5, S.647-655.

CRANG, Mike (2003): Qualitative methods: touchy, feely, look-see? In: *Progress in Human Geography* 27, 4, S.494-504.

CURTIS, Donald (1995): Power to the people: Rethinking community development. In: NELSON, Nici; WRIGHT, Susan (Hrsg.): Power and Participatory Development. Theory and Practice. London, S.115-124.

DAGNINO, Evelina (2002): Sociedade Civil, Espaços Públicos e a Construção Democrática no Brasil: Limites e Possibilidades. In: DAGNINO, Evelina (Hrsg.): Sociedade civil e espaços públicos no Brasil. São Paulo, S.279-301.

DAHRENDORF, Ralf (1958/64): Homo sociologicus. Köln, Opladen.

DAMATTA, Roberto (1985): A Casa e a Rua. Espaço, Cidadania, Mulher e Morte no Brasil. São Paulo.

DASGUPTA, Partha; SERAGELDIN, Ismail (Hrsg.) (2000): Social Capital: A multifaceted perspective. Washington, D.C.: World Bank.

DAVIS, Glyn; SULLIVAN, Barbara; YEATMAN, Anna (Hrsg.) (1997): The New Contractualism? Melbourne.

DEAN, Mitchell (1999): Governmentality. Power and Rule in Modern Society. London.

DEAR, Michael J. (1988): The Postmodern Challenge: Reconstructing Human geography (=Transaction. Institut of British Geographers 13), S. 262-274.

DEPARTMENT FOR INTERNATIONAL DEVELOPMENT (DfID) (1999): Sustainable Livelihoods Guidance Sheets. London.

DERICHS, Anka; RAUCH, Theo (2000): LRE und der 'Sustainable Rural Livelihoods' Ansatz – Gemeinsamkeiten, Unterschiede, Komplementaritäten. In: *Entwicklungsethnologie*, 10, 2, S.12-29.

DEUTSCHE GESELLSCHAFT FÜR EVALUATION (DeGEval), AK EVALUATION VON ENTWICKLUNGSPOLITIK, AG DEMOKRATIEFÖRDERUNG UND IHRE EVALUIERUNG (2003): Wirkungsbeobachtung und Evaluierung bei der Förderung von Demokratie und Good Governance. Leitfaden. Hamburg.

Deutscher Städtetag (2003): Leitbild für die Stadt der Zukunft in Europa. [www.staedtetag.de/10/presseecke/pressedienst/artikel/2001/02/19/105/zusatzfenster2.html, 5.2.2005]

DEZA (Direktion für Entwicklung und Zusammenarbeit) (2001): Dezentralisierung. Orientierungshilfe. Bern.

DIENEL, Peter (1970): Planung als Demokratisierungschance. In: *Raum und Siedlung*, 7, S.154-156.

DIENEL, Peter (1977): Die Planungszelle. Bürger planen ihre Umwelt. Opladen.

DIETZE, Peter (1972): Institutionalisierung von Partizipation – Beteiligung der Bürger durch neue Planungsgesetze? In: *Arbeitsberichte zur Planungsmethodik* 6, Stuttgart, S.79-134.

DINIZ, Eli (1982): Voto e maquina política: patronagem e clientelismo no Rio de Janeiro. Rio de Janeiro.

DÖRFLER, Thomas; GRAEFE, Olivier; MÜLLER-MAHN, Detlef (2003): Habitus und Feld. Anregungen für eine Neuorientierung der geographischen Entwicklungsforschung auf der Grundlage von Bourdieus "Theorie der Praxis". In: *Geografica helvetica*, 58, 1, S.11ff.

DOUGLAS, Mary (1987): How Institutions Think. London.

DOUGLAS, Mary (1992): The Normative Debate and the Origins of Culture. In: DOUGLAS, Mary (Hrsg.): Risk and Blame: Essays in Cultural Theory. London, S. 125-148.

DOYLE, Lisa (1999): *The Big Issue*: empowering homeless women through academic research? In: *Area*, 31, 3, S.239-246.

DRÈZE, Jean; SEN, Amartya K. (1989): Hunger and Public Action. London.

DURSTON, John (1999): Construyendo Capital Social Comunitario. *Revista de la CEPAL No. 89,* S.103-118.

DURSTON, John (2000a): El capital social campesino y los programas de superación de la pobreza rural en Chile. CEPAL. Santiago de Chile.

DURSTON, John (2000b): Qué es el capital social comunitario? (= CEPAL: Serie políticas sociales, No.38) Santiago de Chile.

EDMONDSON BELL, Ella (2001): Infusing Race into the US Discourse on Action Research. In: REASON, Peter; BRADBURY, Hilary (Hrsg.): Handbook of Action Research. Participatory Inquiry and Practice. London, S. 48-58.

ELWERT, Georg (1983): Bauern und Staat in Westafrika. Die Verflechtung sozioökonomischer Sektoren am Beispiel Benin. Frankfurt, New York.

ELWERT, Georg (1985): Überlebensökonomien und Verflechtungsanalyse. In: *Zeitschrift für Wirtschaftsgeographie*, 29, 2, S.73-84.

ELWERT, Georg; Evers, Hans-Dieter; Wilkens, Werner (1983): Die Suche nach Sicherheit: Kombinierte Produktionsformen im sogenannten Informellen Sektor. In: *Zeitschrift für Soziologie*, 12, 4, S. 281-296.

EMEL, Jacque; PEET, Richard (1989): Resource management and natural hazards. In: PEET, Richard; THRIFT, Nigel (Hrsg.): New Models in Geography. Vol. I. London, Winchester, Sydney, Wellington, S.49-76.

EMMI, Marília (1988): A Oligarquía do Tocantins e o Domínio dos Castanhais. Belém.

ENGLAND, Kim V.L. (1994): Getting Personal: Reflexivity, Positionality, and Feminist Research. In: *Professional Geographer*, 46, 1, S.80-89.

EPSTEIN, Al (1958): Politics in Urban African Community. Manchester.

ESCHER, Anton (1999): Der informelle Sektor in der Dritten Welt. Plädoyer für eine kritische Sicht. In: *Geographische Rundschau*, 51, 12, S.338-344.

ESCOBAR, Arturo (1996): Constructing nature: elements for a poststructural political ecology. In: PEET, Richard; WATTS, Michael (Hrsg.): Liberation Ecologies: Environment, Development, Social Movements. London, S.46-68.

ESTRELLA, Marisol (2000): Learning from change. In: ESTRELLA, Marisol et al. (Hrsg.): Learning from change. Issues and experiences in participatory monitoring and evaluation. London, Ottawa, S.1-14.

ESTRELLA, Marisol; BLAUERT, Jutta; CAMPILAN, Dindo; GAVENTA, John; GONSALVES, Julian; GUIJT, Irene; JOHNSON, Deb; RICAFORT, Roger (Hrsg.) (2000): Learning from change. Issues and experiences in participatory monitoring and evaluation. London, Ottawa.

ESTRELLA, Marisol; GAVENTA, John (1998): Who counts reality? Participatory Monitoring and Evaluation: A Literature Review. IDS Working Paper 70. Brighton.

ETZIONI, Amitai (1991): A Responsive Society. Collected Essays on Guiding Deliberate Social Change. San Francisco, Oxford.

ETZIONI, Amitai (1995): Die Entdeckung des Gemeinwesens. Ansprüche, Verantwortlichkeiten und das Programm des Kommunitarismus. Stuttgart.

ETZIONI, Amitai (1997): Die Verantwortungsgesellschaft. Individualismus und Moral in der heutigen Demokratie. Frankfurt, New York.

ETZIONI, Amitai (2000a): The Third Way to a Good Society. London.

ETZIONI, Amitai (2000b): Die gute Gesellschaft. In: *Die Tageszeitung*, 12.08.2000, S.11.

EVANS, Peter (1996a): Introduction: Development Strategies across the Public-Private Divide. In: *World Development*, 24, 6, S.1033-1037.

EVANS, Peter (1996b): Government Action, Social Capital and Development: Reviewing the Evidence on Synergy. In: *World Development*, 24, 6, S.1119-1132.

EVERS, Hans-Dieter (1987): Subsistenzproduktion, Markt und Staat. Der sogenannte Bielefelder Verflechtungsansatz. In: *Geographische Rundschau*, 39, 3, S.136-140.

EYLES, John; SMITH, David M. (Hrsg.) (1988): Qualitative Methods in Human Geography. Cambridge, Oxford.

FALS BORDA, Orlando (2001): Participatory (Action) Research in Social Theory: Origins and Challenges. In: REASON, Peter; BRADBURY, Hilary (Hrsg.) (2001b): Handbook of Action Research. Participatory Inquiry and Practice. London, S. 27-37.

FATHEUER, Thomas (1997): Die Wiederkehr des Verdrängten. Agrarreform und soziale Bewegungen in Brasilien. In: GABBERT, Karin et al. (Hrsg.): Lateinamerika – Land und Freiheit. Analysen und Berichte, 21. Bad Honnef, S.66-80.

FAUST, Jörg (2002): Warum sind manche Länder arm und andere reich? Die Rolle von Institutionen und Good Governance. In: *E+Z - Entwicklung und Zusammenarbeit*, 43, 10, S. 277-280.

FAUST, Jörg (2005): Good governance als entwicklungspolitisches Zielsystem. Verteilungs- und Koordinationsprobleme im Transformationsprozess. In: MESSNER, Dirk; SCHOLZ, Imme (Hrsg.): Zukunftsfragen der Entwicklungspolitik. Baden-Baden, S. 159-170.

FEARNSIDE, Philip M. (2001): Avança Brasil: consequências ambientais e sociais na Amazônia. In: Konrad-Adenauer-Stiftung (Hrsg.): Amazônia: Avança o Brasil? São Paulo (= *Cadernos Adenauer*, Vol. II, No. 4), S.101-123.

FEARNSIDE, Philip M. (2003): Conservation Policy in Brazilian Amazonia: Understanding the Dilemmas. In: *World Development*, 31, 5, S.757-779.

FEDOZZI, Luciano (2001):Orçamento participativo. Reflexões sobre a experiencia de Porto Alegre. Rio de Janeiro.

FISCHER, Tania (2002): Poderes Locais, desenvolvimento e Gestão - Introdução à uma agenda. In: FISCHER, Tania (Hrsg.): Gestão do Desenvolvimento e Poderes Locais: marcos teóricos e avaliacão. Salvador, S.12-32.

FLIEDNER, Dietrich (1993): Sozialgeographie. Berlin, New York.

FLITNER, Michael (2004): Kulturelle Wende in der Umweltforschung? – Aussichten in Humanökologie, Kulturökologie und Politischer Ökologie. In: GEBHARDT, Hans; REUBER, Paul; WOLKERSDORFER, Günter (Hrsg.): Kulturgeographie. Aktuelle Ansätze und Entwicklungen. Heidelberg, Berlin, S. 213-228.

FLORISBELO, Glauco Regis; GUIJT, Irene (2004): Participatory municipal development plans in Brazil: divergent partner constructing common futures. In: HICKEY, Samuel; MOHAN, Giles (Hrsg.): Participation: from tyranny to transformation? London, New York, S.190-204.

FONTALVO-HERAZO, Martha Liliana (2004): Design of a participative indicator system as a tool for integrated coastal management at Braganca peninsula, Pará State – North Brazil. Bremen (MSc Thesis, ISATEC - ZMT).

FOUCAULT, Michel (1978): Governmentality. Vorlesung am Collège de France. In: Burchell, Graham; Gordon, Colin; Miller, Peter (Hrsg.) (1991): The Foucault Effect; Studies in Governmentality, Hemel Hempstead: Harvester Wheatsheaf, S. 87-104.

FOUCAULT, Michel (1980): Power/Knowledge: Selected Interviews and Other Writings 1972-1977. New York (herausgegeben von Colin GORDON).

FOUCAULT, Michel (1988): Technologies of the Self. In: MARTIN, L.; GUTMAN, H.; HUTTON, P. (Hrsg.): Technologies of the Self: A Seminar with Michel Foucault. Amherst, S.16-49.

FOX, Jonathan (1996): How Does Civil Society Thicken? The Political Construction of Social Capital in Rural Mexico. In: *World Development*, 24, 6, S.1089 1103.

FRANCO, Fernando Silveira; STRUCK, Gabriele et al. (2000): Monitoramento Qualitativo de Impacto - Desenvolvimento de Indicadores para a Extensão Rural no Nordeste do Brasil (= SLE-CATAD Studies, Nr. S 189). Berlin.

FRANCO, Roberto Messias (1995): Development and Management Plans for the Amazon Region: Lessons from the Past, Proposals for the Future. In: CLÜSENER-GODT, Miguel; SACHS, Ignacy (Hrsg): Brazilian Perspectives on Sustainable Development of the Amazon Region. (=UNESCO: Man and the Biosphere Series vol. 15) Paris, S.23-51.

FREIRE, Paulo (1970): Pedagogy of the Oppressed. New York.

FREYRE, Gilberto (1936): Sobrados e Mucambos: Decadência e Patriarchado Rural no Brasil. São Paulo.

FUKUYAMA, Francis (1995): Trust: The Social Virtues and the Creation of Prosperity. New York.

FULLER, Duncan (1999): Part of the action, or 'going native'? Learning to cope with the 'politics of integration'. In: *Area*, 31, 3, S.221-227.

GAVENTA, John; BLAUERT, Jutta (2000): Learning *to* Change by Learning *from* Change: Going to Scale with Participatory Monitoring and Evaluation. In: ESTRELLA, Marisol et al. (Hrsg.): Learning from change. Issues and experiences in participatory monitoring and evaluation. London, Ottawa, S.229-243.

GAWORA, Dieter (2003): Urucu. Impactos sociais, ecológicos e econômicos do projeto de petróleo e gás ‚Urucu' no Estado do Amazonas. Manaus.

GAY, Robert (1990): Community Organization and Clientelist Politics in Contemporary Brazil: A Case Study from Suburban Rio de Janeiro. In: *International Journal of Urban and Regional Research*, 14, 4, S.648-666.

GEBHARDT, Hans; REUBER, Paul; WOLKERSDORFER, Günter (Hrsg.) (2004): Kulturgeographie. Aktuelle Ansätze und Entwicklungen. Heidelberg, Berlin.

GEERTZ, Clifford (1983): Local knowledge: further essays on interpretative anthropology. New York.

GEIST, Helmut (1992): Die orthodoxe und politisch-ökologische Sichtweise der Umweltdegradierung. In: *Die Erde,* 123, 4, S.718-727.

GENRO, Tarso; SOUZA, Ubiratan de (1997): Orçamento Participativo. A experiência de Porto Alegre. São Paulo.

GERMANN, Dorsi; GOHL, Eberhard; SCHWARZ, Burkhard (GATE/GTZ) (1996): Participatory Impact Monitoring. Four volumes (1) Group-Based Impact Monitoring. (2) NGO-Based Impact Monitoring. (3) Application Examples. (4) The Concept of Participatory Impact Monitoring. Braunschweig.

GERTEL, Jörg (1999): Informeller Sektor: Zur Erklärungsweite des umstrittenen Konzepts. Das Beispiel Khartum. In: *Geographische Rundschau*, 51, 12, S.705-711.

GHANIM, Isam (2000): Household Livelihood Security: Meeting Basic Needs and Fulfilment of rights. (CARE discussion paper) Atlanta.

GHERARDI, Silvia; NICOLINI, Davide (2003): The Sociological Foundations of Organizational Learning. In: DIERKES, Meinolf; BERTHOIN ANTAL, Ariane; CHILD, John; NONAKA, Ikujiro (Hrsg.): Handbook of Organizational Learning and Knowledge. Oxford, New York (Ersterscheinung 2001), S. 35-60.

GIDDENS, Anthony (1984): The Constitution of Society. Cambridge.

GIDDENS, Anthony (1997): Die Konstitution der Gesellschaft. Grundzüge einer Theorie der Strukturierung. Frankfurt/Main (3.Auflage, Ersterscheinung 1984).

GIDDENS, Anthony (1998): The Third Way - a Renewal of Social Democray. Cambridge.

GIRI, Ananta (2000): Audited accountability and the imperative of responsibility. Beyond the primacy of the political. In: STRATHERN, Marilyn (Hrsg.): Audit Cultures. London, New York, S.173-195.

GOBISAIKHAN, Davaa; MENAMKART, Alexander (2000): Participatory Monitoring and Evaluation: Lessons and Experiences from the National Poverty Alleviation Programme (NPAP) in Mongolia. In: ESTRELLA, Marisol et al. (Hrsg.): Learning from change. Issues and experiences in participatory monitoring and evaluation. London, Ottawa, S.162-174.

GOEBEL, Allison (1998): Process, Perception and Power: Notes from 'Participatory' Research in a Zimbabwean Resettlement Area. In: *Development and Change*, 29, 2, S.277-305.

GOMES DE PINHO, José Antonio; SANTANA, Mercejane Wanderley (2002): O Governo Municipal no Brasil: construindo uma nova agenda política na década de 90. In: FISCHER, Tânia (Hrsg.): Gestão do Desenvolvimento e Poderes Locais: marcos teóricos e avaliação. Salvador, S.275-297.

GORE, Charles (1993): Entitlement Relation and 'Unruly' Social Practices: A Comment on the Work of Amartya Sen. In: *The Journal of Development Studies*, 29, 3, S. 429-460.

GOTTMANN, Claudia (2001): Verwirklichte Partizipation? Untersuchung des Gesetzes zur Volksbeteiligung am Beispiel des Munizips Arque/Bolivien. (unveröffentlichte Diplomarbeit, ZELF, FU Berlin) Berlin.

GRANOVETTER, Mark (1973): The Strength of Weak Ties. In: *American Journal of Sociology*, 78, 6, S.1360-1380.

GRANOVETTER, Mark (1985): Economic Action and Social Structure: The Problem of Embeddedness. In: *American Journal of Sociology*, 91, 3, S. 481-510.

GREGORY, Derek (1978): Ideology, Science and Human Geography. New York.

GREGORY, Derek (1982): Regional transformation and industrial revolution. London, Minneapolis.

GREGORY, Derek (1989): Presences and absences: time-space relations and structuration theory. In: HELD, David; THOMPSON, John B. (Hrsg.): Social Theory of the modern societies: Anthony Giddens and his critics. Cambridge, S.185-214.

GROOTAERT, Christiaan; NARAYAN, Deepa; JONES, Veronica Nyha; WOOLCOCK, Michael (2004): Measuring Social Capital: An integrated questionnaire. (=World Bank Working Paper No. 18) Washington, DC..

GRÜNING, Gernod (2000): Grundlagen des New-public-Management. Münster.

GTZ (KROPP, Erhard) (1983): Ländliche Regionalentwicklung: Ein Orientierungsrahmen. (= Schriftenreihe der GTZ, Nr. 128) Eschborn.
GTZ (RAUCH, Theo) (1993): Ländliche Regionalentwicklung: LRE aktuell. Strategieelemente für eine Umsetzung des LRE-Konzeptes unter veränderten Rahmenbedingungen. (= Schriftenreihe der GTZ, Nr. 232) Eschborn.
GTZ (1998): Monitoring im Projekt. Eine Orientierung für Vorhaben in der Technischen Zusammenarbeit. Eschborn.
GTZ (2000a): Wirkungsmonitoring in Projekten der Institutionenentwicklung im Umweltbereich. Ein Beitrag zur Diskussion. Eschborn.
GTZ (VAHLHAUS, Martina) (2000b): Orientierungsrahmen für das Wirkungsmonitoring in Projekten der Wirtschafts- und Beschäftigungsförderung unter besonderer Berücksichtigung armutsmindernder Wirkungen. Teil II: Ein- und Durchführung eines Wirkungsmonitorings. Hinweise, Methoden und Instrumente. Eschborn.
GTZ (VAHLHAUS, Martina; KUBY, Thomas) (2001): Guidelines for Impact Monitoring in Economic and Employment Promotion Projects with Special Reference to Poverty Reduction Impacts. Part I: Why Do Impact Monitoring? - A Guide. Eschborn.
GTZ (GÓMEZ, Ricardo) (2003): Capacity Development for Sustainable Development. (= Policy Paper No.1) Eschborn.
GTZ (2004): Wirkungsorientiertes Monitoring. Leitfaden für Vorhaben der Technischen Zusammenarbeit. Eschborn.
GTZ (2005): Making Poverty Reduction Strategies Work - Good Practices, Issues and Stakeholder Views. A Contribution of German Development Cooperation for the 2005 PRS Review. Eschborn.
GTZ (NARMS) (o.Jahr, ~ 1996): Process Monitoring (ProM). Work Document for project staff. Eschborn.
GUBA, Egon G.; LINCOLN, Yvonna S. (1981): Effective Evaluation. San Francisco.
GUBA, Egon G.; LINCOLN, Yvonna S. (1989): Fourth Generation Evaluation. Newbury Park, London, Delhi.
GUIJT, Irene (2000): Methodological Issues in Participatory Monitoring and Evaluation. In: ESTRELLA, Marisol et al. (Hrsg.): Learning from change. Issues and experiences in participatory monitoring and evaluation. London, Ottawa, S.201-216.
GUIJT, Irene; SHAH, Meera Kaul (1998) The Myth of community: Gender Issues in Participatory Development. London.
GUSTAVSEN, Bjørn (2001): Theory and Practice: the Mediating Discourse. In: REASON, Peter; BRADBURY, Hilary (Hrsg.): Handbook of Action Research. Participatory Inquiry and Practice. London, S.17-26.
HABERMAS, Jürgen (1962): Strukturwandel der Öffentlichkeit. Neuwied.
HABERMAS, Jürgen (1973): Zum Begriff der politischen Beteiligung. In: Ders.: Kultur und Kritik. Verstreute Aufsätze. Frankfurt/Main, S.9-66.
HABERMAS, Jürgen (1981): Theorie des kommunikativen Handelns. Frankfurt/Main.
HABERMAS, Jürgen (1985): Die neue Unübersichtlichkeit. Frankfurt/Main.
HÄGERSTRAND, Torsten (1975): Space, Time and Human Conditions. In: KARLQUIST, A.; LUNDQUIST, L.; SNICKARS, F. (Hrsg.): Dynamic Allocation of Urban Space. Westmead/Lexington, S.3-14.
HALL, Anthony (1997): Sustaining Amazônia. Grassroots action for productive conservation. Manchester, New York.
HANIFAN, Lyda J. (1916): The Rural School Community Center. In: *Annals of the American Academy of Political and Social Science*, 67, S.130-138.

HARAWAY, Donna (1988): Situated knowledges: the science question in feminism and the privilege of partial perspective. In: *Feminist Studies*, 14, 3, S.575-599.
HARAWAY, Donna (1997): Modest_Witness@Second_Millenium._Female_Man@Meets_OncomouseTM: Feminism and Tecnoscience. New York, London.
HARAWAY, Donna (Hrsg.) (1991): Simians, Cyborgs und Women: the Reinvention of Nature. London.
HARD, Gerhard (1992): Reisen und andere Katastrophen. Parabeln über die Legasthenie des reisenden Geographen beim Lesen der Welt. In: BROGIATO, H.P./ CLOß, H.-M. (Hrsg.): Geographie und ihre Didaktik. Festschrift für Walter Sperling. Teil 2, Trier, S.1-17.
HARDIN, Garrett (1968): The tragedy of the commons. In: *Science* 162, S.1243-1248.
HARDIN, Russel (1982): Collective Action. Baltimore.
HARDING, Sandra (1991): Whose science? Whose knowledge? New York.
HARRIS, R. Cole (1991): Power, modernity and historical geography. In: *Annals of the Association of American Geographers*, 81, 4, S.671-683.
HARTKE, Wolfgang (1959): Gedanken über die Bestimmung von Räumen gleichen sozialgeographischen Verhaltens. In: *Erdkunde*, 13, 4, S.426-436.
HARVEY, David (1973): Social Justice and the City. London.
HARVEY, David (1974): What kind of geography for what kind of public policy? In: *Transactions of the Institute of British Geographers*, NS 63, S.18-24.
HARVEY, David (1984): On the history and present condition of geography: An historical materialist manifesto. In: *Professional Geographer*, 36, 1, S.1-11.
HARVEY, David (1989): The Condition of Postmodernity: an Enquiry into the Origins of Cultural Change. Oxford.
HARVEY, David (1996): Justice, Nature and the Geography of Difference. Cambridge, Oxford.
HEALEY, Patsy (1997): Collaborative Planning - Shaping places in fragmented societies. Houndmills, London.
HECHT, Susanna B. (1985): Environment, Development and Politics: Capital Accumulation and the Livestock Sector in Eastern Amazonia. In: *World Development*, 13, 6, S.663-684.
HECHT, Susanna B. (2005): Soybeans, Development and Conservation on the Amazon Frontier. In: *Development and Change*, 36, 2, S.375-404.
HEIN, Wolfgang (1998): Unterentwicklung - Krise der Peripherie. Phänomene - Theorien - Strategien. Opladen.
HICKEY, Sam; MOHAN, Giles (2005): Relocating Participation within a Radical Politics of Development. In: *Development and Change*, 36, 2, S.237-262.
HICKEY, Samuel; MOHAN, Giles (Hrsg.) (2004): Participation: from tyranny to transformation? London, New York.
HIGGINS, Vaughan; KITTO, Simon (2004): Mapping the dynamics of new forms of technological governance in agriculture: methodological considerations. In: *Environment and Planning*, 36, 8, S.1397-1410.
HÖRMANN, Marion (1997): Kommunalpolitik in Afrika, Asien, Lateinamerika. In: NOHLEN, Dieter (mit WALDMANN, Peter; ZIEMER, Klaus) (Hrsg.): Lexikon der Politik. Bd. 4: Die östlichen und südlichen Länder. München, S. 310-315.
HOTTES, Karl-Heinz; BLENCK, Jürgen; SCHOLZ, Fred (Hrsg.) (1979): Geographische Beiträge zur Entwicklungsländerforschung. Bonn, DGFK.
HUNTINGTON, Samuel P. (1991): The Third Wave. Democratization in the Late Twentieth Century. London.

HURTIENNE, Thomas (1998): Tropical Ecology and Peasant Agriculture in the Eastern Amazon. A Comparison of Results of Socio-economic Research on Agrarian Frontiers with Diverse Historical and Agro-Ecological Conditions, in: LIEBEREI; BIANCHI; VOß (Hrsg.): Proceedings of the Third SHIFT Workshop Manaus, March 15-19, GKSS, Geesthacht, S. 203-217.

HUSSERL, Edmund (1913/50): Ideen zu einer reinen Phänomenologie und phänomenologischen Philosophie. Den Haag.

IBGE (Instituto Brasileiro de Geografia e Estatística) (2000): Censo demográfico 2000. Cidades@. [www.ibge.gov.br, 11.11.2004]

IDESP (Instituto do desenvolvimento econômico-social do Pará)/CEE (o.J.): Município de Ourém. o.O.

IS (Institut für Landes- und Stadtentwicklungsforschung des Landes Nordrhein-Westfalen) (2001): Monitoring und Controlling in Stadtteilen mit besonderem Erneuerungsbedarf. Reader zum Workshop. Hamm.

JACOBI, Pedro (2000): Políticas Sociais e ampliação da cidadania. Rio de Janeiro.

JENSEN, Michael C. (1983): Organization Theory and Methodology. In: *The Accounting Review*, 57, 2, S.319-339.

JENSEN, Michael C.; MECKLING, William H. (1976): The Theory of Firm: Managerial Behaviour, Agency Costs and Ownership structure. In: *Journal of Financial Economics*, 3, S.305-360.

JOHNSON, Deb (2000): Laying the Foundation: Capacity Building für Participatory Monitoring and Evaluation. In: ESTRELLA, Marisol et al. (Hrsg.): Learning from change. Issues and experiences in participatory monitoring and evaluation. London, Ottawa, S.217-228.

JOHNSTON, Ron J. (1989): Philosophy, Ideology and Geography. In: Gregory, Derek; Walford, Rex (Hrsg.): Horizons in Human Geography. Houndsmills, London, S.48-66.

KAIMOVITZ, David; RIBOT, Jesse (2002): Services and Infrastructure versus Natural Resources Management: Building a base for Democratic Decentralization. (Submitted for conference on decentralization and the Environment em Bellagio, italy. Worldressource Institute: Washington D.C..

KATZ, Cindi (1994): Playing the Field: Questions of Fieldwork in Geography. In: *Professional Geographer*, 46, 1, S.67-72.

KICKERT, Walter J.M.; KLIJN, Erik-Hans; KOPPENJAN, Joop F.M. (Hrsg.) (1997): Managing Complex Networks. Strategies for the Public Sector. London, Thousands Oaks, New Delhi.

KING, Cheryl Simrell; STIVERS, Camilla (1998): Government is US: Public administration in an anti-government era. Thousand Oaks, London, New Delhi.

KLEMISCH, Herbert (1994): BürgerInnenbeteiligung. In: KLEMISCH, Herbert; MUNIER, Gerald; POHL, Wolfgang; SCHEFFLER, Monika; SCHILLER-DICKHUT, Reiner (Hrsg.): Handbuch für alternative Kommunalpolitik. Bielefeld, S.49-58.

KNOX, Paul L.; MARSTON, Sallie A. (2001): Humangeographie. Heidelberg, Berlin (herausgegeben von Hans Gebhardt; Peter Meusburger, Doris Wastl-Walter).

KOHLHEPP, Gerd (1976): Planung und heutige Situation staatlicher kleinbäuerlicher Kolonisationsprojekte an der Transamazônica. In: *Geographische Zeitschrift*, 64, 3, S.171-211.

KOHLHEPP, Gerd (1984): Der tropische Regenwald als Siedlungs- und Wirtschaftsraum. Am Beispiel jüngster Entwicklungsprozesse im brasilianischen Amazonasgebiet. In: *Spixiana*, Supplement 10, S.131-157.

KOHLHEPP, Gerd (1991): Regionalentwicklung und Umweltzerstörung in Lateinamerika. Am Beispiel der Interessenkonflikte um eine ökologisch orientierte Regionalpolitik in Amazonien. In: KOHLHEPP, Gerd (Hrsg.): Lateinamerika – Umwelt und Gesellschaft zwischen Krise und Hoffnung. (= Tübinger Beiträge zur Geographischen Lateinamerika-Forschung, Heft 8) Tübingen, S.207-222.

KOHLHEPP, Gerd (Hrsg) (2001a): Estratégias da Política Ambiental e regional para a Proteção das Florestas Tropicais no Brasil. O Programa Piloto Internacional e seus Atores em Direção ao Desenvolvimento Sustentável? In: DERS.: Brasil. Modernização e Globalização. Frankfurt/Main, S.209-234.

KOHLHEPP, Gerd (2001b): A Amazônia frente a um novo desafio: o desenvolvimento sustentável e o Programa Avança Brasil. In: Konrad-Adenauer-Stiftung: Amazônia: Avança o Brasil? (= *Cadernos Adenauer*, Vol. II, No. 4), S.9-37.

KOHNERT, Dirk; PREUß, Hans-Joachim A.; SAUER, Peter (1992) Perspektiven Zielorientierter Projektplanung in der Entwicklungszusammenarbeit. Köln.

KÖNIG, Frank; SCHERFF, Heike (1999/2000): Literaturbericht: Dezentralisierung in Entwicklungsgesellschaften. Eine annotierte Auswahlbibliographie. In: *WeltTrends*, 25, S.169-176.

KORF, Benedikt (2002): Ist PRA in der Postmoderne angekommen? In: *Peripherie*, 22, 87, S.293-314.

KOTHARI, Uma (2001): Power, Knowledge and Social Control in Participatory Developement. In: COOKE, Bill; KOTHARI, Uma (Hrsg.): Participation: The New Tyranny? London, New York, S.139-152.

KRÄTKE, Stefan; SCHMOLL, Fritz (1987): Der locale Staat – 'Ausführungsorgan' oder 'Gegenmacht'? In: *PROKLA*, 17, 3, S.30-72.

KRAUZE, Enrique (1986): Por una democracia sin adjectivos. Mexico.

KREUTZMANN, Hermann (2003): Theorie und Praxis in der Entwicklungsforschung. In: *Geographica Helvetica*, 58, 1, S.2-10.

KRINGS, Thomas; MÜLLER, Barbara (2001): Politische Ökologie: Theoretische Leitlinien und aktuelle Forschungsfelder. In: REUBER, Paul; WOLKERSDORFER, Günter (Hrsg.) (2001): Politische Geographie. Handlungsorientierte Ansätze und Critical Geopolitics. (= Heidelberger Geographische Arbeiten, Heft 112) Heidelberg, S. 93-116.

KRÜGER, Fred (2003): Handlungsorientierte Entwicklungsforschung: Trends, Perspektiven, Defizite. In: *Petermanns Geographische Mitteilungen*, 147, 1, S.6-15.

KRÜGER, Fred; LOHNERT, Beate (1996): Der Partizipationsbegriff in der geographischen Entwicklungsforschung: Versuch einer Standortbestimmung. In: *Geographische Zeitschrift*, 84, 1, S.43-53.

KÜHL, Stefan (1998): Wenn Partizipation zum Problem wird. Die begrenzte Nützlichkeit von Partizipation in Entwicklunghilfeprojekten. Erfahrungen aus Zentralafrika. In: *Peripherie*, 72, S.51-70.

KWAN, Mei-Po (2002): Quantitative Methods and Feminist Geographic Research. In: MOSS, Pamela (Hrsg.): Feminist Geography in Practice. Research and Methods. Oxford, Malden, S.160-173.

LAMNEK, Siegfried (1995): Qualitative Sozialforschung. Band 2: Methoden und Techniken. Weinheim.

LARSON, Anne M. (2001): Recursos Forestales y gobiernos municipales en Nicaragua. Hacia una gestión efectiva. Managua.

LARSON, Anne M.; RIBOT, Jesse C. (2004): Democratic Decentralisation through a Natural Resource Lens: An Introduction. In: *The European Journal of Development Research*, 16, 1, S.1-25.

LASCH, Christopher (1980): Das Zeitalter des Narzissmus. München.
LATOUR, Bruno (1995): Wir sind nie modern gewesen. Berlin.
LATOUR, Bruno (1999): On recalling ANT. In: LAW, John; HASSARD, John (Hrsg.): Actor Network Theory and After. Oxford, Malden, S.15-25.
LATOUR, Bruno (2005): Reassembling the social. An introduction to Actor-Network-Theory. Oxford.
LAW, John; HASSARD, John (Hrsg.) (1999): Actor Network Theory and After. Oxford, Malden.
LENG, GUNTER; TAUBMANN, Wolfgang (Hrsg.) (1988): Geographische Entwicklungsforschung im interdisziplinären Dialog. 10 Jahre 'Geographischer Arbeitskreis Entwicklungstheorien'. Bremen (= Bremer Beiträge zur Geographie und Raumplanung H.14).
LENTINI, Marco; PEREIRA, Denys; CELENTANO, Danielle; PEREIRA, Ritamaria (2005): Fatos Florestais da Amzônia 2005. Belém: Instituto do Homem e Meio Ambiente da Amzônia.
LEROY, Jean-Pierre (2003): Relatório brasileiro para o direito ao meio ambiente. Rio de Janeiro (unveröffentlichtes Manuskript).
LEVINS, Richard; LEWONTIN, Richard (1985): The dialectical biologist. Cambridge, Massachusetts.
LEWIN, Kurt (1946): Action research and Minority Problems. In: *Journal of Social Issues*, S. 34-36.
LIMB, Melanie; DWYER, Claire (Hrsg.) (2001): Qualitative Methodologies for Geographers. Issues and Debates. London.
LIN, Nan (2001): Social Capital. A Theory of Social Structure and Action. Cambridge.
LINDERT, Paul van; NIJENHUIS, Gery (2004): The challenge of participatory democracy in Latin America. In: KRUIJT, Dirk; LINDERT, Paul van; VERKOREN, Otto (Hrsg.): State and Development. Essays in honor of Menno Vellinga. Utrecht, S.163-183.
LONG, Norman (2001): Development sociology: Actor perspectives. London, New York.
LONG, Norman; PLOEG, Jan Douwe van der (1989): Demythologizing planned intervention: an actor perspective. In: *Sociologia Ruralis*, 24, 3/4, S.226-249.
LUMB, Rosemary (1980): Communication with Bureaucracy: The Effects of Perception on Public Participation in Planning. In: GRILLO, R.D. (Hrsg.): "Nation" and "State" in Europe. Anthropological Perspectives. London, New York.
LYKES, M. Brinton (1997): Activist Participatory Research Among the Maya of Guatemala: Constructing Meanings from situated knowledge. In: *Journal of Social Issues*, 53, 4, S.725-746.
MAGUIRE, Patricia (2001): Uneven Ground: Feminisms and Action Research. In: REASON, Peter; BRADBURY, Hilary (Hrsg.): Handbook of Action Research. Participatory Inquiry and Practice. London, S.59-69.
MANNIGEL, Elke (2004): Integrating parks and neighbors. Participation and protected areas in Minas Gerais, Brazil. (GTZ/TOEB) Eschborn.
MARGULIS, Sérgio (2004): Causes of deforestation of the Brazilian Amazon. Washington: World Bank.
MARTIN, Ron (2001): Geography and public policy: the case of the missing agenda. In: *Progress in Human Geography*, 25, 2, S.189-210.
MARTINS, José de Souza (1982): Expropriação e violência. A questão política no campo. São Paulo.
MARTINS, José de Souza (1995): Os camponeses e a política no Brasil. Petrópolis. (5. Aufl., Erstveröffentlichung 1981)

MASSEY, Dooreen (1999): *Power-geometrics and the politics of space-time: Hettner-Lecture 1998*. Heidelberg.
MAUSS, Marcel (1990): Die Gabe. Form und Funktion des Austauschs in archaischen Gesellschaften. (Erstveröffentlichung 1925) Frankfurt/Main.
MAXEY, Ian (1999): Beyond Boundaries? Activism, academia, reflexivity and research. In: *Area*, 31, 3, S.199-208.
MAYER, Claudia (1998): Handlungsspielräume und ihr Wahrnehmung durch ehemalige Landarbeiterinnen im Nordwesten Nicaraguas. Berlin (=unveröffentl. Diplomarbeit, Geographisches Institut, FU Berlin).
MCDOWELL, Linda (1999): Gender, Identity and Place. Understanding Feminist Geographies. Minneapolis.
MCKAY, Keith (2002): Evaluation Capacity Development: A diagnostic Guide and Action Framework. OED Study Series, World Bank, Washington D.C..
MCLURE, Charles E. Jr. (1995): Comment on 'The Dangers of Decentralization' by Prud'homme. In: *The World Bank Research Observer*, 10, 2, S.221-226
MDA/SAF (Plural/IICA) (FAVARETO, Arilson; DEMARCO, Diogo) (2002): Políticas públicas, participação social e as instituições para o desenvolvimento rural sustentável - uma avaliação dos Conselhos Municipais de Desenvolvimento Rural. (Relatório final de pesquisa) São Paulo, Brasília. (Unveröffentlichtes Manuskript)
MEIER, Verena (1989a): Frauenleben im Calancatal. Basel.
MEIER, Verena (1989b): Hermeneutische Praxis - Feldarbeiten einer 'anderen' Geographie. In: SEDLACEK, Peter (Hrsg.): Programm und Praxis qualitativer Sozialgeographie. Oldenburg (= Wahrnehmungsgeographische Studien zur Regionalentwicklung, Heft 6), S. 149-158.
MENZEL, Ulrich (1992): Das Ende der Dritten Welt. Frankfurt/Main.
MERTON, Robert K. (1936/72): Die unvorhergesehenen Folgen zielgerichteter sozialer Handlungen. In: DREITZEL, H.P. (Hrsg.): Sozialer Wandel. Neuwied, Berlin, S.169-197.
MESSNER, Dirk; SCHOLZ, Imme (2005a): Zukunftsfragen der Entwicklungspolitik. In: Dies.: Zukunftsfragen der Entwicklungspolitik. Baden-Baden.
MESSNER, Dirk; SCHOLZ, Imme (Hrsg.) (2005b): Zukunftsfragen der Entwicklungspolitik. Baden-Baden.
MEUSBURGER, Peter (Hrsg.) (1999): Handlungszentrierte Sozialgeographie. Benno Werlens Entwurf in kritischer Diskussion (= Erdkundliches Wissen, 130). Stuttgart.
MICHAELIS, Elke (1987): Planungs- und Kontrollprobleme in Unternehmungen und property rights- bzw. Transaktionskostentheorie. Hannover (=Diskussionspapiere der Wirtschaftswissenschaftlichen Fakultät der Universität Hannover, 106, 7).
MIES, Maria (1984): Methodische Postulate zur Frauenforschung. In: *beiträge zur feministischen theorie und praxis*, 7, 11, S.7-25.
MIKUS, Werner; KNALL, Bruno; LENHART, Volker; NOHLEN, Dieter (Hrsg.)(1988): Der Praxisbezug der Entwicklungsländerforschung. Grundsätze und Beispiele aus Asien, Afrika und Lateinamerika. (= Heidelberger Dritte Welt Studien 26) Heidelberg.
MMA/SCA/AMA (Hrsg.) (2004): Monitoramento e avaliação de projetos: métodos e experiências. Brasília.
MOHAN, Giles (2001): Beyond Participation: Strategies for Deeper Empowerment. In: COOKE, Bill; KOTHARI, Uma (Hrsg.): Participation: The New Tyranny? London, New York, S.153-167.
MOHAN, Giles; MOHAN, John (2002): Placing social capital. In: *Progress in Human Geography*, 26, 2, 191-210.

MOORE, Donald S. (1993): Contesting terrain in Zimbabwe's Eastern Highlands: political ecology, ethnography, and peasant resource struggles. In: *Economic Geography*, 69, 4, S.380-401.
MOORE, Donald S. (1996): Marxism, culture and political ecology: environmental struggles in Zimbabwe's Eastern Highlands. In: PEET, Richard; WATTS, Michael J. (Hrsg.): Liberation ecologies: environment, development, social movements. London, S.125-147.
MORAN, Emílio F. (1981): Developing the Amazon. The Social and Ecological Consequences of Government-Directed Colonization along Brazil's Transamazon Highway. Bloomington.
MOSS, Pamela (Hrsg.) (2002): Feminist Geography in Practice. Oxford, Malden.
MOSSE, David (2001): ‚People's Knowledge', Participation and Patronage: Operations and Representations in Rural development. In: COOKE, Bill; KOTHARI, Uma (Hrsg.): Participation: The New Tyranny? London, New York, S.16-35.
MOSSE, Roberto; SONTHEIMER, Leigh Ellen (1996): Performance monitoring indicators handbook. Washington, D.C.: World Bank.
MÜLLER-BÖKER, Ulrike (2001): Institutionelle Regelungen im Entwicklungsprozess. Einführung zum Themenheft. In: *Geographica Helvetica*, 56, 1, S.2-3.
MÜLLER-MAHN, Detlef (1998): Projektbegleitende Forschung. In: *Rundbrief Geographie*, 148, S.21-24.
MÜLLER-MAHN, Detlef (2001): Fellachendörfer. Sozialgeographischer Wandel im ländlichen Ägypten. Stuttgart.
MUMMERT, Uwe (1999): Wirtschaftliche Entwicklung und Institutionen. Die Perspektive der Neuen Institutionenökonomik. In: THIEL, Reinold E. (Hrsg.): Neue Ansätze in der Entwicklungstheorie. Bonn, S.300-311.
MURDOCH, Jonathan (1995): Governmentality and the politics of resistance in UK agriculture the case of the Farmers' Union of Wales. In: *Sociologia Ruralis*, 35, 2, S.187-205.
MURDOCH, Jonathan (1997): Towards a geography of heterogeneous associations. In: *Progress in Human Geography*, 21, 3, S. 321-237.
NARAYAN, Deepa (1993): Participatory Evaluation. Tools for Managing in Water and Sanitation. (=World Bank Technical Paper Nr. 207) Washington, D.C..
NARAYAN, Deepa (1996): Toward Participatory Research. (=World Bank Technical Paper Nr. 307) Washington, D.C..
NARAYAN, Deepa (1999): Bonds and Bridges: Social Capital and Poverty. (=Policy Research Workingdocument No. 2167, Worldbank) Washington, DC..
NARAYAN, Deepa (2005): Conceptual Framework and Methodological Challenges. In: NARAYAN, Deepa (Hrsg.): Measuring Empowerment. Cross-Disciplinary Perspectives. Washington, D.C., S.3-38.
NARAYAN, Deepa; CASSIDY, Michael F. (2001): A Dimensional Approach to Measuring Social Capital: Development and Validation of a Social Capital Inventory. In: *Current Sociology*, 49, 2, S.59-102.
NAST, Heidi J. (1994): Opening remarks on 'women in the field'. In: *Professional Geographer*, 46, 1, S.54-66.
NATIONAL COMMISSION ON CIVIC RENEWAL (1998): A Nation of spectators: How civic disengagement weakens America and what we can do about it. College Park, MD: University of Maryland.
[http://www.puaf.umd.edu/Affiliates/CivicRenewal/inch/INCHupdate.PDF, 10.11.2004]

NELSON, Nici; WRIGHT, Susan (1995): Participation and Power. In: NELSON, Nici; WRIGHT, Susan (Hrsg): Power and Participatory development. Theory and Practice. London, S.1-18.
NEUBERT, Susanne (1999): Die soziale Wirkungsanalyse in armutsorientierten Projekten. Bonn: DIE.
NEUBURGER, Martina (2002): Pionierfrontentwicklung im Hinterland von Cáceres (Mato Grosso, Brasilien). Ökologische Degradierung, Verwundbarkeit und kleinbäuerliche Überlebensstrategien. (= Tübinger Geographische Studien, H.135 = Tübinger Beiträge zur Geographischen Lateinamerika-Forschung, H.23) Tübingen.
NEUBURGER, Martina (2003): Ländliche Armutsgruppen in Brasilien zwischen Ausgrenzung und neuer sozialer Bewegung. In: KOHLHEPP, Gerd (Hrsg.): Brasilien. Entwicklungsland oder tropische Großmacht des 21. Jahrhunderts? Tübingen, S.171-185.
NICHOLSON, Trish (2002): Institution building. Examining the fit between bureaucracies and indigenous systems. In: WRIGHT, Susan (Hrsg.): Anthropology of organizations (Erstveröffentlichung 1994). London, S. 68-84.
NOHLEN, Dieter (1997): Demokratie. In: NOHLEN, Dieter; WALDMANN, Peter; ZIEMER, Klaus (Hrsg.): Lexikon der Politik. Bd. 4: Die östlichen und südlichen Länder. München, S.118-127.
NORTH, Douglass C. (1990): Institutional change and economic performance. Cambridge, New York, Melbourne.
NYLANDER, Johann (2000): The power of framing: A New-Institutional Approach to Interest Group Participation in the European Union. Uppsala.
OAKLEY, Peter (1991): Projects with people: The practice of participation in rural development. Genf: ILO.
OAKLEY, Peter; PRATT, Biran; CLAYTON, Andrew (1998): Outcomes and Impact: Evaluating Change in Social Development. Oxford.
OECD (1991): Environmental Indicators: A preliminary set. Paris.
OECD (1993): OECD Core Set of Indicators for Environmental Performance Reviews. A Synthesis Report by the Group on the State of the Environment. Paris.
OECD (1995): Participatory Development and Good Governance (Development Co-operation Guidelines Series). Paris.
OLIVEIRA VIANNA, Francisco José (1942): Pequenos Estudos de Psychologia Social. São Paulo.
OLSON, Mancur (1965): The Logic of Collective Action. Public Goods and the Theory of Groups. Harvard University Press, New York.
OLSON, Mancur (1982): The Rise and Decline of Nations. Economic Growth, Stagflation and Social Rigidies. New Haven.
ONYX, Jenny; BULLEN, Paul (1997a): Measuring Social Capital in Five Communities In: NSW (Hrsg.): An Analysis. CACOM, Lindsfield, Australia. (Report I) [http://www.mapl.com.au/A2.htm, 10.11.2004]
ONYX, Jenny; BULLEN, Paul (1997b): Measuring Social Capital in Five Communities in NSW: A Practitioners Guide. CACOM, Lindsfield, Australia. (Report II) [http://www.mapl.com.au/A2.htm, 10.11.2004]
OBENBRÜGGE, Jürgen (1983): Politische Geographie als räumliche Konfliktforschung. Konzepte zur Analyse der politischen und sozialen Organisation des Raumes auf der Grundlage anglo-amerikanischer Forschungsansätze. (=Hamburger Geographische Studien, 40) Hamburg.
OSTROM, Elinor (1990): Governing the Commons: The Evolution of Institutions for Collective Action. New York.

OSTROM, Elinor (1996): Crossing the Great Divide: Coproduction, Synergy and development. In: *World Development*, 24, 6, S.1073-1087.

OSTROM, Elinor (2000): Social Capital: a fad or a fundamental concept? In: DASGUPTA, Partha; SERALGEDIN, Ismail (Hrsg.): Social Capital: a multifaceted perspective. Washington, D.C.: World Bank.

PAASI, Anssi (2004): Place and region: looking through the prism of scale. In: *Progress in Human Geography*, 28, 4, S.536-546.

PACHECO, Pablo (2004): Descentralização e gestão florestal: A experiência na América Latina. In: POKORNY, Benno; SABOGAL, César; KRÄMER, Frank (Hrsg.): Fórum sobre Florestas, Gestão e desenvolvimento: Opções para a Amazônia. Belém: CIFOR, S.165-178.

PAIN, Rachel (2003): Social geography: on action-oriented research. In: *Progress in Human Geography*, 27, 5, S.649-657.

PARETO, Vilfredo (1916/55): Allgemeine Soziologie. (Ausgewählt, eingeleitet und übersetzt von C. Brinkmann. Besorgt von W. Gerhard) Tübingen.

PARNWELL, Michael J.G. (2002): Agropolitan and bottom-up development. In: DESAI, Vandana; POTTER, Robert B. (Hrsg.) (2002): The Companion to development studies. New York, S.112-116.

PARSONS, Talcott (1937/68): The Structure of Social Action. (2 Bde.) Glencoe.

PARTZSCH, Dieter (1965): Die Funktionsgesellschaft und ihr Verhältnis zur Raumordnung. In: *Die Mitarbeit. Zeitschrift zu Gesellschafts- und Kulturpolitik*. 14, 3, S.34-44.

PARTZSCH, Dieter (1970): Daseinsgrundfunktionen. In: AKADEMIE FÜR RAUMFORSCHUNG UND LANDESPLANUNG (Hrsg.): Handwörterbuch der Raumforschung und Raumordnung. (Bd.1) Hannover, S.424-430.

PASMORE, William (2001): Action Research in the Workplace: the Socio-technical Perspective. In: REASON, Peter; BRADBURY, Hilary (Hrsg.): Handbook of Action Research. Participatory Inquiry and Practice. London, S.38-47.

PATTON, Michael Q. (1978): Utilization-Focused Evaluation. Beverly Hills.

PEET, Richard; THRIFT, Nigel (Hrsg.) (1989): New Models in Geography. (2 Bde.) Boston, Sidney, Wellington.

PEET, Richard; WATTS, Michael J. (Hrsg.) (1996): Liberation Ecologies: Environment, Development, Social Movements. London.

PELS, Peter (2000): The trickster's dilemma. Ethics and the technologies of the anthropological self. In: STRATHERN, Marilyn (Hrsg.): Audit Cultures. London, New York, S.135-172.

PENTEADO, Antonio Rocha (1967): Problemas de Colonização e de uso da Terra na Região Bragantina do Estado do Pará. (Vol I und II) Belém.

PICKLES, John (1982): 'Science' and the funding of human geography. In: *Professional Geographer*, 34, 4, S.387-392.

POKORNY, Benno; CAYRES, Guilhermina; NUNES, Westfalen; SEGEBART, Dörte; DRUDE, Rozilda (2002): First experiences with Adaptive Co-Management in Pará, Brazilian Amazon, In: SABOGAL, César; SILVA, José Natalino Macedo (Hrsg.): Simpósio Internacional da IUFRO (2000). Manejo Integrado de Florestas Úmidas Neotropicais por Indústrias e Comunidades. Belém, S. 258-280.

PORTES, Alejandro (1998): Social capital: Its Origin and applications in Modern Sociology. In: *Annual review of Sociology*, 24, 1, S.1-24.

PORTES, Alejandro; LANDOLT, Patricia (1996): The Downside of Social Capital. In: *The American Prospect*, 7, 26, S. 18-22.

PRED, Alan (1990): Making histories and constructing human geographies. Boulder.

PRETTY, Jules N.; GUIJT, Irene; THOMPSON, J.; SCOONES, Ian (1995): A Trainer's Guide for Participatory Learning and Action. International Institute for Environment and Development (IIED), London.

PRETTY, Jules N.; SCOONES, Ian (1995): Instiutionalizing adaptive planning and local level concerns: Looking to the future. In: NELSON, Nici; WRIGHT, Susan (Hrsg.): Power and Participatory Development. London, S.157-169.

PRITCHETT, Lant; WOOLCOCK, Michael (2004): Solutions When *the* Solution is the Problem: Arraying the Disarray in Development. In: *World Development*, 32, 2, S.191-212.

PROCTOR, James D. (1999): Geography and ethics: journeys in a moral terrain. London.

PRONAF/PRORENDA/IBAM (2000a): Avaliação do programa Nacional de Fortalecimento da agricultura familiar - PRONAF no estado do Pará. Síntese da Avaliação. Belém.

PRONAF/PRORENDA/IBAM (2000b): PRONAF e as estruturas institucionais municipais. Estudos de caso em oito municípios do nordeste paraense. Belém.

PRUD'HOMME, Remy (1995): The Dangers of Decentralization. In: *The World Bank Research Observer*, 10, 2, S.201-220.

PRYKE, Michael; ROSE, Gillian; WHATMORE, Sarah (Hrsg.) (2003): Using Social Theory. Thinking through Research. London, Thousands Oaks, New Delhi.

PUTNAM, Robert D. (1993): Making democracy work: civic traditions in modern Italy. Princeton.

PUTNAM, Robert D. (1996): The decline of civil society: How come? So what? (= John L. Manion Lecture, Canadian Centre for Management Development) Ottawa.

PUTNAM, Robert D. (2000): Bowling alone: the collapse and revival of American community. New York.

PUTZEL, James (1997): Accounting for the 'Dark side' of Social Capital: Reading Robert Putnam on Democracy. In: *Journal of International Development*, 9, 7, S.939-949.

RADCLIFFE, Sarah A. (2004): Geography of development: development, civil society and inequality – social capital is (almost) dead? In: *Progress in Human Geography*, 28, 4, S.517-527.

RAHNEMA, Majid (Hrsg.) (1997): The Post-development Reader. London

RAPHAEL, Lutz (1987): ‚Die Ökonomie der Praxisformen'. Anmerkungen zu zentralen Kategorien P.Bourdieus. In: *Prokla*, 68, 3, S.152-171.

RAPOPORT, Anatol; CHAMMAH, Albert M. (1965): Prisoner's Dilemma. University of Michigan Press.

RAUCH, Theo (1996a) Ländliche Regionalentwicklung im Spannungsfeld zwischen Weltmarkt, Staatsmacht und kleinbäuerlichen Strategien. Saarbrücken.

RAUCH, Theo (1996b): Nun partizipiert mal schön. Modediskurse in den Niederungen entwicklungspolitischer Praxis. In: *Blätter des iz3w*, 213, S.20-22.

RAUCH, Theo (2001): Dezentralisierung ist kein Allheilmittel! - Zur Notwendigkeit einer kontextspezifischen Dezentralisierungspolitik am Beispiel der Kommunalentwicklung in Südafrika. In: *Geographica Helvetica*, 56, 1, S.13-27.

RAUCH, Theo (2002): Partizipation in der Entwicklungszusammenarbeit auf dem Weg von der Spielwiese hin zum demokratischen Recht für alle. In: *Peripherie*, 22, 88, S.496-522.

RAUCH, Theo (2003): Bessere Rahmenbedingungen allein beseitigen Armut nicht! Eine theoriegeleitete Vier-Ebenen-Strategie für entwicklungspolitische Interventionen. In: *Geographica Helvetica*, 58, 1, S.35-46.

REASON, Peter; BRADBURY, Hilary (2001a): Inquiry and Participation in Search of a World Worthy of Human Aspiration. In: REASON, Peter; BRADBURY, Hilary (Hrsg.): Handbook of Action Research. Participatory Inquiry and Practice. London, S.1-14.

REASON, Peter; BRADBURY, Hilary (Hrsg.) (2001b): Handbook of Action Research. Participatory Inquiry and Practice. London.

REICHERT, Dagmar (1987): Zu den Menschenbildern der Sozial- und Wirtschaftswissenschaften. (=Bremer Beiträge zu Geographie und Raumplanung, H. 11) Bremen, S.27-48.

REICHERT, Dagmar (1988): Möglichkeiten und Aufgaben einer kritischen Sozialwissenschaft: Ein Interview mit Anthony Giddens. In: *Geographica Helvetica*, 43, 3, S.141-147.

REUBER Paul; WOLKERSDORFER, Günter (2001): Die neuen Geographien des Politischen und die neue Politische Geographie - eine Einführung. In: REUBER Paul; WOLKERSDORFER, Günter (Hrsg.): Politische Geographie. Handlungsorientierte Ansätze und Critical Geopolitics. (= Heidelberger Geographische Arbeiten, Heft 112) Heidelberg, S.1-16.

REUBER, Paul (2001): Möglichkeiten und Grenzen einer handlungsorientierten Politischen Geographie. In: REUBER Paul; WOLKERSDORFER, Günter (Hrsg.): Politische Geographie. Handlungsorientierte Ansätze und Critical Geopolitics. (= Heidelberger Geographische Arbeiten, Heft 112) Heidelberg, S.77-92.

REUBER, Paul; PFAFFENBACH, Carmella (2005): Methoden der empirischen Humangeographie. Braunschweig.

RIBOT, Jesse (2002a): African Decentralization: Local Actors, Powers and Accountability. United Nations Research Institute on Social development (UNRISD), Programme on Democracy, Governance, and Human Rights, Paper No.8. Genf.

RIBOT, Jesse (2002b): Democratic Decentralization of Natural Resources. Institutionalizing Popular Participation. Washington, D.C.: World Resources Institute.

RODENBERG, Birte (2003): Ansatzpunkte für ein Wirkungsmonitoring von Gender in der Armutsbekämpfung, Gutachten im Auftrag des Bundesministeriums für Wirtschaftliche Zusammenarbeit und Entwicklung. Bonn: DIE.

RONDINELLI, Dennis A. (1999): Dezentralisierung und wirtschaftliche Entwicklung: Eine Einführung. In: *WeltTrends*, 7, 25, S.7-20.

ROSE, Gillian (1997): Situating knowledges: positionality, reflexivities and other tactics. In: *Progress in Human Geography*, 21, 3, S.305-320.

RUBIO, Mauricio (1997): Perverse Social Capital – some evidence from Colombia. In: *Journal of Economic Issues*, 31, 3, S.805-816.

RUSSELL, Alan (1999): Actor-networks, international political economy and risk in genetic manipulation. In: *New genetics and society*, 18, 2/3, S.157-179.

RUTHERFORD, Frances Patton (2000): Strengthening Citizen Participation in Evaluation Community Development: The Case of the EZ/EC Learning Initiative in McDowell County, West Virginia. In: ESTRELLA, Marisol (Hrsg.): Learning from Change. Ottawa, London, S.124-136.

SALGADO, Iliana; KAIMOVITZ, David (2003): Porto de Moz: O Prefeito, „Dono do Município". In: TONI, Fabiano; KAIMOVITZ, David (Hrsg.): Municípios e gestão florestal na Amazônia. Natal, S.219-252.

SANTOS, Orlando Junior Alves dos (2001): Democracia e governo local: Dilemas da reforma municipal no Brasil. Rio de Janeiro.

SCHAMP, Eike W. (Hrsg.) (1990): Der informelle Sektor. Geographische Perspektiven eines umstrittenen Konzepts. Aachen.

SCHEFOLD, Dian; NEUMANN, Maja (1996): Entwicklungstendenzen der Kommunalverfassungen in Deutschland: Demokratisierung und Dezentralisierung? Basel, Boston, Berlin.

SCHMIDT-WULFFEN, Wulf D. (1985): Dürre- und Hungerkatastrophen in Schwarzafrika – Das Fallbeispiel Mali. In: *Geographische Zeitschrift*, 73, 1, S.46-59.

SCHMIDT-WULFFEN, Wulf D. (1987): 10 Jahre entwicklungstheoretischer Diskussion. Ergebnisse und Perspektiven für die Geographie. In: *Geographische Rundschau*, 39, 3, S.130-135.

SCHMINK, Marianne; WOOD, Charles H. (1992): Contested Frontiers in Amazonia. Columbia Press, New York.

SCHMITZ, Heribert (2001): Reflexões sobre métodos participativos de inovação na agricultura. IN: SIMÕES, Aquiles; SANTOS SILVA, Luis Mauso; MARTINS, Paulo Fernando da S.; CASTELLANET, Christian (Org.): Agricultura Familiar. Métodos e Experiências de Pesquisa-Desenvolvimento. Belém, S.39-99.

SCHMITZ, Heribert (2005): Partizipation und Partnerschaft: Bauern, Forscher und Berater in Brasilien. (= Kommunikation und Beratung, Sozialwissenschaftliche Schriften zur Landnutzung und ländlichen Entwicklung, Nr. 64) Weikersheim.

SCHNEIDER, Robert R.; ARIMA, Eugênio; VERÍSSIMO, Adalberto; SOUZA, Carlos Jr.; BARRETO, Paulo (2002): Sustainable Amazon. Limitations and Opportunities for Rural Development. (= World Bank Technical Paper, No. 515) Washington, D.C..

SCHOENBERGER, Erica (1992): Self-Criticism and Self-awareness in research: A reply to Linda McDowell. In: *Professional Geographer*, 44, 2, S.215-218.

SCHOLZ, Fred (1985): Einleitung. In: DERS. (Hrsg.): Entwicklungsländer: Beitrag der Geographie zur Entwicklungs-Forschung. Darmstadt, S.1-13.

SCHOLZ, Fred (2002): Die Theorie der „fragmentierenden Entwicklung". In: *Geographische Rundschau*, 54, 10, S.6-11.

SCHOLZ, Fred (2004): Geographische Entwicklungsforschung. Berlin, Stuttgart.

SCHOLZ, Imme; DRÄGER, Daniel; FLOER, Isabelle; NEHER, Constanze; UNGER, Julia (2003): Handlungsspielräume zivilgesellschaftlicher Gruppen und Chancen für kooperative Umweltpolitik in Amazonien. Darstellung anhand des Staudamms von Belo Monte und der Bundesstraße BR-163. Bonn.

SCHOLZ, Imme; SCHÖNENBERG, Regine (2005): Mainstreaming project results into national public policies for forest protection and sustainable management of natural resources: the case of the PPG7 (Pilot Programme to Conserve the Brazilian Rainforests). (unveröffentlichtes Manuskript)

SCHÖNENBERG, Regine (1993): Konflikte und Konfliktregulation in Amazonien. Ursachen, Formen und Folgen ländlicher Konflikte in Süd-Pará. Bonn.

SCHÖNHUTH, Michael; KIEVELITZ, Uwe (GTZ) (1993): Partizipative Erhebungs- und Planungsmethoden in der Entwicklungszusammenarbeit: Rapid Rural Appraisal, Participatory Appraisal. Eine kommentierte Einführung. Eschborn.

SCHÜTZ, Alfred (1971): Gesammelte Aufsätze. Bd.1: Das Problem der sozialen Wirklichkeit. Den Haag.

SCHÜTZ, Alfred (1974): Der sinnhafte Aufbau der sozialen Welt. Eine Einleitung in die verstehende Soziologie. Frankfurt/Main.

SCHÜTZ, Alfred; LUCKMANN, Thomas (1975): Strukturen der Lebenswelt. Neuwied, Darmstadt.

SCHWINGEL, Markus (1998): Pierre Bourdieu zur Einführung. Hamburg.

SCOONES, Ian (1998): Sustainable Rural Livelihoods: A Framework for Analysis. (Working Paper No.72) Brighton: Institute for Development Studies.

SCOTT, James C. (1990): Domination and the Arts of Resistance: Hidden Transcripts. New Haven.

SEDLACEK, Peter (1982): Sinnrationalität als empirische Disposition oder methodisches Prinzip. Bemerkungen im Anschluß an E. Wirth's „Kritische Anmerkungen zu den wahrnehmungszentrierten Forschungsansätzen in der Geographie". In: *Geographische Zeitschrift*, 70, S.158-160.

SEDLACEK, Peter (1989): Programm und Praxis qualitativer Sozialgeographie. (= Wahrnehmungsgeographische Studien zur Regionalentwicklung) Oldenburg.

SEDLACEK, Peter (Hrsg.) (2004): Evaluation in der Stadt- und Regionalentwicklung. (= Stadtforschung aktuell, Band 90) Wiesbaden.

SEERS, Dudley (1969): The meaning of development. In: *International Development Review*, 11, 4, S.2-6.

SEGEBART, Dörte (1999): Ökologischer Landbau und nachhaltige Wirtschaftsweise. Sozialgeographische Fallstudie am Beispiel ehemaliger Landarbeiterinnen im Nordwesten Nicaraguas. Berlin (=unveröffentlichte Diplomarbeit, Geographisches Institut, FU Berlin). [www.caju.de/nica]

SEGEBART, Dörte (2002): Proposta metodológica para um monitoramento de processo da elaboração e implementação dos Planos Municipais de Desenvolvimento Rural Sustentável (PMDRS) e para um monitoramento de impacto da implementação dos PMDRS. Belém. (unveröffentlichtes Manuskript) www.caju.de/segebart/metodologia_monitoramento_participativo.pdf

SEGEBART, Dörte; MARTINS NUNES, José Cristiano (2005): Políticas públicas voltadas para a agricultura familiar e desenvolvimento local sustentável como desafio e chance para a administracao municipal: o caso de São Domingos do Capim (Pará). In: COY, Martin; KOHLHEPP, Gerd (Hrsg.): Amazônia sustentável. Desenvolvimento sustentável entre políticas públicas, estratégias inovadoras e experiências locais. Rio de Janeiro, Tübingen, S.111-124.

SEN, Amartya K. (1981): Poverty and Famines: An essay on Entitlement and Deprivation. Oxford.

SENATSVERWALTUNG FÜR STADTENTWICKLUNG BERLIN (2004): Der Quartiersfonds. Ein Berliner Modell der Bürgerbeteiligung. Berlin.

SENGHAAS, Dieter (1974): Dissoziation und autozentrierte Entwicklung. Eine entwicklungspolitische Alternative für die Dritte Welt. In: SENGHAAS, Dieter (Hrsg.): Kapitalistische Weltökonomie. Kontroversen über ihren Ursprung und ihre Entwicklungsdynamik. Frankfurt/Main, S.376-412.

SENNETT, Richard (1978): The Fall of Public Man: On the Social Psychology of Capitalism. New York.

SHARP, Joanne (2005): Geography and gender: feminist methodologies in collaboration and in the field. In: *Progress in Human Geography* 29, 3, S.304-309.

SHORE, Cris; WRIGHT, Susan (2000): Coercive accountability. The rise of audit culture in higher education. In: STRATHERN, Marilyn (Hrsg.): Audit Cultures. London, New York, S.57-89.

SIBLEY, David (1995): Geographies of Exclusion: Society and Difference in the West. London.

SIDERSKY, Pablo; GUIJT, Irene (2000): Experimenting with Participatory Monitoring in Northeast Brazil: The case of AS-PTA's Projeto Paraíba. In: Estrella, Marisol (Hrsg.): Learning from Change. Ottawa, London, S.68-82.

SKOCPOL, Theda (1985): Bringing the state back in: strategies of analysis in current research. In: EVANS, Peter B.; RUESCHEMEYER, D.; SKOCPOL, Theda (Hrsg.): Bringing the state back in. Cambridge, S. 3-37.

SMERALDI, Roberto ET AL. (1998): Políticas públicas para a Amazônia 97/98: rumos, tendências e propostas. São Paulo.
SMITH, David M. (1977): Human Geography: a welfare approach. London, New York.
SMITH, David M. (1988): Geography, inequality and society. Cambridge.
SMITH, David M. (1994): Geography and social justice. Oxford.
SMITH, David M. (2000): Moral progress in human geography: transcending the place of good fortune. In: *Progress in Human Geography*, 24, 1, S.1-18.
SOARES, José Arlindo; GONDIM, Linda (2002): Novos modelos de gestão: lições que vêm do poder local. In: SOARES, José Arlindo; CACCIA-BAVA, Silvio (Hrsg.): Os desafios da gestão municipal democrática. São Paulo, S.61-96.
SOJA, Ed (1989): Postmodern Geographies. The reassertion of space in critical social theory. London.
SOUZA, Raimundo Valdomiro de (2002): Campesinato na Amazônia: Da subordinação à luta pelo poder. Belém.
SPANGER, Hans-Joachim; WOLFF, Jonas (2003): Armutsreduzierung durch Demokratisierung? PRSP: Chancen und Widersprüche einer neuen entwicklungspolitischen Strategie. (HSFK-Report 6/2003) Wiesbaden.
SPVEA (1960): Política de Desenvolvimento da Amazônia. (2 Bde). Rio de Janeiro.
STARK, David (2001): Actor Network Theory and After. A Bookreview. In: *Contemporary Sociology. A Journal of Reviews*, 30, 1, S.96f.
STEINICH, M. (2000): Monitoring and Evaluating Support to Decentralisation: Challenges and Dilemmas. (ECDPM Discussion Paper 19). Maastricht: ECDPM. [http://www.ecdpm.org/Web_ECDPM/Web/Content/Content.nsf/0/78F8E6E59E47B2 2AC1256C6F0060D02B]
STÖHR, Walter B. (1981): Development from Below: The Bottom-up and Periphery-inward Development Paradigm. In: STÖHR, Walter B.; TAYLOR, D.R. Fraser (Hrsg.): Development from Above or Below? The Dialectics of Regional Planning in Developing Countries. Chichester, London.
STÖHR, Walter B.; TAYLOR, D.R. Fraser (Hrsg.) (1981): Development from Above or Below? The Dialectics of Regional Planning in Developing Countries. Chichester, London.
STORPER, Michael (2001): The Poverty of Radical Theory Today: From the False Promises of Marxism to the Mirage of the Cultural Turn. In: *International Journal of Urban and Regional Research*, 25, 1, S.155-179.
STRATHERN, Marilyn (1999): What is intellectual property after? In: LAW, John; HASSARD, John (Hrsg.) (1999): Actor Network Theory and After. Oxford, Malden, S.156-180.
STRATHERN, Marilyn (Hrsg.) (2000a): Audit Cultures. London, New York.
STRATHERN, Marilyn (2000b): New Accountabilities. In: Dies. (Hrsg.): Audit Cultures. London, New York, S.1-18.
STREET, Paul (2003): Stabilizing flows in the legal field: illusions of permanence, intellectual property rights and the transnationalization of law. In: *Global Networks*, 3, 1, S.7-28.
SUDAM (Superintendência do Desenvolvimento da Amazônia) (1973): Amazônia modelo de integração. Belém.
SUDARSKY, John (1998): The Barometer of Social Capital (BARCAS). Measuring Social capital in Columbia. A work in progress. Unpublished (July 1998 1-40 Presented to the Research Commitee 18: Political Sociology, World Congress of Sociology, Montreal).

SUDARSKY, John (1999): Columbia's Social Capital: The National Measurement with the BARCAS. March 1999, 48 Seiten, unpublished, [HTTP://WWW1.WORLDBANK.ORG/PREM/POVERTY/SCAPITAL/LIBRARY/SUDARSKY.HTM - 10.11.2004]

SUSMAN, Gerald I. (1983): Action Research. A Sociotechnical Systems Perspective. In: MORGAN, Gareth (Hrsg.): Beyond Method. Strategies for Social Research. Beverly Hills, London, New Delhi, S. 95-113.

SWANTZ, Marja-Liisa (1970): Ritual and Symbol in Transitional Zaramo Society. Lund.

SWIFT, Jeremy (1989): Why are rural people vulnerable to famine? IN: *IDS Bulletin* 20, S.8-15.

SYMES, Janet; JASSER, Sa'ed (2000): Growing from the Grassroots: Building Participatory Planning, Monitoring and Evaluation Methods in PARC. In: ESTRELLA, Marisol (Hrsg.): Learning from Change. Ottawa, London, S.137-149.

TATAGIBA, Luciana (2002): Os Conselhos Gestores e a Democratizção das Políticas Públicas no Brasil. In: DAGNINO, Evelina (Hrsg.): Sociedade Civil e Espaços Públicos no Brasil. São Paulo, S.47-103.

TAYLOR, Harry (2001): Insights into Participation from Critical Management and Labour Process Perspectives. IN: COOKE, Bill; KOTHARI, Uma (Hrsg.): Participation: The New Tyranny? London, New York, S.122-138.

TEKÜLVE, Maria (1997): Krise, Strukturanpassung und bäuerliche Strategien in Kabompo/Sambia. Berlin.

TEKÜLVE, Maria (2004): Historisches zu Monitoring und Evaluierung (M+E). In: *ded-Brief*, 41, 3, S.12-15.

TENDLER, Judith (1997): Good Government in the Tropics. Baltimore.

TERMEER, Catrien J.A.M.; KOPPENJAN, Joop F.M. (1997): Managing Perceptions in Networks. In: KICKERT, Walter J.M.; KLIJN, Erik-Hans; KOPPENJAN, Joop F.M. (Hrsg.) (1997): Managing Complex Networks. Strategies for the Public Sector. London, Thousands Oaks, New Delhi, S.79-97.

THIOLLENT, Michel (1987): Crítica metodológica, investigação social e enquête operária. São Paulo.

THOMI, Walter (2001): Institutionenökonomische Perspektiven im Kontext der Reorganisation subnationaler Gebietskörperschaften. In: *Geographica Helvetica*, 56, 1, S.4-12.

THOMPSON, John (1995): Participatory Approaches in Government Bureaucracies: Facilitating the Process of Institutional Change. In: *World Development*, 23, 9, S.1521-1554.

THRIFT, Nigel (1983): On the determination of social action in space and time. In: *Environment and Planning D: Society and Space*, 1, S.23-57.

THRIFT, Nigel (1996): Spatial formations. London.

THRIFT, Nigel; WILLIAMS, P. (Hrsg.) (1987): Class and space: The Making of Urban Society. London.

TOCQUEVILLE, Alexis Clérel de (1835): La démocratie en Amérique. (2 Bde.) Paris.

TONI, Fabiano; KAIMOVITZ, David (Hrsg.) (2003): Municípios e gestão florestal na Amazônia. Natal.

TOURAINE, Alain (1989): Palavra e Sangue. Política e sociedade na América Latina. São Paulo.

TRÖGER, Sabine (2003): Akteure in ihrer Lebensgestaltung (*livelihood*) zu Zeiten sozialer Transformation. Theoretische Überlegung en und ihre Anwendung auf das Beispiel von Landnutzungskonflikten in Tansania. In: *Geographica Helvetica*, 58, 1, S.24-34.

TUCKER, Kenneth H. (1998): Anthony Giddens and Modern Social Theory. London Oaks, New Delhi.

UN ACC TASK FORCE ON RURAL DEVELOPMENT (1984): Guiding Principles for the Design and Use of Monitoring and Evaluation in Rural Development Projects and Programs. Rom.

UNDP (UNITED NATIONS DEVELOPMENT PROGRAMME) (1997): Human Development Report 1997. New York.

UNDP (UNITED NATIONS DEVELOPMENT PROGRAMME) (2002): Human Development Report 2002: Deepening Democracy in a Fragmented World. New York.

UNDP (UNITED NATIONS DEVELOPMENT PROGRAMME) (2004): Decentralised Governance for Development: A Combined Practice Note on Decentralisation, Local Governance and Urban/Rural Development. New York.

UNDP (UNITED NATIONS DEVELOPMENT PROGRAMME) (o.J.): Governance Indicators: A Users' Guide. o.O., [www.undp.org/oslocentre/docs04/UserGuide.pdf - 22.11.2004]

UNDP (United Nations Development Programme); BMZ (2000): The UNDP Role in Decentralization and Local Governance. A Joint UNDP – Government of Germany Evaluation. New York.

UNESCAP (UNITED NATIONS ECONOMIC AND SOCIAL COMMISSION FOR ASIA AND THE PACIFIC) (2004): What is good Governance? [http://www.unescap.org/huset/gg/governance.htm - 29.7.2004]

UNESCO (SOUMELIS, Constantin G.) (1977): Project evaluation: methodologies and techniques. Paris.

USAID - Center for Democracy and Governance (1998): Democracy and Governance: A Conceptual Framework. Washington, D.C. (http://www.usaid.gov/democracy/pdfs/pnacc390.pdf)

VALENTINE, Gill (2002): People Like Us: Negotiating Sameness and Difference in the Research Process. In: MOSS, Pamela (Hrsg.): Feminist Geography in Practice. Oxford, Malden, S.116-126.

VAYDA, Andrew Peter (1983): Progressive contextualization: methods for research in human ecology. In: *Human Ecology*, 11, 3, S.265-81.

VERNER, Dorte (2004): Poverty in the Brazilian Amazon: An Assessment of Poverty Focused on the State of Pará. (=World Bank Policy Research Working Paper 3357) Washington, D.C..

WALLER, Peter P. (1980): Das Grundbedürfniskonzept und seine Umsetzung in der entwicklungspolitischen Praxis. In: DEUTSCHES INSTITUT FÜR ENTWICKLUNGSPOLITIK (Hrsg.): Grundbedürfnisorientierte ländliche Entwicklung. Berlin, S.1-11.

WALLER, Peter P. (1985): Ansätze zu einer grundbedürfnisorientierten ländlichen Regionalplanung in Entwicklungsländern. In: SCHOLZ, Fred (Hrsg.): Entwicklungsländer: Beitrag der Geographie zur Entwicklungs-Forschung. Darmstadt, S. 392-414.

WALMSLEY, Dennis James; LEWIS, Gareth J. (1993): People and environment: behavioural approaches in human geography. New York.

WATTS, Michael J. (2000): Malthus, Marx and the millennium: development, poverty and the politics of alternatives. In: WATTS, Michael J. (Hrsg.): Struggles over geography: violence, freedom and development at the millennium. (=Hettner-Lecture 1999) Heidelberg, S. 35-72.

WATTS, Michael J. (2003): Development and governmentality. In: *Singapore Journal of Tropical Geography*, 24, 1, S.6-34.

WATTS, Michael J.; BOHLE, Hans-Georg (1993): The Space of Vulnerability: the causual structure of Hunger and Famine. In: *Progress in Human Geography*, 17, H.1, S. 43-67.

WBGU (Wissenschaftlicher Beirat der Bundesregierung Globale Umweltveränderungen) (1998): Welt im Wandel. Strategien zur Bewältigung globaler Umweltrisiken. Jahresgutachten. Berlin, Heidelberg.

WEICHHART, Peter (1986): Das Erkenntnisobjekt der Sozialgeographie aus handlungstheoretischer Sicht. In: *Geographica Helvetica*, 41, S.84-90.

WENZEL, Sondra (1998): How to Facilitate Institutional Change? Experiences with the Institutionalisation of Participatory Approaches developed in the Context of GTZ Supported Projects in Indonesia. In: FORSTER, R.; KARKOSCHKA, O.; KITZ, M.; SCHERLER, C. (Hrsg.): Beyond the Tool Kit. Experiences with institutionalising participatory approaches of GTZ supported projects in rural areas. GTZ, Eschborn, S.159-171.

WERLEN, Benno (1987): Gesellschaft, Handlung und Raum. Grundlagen handlungsorientierter Sozialgeographie. Stuttgart.

WERLEN, Benno (1995): Sozialgeographie alltäglicher Regionalisierungen. Band 1: Zur Ontologie von Gesellschaft und Raum. Stuttgart.

WERLEN, Benno (1997): Sozialgeographie alltäglicher Regionalisierungen. Band 2: Globalisierung, Region und Regionalisierung. Stuttgart.

WERLEN, Benno (2000): Sozialgeographie: Eine Einführung. Bern, Stuttgart, Wien.

WERLEN, Benno (2002): Handlungstheorie. In: MEUSBURGER, Peter et al. (Hrsg.): Lexikon der Geographie. Band 2. Heidelberg, Berlin, S.90f..

WERLHOFF, Claudia von (1985): Wenn die Bauern wieder kommen... Frauen, Arbeit und Agrobusiness in Venezuela. Bremen.

WESEL, Reinhard (1982): Das Konzept der ‚Integrierten Ländlichen Entwicklung': Neuansatz der Rhetorik. Saarbrücken.

WHATMORE, Sarah (2002): Hybrid Geographies: Natures, Cultures, Spaces. Thousands Oaks.

WHITMORE, Elizabeth (Hrsg.) (1998): Understanding and Practising Participatory Evaluation. New Directions for Evaluation 80. San Francisco.

WILLIAMSON, Oliver (1985): The Economic Institutions of Capitalism: Firms, Markets, Relational Contracting. New York.

WILLIAMS-JONES, BRYN; GRAHAM, JANICE E. (2003): Actor-Network Theory: a tool to support ethical analysis of commercial genetic testing. In: *New Genetics and Society*, 22, 3, S.271-296.

WIRTH, Eugen (1981): Kritische Anmerkungen zu den wahrnehmungszentrierten Forschungsansätzen in der Geographie. Umweltpsychologisch fundierter „Behavioral Approach" oder Sozialgeographie auf der Basis moderner Handlungstheorien? In: *Geographische Zeitschrift*, 69, S.161-198.

WISNER, Ben (1993): Disaster vulnerability. Geographical Scale and Existential Reality. In: BOHLE, Hans-Georg (Hrsg.): Worlds of pain and hunger: geographical perspectives on disaster vulnerability and food security. Saarbrücken, S.13-52.

WOLF, Eric R. (1972): Ownership and political ecology. In: *Anthropological Quarterly*, (45), S.201-205.

WOOLCOCK, Michael (1998): Social Capital and Economic Development: Toward a theoretical synthesis and policy framework. In: *Theory and Society*, 27, 2, S.151-208.

WOOLCOCK, Michael; NARAYAN, Deepa (2000): Social Capital: Implications for development theory, research, and policy. In: *Word Bank Research Observer*, 15, 2, S.225-250.

WORLD BANK (1994): Building Evaluation Capacity. *Lessons & Practices*, No. 4.

WORLD BANK (1995): The World Bank Participation Source Book. Washington, D.C.

WORLD BANK (1996): The World Bank Participation Handbook. Washington, D.C.

WORLD BANK (OPERATIONS EVALUATION DEPARTMENT) (Keith Mackay)(1998): Evaluation Capacity Development: A Diagnostic Guide and Action Framework. Washington, D.C..

WORLD BANK (OPERATIONS EVALUATION DEPARTMENT) (Arild Hange)(2001): Strengthening Capacity for Monitoring and Evaluation in Uganda: A Results based Management Perspectve. (= ECD Working Paper Series, No.8) Washington, D.C..

WORLD BANK (Gender and Rural Development Group) (2002): Gender in Monitoring and Evaluation in Rural Development: A Tool Kit. Washington, D.C. [http://lnweb18.worldbank.org/ESSD/ardext.nsf/22ByDocName/GenderinMonitoringandEvaluationinRuralDevelopmentAToolKit]

WORLD CONSERVATION MONITORING CENTRE (Reynolds, Jack; Busby, John) (1996): Guide to Information Management in the Context of the Convention on Biological Diversity. UNEP, Nairobi, Kenya.

WRIGHT, Susan; NELSON, Nici (Hrsg.) (1995a): Power and Participatory Development: Theory and Practice. London.

WRIGHT, Susan; NELSON, Nici (1995b): Participation and Power. In: WRIGHT, Susan; NELSON, Nici (Hrsg.): Power and Participatory Development: Theory and Practice. London, S.1-18.

ZIAI, Aram (2001): Post-development: Perspektiven für eine afrikanische Debatte? In: *Focus Afrika*, IAK-Diskussionsbeiträge 18, Institut für Afrika-Kunde, Hamburg.

Tübinger Geographische Studien

Heft 1	M. König:	Die bäuerliche Kulturlandschaft der Hohen Schwabenalb und ihr Gestaltswandel unter dem Einfluß der Industrie. 1958. 83 S. Mit 14 Karten, 1 Abb. u. 5 Tab.	**vergriffen**
Heft 2	I. Böwing-Bauer:	Die Berglen. Eine geographische Landschaftsmonographie. 1958. 75 S. Mit 15 Karten	**vergriffen**
Heft 3	W. Kienzle:	Der Schurwald. Eine siedlungs- und wirtschaftsgeographische Untersuchung. 1958. Mit 14 Karten u. Abb.	**vergriffen**
Heft 4	W. Schmid:	Der Industriebezirk Reutlingen-Tübingen. Eine wirtschaftsgeographische Untersuchung. 1960. 109 S. Mit 15 Karten	**vergriffen**
Heft 5	F. Obiditsch:	Die ländliche Kulturlandschaft der Baar und ihr Wandel seit dem 18. Jahrhundert. 1961. 83 S. Mit 14 Karten u. Abb., 4 Skizzen	**vergriffen**
Sbd. 1	A. Leidlmair: (Hrsg.):	Hermann von Wissmann – Festschrift. 1962. Mit 68 Karten u. Abb., 15 Tab. u. 32 Fotos	**€ 14,–**
Heft 6	F. Loser:	Die Pfortenstädte der Schwäbischen Alb. 1963. 169 S. Mit 6 Karten u. 2 Tab.	**vergriffen**
Heft 7	H. Faigle:	Die Zunahme des Dauergrünlandes in Württemberg und Hohenzollern. 1963. 79 S. Mit 15 Karten u. 6 Tab.	**vergriffen**
Heft 8	I. Djazani:	Wirtschaft und Bevölkerung in Khuzistân und ihr Wandel unter dem Einfluß des Erdöls. 1963. 115 S. Mit 18 Fig. u. Karten, 10 Fotos	**vergriffen**
Heft 9	K. Glökler:	Die Molasse-Schichtstufen der mittleren Alb. 1963. 71 S. Mit 5 Abb., 5 Karten im Text u. 1 Karte als Beilage	**vergriffen**
Heft 10	E. Blumenthal:	Die altgriechische Siedlungskolonisation im Mittelmeerraum unter besonderer Berücksichtigung der Südküste Kleinasiens. 1963. 182 S. Mit 48 Karten u. Abb.	**vergriffen**
Heft 11	J. Härle:	Das Obstbaugebiet am Bodensee, eine agrargeographische Untersuchung. 1964. 117 S. Mit 21 Karten, 3 Abb. im Text u. 1 Karte als Beilage	**vergriffen**
Heft 12	G. Abele:	Die Fernpaßtalung und ihre morphologischen Probleme. 1964. 123 S. Mit 7 Abb., 4 Bildern, 2 Tab. im Text u. 1 Karte als Beilage	**€ 4,–**
Heft 13	J. Dahlke:	Das Bergbaurevier am Taff (Südwales). 1964. 215 S. Mit 32 Abb., 10 Tab. im Text u. 1 Kartenbeilage	**€ 5,–**
Heft 14	A. Köhler:	Die Kulturlandschaft im Bereich der Platten und Terrassen an der Riß. 1964. 153 S. Mit 32 Abb. u. 4 Tab.	**vergriffen**

Heft 15	J. Hohnholz:	Der englische Park als landschaftliche Erscheinung. 1964. 91 S. Mit 13 Karten u. 11 Abb.	**vergriffen**
Heft 16	A. Engel:	Die Siedlungsformen in Ohrnwald. 1964. 122 S. Mit 1 Karte im Text u. 17 Karten als Beilagen	**€ 5,–**
Heft 17	H. Prechtl:	Geomorphologische Strukturen. 1965. 144 S. Mit 26 Fig. im Text u. 14 Abb. auf Tafeln	**vergriffen**
Heft 18	E. Ehlers:	Das nördliche Peace River Country, Alberta, Kanada. 1965. 246 S. Mit 51 Abb., 10 Fotos u. 31 Tab.	**vergriffen**
Sbd. 2	M. Dongus:	Die Agrarlandschaft der östlichen Poebene. 1966. 308 S. Mit 42 Abb. u. 10 Karten	**€ 20,–**
Heft 19	B. Nehring:	Die Maltesischen Inseln. 1966. 172 S. Mit 39 Abb., 35 Tab. u. 8 Fotos	**vergriffen**
Heft 20	N. N. Al-Kasab:	Die Nomadenansiedlung in der Irakischen Jezira. 1966. 148 S. Mit 13 Fig., 9 Abb. u. 12 Tab.	**vergriffen**
Heft 21	D. Schillig:	Geomorphologische Untersuchungen in der Saualpe (Kärnten). 1966. 81 S. Mit 6 Skizzen, 15 Abb., 2 Tab. im Text und 5 Karten als Beilagen	**€ 6,–**
Heft 22	H. Schlichtmann:	Die Gliederung der Kulturlandschaft im Nordschwarzwald und seinen Randgebieten. 1967. 184 S. Mit 4 Karten, 16 Abb. im Text u. 2 Karten als Beilagen	**vergriffen**
Heft 23	C. Hannss:	Die morphologischen Grundzüge des Ahrntales. 1967. 144 S. Mit 5 Karten, 4 Profilen, 3 graph. Darstellungen. 3 Tab. im Text u. 1 Karte als Beilage	**vergriffen**
Heft 24	S. Kullen:	Der Einfluß der Reichsritterschaft auf die Kulturlandschaft im Mittleren Neckarland. 1967. 205 S. Mit 42 Abb. u. Karten, 24 Fotos u. 15 Tab.	**vergriffen**
Heft 25	K.-G. Krauter:	Die Landwirtschaft im östlichen Hochpustertal. 1968. 186 S. Mit 7 Abb., 15 Tab. im Text u. 3 Karten als Beilagen	**€ 4,–**
Heft 26	W. Gaiser †:	Berbersiedlungen in Südmarokko. 1968. 163 S. Mit 29 Abb. u. Karten	**vergriffen**
Heft 27	M.-U. Kienzle:	Morphogenese des westlichen Luxemburger Gutlandes. 1968. 150 S. Mit 14 Abb. im Text u. 3 Karten als Beilagen	**vergriffen**
Heft 28	W. Brücher:	Die Erschließung des tropischen Regenwaldes am Ostrand der kolumbianischen Anden. – Der Raum zwischen Rio Ariari und Ecuador –. 1968. 218 S. Mit 23 Abb. u. Karten, 10 Fotos u. 23 Tab.	**vergriffen**
Heft 29	J. M. Hamm:	Untersuchungen zum Stadtklima von Stuttgart. 1969. 150 S. Mit 37 Fig., 14 Karten u. 11 Tab. im Text u. 22 Tab. im Anhang	**vergriffen**

Heft 30	U. Neugebauer:	Die Siedlungsformen im nordöstlichen Schwarzwald. 1969. 141 S. Mit 27 Karten, 5 Abb., 6 Fotos u. 7 Tab.	**vergriffen**
Heft 31	A. Maass:	Entwicklung und Perspektiven der wirtschaftlichen Erschließung des tropischen Waldlandes von Peru, unter besonderer Berücksichtigung der verkehrsgeographischen Problematik. 1969. VI u. 262 S. Mit 20 Fig. u. Karten, 35 Tab. u. 28 Fotos	**vergriffen**
Heft 32	E. Weinreuter:	Stadtdörfer in Südwest-Deutschland. Ein Beitrag zur geographischen Siedlungstypisierung. 1969. VIII u. 143 S. Mit 31 Karten u. Abb., 32 Fotos, 14 Tab. im Text u. 1 Karte als Beilage	**vergriffen**
Heft 33	R. Sturm:	Die Großstädte der Tropen. – Ein geographischer Vergleich –. 1969. 236 S. Mit 25 Abb. u. 10 Tab.	**vergriffen**
Heft 34 (Sbd. 3)	H. Blume und K.-H. Schröder (Hrsg.):	Beiträge zur Geographie der Tropen und Subtropen. (Herbert Wilhelmy-Festschrift). 1970. 343 S. Mit 24 Karten, 13 Fig., 48 Fotos u. 32 Tab.	**€ 13,–**
Heft 35	H.-D. Haas:	Junge Industrieansiedlung im nordöstlichen Baden-Württemberg. 1970. 316 S. Mit 24 Karten, 10 Diagr., 62 Tab. u. 12 Fotos	**vergriffen**
Heft 36 (Sbd. 4)	R. Jätzold:	Die wirtschaftsgeographische Struktur von Südtanzania. 1970. 341 S., Mit 56 Karten u. Diagr., 46 Tab. u. 26 Bildern. Summary	**€ 17,–**
Heft 37	E. Dürr:	Kalkalpine Sturzhalden und Sturzschuttbildung in den westlichen Dolomiten. 1970. 120 S. Mit 7 Fig. im Text, 3 Karten u. 4 Tab. im Anhang	**vergriffen**
Heft 38	H.-K. Barth:	Probleme der Schichtstufenlandschaft West-Afrikas am Beispiel der Bandiagara-, Gambaga- und Mampong-Stufenländer. 1970. 215 S. Mit 6 Karten, 57 Fig. u. 40 Bildern	**€ 7,–**
Heft 39	R. Schwarz:	Die Schichtstufenlandschaft der Causses. 1970. 106 S. Mit 2 Karten, 23 Abb. im Text u. 2 Karten als Beilagen	**vergriffen**
Heft 40	N. Güldali:	Karstmorphologische Studien im Gebiet des Poljesystems von Kestel (Westlicher Taurus, Türkei). 1970. 104 S. Mit 14 Abb., 3 Karten, 11 Fotos u. 7 Tab.	**vergriffen**
Heft 41	J. B. Schultis:	Bevölkerungsprobleme in Tropisch-Afrika. 1970. 138 S. Mit 13 Karten, 7 Schaubildern u. 8 Tab.	**vergriffen**
Heft 42	L. Rother:	Die Städte der Çukurova: Adana – Mersin – Tarsus. 1971. 312 S. Mit 51 Karten u. Abb., 34 Tab.	**€ 10,–**
Heft 43	A. Roemer:	The St. Lawrence Seaway, its Ports and its Hinterland. 1971. 235 S. With 19 maps and figures, 15 fotos and 64 tables	**€ 10,–**

Heft 44 *(Sbd. 5)*	E. Ehlers:	Südkaspisches Tiefland (Nordiran) und Kaspisches Meer. Beiträge zu ihrer Entwicklungsgeschichte im Jung- und Postpleistozän. 1971. 184 S. Mit 54 Karten u. Abb., 29 Fotos. Summary **€ 12,-**
Heft 45 *(Sbd. 6)*	H. Blume und H.-K. Barth:	Die pleistozäne Reliefentwicklung im Schichtstufenland der Driftless Area von Wisconsin (USA). 1971. 61 S. Mit 20 Karten, 4 Abb., 3 Tab. u. 6 Fotos. Summary **€ 9,-**
Heft 46 *(Sbd. 7)*	H. Blume (Hrsg.):	Geomorphologische Untersuchungen im Württembergischen Keuperbergland. Mit Beiträgen von H.-K. Barth, R. Schwarz und R. Zeese. 1971. 97 S. Mit 25 Karten u. Abb. u. 15 Fotos **€ 10,-**
Heft 47	H.-D. Haas:	Wirtschaftsgeographische Faktoren im Gebiet der Stadt Esslingen und deren näherem Umland in ihrer Bedeutung für die Stadtplanung. 1972. 106 S. Mit 15 Karten, 3 Diagr. u. 5 Tab. **vergriffen**
Heft 48	K. Schliebe:	Die jüngere Entwicklung der Kulturlandschaft des Campidano (Sardinien). 1972. 198 S. Mit 40 Karten u. Abb., 10 Tab. im Text u. 3 Kartenbeilagen **€ 9,-**
Heft 49	R. Zeese:	Die Talentwicklung von Kocher und Jagst im Keuperbergland. 1972. 121 S. Mit 20 Karten u. Abb., 1 Tab. u. 4 Fotos **vergriffen**
Heft 50	K. Hüser:	Geomorphologische Untersuchungen im westlichen Hintertaunus. 1972. 184 S. Mit 1 Karte, 14 Profilen, 7 Abb., 31 Diagr., 2 Tab. im Text u. 5 Karten, 4 Tafeln u. 1 Tab. als Beilagen **€ 13,-**
Heft 51	S. Kullen:	Wandlungen der Bevölkerungs- und Wirtschaftsstruktur in den Wölzer Alpen. 1972. 87 S. Mit 12 Karten u. Abb. 7 Fotos u. 17 Tab. **€ 7,-**
Heft 52	E. Bischoff:	Anbau und Weiterverarbeitung von Zuckerrohr in der Wirtschaftslandschaft der Indischen Union, dargestellt anhand regionaler Beispiele. 1973. 166 S. Mit 50 Karten, 22 Abb., 4 Anlagen u. 22 Tab. **€ 12,-**
Heft 53	H.-K. Barth und H. Blume:	Zur Morphodynamik und Morphogenese von Schichtkamm- und Schichtstufenreliefs in den Trockengebieten der Vereinigten Staaten. 1973. 102 S. Mit 20 Karten u. Abb., 28 Fotos. Summary **€ 10,-**
Heft 54	K.-H. Schröder: (Hrsg.):	Geographische Hausforschung im südwestlichen Mitteleuropa. Mit Beiträgen von H. Baum, U. Itzin, L. Kluge, J. Koch, R. Roth, K.-H. Schröder und H.P. Verse. 1974. 110 S. Mit 20 Abb. u. 3 Fotos **€ 9,-**
Heft 55	H. Grees (Hrsg.):	Untersuchungen zu Umweltfragen im mittleren Neckarraum. Mit Beiträgen von H.-D. Haas, C. Hannss und H. Leser. 1974. 101 S. Mit 14 Abb. u. Karten, 18 Tab. u. 3 Fotos **vergriffen**

Heft 56	C. Hanss:	Val d'Isère. Entwicklung und Probleme eines Wintersportplatzes in den französischen Nordalpen. 1974. 173 S. Mit 51 Karten u. Abb., 28 Tab. Résumé	**€ 21,-**
Heft 57	A. Hüttermann:	Untersuchungen zur Industriegeographie Neuseelands. 1974. 243 S. Mit 33 Karten, 28 Diagrammen und 51 Tab. Summary	**€ 18,-**
Heft 58 (Sbd. 8)	H. Grees:	Ländliche Unterschichten und ländliche Siedlung in Ostschwaben. 1975. 320 S. Mit 58 Karten, 32 Tab. und 14 Abb. Summary	**vergriffen**
Heft 59	J. Koch:	Rentnerstädte in Kalifornien. Eine bevölkerungs- und sozialgeographische Untersuchung. 1975. 154 S. Mit 51 Karten u. Abb., 15 Tab. und 4 Fotos. Summary	**€ 15,-**
Heft 60 (Sbd. 9)	G. Schweizer:	Untersuchungen zur Physiogeographie von Ostanatolien und Nordwestiran. Geomorphologische, klima- und hydrogeographische Studien im Vansee- und Rezaiyehsee-Gebiet. 1975. 145 S. Mit 21 Karten, 6 Abb., 18 Tab. und 12 Fotos. Summary. Résumé	**€ 19,-**
Heft 61 (Sbd. 10)	W. Brücher:	Probleme der Industrialisierung in Kolumbien unter besonderer Berücksichtigung von Bogotá und Medellín. 1975. 175 S. Mit 26 Tab. und 42 Abb. Resumen	**€ 21,-**
Heft 62	H. Reichel:	Die Natursteinverwitterung an Bauwerken als mikroklimatisches und edaphisches Problem in Mitteleuropa. 1975. 85 S. Mit 4 Diagrammen, 5 Tab. und 36 Abb. Summary. Résumé	**€ 15,-**
Heft 63	H.-R. Schömmel:	Straßendörfer im Neckarland. Ein Beitrag zur geographischen Erforschung der mittelalterlichen regelmäßigen Siedlungsformen in Südwestdeutschland. 1975. 118 S. Mit 19 Karten, 2 Abb., 11 Tab. und 6 Fotos. Summary	**€ 15,-**
Heft 64	G. Olbert:	Talentwicklung und Schichtstufenmorphogenese am Südrand des Odenwaldes. 1975. 121 S. Mit 40 Abb., 4 Karten und 4 Tab. Summary	**vergriffen**
Heft 65	H. M. Blessing:	Karstmorphologische Studien in den Berner Alpen. 1976. 77 S. Mit 3 Karten, 8 Abb. und 15 Fotos. Summary. Résumé	**€ 15,-**
Heft 66	K. Frantzok:	Die multiple Regressionsanalyse, dargestellt am Beispiel einer Untersuchung über die Verteilung der ländlichen Bevölkerung in der Gangesebene. 1976. 137 S. Mit 17 Tab., 4 Abb. und 19 Karten. Summary. Résumé	**€ 18,-**
Heft 67	H. Stadelmaier:	Das Industriegebiet von West Yorkshire. 1976. 155 S. Mit 38 Karten, 8 Diagr. u. 25 Tab. Summary	**€ 19,-**
Heft 68 (Sbd. 11)	H.-D. Haas	Die Industrialisierungsbestrebungen auf den Westindischen Inseln unter besonderer Berücksichtigung von Jamaika und Trinidad. 1976. XII, 171 S. Mit 31 Tab., 63 Abb. u. 7 Fotos. Summary	**vergriffen**

Heft 69	A. Borsdorf:	Valdivia und Osorno. Strukturelle Disparitäten und Entwicklungsprobleme in chilenischen Mittelstädten. Ein geographischer Beitrag zu Urbanisierungserscheinungen in Lateinamerika. 1976. 155 S. Mit 28 Fig. u. 48 Tab. Summary. Resumen **€ 19,-**
Heft 70	U. Rostock:	West-Malaysia – ein Einwicklungsland im Übergang. Probleme, Tendenzen, Möglichkeiten. 1977. 199 S. Mit 22 Abb. und 28 Tab. Summary **€ 18,-**
Heft 71 (Sbd. 12)	H.-K. Barth:	Der Geokomplex Sahel. Untersuchungen zur Landschaftsökologie im Sahel Malis als Grundlage agrar- und weidewirtschaftlicher Entwicklungsplanung. 1977. 234 S. Mit 68 Abb. u. 26 Tab. Summary **€ 21,-**
Heft 72	K.-H. Schröder:	Geographie an der Universität Tübingen 1512-1977. 1977. 100 S. **€ 15,-**
Heft 73	B. Kazmaier:	Das Ermstal zwischen Urach und Metzingen. Untersuchungen zur Kulturlandschaftsentwicklung in der Neuzeit. 1978. 316 S. Mit 28 Karten, 3 Abb. und 83 Tab. Summary **€ 24,-**
Heft 74	H.-R. Lang:	Das Wochenend-Dauercamping in der Region Nordschwarzwald. Geographische Untersuchung einer jungen Freizeitwohnsitzform. 1978. 162 S. Mit 7 Karten, 40 Tab. und 15 Fotos. Summary **€ 18,-**
Heft 75	G. Schanz:	Die Entwicklung der Zwergstädte des Schwarzwaldes seit der Mitte des 19. Jahrhunderts. 1979. 174 S. Mit 2 Abb., 10 Karten und 26 Tab. **€ 18,-**
Heft 76	W. Ubbens:	Industrialisierung und Raumentwicklung in der nordspanischen Provinz Alava. 1979. 194 S. Mit 16 Karten, 20 Abb. und 34 Tab. **€ 20,-**
Heft 77	R. Roth:	Die Stufenrandzone der Schwäbischen Alb zwischen Erms und Fils. Morphogenese in Abhängigkeit von lithologischen und hydrologischen Verhältnissen. 1979. 147 S. Mit 29 Abb. **€ 16,-**
Heft 78	H. Gebhardt:	Die Stadtregion Ulm/Neu-Ulm als Industriestandort. Eine industriegeographische Untersuchung auf betrieblicher Basis. 1979. 305 S. Mit 31 Abb., 4 Fig., 47 Tab. und 2 Karten. Summary **€ 24,-**
Heft 79 (Sbd. 14)	R. Schwarz:	Landschaftstypen in Baden-Württemberg. Eine Untersuchung mit Hilfe multivariater quantitativer Methodik. 1980. 167 S. Mit 31 Karten, 11 Abb. u. 36 Tab. Summary **€ 17,-**
Heft 80 (Sbd. 13)	H.-K. Barth und H. Wilhelmy (Hrsg.):	Trockengebiete. Natur und Mensch im ariden Lebensraum. (Festschrift für H. Blume) 1980. 405 S. Mit 89 Abb., 51 Tab., 38 Fotos **€ 34,-**
Heft 81	P. Steinert:	Góry Stołowe – Heuscheuergebirge. Zur Morphogenese und Morphodynamik des polnischen Tafelgebirges. 1981. 180 S., 23 Abb., 9 Karten. Summary, Streszczenie **€ 12.-**

Heft 82	H. Upmeier:	Der Agrarwirtschaftsraum der Poebene. Eignung, Agrarstruktur und regionale Differenzierung. 1981. 280 S. Mit 26 Abb., 13 Tab., 2 Übersichten und 8 Karten. Summary, Riassunto	**€ 13,-**
Heft 83	C.C. Liebmann:	Rohstofforientierte Raumerschließungsplanung in den östlichen Landesteilen der Sowjetunion (1925-1940). 1981. 466 S. Mit 16 Karten, 24 Tab. Summary	**€ 27,-**
Heft 84	P. Kirsch:	Arbeiterwohnsiedlungen im Königreich Württemberg in der Zeit vom 19. Jahrhundert bis zum Ende des Ersten Weltkrieges. 1982. 343 S. Mit 39 Kt., 8 Abb., 15 Tab., 9 Fotos. Summary	**€ 20,-**
Heft 85	A. Borsdorf u. H. Eck:	Der Weinbau in Unterjesingen. Aufschwung, Niedergang und Wiederbelebung der Rebkultur an der Peripherie des württembergischen Hauptanbaugebietes. 1982. 96 S. Mit 14 Abb., 17 Tab. Summary	**€ 7,-**
Heft 86	U. Itzin:	Das ländliche Anwesen in Lothringen. 1983. 183 S. Mit 21 Karten, 36 Abb., 1 Tab.	**€ 17,-**
Heft 87	A. Jebens:	Wirtschafts- und sozialgeographische Untersuchungen über das Heimgewerbe in Nordafghanistan unter besonderer Berücksichtigung der Mittelstadt Sar-e-Pul. Ein geographischer Beitrag zur Stadt-Umland-Forschung und zur Wirtschaftsform des Heimgewerbes. 1983. 426 S. Mit 19 Karten, 29 Abb., 81 Tab. Summary u. persische Zusammenfassung	**€ 30,-**
Heft 88	G. Remmele:	Massenbewegungen an der Hauptschichtstufe der Benbulben Range. Untersuchungen zur Morphodynamik und Morphogenese eines Schichtstufenreliefs in Nordwestirland. 1984. 233 S. Mit 9 Karten, 22 Abb., 3 Tab. u. 30 Fotos. Summary	**€ 22,-**
Heft 89	C. Hannss:	Neue Wege der Fremdenverkehrsentwicklung in den französischen Nordalpen. Die Antiretortenstation Bonneval-sur-Arc im Vergleich mit Bessans (Hoch-Maurienne). 1984. 96 S. Mit 21 Abb. u. 9 Tab. Summary. Resumé	**€ 8,-**
Heft 90 (Sbd. 15)	S. Kullen (Hrsg.):	Aspekte landeskundlicher Forschung. Beiträge zur Sozialen und Regionalen Geographie unter besonderer Berücksichtigung Südwestdeutschlands. (Festschrift für Hermann Grees) 1985. 483 S. Mit 42 Karten (teils farbig), 38 Abb., 18 Tab., Lit.	**€ 30,-**
Heft 91	J.-W. Schindler:	Typisierung der Gemeinden des ländlichen Raumes Baden-Württembergs nach der Wanderungsbewegung der deutschen Bevölkerung. 1985. 274 S. Mit 14 Karten, 24 Abb., 95 Tab. Summary	**€ 20,-**
Heft 92	H. Eck:	Image und Bewertung des Schwarzwaldes als Erholungsraum – nach dem Vorstellungsbild der Sommergäste. 1985. 274 S. Mit 31 Abb. und 66 Tab. Summary	**€ 20,-**
Heft 93 (TBGL 1)	G. Kohlhepp (Hrsg.):	Brasilien. Beiträge zur regionalen Struktur- und Entwicklungsforschung. 1987. 318 S. Mit 78 Abb., 41 Tab.	**vergriffen**

Heft 94 (TBGL 2)	R. Lücker:	Agrarräumliche Entwicklungsprozesse im Alto-Uruguai-Gebiet (Südbrasilien). Analyse eines randtropischen Neusiedlungsgebietes unter Berücksichtigung von Diffusionsprozessen im Rahmen modernisierender Entwicklung. 1986. 278 S. Mit 20 Karten, 17 Abb., 160 Tab., 17 Fotos. Summary. Resumo	**€ 27,–**
Heft 95 (Sbd. 16) (TBGL 3)	G. Kohlhepp und A. Schrader (Hrsg.):	Homem e Natureza na Amazônia. Hombre y Naturaleza en la Amazonía. Simpósio internacional e interdisciplinar. Simposio internacional e interdisciplinario. Blaubeuren 1986. 1987. 507 S. Mit 51 Abb., 25 Tab.	**vergriffen**
Heft 96 (Sbd. 17) (TBGL 4)	G. Kohlhepp und A. Schrader (Hrsg.):	Ökologische Probleme in Lateinamerika. Wissenschaftliche Tagung Tübingen 1986. 1987. 317 S. Mit Karten, 74 Abb., 13 Tab., 14 Photos	**vergriffen**
Heft 97 (TBGL 5)	M. Coy:	Regionalentwicklung und regionale Entwicklungsplanung an der Peripherie in Amazonien. Probleme und Interessenkonflikte bei der Erschließung einer jungen Pionierfront am Beispiel des brasilianischen Bundesstaates Rondônia. 1988. 549 S. Mit 31 Karten, 22 Abb., 79 Tab. Summary. Resumo	**vergriffen**
Heft 98	K.-H. Pfeffer (Hrsg.):	Geoökologische Studien im Umland der Stadt Kerpen/Rheinland. 1989. 300 S. Mit 30 Karten, 65 Abb., 10 Tab.	**vergriffen**
Heft 99	Ch. Ellger:	Informationssektor und räumliche Entwicklung – dargestellt am Beispiel Baden-Württembergs. 1988. 203 S. Mit 25 Karten, 7 Schaubildern, 21 Tab., Summary	**€ 14,–**
Heft 100	K.-H. Pfeffer: (Hrsg.)	Studien zur Geoökolgie und zur Umwelt. 1988. 336 S. Mit 11 Karten, 55 Abb., 22 Tab., 4 Farbkarten, 1 Faltkarte	**vergriffen**
Heft 101	M. Landmann:	Reliefgenerationen und Formengenese im Gebiet des Lluidas Vale-Poljes/Jamaika. 1989. 212 S. Mit 8 Karten, 41 Abb., 14 Tab., 1 Farbkarte. Summary	**€ 32,–**
Heft 102 (Sbd. 18)	H. Grees u. G. Kohlhepp (Hrsg.):	Ostmittel- und Osteuropa. Beiträge zur Landeskunde. (Festschrift für Adolf Karger, Teil 1). 1989. 466 S. Mit 52 Karten, 48 Abb., 39 Tab., 25 Fotos	**€ 42,–**
Heft 103 (Sbd. 19)	H. Grees u. G. Kohlhepp (Hrsg.):	Erkenntnisobjekt Geosphäre. Beiträge zur geowissenschaftlichen Regionalforschung, ihrer Methodik und Didaktik. (Festschrift für Adolf Karger, Teil 2). 1989. 224 S. 7 Karten, 36 Abb., 16 Tab.	**€ 30,–**
Heft 104 (TBGL 6)	G. W. Achilles:	Strukturwandel und Bewertung sozial hochrangiger Wohnviertel in Rio de Janeiro. Die Entwicklung einer brasilianischen Metropole unter besonderer Berücksichtigung der Stadtteile Ipanema und Leblon. 1989. 367 S. Mit 29 Karten. 17 Abb., 84 Tab., 10 Farbkarten als Dias	**€ 29,–**
Heft 105	K.-H. Pfeffer (Hrsg.):	Süddeutsche Karstökosysteme. Beiträge zu Grundlagen und praxisorientierten Fragestellungen. 1990. 382 S. Mit 28 Karten, 114 Abb., 10 Tab., 3 Fotos. Lit. Summaries	**€ 30,–**

Heft 106 (TBGL 7)	J. Gutberlet:	Industrieproduktion und Umweltzerstörung im Wirtschaftsraum Cubatão/São Paulo (Brasilien). 1991. 338 S. 5 Karten, 41 Abb., 54 Tab. Summary. Resumo	**€ 23,-**
Heft 107 (TBGL 8)	G. Kohlhepp (Hrsg.):	Lateinamerika. Umwelt und Gesellschaft zwischen Krise und Hoffnung. 1991. 238 S. Mit 18 Abb., 6 Tab. Resumo. Resumen	**€ 19,-**
Heft 108 (TBGL 9)	M. Coy, R. Lücker:	Der brasilianische Mittelwesten. Wirtschafts- und sozialgeographischer Wandel eines peripheren Agrarraumes. 1993. 305 S. Mit 59 Karten, 14 Abb., 14 Tab.	**€ 19,-**
Heft 109	M. Chardon, M. Sweeting K.-H. Pfeffer (Hrsg.):	Proceedings of the Karst-Symposium-Blaubeuren. 2nd International Conference on Geomorphology, 1989, 1992. 130 S., 47 Abb., 14 Tab.	**€ 14,**
Heft 110	A. Megerle	Probleme der Durchsetzung von Vorgaben der Landes- und Regionalplanung bei der kommunalen Bauleitplanung am Bodensee. Ein Beitrag zur Implementations- und Evaluierungsdiskussion in der Raumplanung. 1992. 282 S. Mit 4 Karten, 18 Abb., 6 Tab.	**€ 19,-**
Heft 111 (TBGL 10)	M.J. Lopes de Souza:	Armut, sozialräumliche Segregation und sozialer Konflikt in der Metropolitanregion von Rio de Janeiro. Ein Beitrag zur Analyse der »Stadtfrage« in Brasilien. 1993. 445 S. Mit 16 Karten, 6 Abb. u. 36 Tabellen	**€ 23,-**
Heft 112 (TBGL 11)	K. Henkel:	Agrarstrukturwandel und Migration im östlichen Amazonien (Pará, Brasilien). 1994. 474 S. Mit 12 Karten, 8 Abb. u. 91 Tabellen	**€ 23,-**
Heft 113	H. Grees: (Hrsg.):	Wege geographischer Hausforschung. Gesammelte Beiträge von Karl Heinz Schröder zu seinem 80. Geburtstag am 17. Juni 1994. Hrsg. v. H. Grees. 1994. 137 S.	**€ 16,-**
Heft 114 (TBGL 12)	G. Kohlhepp (Hrsg.):	Mensch-Umwelt-Beziehungen in der Pantanal-Region von Mato Grosso/Brasilien. Beiträge zur angewandten geographischen Umweltforschung. 1995. 389 S. Mit 23 Abb., 15 Karten und 13 Tabellen	**€ 19,-**
Heft 115 (TBGL 13)	F. Birk:	Kommunikation, Distanz und Organisation. Dörfliche Organisation indianischer Kleinbauern im westlichen Hochland Guatemalas. 1995. 376 S. Mit 5 Karten, 20 Abb. und 15 Tabellen	**€ 39,-**
Heft 116	H. Förster u. K.-H. Pfeffer (Hrsg.):	Interaktion von Ökologie und Umwelt mit Ökonomie und Raumplanung. 1996. 328 S. Mit 94 Abb. und 28 Tabellen	**€ 15,-**
Heft 117 (TBGL 14)	M. Czerny und G. Kohlhepp (Hrsg.):	Reestructuración económica y consecuencias regionales en América Latina. 1996. 194 S. Mit 18 Abb. und 20 Tabellen	**€ 13,-**

Heft 118	G. Kohlhepp und K.-H. Pfeffer (Hrsg.):	100 Jahre Geographie an der Universität Tübingen: 2000. 366 S., 8 Tabellen	**€ 15,–**
Heft 119 (*TBGL 15*)	G. Kohlhepp u. M. Coy (Hrsg.):	Mensch-Umwelt-Beziehungen und nachhaltige Entwicklung in der Dritten Welt. 1998. 465 S. Mit 99 Abb. und 30 Tabellen	**€ 19,–**
Heft 120 (*TBGL 16*)	C. L. Löwen:	Der Zusammenhang von Stadtentwicklung und zentralörtlicher Verflechtung der brasilianischen Stadt Ponta Grossa/Paraná. Eine Untersuchung zur Rolle von Mittelstädten in der Nähe einer Metropolitanregion. 1998. 328 S. Mit 39 Karten, 7 Abb. und 18 Tabellen	**€ 17,–**
Heft 121	R. K. Beck:	Schwermetalle in Waldböden des Schönbuchs. Bestandsaufnahme – ökologische Verhältnisse – Umweltrelevanz. 1998. 150 S. und 24 S. Anhang sowie 72 Abb. und 34 Tabellen	**€ 13,–**
Heft 122 (*TBGL 17*)	G. Mayer:	Interner Kolonialismus und Ethnozid in der Sierra Tarahumara (Chihuahua, Mexiko). Bedingungen und Folgen der wirtschaftsräumlichen Inkorporation und Modernisierung eines indigenen Siedlungsraumes. 1999. 329 S., 39 Abb., 52 Tabellen	**€ 17,–**
Heft 123	G. Köberle:	Karstökosystemanalyse der Topographischen Karte 1:50 000 L 7524 Blaubeuren. Gefährdungspotentiale, Möglichkeiten und Konzepte eines nachhaltigen Wassermanagements. 2003. 138 S. Mit 20 S. Anhang, 23 Abb. und 34 Tabellen	**€ 13,–**
Heft 124	H. Megerle:	Naturerlebnispfade – neue Medien der Umweltbildung und des landschaftsbezogenen Tourismus? Bestandsanalyse, Evaluation und Entwicklung von Qualitätsstandards. 2003. 382 S. Mit 45 Abb., 17 Tabellen, 3 Karten, 12 Bildern und 1 CD	**€ 19,–**
Heft 125	W. Schenk (Hrsg.):	Aufbau und Auswertung „Langer Reihen" zur Erforschung von historischen Waldzuständen und Waldentwicklungen. Ergebnisse eines Symposiums in Blaubeuren vom 26.–28. 2. 1998. 1999. 296 S. Mit 63 Abb. und 21 Tabellen	**€ 17,–**
Heft 126 (*TBGL 18*)	M. Friedrich:	Stadtentwicklung und Planungsprobleme von Regionalzentren in Brasilien; Cáceres und Rondonópolis / Mato Grosso; ein Vergleich. 1999. 312 S. Mit 14 Abb., 46 Karten, 30 Tabellen	**€ 17,–**
Heft 127	A. Kampschulte:	Grenzen und Systeme – Von geschlossenen zu offenen Grenzen? Eine exemplarische Analyse der grenzüberschreitenden Verflechtungen im österreichisch-ungarischen Grenzraum. 1999. 375 S. Mit 8 Karten, 6 Abb. und 99 Tabellen	**€ 19,–**
Heft 128	H. Fassel u. Chr. Waack (Hrsg.):	Regionen im östlichen Europa – Kontinuitäten, Zäsuren und Perspektiven. Festschrift des Instituts für donauschwäbische Geschichte und Landeskunde für Horst Förster. 2000. 310 S. Mit 31 Abb. und 27 Tabellen	**€ 17,–**
Heft 129 (*TBGL 19*)	I. M. Theis:	Entwicklung und Energie in Südbrasilien. Eine wirtschaftsgeographische Analyse des Energiesystems des Itajaítals in Santa Catarina. 2000. 373 S. Mit 8 Karten, 35 Abb., 39 Tabellen	**€ 19,–**

Heft 130	R. Krause und K.-H. Pfeffer	Studien zum Ökosystem einer keltisch-römischen Siedlungskammer am Nördlinger Ries. 2004. 481 S. Mit 119 Abbildungen, 46 Tafeln und 37 Tabellen	**€ 20,-**
Heft 131	S. Bräker:	Hierarchisierung und Typisierung von Funktionsmechanismen des Landschaftshaushaltes und von Ökosystemen in einem kalkalpinen Karstgebiet. Untersuchungsgebiet Oberjoch, Allgäuer Hochalpen. 2000. 271 S. Mit 34 Abb., 7 Tab., 5 Tafeln, Farbkarte und Anhang	**€ 16,-**
Heft 132 (TBGL 20)	D. R. Siedenberg:	Sozioökonomische Disparitäten und regionale Entwicklungspolitik in Rio Grande do Sul. Eine Analyse über Handlungsspielraum, Auswirkungen und Perspektiven endogener Regionalentwicklungsstrategien in Südbrasilien. 2000. 249 S. Mit 2 Karten, 35 Abb., 32 Tabellen	**€ 15,-**
Heft 133 (TBGL 21)	M. Blumenschein:	Landnutzungsveränderungen in der modernisierten Landwirtschaft in Mato Grosso, Brasilien. Die Rolle von Netzwerken, institutionellen und ökonomischen Faktoren für agrarwirtschaftliche Innovation auf der Chapada dos Parecis. 2001. 376 S. Mit 31 Karten, 29 Abb., 32 Tabellen	**€ 19,-**
Heft 134 (TBGL 22)	M. Röper:	Planung und Einrichtung von Naturschutzgebieten aus sozialgeographischer Perspektive. Fallbeispiele aus der Pantanal-Region (Brasilien). 2001. 485 S. Mit 60 Abb., 17 Tabellen	**€ 23,-**
Heft 135 (TBGL 23)	M. Neuburger:	Pionierfrontentwicklung im Hinterland von Cáceres (Mato Grosso, Brasilien). Ökologische Degradierung, Verwundbarkeit und kleinbäuerliche Überlebensstrategien. 2002. 404 S. Mit 70 Abb., 5 Tabellen	**€ 20,-**
Heft 136 (TBGL 24)	D. Pasca:	Ressourcennutzungskonflikte und Strategien zur Sicherung indigener Räume an der brasilianischen Peripherie. 2004. 374 S. Mit 58 Abbildungen	**€ 19,-**
Heft 137	J. Hohnholz und K.-H. Pfeffer (Hrsg.):	Studium Generale – Thailand. Ressourcen – Strukturen – Entwicklungen eines tropischen Schwellenlandes. 2003. 260 S. Mit 88 Abb., 29 Tabellen	**€ 15,-**
Heft 138	G. Köberle:	GIS-generierte Bodenkarte von Baden-Württemberg – 1:25.000. Blatt 7424 Deggingen. Karte mit Erläuterungen. 2005. 19 S. Mit 9 Tabellen	**€ 19,-**
Heft 139	G. Köberle:	GIS-generierte Bodenkarte von Baden-Württemberg – 1:25.000. Blatt 7524 Blaubeuren. Karte mit Erläuterungen. 2005. 25 S. Mit 14 Tabellen	**€ 19,-**
Heft 140 (TBGL 25)	E. Karnopp:	Kleinbauern zwischen konventioneller und ökologischer Landwirtschaft. Das Beispiel der Region Vale do Rio Pardo (Brasilien). 2006. 288 S. Mit 67 Abbildungen	**€ 17,-**
Heft 141	G. Kohlhepp (Hrsg.):	Herbert Wilhelmy (1910–2003). Würdigung seines wissenschaftlichen Lebenswerks. 2004. 121 S. Mit 11 Abbildungen.	**€ 13,-**

Heft 142 (*TBGL 26*)	G. Kohlhepp (Hrsg.):	Wirtschafts- und sozialräumliche Strukturwandlungen und Interessenkonflikte in Lateinamerika. Beiträge zur geographischen Entwicklungsforschung. 2005. 473 S. Mit 63 Abbildungen und 16 Tabellen. **€ 23,-**
Heft 143 (*TBGL 27*)	A. King:	Räumliche Mobilität in Haiti zwischen Paysannerie und Weltmarkt. Wandel der Beziehungen zwischen Land, Stadt und Ausland unter dem Einfluss der Globalisierung am Beispiel des Verflechtungsraums von Cap Haïtien. 2005. 215 S. Mit 10 Karten, 15 Abb. und 33 Tabellen. **€ 15,-**
Heft 144 (*TBGL 29*)	A. Stark:	Wirtschaftsförderung und „Good Governance" in Argentinien. Ansätze für eine dynamische Regionalentwicklung. 2007. 374 S. Mit 19 Karten, 91 Abb. und 9 Tabellen. **€ 19,-**
Heft 145 (*TBGL 28*)	M. Coy e G. Kohlhepp (Coords.)	Amazônia sustentável. Desenvolvimento sustentável entre políticas públicas, estratégias inovadoras e experiências locais. Rio de Janeiro (Garamond) 2005. 332 p. ISBN 85-7617-082-5.
Heft 146	A. Thierer:	Dynamik der Großstadtentwicklung in Venezuela. Sozial- und wirtschaftsgeographische Untersuchungen zur Regionalkultur im städtischen Raum. Fallstudien an den Beispielen Ciudad Guayana und Barquisimeto. 2006. 306 S. Mit 15 Karten, 23 Abb., 42 Tabellen, 13 Fotos **€ 17,-**
Heft 147 (*TBGL 30*)	D. Segebart:	Partizipatives Monitoring als Instrument zur Umsetzung von Good Local Governance. Eine Aktionsforschung im östlichen Amazonien/Brasilien. 2007. 398 S. Mit 4 Karten, 47 Abb. und 18 Tabellen. **€ 19,-**